海外人文社会科学发展
年度报告2023（数智特辑）

武汉大学人文社会科学研究院　编

黄泰岩　主编

WUHAN UNIVERSITY PRESS
武汉大学出版社

图书在版编目(CIP)数据

海外人文社会科学发展年度报告.2023：数智特辑／武汉大学人文社会科学研究院编. -- 武汉：武汉大学出版社，2024.8. -- ISBN 978-7-307-24504-4

Ⅰ.C11
中国国家版本馆 CIP 数据核字第 2024U23G47 号

责任编辑:黄金涛　　　责任校对:汪欣怡　　　版式设计:马　佳

出版发行:**武汉大学出版社**　　(430072　武昌　珞珈山)
　　　　　(电子邮箱:cbs22@whu.edu.cn　网址:www.wdp.com.cn)
印刷:武汉邮科印务有限公司
开本:720×1000　1/16　　印张:35.25　　字数:505 千字　　插页:2
版次:2024 年 8 月第 1 版　　2024 年 8 月第 1 次印刷
ISBN 978-7-307-24504-4　　定价:198.00 元

海外人文社会科学发展年度报告2023（数智特辑）

编　委　会

前　　言

　　习近平总书记指出，当今世界，科技进步日新月异，互联网、云计算、大数据等现代信息技术深刻改变着人类的思维、生产、生活、学习方式。习近平总书记全面擘画数字中国建设，既有理论上的创新，又有工作部署上的要求。以数智化赋能哲学社会科学创新发展，是哲学社会科学积极融入中国式现代化的发展趋势和必要路径。当前，学科融合、学术更新呈加速趋势。我们必须更加重视从科技革命、时代变革中拓宽多学科研究视野，更新研究手段，形成新的研究范式和理念。要运用好人工智能、大数据、量子计算等新兴技术，培育新的哲学社会科学学术增长点和创新点。搭建多学科联合攻关的综合性研究平台，加强对重大理论问题和前沿创新实践问题的综合性协同攻关，培养一批跨领域、跨学科、跨单位的学科创新力量。

　　武汉大学哲学社会科学具有优良的学术传统、优秀的学术传承、优质的学术资源，是武汉大学的优势学科，是"双一流"建设的重要引擎。立足新时代新要求、新文科新实践，面向国家重大战略需求、秉持"高端、聚合、原创、对话、服务"理念，坚持一流标准，瞄准学术前沿，深化国际合作交流，深化学科交叉，不断开创我校哲学社会科学繁荣发展的新局面，推动哲学社会科学高质量发展，是我们始终坚持的工作目标。

　　为进一步探索海外大数据、人工智能与哲学社会科学研究的融通新形态，我校"海外人文社会科学研究前沿追踪计划"重点围绕相关研究的新发展、新趋势与新挑战，因时顺势推出"数智特辑"。遴选研究报告 15 篇，涉及数字经济、数字金融、数字人文、元宇宙、碳中和、数据伦理等前沿交叉议题。其中，有对学科动态的重点阐述，对前沿思潮的深层分析，对热点问题的综合评论，具有鲜明的学术研究的前瞻性、导向性和应用性。

近年来，我校依托综合学科优势，深入推进学科交叉融合，持续探索构建人工智能与哲学社会科学研究融合发展的新范式。通过自主设立人工智能融通专项、数智文科牵引专项等交叉项目，举办"人工智能+人文社会科学"前沿论坛、"月湖数智文科前沿论坛"等系列交叉学术活动，依托数据智能研究院、文化遗产智能计算教育部哲学社会科学实验室等交叉平台，涵育产出系列交叉学术成果。

编委会

2024 年 7 月

目　　录

1

碳中和视阈下的气候安全研究：
海外前沿追踪及展望*

冯存万　甘李江　甄飞扬**

摘　要：当前全球气候变化趋势愈加明显，极端气候事件与慢性气候事件并行且更加频繁严重，气候变化与全球安全之间的关联度日渐提升并已成为当前全球治理的优先议程之一。为有效推进气候治理，"碳中和"的治理观已经成为全球范围内开展气候治理的共识。在此背景下，海外学术界对气候安全的关注呈现出了拓广谱系、聚焦核心的趋势，其研究前沿对能源安全、城市安全、气候正义、大国竞争与全球责任等次级议题有更进一步的发展。中国提出的全球发展倡议与全球安全倡议，为包括气候变化在内的全球治理体系变革提供了中国智慧与中国方案，因而也成为海外学术界的关注焦点。本研究以碳中和为分析视角，搜集并梳理了海外学术界对气候变化与气候安全的最新研究成果，在此基础上为中国参与推动全球气候安全建设提出了相应的建议。

关键词：气候安全；碳中和；中国外交；能源转型

　　气候变化是当前国际社会所面临的最广泛、最深刻、最严峻

---

　　* 本文为武汉大学自主科研项目"碳中和视阈下的气候安全研究：海外前沿追踪及展望，项目号1203-413000135"的研究成果，得到"中央高校基本科研业务费专项资金"资助。
　　** 冯存万，武汉大学政治与公共管理学院国际关系学系副教授。甘李江、甄飞扬，武汉大学政治与公共管理学院国际关系专业硕士研究生。

的全球性挑战，威胁着各国特别是发展中国家、小岛屿国家的经济发展与社会稳定。如何应对气候变化不仅是一个科学话题，也是政治问题，更是安全议题，因而在学术界具有广泛而显著的研究价值。

2021 年格拉斯哥气候大会重申了《巴黎气候协定》的目标，即把全球平均气温升幅控制在工业化前水平以上低于 2℃ 之内，并努力将气温升幅限制在工业化前水平以上 1.5℃ 之内，到 2030 年将全球二氧化碳排放量相对于 2010 年的水平减少 45%，并在 21 世纪中叶前后达到碳中和。由此碳中和成为全球气候治理进程中最具有统合性的战略目标。碳中和是指依靠经济、产业政策和能源技术，以无碳新能源替代化石能源，最大限度地减少人类活动对自然环境的影响，以达到人类活动造成的碳排放与地球碳循环系统之间的动态平衡。① 国际社会对碳中和的战略目标形成了基本共识，也据此赋予了气候治理机制继续前行的动力。受到"新冠"疫情、经济衰退、极端主义思潮泛滥、国际竞争加剧等不利因素的影响，全球气候治理的进程与步伐仍十分缓慢，全球气候安全将是长期困扰人类社会的重要议题。国际社会对气候变化和气候安全的认知经历了一个不断深化的过程。在当前世界仍处于应对气候变化共识强而实践弱、需求高而因应低的客观形势下，极有必要对近期气候安全的研究前沿做出全面的梳理，为开展气候治理、建设气候安全提供智识支持。中国作为安理会常任理事国之一，需要在维护全球气候安全方面展现大国担当，不仅要积极参与、推动与引导全球气候安全议题，深入开展应对气候风险的国际合作，同时也要加快推进中国绿色低碳发展转型，推动构建气候适应型社会。基于上述认知，本文从碳中和视角切入，对海外相关研究前沿做出一定的分析阐释，以求达致他山之石的借鉴成效。

---

① Zou C，Xue H，Xiong B，Connotation，Innovation and Vision of "Carbon Neutrality"[J]. Natural Gas Industry B，2021，8(5)：523-537.

一、气候变化与全球安全的议题关联

世界气象组织《2021 全球气候状况》指出，人类活动已经使大气、海洋和陆地变暖，这是不容置疑的，而且人类的影响极有可能是自 20 世纪 70 年代以来观测到的海洋热增加的主要驱动因素之一。2021 年全球平均气温比 1850—1900 年工业化前的平均水平高出约 1.11℃±0.13℃，2015 年至 2021 年是有记录以来最热的 7 年。在过去的 50 年里，北极升温速度是全球平均速度的两倍多，北极冰川加速融化的趋势将进一步突出。全球平均海平面高度在 2021 年达到历史新高，2013—2021 年间平均每年上升 4.5 毫米。此外，《2021 全球气候状况》也指出，气候变化直接冲击了社会秩序。气候变化还对陆地、淡水、沿海和海洋等生态系统造成影响。海洋酸化威胁到生物和生态系统，珊瑚礁覆盖面积在海洋升温 1.5℃时将减少 70% 至 90%。① 2021 年极端气候事件密集发生，中国河南、德国哈根(Hagen)等地的短时间降雨强度均达到历史极值，造成了巨大的经济损失和安全危害。伦敦国际战略研究所(The International Institute for Strategic Studies，London)于 2021 年推出的报告《欧洲安全与防务面临的新挑战》认为，气候变化的一级物理影响包括风暴、洪水、热浪和干旱，二级影响包括供水恶化、农业生产率下降以及对能源基础设施和发电的影响，上述现象对经济和就业均产生了直接或潜在的影响。其中近年来十分突出的人口流动和社会失序，对本已超负荷的国家治理体系造成了额外挑战，增加社会不满情绪，弱化社会契约并导致政治不稳定。②

虽然气候变化引起的极端天气事件频发现象已经引起了全世界

① World Meteorological Organization, State of the Global Climate 2021 [EB/OL]. (2022-10-12). https：//library. wmo. int/doc_num. php? explnum_id=11178.

② Emerging Challenges for European Security and Defence[EB/OL]. (2022-10-12). https：//www. iiss. org/blogs/research-paper/2021/09/emerging-challenges-for--european-security-and-defence.

的普遍关注，但实际后果更严重的慢性气候事件却由于短期效应较小而常常被忽视。慢性气候事件包括海平面上升、海洋酸化、冰川退缩、土地盐碱化、生物多样性丧失、森林退化与荒漠化等。相比于那些数天内甚至数小时内快速发生的单一、离散的极端气候事件，慢性气候事件具有更深刻、更广泛、更持续的冲击力。比如在拉丁美洲和加勒比国家，缓慢发生的气候过程与贫困和粮食安全有着错综复杂的联系，慢性气候事件威胁粮食安全进而加剧贫困。究其原因，该区域的经济和社会严重依赖于农业、畜牧业和渔业，而这些行业极易受到环境变化的影响。多年来该区域多数国家的人口快速增长，客观上导致对粮食、水资源和农业用地的需求迅猛增加，气候变化导致上述资源的稀缺性更加突出。在慢性气候事件递增的过程中，特定人群的安全威胁程度也呈现出持续走高的态势，最贫穷人群由于缺乏相应的资金和技术保障，同时也缺乏相应的安全诉求表达通道，因而也受到了最严重的冲击。①

显性的极端气候事件和隐性的慢性气候事件并行，且不断递增、强化，影响着全球经济发展和社会秩序。世界经济论坛推出的《2022 年全球风险报告》将气候变化认定为威胁人类的重大风险之一；全球 77% 的受访者认为缓解气候变化的国际努力"尚未开始"或处于"初步发展阶段"，更为糟糕的是国家之间的地缘政治紧张阻碍了国际气候治理合作。② 而在气候变化的持续演进过程中，国际社会对于气候治理和气候安全的合作意识也在明显增强。国际社会开展气候治理的共识演进和全球气候变化的持续进行，推动相关研究在更多维度、更多议题、更广层面上展开探索，其中气候安全问题研究具有显著的代表性。挪威学者哈尔瓦德·布豪格（Halvard

---

① Zuñiga RAA, Lima G N, Villoria AMG. Impact of slow-onset events related to Climate Change on food security in Latin America and the Caribbean [J]. Current Opinion in Environmental Sustainability, 2021, 50: 215-224.

② The Global Risks Report 2022, 17th Edition [EB/OL]. (2022-11-12). https://www3.weforum.org/docs/WEF_The_Global_Risks_Report_2022.pdf.

Buhaug)教授和瑞典学者尼娜·冯·尤克斯库尔(Nina von Uexkull)教授认为，气候变化威胁着人类安全的核心要素，包括经济繁荣、粮食供应和社会稳定。① 澳大利亚学者麦克唐纳·马特(McDonald Matt)指出，气候变化已经对国家安全和人类安全产生了严重威胁，需要采用包括国家安全和人类安全在内的生态安全叙事方式，积极解读和推进全球气候治理进程。② 与这一宏大叙事的研究路径相比，还有更多的学者从具体议题角度切入展开分析。切萨雷·斯卡托齐(Scartozzi C M)分析了联合国从2001年到2021年发布的约8.3万份文件，尽管关于气候安全的高级别讨论已经陷入停滞，但联合国安理会仍在实践和运作中推动气候议题安全化。气候安全正逐渐成为安理会工作的主流，从2001年到2020年气候相关主题的文件在联合国文件中的占比从0.19%增加到9.01%，安理会报告也更多地提及"气候安全""气候风险"。世界主要国家对气候变化的反应态度不一而同，美国、英国和法国认为气候安全威胁到国家生存和国际安全格局，因而极力在联合国安理会中推动气候安全化的讨论，相对而言，俄罗斯和中国等新兴经济体在推动气候安全化方面较为谨慎。③

因气候变化而引发的安全危机具有多重表现形式，这决定着气候安全研究的议题设定状态，即从多个维度出发并列举了若干研究路径，包括气候对城市中社会动荡的影响、气候—移民—动荡之间关系的复杂性、农业生产模式加剧气候风险、气候变化影响国际索

① Buhaug, Halvard, and Nina Von Uexkull. Vicious Circles: Violence, Vulnerability, and Climate Change[J]. Annual Review of Environment and Resources, 2021, 46(1): 545-568.

② McDonald M. Climate Change and Security: Towards Ccological Security? [J]. International Theory, 2018, 10(2): 153-180.

③ Scartozzi C M. Climate Change in the UN Security Council: An Analysis of Discourses and Organizational Trends[J]. International Studies Perspectives, 2022, 23 (3): 290-312.

赔和个人信任，等等。① 德国智库 Adelphi 于 2021 年推出报告《关于气候影响与和平的十个洞见》，集中对气候变化与全球安全的多维联系进行了阐释，这十个观点可以归为三类。第一类是气候变化对自然环境的影响。报告指出，气候变化对全球安全构成的风险真实存在，且未来气候风险或将成倍增加。气候变化影响到诸如跨界河流等共享自然资源的开发和利用，也导致围绕土地和水资源等自然资源的竞争和冲突频发。第二类是气候环境对社会秩序的影响。气候变化减少或降低了人类谋生的合法机会，破坏生计并影响人类的流动性，可能将人类应对气候路径推入非法轨道，甚至为非国家武装组织扩充规模、招募人员提供便利。比如原本严重依赖农业、畜牧业和渔业的特定人群和地区可能会在气候变化的冲击下转向非法路径以寻求谋生；特定城市的发展规划、基础施设和服务可能无法适应显著变化的气候条件，这可能导致保障能力低下的社区被边缘化，形成紧张和暴力的潜在来源，进而导致政治冲突。第三类是气候变化的安全价值有所提高。在过去的十年中，国际社会不仅对气候变化及其直接影响的理解有了显著的提升，对气候变化与全球安全之间关系的认识也有了长足的进步。但从客观现实来看，国际社会评估和管理气候相关安全风险的能力依然落后于不断变化的风险局势，如果不采取适当行动，气候变化将意味着更脆弱、更不和平、更不安全的后果。

德国智库 Adelphi 的报告同时指出，除了气候变化本身可能引发安全风险，高强制性或不充分的气候应对政策同样也可能引发安全风险。进一步来说，应对气候变化过程中的不当政策实践可能造成新的风险，比如实施适应措施以及向绿色经济转型可能会对土地或水资源造成额外压力，加剧资源和服务获取方面的不平等，加深现有的社会鸿沟；又如发展低碳技术可能需要开发更多稀土，导致农业用地的可获得性降低。值得注意的是，因为气候治理机制不完

① Von Uexkull, Nina, & Halvard Buhaug. Security Implications of Climate Change：A Decade of Scientific Progress［J］. Journal of Peace Research, 2021, 58（1）：3-17.

善而形成的安全风险具有更加突出的严重后果。从气候变化问题的复杂性与科学研究及政策应对的实践来看，国际社会对气候安全风险的多维影响仍然知之甚少，气候变化的影响可能非常隐蔽，某些负面影响也难以衡量，这就需要从多方面入手完善气候治理机制。深入观察气候变化引发的社会失序能够发现，气候冲击和随之而来的灾害可以破坏或改善公民与政府、公民与公民之间的关系，这类事件的政治影响在很大程度上取决于各国政府保护脆弱人群的承诺，以及该类人群在内部建立和维持信任与合作的能力，当政府无力应对气候风险时，社会蕴含的不满情绪将显著增加甚至直接爆发冲突，这也意味着政府的不及时救助可能导致气候灾害成为被非国家武装组织利用的工具。此外需要注意的是，在面对气候风险之时，紧急救援和社会重建工作虽可在一定程度上促进民众与政府的合作关系，但也不能完全排除气候风险，因为在政府救济灾害过程中所必需经历的资源重新分配环节中，也隐藏着潜在而深远的负面影响。

二、全球气候安全的议题研究谱系

气候变化的安全内涵与价值持续增长，海外研究对气候安全的关注也更加深入。已有大量研究证明气候变化与冲突之间联系，但针对两者之间联系机制的认识仍存在分歧。① 从研究整体格局来看，气候安全研究日渐成为一个从问题界定出发，经由分析环节，归于政策应对和理论思考的认知过程。近年来针对气候安全的海外研究有几个主要倾向。其一，关于气候变化引发的环境恶化的主要指标分析更加突出，其中包括温室气体二氧化碳的浓度达到了80万年来的最高水平，北极的冰雪夏季消退一直持续，国家间围绕航运路线和能源的竞争显著加剧。其二，气候变化的安全化程度进一步提高。由气候变化而引发的针对人类安全、社会安全乃至经济安

① Mach K J, Adger W N, Buhaug H. Directions for Research on Climate and Conflict[J]. Earth's future, 2020, 8(7): e2020EF001532.

全的社会关注进一步细化，人们对粮食安全、水资源安全、能源安全等问题的重视程度提升，约 33～36 亿人生活在高度易受气候变化影响的环境中。其三，气候安全与国家安全的挂钩程度提升。气候变化引发的灾难进一步加大了军事行动能力建设和筹备的必要性，国家能力是决定应对气候灾害之成败的关键要素。①

由于气候安全认知的普遍薄弱，动员社会民众来应对气候变化的威胁仍然具有相当的难度，而这种威胁的代价高昂的后果可能直到预防时才会被察觉。② 气候安全研究相对落后的现状反映了研究工作的艰巨性。有学者认为，应对气候变化是一个复杂的系统，需要一个跨学科的庞大团队，这个团队应包括来自气候变化、水资源管理、自然资源管理、生物多样性和生态系统保护、可持续农业生产、环境保护、经济学、社会学和当地社区等部门的专业人士和专家。③ 气候变化引发的安全议题具有广泛性和复杂性，因此确定其研究谱系是很有必要的。根据所搜集的资料以及确立的研究框架，当前海外学术界的气候安全研究谱系逐渐变得丰富而宽广，并在如下几个问题领域形成了明确的研究议程，其中包括粮食安全、地区安全、风险管控和国际合作。需要指出的是，本项研究采用关联方式对上述各个方向的研究及前沿观点做出针对性的阐释，而不是进行分门别类式的表述。

气候变化引发的粮食危机是当前最为迫切的全球性危机之一。气候变化背景下的水资源、土地和粮食安全存在复杂的相互联系，

---

① States and Nature. The Effects of Climate Change on Security（Joshua Busby Draft Manuscript September 2019）［EB/OL］.（2022-10-25）. https：//fsi-live. s3. us-west-1. amazonaws. com/s3fs-public/busbychapter_1_-_introduction. pdf.

② BCSC. Berlin Climate and Security Conference 2022［EB/OL］.（2022-10-25）. https：//berlin-climate-security-conference. adelphi. de/sites/berlin-climate-security-conference. adelphi. de/files/documents/10_insights_on_climate_impacts_and_peace_report. pdf. fa.

③ Ofori S A, Cobbina S J, Obiri S. Climate Change, Land, Water and Food Security：Perspectives From Sub-Saharan Africa［J］. Frontiers in Sustainable Food Systems, 2021, 5：680924.

气候变化经由多个环节将导致粮食价格飙升并直接威胁粮食安全，进而形成更广范围的社会危机。粮食价格动荡和粮食供应风险对大部分粮食净进口国家可能造成巨大的经济政治后果。从气候变化引发的粮食危机现象来看，2020年全球7.68亿人营养不良，4.18亿亚洲人和2.82亿非洲人处于营养不良或饥饿状态，2021年拉丁美洲和加勒比地区的食品价格达到过去6年来的最高水平，多数西非国家的粮食价格飙升至创纪录的高位水平。气候变化引发环境恶化的客观现象已经得到公认，在此基础上，学术界对环境恶化的幅度、具体区域给予了高度的关注。全球范围内气候变化引发的土壤盐碱化主要集中在干旱和半干旱地区，高盐分土壤已经覆盖全球33%的灌溉农业用地。沿海地区的肥沃土壤可能因海平面上升及其带来的海水倒灌而盐碱化，而在世界干旱地区过度抽取地下水也可能增加土壤和地下水的盐度。土壤中盐分增加导致农作物产量下降，这已经造成全球273亿美元的经济损失，仅印度经济损失就达12亿美元，而预计2050年印度土壤盐化程度将远高于当前。① 除了气候变化引发的土壤退化，与国家或全球安全论述相关的其他情景还包括，各国纷纷争夺那些由于气候变化而变得更重要和更有价值的公共资源或共享资源，如跨境淡水资源、渔业甚至极地地区等。此外，气候变化可能导致部分富含特定营养成分的食物种类产量降低，进而对特定人群的健康状况产生影响，② 这同样是不可忽视的气候安全问题。

近年来谈到气候安全粮食危机，主要关注的是南亚、非洲和加勒比等三个地区。南亚是世界上人口最密集的地区之一，南亚农民用全球5%的农业用地养活了全球20%以上的人口。气候变化加速了喜马拉雅冰川的融化，在短期内为阿富汗、巴基斯坦北部和印度

① Mukhopadhyay R, Sarkar B, Jat H S. Soil Salinity under Climate Change：Challenges for Sustainable Agriculture and Food Security[J]. Journal of Environmental Management, 2021, 280：111736.

② Balwan W K, Saba N, Rasool N. An Overview of Climate Change and Food Security in India. [J]. Annals of the Romanian Society for Cell Biology, 2021：20124-20137.

中西部等地区提供水资源的同时，也给未来包括印度恒河平原在内的南亚大部分地区的水资源供应带来威胁。近年来南亚地区的主要河流流域都被归类为"高干旱严重程度"地区。国际粮食政策研究所（IFPRI）的一项研究表明，与 2000 年相比，南亚的粮食产量到 2050 年将显著下滑，其中小麦、水稻和玉米的产量将分别下降 50%、17% 和 6%。南亚小麦和水稻产量的下降会破坏全球粮食市场的稳定，威胁全球粮食安全。① 非洲是最容易受到气候变化冲击的地区之一。尽管非洲国家的温室气体排放总量较小，但它们承受的气候变化之冲击影响最大，其中撒哈拉以南的非洲地区极易受到气候变化的影响。以肯尼亚为例，气温每升高 1℃，每公顷谷物产量将减少约 200 公斤，到 2050 年时肯尼亚全国范围内玉米、小麦、水稻和坚果等农作物产量将受到较大冲击，其中玉米产量预计将下降 50%。② 有学者专门对气候变化与非洲冲突之间的关联性进行研究认为，气候变化与其他驱动因素一起，通过不同途径破坏非洲脆弱群体的安全与生计；非洲各地的气候安全状况因地而异，北非的水资源、粮食、土地利用和农业最可能与暴力冲突有关，不断上涨的食品价格可能是近年来导致该地区频繁动荡的原因之一；东非的环境变化与社会、政治问题高度关联，群体边缘化、难民流动和政治失序是导致冲突的基本原因。③ 以加勒比为代表的小岛屿国家的气候安全危机成因更为独特。高频率的飓风导致加勒比国家农业、林业遭到冲击，因此渔业成为关乎粮食安全的关键支撑，然而加勒比地区渔业也极易受到气候变化的冲击。小岛屿发展中国家面临的粮食安全挑战来自自然系统和人类系统，因而国家的组织能力和治

---

① Rasul G. Twin challenges of COVID-19 pandemic and climate change for agriculture and food security in South Asia[J]. Environmental Challenges, 2021, 2: 100027.

② Kogo B K, Kumar L, Koech R. Climate Change and Variability in Kenya: A Review of Impacts on Agriculture and Food Security[J]. Environment, Development and Sustainability, 2021, 23(1): 23-43.

③ Scheffran J, Link P M, Schilling J. Climate and Conflict in Africa [M]. Oxford: Oxford Research Encyclopedia of Climate Science, 2019: 1-24.

理能力对保障粮食安全和适应气候变化至关重要。自然系统的挑战包括降水变化、海平面上升、温度升高和水资源可用性降低，这些会影响到种植作物和捕鱼的方式；人类系统的挑战包括社会正义、社会经济平等和公平以及殖民历史等问题，这些问题关系到社会如何组织运行和不同群体的权益如何得以体现。小岛屿国家的特殊之处在于，在应对气候变化带来的粮食安全威胁过程中，由于脆弱性以及复原力和适应能力较弱，所以不能单纯依靠技术手段应对威胁。①

气候变化导致全球移民人数增加，越来越多的人口被迫移徙，迫使他们面临健康、住房、教育、贫困等方面的危机。② 气候变化引发的环境恶化、粮食短缺以及异常的人口流动，形成了显而易见的安全问题链。此外，移民在气候变化与暴力冲突之间的中介性也日益突出。有学者以孟加拉国为例分析认为，环境危害是移民人口不安全感增加的来源，健康欠佳、融入困难、惧怕驱逐、暴力骚扰是构成不安全感的关键因素。③ 传统的观点认为，气候变化对国家安全和国际秩序形成威胁，两者之间存在着显著的因果关系。但实际上这类事件的发生并非遵循单向的线性发展模式，而是在诸多环节存在着危机共生、冲突加剧的可能，比如气候持续变化让社会失序的可能性大为增长，进而触发更大的动乱威胁，而气候变化和冲突并行发生均将对社会秩序和社会凝聚力产生冲击，国家治理不

---

① Lincoln Lenderking H, Robinson S, Carlson G. Climate Change and Food Security in Caribbean Small Island Developing States：Challenges and Srategies [J]. International Journal of Sustainable Development & World Ecology, 2021, 28 (3)：238-245.

② Chandra A, Ashley L, Arthur M Y. Climate Change, Migration, and Health：Strategic Opportunities for Health Security [J]. Health security, 2022, 20 (5)：440-444.

③ Adger W N, de Campos R S, Siddiqui T. Human Security of Urban Migrant Populations Affected by Length of Residence and Environmental Hazards[J]. Journal of Peace Research, 2021, 58(1)：50-66.

力、权力寻租、贪污腐败和对冲突不敏感的政治现实则进一步增加了这种不满情绪的暴发指数。① 可见，气候安全危机与传统的"朋友—敌人"二元对立的危机认知不同，气候变化并非是一个单纯的"外部威胁"，它亦源于主体的蓄意行为，堪称是人类之间限于自身不断的竞争行为所导致的困境之中。正如英国前外交大臣玛格丽特·贝克特（Margaret Beckett）所言，在气候变化的背景下，我们即是自己的敌人。②

如前所述，气候变化与全球安全之间的联系并非单向发展的逻辑，而是两者之间存在互为因果的双向联系，这一点在近年来的国际形势中显得更加突出。比如，公共卫生危机引发的全球经济衰退，导致各国将发展经济作为优先议程而脱碳减排的位序则明显下滑；全球军事冲突引发的能源危机也导致某些国家的能源转型受阻、趋缓；2022 年俄乌军事冲突发生后引发的能源危机，也导致美国拜登政府降低其短期气候治理的雄心。为遏制国内通货膨胀并帮助欧洲盟友缓解能源危机，拜登政府于 2022 年 3 月号召能源巨头加大油气产量，并宣布向欧盟额外提供 150 亿立方米液化天然气，至少在 2030 年前额外提供约 500 亿立方米液化天然气，帮助欧盟摆脱对俄罗斯能源供应的依赖。③ 可见，欧洲安全秩序的破坏也同样导致气候治理进程的放缓。由此推及，当前渐趋激烈的大国竞争态势，同样也将对全球气候治理和气候安全产生显著的破坏作用。

---

① https：//www. adelphi. de/en/system/files/mediathek/bilder/Climate% 2C% 20peace% 20and% 20security% 20assessment% 20Mali% 20Full% 20Report. pdf.

② Thomas, Michael：The Securitization of Climate Change, 2017, Berlin：Springer. Matt McDonald. After the Fires? Climate Change and Security in Australia, Australian Journal of Political Science，（2021）56：1, p4.

③ Jean-Daniel Collomb, The Limitations of U. S. Climate Leadership：A Realist Perspective, in Michael Stricof, Isabelle Vagnoux, edit, U. S. Leadership in a World of Uncertainties. Palgrave Macmillan, pp. 155-172.

三、面向全球的气候安全能力建设

由气候变化而产生的全球安全危机已成为客观事实，建设面向全球的气候安全能力即成为全球气候治理体系中的关键议程。而在此议程中，仍需深入分析气候变化与全球安全的关联机制，尤其是特定地区与国家的气候安全状态和安全建设能力。

把握气候变化引发的社会失序是明确气候安全能力的第一步骤。但值得注意的是，气候变化是风险的倍增器，但气候变化并不必然导致社会失序，因为合理的政治安排和社会结构可以增强特定社会的气候适应能力。比如，极端气候事件如大面积长期干旱也不一定导致社会性饥荒，同时也并不必然导致某个社会的功能崩溃和秩序混乱，因为导致饥荒的安全背景具有比气候变化更为宽泛、更为复杂的构成要素。非洲国家马拉维尽管常年受到气候变化的冲击，但其社会秩序仍保持总体稳定。① 强调气候安全与社会失序之间存在关联，意味着建设面向气候安全的国家或社会韧性与能力的重要性，而更重要的是，能够在当前气候变化持续发生的情势下，通过能源转型、脱碳减排、电气化、碳捕获等关键路径，确立科学有效且可持续的气候安全模式。② 换言之，气候变化所引发的安全危机尽管严重且广泛，但仍有充足的社会基础、政策工具和观念知识能够确保从多个层面对安全状态进行调适和强化，而这也是当前气候安全能力建设的关键所在。

明确气候危机的分布形态是构建全球气候安全能力的根本前提。气候变化引发的全球安全危机呈现显著不均衡的分布状态。瑞士学者瓦利·库比（Vally Koubi）教授认为，非洲、中东、南亚、东南亚

---

① Köpke S. Interrogating the Links between Climate Change, Food Crises and Social Stability[J]. Earth, 2022, 3(2): 577-589.

② Williams J H, Jones R A, Haley B. Carbon-Neutral Pathways for the United States[J]. AGU Advances, 2021, 2(1): e2020AV000284.

和拉丁美洲部分地区是全球气候风险的高发区和冲突密集区；未来一段时间内，北极地区由于国际合作机制的滞后也会受到因气候变化而导致的地缘政治冲突。① 埃姆拉·索夫奥卢（Emrah Sofuoǧlu）和艾哈迈德·艾伊（Ahmet Ay）通过对中东和北非 18 个国家 1985—2016 年的数据进行分析来探讨气候变化与政治不稳定之间的关系，其研究表明在这些国家中气候变化与政治不稳定或冲突之间存在因果关系。② 除了上述欠发达地区的气候安全之外，世界主要经济体或地区性大国普遍面临的气候安全风险也受到学者们的广泛重视。

推进气候变化安全化是构建气候安全能力的关键路径。具体来说，气候变化安全化即是在国际安全、国家安全和气候变化之间形成确定的联系机制。一般来说，气候变化对军事最直接的影响体现在基础设施方面，地势较低的军事设备特别容易受到海平面上升和极端天气的影响。比如，美国海军大西洋舰队所在的弗吉尼亚州诺福克市，就面临着海平面上升和地面下沉的双重威胁。英国一直寻求提高其国防基础设施的韧性，以避免海岸侵蚀或基础设施过热等风险。气候变化意味着军队不得不增加在战争以外领域的行动力度，特别是在自然灾害的人道主义应对和气候变化适应方面。③ 自 2019 年以来，多个欧美国家的国防部门均出台了关于气候变化与国家防务、安全的报告。英国国防部委托兰德公司等智库于 2020 年完成并推出了一份题为《气候变化：针对英国国防与安全的影响》的报告，从以下三个层面分析了气候变化的安全维度。第一，

---

① Koubi V. Climate Change and Conflict [J]. Annual Review of Political Science, 2019, 22: 343-360.

② Sofuoǧlu E, Ay A. The relationship Between Climate Change and Political Instability: the Case of MENA Countries (1985: 01-2016: 12) [J]. Environmental Science and Pollution Research, 2020, 27(12): 14033-14043.

③ Scott S V, Khan S. The Implications of Climate Change for the Military and for Conflict Prevention, Including through Peace Missions [J]. Air & Space Power Journal Africa & Francophonie, 2016, 7(3): 82-94.

气候变化以各种方式影响英国的国际安全。海平面上升、撒哈拉以南地区严重干旱和自然资源短缺可能引发人们流离失所和潜在冲突，导致平民抗议和暴力冲突的可能性增加；随着极端气候的出现，军事训练活动变得更具挑战性，现有训练场地的可用性降低，有关洪水、极端高温等的救援项目训练可能会增加。第二，英国本土和海外军事基地的基础设施被极端气候事件冲击的可能性增大。现有军队的作战装备的性能难以适应不断变化的气候环境；气候变化可能会增加不同机构之间的合作难度，协同保障军事物资到达受灾区域或群体的难度变大。如果某一个成员国受到特别严重的气候冲击，那么他们会被限制为现有或新兴的联盟活动做出贡献的能力。第三，气候变化将对防务部门的安全职能产生深刻影响。气候变化带来的许多挑战和机遇都超出了国防部的职权范围，需要增加国防部与其他政府部门、国际合作伙伴和英国政府以外的非国防利益相关方的合作。气候变化很可能会加强融合主义原则和全部队概念，因为对人员、基础设施、装备、信息、组织、后勤的影响将加大国防部与其他部门应对这些挑战的可能性。① 比如，日益增长的人道主义援助、军事援助需要客观上扩大了武装人员的军事技术储备范围，这些技能可能由军人、预备役人员或承包商提供。该报告给英国国防部应对和适应气候变化提出了建议：拓展能力，使国防部能够制定强有力的应对气候变化的政策；拓宽资源，利用政府、民间社会、应急服务和工业界的资源展开针对气候变化问题的协调处理；提升站位，在战略、行动和战术层面去考虑应对气候变化问题；强化评估，深入分析国防基础设施相对于未来运行环境的恢复能力；跟进研究，利用科学分析和路径创新来降低气候变化导致的

---

① 融合主义原则旨在优化国家安全委员会制定国家安全战略和执行政府各部门决策的能力。"全部队概念"将国防力量设想为一支综合部队，由可持续、有效、综合素养高和有担责能力的常规军事人员、预备役人员和国防部相关人员组成。

风险灾害。① 在 2020 年构建气候安全的基础上，英国国防部于 2021 年再次发布《气候变化和可持续战略方针》并指出，气候变化将通过全球海洋升温和极端气候事件等形式，影响英国军队的行动和战斗能力与方式。报告特别指出，即使英国不断适应新的气候条件，英国的国防目标也将被迫大幅改变，因而军队必须通过绿色转型走向"绿色军事"，英国必须在参与气候治理的同时充分利用自身职能进行气候安全建设。例如，英国国防部需积极推进脱碳行动，为英国在 2050 年实现净零排放做出贡献；持续推进防务能力调整以确保在日趋恶劣的气候环境中保持行动的能力；加强与绿色工业系统合作；通过军事训练来适应不断变化的气候环境，增强行动部署中的自给自足能力；将可持续发展作为国防文化理念，积极推广使用环境友好型建筑。②

美国对气候安全的关注程度也日渐提升。相比于特朗普政府时期美国对于全球气候治理的冷漠态度，拜登政府执政后即兑现了美国重返《巴黎气候协定》的承诺，迅速签署了《应对国内外气候危机的行政命令》，并明确使用"危机"一词强调应对气候变化问题的紧迫性，将气候危机置于美国国家安全与外交的中心。③ 拜登政府指出"要确保美国在 2050 年之前实现 100% 的清洁能源经济和净零排

① Cox, Kate, Anna Knack, Martin Robson, Neil Adger, Pauline Paillé, Jon Freeman, James Black, and Ruth Harris, A Changing Climate: Exploring the Implications of Climate Change for UK Defence and Security. Santa Monica, CA: RAND Corporation, [EB/OL]. (2022-10-12). https://www.rand.org/pubs/research_reports/RRA487-1.html.

② Ministry of Defence Climate Change and Sustainability Strategic Approach[EB/OL]. (2022-12-01). https://assets.publishing.service.gov.uk/government/uploads/system/uploads/attachment_data/file/973707/20210326_Climate_Change_Sust_Strategy_v1.pdf.

③ 清华大学战略与安全研究中心：拜登政府"气候新政"：新意何在？有何分歧？[EB/OL]. (2022-11-30). http://ciss.tsinghua.edu.cn/info/wzjx_mggc/4683.

放，以此领导世界应对气候紧急情况，彰显美国作为榜样的力量。"①目前拜登政府已经将能源、就业、基础设施建设、粮食安全等问题统筹到气候问题之中，并以系统性思维对待气候变化问题。美国推进其国家安全机构提升应对气候变化的能力是其实现气候安全的主要路径。美国国家情报委员会于2021年推出的《气候变化与国际应对：2040年美国国家安全面临的挑战》指出，气候变化将日益加剧美国国家安全利益面临的风险，报告预计2030年之后美国等关键国家和地区将面临越来越大的不稳定风险和对人道主义援助的需求。具体来说，在国际层面，气候变化将导致北极地区战略竞争的误判从而引发冲突以及跨境水资源紧张与跨境移民增加；在国家层面，气候变化将导致能源和粮食系统压力增大、民众健康状态恶化、内部冲突频繁、军事准备紧张，以及更大的人道主义救济与援助需求。② 在此基础上，该报告提出了三个关键的判断结论。第一，随着各国越来越多地争论如何加快实现《巴黎气候协定》所要求的温室气体减排目标，地缘政治紧张局势可能加剧。国家之间的气候安全争论将集中在谁应承担更多的行动和支付责任、各国为控制清洁能源转型所需的资源和主导新技术而竞争等相关话题。大多数国家都将大规模减排推迟到更接近净零目标的年份，这意味着与二氧化碳去除相关的技术突破、商业化和激励措施对实现其目标至关重要。第二，随着各国采取脱碳措施以保障自身利益，日益严重的气候危机可能加剧跨境地缘政治冲突。第三，到2040年及以后，发展中国家对气候变化不断加剧的物理影响的感受将达到最强烈的程度，同时这些国家因缺乏适应气候变化的能力而成为最脆弱的国家。这些物理变化将增加这些国家发生内部冲突的可能性，在某些情况下会对美国的外交、经济、人道主义援助和军事资源形成额外

① The Biden Plan for a Clean Energy Revolution and Environmental Justice[EB/OL]. (2022-11-25). https：//joebiden. com/climate-plan/#.

② Climate Change and International Responses Increasing Challenges to US National Security Through 2040[EB/OL]. (2022-11-20). https：//www. odni. gov/files/ODNI/documents/assessments/NIE_Climate_Change_and_National_Security. pdf.

的需求。①

与英、美等国持续渐进的气候安全能力建设相比，非洲等地的气候安全能力建设及其前景则具有显著的不确定性。有学者对1990 年至 2016 年非洲大陆气候变化和武装冲突的关系进行实证研究，研究显示气候变化是非洲地区冲突的重要诱因且具有较大的空间外溢性。为此，非洲的气候治理政策不仅要考虑到多重地理空间的客观因素，更要通过经济建设和维和行动等领域强化气候适应与安全建设方案。② 以维和行动为例，非洲的安全在很大程度上维系于当前的维和目标与方式。有研究指出，在 2018 年马里维和行动中，维和人员排放的二氧化碳总量相当于马里公民排放的二氧化碳的 27 倍。维和行动需要将气候意识和相关实践置于重要位置，最大程度地减少对环境产生的负面影响。非洲是全球范围内维和行动最为密集的地区，为在气候变化背景下更好地实现国际维和，联合国安理会已开始授权维和行动参与气候安全建设，并在知识生产、能力建设、平台打造等方面做出了尝试。联合国于 2021 年指出，维和部队需采取有意义的行动以适应或减轻气候变化和生态变化带来的挑战。在当前的联合国维和体制之下，气候安全建设是一种复杂的组织过程，客观上需要立足于特定的专业背景，通过气候减缓和适应活动为当地提供最大限度的和平机遇。目前，维和行动气候安全建设的要素包括和平行动的碳排放足迹、维和目的国的气候脆弱程度与自然灾害风险评估、维和目的国的气候适应能力建设。不过，与脱碳减排的巨大挑战相比，尽管全球安全体制下的气候变化议题在增加，但纳入气候治理议程的维和行动的比例和力度仍显不足，大多数国家所履行的维和行动仍未能将气候安全议题纳入其规

① Climate Change and International Responses Increasing Challenges to US National Security Through 2040 [EB/OL]. (2022-11-15). https://www.odni.gov/files/ODNI/documents/assessments/NIE_Climate_Change_and_National_Security.pdf.

② Cappelli F, Conigliani C, Consoli D. Climate Change and Armed Conflicts in Africa: temporal Persistence, non-linear Climate Impact and Geographical Spillovers [J]. Economia Politica, 2022: 1-44.

划中。此外，关于气候安全的风险评估和危机管控的建设机制既没有实现标准化，也没有成为主导趋势，且气候适应和减排行动总体上较为分散失衡，与更广泛的安全战略议程缺乏常态化的联系与互动机制。①

四、气候安全框架下的气候正义

人类社会活动经年累月地大量使用化石能源是造成全球气候变化的根本原因，但以"人类活动"为名而分析气候变化及其治理仍无法回避蕴含于其中的正义问题。无论从历史累积排放还是从当前及未来的碳排放量等角度衡量，单一地将气候治理与脱碳减排的责任归结于某个特定群体的国家与地区，均有悖于气候伦理；而罔顾经济发展和生态安全之间的平衡问题，亦不能保障气候正义。同理，尽管全球范围内气候治理共识得到有效提升，至少170个国家及诸多城市将适应气候变化纳入气候治理进程，但这仍不能掩盖气候正义的深层次缺陷。实际上，气候正义的问题深刻地蕴含于历史、政治、产业等多个维度。正如联合国极端贫困和人权问题特别报告员菲利普·奥尔斯顿（Philip Alston）在2019年认为，国际社会对气候变化的应对面临着一种"气候种族隔离"的风险，富人花钱逃避高温、饥饿与冲突，而世界其他地区则被留在那里受苦。②

第一，国家实力客观差异中的气候正义。人类活动引起的气候变化，包括更加频繁和强烈的极端事件，已经对自然生态和人类社会造成了广泛的不利影响。气候脆弱性突出的热点地区主要集中在西非、中非、北非、南亚、中南美洲、小岛屿发展中国家和北极

① Scartozzi C M. Climate-Sensitive Programming in International Security: An Analysis of UN Peacekeeping Operations and Special Political Missions[J]. International Peacekeeping, 2022, 29(3): 488-521.

② Scott S V. Implications of Climate Change for the UN Security Council: Mapping the Range of Potential Policy Responses[J]. International Affairs, 2015, 91(6): 1317-1333.

圈。气候变化加剧了人道主义危机，气候灾害与地区脆弱性相互作用，而沿海国家特别是小岛屿国家受到的影响尤为严重。生活在低洼海岸的全世界 11% 的人口直接受到气候灾害的影响，2050 年时位于低洼地区的东亚和南亚将有超过 10 亿人面临气候灾害的风险，到 2100 年气候变化的冲击范围将扩展到所有中亚和加勒比国家。对大陆国家来说，气候变化之于国家安全的威胁可能是间接的，而气候变化对小岛屿国家的主权、发展和领土完整则构成了直接威胁。许多沿海国家拥有密集布局的重要基础设施和资产，这些设施和资产也极容易受到气候变化引发的沿海灾害的影响。以太平洋岛国为例，气候变化仍然是对太平洋岛民生活和生计的最大威胁，不断变化的天气、严重而频繁的自然灾害使得太平洋岛民的生活步履维艰。太平洋岛民获得食物、纯净水和其他生活必需品不仅愈发艰难，他们赖以生存的海洋也正在发生变化，渔业与海洋商业也因此大受影响。

第二，非国家行为体之间的气候正义。未来气候的脆弱性将更加集中体现在地方、市政、社区和私营部门最无力提供基础设施和基本服务的地方。在气候变化加剧的情况下，多种气候灾害和风险将同时发生并相互作用，导致整体风险加剧；跨部门和跨区域的风险相互叠加，并在人口聚集的城市地区形成更为复杂的风险。① 随着经济发展与气候治理关联度的显著提升，工业园区和城市等特定区域的气候安全问题也得到了广泛重视，相应地，这类区域中的不同人群所面临的气候正义也得到了更加全面的关注。在气候正义被逐渐纳入气候适应型城市的建设过程中时，史琳达（Shi Linda）等学者认为，推进气候治理不应仅仅关注城市对气候变化的适应能力，而更应该关注城市适应气候变化过程中的公正问题，即城市在适应

---

① Summary for Policymakers［EB/OL］.（2022-11-13）. https：//www.ipcc. ch/report/ar6/wg3/downloads/report/IPCC_AR6_WGIII_SPM.pdf.

气候变化中应给予低收入群体、边缘人群和少数族裔更多关怀。① 例如，极易受到气候变化影响的哥伦比亚，非洲裔哥伦比亚人所受的冲击力度最大，② 针对这一群体的援助措施也需相应地增强。如上所述，气候变化所形成的风险在不同地区、不同群体、不同层级都有呈现，但并非所有被冲击的对象均有寻求被关注、被保护的途径，而这也正是气候正义问题的复杂症结所在。

第三，能源转型过程中的气候正义。面向气候安全的能源转型过程同样面临着广泛的气候正义问题。由于经济和技术发展水平的差异，加之国家之间、群体之间的利益差异，能源转型过程中也蕴含着社会不平等和社会冲突，进而恶化气候正义的风险。比如，尽管太阳能、风能等可再生能源非常丰富且每个国家都能享用，但是可再生能源技术所需的原材料（如锂、钴、镍、稀土等）却是稀缺资源，在资源开采过程中极有可能引发国家之间产生新的利益竞争和风险冲突。在低碳与清洁能源技术推广普及过程中，并非所有国家都能平等受益，一些国家可能会被迫降低经济、政治实力，或承担更高的能源成本。比如，伊拉克、委内瑞拉、利比亚等国的能源转型基础十分薄弱，未来脱碳过程可能面临着新的风险。从另一个角度来说，低碳能源并不是解决全球气候变化问题的灵丹妙药，如果可再生能源与脱碳技术的推广没有考虑到实际需求，缺乏灵活可行的政策支持，不具备充分的融资机制和商业模式，能源转型和技术转移则可能会重复过去化石燃料能源所导致的后果。只有通过持续的国家间合作、充分的科学研究和适应性的政策执行，可再生能源发展和能源转型方可在全球范围内取得成效，为未来几十年的气

---

① Shi L. From Progressive Cities to Resilient Cities: Lessons from History for New Debates in Equitable Adaptation to Climate Change [J]. Urban Affairs Review, 2021, 57(5): 1442-1479.

② USAID: COLOMBIA CLIMATE CHANGE FACT SHEET [EB/OL]. (2022-10-27). https://www.usaid.gov/climate/latin-america-caribbean/colombia.

候治理和气候安全做出贡献。[1]

必须强调的是，发达国家的气候治理行动是保障气候正义的关键要素。欧美等发达国家援助和支持发展中国家开展气候安全建设是保证气候正义得以实现的必要环节，但就当前现实来看，整体上气候援助情况并不乐观，而这也客观上导致了气候正义问题的持续恶化。经济欠发达的非洲大陆气候变暖程度显著超过全球平均水平，到 21 世纪末平均温度将增加 3℃~6℃，其中撒哈拉以南地区由于适应或减缓气候变化的能力非常弱，已经成为全世界最易受气候变化影响的地区之一。[2] 2021 年 7 月，欧盟提出《欧洲绿色协议》（EGD）为欧洲及全球气候治理合作提出了相应方案。该倡议在农业、生物多样性、能源、关键原材料、循环经济、新技术和金融等七个方面对欧非关系、非洲气候治理有显著的意义。从倡议框架及内容来看，欧盟提高农业标准则可能提高非洲向欧盟出口农产品的非关税壁垒；欧盟推进能源清洁化转型则可能导致非洲对欧洲的能源出口结构发生变化，导致其中部分化石燃料出口减少而天然气出口量增加；欧盟低碳能源战略的推进客观上需要进口更多石墨、钴、锂等关键原材料，此类资源的开采虽然可以帮助非洲增加就业机会，但也可能破坏非洲环境；此外，欧盟在对非洲的气候融资及经济援助方面的承诺仍难以得到有效保证。[3] 在英、法、德等欧洲发达国家对气候安全保持一贯高度关注并支持气候治理的同时，美国应对气候变化的政策力度具有至关重要的影响。在 2021 年气候

---

① Bößner S，Laderach P，Pacillo G. 2022. The Climate Security and Energy （Transition）Nexus：Winds of Change. Position Paper No. 2022/1. CGAIR FOCUS Climate Security[EB/OL]. （2022-11-02）https：//hdl. handle. net/10568/117581.

② Ofori S A，Cobbina S J，Obiri S. Climate change，Land，water，and food security：Perspectives From Sub-Saharan Africa ［J］. Frontiers in Sustainable Food Systems，2021，5：680924.

③ What Does the European Green Deal Mean for Africa？ https：// carnegieendowment. org/files/202110-Usman_ etal _ EGD _ Africa _ final. pdf ［EB/OL］. （2022-11-15）. https：//carnegieendowment. org/2021/10/18/what-does-european-green-deal-mean-for-africa-pub-85570.

领导人峰会上，美国宣布将以政府的力量促进经济增长、创造就业机会并推进环境正义。美国政府强调，鉴于超过85%的温室气体排放量来自美国之外，所以单靠美国一国努力是远远不够的，世界上的主要经济体和其他中小国家都应该采取更多措施来扭转全球升温势头，以便将全球平均气温上升控制在1.5℃以内。为展示美国的领导力，并创造出更多的就业机会、增进世界团结、动员资金、刺激转型创新、保护生态自然、为社区建立复原力、加强适应和推动经济增长，美国政府承诺将支持发展中国家制定建立净零战略，帮助发展中国家实现自主贡献和国家适应战略。美国国务院和美国国际开发署也将与其他机构合作，通过协调美国政府的外交资源以帮助世界各国实现相应的气候治理目标。①

五、碳中和进程中的气候安全建设路径

全球气候变化产生的安全风险复杂多变，安全评估及安全建设既需要与全球气候治理进程的战略目标共识高度一致，也需要深刻剖析人类和大自然的脆弱性以及人类适应能力之间的复杂的相互作用，在此基础上形成有效的气候安全建设路径。

日趋广泛的国际战略共识是实现气候安全的政治基础。自碳中和概念融入全球气候治理进程以来，多个国家已经围绕碳中和形成了积极有效的国际合作平台。在主要国家和经济体的推动下，近200个缔约方在2015年巴黎气候变化大会上达成《巴黎气候协定》，确立了把全球平均气温涨幅较工业化前水平控制在2℃以内和努力实现1.5℃温控的目标，为全球确定了绿色低碳转型的大方向；2017年，主要缔约方国家在"同一个地球"峰会上签署了《碳中和联盟声明》，承诺在21世纪中叶实现净零碳排放；2019年联合国气

① The White House: Remarks by Vice President Harris at the Virtual Leaders Summit on Climate Opening Session[EB/OL]. (2022-11-15). https://www.whitehouse.gov/briefing-room/speeches-remarks/2021/04/22/remarks-by-vice-president-harris-at-the-virtual-leaders-summit-on-climate-opening-session/.

候行动峰会上，主要国家承诺加大行动力度并组建"气候雄心联盟"以敦促各国开展更高级别的气候治理行动。截至 2021 年 2 月 10 日，127 个国家已承诺实现碳中和。包括英国、法国和日本在内的 21 个国家计划在 2050 年实现碳中和，奥地利和冰岛计划在 2040 年实现碳中和，而中国、瑞典和芬兰分别提出了到 2060 年、2045 年和 2035 年实现碳中和的目标。

各缔约方积极参与推进碳中和目标是有效的机制保障。《巴黎气候协定》强调，碳排放责任指的是那些达到经济繁荣水平并在历史上碳排放的工业国家的责任。美国和欧盟国家就贡献了超过三分之一的累计历史排放量。以欧美为主体的发达国家整体上形成了共同脱碳战略，计划在 2040 年实现电力部门的全部脱碳、能源需求排放的部分脱碳和快速扩大去二氧化碳（CDR）技术规模。不过，各大经济体的脱碳战略并不能保证其脱碳目标的如期实现。日本受限于陆上风能和太阳能，在电力部门转型中遇到了困难。澳大利亚和美国人均能源消耗量大，在减少工业和运输排放方面面临着挑战。[1] 全球碳捕获封存研究所认为，包括澳、欧、美在内的发达国家主导了脱碳的研发工作和试点项目，但能否充分部署碳捕获项目并顺利实现《巴黎气候协定》的目标，仍将取决于脱碳技术研发能否大幅降低成本。[2] 在以欧美国家为主导力量的研究体系中，不同国家对中国气候治理的认知也存在较大差异，这足以解释中国在全球气候治理中的复合角色和多重身份。芬兰学者胡里·卡罗丽娜（Hurri Karoliina）通过对 2016 年到 2018 年的联合国气候变化框架公约下三次缔约方大会中主要缔约方高级别发言的文本分析，来反映各国对中国在气候治理中的角色期待。研究结论中有关中国气候治理的内容包括如下几点：发展中国家与发达国家的二分法已经不能

---

① Schreyer F, Luderer G, Rodrigues R. Common but Differentiated Leadership: Strategies and Challenges for Carbon Neutrality by 2050 Across Industrialized Economies [J]. Environmental Research Letters, 2020, 15(11): 114016.

② Climate Change and International Responses Increasing Challenges to US National Security Through 2040 [EB/OL]. (2022-11-24). https://www.odni.gov/files/ODNI/documents/assessments/NIE_Climate_Change_and_National_Security.pdf.

适应气候变化的需要；包括中国在内的所有国家都是利益攸关方；发展中国家仍然具有共同利益；中国应比一般缔约方承担更大的责任；中国已经采取积极的气候行动。该研究发现，一方面美国、法国、德国等国家认识到中国在全球气候治理中的结构性领导力，并主张中国应承担更多责任，另一方面主要发达国家并不期望中国成为气候行动的驱动性力量，而是主张将中国排除在主要参与者之外。① 西班牙学者弗朗西斯科·佩特罗内（Francesco Petrone）认为，不应将以中国为代表的"金砖国家"视为现有国际体系的一种威胁，而应将其视为多极体系构建的一个过渡环节，它可以更好地解决当前混乱的世界秩序，并有助于提升全球治理的有效性。西方国家在气候治理方面存在着分歧以及行动不力等问题，"金砖国家"可能迎来有利的发展前景。事实上"金砖国家"已经在气候治理方面采取了积极的行动，比如推动能源转型，又如呼吁全面落实《巴黎气候协定》，再如敦促发达国家向发展中国家提供资金、技术和能力建设支持，这些都有助于提高发展中国家减缓和适应气候变化的能力。②

能源产业的积极转型是实现碳中和目标的必要枢纽。以电力行业脱碳为例，可以进一步明确未来能源转型的重要性。气候变化的现实威胁和全球可持续发展的愿景目标客观上要求世界各国实施力度空前的经济和社会变革，包括对全球能源系统进行根本性的变革。电气化是未来实现清洁能源和能源转型的主要发展方向。能源部门的发展主要着力于能源系统电气化这一方向，决定了发展中国家和新兴经济体未来的能源发展趋向。大多数国家正在进行的能源转型也主要集中在电力部门，以及运输和供热等终端使用部门，因此广泛的电气化趋势已经使电力行业成为世界能源供应体系中日益

---

① Hurri K. Rethinking Climate Leadership：Annex I Countries' Expectations for China's Leadership Role in the Post-Paris UN Climate Negotiations［J］. Environmental development，2020，35：100544.

② Petrone F. BRICS，Soft Power and Climate Change：New Challenges in Global Governance？［J］. Ethics & Global Politics，2019，12(2)：19-30.

增长且至关重要的支柱产业。① 为了支持能源系统转型，全球发电将由化石燃料发电过渡到可再生能源发电，到 2050 年实现完全零温室气体排放，这一转变将导致工业效率大幅度增长，并使温室气体排放迅速减少，既有利于实现 1.5℃温控的气候治理目标，也不会对最终能源消耗构成限制。在这种电气化高度发展的情况下，预计到 2050 年，电力将成为世界范围内的主要能源载体，化石燃料的利用率将大幅降低，全球能源结构将随之发生根本性的改变。

针对气候变化提升全球安全威胁的问题，世界各国开始普遍关注气候安全并在其国家安全规划中予以体现。在已经编制国家安全战略文件的国家中，超过 70% 的国家将气候变化视为国家安全威胁。② 以美国为代表的主要欧美国家开始积极提升军事能力，大幅提升气候变化的安全战略关注程度。自拜登政府上台后，美国迅速转变了其国际气候治理立场，通过国家战略层面的行动强化其气候行动与角色。2021 年 1 月拜登签署总统行政令《应对国内外气候变化》，将气候危机置于美国外交政策和国家安全的中心位置，强调应对气候变化比以往任何时候都要更加必要和紧迫。③ 2021 年 3 月美国发布《临时国家安全指南》指出，美国"将迅速采取行动，重新夺回我们在国际机构中的领导地位，与国际社会一道应对气候危机和其他共同挑战……把清洁能源转型作为经济复苏努力的中心支柱，既为国内带来繁荣，又为美国作为全球气候变化议程的领导者赢得国际荣誉。"④需要指出的是，当前美国国内在全球气候治理议

① Bogdanov D, Ram M, Aghahosseini A, Low-cost Renewable Electricity as the Key Driver of the Global Energy Transition Towards Sustainability [J]. Energy, 2021, 227: 120467.

② Scott S V. Implications of Climate Change for the UN Security Council: Mapping the Range of Potential Policy Responses[J]. International Affairs, 2015, 91 (6): 1317-1333.

③ Tackling the Climate Crisis at Home and Abroad[EB/OL]. (2022-11-04). https://www.govinfo.gov/content/pkg/FR-2021-02-01/pdf/2021-02177.pdf.

④ Interim National Security Strategic Guidance [EB/OL]. (2022-11-19). https://www.whitehouse.gov/wp-content/uploads/2021/03/NSC-1v2.pdf.

题上仍存在诸多争议，共和党与民主党在此类问题上的分歧持续存在而达成妥协与共识的难度也不断增加，① 但美国针对周边国家的气候援助仍在持续，保持了其作为气候治理缔约方的基本义务。例如，美国国际开发署通过气候适应、可再生能源和天然气解决方案支持哥伦比亚的气候安全优先事项，其中包括支持小型太阳能电网的规划、建设和运营项目；帮助社区提高生产力、改善福祉和促进社会稳定的可再生能源项目；与 18 个哥伦比亚非洲裔社区、土著社区以公私合营的方式合作保护 500000 公顷森林的天然气解决方案；加强公共森林治理、野火管理和碳监测，以保护生物多样性和减少碳排放为目标的哥伦比亚森林与湿地保护项目，等等。②

从国家责任到产业转型，从战略定位到国际援助，气候安全的内涵不断拓展，其建设议程也得以渐进拓宽，这既是全球气候治理进程的客观实际，也是学术界持续关注的问题所在。

六、中国参与全球气候安全建设

在碳中和的目标指向导引下，气候安全成为一种多维化的安全建设目标，其内涵应包括国家安全、国际安全、人类安全和生态安全等四个方面，其中前三个是"垂直安全"关系，第四个则属于"水平安全"维度。"生态安全"这一解释框架是对前三个传统框架的反馈，代表着一种思考人与自然关系的新方式。马克唐纳将生态系统定义为生态安全的起点，这是对一般气候安全解释框架的新思考，即将复原力集中在系统层面而不是个人层面来实现。③ 从系统的视角来思考，全球气候治理形成了以"碳中和"为目标指向、以"减排

---

① Jean-Daniel Collomb, The Limitations of U. S. Climate Leadership：A Realist Perspective, in Michael Stricof, Isabelle Vagnoux, edit, U. S. Leadership in a World of Uncertainties. Palgrave Macmillan：155-172.

② USAID：COLOMBIA CLIMATE CHANGE FACT SHEET[EB/OL]. (2022-12-01). https：//www. usaid. gov/climate/latin-america-caribbean/colombia.

③ Lamain Corinne. Conflicting Securities：Contributions to a Critical Research Agenda on Climate Security[J]. Globalizations, 2022, 19(8)：1257-1272.

脱碳"为路径依托、以"控制升温"为政策依赖、以"气候安全"为战略保障的整体格局。

针对增强社会适应气候变化能力的问题，德国智库 Aldphi 给出了七条建议：改善气候数据的收集和共享，以实现更好的天气预报、建模和预测，并在政府各部门、民间社会和公众之间形成高效的传播机制；提高对高冲突敏感度的气候适应的认识，使人们了解如何以避免冲突和失衡的方式进行气候适应；提升治理和安全保障的包容性，完善问责和响应机制，防止森林砍伐和环境恶化；通过提高社会凝聚力以抵御气候威胁；提升农业技术水平，保障粮食安全；加强气候安全风险评估；加强政府、军队和民间社会应对和适应气候风险的能力。[1]

碳中和的主要任务是到 21 世纪末将全球变暖控制在 1.5℃ 以内，新能源技术在实现碳中和目标的进程中发挥主导作用。世界主要经济体均发布了积极的碳中和规划。欧盟委员会于 2019 年发布的《欧洲绿色协议》宣布 2030 年温室气体排放量将较 1990 年减少 50%~55%，到 2050 年实现碳中和目标；日本政府也在 2020 年发布《绿色增长战略》并宣布将于 2050 年实现碳中和。从各国公布的战略来看，主要国家和地区的碳中和路径包括：逐步退出燃煤发电计划；加快太阳能、风能、氢气等新能源产业的应用和推广；发展固碳和碳转化技术；引入碳定价机制，提高碳排放成本；加大二氧化碳埋藏和封存技术的应用和推广；发展碳转化和森林碳汇等措施。[2]

海外研究成果也积极关注并肯定中国的气候治理投入和成效，有研究指出，自 2008 年以来中国政府在气候治理和低碳发展方面

---

① Adelphi: Climate, peace and security assessment Mali Full Report[EB/OL]. (2022-12-01). https://www.adelphi.de/en/system/files/mediathek/bilder/Climate%2C% 20peace%20and%20security%20assessment%20Mali%20Full%20Report.pdf.

② Caineng ZOU, Xiong B, Huaqing XUE. The Role of New Energy in Carbon Neutral[J]. Petroleum exploration and development, 2021, 48(2): 480-491.

保持了积极主动的立场。① 在 2008 年到 2012 年五年间，中国对可再生能源和核能的投资增长了 40%，对化石燃料发电的投资则从 50% 下降到 25%；2015 年中国在清洁能源技术上投入了 1105 亿美元。中国主导的亚投行为印度农业部、农村发展部、水资源部和铁道部提供融资支持，增强这些部门应对气候变化的能力。快速发展、地势低洼的亚洲城市很容易受到气候变化的影响，将气候风险纳入整个亚洲的发展规划是一项紧迫的任务，而亚投行可以在推进这些努力方面发挥重要作用。②

中国在实现碳中和过程中面临的挑战诸多，实现碳达峰的难度大且时间短，对高碳化石能源依赖程度较高，抵御经济风险的能力较弱，因此中国急需提升和推广低碳技术。③ 中国的碳中和战略需要与中国的经济与社会发展战略紧密对接。比如，作为世界上城镇化速度最快和规模最大的国家，城市建设过程中的脱碳成效将是决定中国整体碳中和的关键环节。又如，在建筑中实施绿色低碳制冷将是建筑领域的一项重要战略，对中国实现碳减排和碳中和具有重要作用，为了进一步加强制冷行业的脱碳，中国发布了《绿色高效》计划，目标是在 2030 年之前将大型公共建筑和整体制冷部门的制冷效率分别提高 30% 和 25%。④ 鉴于中国在碳中和领域的责任和能力现实，有学者认为推动中国与气候治理关键角色特别是欧盟的合作具有重大意义。作为全球气候治理的参与者和引领者，中国与

---

① Engels A. Understanding how China is Championing Climate Change Mitigation [J]. Palgrave Communications, 2018, 4(1): 1-6.

② Nassiry, Darius, and Smita Nakhooda. "The AIIB and investment in action on climate change." Overseas Development Institute [EB/OL]. (2022-12-02). https://cdn.odi.org/media/documents/the_AIIB_and_investment_in_action_on_climate_change.pdf.

③ Zhao X, Ma X, Chen B. Challenges Toward Carbon Neutrality in China: Strategies and Countermeasures[J]. Resources, Conservation and Recycling, 2022, 176: 105959.

④ Wang J, Yu C W, Cao S J. Technology Pathway of Efficient and Climate-friendly Cooling in Buildings: Towards Carbon Neutrality [J]. Indoor and Built Environment, 2021, 30(9): 1307-1311.

欧盟在气候安全建设方面的作用突出，其合作前景也具有广泛的代表性。有学者从角色理论的角度认为，尽管中欧在气候治理方面存在分歧，但中欧在气候治理领域重要且兼容的角色使得中欧双方的气候合作变得更加紧密，中欧密切合作将对全球气候治理和气候安全做出积极贡献。①

中国对全球气候安全的贡献既在于自身的脱碳减排，也在于推动全球发展过程中的低碳战略落实与创新。当前，"一带一路"倡议是中国为实现全球经济社会协调均衡发展而推出的重大战略性举措，其中的"绿色丝绸之路"是"一带一路"倡议的重要组成部分，亦是各国加强应对气候变化与环境治理合作的新平台。"绿色丝绸之路"是中国在新时代背景之下的可持续发展之路。它以绿色基建、绿色能源、绿色交通、绿色金融等领域的务实合作为内容；以完善全球气候治理，促进全球经济健康、可持续发展，加快中国与沿线国家绿色、低碳、循环发展为目标；既是推广绿色、可持续发展理念的题中之义，又是加快环境治理合作的客观要求，也是构建人类命运共同体的生动实践。"绿色丝绸之路"倡议也是美国智库等海外学术界关注的一个重点议题。纵览相关研究的样本文献，美国智库基于西方大国传统立场，大多从世界性大国如何回应现实问题、获取地缘政治影响力、寻求全球气候治理领导权、拓展绿色投资市场等方面对"绿色丝绸之路"倡议的战略思维展开分析。总体而言，针对"绿色丝绸之路"倡议的分析主要集中在以下三点。第一，"一带一路"倡议为沿线国家带来了大量的发展机遇，中国发布了一系列多边倡议性文件，加强对生态系统的保护，获得沿线国家热烈响应与积极合作对接。② 第二，"绿色丝绸之路"倡议是中国进一步影响沿线国家，获得地缘政治影响力的平台。美国智库学者

① Gurol J, Starkmann A. New partners for the planet? The European Union and China in International climate governance from a Role-Theoretical perspective [J]. Journal of Common Market Studies, 2021, 59(3): 518-534.

② Lachlan Carey, Sarah Ladislaw. Chinese Multilateralism and the Promise of a Green Belt and Road [EB/OL]. (2022-11-05). https://www.csis.org/analysis/chinese-multilateralism-and-promise-green-belt-and-road.

将"绿色丝绸之路"倡议视为中国利用经济手段，打造保持与"一带一路"沿线国家合作的非制度性约束，以实现地缘政治目标的重要平台。第三，"绿色丝绸之路"倡议是中国获得全球气候治理领导权的工具。"绿色丝绸之路"倡议的重点在于能源发展领域，体现并支撑着中国科学技术研究的竞争力。比如，在全球能源转型的趋势下，中国的氢能将获得大量出口机会，这将成为中国获得全球气候治理领导权的一个突破口。此外，"绿色丝绸之路"倡议通过在发展中国家投资可再生能源项目，向其展示中国减少对化石燃料依赖的决心，进而获得合作国家的支持，最终将提升中国在后巴黎时代的气候领导力。

在对中国推行"绿色丝绸之路"的战略意图进行研判的同时，美国智库也对"绿色丝绸之路"的实际效果进行了评析，其基本观点也可大致总结为如下三类。第一，"绿色丝绸之路"倡议将优化"一带一路"质量，提升中国的正面国际形象。杰米·贺诗礼(Jamie P. Horsley)认为，中国将通过"绿色丝绸之路"倡议嵌入绿色、清洁的治理机制，确保"一带一路"项目的可持续发展，从而向沿线国家兑现承诺，进而促进共同发展，实现共赢。① 第二，中国将借"绿色丝绸之路"倡议进一步控制世界能源，加剧全球地缘政治冲突风险。丹尼尔·阿拉亚(Daniel Araya)指出，预计到2050年中国可再生能源发电量将占世界总发电量的一半，而中国将在此过程中发挥引领作用。② 詹妮弗·希尔曼(Jennifer Hillman)等人认为，尽管越来越多的可再生能源发电厂有助于建设清洁、高效的能源市场，但中国作为这一趋势的领导者将引发气候相关安全问题。中国将通过电网互联的监控、数据采集等技术手段获取沿线国家情报，

① Jamie P. Horsley. Can China deliver a better Belt and Road？[EB/OL]. (2022-12-01). https：//www. brookings. edu/opinions/can-china-deliver-a-better-belt-and-road/.

② Daniel Araya. China's Belt and Road Initiative is poised to transform the clean energy industry [EB/OL]. (2022-11-14). https：//www. brookings. edu/blog/techtank/2018/11/27/chinas-belt-and-road-initiative-is-poised-to-transform-the-clean-energy-industry/.

进一步掌握他国电力"命脉"，最终加剧冲突风险。① 第三，"绿色丝绸之路"倡议将加剧中美两国在清洁能源领域的竞争风险。詹妮弗·希尔曼等人认为，随着中美战略竞争愈发激烈，美国高层需要深入了解"一带一路"倡议的战略与政治目的。② 为应对中国日渐强大的清洁能源产业，美国应加大对国内清洁能源产业的投资力度，美国需要以此保持清洁能源价格的竞争力，并进一步满足发展中国家的清洁能源需求。③ 可以看出，美国智库学者以美国的国家利益为出发点，积极为美国对抗中国的全球气候治理影响力，维护美国全球霸权优势建言献策。

全球治理能力与战略观念日益强大的中国在推进经济发展、社会建设、环境保护等方面积极探索、系统谋划、整体协调、全局推进。基于中国在全球气候治理进程中的责任和能力，中国还将碳中和战略积极融入全球发展及全球安全倡议之中。气候变化是持续性、全球性的复杂风险。中国作为全球安全的积极建设者，一如既往地保持对全球安全的密切关注和路径创新。在 2022 年 4 月的博鳌亚洲论坛，中国提出了全球安全倡议，系统地阐述了中方促进世界安危与共、维护世界和平安宁的立场主张，强调人类是不可分割的安全共同体。全球安全倡议不仅是人类命运共同体理念在安全领域的生动实践，也为推进全球安全治理、应对国际安全挑战贡献了中国智慧，更为维护世界和平安宁指明了前进方向，特别是在当前形势下对维护世界和平与发展具有极其重要的现实意义。全球安全倡议的提出使得碳中和具有更加突出的国际战略价值和安全意义，

① Jennifer Hillman. David Sacks. China's Belt and Road：Implications for the United States[EB/OL]. (2022-11-05). https：//www.cfr.org/report/chinas-belt-and-road-implications-for-the-united-states/.

② Jennifer Hillman. David Sacks. How. Should the United States Compete With China's Belt and Road Initiative？[EB/OL]. (2022-12-02). https：//www.cfr.org/blog/how-should-united-states-compete-chinas-belt-and-road-initiative.

③ Jennifer Hillman. Alex Tippett. The Climate Challenge and China's Belt and Road Initiative[EB/OL]. (2022-11-22). https：//www.cfr.org/blog/climate-challenge-and-chinas-belt-and-road-initiative.

因而也引起了海外学术界的广泛关注。卡内基基金会的相关研究认为，全球安全倡议以地区安全思想为基础，以"一带一路"倡议、"绿色丝绸之路"和全球发展倡议为背景，其目的在于以综合模式应对特定全球挑战，因而与中国的整体发展和安全战略目标相契合。① 而在英国地缘政治委员会（Council on Geostrategy）等研究机构看来，全球安全倡议的提出，表明中国有足够的信心来塑造未来的国际秩序和展示中国的国际影响力。②

结　语

碳中和是一项系统的、革命性的重大协作计划，面向全球气候安全的碳中和路径应遵循"技术颠覆突破、能源安全保障、经济持续发展、社会稳定可控"四项原则，并以节能增效、减碳封存、科技创新、应急储备、政策支持等五大维度而形成构建气候安全的全球格局。当前，全球二氧化碳排放量巨大且升温趋势明显；俄罗斯等一些大国尚未就实现碳中和的最后期限做出明确承诺；化石能源在全球能源消费结构中仍占主导地位；太阳能、风能等全球新能源发展仍具有不稳定性，空间分布差异较大，新能源的大规模开发仍存在着诸多潜在的挑战。全球气候治理形势仍不容乐观，气候安全前景仍存在着诸多不确定的风险，碳中和的目标与路径也因此而具有显著的流变性。无政府状态是国际社会的本质特征，也是全球气候治理的根本情境。气候变化对各国产生的影响既具有普遍性，也具有差异性。在能力低下、发展迟缓且对气候变化具有高暴露、高脆弱性的国家当中，气候治理的后果将与既有的国家间不平等状态相互叠加，导致这部分国家更贫困、更不安全。发展中国家应对气

---

① Carnegie India：China's Global Security Initiative Is a Bid to Dictate the Rules of Engagement［EB/OL］.（2022-12-02）. https：//carnegieindia. org/2022/06/16/china-s-global-security-initiative-is-bid-to-dictate-rules-of-engagement-pub-87340.

② Council on geostrategy：What is China's Global Security Initiative?［EB/OL］.（2022-12-01）. https：//www. geostrategy. org. uk/research/what-is-chinas-global-security-initiative/.

候风险的能力相对较弱，对降低气候灾害方面的能力建设需求更为迫切。因此，国际社会应在明确碳中和目标设定的前提下，恪守气候正义，坚持气候治理，构建可持续的气候安全。各国应在将《联合国气候变化框架公约》作为全球应对气候变化协定的基础上，充分发挥联合国安理会的积极作用，推动联合国系统形成分工明确、协调统一、团结高效的应对气候安全治理体系，确保实现《巴黎气候协定》温室气体减排目标。这既是中国积极参与全球气候治理的根本立场，也是未来全球气候安全得以实现的关键路径。

人工智能信任模式[*]

人工智能信任模式 [*]

喻　丰　张语嫣　许丽颖 [**]

摘　要：随着人工智能的社会特征凸显，人类对人工智能的知觉开始从扩展人类能力的工具向与人类合作的社会主体转变；对人工智能的信任也由基于工具能力的技术信任模式向将其视为合作同伴的社会信任模式转变。以交互阶段划分，对人工智能的信任可分为先验信任和经验信任。先验信任主要受到人机交互前人类自身的发展经历、人格类型和文化背景等因素的影响；经验信任主要受到人机交互中和交互后对人工智能的感知可信度的影响，包括感知能力、感知关系和感知规范。人类自身的先验特征和对人工智能的感知可信度共同塑造了人机交互中对人工智能的信任。

关键词：信任；人工智能；人机交互；拟人化

一、引言

机械自动化技术早已将人类从繁重的体力劳动中解放出来，而

　＊　本文为武汉大学自主科研项目（人文社会科学）海外前沿追踪项目研究成果，得到"中央高校基本科研业务费专项资金"资助。

　＊＊　喻丰，武汉大学哲学学院心理学系教授、博士生导师；张语嫣，武汉大学哲学学院心理学系硕士研究生；许丽颖，清华大学高校德育研究中心研究员、清华大学马克思主义学院助理教授。

在信息时代，人工智能（artificial intelligence，AI）技术的影响由生产端扩展到消费端，如陪伴、医护、教育等领域，①② 成为所谓"第四次工业革命"的核心。③ 人工智能指能与环境交互并旨在模拟人类智能（human intelligence）的技术，表现形式包括算法（algorithm）、智能系统（intelligent system）、智能自动化（intelligent automation）、智能主体（intelligent agent）与机器人（robot）等。④ 人工智能是极具发展潜力的领域，因为成功的人机交互可能带给社会以变革与进步，而交互所能发挥的作用又在很大程度上取决于人类的信任。⑤ 类似于信任在人际互动中的重要性，对人工智能的信任决定了人们是否对它保有开放接纳的态度，并建立良性持久的关系。⑥⑦⑧

从技术性的角度出发的研究认为，对人工智能的信任基于工具性能力，即人工智能作为辅助工具的能力，如对其工作效率和精确

① Naneva S，Sarda Gou M，Webb T L，et al. A systematic review of attitudes，anxiety，acceptance，and trust towards social robots［J］. Int J Soc Robot，2020，12：1179-1201.

② Fortunati L，Sarrica M，Ferrin G，et al. Social robots as cultural objects：The sixth dimension of dynamicity？［J］. The Information Society，2018，34：141-152.

③ Schwab K. The fourth industrial revolution［M］. New York：Crown Business，2017.

④ Glikson E，Woolley A W. Human trust in artificial intelligence：Review of empirical research［J］. Acad Manag Ann，2020，14：627-660.

⑤ Hancock P A，Billings D R，Schaefer K E，et al. A meta-analysis of factors affecting trust in human-robot interaction［J］. Hum Factors，2011，53：517-527.

⑥ Xu L Y，Yu F. Factors that influence robot acceptance［J］.（in Chinese）. Chin Sci Bull，2020，65：496-510.

⑦ Hoff K A，Bashir M. Trust in automation：Integrating empirical evidence on factors that influence trust［J］. Hum Factors，2015，57：407-434.

⑧ Salem M，Lakatos G，Amirabdollahian F，et al. Would you trust a（faulty）robot？Effects of error，task type and personality on human-robot cooperation and trust. In：2015 10th ACM/IEEE International Conference on Human-Robot Interaction. Portland：IEEE，2015. 141-148.

程度的判断。① 工具性能力通常会受到透明性(transparency)、可靠性(reliability)、可预测性(predictability)和可解释性(accountability)等因素的影响。②③④ 一些实证研究可以支持这种基于技术的信任模式，例如，提供专业有效的建议会使人们对人工智能更信任。⑤⑥ 但纯粹的技术信任并不能解释人机互动中的全部现象。例如存在算法厌恶(algorithm aversion)——尽管算法通常能比人类做出更准确的决策，但人们依然偏好人类决策，这是一种对算法决策的偏见评估和负面态度。⑦⑧⑨ 这说明人们对人工智能的信任并不完全取决于技术考量。

　　有证据表明，人们不仅将人工智能视为工具，也会将其视为社

① Muir B M, Moray N. Trust in automation. Part II. Experimental studies of trust and human intervention in a process control simulation [J]. Ergonomics, 1996, 39：429-460.

② Glikson E, Woolley A W. Human trust in artificial intelligence：Review of empirical research [J]. Acad Manag Ann, 2020, 14：627-660.

③ Hancock P A, Billings D R, Schaefer K E, et al. A meta-analysis of factors affecting trust in human-robot interaction [J]. Hum Factors, 2011, 53：517-527.

④ Hoff K A, Bashir M. Trust in automation：Integrating empirical evidence on factors that influence trust [J]. Hum Factors, 2015, 57：407-434.

⑤ Goodyear K, Parasuraman R, Chernyak S, et al. Advice taking from humans and machines：An fMRI and effective connectivity study [J]. Front Hum Neurosci, 2016, 10：542.

⑥ Kramer M F, Schaich Borg J S, Conitzer V, et al. When do people want AI to make decisions? In：Proceedings of the 2018 AAAI/ACM Conference on AI, Ethics, and Society. New Orleans：ACM, 2018. 204-209.

⑦ Dietvorst B J, Simmons J P, Massey C. Algorithm aversion：people erroneously avoid algorithms after seeing them err [J]. J Exp Psychol Gen, 2015, 144：114-126.

⑧ Jussupow E, Benbasat I, Heinzl A. Why are we averse towards algorithms? A comprehensive literature review on algorithm aversion. In：Proceedings of the 28th European Conference on Information Systems. Marrakech：AIS, 2020. 1-16.

⑨ Zhang Y Y, Xu L Y, Yu F, et al. A three-dimensional motivation model of algorithm aversion [J] (in Chinese). Adv Psychol Sci, 2022, 30：1093-1105.

会主体。Nass 等人在"计算机是社会行动者"（computers are social actors，CASA）理论中提出，人类会自动地、无意识地将社会脚本（social scripts）、规范、归因和期望应用于计算机，对其做出像对人类一样的反应。①② 如一些情境下的礼貌与互惠行为，甚至以人类社会的分类方式（human social categories）知觉计算机并形成刻板印象。③ 随着人工智能的快速发展，它们越来越多地被应用于各种社会场景并被拟人化（anthropomorphized），拟人化是指将人类独有的本质特征赋予非人对象的心理过程，④⑤ 例如可以从物理特征（面部、眼睛、身体与动作）、心理特征（喜好、幽默、个性、感情与同理心）、语言（口语或语言识别）、社会动态（合作、鼓励、回答、问题及互惠）和社会角色（医生、队友、对手、老师、宠物和导游）等方面增加算法或人工智能体的类人线索。⑥ 拟人化加强了人们对人工智能社会特征的感知，人对人工智能的知觉由受人控制的辅助工具转变为与人类合作的社会主体，在交互过程中产生更强的社会反应倾向。⑦ 已有证据表明，人类可以与人工智能进行类社

---

① Nass C, Steuer J, Tauber E R. Computers are social actors. In：CHI '94 Extended Abstracts on Human Factors in Computing Systems. Boston：ACM，1994. 72-78.

② Nass C, Fogg B J, Moon Y. Can computers be teammates？［J］. Int J Hum Comput Stud，1996，45：669-678.

③ Nass C, Moon Y. Machines and mindlessness：Social responses to computers ［J］. J Soc Issues，2000，56：81-103.

④ Waytz A, Cacioppo J, Epley N. Who sees human？The stability and importance of individual differences in anthropomorphism ［J］. Perspect Psychol Sci，2010，5：219-232.

⑤ Xu L Y, Yu F, Wu J H, et al. Anthropomorphism：Antecedents and consequences ［J］（in Chinese）. Adv Psychol Sci，2017，25（11）：1942-1954.

⑥ Fogg B J. Using Computers to Change What We Think and Do. In：Fogg B J, eds. Persuasive Technology. San Francisco：Morgan Kaufmann，2002. 89-120.

⑦ Wynne K T, Lyons J B. An integrative model of autonomous agent teammate-likeness ［J］. Theor Issues Ergon Sci，2018，19：353-374.

会互动(para-social interaction),①②③ 人们在此互动关系下的态度、行为反应与真正的社会关系类同。④⑤ 研究发现，人机交互过程也有着人际距离学(proxemics)的复杂关系，大多数参与者对机器人保持与常人相近的社交距离。⑥ 这些证据支持人们对人工智能有类似于对社会主体的反应。因此，在人机交互普遍发生的社会情境中，人对人工智能的信任模式也将由对工具的信任转而接近于对社会主体的信任，后者可能是基于人际信任的投射。

信任因其对人际关系的重要性受到各领域多学科的持续关注,⑦⑧ 关于信任的定义向来众说纷纭，以至于"一个简明并被普

---

① Youn S, Jin S V. "In A. I. we trust?" The effects of parasocial interaction and technopian versus luddite ideological views on chatbot-based customer relationship management in the emerging "feeling economy" [J]. Comput Human Behav, 2021, 119: 106721.

② Han S, Yang H. Understanding adoption of intelligent personal assistants: A parasocial relationship perspective [J]. Industrial Management & Data Systems, 118: 618-636.

③ Tsai W H S, Liu Y, Chuan C H. How chatbots' social presence communication enhances consumer engagement: The mediating role of parasocial interaction and dialogue [J]. Journal of Research in Interactive Marketing, 2021, 15: 460-482.

④ Horton D, Wohl R R. Mass communication and para-social interaction: Observations on intimacy at a distance [J]. Psychiatry, 1956, 19: 215-229.

⑤ Giles D C. Parasocial interaction: A review of the literature and a model for future research [J]. Media psychology, 2002, 4: 279-305.

⑥ Walters M L, Dautenhahn K, Koay K L, et al. The influence of subjects' personality traits on predicting comfortable human-robot approach distances. In: Proceedings of Cog Sci 2005 Workshop: Toward Social Mechanisms of Android Science. Stresa: 2005. 29-37.

⑦ Seligman A B. The problem of trust [M]. Princeton: Princeton University Press, 2021.

⑧ Rousseau D M, Sitkin S B, Burt R S, et al. Not so different after all: A cross-discipline view of trust [J]. Acad Manage Rev, 1998, 23: 393-404.

遍接受的定义仍然难以确定"①。鉴于这种情况，本文采纳迄今被引用最多、影响力最大的信任定义，即"信任是指对方无论是否受到自己监督或控制，都会履行对自己而言重要的特定行为，基于此种预期，甘愿接受对方的行为对自己造成影响"②。根据 Mayer 等人的观点，信任为信任者的一般信任倾向（propensity）和对特定对象的感知可信度（trustworthiness）共同作用的结果。

信任倾向指信任他人的一般意愿。Rotter 提出信任是个人或群体期望来自"他者"的言语、承诺及声明是值得信赖的，以此开发的人际信任量表着重测量个体的一般信任倾向。③ Farris 等人将信任定义为"人们与组织周边环境互动的一种人格特质"④。Wrightsma 认为信任是塑造人格的基本信念，即认为他人都是诚恳、善良及互信的。⑤ 类似地，Dasgupta 对信任的描述也包括对他人的普遍期望，⑥ 例如在溺水后，可以相信别人会救我吗。上述观点都强调了倾向层面的个体差异，将信任描述为对他人可信度的一般期望的特质。信任倾向作为一种稳定的人格特质，便意味着有些人较之一般人更容易产生信任，甚至在缺乏必要信息的情况下也是如此。⑦ 信

---

① Kramer R M. Trust and distrust in organizations: Emerging perspectives, enduring questions [J]. Annu Rev Psychol, 1999, 50: 569-598.

② Mayer R C, Davis J H, Schoorman F D. An integrative model of organizational trust [J]. Acad Manage Rev, 1995, 20: 709-734.

③ Rotter J B. A new scale for the measurement of interpersonal trust [J]. J Pers, 1967, 35: 651-665.

④ Farris G F, Senner E E, Butterfield D A. Trust, culture, and organizational behavior [J]. Industrial Relations: A Journal of Economy and Society, 1973, 12: 144-157.

⑤ Wrightsman L S. Assumptions About Human Nature: Implications for Researchers and Practitioners [M]. Newbury Park: Sage Publications, 1992.

⑥ Dasgupta P. Trust as a commodity. Trust: Making and Breaking Cooperative Relations, 2000, 4: 49-72.

⑦ Lee J D, See K A. Trust in automation: Designing for appropriate reliance [J]. Hum Factors, 2004, 46: 50-80.

任倾向已被发现会对人际信任产生重要影响,① 而其对于人机信任的影响也得到了一些研究的验证。例如,Merritt 和 Ilgen 发现信任倾向与对自动化的初始信任水平显著正相关;② Schneider 等人开发了对自动化的信任倾向量表(the propensity to trust automation scale)。③ 之后的研究发现,与拟人化机器人搭档进行信任游戏时,个体在该量表的得分能够正向预测信任行为。④

尽管信任倾向是影响信任的重要因素,但同一个体在面对不同对象时也会产生不同程度的信任,这是由感知对象的可信度所决定的。可信度的概念通常是多维的。首先,被信任者的能力(ability),即在特定领域具有影响力的技能和特征,⑤ 是影响其可信度的重要因素。⑥⑦ 人类的能力是人际信任形成的重要前提,人工智能的能力也是影响人机信任尤其是交互后信任的关键因素,机器人越智

① Colquitt J A, Scott B A, LePine J A. Trust, trustworthiness, and trust propensity: A meta-analytic test of their unique relationships with risk taking and job performance [J]. J Appl Psychol, 2007, 92: 909-927.

② Merritt S M, Ilgen D R. Not all trust is created equal: Dispositional and history-based trust in human-automation interactions [J]. Hum Factors, 2008, 50: 194-210.

③ Schneider T R, Jessup S A, Stokes C, et al. The influence of trust propensity on behavioral trust. In: Poster Session Presented at the Meeting of Association for Psychological Society. Boston: APS, 2017.

④ Jessup S A, Schneider T R, Alarcon G M, et al. The measurement of the propensity to trust automation. In: Chen J, Fragomeni G, eds. Virtual, Augmented and Mixed Reality. Applications and Case Studies. HCII 2019. Lecture Notes in Computer Science. Cham: Springer, 2019. 476-489.

⑤ Mayer R C, Davis J H, Schoorman F D. An integrative model of organizational trust [J]. Acad Manage Rev, 1995, 20: 709-734.

⑥ Hovland C I, Janis I L, Kelley H H. Communication and persuasion [M]. New Haven: Yale University Press, 1953.

⑦ Lieberman J K. The Litigious Society [M]. New York: Basic Books, 1981.

能，就越能获取人的信任。① 其次，被信任者的动机（motivation）也会影响其可信度，②，尤其是当不以利己为目的并展现出对信任者的善意时，有助于双方构建积极关系。随着人工智能社会特征的增加，人类开始与人工智能形成类社会关系，③ 对人工智能的动机与意图的判断会影响到对人工智能的信任。再次，被信任者能否遵循原则也会影响其可信度，此即人际关系中的"正直（integrity）"，对映到人机交互中则是对人工智能的规范感知，具体指人工智能是否遵守人类接受的社会规范。规范感知也会影响人类对人工智能的信任，而且人工智能接受度的最终问题必然是涉及人工智能的道德问题。④

综上所述，在人机交互中，人类对人工智能的信任应该综合技术性的信任模式和对社会主体的信任模式。因此，我们将对人工智能的信任描述为人类自身的先验特征以及对人工智能的感知可信度共同作用的结果。人类自身的先验特征通常包括发展经历（developmental experiences）、人格类型和文化背景。而感知可信度包括对人工智能的感知能力、感知关系和感知规范，感知能力即人类认为人工智能有效完成任务的能力；感知关系即人类所感知到的与人工智能的积极关系；感知规范即人类认为人工智能所遵循的一套可以被人类接受的社会规范及原则。

---

① Haring K S, Matsumoto Y, Watanabe K. How do people perceive and trust a lifelike robot [C]. In: Proceedings of the World Congress on Engineering & Computer Science. San Francisco: IAENG, 2013. 425-430.

② Cook J, Wall T. New work attitude measures of trust, organizational commitment and personal need non-fulfilment [J]. J Occup Psychol, 1980, 53: 39-52.

③ Whang C, Im H. "I Like Your Suggestion!" the role of humanlikeness and parasocial relationship on the website versus voice shopper's perception of recommendations [J]. Psychology & Marketing, 2021, 38: 581-595.

④ Xu L Y, Yu F. Factors that influence robot acceptance [J] (in Chinese). Chin Sci Bull, 2020, 65: 496-510.

二、先验信任

早期的人机交互研究大多着眼于人工智能本身的特点，而随着以人为本(human-centered)的人工智能研究兴起，人类个体特征在人机交互中的作用也逐渐受到更多地关注与研究。[1] 实际上，在交互之前乃至交互初期，信任者的个体特征会先影响其对人工智能的信任，这主要是由于此时关于特定对象的具体信息较为缺乏，人们只能依赖于对他人的普遍倾向做出信任决策。[2][3] 虽然在一项元分析中，Hancock 等人发现人类相关因素对人机信任影响较小，但他们认为这一结果并不能说明人类相关因素对人机信任的影响是微不足道的，相反，他们将其归因于实证研究的不足，因此建议应当进行更多人类相关因素的实证研究探索。[4] 而之后另一项关于自动化信任的元分析表明，人类相关因素与自动化相关因素对自动化信任度的影响程度相似，[5] 该结论进一步凸显了人类相关因素的重要性。具体而言，具有不同发展经历、人格类型和文化背景的个体在

---

① Kaplan A D, Kessler T T, Sanders T L, et al. A time to trust: Trust as a function of time in human-robot interaction. In: Nam C S, Lyons J B, eds. Trust in Human-Robot Interaction. New York: Academic Press, 2021. 143-157.

② Alarcon G M, Capiola A, Pfahler M D. The role of human personality on trust in human-robot interaction. In: Nam C S, Lyons J B, eds. Trust in Human-Robot Interaction. New York: Academic Press, 2021. 159-178.

③ Jones S L, Shah P P. Diagnosing the locus of trust: A temporal perspective for trustor, trustee, and dyadic influences on perceived trustworthiness [J]. J Appl Psychol, 2016, 101: 392-414.

④ Hancock P A, Billings D R, Schaefer K E, et al. A meta-analysis of factors affecting trust in human-robot interaction [J]. Hum Factors, 2011, 53: 517-527.

⑤ Schaefer K E, Chen J Y C, Szalma J L, et al. A meta-analysis of factors influencing the development of trust in automation: Implications for understanding autonomy in future systems [J]. Hum Factors, 2016, 58: 377-400.

固有信任倾向上存在差异,① 同样地, 人们对人工智能的信任倾向也受到发展经历、人格类型与文化背景的影响。

人们对人工智能的信任倾向会受到发展经历的影响, 例如年龄与性别。伴随着科技发展和人口老龄化, 老年人必须要面临与人工智能共处的境遇, 这使得研究者尤为关注年龄因素。年龄是影响人机信任的重要因素,② 有证据表明, 老年人比年轻人更信任和依赖辅助决策工具。③ 但关于机器人的研究则得到截然相反的结论: 老年人更有可能对机器人表现出负面情绪, 并且比年轻人更不信任机器人;④⑤ 相应地, 年轻人往往比老年人对机器人有更积极的态度, 也更愿意使用机器人,⑥ 可见年龄与对人工智能信任之间的关系, 在人工智能的载体层面还有可供探讨的空间。除年龄之外, 个体对人工智能的信任度也在性别上表现出差异: 与女性相比, 男性对机器人表现出更高的接受度、更积极的态度以及更高的信任,⑦

---

① Hofstede G. Motivation, leadership, and organization: do American theories apply abroad? [J]. Organ Dyn, 1980, 9: 42-63.

② Steinke F, Fritsch T, Silbermann L. A systematic review of trust in automation and assistance systems for older persons' overall requirements. In: eTELEMED 2012, the Fourth International Conference on eHealth, Telemedicine, and Social Medicine. Valencia: IARIA, 2012. 155-163.

③ Ho G, Wheatley D, Scialfa C T. Age differences in trust and reliance of a medication management system [J]. Interact Comput, 2005, 17: 690-710.

④ Erebak S, Turgut T. Caregivers' attitudes toward potential robot coworkers in elder care [J]. Cogn Technol Work, 2019, 21: 327-336.

⑤ Scopelliti M, Giuliani M V, Fornara F. Robots in a domestic setting: A psychological approach [J]. Univers Access Inf Soc, 2005, 4: 146-155.

⑥ May D C, Holler K J, Bethel C L, et al. Survey of factors for the prediction of human comfort with a non-anthropomorphic robot in public spaces [J]. Int J Soc Robot, 2017, 9: 165-180.

⑦ Kuo I H, Rabindran J M, Broadbent E, et al. Age and gender factors in user acceptance of healthcare robots. In: The 18th IEEE International Symposium on Robot and Human Interactive Communication. Toyama: IEEE, 2009. 214-219.

并且人们倾向于认为异性机器人更有魅力也更值得信赖。①

人格类型也可能会影响人们对人工智能的信任，目前已经发现的对人工智能信任产生影响的人格特征是"大五"人格（big five）中的外倾性和神经质。关于外倾性与人机信任关系的研究较多且结论不一。一些研究证实外倾性与人机信任之间存在显著正相关，② 如在一项信任游戏中，外倾性较高的被试会给机器人伙伴更多的钱，即更信任机器人伙伴，③ 这和以往发现高外倾性的个体在人际信任中表现出对他人更高信任意图的结果是一致的；④ 而另一些研究则未发现外倾性与人机信任之间存在关系；⑤ 还有研究进一步发现，外倾性较高的被试更加信任外向的机器人，⑥ 而外倾性较低的被试则更青睐外倾性较低的机器人，⑦ 这表明外倾性和人机信任的关系

① Siegel M, Breazeal C, Norton M I. Persuasive robotics: The influence of robot gender on human behavior. In: 2009 IEEE/RSJ International Conference on Intelligent Robots and Systems. St. Louis: IEEE, 2009. 2563-2568.

② Robert L. Personality in the human robot interaction literature: A review and brief critique. In: Proceedings of the 24th Americas Conference on Information Systems. New Orleans: AIS, 2018. 16-18.

③ Haring K S, Matsumoto Y, Watanabe K. How do people perceive and trust a lifelike robot. In: Proceedings of the World Congress on Engineering & Computer Science. San Francisco: IAENG, 2013. 425-430.

④ Alarcon G M, Lyons J B, Christensen J C, et al. The role of propensity to trust and the five factor model across the trust process [J]. J Res Pers, 2018, 75: 69-82.

⑤ Salem M, Lakatos G, Amirabdollahian F, et al. Would you trust a (faulty) robot? Effects of error, task type and personality on human-robot cooperation and trust. In: 2015 10th ACM/IEEE International Conference on Human-Robot Interaction. Portland: IEEE, 2015. 141-148.

⑥ Joosse M, Lohse M, Pérez J G, et al. What you do is who you are: The role of task context in perceived social robot personality. In: 2013 IEEE International Conference on Robotics and Automation. Karlsruhe: IEEE, 2013. 2134-2139.

⑦ Niculescu A, van Dijk B, Nijholt A, et al. Making social robots more attractive: The effects of voice pitch, humor and empathy [J]. Int J Soc Robot, 2013, 5: 171-191.

可能存在人—机人格匹配效应。神经质则一般被认为与人机信任之间存在负向关系，如 Szalma 和 Taylor 发现被试的神经质水平与其对正确自动化建议的认同呈负相关，① 这可能是因为高神经质的个体倾向于在决策中保持谨慎。②

文化背景也是信任的重要影响因素，在人际关系领域，大量研究表明信任因国家、种族、宗教等文化因素而异，③ 比如在人际关系中，与美国人相比，日本人的信任水平普遍较低。④ 在人机关系领域，与美国人相比，墨西哥人更倾向于信任自动决策辅助工具。⑤ 然而目前关于文化对人工智能信任的影响研究相对较少，需要未来继续探索文化差异对人机信任的影响以及原因。

总而言之，发展经历、人格类型和文化背景等个体特征影响个体对人工智能的信任，这种信任主要出现在人机交互之前及开始阶段，因此是先验的。在发展经历上，年长者虽更加信赖辅助完成决策的工具，却难以信任机器人；男性比女性展现出更高水平的信任；在人格特征上，主要是"大五"人格中的外倾性和神经质会影响对人工智能的信任倾向，而且可能存在一种人—机人格匹配的效应；在文化背景领域，来自不同国家和民族的个体对人工智能的信任度也不尽相同，文化因素在其中发挥何种作用，尚需更多的实证研究进行论证。

---

① Szalma J L, Taylor G S. Individual differences in response to automation：The five factor model of personality［J］. J Exp Psychol Appl, 2011, 17：71-96.

② Matthews G. Personality and information processing：A cognitive-adaptive theory. In：Boyle G J, Matthews G, Saklofske D H, eds. Handbook of Personality Theory and Assessment. Vol. 1. Personality Theories and Models. Thousand Oaks：Sage, 2008. 56-79.

③ Naef M, Fehr E, Fischbacher U, et al. Decomposing trust：Explaining national trust differences. ［J］ Int J Psychol, 2008, 43：577-577.

④ Yamagishi T, Yamagishi M. Trust and commitment in the United States and Japan［J］. Motivation and emotion, 1994, 18：129-166.

⑤ Huerta E, Glandon T A, Petrides Y. Framing, decision-aid systems, and culture：Exploring influences on fraud investigations ［J］. International Journal of Accounting Information Systems, 2012, 13：316-333.

三、经验信任

在一段交互过程中，随着对特定对象的了解加深，人类自身信任倾向的影响可能会逐渐减小，而更加依赖特定对象本身的信息来做出信任决策。① 类似地，在人机交互的中后段，人们更多地依赖所感知到的人工智能相关信息与交互经验来做出信任判断，主要包括对人工智能的能力感知、关系感知以及规范感知。

（一）能力感知

能力既是人际信任的前提与基础，也是人机信任最具影响力的驱动条件。对人工智能的能力感知主要源于人工智能客观实在的物理性能；② 此外，人工智能的外观和交互环境等因素则会影响人类对人工智能的主观能力感知。

首先，人工智能的物理性能是影响人类对其能力感知的最主要因素，包括可靠性和透明性。可靠性即技术随着时间的推移表现出稳固且符合预期的行为，③ 准确率高的机器人会使人们感知到更强的可靠性、技术能力以及可理解性，继而更为信任。④ 机器人的错误会影响人们对其可靠性和信任度的感知，但只要不造成持久的损害，人们还是会遵循机器人的指示。错误对信任度的影响程度取决于任务的性质，人工智能若在高风险任务的决策中犯错，很快就会

① Jones S L, Shah P P. Diagnosing the locus of trust: A temporal perspective for trustor, trustee, and dyadic influences on perceived trustworthiness [J]. J Appl Psychol, 2016, 101: 392-414.

② Malle B F, Ullman D. A multidimensional conception and measure of human-robot trust. In: Nam C S, Lyons J B, eds. Trust in Human-Robot Interaction. New York: Academic Press, 2021. 3-25.

③ Hoff K A, Bashir M. Trust in automation: Integrating empirical evidence on factors that influence trust [J]. Hum Factors, 2015, 57: 407-434.

④ Salem M, Lakatos G, Amirabdollahian F, et al. Would you trust a (faulty) robot? Effects of error, task type and personality on human-robot cooperation and trust. In: 2015 10th ACM/IEEE International Conference on Human-Robot Interaction. Portland: IEEE, 2015. 141-148.

失去人类的信任；但在紧急任务中，人们很可能听从机器人的建议，尽管它之前犯过严重的错误。① 由于锚定效应的存在，错误所处的阶段也会影响人机信任，出现在互动早期的错误要比出现在互动后期的错误造成更为明显的信任度下降。②。感知到的可靠性能够弥补人工智能因错误而降低的信任度，有证据显示，人们对可靠性不稳定的机器人的信任甚至低于可靠性低但稳定的机器人。③ 但由于人工智能会随环境变化而不断学习与调整，人工智能可靠性和信任之间的关系更多呈现为间接的形式。鉴于目前研究在生态效度、纵向调查及样本容量方面的缺陷，人工智能可靠性对人类信任态度与遵从行为的影响仍需更多大样本实证研究加以检验。

透明性即对用户而言，指技术的基本操作规则和内部逻辑易见可及的程度，也是建立对新技术信任的关键。高透明性意味着用户即使没有什么技术知识也能理解人工智能是如何工作以及为何做出特定决策。调查发现，透明性缺乏会引发网约车驾驶员对算法系统持续的怀疑。④ 对人工智能如何工作的简单解释，以及机器人与人类持续的信息交流可以提高人们对人工智能的信任。⑤⑥

---

① Robinette P, Howard A M, Wagner A R. Effect of robot performance on human-robot trust in time-critical situations [J]. IEEE Trans Hum Mach Syst, 2017, 47：425-436.

② Desai M, Kaniarasu P, Medvedev M, et al. Impact of robot failures and feedback on real-time trust. In：2013 8th ACM/IEEE International Conference on Human-Robot Interaction. Tokyo：IEEE, 2013. 251-258.

③ Freedy A, DeVisser E, Weltman G, et al. Measurement of trust in human-robot collaboration. In：2007 International Symposium on Collaborative Technologies and Systems. Orlando：IEEE, 2007. 106-114.

④ Möhlmann M, Zalmanson L. Hands on the wheel：Navigating algorithmic management and Uber drivers' autonomy. In：Proceedings of the International Conference on Information Systems. Seoul：AIS, 2017. 10-13.

⑤ Cadario R, Longoni C, Morewedge C K. Understanding, explaining, and utilizing medical artificial intelligence [J]. Nat Hum Behav, 2021, 5：1636-1642.

⑥ Yeomans M, Shah A, Mullainathan S, et al. Making sense of recommendations [J]. J Behav Decis Mak, 2019, 32：403-414.

除了客观性能以外，许多其他因素也影响着对人工智能能力的主观知觉，个体主观感知到人工智能所具备的能力是影响人机信任的最直接因素。也就是说，在某些情况下，人们知觉到了人工智能的完全能力，而在某些情况下，人们并没有知觉到人工智能的能力。

由于人与人之间信任的发展高度依赖于受托人的外貌。①② 人工智能的具身（embodiment）很可能是人类与人工智能之间信任发展的重要影响因素。人工智能的物理具身包括实质性（tangibility）和外观。③④⑤ 实质性是指人工智能的实际有形存在，即可以被感知和触摸。人工智能的有形存在对人机信任与人对人工智能的接受度有重要的影响。⑥ 研究发现，相较于屏幕上呈现的 2D 图形机器人，人们对呈现于面前的实体机器人的要求遵循度更高，⑦ 也更愿意接受其建议，但是似乎只有这个任务也是物理存在的任务时，这种效

① Cho J E, Hu H. The effect of service quality on trust and commitment varying across generations [J]. Int J Consum Stud, 2009, 33：468-476.

② Duarte J, Siegel S, Young L. Trust and credit：The role of appearance in peer-to-peer lending [J]. Rev Financ Stud, 2012, 25：2455-2484.

③ Krämer N C, Lucas G, Schmitt L, et al. Social snacking with a virtual agent-On the interrelation of need to belong and effects of social responsiveness when interacting with artificial entities [J]. Int J Hum Comput Stud, 2018, 109：112-121.

④ Lee K M, Jung Y, Kim J, et al. Are physically embodied social agents better than disembodied social agents?：The effects of physical embodiment, tactile interaction, and people's loneliness in human-robot interaction [J]. Int J Hum Comput Stud, 2006, 64：962-973.

⑤ Li J. The benefit of being physically present：A survey of experimental works comparing copresent robots, telepresent robots and virtual agents [J]. Int J Hum Comput Stud, 2015, 77：23-37.

⑥ de Visser E J, Monfort S S, McKendrick R, et al. Almost human：Anthropomorphism increases trust resilience in cognitive agents [J]. J Exp Psychol Appl, 2016, 22：331-349.

⑦ Bainbridge W A, Hart J W, Kim E S, et al. The benefits of interactions with physically present robots over video-displayed agents [J]. Int J Soc Robot, 2011, 3：41-52.

应才存在，若任务是在屏幕上完成，则机器人是否是物理存在的也就不那么重要了。① 此外，相较远距离（distant-located）的机器人，人们更信任近距离（co-located）的物理存在的机器人，也更顺从它们的要求。②

人工智能的外观既可能影响其客观性能也可能影响人类对其能力的主观感知。Li 等人将机器人外观分为三类，即拟人类（anthropomorphic）、动物类（zoomorphic）以及功能类（functional）外观。③ 拟人类外观是指形态像人（human-like）；动物类外观是指形态像动物（animal-like）；功能类外观是指既不像人也不像动物，但是外观与功能匹配，如机械臂等。功能类外观通常影响人工智能的客观性能，而拟人类和动物类外观通常影响人们对人工智能能力的主观感知。一些研究发现，拟人化与信任呈正相关关系。④ 机器人拟人化会提高人们对其的智能水平感知，人们会认为有面部特征的机器人比没有面部特征的机器人更聪明，⑤ 拟人化的自动驾驶汽车比机械型的汽车更受信任。⑥ 但也有研究发现拟人化与低智能的匹

① Shinozawa K, Naya F, Yamato J, et al. Differences in effect of robot and screen agent recommendations on human decision-making [J]. Int J Hum Comput Stud, 2005, 62: 267-279.

② Bainbridge W A, Hart J, Kim E S, et al. The effect of presence on human-robot interaction. In: The 17th IEEE International Symposium on Robot and Human Interactive Communication. Munich: IEEE, 2008. 701-706.

③ Li D, Rau P P, Li Y. A cross-cultural study: Effect of robot appearance and task [J]. Int J Soc Robot, 2010, 2: 175-186.

④ de Visser E J, Monfort S S, Goodyear K, et al. A little anthropomorphism goes a long way: Effects of oxytocin on trust, compliance, and team performance with automated agents [J]. Hum Factors, 2017, 59: 116-133.

⑤ Walters M L, Koay K L, Syrdal D S et al. Preferences and perceptions of robot appearance and embodiment in human-robot interaction trials. In: Proceedings of the 23rd Convention of the Society for the Study of Artificial Intelligence and Simulation of Behaviour. Edinburgh: AIBS, 2009. 136-143.

⑥ Waytz A, Heafner J, Epley N. The mind in the machine: Anthropomorphism increases trust in an autonomous vehicle [J]. J Exp Soc Psychol, 2014, 52: 113-117.

配会导致对机器人的不信任,① 另一些研究并没有发现拟人化与智能水平感知之间存在关系。② 人工智能拟人化与智能水平感知的关系仍需要进一步地研究。此外,人工智能的外形设计应与社会环境具有一致性。研究发现,人们对机器人外形与任务间的匹配性具有一定程度的感知,执行高社会性任务时,拥有人类外观的机器人是首选;当任务是非社会性的,机械型机器人则更加胜任;而对于娱乐任务,动物机器人则最为合适。③④⑤⑥。显然,一个宠物形的机器人很适于孩子的娱乐活动,但若让宠物形的机器人进行教学,则可能让学生感到不安以及对教学效果的不信任。

概括地说,对人工智能的能力感知主要受到人工智能的客观性能和其他因素影响。影响信任的客观性能通常包括透明性和可靠性,除了客观性能以外,人工智能的实质性和外观也会影响人们对人工智能能力的主观感知。

① Złotowski J, Proudfoot D, Yogeeswaran K, et al. Anthropomorphism: Opportunities and challenges in human-robot interaction [J]. Int J Soc Robot, 2015, 7: 347-360.

② Carlson Z, Sweet T, Rhizor J, et al. Team-building activities for heterogeneous groups of humans and robots. In: Tapus A, André E, Martin J, et al., eds. Social Robotics. ICSR 2015. Lecture Notes in Computer Science. Cham: Springer, 2015. 113-123.

③ Goetz J, Kiesler S, Powers A. Matching robot appearance and behavior to tasks to improve human-robot cooperation. In: The 12th IEEE International Workshop on Robot and Human Interactive Communication. Vancouver: IEEE, 2003. 55-60.

④ Kiesler S, Goetz J. Mental models of robotic assistants. In: CHI '02 Extended Abstracts on Human Factors in Computing Systems. Minneapolis: ACM, 2002. 576-577.

⑤ Lohse M, Hegel F, Swadzba A, et al. What can I do for you? Appearance and application of robots. In: Proceedings of Artificial Intelligence and Simulation of Behaviour. Newcastle: AIBS, 2007. 121-126.

⑥ Lohse M, Hegel F, Wrede B. Domestic applications for social robots: an online survey on the influence of appearance and capabilities [J]. J Phys Agents, 2008, 2: 21-32.

(二)关系感知

虽然对人工智能的能力感知仍是影响人机信任的最主要因素，但与一般的自动化工具不同，人工智能行为的复杂性和不确定性使其带有一定的社会性线索。① 社会线索在人类与其他主体互动的复杂社会认知过程中发挥着重要作用，例如确定意向性（intentionality），② 许多学者认为意图和动机对于建立信任很重要。③ 因此，随着人机交互的深入，关系感知对人机信任的影响也逐渐提高。关系感知不仅受到个体间因素的影响，还会受到群体间因素的影响，纵观人类进化史，对人类安全最重大的威胁之一，一直来自其他群体的敌对成员，不熟悉的外群体将对内群体的安全和福祉构成威胁，④ 因此，人类与生俱来的动机包括对其他社会主体的趋近或回避，而信任是保护自我与内群体利益的重要心理过程之一，内群体中合作的系统要求信任压倒不信任，而外群体威胁要求不信任压倒信任。⑤ 基于群际理论，感知相似性和接触是影响人际信任与群际信任的重要因素，类似地，人们对人工智能的感知相似性以及与人工智能的接触会影响人们对人工智能的关系感知以及信任。

---

① Danks D, London A J. Algorithmic Bias in Autonomous Systems. In：Proceedings of the 26th International Joint Conference on Artificial Intelligence. Melbourne：IJCAI, 2017. 4691-4697.

② Warta S F, Kapalo K A, Best A, et al. Similarity, complementarity, and agency in HRI：Theoretical issues in shifting the perception of robots from tools to teammates. In：Proceedings of the Human Factors and Ergonomics Society Annual Meeting. Los Angeles：HFES, 2016. 1230-1234.

③ Cook J, Wall T. New work attitude measures of trust, organizational commitment and personal need non-fulfilment [J]. J Occup Psychol, 1980, 53：39-52.

④ Baer D, McEachron D L. A review of selected sociobiological principles：Application to hominid evolution：I. The development of group social structure [J]. J Soc Biol Struct, 1982, 5：69-90.

⑤ Brewer M B. The Psychology of Prejudice：Ingroup Love or Outgroup Hate? [J]. J Soc Issues, 1999, 55：429-444.

相似性(similarity)是指一个属性(attribute)与另一个属性实际上或被感知到的相似程度。① 相似吸引原则(similarity attraction rule)表明，人际间吸引程度与感知相似性存在线性相关，人们更容易被与自己相似的人吸引。② 根据社会认知论，彼此间的相似之处可以从根本上影响解读他人信息的方式。③ 对相似性的感知与关注有利于改善人际关系与群体间态度。④⑤ 相对于被认为不同的人，人们更信任主观上认为相似的人，⑥ 由此感到更安全、有保障和被理解。⑦⑧ 由感知相似性引发的社会联系意愿甚至会延伸至外群体成员，⑨ 并影响对外群体的集体动机(communal motivation)判

① Montoya R M, Horton R S, Kirchner J. Is actual similarity necessary for attraction? A meta-analysis of actual and perceived similarity [J]. J Soc Pers Relat, 2008, 25: 889-922.

② Byrne D. The Attraction Paradigm [M]. New York: Academic Press, 1971.

③ Mussweiler T. Comparison processes in social judgment: Mechanisms and consequences [J]. Psychol Rev, 2003, 110: 472-489.

④ Hanel P H P, Maio G R, Manstead A S R. A new way to look at the data: Similarities between groups of people are large and important [J]. J Pers Soc Psychol, 2019, 116: 541-562.

⑤ Selfhout M, Denissen J, Branje S, et al. In the eye of the beholder: Perceived, actual, and peer-rated similarity in personality, communication, and friendship intensity during the acquaintanceship process [J]. J Pers Soc Psychol, 2009, 96: 1152-1165.

⑥ Singh R, Wegener D T, Sankaran K, et al. Attitude similarity and attraction: Validation, positive affect, and trust as sequential mediators [J]. Personal Relationships, 2017, 24: 203-222.

⑦ Prisbell M, Andersen J F. The importance of perceived homophily, level of uncertainty, feeling good, safety, and self-disclosure in interpersonal relationships [J]. Commun Q, 1980, 28: 22-33.

⑧ Murray S L, Holmes J G, Bellavia G, et al. Kindred spirits? The benefits of egocentrism in close relationships [J]. J Pers Soc Psychol, 2002, 82: 563-581.

⑨ Chen F F, Kenrick D T. Repulsion or attraction? Group membership and assumed attitude similarity [J]. J Pers Soc Psychol, 2002, 83: 111-125.

断和安全感评估（communal security）。①

　　鉴于人工智能的发展越来越具有人类的社会性特征（例如拟人化），人际领域的相似性理论为人机交互的研究奠定了基础。决定相似性的过程本质上是复杂的，取决于物体的物理特征或对其的行为反应。在人机领域，对人工智能的感知相似性也涉及物理特征和行为反应。一些研究考察了人机交互领域的相似吸引原则，在物理特征方面，机器人的外形设计可能影响人们对机器人的态度，人们更喜欢有面部特征的机器人。② 在行为反应方面，表现出与人类相似态度的机器人会被认为更加友好；③ 当机器人在团体任务或协作中展露脆弱性时（如鼓励或失望等情绪），也可能会提高人类对它们的信任。④ 机器人偶尔犯错可以增加与人类的相似性并获得更多的喜爱与积极情绪。⑤⑥ 类似地，Ragni 等人在记忆技能不完美的机器人身上得到了相同的结论——脆弱和犯错增加了其与人类的相

① Lemay Jr E P, Ryan J E. Common ingroup identity, perceived similarity, and communal interracial relationships [J]. Pers Soc Psychol Bull, 2021, 47: 985-1003.

② Walters M L, Syrdal D S, Dautenhahn K, et al. Avoiding the uncanny valley: Robot appearance, personality and consistency of behavior in an attention-seeking home scenario for a robot companion [J]. Autonomous Robots, 2008, 24: 159-178.

③ Bernier E P, Scassellati B. The similarity-attraction effect in human-robot interaction. In: 2010 IEEE 9th International Conference on Development and Learning. Ann Arbor: IEEE, 2010. 286-290.

④ Strohkorb Sebo S, Traeger M, Jung M, et al. The ripple effects of vulnerability: The effects of a robot's vulnerable behavior on trust in human-robot teams. In: Proceedings of the 2018 ACM/IEEE International Conference on Human-Robot Interaction. Chicago: IEEE, 2018. 178-186.

⑤ Mirnig N, Stollnberger G, Miksch M, et al. To err is robot: How humans assess and act toward an erroneous social robot [J]. Front Robot AI, 2017: 21.

⑥ Salem M, Eyssel F, Rohlfing K, et al. To err is human (-like): Effects of robot gesture on perceived anthropomorphism and likability [J]. Int J Soc Robot, 2013, 5: 313-323.

似性，或曰人性，从而使人不再将其知觉为冰冷的机器。① 这种现象还可以解释为不完美、会犯错的机器人可能会降低人类感受到的竞争或者恐怖谷效应。② 在脆弱与犯错之外，参照物等背景信息也会影响对人工智能的相似性感知，例如当和人类比较时，人们对人工智能的感知相似性会减少，而当和静物比较时，人们对人工智能的感知相似性可能会增加，当人工智能的种族面部特征与文化群体匹配时，人类对其情感信任也会增加。③

接触主要体现在人工智能设计时具有的交互性和应用时与人类的互动性。研究表明，随着机器智能水平的提高，人们希望人工智能能够更加主动并拥有更强的适应能力，如即时性(immediacy)和即时行为(immediacy behaviors)。即时性被定义为人与人之间感觉到的身体或心理上的亲密程度。④。而即时行为是指旨在增加人际亲密度的社交行为，如聆听与回应等。在设计中加入这些行为被视为智能的标志，因能提升交互过程的积极体验而影响信任。例如，做出手势和富有表现力的面部动作的人工智能更能引发积极的情绪传染。⑤ 机器人的积极回应增加了人类对其身体倾斜、眼神接触和

① Ragni M, Rudenko A, Kuhnert B, et al. Errare humanum est: Erroneous robots in human-robot interaction. In: 2016 25th IEEE International Symposium on Robot and Human Interactive Communication. New York: IEEE, 2016. 501-506.

② Groom V, Nass C, Chen T, et al. Evaluating the effects of behavioral realism in embodied agents [J]. Int J Hum Comput Stud, 2009, 67: 842-849.

③ Obaid M, Salem M, Ziadee M, et al. Investigating effects of professional status and ethnicity in human-agent interaction. In: Proceedings of the Fourth International Conference on Human Agent Interaction. Singapore: ACM, 2016. 179-186.

④ Mehrabian A. Attitudes inferred from non-immediacy of verbal communications [J]. J Verbal Learning Verbal Behav, 1967, 6: 294-295.

⑤ Matsui T, Yamada S. Designing trustworthy product recommendation virtual agents operating positive emotion and having copious amount of knowledge [J]. Front Psychol, 2019, 10: 675.

微笑的频率，以及在压力下向机器人寻求陪伴的意愿。① 即时行为的影响则体现在机器人对人类指示的迟缓回应会降低其受信任程度，反之，快速回应则会被认为更具有社交个性、更友好、更善良。② 从现有的研究来看，似乎物理存在比快速回应更重要，但在长期互动中，亲社会反应的影响逐渐凸显。在一项考察对机器人欺骗行为的反应的研究中，机器人在任务中故意让人类获胜，并以此"贿赂"人类以便在随后的任务中寻求人类的帮助，结果发现机器人的欺骗行为对人类随后的行为没有影响，无论机器人是否欺骗，人们都会愿意帮助它们，甚至认为作弊的机器人比诚实的机器人更受人喜欢，这可能归因于亲社会意图。③ 当然，人工智能交互行为对信任的影响可能受到人类自身社交需求的影响。④

　　除了在设计阶段所考虑的交互性，在应用中的互动与合作也会增加人工智能与人类的接触。研究发现，面对面的直接互动能增加人们对人工智能的积极情感。在互动之初，人们对互动的安全性与舒适性感到些许不适；在互动之后，他们会认为机器人不那么像人

---

① Birnbaum G E, Mizrahi M, Hoffman G, et al. Machines as a source of consolation: Robot responsiveness increases human approach behavior and desire for companionship. In: 2016 11th ACM/IEEE International Conference on Human-Robot Interaction. Christchurch: IEEE, 2016. 165-172.

② Looije R, Neerincx M A, Cnossen F. Persuasive robotic assistant for health self-management of older adults: Design and evaluation of social behaviors [J]. Int J Hum Comput Stud, 2010, 68: 386-397.

③ Sandoval E B, Brandstetter J, Bartneck C. Can a robot bribe a human? The measurement of the negative side of reciprocity in human robot interaction. In: 2016 11th ACM/IEEE International Conference on Human-Robot Interaction. Christchurch: IEEE, 2016. 117-124.

④ Mimoun M S B, Poncin I, Garnier M. Animated conversational agents and e-consumer productivity: The roles of agents and individual characteristics [J]. Information & Management, 2017, 54: 545-559.

也不那么智能，但是更安全。① 合作对于人机信任也很重要，合作既是信任的结果，也是信任的前提。②

综上所述，对人工智能的关系感知受到感知相似性与接触的影响。感知相似性包括物理特征上的相似性与行为反应上的相似性；接触包括人工智能设计时具有的交互性和应用时与人类的互动性。

（三）规范感知

按照 Mayer 等人的观点，当人们做出信任决策时，除了会考虑对方的能力和动机外，还会判断对方是否正直以至于值得承担暴露自身脆弱性的风险。③ 正直是指双方的原则与道德态度相互一致。人工智能执行任务的方式是否合乎社会规范，以及当违反社会规范时是否以及如何承担责任也会给人们造成其是否正直的印象。社会规范（social norms）在被设计阶段会不可避免地嵌入人工智能，而人类在交互的过程中则会察觉到这些社会规范。人工智能的社会规范涉及到两个问题，即规范的内容和事后的责任归因，两者都可能影响到人类对人工智能的信任。

规范的内容即人工智能应该执行何种社会规范。社会规范通常分为习俗规范（conventional norms）和道德规范（moral norms）。习俗规范依赖于权威，适用于单一文化或小范围区域，有时甚至不适用于单一文化边界内的不同群体，例如身着与性别不符的服装（如男人穿裙子）、在餐桌上舔盘子、在安静的教室里说话等。④ 违背习

① Haring K S, Matsumoto Y, Watanabe K. How do people perceive and trust a lifelike robot. In: Proceedings of the World Congress on Engineering & Computer Science. San Francisco: IAENG, 2013. 425-430.

② Kulms P, Kopp S. More human-likeness, more trust? The effect of anthropomorphism on self-reported and behavioral trust in continued and interdependent human-agent cooperation. In: Proceedings of Mensch und Computer 2019. Hamburg: IEEE, 2019. 31-42.

③ Mayer R C, Davis J H, Schoorman F D. An integrative model of organizational trust [J]. Acad Manage Rev, 1995, 20: 709-734.

④ Kelly D, Stich S, Haley K J, et al. Harm, affect, and the moral/conventional distinction [J]. Mind & Language, 2007, 22: 117-131.

俗规范虽不涉及权利侵犯也不造成严重的危害，但却影响信任，在人机互动中亦是如此。与文化相匹配的人工智能设计更能获得人们的信任，美国人和德国人更喜欢机器人更直接的交流方式，例如说"我认为这个观点不正确"以表示不同意，而中国人则更喜欢机器人通过更含蓄的方式表达，例如以"你确定吗？"表示不同意。①②

　　道德规范比习俗规范更严肃，通常涉及伤害与权利的侵犯。道德规范对于人际信任至关重要，Schwartz 和 Bardi 认为，仁爱的价值观（如忠诚和诚实）指导着人类合作和支持性关系；③ Hosmer 认为信任是建立在隐含的道德责任基础上的。④ 人们更信任道德品质良好的个体，更愿意和有道德的人一起做出有风险的选择。⑤ 尽管人工智能是否具有道德地位尚有争议，⑥ 但其中嵌入的道德规范及其行为所体现的道德规范仍会影响人们对其的信任。例如，Jago 发现，由于人们认为算法决策的真实性和伦理性较低，因此算法决策不如人类决策受欢迎。⑦ 另有研究发现，在谈判和决策中提出公平

①　Rau P P, Li Y, Li D. Effects of communication style and culture on ability to accept recommendations from robots [J]. Comput Human Behav, 2009, 25：587-595.

②　Wang L, Rau P L P, Evers V, et al. When in Rome：the role of culture & context in adherence to robot recommendations. In：Proceeding of the 5th ACM/IEEE International Conference on Human-Robot Interaction. Osaka：IEEE, 2010. 359-366.

③　Schwartz S H, Bardi A. Value hierarchies across cultures：Taking a similarities perspective [J]. J Cross Cult Psychol, 2001, 32：268-290.

④　Hosmer L T. Trust：The connecting link between organizational theory and philosophical ethics [J]. Acad Manage Rev, 1995, 20：379-403.

⑤　Delgado M R, Frank R H, Phelps E A. Perceptions of moral character modulate the neural systems of reward during the trust game [J]. Nat Neurosci, 2005, 8：1611-1618.

⑥　Coeckelbergh M. Why care about robots? Empathy, moral standing, and the language of suffering. Kairos [J]. Journal of Philosophy & Science, 2018, 20：141-158.

⑦　Jago A S. Algorithms and authenticity [J]. Academy of Management Discoveries, 2019, 5：38-56.

的建议可以增加对人工智能的信任。①②③ 这说明，和人际信任类似，多数情况下人们同样更信任遵循道德规范的人工智能。一些争议之处在于人们所期望的人工智能的道德规范可能和人类社会规范并不完全一致，相比人类，人们更期望人工智能做出功利主义的行为。④⑤⑥⑦ 为了全面理解对人工智能的道德信任模式，未来的研究应继续考察人类对人工智能的道德规范期望。

责任归因即当人工智能违反社会规范时是否以及如何承担责任。首先，人工智能是否可以承担责任会影响人们对其的信任。有观点认为，机器人不能对它们的行为负责，因此使用人工智能是不道德的。⑧ Bonaccio 和 Dalal 也发现人们认为算法没有承担责任的

① de Melo C M, Marsella S, Gratch J. "Do as I say, not as I do"：Challenges in delegating decisions to automated agents. In：International Conference on Autonomous Agents and Multiagent System. Singapore：IFAAMAS, 2016. 949-956.

② de Melo C M, Marsella S, Gratch J. Increasing fairness by delegating decisions to autonomous agents. In：International Conference on Autonomous Agents and Multiagent Systems. Sao Paulo：IFAAMAS, 2017. 419-425.

③ Lee M K, Baykal S. Algorithmic mediation in group decisions：Fairness perceptions of algorithmically mediated vs. discussion-based social division. In：Proceedings of the 2017 ACM Conference on Computer Supported Cooperative Work and Social Computing. Portland：ACM, 2017. 1035-1048.

④ Voiklis J, Kim B, Cusimano C, et al. Moral judgments of human vs. robot agents. In：2016 25th IEEE International Symposium on Robot and Human Interactive Communication. New York：IEEE, 2016. 775-780.

⑤ Bonnefon J F, Shariff A, Rahwan I. The social dilemma of autonomous vehicles [J]. Science, 2016, 352：1573-1576.

⑥ Faulhaber A K, Dittmer A, Blind F, et al. Human decisions in moral dilemmas are largely described by utilitarianism：Virtual car driving study provides guidelines for autonomous driving vehicles [J]. Sci Eng Ethics, 2019, 25：399-418.

⑦ Bergmann L T, Schlicht L, Meixner C, et al. Autonomous vehicles require socio-political acceptance—an empirical and philosophical perspective on the problem of moral decision making [J]. Front Behav Neurosci, 2018, 12：31.

⑧ Sparrow R. Killer robots [J]. J Appl Philos, 2007, 24：62-77.

能力，因此不愿使用算法决策。① 可见，认为人工智能无法承担责任的信念导致了人们对其的不信任。然而，即使人工智能可以承担责任，也可能引发人们对人类责任盾牌的担忧，即人类利用人工智能免于自身应承担的责任。② 其次，人工智能如何承担责任也会影响人们对其的信任，就算对人工智能进行责任归因，似乎也无法对其进行惩罚，因为惩罚的先决条件是拥有独立的身体和财产，而人工智能的特性在于既不会感到身体痛苦也没有资产用以补偿。研究发现，人们惩罚人工智能的意愿与认为惩罚没有威慑和报复效果的信念存在冲突。③ 简言之，人们希望人工智能遵守社会规范的意愿与人工智能违反规范后无法承担责任之间的冲突，赋予人工智能责任地位与对人类责任盾牌的担忧之间的冲突，希望惩罚违反规范的人工智能的意愿与认为惩罚无效的信念之间的冲突，都可能导致对人工智能的不信任。人工智能的责任归因是一个复杂的问题，需要工程科学与人文科学的专家与学者共同探讨。

总的来说，对人工智能的规范感知受规范的内容和责任归因影响。规范的内容是指人工智能的行为是否符合社会规范，包括习俗规范和道德规范；责任归因是指当人工智能违反规范后是否以及如何承担责任。这两方面都会影响人们对人工智能的信任。

四、讨论与总结

以往对人工智能信任研究大多集中于基于能力的技术信任，随

---

① Bonaccio S, Dalal R S. Advice taking and decision-making: An integrative literature review, and implications for the organizational sciences [J]. Organ Behav Hum Decis Process, 2006, 101: 127-151.

② Bryson J J, Diamantis M E, Grant T D. Of, for, and by the people: the legal lacuna of synthetic persons [J]. Artif Intell Law, 2017, 25: 273-291.

③ Lima G, Cha M, Jeon C, et al. The punishment gap: The infeasible public attribution of punishment to AI and robots [J]. arXiv preprint arXiv: 2003.06507, 2020.

着人工智能社会性线索的凸显，以及在人类社会中角色的转变，越来越多的研究认为人们对人工智能的信任也会出于一些社会性因素的考虑。本文基于以往的信任模型与人机信任实证研究，从社会性的角度综述了对人工智能信任的影响因素，而信任根据人机交互的过程分为交互前的先验信任和交互后的经验信任。先验信任主要受到人类的先验特征如发展经历、人格特征和文化背景等因素的影响；经验信任则主要受到对人工智能的能力感知、关系感知和规范感知的影响。

在建构人机交互中对人工智能的信任模型之余，仍有诸多尚待探讨的理论问题。

其一，受限于目前相关研究的不足，存在另外的影响因素不能被纳入本模型中。例如，个体信任倾向在交互后对人机信任的作用；环境背景对能力、关系与规范感知的影响；人工智能的行为结果对信任的逆向作用，等等。

首先，本文阐述了个体信任倾向在先验信任中的作用，在缺乏关于人工智能信息的情况下，信任倾向在很大程度上决定了对人工智能的信任，但目前没有证据说明信任倾向在交互开始后发挥何种作用。本文推测，个体自身的信任倾向很有可能起到一个调节的作用，加强或削弱对人工智能的可信度感知，高信任倾向的个体可能更容易感知到人工智能的一些可信特征。

其次，背景信息会影响人们对人工智能的可信度感知，不同的背景下，人们对人工智能的能力、关系与规范感知可能是不同的，甚至人们的信任倾向在不同背景下也可能发生改变。如前文所述，人工智能的外观特征与任务的匹配性会影响人们对其的能力感知，人工智能的比较对象会影响人们对其的感知相似性，不同的文化群体偏好的人工智能面部特征也各异。人类社会的习俗规范依赖于本土习俗，对人工智能的习俗规范要求也依赖于文化环境。然而，由于环境的复杂性，现有研究还不足以系统地论证环境背景对人工智能信任的影响。此外，人工智能的行为结果也会更新人们先前对人工智能的可信度感知。例如，以往研究发现，算法厌恶很可能出现在人们看到算法出错之后。①

　　总而言之，信任在人际社会就是一个复杂的社会过程，同样地，对人工智能的信任也是一个复杂的模式。除了以上假设的可能影响人们对人工智能的信任的因素，还可能有一些其他因素同样影响着人类对人工智能的信任，除了已然在人机信任中发挥作用的因素，还可能有一些现在还不重要，但随着社会与技术的发展，在未来越来越重要的因素。就像在早期工业化的自动化时代，对人工智能的关系感知与规范感知还不那么重要，但随着人工智能逐渐用于社会性的情境，这些因素的作用就日益凸显。因此，未来的研究需要持续关注人工智能技术与人类社会需求的发展，动态性地调整与更新对人工智能的信任研究。

　　其二，未来研究应进一步探讨本模型中影响经验信任的因素的边界，基于理论与研究推测，能力感知、关系感知与规范感知也可能导致威胁感知，包括现实威胁（realistic threat）和象征威胁（symbolic threat）。在过去的二十多年里，人工智能技术取得了重大进步，然而，人们对人工智能的信任似乎并没有随着人工智能的技术进步而同步地持续发展。一些调查发现，对人工智能技术趋势的焦虑，凸显了人们对其影响力的担忧。② Gnambs 和 Appel 也发现，2012 年至 2017 年，虽然欧盟内部对各种机器人系统的态度总体上是正面的，但在这五年里，正面的看法却显著下降。③ 一些研究已经发现

---

① Dietvorst B J, Bharti S. People reject algorithms in uncertain decision domains because they have diminishing sensitivity to forecasting error [J]. Psychol Sci, 2020, 31: 1302-1314.

② Smith A, Anderson M. Automation in Everyday Life [OL]. Pew Research Center: Internet, Science & Tech, 2017. https: //policycommons.net/artifacts/617633/automation-in-everyday-life/1598468/

③ Gnambs T, Appel M. Are robots becoming unpopular? Changes in attitudes towards autonomous robotic systems in Europe [J]. Comput Human Behav, 2019, 93: 53-61.

自主性过高的人工智能会让人类感到威胁,① 这表明, 对人工智能的能力、关系和规范感知与信任之间的关系可能并不完全是线性的。

现实威胁是指由资源争夺造成的威胁感知, 根据群际关系冲突理论(realistic conflict theory of intergroup relations, RGCT), 无论是实际上的还是想象中的, 认为外群体对内群体的利益或生存构成威胁的看法与对有威胁的外群体的恐惧和敌意有关。② 人工智能的现实威胁来源主要包括对竞争、替代、安全与隐私的担忧。竞争与替代是指人们担心技术进步导致失业,③ 许多专业人士认为, 人工智能技术将改变世界各地的就业结构, 甚至可能慢慢取代现有的不同类型的人类工作。④⑤⑥ 实际上, 目前已有一些人类任务由人工智

① Złotowski J, Yogeeswaran K, Bartneck C. Can we control it? Autonomous robots threaten human identity, uniqueness, safety, and resources [J]. Int J Hum Comput Stud, 2017, 100: 48-54.

② Riek B M, Mania E W, Gaertner S L. Intergroup threat and outgroup attitudes: A meta-analytic review [J]. Pers Soc Psychol Rev, 2006, 10: 336-353.

③ Piçarra N, Giger J C, Pochwatko G et al. Making sense of social robots: A structural analysis of the layperson's social representation of robots [J]. Eur Rev Appl Psychol, 2016, 66: 277-289.

④ Davis G F. How to communicate large-scale social challenges: The problem of the disappearing American corporation [J]. PNAS, 2019, 116: 7698-7702.

⑤ Ford M. The rise of the robots: Technology and the threat of mass unemployment [N]. New York: Basic Books, 2016.

⑥ Manyika J, Lund S, Chui M, et al. Jobs lost, jobs gained: Workforce transitions in a time of automation [OL]. McKinsey Global Institute, 2017, 150. https://www.mckinsey.com/~/media/mckinsey/industries/public%20and%20social%20sector/our%20insights/what%20the%20future%20of%20work%20will%20mean%20for%20jobs%20skills%20and%20wages/mgi-jobs-lost-jobs-gained-executive-summary-december-6-2017.pdf.

能执行,①② 或者旧的工作岗位消失，新的工作被创造出来。③ 安全问题也是人类认为人工智能可能造成的现实威胁之一。研究发现，人们实际上对人工智能也存在一种安全感知。例如，人们会认为站立的机器人比坐着的机器人更有威胁，并与它们保持更远的关系。④ 恐怖谷效应（uncanny valley effect）表明，虽然与人类相似的外观会使人们对机器人的情感态度趋向积极并引发移情，但是当相似程度达到某一个点时，人们对它的喜爱程度会陡然下降甚至感到厌恶,⑤ 这可能是出于对安全的担忧。鉴于人工智能的大数据检索与分析能力，隐私也是日益凸显的一个问题。例如，研究发现人们对社交机器人有中等程度的隐私担忧，此外，在人工智能背景下，相比身体隐私，人们最担心的是信息隐私。⑥

象征威胁是指价值观、规范和信仰冲突造成的威胁感知,⑦ 例如对性少数群体的偏见、对移民的偏见以及白人对黑人的偏见等，都可能是源于价值观、规范和信仰被违反的担忧。由于人工智能被赋予了社会主体的特征，它们同样可能因使人类感到价值观、规范

① Brynjolfsson E, Mitchell T. What can machine learning do? Workforce implications [J]. Science, 2017, 358: 1530-1534.

② Brynjolfsson E, Mitchell T, Rock D. What can machines learn, and what does it mean for occupations and the economy? [J]. AEA Pap Proc, 2018, 108: 43-47.

③ Faraj S, Pachidi S, Sayegh K. Working and organizing in the age of the learning algorithm [J]. Inf Organ, 2018, 28: 62-70.

④ Obaid M, Sandoval E B, Złotowski J, et al. Stop! That is close enough. How body postures influence human-robot proximity. In: 2016 25th IEEE International Symposium on Robot and Human Interactive Communication. New York: IEEE, 2016. 354-361.

⑤ Mori M. Bukimi no tani [the uncanny valley] [J]. Energy, 1970, 7: 33-35.

⑥ Lutz C, Tamó-Larrieux A. The robot privacy paradox: Understanding how privacy concerns shape intentions to use social robots [J]. Human-Machine Communication, 2020, 1: 87-111.

⑦ Kinder D R, Sears D O. Prejudice and politics: Symbolic racism versus racial threats to the good life [J]. J Pers Soc Psychol, 1981, 40: 414-431.

和信仰被破坏而产生象征威胁。象征威胁有时也包括独特性威胁（distinctiveness threat），也称身份威胁（identity threat），是一种与社会身份相关的威胁，即对人类独特性和特殊性的担忧。根据社会认同理论（social identity theory），人有划分所属群体和其他群体的动机，① 在人类社会中，已经发现高相似性的外群体会威胁到内群体的独特性与特殊性，因此更容易引发竞争性的比较。因此，虽然有许多研究发现感知相似性会增加人类对人工智能的信任，但是也有证据发现了感知相似性与不信任间的关联，例如，与人形机器人相比，人们甚至认为机械型机器人更值得信任，并且人形机器人引发的人类的焦虑更高。② 这可能是因为人工智能与人类过高的相似性模糊了人与机器的界限，或者说"我们"和"它们"的界限，因此引发了人类对自身独特性与特殊性的担忧。

① Tajfel H, Turner J C. The social identity theory of intergroup behavior. In: Jost J T, Sidanius J, eds. Political psychology. New York: Psychology Press, 2004. 276-293.

② Złotowski J, Sumioka H, Nishio S, et al. Appearance of a robot affects the impact of its behaviour on perceived trustworthiness and empathy [J]. Paladyn J Behav Robot, 2016, 7: 55-66.

人工智能背景下海外信息行为研究前沿追踪*

查先进　代沁泉　司马菁蔚　王　茵　孙铭岳**

摘　要：在人工智能深入发展的背景下，全面梳理归纳近十年海外信息行为领域研究的发展现状与演进逻辑，为透视海外研究态势提供窗口，为国内研究提供方法论指导和路径引领。本文围绕所获取数据源的外部特征和内容特征，借助多种研究方法，从研究内容、理论基础、研究对象、研究方法、学科基础等方面出发，对海外信息行为研究特点进行总结梳理。研究发现，人工智能背景下海外信息行为研究呈现出蓬勃向上的趋势，学科来源分布广泛且跨学科融合度较高，信息检索行为、信息共享行为、信息采纳行为是当前研究的热点，数智赋能语境下的健康信息行为研究、智能推荐系统中的信息行为研究、特定社会背景下的信息行为研究是未来研究的前沿趋势。

关键词：人工智能；信息行为；计量分析；内容分析

＊　本文为武汉大学自主科研项目(人文社会科学)"人工智能背景下海外信息行为研究前沿追踪"研究成果，得到"中央高校基本科研业务费专项资金"资助。

＊＊　查先进，武汉大学信息管理学院教授、博士生导师；代沁泉，武汉大学信息管理学院博士生；司马菁蔚，武汉大学信息管理学院硕士生；王茵，武汉大学信息管理学院硕士生；孙铭岳，武汉大学信息管理学院硕士生。

1 引论

1.1 研究背景

人工智能从计算机模拟人类智能演进到计算机协助人类智能的引导提升，通过推动机器、人与网络相互连接融合，从辅助性设备和工具进化为协同互动的助手和伙伴，① 已成为"第四次工业革命"和新一轮产业革命的核心驱动力，为社会经济、科技、文化、生活等各方面带来了深刻影响。智能技术的更新迭代，促使人类的交流方式向数据化、智慧化、智能化转变，给人类的信息行为带来了巨大影响。当前，在大数据、云计算、移动互联网、万联网/物联网/工业互联网的集群突破、融合应用基础上，人工智能实现了战略性突破，以智慧医疗、生物特征识别、智能媒体为代表的新兴产业，促使人们的信息需求和信息行为呈现出新的表征和产生新的模式，例如以智能穿戴设备为主的用户健康信息行为等。②③

信息行为是指个人在识别和满足自己的信息需求并以某种方式搜寻、使用和传递信息时所参与的活动，包括从识别信息需求到搜索、选择、共享、交流和吸收利用信息等一系列活动。④ 对人工智能背景下的信息行为进行研究是把握人类信息行为特征和规律的重要途径，也是国内外相关领域学者研究的焦点和热点，其中海外研

---

① Ninness C, Ninness S K. Emergent virtual analytics: Artificial intelligence and human-computer interactions[J]. Behavior and Social Issues, 2020, 29(1): 100-118.

② Ogbanufe O, Gerhart N. Exploring smart wearables through the lens of reactance theory: Linking values, social influence, and status quo[J]. Computers in Human Behavior, 2022, 127: 107044.

③ Nuss K, Moore K, Nelson T, Li K G. Effects of motivational interviewing and wearable fitness trackers on motivation and physical activity: A systematic review[J]. American Journal of Health Promotion. 2021, 35(2): 226-235.

④ 查先进, 张晋朝, 严亚兰, 李晶. 网络信息行为研究现状及发展动态述评[J]. 中国图书馆学报, 2014, 40(4): 100-115.

究起步较早、发展更成熟，更能体现该领域的研究动态和前沿。基于此，本文拟对人工智能背景下海外信息行为研究进行追踪，评述总结海外已有研究现状和发展动态，探索分析人工智能背景下海外信息行为研究的前沿动态和未来趋势。

1.2　研究意义

1.2.1　理论意义

第一，推动信息资源管理学科相关理论的创新和发展。人类社会进入信息化时代后，信息资源逐渐由实体文献向线上数字化内容转变，用户获取和使用信息也更加方便、快捷，人类信息行为的类型、模式愈发丰富，其研究也因此有了新的发展路径和热点领域。当前，随着人工智能的深入发展及其商业化应用的逐渐普及，人类的信息行为也随之有了新的转变。人工智能背景下的信息行为与传统的文献行为有着较大的差异，同时相比于其他场景中的信息行为也呈现出新的特点。因此，对人工智能背景下的信息行为领域的研究成果予以系统性梳理与总结，明晰其研究特点、前沿热点与未来趋势，将促进信息行为研究理论与方法在新环境中的延伸和拓展，进而推动信息资源管理学科相关理论的创新和发展。

第二，推进信息资源管理学科同相关学科之间的交叉融合，共筑学科研究创新共同体。人工智能技术的发展融合了多个领域的创新性成果，人工智能技术转化成为智能应用也需要多个领域学科的理论作为支撑。因此，人工智能背景下信息行为的研究横跨多个领域。通过对人工智能背景下海外信息行为研究的多层面、多维度、多主体的归纳、梳理和剖析，能够促进信息资源管理学科与计算机科学、经济学、管理学、心理学、传播学等学科的交叉融合和创新发展，探索学科融合语境下新的创新发展路径，激发学科的创造力与学术研究的活力。

1.2.2　实践意义

第一，推动国内信息行为相关研究的发展。国内的信息行为相关研究相较于海外研究起步较晚，基础较为薄弱，因此对人工智能背景下海外信息行为研究进行前沿追踪、明晰海外信息行为研究最新进展、归纳总结海外信息行为研究的最新成果，对国内的信息行为相关研究具有重大的参考意义。

第二，促进国家相关政策法规的制定和完善。人工智能技术提高了数据的利用效率，在大数据环境中极大程度地提升了用户体验，使个人与组织活动的信息化、智能化进程加速。但由于外界难以获得人工智能产品内部具体的原理，企业在人工智能产品的商业化应用中往往占据主动权和信息优势，而处于劣势的用户群体便更加需要相关政策法规的权益维护，以实现双方的利益最大化保障。由此，追踪人工智能背景下海外信息行为的前沿动态，在新环境下把握人类信息行为的演化趋势和内在规律，将在一定程度上促进国家相关政策法规的制定与完善，以保障个体信息权、数据权等在内的合法权益，实现以人为本的人工智能商业化应用的新发展。

第三，助力智能信息服务体系的创新性实践与多层次发展。人工智能商业化应用的准入门槛较高，其竞争主要集中在各领域的头部企业之中。在这种竞争中，技术的作用与影响不断加强，信息服务体系也应在激烈的竞争中不断完善，以服务企业人工智能整体战略的落实。然而这也带来了诸多问题，例如各种智能化商品为抢占市场，许多应用为了增强用户粘性，降低了用户信息行为的情感体验。因此，追踪人工智能背景下海外信息行为研究的前沿成果，有助于预测人工智能背景下企业信息服务的新方向，增强智能信息系统功能的完备性、资源更新的及时性以及信息服务的个性化和精准化程度，进而推动国家智能信息服务体系全面和多层次的发展。

1.3 文献来源和搜集

为了全面、精准地剖析和把握人工智能背景下海外信息行为的研究特点、热点领域和前沿趋势，本研究选取 Web of science 核心合集中的 SSCI 数据库作为数据来源，文献类型为"Article or Proceedings paper or Early Access"，时间跨度为"2013-2022"的十年周期，语种为研究者比较熟悉的"English"。其中，为保证查全率，本研究结合已有的研究成果，对人工智能和信息行为的概念和分类进行严格界定，并对"人工智能"和"信息行为"这两个核心主题词进行扩展，检索表达式为：

TS = ("AI" or "artificial* intelligen*" or "silicon-intelligen*" or " unmanned driv*" or "self-driving*" or "auto* vehicle" or "identif* system*" or "expert system*" or "machine learn*" or "image recogni*" or "face recogni*" or "finger recogni*" or "voice recogni*" or "biometric ident*" or "machine translat*" or "natural language process*" or "deep learn*" or "neutral network*" or "genetic algorithm*" or "data mining" or "Multi-Agent system*" or "evolutionary comput*" or "fussy logic*" or "rough set*" or "knowledge represent*" or "recommend* system*" or "robot* and perception" or "computer vision" or "digital government" or "intelligen*" or "artificial*" or "smart*" or "personalized*") and TS = ("information* behavio*" or "information seek*" or "information search*" or "information access*" or "information communic*" or "information shar*" or "knowledge shar*" or "knowledge contribut*" or "information us*" or "information source*" or "information adopt*" or "self-disclosure" or "lik* behavio*" or "repost* behavio*" or "comment* behavio*" or "forward* behavio*" or "information retriev*" or "information select*" or "information choice" or "information acquisit*" or "information produc*" or "information manag*" or "information analy*" or "information organiz*" or "information encounter*" or "information avoid*" or "information discern*")

　　检索截止时间为 2022-9-30，检索去重后总计 1838 篇，其中受到出版周期以及数据库收录滞后等因素的影响，2022 年发表的论文可能未完全搜集。

　　为保证查准率，在获取全部文献的基础上，本研究根据题目、摘要、正文等外部特征对搜集的文献进行严格筛查，剔除与本研究无关的文献，筛选标准如下：一是属于研究型文献，而非评述型文献；二是仅涵盖人工智能背景环境，而非整个互联网环境；三是以信息行为为研究主体或重点，关注了一种或多种具体的信息行为。按照以上标准，最终确定 695 篇文献作为本研究的分析对象。此外，需要特别指出的是，纳入分析范围的全部文献均为海外发表的文献。这些文献既包括海外学者和机构在海外发表的文献，也包括中国学者和机构在海外发表的文献，即均是发表于海外期刊上有关人工智能背景下信息行为研究的文献。本项目从这些样本文献出发，通过文献调研、计量分析和内容分析，追踪和揭示人工智能背景下海外信息行为研究的前沿动态。

1.4　研究方法

1.4.1　文献调研法

通过文献检索、筛选、阅读和整理，从 Web of Science、Elsevier 等海外数据库中，以"人工智能""信息行为"等相关语词作为检索词，全面系统地搜索、梳理和总结人工智能背景下信息行为研究相关的海外文献，并对相关研究和应用进行全方位的分析与综述，比较各种理论、方法的优势与不足，为本项目后续的研究提供详实的文献支撑。

1.4.2　计量分析法

文献计量法是通过所搜集的文献的作者、机构、期刊、发表年份、学科、引文等外部特征进行统计分析，可以从时间上把握相关主题的发展历程，以及从空间上确定领域内研究的核心作者、核心机构、核心期刊等。本方法还可以通过对研究主题的聚类来揭示领域内研究主题的集中性和分散性，通过该领域中高被引文献发现研究的知识基础，通过领域内高频词和突变词等考察不同阶段的研究热点和研究趋势。本研究借助 CiteSpace、SATI、Excel 等统计分析工具对搜集到的文献进行定量和可视化分析，以此揭示近 10 年在人工智能背景下海外信息行为研究的态势、热点和前沿，从宏观和中观层面追踪该领域的研究趋势。

1.4.3　内容分析法

内容分析法是一种通过对文献的内容进行系统、客观的定量分析以揭示文献中包含的潜在信息、揭示研究对象的本质事实和发展趋势的科学方法。在本研究中，我们通过对所搜集筛选的海外文献进行内容分析，从微观层面追踪人工智能背景下海外信息行为研究在信息类型、信息行为类型、人工智能技术应用分布、研究对象等方面的研究特点，并以此总结新一代人工智能技术在信息行为研究中的应用场景转变以及信息行为研究的新变化，并结合当前已有的研究对未来予以展望，进一步探索在人工智能背景下海外信息行为研究的热点和前沿趋势。

2 人工智能背景下海外信息行为的计量分析

2.1 论文年发文量趋势

研究领域的年度发文量变化，在一定程度上能够反映出人工智能背景下海外信息行为研究的活跃程度，也能够呈现出学界对该领域的重视水平。因此，为明晰人工智能背景下海外信息行为的年度演进脉络，对全部文献进行统计，相关内容见图1。总体而言，自2013年以来的十年周期内，该领域的研究呈现出上升趋势，但2013-2017时间周期内的发文量偏少，年度发文量均未超过30篇，但2018年开始出现极大的增长，仅2018年的发文量便超过了前五年的总和，而后发文量均超过100篇。由于检索月份不完整，2022年发文量相比2021年少，但不难预测2022年整体发文量仍保持在较高水平。由此，年度发文量反映出科研工作者们对其的重视程度及投入力度在不断增强，始终紧跟人工智能的战略引导并聚焦于学科领域发展的实际需求，产出大量兼具创新性与启发性的科研成果。

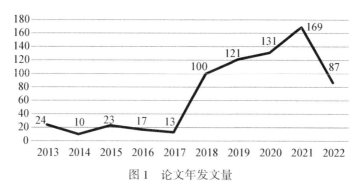

图1　论文年发文量

（注：2022年检索月份不完整）

2.2 作者分析

2.2.1 核心作者

经统计，搜集文献样本中作者总数为2534，去除重复作者后数量为 2393，平均每篇文献 3 位作者。其中，发文量为 4 篇的作者有 1 人，发文量为 3 篇的作者有 10 人，发文量为 2 篇的作者有 109 人，发文量为 1 篇的作者有 2273 人。主要作者的发文情况如表 1 所示。由此反映出，人工智能背景下的信息行为研究尚属于新兴的领域，还未出现发文量特别大的核心作者，各学者的研究水平相对均衡。同时，本研究还对纳入分析范围的样本文献中以第一作者身份参与发表文章的作者进行了统计。其中，发文量为 2 篇的作者有 26 人，发文量为 1 篇的作者有 646 人。与表 1 进行比对之后发现，Joorabchi，Arash 和 Tuarob，Suppawong 的文章发文量较大，且第一作者占比较大，属于人工智能背景下信息行为研究领域的核心作者。

表 1　　　　　　　　　　　主要作者发文情况

作　者	机　构	发文量
Tuarob，Suppawong	宾夕法尼亚州联邦高等教育系统、宾夕法尼亚州立大学	4
Alahakoon，Damminda	拉筹伯大学	3
Bellogin，Alejandro	马德里自治大学	3
Benbasat，Izak	英属哥伦比亚大学	3
Castells，Pablo	马德里自治大学	3
Cohen，Trevor	加利福尼亚大学圣塔芭芭拉分校	3
De Silva，Daswin	拉筹伯大学	3
Joorabchi，Arash	利默里克大学	3
Noraset，Thanapon	马希多尔大学、西北大学	3
Shakery，Azadeh	德黑兰大学	3

2.2.2　作者合作网络

为进一步发掘人工智能背景下信息行为研究的作者合作情况，本研究利用 CiteSpace 软件对作者合作网络进行了分析，如图 2 所示。可以看出，研究者在人工智能背景下的信息行为研究上广泛合作，存在长期固定的交流，主要以两人和三人合作团队为主，如 Abdulhussain E Mandi 和 Arash Joorabchi，Suppawong Tuarob 和 Thanapon Noraset 等；同时，也有一些规模较大的合作团队，如以 Riliu Huang、Meng Ji 和 Wenxiu Xie 为主的四人团队联系紧密，以 Veronique Hoste、Els Lefever 和 Cynthia Van Hee 为主的多人团队合作密切。此外还可以发现，各合作团队之间的交流不是太多，这可能与不同团队对人工智能背景下信息行为的研究方向不同有关。

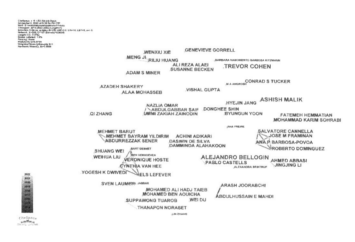

图 2 作者合作网络

2.3 机构分析

2.3.1 主要研究机构

在样本文献中，发文量大于 3 篇的机构如图 3 所示。可见，香港城市大学、中国科学院、华盛顿大学等构成了当前人工智能背景下以信息行为研究的核心研究机构。

2.3.2 机构合作分析

在对人工智能背景下的信息行为进行研究时，各研究机构之间也积极交流合作，图 4 是利用 CiteSpace 软件绘制的机构合作网络图谱，节点越大，表示发文量越大；橙色外环越大，中心度越大。由图可见，以香港城市大学和中国科学院为中心，形成了一个复杂

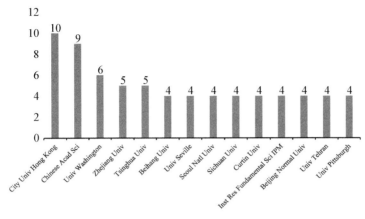

图 3　机构发文量

广泛的研究机构合作网络，表明这两所大学在人工智能背景下信息行为研究中的核心地位；华盛顿大学、清华大学、塞维利亚大学等也各自拥有相对较固定的合作机构。

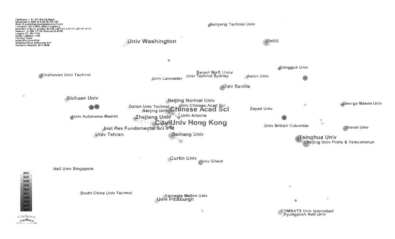

图 4　机构合作网络

2.4　期刊分析

在样本文献中，共有 323 个期刊发表了人工智能背景下信息行为的相关研究，发文量不少于 10 篇的期刊发文量如下图 5 所示。其中发文量排名前五的期刊分别为 IEEE Access（25 篇），Information Processing & Management（25 篇），Sustainability（22 篇），Journal of Information Science（16 篇），Computers in Human Behavior（15 篇）。他们构成了人工智能背景下信息行为研究的核心期刊，且期刊 IEEE Access 和 Information Processing & Management 地位显著。此外，发文量为 5~10 篇的期刊有 24 个，发文量为 4 篇的期刊有 15 个，发文量为 3 篇的期刊有 21 个，发文量为 2 篇的期刊有 62 个，发文量为 1 篇的期刊有 201 个。

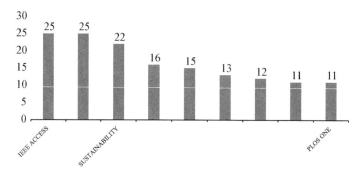

图 5　期刊发文量情况

2.5　学科分析

人工智能背景下信息行为研究将人工智能、机器学习、用户、信息和行为相结合，受到各相关学科的重视。为进一步了解该领域的学科交叉情况，本研究基于 WOS 中的学科分类，利用 Excel 进行了学科类别分析。样本文献中学科总数为 2030，去除重复关键词后数量为 109，如表 2 所示。排得越靠前，文献数量越多。可以看出，计算机科学（Computer Science）在人工智能方面的研究较多，而图书情报学（Information Science & Library Science）依旧是人工智能背景下信息行为研究领域的关键学科，并与信息系统（Information Systems）、工程学（Engineering）交叉，因为人工智能本质上是一个智能系统；心理学（Psychology）的文献量较大是由于行为研究离不开对用户心理的探讨；用户社区为信息的交流和传播提供了便利平台，也受到传播学（Communication）的广泛研究；此外，随着人工智能在各个领域的广泛运用，智能穿戴设备、智能旅游路线推荐等专门化应用影响着人们的日常行为，商业和经济学（Business & Economics）、卫生保健科学（Health Care Science & Services）等对学科内的商务信息、口碑信息、产品信息、健康信息等信息行为进行了深入研究。总的来说，人工智能背景下信息行为研究以信息类的相关科学为主，基于不同情境融合计算机科学、图书情报、信息系统、经济学、管理学、心理学、教育学、社会学、传播学、公共卫生科学、医疗护理学等不同学科知识，是一个复杂的交叉研究领域。

表2　　　　　　　　　　　　学科发文量

学　科	发文量	学　科	发文量
Computer Science	388	Operations Research & Management Science	25
Information Systems	183	Multidisciplinary Sciences	23
Information Science & Library Science	149	Cybernetics	20
Engineering	104	Ergonomics	19
Artificial Intelligence	78	Education & Educational Research	18
Interdisciplinary Applications	66	Experimental	17
Multidisciplinary	65	Industrial	17
Psychology	62	Social Sciences	17
Management	60	Applied	16
Electrical & Electronic	51	Hospitality	16
Medical Informatics	47	Leisure	16
Telecommunications	44	Sport & Tourism	16

续表

学　　科	发文量	学　　科	发文量
Business	41	Communication	15
Environmental Sciences	34	Interdisciplinary	13
Environmental & Occupational Health	32	Software Engineering	13
Health Care Sciences & Services	32	Chemistry	11
Public	32	Economics	11
Green & Sustainable Science & Technology	28	Health Policy & Services	11
Theory & Methods	26	Physics	10
Environmental Studies	25		

2.6　关键词分析

2.6.1　高频关键词

在将样本文献中的作者关键词归并意义相同词汇和单复数词汇之后，列举出现次数不少于 5 次的高频词，如表 3 所示。从" machine learning "" artificial intelligence "" natural language processing"" deep learning"" recommender system"" big data"" text mining""data mining""sentiment analysist""collaborative filtering"等可以看出学者们主要基于机器学习、人工智能、自然语言处理、深度学习、推荐系统、大数据、文本挖掘、数据挖掘、语义分析、协同过滤等人工智能相关技术或方法进行信息行为研究；从"information retrieval""knowledge sharing""information management""information sharing""knowledge management""decision making""social network"等可以看出，信息检索、知识共享、信息管理、信息共享、知识管理、决策、社会网络等是该领域研究的主要关注点；从"smart city""mental health""task analysis""conversational agent""voice assistant"等可以看出智慧城市、心理健康、任务分析、谈话代理、语音助理等智能服务方面备受关注。

表3 高频作者关键词

作者关键词	词频	作者关键词	词频
machine learning	68	information management	11
information retrieval	56	text classification	10
artificial intelligence	49	collaborative filtering	10
natural language processing	42	information sharing	9
deep learning	36	voice assistant	7
social media	22	knowledge management	7
recommender system	20	task analysis	6
big data	18	social network	6
text mining	16	decision making	6
knowledge sharing	16	conversational agent	5
data mining	14	mental health	5
sentiment analysis	12	information extraction	5
smart city	11	word embedding	5

为了更好地了解人工智能背景下信息行为研究的热点主题，除了作者关键词（WOS 中的 DE 字段），本研究还对 WOS 中扩展关键词（ID 字段）的词频进行了统计，以进一步补充和证实样本文献的主要研究主题。归纳合并意义相同和单复数词汇后得到如表4所示的高频扩展关键词。"model""system""impact""behavior""performance""intention"表明人工智能背景下海外信息行为研究对象更多的是利用模型和系统对信息行为及其意图、表现、影响因素进行研究；"trust""communication""self-disclosure""perception""acceptance""support""quality"等表明人工智能技术的隐私问题、信息感知和交流、信息接受和使用、信息可信度和质量等也是该领域关注的热点。

表4   高频扩展关键词

扩展关键词	词频	扩展关键词	词频
model	84	information retrieval	18
system	66	online	18
information	56	innovation	15
impact	45	big data	15
internet	41	media	15
framework	39	web	14
behavior	37	experience	13
performance	36	search	13
technology	35	retrieval	13
management	34	perception	13
trust	29	challenge	12
network	28	care	11
knowledge	26	identification	11
social media	25	context	11
communication	24	extraction	11
algorithm	23	acceptance	11
intention	21	support	11
classification	21	analytics	10
design	20	quality	10
self-disclosure	19	decision making	10

2.6.2 关键词共现聚类分析

对关键词进行聚类可以更好地把握自 2013 年以来人工智能背景下海外信息行为研究的热点主题集群。利用 CiteSpace 对关键词进行聚类分析,采取 LLR 聚类算法,聚类标签来自文献标题,共发现 18 个类群,按类群大小降序排列后得到如图 6 所示的排名前

11 的关键词共现聚类图，其中，Q＝0.6561，S＝0.8244，表明聚类效果较好。图中节点越大，关键词频越大；连接线颜色越浅，代表时间越接近 2022 年；节点标签为节点度不低于 25 的关键词。根据聚类标签和高强度的节点标签可以初步发现，人工智能背景下信息行为研究的热点前沿主要集中在人工智能、大数据、云计算、物联网等新兴互联网技术在信息选择、信息提取、信息检索等信息行为中的应用；虚拟健康社区中的健康信息交流行为、知识贡献行为等以及智慧医疗、生物特征识别、智能媒体为代表的新兴产业中的信息共享行为、信息搜寻行为和信息可信度问题等也是近几年研究的重点。此外，从关键词共现聚类图的连接线颜色可以看出，人工智能背景下海外信息行为研究领域的关键词共现主要集中在 2018 年和 2019 年，表明该领域近 10 年的研究热点前沿并没有太大变化。后文将据此对人工智能下信息行为研究特点作进一步的内容分析。

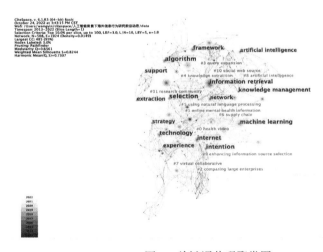

图 6　关键词共现聚类图

2.6.3　关键词突现分析

关键词中的突现词在一定程度上可以反映研究领域某一时间段的研究前沿，通过 CiteSpace 的 burstness 功能，得到如图 7 所示的 20 个突现词。可以看出，突现持续时间到 2022 年的关键词有"user acceptance""iot""task analysis"。文本挖掘、遗传算法、信息系统、命名实体识别在信息管理以及知识管理中的相关理论框架及具体应用，以及在使用智能应用如语音助手、智能穿戴设备、智能推荐等人工智技术中的用户、性别差异、信息共享、隐私泄露等方向的研究可能是目前人工智能背景下信息行为研究领域关注的前沿。

Keywords	Year	Strength	Begin	Eng	2013—2022
recommender system	2013	4.14	2013	2016	
information retrieval	2013	3.99	2013	2017	
collaborative filtering	2013	2.48	2013	2019	
retrieval	2013	2.1	2013	2017	
text mining	2013	1.58	2014	2017	
algorithm	2013	1.5	2014	2017	
genetic algorithm	2013	1.45	2014	2018	
system	2013	2.55	2015	2018	
information	2013	2.32	2015	2017	
named entity recognition	2013	1.99	2015	2018	
agreement	2013	1.56	2016	2018	
design	2013	2.97	2018	2019	
analytics	2013	2.13	2018	2019	
framework	2013	1.97	2018	2019	
feature	2013	1.95	2018	2019	
representation	2013	1.83	2018	2020	
network analysis	2013	1.56	2018	2019	
user acceptance	2013	1.93	2020	2022	
iot	2013	1.44	2020	2022	
task analysis	2013	1.44	2020	2022	

图 7　突现词

2.7　被引文献分析

2.7.1　高被引文献

样本文献中的引文总数为 43578，去除重复引文后数量为 38464，平均每篇文献引用了 62.7 篇文献。对高被引文献的解析可以从侧面揭示人工智能背景下海外信息行为研究的热点。表5为被至少15篇样本文献引用的高被引文献。可以看出，人工智能背景下信息行为研究主要采用结构方程模型和LDA模型；对用户对信息技术的接受程度和推荐系统进行了大量探索。

表5 高被引文献

高被引文献	频次	研究主题
Evaluating Structural Equation Models with Unobservable Variablesand Measurement Error	37	结构方程模型
LDA for user recommendation	37	用户推荐的LDA模型
Perceived Usefulness，Perceived Ease of Use，and User Acceptance of Information Technology	21	感知有用性、感知易用性
Toward the next generation of recommender systems：a survey of the state-of-the-art and possible extensions	21	推荐系统
Common method biases in behavioral research：A critical review of the literature and recommended remedies.	19	行为研究的方法偏差
Term-weighting approaches in automatic text retrieval	17	自动文本检索中的术语加权方法
User Acceptance of Information Technology：Toward a Unified View	15	用户对信息技术的接受
A vector space model for automatic indexing	15	向量空间模型

2.7.2 共被引聚类分析

对文献进行共被引分析可以从知识基础的角度来把握当前样本的研究热点和该研究领域的核心研究主题。本研究利用CiteSpace对被引文献进行了聚类分析，本研究采用LLR聚类算法，聚类标签采用关键词，共发现108个聚类。按照类群大小降序排列后得到如下图8所示排名前11的聚类集群，Q = 0.8783，S = 0.9567，表明聚类结构显著且可信。

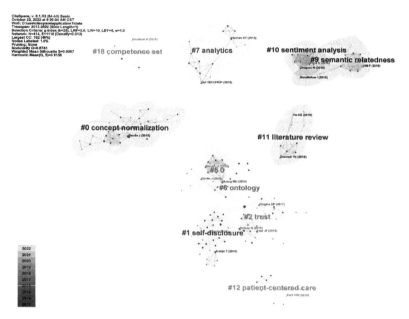

图 8　共被引聚类分析

3　人工智能背景下海外信息行为研究特点

　　图书情报学作为人工智能背景下信息行为研究的主要学科，对该学科在领域内的相关文献进行内容分析可以在一定程度上反映人工智能背景下海外信息行为研究的总特点。为了更好地把握人工智能背景下海外信息行为研究的特点，本研究在上述宏观的文献计量的基础上，深入解读了 WOS 中 Information Science & Library Science 学科的 149 篇文献的内容，统计分析、总结归纳了研究内容（信息行为类型、信息类型、人工智能类型）、研究方法（数据搜集方法、数据分析方法）、调查对象在内的三个中观层面，最终结果如表 6 和表 7 所示。由于各层面下的条目有重复、缺失、泛化等现象，所以只列出了出现频次较多或较重要的主要条目。

表6　　　　　　　　人工智能背景下信息行为的研究内容

信息行为类型	频次	信息类型	频次	人工智能类型	频次
信息检索	61	学术/学习信息	20	推荐系统	27
信息搜寻行为	27	个人/隐私信息	10	机器学习	34
信息推荐行为	2	专业信息/(隐性)知识	9	深度学习	17
信息采纳行为	17	工作相关信息	6	自然语言处理	28
信息共享行为	20	健康信息	5	数据挖掘	5
信息评估行为	11	其他类型信息	4	语义分析	8
信息传播行为	2	政府/政治信息	4	遗传算法	2
信息排序行为	7	日常信息	4	过滤算法	9
信息偶遇行为	3	产品信息	3	决策支持系统	8
信息识别	2	娱乐信息	2	分类算法	2
预测行为	3	网络信息	2	神经网络	6
信息分析行为	2	旅游信息	2	文本挖掘	2
信息交流行为	9	互联网上文本信息	2	其他	37
协同信息行为	2	旅游信息；口碑信息	2		
决策行为	3	异构信息	2		
分类行为	4	其他(未说明具体类型)	28		
信息管理行为	17	其他	38		
信息利用行为	2				
信息系统相关行为	2				
信息评论行为	5				
其他	7				

表 7 人工智能背景下信息行为的研究方法和调查对象

主要研究方法	频次	调查对象	频次
其他建模方法	23	学者/专家	6
文本挖掘/爬虫/面板数据等获取在线客观数据的方法	16	学生/高中生	3
主题分析	1	消费者/客户	10
在线调查	1	其他类型用户	15
回归分析	9	员工	3
其他分析方法	16	游客	5
问卷调查	13	公民	2
结构方程建模	4	其他类型专业人士	12
方差分析	1	患者	2
横断面调查	1	医护人员	3
网络分析	2	平台用户	6
案例研究	16	成年人	3
内容分析	10	高校人员	3
实证研究	2	社区用户	5
实验法	40		
日记研究	6		
对比分析法	6		
引文分析	2		
观察	2		
访谈	8		

由此，结合文献计量和内容分析，本研究发现近年来人工智能背景下海外信息行为研究主要具有如下特点：

3.1 研究内容：信息行为更加"数智化"，研究内容更多元

人工智能技术的高速发展进一步促进了信息的传播，改变了信

息交互的形式，促使人类的交流方式向数据化、智能化转变，给人类的信息行为带来了巨大影响。消费者可以购买到众多智能化产品，体验到人工智能技术带来的方便快捷；政府和企业可以通过人工智能技术的帮助来进行信息的分析和决策；研究人员也不断使用人工智能技术来进行数据获取和分析。人工智能技术已经从多个维度，由浅到深地影响着各领域人员的信息行为。使得信息行为的研究也出现了新的方向。

除了传统的信息行为类型，如信息源选择行为、信息搜寻行为、信息传播行为等以外，在人工智能背景下，还包含一些特别的信息行为类型，如智能信息推荐行为、智能信息交互行为等，且随着人工智能技术的不断发展，还会出现其他新的信息行为类型。人工智能技术对这些行为的研究产生了多方面的影响，既包括对用户行为本身的影响，也包括学者对信息行为研究方法和研究工具的改进和评估。

3.1.1 信息检索行为

在人工智能背景下，信息检索行为是信息行为研究中最主要的信息行为类型，在本领域的研究，研究对象更多是专业的研究人员、检索人员，研究内容则以优化检索结果以让检索人员更高效、高质量地获取信息为主。许多学者从不同角度、不同方面和不同情境对其进行了研究。在社交网络的视角下，Sanz-Cruzado 等研究了社交网络中联系人的推荐算法，探索联系人推荐和文本信息检索任务之间的联系，发现 IR 模型在作为直接接触的推荐者、协同过滤中的邻居选择器、学习排名的采样器三种角色时是有效的。[①] 在搜索引擎的视角下，Polonioli 等探讨了人工智能时代的学术搜索引擎的趋势，发现当前学术搜索引擎通常没有很好地实现可查找和可发现的目标，会产生认识成本，此类搜索引擎可能会在透明度、问责

---

① Sanz-Cruzado J, Castells P, Macdonald C, et al. Effective contact recommendation in social networks by adaptation of information retrieval models [J]. Information Processing & Management, 2020, 57(5): 102285.

制和可再现性等方面带来损失。① Safder 等提出了一种提高信息检索系统搜索能力的方法以增强算法搜索系统的搜索机制。② Liu Xiaozhong 等融合机器学习和人工智能技术以生成元数据的创新方法，促进学者参与元数据的编辑，从而更准确以及更有效地进行信息检索。③ Yu Qian 等从语料库的角度，提出了一种基于词嵌入的无监督方法，从海量语料库中检测新词，以有效地从文本中获取高频词。④ Tahery 等提出了一种混合查询的自动补全系统，该系统辅以实践感知功能，以协作的方式混合了语义和语境信息。⑤ Wu Zhongdong 等发现个性化信息检索对用户隐私保护的要求更高，并建立了个性化信息检索平台的基本框架。⑥

在用户进行检索时，通过若干关键词进行查询并从互联网中获取有效信息已成为用户搜寻信息的主要方式，扩展查询也成为优化检索结果的重要方法。Azad 等则从扩展查询的角度切入，分析了用户的初始查询与扩展查询，展示了人工智能技术和推荐系统等在

---

① Polonioli A. In search of better science：On the epistemic costs of systematic reviews and the need for a pluralistic stance to literature search［J］. Scientometrics，2020，122(2)：1267-1274.

② Safder I, Hassan S U. Bibliometric-enhanced information retrieval：A novel deep feature engineering approach for algorithm searching from full-text publications［J］. Scientometrics，2019，119(1)：257-277.

③ Liu XZ, Guo C, Zhang L. Scholar metadata and knowledge generation with human and artificial intelligence［J］. Journal of the Association for Information Science and Technology，2014，65(6)：1187-1201.

④ Qian Y, Du Y, Deng X W, et al. Detecting new Chinese words from massive domain texts with word embedding［J］. Journal of Information Science，2019，45(2)：196-211.

⑤ Tahery S, Farzi S. TIPS：Time-aware personalised semantic-based query auto-completion［J］. Journal of Information Science，2022，48(4)：524-543.

⑥ Wu ZD, Lu CL, Zhao Y L, et al. The protection of user preference privacy in personalized information retrieval：Challenges and overviews［J］. Libri，2021，71(3)：227-237.

查询扩展中的应用。① Bhatnagar 等提出了一种通过混合语料库的信息，结合遗传模糊方法和语义相似性概念来提高其性能的方法，结果表明该方法在查全率和查准率方面都取得了进步。②

文本类型分类是识别文本文档功能特征的过程。在信息检索过程中，对查询内容进行有效的分类和匹配是提高检索效率和质量的关键环节，Shwe Sin Phyo 等发现信息检索的主要挑战是系统地对文档进行分类，并开发了一个基于概念的检索系统以及基于用户查询检索层次结构的导航算法。③ Joorabchi 等根据 DDC 和 FAST 等，提出了一种新的匹配概念的方法。④ Onan 等提出了一种集成分类方案，其在语言功能分析语料库中获得了较高的预测性能。⑤ Mohasseb 等提出了一个问题分类框架，通过机器学习对问题进行分类，表明使用不同领域特定类型的常用名词、数字和专有名词相关的句法类别能够使机器学习算法更好地区分不同的问题类型。⑥ Aljohani 等推荐了一种新颖的 ML 技术来区分重要和不重要的引文，

① Azad H K, Deepak A. Query expansion techniques for information retrieval: A survey[J]. Information Processing & Management, 2019, 56(5): 1698-1735.

② Bhatnagar P, Pareek N. Improving pseudo relevance feedback based query expansion using genetic fuzzy approach and semantic similarity notion[J]. Journal of Information Science, 2014, 40(4): 523-537.

③ Phyo S S. Content analysis-based documentation and exploration of research articles[J]. Data Technologies and Applications, 2021, 56(1): 24-43.

④ Joorabchi A, Mahdi A E. Classification of scientific publications according to library controlled vocabularies: A new concept matching-based approach[J]. Library Hi Tech, 2013, 31(4): 725-747.

⑤ Onan A. An ensemble scheme based on language function analysis and feature engineering for text genre classification[J]. Journal of Information Science, 2018, 44 (1): 28-47.

⑥ Mohasseb A, Bader-El-Den M, Cocea M. Question categorization and classification using grammar based approach[J]. Information Processing & Management, 2018, 54(6): 1228-1243.

并改进文档搜索系统。①

除此之外，与其他学科结合的检索系统和检索行为研究也是重要的研究内容。Cobos 等为了增强教学学习的有效性以及简化教学培训的成本，利用了信息检索和推荐系统常用的奇异值分解，提出了一个教学模式的推荐系统。② Greiner-Petter 等将词嵌入技术应用于数学文档，在数学术语相似性、类比数值概念建模、查询扩展的数学搜索、语义提取等环境下测试数学词嵌入的前景和局限性。③

3.1.2　信息共享行为

"共享"的本质是将物品的所有权和使用权进行分离，实现物品的二次或多次消费利用，我们日常生活中常见的"共享"实例有共享单车、共享充电宝等。而信息共享行为（information sharing）是指个人、公司或组织对于信息或信息产品的交流或共用。④ 信息共享能够有效节约信息资源，丰富信息的多样性，提高信息的交流效率，然而研究者们也发现了一些潜在的矛盾。一方面，自我披露理论认为，用户愿意披露个人信息是基于他们对成本和收益的评估；另一方面，人们不愿意透露个人信息是因为可能存在的隐私风险。越来越多研究者们从这个角度入手，尝试改变这种成本效益权衡。从用户的角度来看，进行信息共享是效益与风险共存的，在这种情况下，在共享信息之前，他们常常人为权衡共享该条信息带来的效

①　Aljohani N R, Fayoumi A, Hassan S U. An in-text citation classification predictive model for a scholarly search system[J]. Scientometrics, 2021, 126(7): 5509-5529.

②　Cobos C, Rodriguez O, Rivera J, et al. A hybrid system of pedagogical pattern recommendations based on singular value decomposition and variable data attributes[J]. Information Processing & Management, 2013, 49(3): 607-625.

③　Greiner-Petter A, Youssef A, Ruas T, et al. Math-word embedding in math search and semantic extraction[J]. Scientometrics, 2020, 125(3): 3017-3046.

④　Mesmer-Magnus J R, DeChurch L A. Information sharing and team performance: A meta-analysis[J]. Journal of Applied Psychology, 2009, 94(2): 535.

益和成本。Hirschprung 等人利用博弈论的概念，将信息共享过程建模为一个人工智能博弈代理模型，其中决策者是信息共享的参与者，其收益为信息共享带来的社会效益，而成本则为隐私侵犯等问题，利用 OISA（Online Information-Sharing Assistance），研究者提出了一种在共享信息时改进决策的方法，并通过实证研究表明，该 OISA 的表现明显优于人类自己进行决策的表现。[1] 从信息共享平台的角度来看，鼓励用户进行信息共享有利于平台的运营，而信息的广泛共享引发的隐私问题可能会导致用户拒绝分享信息，从而降低推荐系统的推荐质量，基于此，Wu 等提出了一种披露学习隐私默认设置模型（DLPDS），将该模型应用到推荐系统中能够获得用户的信任，从而获得更多的信息，提高推荐的准确性，同时又不增加用户的隐私风险。[2]

3.1.3 信息采纳行为

信息采纳（information adoption）是人们有目的地使用信息的过程。信息采纳行为是用户在虚拟社区中寻求行为引导的主要活动之一。[3] 依据感知有用性理论，用户在接收到信息后经过选择而采纳信息。用户在采纳信息之前，要对信息的真实性和可靠性进行评估判断，因此，信息质量和来源可信度受到多方学者的关注。通过应用机器翻译（MT）技术生成多语言元数据记录并不总是有效，Reyes Ayala 等人实施了 3 种不同的 MT 策略，并评估了它们在将英语元数据记录翻译成中文和西班牙语时的表现，这为数字图书馆在提供

---

① Hirschprung R S, Alkoby S. A game theory approach for assisting humans in online information-sharing[J]. Information, 2022, 13(4): 183.

② Wu H C, Zhang H X. DLPDS: Learning users' information sharing behaviors for privacy default setting in recommender system[C]//International Conference on Cloud Computing and Security. Springer, Cham, 2017: 29-39.

③ Cheung C M K, Lee M K O, Rabjohn N. The impact of electronic word-of-mouth: The adoption of online opinions in online customer communities[J]. Internet Research, 2008, 18(3): 229-247.

多语言服务时提供了有效支持。① 信息过载会导致用户在查询信息时耗时耗力，因此，在知识密集环境中，个性化和相关性推荐对于信息采纳至关重要。一个群体中的每个成员对团队具有不同的重要性，所以在一个小组中主题和文档对小组成员有不同的影响，Lai 提出了全球合作框架和 GCBF 方法，表明在信息采纳上基于组的相关性推荐优于传统个性化推荐的信息质量。② 在商业智能（BI）下，可以更及时地访问信息，决策越来越受数据驱动，报告信息量更高，会促进公司行为和绩效更加统一。因此，Rubin 实证分析了大量部署 BI 系统的公司样本发现 BI 系统可以帮助降低公司的股票回报波动，降低了组织的财务风险。③ Pan 等学者提出了一种新的机器学习方法，该方法采用了整个教学期间的学生评估分数，以此来预测他们的期末考试成绩，他们分析了澳大利亚一所大学的一门流行信息技术学科的数据，结果表明该方法可以准确预测最底层的 20% 至 30% 的风险学生。④ 因此，用户所采纳的信息在一定程度上可以支持在日益复杂的知识环境中进行信息决策和预测。

综合来看，对于研究中使用到的人工智能技术或方法而言，机器学习、推荐系统、自然语言处理是当前学者研究的重点，一是由于这类技术的应用与信息行为联系紧密，对信息行为的影响较大；二是由于这些技术可以进一步帮助研究人员改进其方法和工具，以此深化其研究。

---

① Ayala B R, Knudson R, Chen J P, et al. Metadata records machine translation combining multi-engine outputs with limited parallel data[J]. Journal of the Association for Information Science and Technology, 2018, 69(1): 47-59.

② Lai C H. Applying knowledge flow mining to group recommendation methods for task-based groups [J]. Journal of the Association for Information Science and Technology, 2015, 66(3): 545-563.

③ Rubin E, Rubin A. The impact of business intelligence systems on stock return volatility[J]. Information & Management, 2013, 50(2-3): 67-75.

④ Pan L, Patterson N, McKenzie S, et al. Gathering intelligence on student information behavior using data mining[J]. Library Trends, 2020, 68(4): 636-658.

3.2 理论基础：理论丰富多样，新理论带来新视角

合适的研究理论基础能够更加合理地、严谨地解释和分析在不同人工智能背景下用户的信息行为。由于人工智能特殊的人机交互性，在此背景下进行的信息行为研究的理论基础常与哲学、心理学、社会学、传播学、管理学、认知科学、信息科学等学科息息相关，且在具体研究中常见多种不同学科的理论同时出现。如 Al-Natour 等基于社会交换理论、隐私悖论、理性选择理论发现用户在面对虚拟顾问时自我披露意愿的决定因素不仅与理性相关，而且还与对虚拟顾问的感知和与之的关系相关。① Meng 等从人际沟通理论的角度研究了人工智能聊天机器人如何能够有效地减少人们的压力。② Nilashi 等基于社会交换理论，利用机器学习技术分析了新型冠状病毒时期的旅游相关的数据，以便从数据中识别出有用的信息，提供更好的服务。③

随着研究的深入，越来越多的新理论被引入，极大地丰富了理论的多样性，给人工智能背景下的信息行为研究提供了不同的视角。如 Liu 等将心理学中的场动力理论应用到社交媒体环境下的信息行为研究中，利用深度学习算法，通过内在的认知场和外在的环境场解释了社交媒体环境下的转发行为。④ Mathrani 基于企业系统经营理论，通过三个案例研究了企业系统如何对企业提供信息支持，指出企业系统知识与技术和管理流程相结合，能够帮助企业更

① Al-Natour S, Benbasat I, Cenfetelli R. Designing online virtual advisors to encourage customer self-disclosure: A theoretical model and an empirical test [J]. Journal of Management Information Systems, 2021, 38(3): 798-827.

② Meng J B, Dai Y. Emotional support from AI chatbots: Should a supportive partner self-disclose or not? [J]. Journal of Computer-Mediated Communication, 2021, 26(4): 207-222.

③ Nilashi M, Asadi S, Minaei-Bidgoli B, et al. Recommendation agents and information sharing through social media for coronavirus outbreak [J]. Telematics And Informatics, 2021, 61(8): 101597. 1-101597. 13.

④ Liu Y Y, Gao J R, Zhao Z F, et al. Understanding information diffusion with psychological field dynamic[J]. Information Processing & Management, 2022, 59(4): 102956.

好地进行信息管理，提高生产效率。① Liu 等在面部识别支付模型的建立研究中运用了创新抵制理论，研究指出隐私政策的感知有效性与隐私控制、隐私感知风险、感知利益和感知阻力等有显著关系。②

总的来说，不同学科下多样化的理论能为人工智能背景下信息行为的研究带来新的视角，提高了研究的丰富性、创新性。

3.3 研究方法：以实证研究为基础，多种方法并存结合

随着自然语言处理、神经网络、机器学习等人工智能相关技术发展得愈来愈成熟，该环境下用户的行为亦趋于复杂。关于人工智能的相关研究也不仅仅停留在理论层面，更多的是综合利用多种研究方法或手段对其背景下的信息行为进行实证研究和分析。其主要方法有问卷调查、案例研究、内容分析、回归分析、实验和访谈等。Yang 通过详细的数学分析和仿真实验，确认条件分类限制玻尔兹曼机可以应用于高校的教育信息管理。③ Derczynski 等学者描述了一个新的 Twitter 实体消歧义数据集，并对命名实体识别（NER）和实体链接（NEL）进行了实证分析，证明最先进的 NER 和 NEL 方法在格式不当、"压缩"的微博文本上运行能力不强，并分析了其表现不佳的原因。④

当然，随着科学研究对于研究的客观性和真实性要求越来越高，研究方法并不单一运用在同一研究中，而是通过相互辅助协同

---

① Mathrani S. Enhancing production agility using enterprise systems [J]. Knowledge Management Research & Practice, 2022, 20(1): 91-103.

② Liu Y L, Yan W J, Hu B. Resistance to facial recognition payment in China: The influence of privacy-related factors[J]. Telecommunications Policy, 2021, 45(5): 102155.

③ Yang B Q. An empirical study on the application of machine learning for higher education and social service [J]. Journal of Global Information Management, 2021, 30(7): 1-16.

④ Derczynski L, Maynard D, Rizzo G, et al. Analysis of named entity recognition and linking for tweets[J]. Information Processing & Management, 2015, 51(2): 32-49.

完成。如 Mckie 等人采用案例研究方法，对在家中使用语音助手至少六个月的成年参与者进行了 10 次半结构化访谈，重点是与用户及其家人在日常生活中使用语音助手的体验联系起来，并通过内容分析发现了语音助理的人性及其感知的个性对信息检索的影响，以及从基于文本的信息搜寻过渡到基于语音的交互的困难性。① Liu 等人建立了面部识别支付（FRP）的研究模型，并使用问卷调查对 1200 名中国用户进行了研究，通过结构方程建模分析数据得出隐私政策的感知有效性与隐私控制、感知隐私风险、感知益处和阻力有显著关系。② 与此同时，通过爬虫等技术获取大量数据，运用建模方法进行数据分析也是当下信息行为研究的主流范式。Yao 等学者使用爬虫技术从百度贴吧的在线糖尿病社区中搜集了 7180 个数据集，利用 BERT 分类器识别用户发布的不同类型的帖子，使用统计分析和社交网络分析考察了不同表达方式和用户偏好的受欢迎程度，结果表明一定程度的信息披露会吸引更多用户的关注和信息共享。③

3.4 研究对象：以消费者为主，更加关注特定身份用户

第四次工业革命是利用各种信息技术促进产业变革的时代，在此基础上人工智能的发展仍处于高潮时期，人工智能应用场景逐渐融入人们的日常生活中，诸如智能医疗、智能家居、自动驾驶等。当然，个性化推荐、导购机器人等营销手段也为商业智能带来了新的机遇，并把学者们的关注引到了消费者身上来。Skyrius 等假设商业智能可以被定义为一种组织实践，它包括一组连贯的人员，使

---

① Mckie I, Narayan B, Kocaballi B. Conversational voice assistants and a case study of long-term users: A human information behaviours perspective[J]. Journal of the Australian Library and Information Association, 2022, 71(3): 233-255.

② Liu Y L, Yan W J, Hu B. Resistance to facial recognition payment in China: The influence of privacy-related factors[J]. Telecommunications Policy, 2021, 45(5): 102155.

③ Yao Z Z, Zhang B, Ni Z N, et al. What users seek and share in online diabetes communities: Examining similarities and differences in expressions and themes [J]. Aslib Journal of Information Management, 2021, 74(2): 311-331.

用一个综合的技术平台来通知流程和惯例，以满足从中等到高度复杂的商业信息需求。① Mathrani 通过调研新西兰公司发现 ES 使用商业智能等方法提供相关信息，该方法允许实时捕获相关数据来推动时间表，自动发布工作订单并优化资源容量，以提高组织在及时生产和向客户发送产品方面的灵活性。② Grange 等发现信息偶遇显著受环境因素(即网站设计) 和个人因素(即购物者的搜索行为和对不确定性的态度) 的影响，通过咨询几种产品替代品和阅读几种关于它们的意见来进行搜索更有助于个性化推荐。③ Srivastava 拟将人工智能智能驱动和自动化解决方案应用到酒店服务中，通过采取强有力的健康安全措施进一步帮助创建可持续的商务和休闲旅行设施，构建以客户为中心的旅行指南以恢复疫情后的酒店行业。④

此外，随着专业化、专门化人工智能应用的兴起，以及各种异构信息规模的壮大，研究者还重点关注了具有特定身份和职业的用户的信息行为，如医护人员、高校人员、信息专业人员、记者、游客、员工等。Franch 和 Mico 通过机器学习技术观察了在第十二届全国代表大会上的西班牙代表和西班牙主要记者的信息共享行为，揭示了记者和政治家两个群体之间的互动产生的回音室效应。⑤Nilashi 等认为机器学习技术开发的推荐代理可以有效地分析同龄

---

① Skyrius R, Nemitko S, Talo 813 Ⅱ O. The emerging role of business intelligence culture [J]. Information Research-An International Electronic Journal, 2018, 23(4): 806.

② Mathrani S. Enhancing production agility using enterprise systems [J]. Knowledge Management Research & Practice, 2022, 20(1): 91-103.

③ Grange C, Benbasat I, Burton-Jones A. With a little help from my friends: Cultivating serendipity in online shopping environments[J]. Information & Management, 2019, 56(2): 225-235.

④ Srivastava P R, Sengupta K, Kumar A, et al. Post-epidemic factors influencing customer's booking intent for a hotel or leisure spot: An empirical study[J]. Journal of Enterprise Information Management, 2021, 35(1): 78-99.

⑤ Franch P, Mico J L. Politics and journalism: A self-referential bubble in social media: Twitter domains shared by representatives and journalists in Spain[J]. Transinformação, 2021, 33: e200025.

旅行者在 TripAdvisor 的荷兰论坛上的参与行为(分享、评论、互动),游客越来越多地使用电子口碑进行旅行规划,减少做出错误决定的可能性。① Heo 等研究了多群体环境中社会智能度量的因素结构及其与信息专业人士知识共享经验和原理的关系。② Kiester 和 Turp 专注于 PubMed 的最佳匹配排序算法,简化了其操作方式,研究人工智能如何以用户看不到的方式影响搜索结果,并且进一步讨论了医疗保健从业者搜索行为和算法的伦理影响。③

4 人工智能背景下海外信息行为研究前沿和趋势

基于对人工智能背景下海外信息行为研究特点的总结,结合关键词计量分析和内容分析结果,本文认为人工智能背景下海外信息行为研究未来可能会更加关注以下三个方向。

4.1 数智赋能语境下健康信息行为研究

互联网的发展使得人们越来越容易发布或获得在线健康资源,包括分享自身的经历、寻求建议以及与有类似经历的患者进行交流等。并且由于患病信息的敏感性,越来越多的人们倾向于选择在在线健康信息交流平台匿名分享或搜寻信息,而不是参与线下的社区交流。因此,研究者们也陆续开始重视健康信息相关的信息行为。一些研究者着重关注健康信息行为本身或者内容。如 Liu 等探究了如何利用人工智能提高在线健康信息素养,其中包括利用人工智能增强终身学习能力、智能辅助翻译、简化和总结信息以及利用人工

① Nilashi M, Asadi S, Minaei-Bidgoli B, et al. Recommendation agents and information sharing through social media for coronavirus outbreak[J]. Telematics and Informatics, 2021, 61: 101597.

② Heo M, Toomey N, Song J S. What comprises social intelligence and can it predict knowledge sharing among diverse information professionals? [J]. Library & Information Science Research, 2022, 44(1): 101137.

③ Kiester L, Turp C. Artificial intelligence behind the scenes: PubMed's best match algorithm[J]. Journal of the Medical Library Association: JMLA, 2022, 110 (1): 15-22.

智能进行内容过滤，等等。① 诚然，在互联网上共享自己的健康信息有利于人们缓解焦虑、获得新信息、更好地跟医生沟通等。另外，一些研究者认为，人工智能的参与会加重健康信息方面的隐私安全问题。如 Murdoch 认为人工智能在全球医疗保健领域仍然是一个相当新的前沿领域，目前还没有一个全面的全球法律和监管体系。而病人的健康信息可能会因为人工智能技术而被某些盈利机构获取和控制。因此，设置知情同意、查验身份等数据保护形式是非常有必要的。②

随着人们对自身的健康越来越重视，在网络上查询健康相关信息变得更加普遍，技术的发展也使得这一过程变得更加便捷。然而，用户如何更加高效地、准确地获得自己想要的健康信息是值得进一步研究的方向。另外，在获得了健康信息之后，用户是基于什么因素评估该信息是否符合自身要求的，以及用户会更加倾向于选择什么形式的健康信息，这些都是有待研究的。并且，如何从客观的角度分析健康信息是否准确严谨也是一个与医学相交叉的复杂问题。一方面，人工智能的发展使得人们获得健康信息的方式更加多元，辨别健康信息的方式也更加多样可靠；另一方面，人工智能同时也推动着医学的发展。基于此，未来将不断探索在人工智能大背景下的健康信息行为相关研究。

4.2 智能推荐系统下的信息行为研究

随着互联网的全球增长，在线用户生成内容（User Generated Content，UGC）每时每刻都在大量增加，不同的信息资源来源以及过量的信息会使满足个性化需求越来越难，推荐系统因其可以分析用户的偏好来向他们提出个性化的建议已成为大量在线应用程序的必要工具。因此，以用户为中心的信息管理模式成为最近几年学者关注的重点。近年来社交媒体变得越来越普遍，人们除了借助社交

---

① Liu T M, Xiao X. A Framework of AI-Based Approaches to Improving eHealth Literacy and Combating Infodemic[J]. Frontiers in Public Health, 2021, 9: 755808.

② Murdoch B. Privacy and artificial intelligence: Challenges for protecting health information in a new era[J]. BMC Medical Ethics, 2021, 22(1): 122.

链接相互联系之外,根据用户之间的相似性,为目标用户推荐有影响力的用户和主题以及有凝聚力的社区,也是推荐系统发展的方向之一,用户之间可以基于相同兴趣等方面进行更多的互动,更有利于信息交流和共享。如 Zhang 等人使用主题模型从 UGC 生成主题层次结构,其次应用作者主题模型来学习用户的兴趣,然后通过标签传播算法检测用户社区,最后根据主题层次结构、用户以及用户社区的相似性,制定了多维信息组织模式。① 对于大多数推荐系统来说,对用户画像进行建模是提供个性化建议的必要步骤,而目前的推荐系统中两种最经典和最广泛的技术是基于内容的推荐(Content-based Recommendation, CB)技术和协同过滤(Collaborative Filtering, CF)技术,Sánchez 等人提出创建的混合推荐系统是一种自适应机制,即使用不同的信息来源获取用户序列,利用协作和基于内容的信息来定义用户交互的序列,可以在许多不同的上下文语境下产生竞争性建议。② Yang 和 Lin 的方法是将信息检索、常见引用分析和共同作者关系分析技术相结合,这种利用用户的任务配置文件在数字库中提出建议的策略,可在数字图书馆等中找到相关和高质量的文章推荐给用户。③ 个性化推荐不仅可以为用户提供相同或者相似的信息,增加用户的持续使用意愿,也是为了更好地促进数字资源的最大化利用和知识共享,因此,推荐系统的相关研究仍是今后研究的主要方向。

4.3　特定社会情景下的信息行为研究

信息无处不在,信息行为也遍布我们日常生活的方方面面。为了实现更加深入的研究,越来越多的研究者选择研究特定社会情景下的信息行为。如 Ragini 等人研究了在灾难情况下,如何利用人工

---

① Zhang C Z, Zhao H, Chi X H, et al. Information organization patterns from online users in a social network[J]. Knowledge Organization, 2019, 46(2): 90-103.

② Sánchez P, Bellogín A. Building user profiles based on sequences for content and collaborative filtering[J]. Information Processing & Management, 2019, 56(1): 192-211.

③ Yang W S, Lin Y R. A task-focused literature recommender system for digital libraries[J]. Online Information Review, 2013, 37(4): 581-601.

智能技术帮助救援队从大量 Twitter 数据中获得正确有效的信息以及如何对其进行分析，以得出最佳的行动方案。① 除此之外，基于人工智能背景，智慧城市、智慧家居、智慧医疗等也成为研究者们青睐的特定背景。如 Dong 等人在研究中提到，物联网、云计算、大数据等新一代信息技术在城市管理中广泛应用，在给城市管理带来便捷的同时，也会有信息安全方面的风险。因此，其在分析信息安全需求的基础上，构建了智慧城市信息安全体系的总体框架，为智慧城市信息安全的相关研究提供了参考。② 在智慧医疗方面，Li 等提出了一种组织医疗信息和提供医疗知识推荐服务方法的框架，以帮助抑郁症患者从互联网上获得准确和个性化的医疗信息。③ 不难发现，人工智能的发展影响到了人们日常生活的方方面面，每一个领域、每一种场景在人工智能的影响下都有其发展的独特性。因此，未来将更多地探索不同背景、不同场景下的信息行为，做出更加精细化的、更加深入的研究。

5　结语

人工智能背景下的海外信息行为研究是信息资源管理领域的一个重要命题，本研究采用文献调研和文献计量分析的方法，揭示了近十年来人工智能背景下海外信息行为研究的论文增长趋势、核心作者、核心期刊、核心机构、合作情况、学科交叉情况、关键词词频和聚类情况等，并基于 Information Science & Library Science 学科

① Ragini J R, Anand P M R, Bhaskar V. Big data analytics for disaster response and recovery through sentiment analysis [J]. International Journal of Information Management, 2018, 42: 13-24.

② Dong N, Zhao J, Yuan L, et al. Research on information security system of smart city based on information security requirements [C]//Journal of Physics: Conference Series. IOP Publishing, 2018, 1069(1): 012040.

③ Li Y, Wan Z, Huang J, et al. A smart hospital information system for mental disorders[C]//2015 IEEE/WIC/ACM International Conference on Web Intelligence and Intelligent Agent Technology (WI-IAT). IEEE, 2015, 1: 321-324.

的论文，采用内容分析的方法研究了人工智能背景下海外信息行为的研究特点和研究趋势。从研究内容、理论基础、研究对象、研究方法、学科基础五个层面揭示人工智能背景下海外信息行为的研究特点，为我国开展人工智能背景下信息行为研究提供参考，对人工智能技术在信息行为领域的应用具有重要的理论意义和实践指导价值。

从文献年发文量来看，人工智能背景下的海外信息行为研究近10年来逐渐引起学者们的重视，研究热度持续增加。从作者分布情况来看，参与研究的学者数量较多，但核心作者较少。从机构分布情况来看，以高校为主，香港城市大学、中国科学院、华盛顿大学、浙江大学等是比较核心的研究机构。从合作情况来看，人工智能环境下信息行为研究在作者和机构上都进行了广泛合作，已形成了一些比较成熟的作者以及机构合作团队。从期刊分布情况来看，IEEE Access、Information Processing & Management、Sustainability、Journal of Information Science、Computers in Human Behavior 构成了人工智能背景下海外信息行为研究的核心期刊。从学科交叉情况来看，人工智能背景下海外信息行为研究以信息类的学科为主，跨学科交叉融合的特征明显。从研究内容来看，人工智能背景下的海外信息行为会更加数智化，研究的具体内容也更加多元化。从理论基础来看，人工智能背景下信息行为理论更加多样化，且来自不同学科的不同理论给研究带来了新的视角。从研究方法来看，以实证研究为基础，研究者们倾向于多种方法并存结合。从研究对象来看，以消费者为主，更加关注医护人员、高校人员、信息专业人员、记者、游客、员工等特定身份用户的信息行为。未来，人工智能背景下的信息行为研究还会在健康需求相关的信息行为、智能推荐系统和特定场景下的信息行为等方面进行更深入的探索。

本文的不足之处在于只对 Information Science & Library Science 学科中人工智能背景下海外信息行为研究进行了深入的内容分析，样本数量较少。由于该方向是一个交叉领域，后期研究可扩展样本文献的学科范围，争取从全学科样本中来分析其研究进展和趋势，得到更具普遍性的结论。

"后疫情"时代海外数字文化研究现状与趋势[*]

许 洁 林泽瑞[**]

摘 要：新冠疫情对全球文化实践与文化研究带来了颠覆性的变化，数字文化研究与数字文化批评呈现出强劲的发展势头与崭新的学术面貌。通过文献调查、计量分析和可视化方法全面调查自2020年至2022年海外数字文化研究成果，梳理海外数字文化研究的核心论域和热点问题。研究发现，"后疫情"时代海外数字文化研究从关联要素、媒介指向、理论弥合和实践创新四个方向进行了大量探索，在数字敌意、情感商品、数字断连、数字公共文化服务方面形成了研究热点。已有数字文化研究主题较为全面，已形成较为系统的体系范式，但研究方法较为单一，亟待加大实证研究应用力度，且侧重理论研究，缺乏时代性的实践突破成果。

关键词：数字文化；文化研究；社交媒体；互联网用户

爆发于2020年初、席卷全球的新冠疫情，对全球文化生态产生了颠覆性的影响。全球范围内，世界遗产和文化基础设施相继关闭、艺术展馆暂停开放、体育赛事和音乐演出中断。由于公共空间

---

* 本研究为武汉大学自主科研项目(人文社会科学)研究成果，得到"中央高校基本科研业务费专项资金"资助，武汉大学信息管理学院2022级博士研究生李子星、硕士研究生李佰珏对此研究亦做出了贡献。

** 许洁，武汉大学信息管理学院教授。林泽瑞，武汉大学信息管理学院出版发行专业硕士研究生。

的关闭和个人外出行动的限制，人们接触文化产品和文化服务的机会锐减，全球文化消费受到重创，影响波及文化创作、生产和消费，整个文化生态系统遭遇不可逆的打击。全球本已脆弱的经济更是雪上加霜，文化艺术教育也受到难以估计的影响。与此同时，数字文化产业在全球范围内得到了前所未有的发展，受困于隔离要求不得不"宅"在家的人们，成为游戏、电竞、网络视听节目庞大的受众群体；大规模"网课"引爆了在线教育的庞大需求；就连需要观众"到场"体验的音乐会、演唱会、艺术展演等现场表演，也得以通过 5G 网络、4K 电视和头戴设备等清晰、实时、可互动地呈现在观众面前。

作为对现实的思考与回应，"后疫情"时代的全球人文社会科学界积极开展数字文化研究与数字文化批评，使其呈现出强劲的发展势头与崭新的学术面貌。这为我们立足于中国本土理论研究和实践探索，观察海外数字文化与文化数字化研究的前沿问题提供了充分的必要性与可能性。

为了解"后疫情"语境下海外数字文化研究的基本面貌，我们对国外以数字文化为核心议题的研究型文献进行深入梳理与细致分析，并将文献出版时间限制在 2020 到 2022 年，以求通过整体把握、揭示新冠疫情爆发以来海外数字文化最新研究成果形成研究框架，为多学科的数字文化研究及多领域的数字文化实践提供启示。

一、数字文化的内涵

数字文化是互联网时代伴随计算机技术的发展而兴起的一种数字社会特有的文化。20 世纪 90 年代，美国学者尼葛洛庞帝（Nicholas Negroponte）在其出版的《数字化生存》（Being Digital）一书中提出，人类生存于一个虚拟的、数字化的生存活动空间，在这个空间里人们应用数字技术/信息技术从事传播、交流、学习和工作等活动，这便是数字化生存。《数字化生存》被誉为 20 世纪信息技术及理念发展的"圣经"，表明了数字技术对于社会发展重要意义和驱动作用，并为数字技术促成数字文化的产生奠定了基础。

目前，海外研究对数字文化还没有一个明确、统一的定义，学者们从多个角度对数字文化进行了阐释。一般习惯把数字文化的概念分为广义和狭义两类，广义的数字文化指由数字技术和工具延伸出的政治、经济、文化现象，以及各现象之间的关系；狭义的数字文化主要指基于数字技术的文化活动、文化现象、文化过程等。有学者提出数字文化的内涵包括"文化的数字"和"数字的文化"两个方面，前者强调数字文化的网络载体和技术特点，凸显技术变革所带来的文化范式变迁，后者则侧重于数字文化本身的文化特性，认为数字时代的文化是文化的有机组成部分。① 也有学者认为数字文化是一种新兴的价值体系，尤其体现在网络上新闻、信息媒体和用户的活动中，数字文化的实践呈现出个人化、后民族主义和全球化的特点。② 还有人认为数字文化指的是人们在数字网络上互动的知识、信仰和实践，这些知识、信仰和实践可能重现现实生活中的文化，也可能创造出数字网络上原生的文化思想和实践。③ 综上所述，数字文化的概念主要包含数字技术、新型文化范式和由此产生的理念与实践等多种要素。

数字文化具有技术性、趋同性、互动开放性、共享性和非理性。技术性体现在数字文化依赖于数字技术，并借助数字媒介表现和传播；趋同性是指数字文化超越国界，在世界范围内逐渐趋同；互动开放性是指实现了高度开放、自由、平等与不拘地域的文化交流；共享性即数字文化的共享特征；非理性是指数字环境下，任何

---

① Vanden Abeele, Mariek M. P. Digital Wellbeing as a Dynamic Construct[J]. Communication Theory, 2021, 31(4): 932-955.

② Tomáš Kincl & P. Štrach. Born digital: Is there going to be a new culture of digital natives? [J]. Convergence-The International Journal of Research into Research into New Media Technologies. 2021, (7): 30-48.

③ Trine Syvertsen, Gunn Enli, Digital detox: Media resistance and the promise of authenticity[J]. Convergence-The International Journal of Research into Research into New Media Technologies. 2020, (5-6): 1269-1283.

思想都能够得到传播，可能出现双方的交流脱离问题本身的情况，甚至陷入非此即彼的极端状态。① 数字文化还具有数字特性和多维性，即通过 0 和 1 这两个最简单的数字表示内容，通过图、文、声、像、影多种媒体呈现信息。② 如果将数字文化与公共文化类比，那么数字文化除技术性之外，同样具有文化性、社会性和时代性等特征。由此可见，数字文化既带有文化的一般特征，又因为新时代技术因素而呈现出特殊性。

随着技术的深入发展，尤其是新冠疫情爆发以来，人类文化对互联网和数字媒介基础设施的依赖日渐加深，文化的发展与技术、尤其是媒介技术的更迭关系密切。数字媒介技术介入了文化生产，带来了文化本身的巨大变化，也引起了人们对于文化与数字技术关系的新一轮讨论。持有不同价值观和思维方式的人们展开了激烈的争论，一种主流观点源于大众认知领域由来已久的技术乌托邦主义（technoutopianism）这一观点相信技术的进步终将给人类带来更多的自由和解放，因此是推动社会进步的终极动力。技术的价值在于给传统意义上的弱势文化群体和文化弱势群体提供了前所未有的发声渠道，令不同形式的自我赋权和机制赋权拥有了可能性。另一种观点则源于技术批判传统（criticism of technology），该传统坚信在一个技术高度发达的社会里，控制和剥削也会更加发达，因此不加制约的发展会使自身不可避免地沦为权利的工具。全球互联网的平台化以及各大平台背后的垄断高科技公司，俨然已经成为在某种程度上超越传统国家权利的存在，通过对数据和算法的使用，这些平台全面入侵人们的日常生活，左右人们的社会选择，令社会文化不断丧失自主性。

---

① Marciano L, Ostroumova M, Schulz PJ and Camerini A-L. Digital Media Use and Adolescents' Mental Health During the Covid-19 Pandemic: A Systematic Review andMeta-Analysis [J]. Front. PublicHealth 9: 793868. doi: 10. 3389/fpubh. 2021. 793868.

② C. N. Cultri, A. P. M. Bazilio. Social Technologies and Digital Culture [J]. HOLOS. 2022, 37(2): 1518-1634.

二、近三年来海外数字文化研究文献的特征分析

为考察 2020—2022 年海外数字文化研究成果的相关情况，我们首先选取 Web of Science（简称 WoS）核心合集为调研对象，并以 SAGE Premier 数据库为对照补充，调研 2020 年至今的海外数字文化相关研究。WoS 核心合集是公认最有影响的多学科学术文献文摘索引数据库，其中，社会科学引文索引 Social Sciences Citation Index（SSCI）和艺术与人文引文索引 Arts & Humanities Citation Index（A&HCI）数据来源于社会科学、艺术及人文科学等多学科领域的超过 2 万种期刊。SAGE Premier 数据库依托以社会科学类学术出版见长的 SAGE 出版社，包含 SAGE 出版的 648 种学术期刊全文，涉及社会及人文科学各分支学科，文化研究、传播学、社会学是 SAGE 出版社的特色和专长。

我们以"数字文化"为核心检索词，确定检索式为（TS =（"digital culture" or "culture digital" or "digi-culture"）or TS =（datafication and culture））and PY = 2020-2022 not TS =（literac*），限定文献类型为 article& review，在两个数据库查询、比较、去重后得到 497 篇研究文献，数据检索时间为 2022 年 11 月 24 日。然后利用内容分析法和可视化分析从海外数字文化研究文献的核心关键词、主题网络和时序演变等三个维度展开分析。

1. 海外数字文化研究文献的分布特征

对 497 篇研究文献进行描述性统计分析，发现海外数字文化的相关研究文献主要发表在以 Media Culture and Society（12 篇）、Information Communication and Society（11 篇）、Social Media ans Society（10 篇）等 337 种期刊上，主要分布在以美国（74 篇）、巴西（54 篇）、西班牙（45 篇）、英国（41 篇）、俄罗斯（38 篇）等国家/地区为主的 71 个国家/地区，涉及 585 个机构。

2. 海外数字文化研究文献的内容特征

关键词可以体现海外数字文化研究文献关注的重点要素，其关键词之间的共词网络矩阵则可以在一定程度上反映海外数字文化研

究文献的主题与关键词之间的潜在联系。因此，我们借助 Citespace 软件提取 497 篇研究文献的关键词，共计获得有效关键词 189 个，关键词词频前 10 的关键词如表 1 所示。为呈现海外数字文化研究文献的主题网络，项目对关键词进行聚类分析，如图 1 和表 2 所示，自新冠疫情（2020 年）以来海外数字文化研究文献关注的主题可划分为网络迷因（Internet meme，DC1）、社会比较（Social comparison，DC2）、居民使用（Residents use，DC3）、文化参与（Cultural participation，DC4）、数字原住民（Digital native，DC5）和文化研究（Cultural studies，DC6）等 6 个研究主题社区。

表 1　　　　海外数字文化研究文献 TOP10 关键词

排序	关键词	频次	排序	关键词	频次
1	Digital culture	198	6	Politics	11
2	Social media	82	7	Social network	10
3	Digital technology	27	8	Teacher training	10
4	Internet meme	17	9	Work	8
5	Culture	11	10	Communication	8

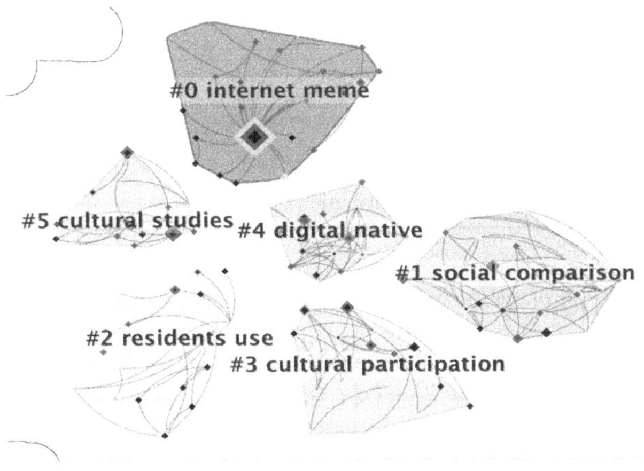

图 1　海外数字文化研究文献的主题聚类图

表2　　海外数字文化研究文献的主题社区及其代表性文献

编号	研究主题	关　键　词
DC1	网络迷因	internet memes；historical memory；mythologized ideas；media environment ｜ supply chain capability；organizational culture；digital platforms；operational performance；contextual factor
DC2	社会比较	supply chain capability；digital platforms；supply chain；contextual factor；firm performance ｜ digital learning orientation；organizational learning culture；innovative work；education sector；organizational learning
DC3	居民使用	digital innovation；digital organizational culture；digital capabilities；organizational readiness；ict industry ｜ mobile media；north korea；human rights；social changes；discourse analysis
DC4	文化参与	cultural participation；cultural policies；digital environments；quebec cultural policies；regarding digital participation ｜ mental health memes；internet memes；media outlets；psychiatric symptoms；humorous take
DC5	数字原住民	digital immigrants；distinct sub-culture；cultural cluster；same digital culture；popular feminism ｜ popular feminism；white feminism；feminist identity；digital feminism；sociological research
DC6	文化研究	social networks；connective life；spreading false news；macro-level approach；citizen excesses ｜ creativity processes；macro-level approach；contemporary culture；actor-network theory；philosophical contribution

　　进一步对海外数字文化研究文献的研究趋势展开分析（见图2），可以看到，自2020年疫情爆发以来，6个研究主题均保持着一定的关注量，其中网络迷因（Internet meme，DC1）、居民使用（Residents use，DC3）和文化研究（Cultural studies，DC6）等三个研究主题的关注量呈显著减少趋势，社会比较（Social comparison，DC2）研究主题呈稳步发展态势，文化参与（Cultural participation，

DC4)和数字原住民(Digital native，DC5)两个研究主题的关注量呈弱减少趋势。

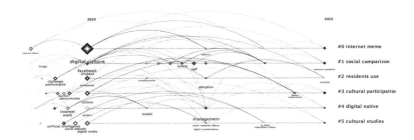

图2 海外数字文化研究文献的主题演变

3. 海外数字文化研究文献的共被引特征

对497篇海外数字文化研究文献的参考文献进行共现分析，TOP5共被引文献如表3所示，其中3个为期刊文献，2个为书籍文献。悉尼大学学者Paul Giles发表的文章"The Age of Surveillance Capitalism：The Fight for a Human Future at the New Frontier of Power"共被引频次最高，为13次；其余2个期刊文献均来自 *New Media & Society* 期刊。加利福尼亚大学洛杉矶分校学者 Safiya Umoja Noble 出版的" Algorithms of Oppression：How Search Engines Reinforce Racism"一书也得到较高引用，共被引频次为12次。

表3　　　　　海外数字文化研究文献的 TOP5 共被引文献

题　目	作者	文献来源	共被引频次
The Age of Surveillance Capitalism：The Fight for a Human Future at the New Frontier of Power	Paul Giles	*Journal of Cultural Economy*	13
Algorithms of Oppression：How Search Engines Reinforce Racism	Safiya Umoja Noble	NYU Press	12
Internet memes as contested cultural capital：The case of 4chan's/b/board	Asaf Nissenbaum & Limor Shifman	*New Media & Society*	9

109

续表

题　目	作者	文献来源	共被引频次
The platformization of cultural production: Theorizing the contingent cultural commodity	David B Nieborg & Thomas Poell	*New Media & Society*	9
YouTube: Online Video and Participatory Culture	Jean Burgess	Polity	8

进一步对参考文献的来源期刊进行共现分析（见表4），可以看到，*New Media & Society* 期刊的共被引频次最高，为114次，其次为 *Information Communication & Society*、*Thesis Eleven*，共被引频次分别为69次、57次。另外从 TOP11 共被引期刊所属研究领域来看，海外数字文化的相关研究以传播学领域为主，还涉及到社会学、文学、心理学、图书情报、女性学等多个研究领域。

表4　　　海外数字文化研究文献的 **TOP11** 共被引期刊

期刊名称	所属研究领域	共被引频次
New Media & Society	传播学	114
Information Communication & Society	传播学/社会学	69
Thesis Eleven	社会学	57
Social Media + Society	传播学	52
Media Culture & Society	传播学/社会学	50
International Journal of Communication	传播学	46
Computers in Human Behavior	心理学	44
Journal of Computer-Mediated Communication	传播学/图书情报	38
Feminist Media Studies	传播学/女性学	33
European Journal of Cultural Studies	文学	32
Theory, Culture & Society	文学	32

三、海外数字文化研究的核心论域

1. 数字文化的关联要素

数字文化是一种多向度的复杂的社会文明形态，与数智时代紧密关联。不同于少数学者①对数字文化的怀疑和反乌托邦的理解，众多文献成果表明，数字时代的文化社会样态展现出数据、技术以及人之间的相互作用，其中数据、技术、受众相应成为数字文化关联的关键要素，这些要素构成了数字文化发展的外围环境，并开拓了数字文化景观的建设渠道。②③④

（1）数据要素

在数字文化相关研究中，海量的数据信息与数据资源被视作其衍生与发展的基石。长久以来，数据化（datafication）被认为是信息革命后社会发展的重要表征，因此也成为数字文化创新的重要前置条件。⑤ 学者们尤其是数据科学家，以极大的热情投入数字文化数据分析，以揭示数字社会与数据网络连接的规律。从数据类型来看，数字文化数据不仅涉及个人发布或上传出版、社交媒体产生并记录的数字个体或群体生活数据，也包括数字社会运作过程中形成的数字痕迹，如传感设备记录的互动数据、通讯设备连接的基站数据等。这些数据以文本文字、代码信息、图形图像、语音等多种方

---

① Stiegler, B. The Age of Disruption: Technology and Madness in Computational Capitalism[M]. 1st. Polity: Cambridge, UK, 2019.

② Lénia Marques. Cultural leisure in the time of COVID-19: impressions from the Netherlands[J]. World Leisure Journal, 2020(62): 344-348.

③ Levin I, Dan M. Culture and Society in the Digital Age[J]. Information, 2021, 12(2).

④ Tomáš Kincl. Born digital: Is there going to be a new culture of digital natives? [J]. Journal of Global Scholars of Marketing Science, 2021(31): 30-48.

⑤ Fotopoulou A, Thornham H. Digital culture meets data: Critical perspectives [J]. Convergence-The international Journal of Research Into New Media, 2020, 26(5-6): 1031-1036.

式存在，并在数字文化的流动传播与创新发展过程中发挥最底层的支柱作用。从数据特征来看，数字文化数据具有跨领域协同、全范围连接、持续互动、高度开放、高效协作等特征，成为介入并深度参与数字文化基因传承、遗产留存、素材采集、需求满足的重要主体。从数据意义和应用前景上看，一是关联市场，改进数字产品的创作与推广方式；二是关注受众，提升数字消费的体验与质量；三是关照产业，优化数字文化产业链的运作环节。① 此外，数字文化中的素养问题正与新时代的数字素养、算法素养等相呼应，成为研究热点。② 当前海量的不同类型的数字文化数据和信息被算法中介展开不同程度的塑造，其被吸纳接受并评估内化的程度与效果问题也逐渐受到关注，如 Jutta（2020）等以深度访谈法对青少年的算法素养进行的二次探究。

（2）技术要素

数字技术被认为是数字社会研究的出发点，也是数字文化研究中最新颖的动力基础。始于 20 世纪中后期的信息通信技术（information and communication technology，ICT）进步与飞跃式发展，为数字文化提供了自我革新与影响社会的巨大力量，不仅提升了内容与服务的生产、传播等各环节效率，还使社会结构变动、对应市场调整等成为可能。③ 这种数字化转型使文化环境内的各主体（如数字公民、企业等）动态能力得以提升，包括敏捷或灵活能力（接收数字文化数据及信息）、吸收能力（广泛吸纳新数字文化成果）、

① Hemphill L, Hedstrom M L, Leonard A S H. Saving social media data: Understanding data management practices among social media researchers and their implications for archives[J]. Journal of the Association for Information Science and Technology, 2020(1). 1123-1143

② Haider J, Sundin O. Information literacy challenges in digital culture: conflicting engagements of trust and doubt[J]. Information Comuunication & Society, 2021, 25(8).

③ SF B. Connections between digital culture and education: thinking the digital condition in contemporary society[J]. Etd Educacao Tematica digital, 2020, 22(2): 369-388.

跨职能协作能力、创新能力等。① 而随着物质技术向信息技术的过
渡，数字文化也有了更宽泛的辐射范围，即新生的技术文化。在文
化三维空间中，技术文化位于知识与法规轴心集合处，兼具理性与
权威。② 而数字社会的技术文化区别于人文的精神文化，在效率、
强度等工具属性上有更高的追求。有学者认为数字革命的本质充分
体现在以技术文化为代表的文化变革中，具有个性化、透明化、同
源化等显著特征，例如虚拟现实实现的"异次元"跨越、人工智能
满足的智慧功能交流等。③

但尽管数字技术赋能数字文化的强劲作用明显，资本的过度介
入与非理性的文化规制也仍成为公认的"内在隐忧"。一方面，数
字技术的提升离不开外部投资的支持，数字文化的或将体现较大的
主观意志；另一方面，数字技术高速发展相继产生的应用"黑箱"
也使主题技术应用边界、数字文化合理规制等问题变得更加
复杂。④

（3）受众要素

数字文化受众指的是数字文化的面向群体，是深受数字文化符
号影响并在不同程度上接受技术包装的数字内容冲击的普罗对象。
与传统文化的渗透环境不同，在数字社会转型的同时，原本被动接
受文化洗礼的个体也正成为介入文化流动、推动文化形成的关键
力量。⑤

————————

① Weritz P, Braojos J, Matute J. Exploring the Antecedents of Digital Transformation: Dynamic Capabilities and Digital Culture Aspects to Achieve Digital Maturity[C]. //AMCIS 2020, 2020.

② Levin I, Dan M. Culture and Society in the Digital Age[J]. Information, 2021, 12(2): 121-134.

③ López Baeza, J.; Bley, J.; Hartkopf. "Evaluating Cultural Impact in Discursive Space through Digital Footprints"[J]. Sustainability, 2021(7). 1091-1023.

④ Yadlin A. Whose dystopia is it anyway? Deepfakes and social media regulation[J]. Convergence, 2020, 27(1). 10. 1177/1354856520923963.

⑤ Balogh Z, Gyorgy M, Katalin N, etal. "The effects, features and challenges of digital competence and digital culture on society and education"[J]. CIVIL SZEMLE, 2020, 17(2). 221-234.

从受众个人前因看，影响数字文化接受与创造意愿的因素包括性别等人口统计学变量及人格特质。其中，相较于中年人与老年人群体，未成年人及青年人接受新兴数字文化业态的时间更短，也更倾向于投入更多时间或成本加深理解或主动参与其中。"Z 世代"作为自小同时生活在技术支撑的电子虚拟世界与现实世界的原生世代，更展现出渴求数字文化创造、保留个人与自我数字空间的特质。① 而在与受众性别相关的数字文化研究文献中，发达国家尤其是欧美等地的技术接触差异与数字鸿沟现象均不明显，因而数字文化接受与创造的性别差距也大大缩小。与之相反部分发展中国家受制于社会 ICT 使用障碍或其他传统性别限制因素，男性参与数字文化建设的比例更高。② 此外，受教育程度也对数字文化受众有所影响，研究表明，受过高等教育的特定群体展现出对数字文化更强的好奇心、更深的价值感知、更显著的接受意愿。③④ 而人格特质关乎受众持久、稳定的心理结构，性格稳定偏外向的受众更有可能迎合 UGC 趋势，展开文化内容创造；具有较强社交或沟通意愿的个体能够适应数字文化的群体连接特性，更容易接受数字文化带来的时代变化。⑤

2. 数字文化的媒介指向

（1）数字载体与新内容

数字文化在发展过程中展现出多样式的文化形象，同时也随不

---

① Dunas, D, & Vartanov. "Emerging digital media culture in Russia: modeling the media consumption of Generation Z"［J］. Journal of Multicultural Discourses, 2020(15). 1121-1223.

② Jamie H. "The Spornosexual': the affective contradictions of male body-work in neoliberal digital culture［J］. journal of gender studies, 2018, 27(2): 231-241.

③ Sobande F, Kanai A, Zeng N. The hypervisibility and discourses of 'wokeness' in digital culture［J］. media culture & society, 2022, 44(8): 1576-1587.

④ Poshka A. Digital Culture and Social Media versus the Traditional Education［J］. Journal of Education Culture and Society, 2020(1): 56-70.

⑤ Painter C, Ferrucci P. Building Boundaries: The Depiction of Digital Journalists in Popular Culture［J］. journalism practice, 2022. 10. 1080/17512786. 2022. 2130817.

同的技术手段凝结成丰富的数字载体形式。如 ICT 的高速发展带动了通信设备(手机等)的迭代，人工智能、区块链为升级数字文化体验提供更多可能(数字藏品等)。① 有学者认为，数字文化的载体存在形态与其物质形态紧密相连，如上文提及的通信设备，再如电子阅读器等，通过传递数字文化内容、推进数字文化循环，赋予其实际功能与意义。但也有研究指出，数字文化的载体应是"以形见义"，即通过传导数字文化的功能确定其存在，而非因其存在发展数字功能。② 两种观点相互碰撞，但不可否认的是，数字文化载体的两端分别对应文化生产与文化传播，二者共同致力于数字文化新内容的正常运转。

数字文化内容的丰富正是建立在海量数据与信息互联互通的基础之上，逐渐融合数字技术和互联网架构，形成了新的生态系统。研究发现，在内容生产侧，数字文化多主体协同共创的特征更为明显。迎合数字文化受众参与 UGC 的火热趋势，数字文化发展带来的内容创作工具升级与内容创意门槛降低使受众角色更为复杂，TikTok、Instagram 等文化创作平台为其提供了广阔的创作空间。③ 而在内容传播侧，数字文化在将内容资源进行虚拟化、数字化的同时，以更快的分发速度、更高的匹配效率映射并传播至受众处。从文化循环的角度看，数字文化在"表征—认同—生产—消费"等过程所消耗的成本大大降低，而效果却更为突出。

(2)数字媒介与新业态

数字媒介作为数字文化与数字社会间交互作用的组成部分，以

---

① Qixing Y, Yifei D. "Exploration of Regional Public Digital Culture Service Mode Based on Artificial Intelligence Technology"[J]. WIRELESS COMMUNICATIONS & MOBILE COMPUTING, 2022. 10. 1155/2022/1852502.

② Snowball J, Tarentaal D, Sapsed J. Innovation and diversity in the digital cultural and creative industries[J]. JOURNAL OF CULTURAL ECONOMICS, 2021, 45(4): 705-733.

③ Omega A T. "We Bring Home the Roots": Black Women Travel Influencers, Digital Culture Bearing, and African Internationalism in Instagram [J]. SOCIAL MEDIA + SOCIETY, 2022, 8(2). 10. 1177/20563051221103843.

独特的书写维度介入文化业态的创新与相关产业的发展，在当前的融合发展趋势与数智时代背景下发挥着重要作用。

新闻、文学、音乐、科学知识等数字信息资源的易访问性正将这些传统文化业态置入现代文化语境，达成数字化再造并"祛魅"的时代成果。

如数字视频，在数字社会尤其是疫情爆发后的社会环境下，成为多数个体缓解因隔离或恐慌而面临的精神焦虑，存档并共享日常生活的数字依托；数字新闻，在强调多平台与移动性的基础上，模糊固定新闻与概念性新闻的边界，对用户来说，新闻实践的情感维度或成为吸引了解或观看数字新闻的关键要素；[1] 数字音乐，在声效优化、数据优化及基础设施优化的前提下，目前将生产、促销、流通和消费都集中于同一平台（Spotify 等）或同一服务（Premiun 等）中，但实际上将受众、内容制作者、数字文化传播平台等主体置于一种高度紧张的平衡关系中；[2] 数字游戏，在疫情暴发初期和中期更注重消解受众的焦虑或紧张情绪，在提升互动性与强化愉悦心情功能的同时，结合 VR 等显示技术提供多元感官体验，而挖掘和商品化游戏玩家的偏好、行为和本能反应正成为后疫情时代游戏平台与游戏出版商的关注重点；[3] 数字档案，作为传承群体记忆、架构社会话语的具象物，受到了多个国家文化部门的重点关注，数字文化在线门户网站、数字遗产数据库等纷纷用于数字档案记录与获取，但围绕数字文化价值的差距，传承方式也有所改变。此外，还有研究从反面的、消极的视角表达对数字文化新业态的担忧，如人工智能等技术对全球数字新闻可能造成的虚假或错误信息现象及容易造成的监管缺位、规制失范等问题；Stefania 则从数据贫乏（data poor）的角度强调关注弱势群体或边缘群体在接触了解数字新闻及

[1] Bengtsson, S, & Johansson. A phenomenology of news: Understanding news in digital culture[J]. Journalism, 2021(11): 24-35.

[2] Wade M J. Music Platforms and the Optimization of Culture[J]. SOCIAL MEDIA + SOCIETY, 2020, 6(3). 10. 1177/2056305120940690.

[3] Tulloch R, Johnson C. Games and data capture culture: play in the era of accelerated neoliberalism[J]. Media, Culture & Society, 2021(5). 203-216.

其他数据信息时的困难问题。①

（3）数字平台与新行为

数字文化平台关联市场，因此常见文献从平台经济学或市场经济学的研究视角对数字文化媒介形态的市场份额或竞合情况进行分析，发现当前数字文化平台多归属于各国政府相关部门及大中企业，且用户流量及服务效果整体向好。② 数字文化平台在统揽较高市场份额的同时也存在较大的可竞争性（contestability），其原因为平台间的可替代性及技术与用户的快速迭代。前者使数字文化平台面临可复制的"内容危机"，后者则加速了平台的服务创新与优势打造。以全球音乐平台为例，受 Apple Music 等其他同类平台及用户流失现象影响，Spotify 流媒市场份额长期处于 30%—40% 区间内游走的动荡状态，被认为是"最坚实的声破天（Spotify 的中文译名）"。

而在数字文化平台实现的文化接受与创造行为中，数字阅读正成为热点话题。研究表示，数字环境会对个人尤其是青少年的阅读行为产生重大影响。③ 数字阅读区别于传统阅读的快速高效特性，将读者群体逐渐圈层化、分众化、社区化，并形成不同类型的阅读亚文化。传统阅读模式的拥护者更加精英化，数字阅读受众群则更强调内容可视化与在线即时交流。④ 因此，数字阅读可视化的趋势在提升信息感知能力的同时忽略了受众基本阅读能力的再培育，这也致使读者差异所面临的潜在数字鸿沟现象更为明显，即使接收同

① Milan, S, & Treré. The Rise of the Data Poor: The COVID-19 Pandemic Seen From the Margins[J]. Social Media + Society, 2020(3). 1721-1734.

② Yuval K. Interacting for Peace: Rethinking Peace Through Interactive Digital Platforms[J]. Social Media + Society, 2020, 6(2). 10. 1177/2056305120926620.

③ Soroya, Ameen S H A, Kanwal. "Subject-Based Reading Behaviour Differences of Young Adults under Emerging Digital Paradigm"[J]. Libri, 2020(2). 1012-1032

④ TL V. The Transformation of the Reading Model in a Digital Culture[J]. tekst kniga knigoizdanie-text book publishing, 2022, 27(7): 126-138.

样的数字内容，提取到的信息要素与基本认知也有很大差异。①

3. 数字文化的理论弥合

数字文化本身是多属性特征的复杂社会现象或称形态，从不同学科视角侧写其发展现状及内在规律，能够较好地了解数字文化在不同领域的涉入程度，同时也为打破传统学科分布壁垒、加强亲缘学科关联、勾勒数字文化知识全貌提供依据。从现有文献看，数字文化相关研究主要在以美学、符号学等为代表的人文科学及社会学、数据科学、管理学为代表的社会科学间实现了一定的理论弥合。

（1）人文研究理论

从人文研究角度看，数字文化承载新时代价值导向与观念变革的重要功能得以发掘，并与美学及符号学认知世界的现实意义相呼应。Leonardo 就曾以美学的艺术意义指出数字文化在媒体工件和图像集合等方向上的可视化方法，为分析新媒体和数字文化开启了全新视角。② 而符号学，尤其是近些年来兴起的文化符号学、认知符号学等分支，在追溯现象学、意义学特性用以解构数字文化的同时，又串联传播学、媒介学等新理念再构数字文化研究矩阵，如应用文化符号学模型分析数字文化平台的商业特征，并指出知识精英和学者是当前数字文化的重要驱动力。③ 此外，脱离技术工具的特定解读，本体论的学说也被应用于研究数字文化的泛在问题，包括存在条件、存在经验和存在奋斗路径等。④ 这些人文视角的学理阐

---

① Conte, E., Kobolt, M. E. de P., & Habowski, A. C. Leitura e escrita na cultura digital. Educação, 2022(1).

② Kristian B. Platfospheres and sociocultural explosion of Web 2.0: The commercial centre of the digital semiosphere[J]. Sign Systems Studies, 2020, 48(2-4): 246-270.

③ Wang, J., & Hu, . The Discursive Power of Memes in Digital Culture: Ideology, Semiotics, and Intertextuality[J]. New Media & Society, 2020(8). 121-134

④ JW B. Digital Existence: Ontology, Ethics and Transcendence in Digital Culture[J]. Journal of Religion Media and Digital Culture, 2021, 10(2): 343-345.

释特色鲜明，为数字文化研究增添了坚实的理论和哲学基础。

（2）社会科学理论

从社会科学角度看，管理科学与工程、计算机科学等数理性强的理论观点被应用于思考数字文化与计算思维在人与社会之间的关系纽带与连接模式。为了更好地揭示数字文化的技术逻辑，已有学者应用或创新技术应用理论模型，以便加深对作为计算思维轴心之一的数字文化的理解。① 例如，在评估数字文化推广效果时，Julia等②采用心智模型探究青年和成人教育（YAE）在开展活动并产生循证知识的重要效果；Roberto 等扩展社会意识模型并验证其在数字文化受众素养提升的独特作用。此外，社会学理论的应用也使数字文化研究的视角得以大大扩展，这也关乎焦点问题之一，即个人和社会层面如何建立数字文化的联系。正统社会学理论认为数字技术的使用过程差异由不同的个人背景及社会情境决定，相应产出不同的数字文化产物。而负面社会学或称消极社会学则强调数字断联、数字脱节才是现代个人自由斗争的突出表现，它是随着数字文化发展所体现出的社会世界的中介化和数据化，也是数字文化研究镜头由中心移向边缘的关键。③ 此外，还有学者以女性主义视角探究数字文化的独特作用，Liu 曾利用 Python 收集并分析中国十年来跨性别就业困难的微博条文，分析跨性别女性在利用社交媒体的辩论"沉默"及"隐形"现象；④ Jarrett 发展数字母性凝视理论绘制数字文

---

① Reyes E, Manovich L. Cultural Viz：An Aesthetic Approach to Cultural Analytics[J]. leonardo, 2020, 53(4)：408-414.

② Jsb O, Moreira C, Menezes K, etal. Computational Thinking and Mental Models：Promoting Digital Culture in the Youth and Adult Education[J]. Interacting with Computers, 2022. 1093-1105.

③ Kaun, A. Ways of seeing digital disconnection：A negative sociology of digital culture[J]. Convergence, 2021(6). 132-145.

④ Kataria G. LGBTQ Digital Cultures-A Global Perspective[J]. Sex Cult, 2022(6)：656-675.

化时代母亲群体在创造新形式价值的方法图景。① 总的来看，社会科学的理论弥合不同于人文视角的整体探讨，而是更好地激发学者们对数字文化在当前时代的现实意义探究。

4. 数字文化的实践创新

联合国教科文组织发布的《数字环境中的文化》研究报告指出，丰富数字文化产品及服务、推进数字社会变革是公共文化数字体系建设的重要体现。从现有文献看，针对文化企业及文化消费者等不同主体，数字文化实践已实现了不同程度的成果创新。

（1）文化企业协同管理与商业模式的数字化改造

数字化对新企业，尤其是文化企业的战略定位及持续生存至关重要。② 对于传统文化企业来说，数字创新也涉及数字产品/服务、基础设施及数字流程的现代化改造。研究结果表明，文化企业发展数字创新文化并以此塑造基于数字技术的创新结构、工作方法、技能/思维方式的新相互作用渠道，对挖掘其数字化潜力和扩展市场空间至关重要。③

在创新结构方面，数字文化允许企业革新扁平化的层次/管理结构，为激发企业创造力、产生新知识提供条件。确立数字化战略的文化企业能够更好地支持新产品及新服务的开发，并形成对应的ICT 应用规范。④ 这种数字化战略既指向了企业架构的完善，也与

---

① Cleaf V, Mary K. "The Pleasure of Connectivity: Media, Motherhood, and the Digital Maternal Gaze"［J］. Communication Culture & Critique, 2020, 13（1）: 36-53.

② Kim, N., Im, S., & Slater, S. F.. Impact of knowledge type and strategic orientation on new product creativity and advantage in high-technology firms［J］. Journal of Product Innovation Management. 2021, 30（1）, 136-153.

③ Orth, P, Piller, etal. How Companies Develop a Culture for Digital Innovation: A Multiple-Case Study ［C］. //Perspectives in Business Informatics Research, Springer, 2021. 1231-1245.

④ Proksch D, AF R, Stubner S, etal. "The influence of a digital strategy on the digitalization of new ventures: The mediating effect of digital capabilities and a digital culture"［J］. journal of small business management, 2021. 10.1080/00472778.2021.1883036.

不同利益相关者形成行为互动，如数字出版、数字营销等。已有研究从权变理论指出，数字战略在文化企业中的应用有助于协调多组织因素并提升绩效水平。在工作方法上，文化企业主要从动态能力和实在功能两方面入手，探索和采用商业模式的数字化创新，如识别新商业机遇能力，重构或扩展有形/无形资产、客户和生态系统；开发适当的数字文化流程，改进公司工作程序、资产及业务构架以保持长期盈利等。① 在技能/思维方式上则更多地关注企业管理者及企业员工等不同身份个体的行为规则变化，数字文化可以提升其对数字平台(如云服务)的信息处理能力、使用数字渠道(移动及社交媒体等)集成数字流程管理企业业务的能力等。对于管理者来说，更敏捷和灵活的工作渠道，更智能的组合型技术应用性技能和更成熟的数据与算法素养，能直接提升其对企业协同管理的效率和质量。

此外，数字技术创新也不可避免地为文化企业带来了挑战，这与上文提及的技术应用"黑箱"问题不谋而合，文化企业一要面临激烈的竞争性商业环境，还要承担技术更新及可能造成的机会成本等问题影响；二要不可避免高度集中且频繁的企业自我审视及评估，以求瞄准市场定位，紧跟数字技术发展步伐，尽力争取竞争优势。

(2)文化消费者消费行为与精神体验的数字化升级

数字技术在一定程度上消解了数字文化生产与消费的边界，也使传统消费者在行为流程与消费心理上发生较大改变，消费需求趋于多元化，最终影响消费趋势。从消费流程上看，线上消费成为国外数字文化消费的主流形式，且消费习惯得到深刻改变，使用频率与时间均保持上升态势，即时通信、网络视听成为高热度消费领

---

① Proksch D, Rosin A F, Stephan Stubner & Andreas Pinkwart. The influence of a digital strategy on the digitalization of new ventures: The mediating effect of digital capabilities and a digital culture[J]. Journal of Small Business Management, 2021, 31 (2): 232-246.

域，长尾现象渐趋明显。① 在消费过程中，消费者可明显感受到更为便利的文化接触、更为丰富的内容选择、更为低廉的服务享有，因而获得较大的文化消费体验与激励。其中特定的数字文化消费现象也得到了一定讨论，如盲盒消费实际成为数字文化社群的维系纽带，数字藏品消费指向创新艺术文化形态的新体验等。② 从消费心理上看，一方面消费者的自我文化需求得以进化，在持续向往文化内涵、高度关注文化品质的前提下，理性与非理性两极化的需求发展现象更为明显，对电商平台、网络直播、社群营销等新数字消费方式的选择更为谨慎；另一方面消费者的体验满足度得以提升，消费者不仅满足与文化物质的获得满足，更追求被赋予文化品质的体验愉悦感，如个性化文化服务、一对一定制文化服务等。数字文化消费更多地将消费者需求、个性、品位完美融合，成为新时代数字消费的风向标。③

综上，文化消费者从行为和心理两个维度面向数字社会实现了内化升级，这是数字技术进步和消费群体代际变迁的直接体现。未来的数字文化消费者将深入融合数字原世代与新住民，以贴近自然环境的高仿真消费体验削弱消费观念差异，并进一步扩展消费空间场域，尤其是多场景下的融合消费。近些年来元宇宙（Metaverse）概念的提出也为更新数字文化消费空间的生态和结构勾勒出新的交互图景。

（3）数字文化其他关联主体的价值重塑与再构

国际组织与国家层面。联合国教科文组织下属国际哲学与人文科学理事会曾就助力全球数字文化产业与腾讯线上签订战略合作备忘录，展开新文创生产与IP核心构建等产业转型问题讨论。美国在文化创新投入与数字版权治理方面也作出诸多努力，不仅由国会

① Johanssen J. Psychoanalysis and Digital Culture：Audiences, Social Media, and Big Data[M]. Routledge, 2019. 21-22.

② Bovcon, N. Virtual museums：interpreting and recreating digital cultural content[J]. Neohelicon, 2021, 32(1)：254-265.

③ Fink A. Constructing digital cultures：Tweets, trends, race, and gender [J]. The Information Society, 2020, 37(1)：60-61.

拨款并设立相关机构，发起"国家数字信息基础设施和保存项目"，同时也形成了一系列便与数字文化创新的战略报告与政策文件。从整体上看，国际组织与海外国家通过集体智慧进行数字文化推广并促进数字文化适用性持续提升，创造了多元的文化价值向度。①

还有一些特定文化关联主体在面向数字文化的过程中逐步实现文化价值的客观化，如 Rui 通过 bilibili 平台弹幕指出弹幕评论、弹幕集群与弹幕语言是数字文化受众发起社会接触、建立虚拟交流社区的基本要素；② Mazumdar 则聚焦公共人物数字外交，反思数字文化影响下"参与-促进"式外交、常规生活外交、个人反思/反应外交、互联网模因外交等社会数字媒体外交的新变化；③ Lee 从语言文化组合的角度对数字文化跨国界流动进行了案例分析，总结数字媒体语言社区已成为集异质性、灵活性和不可预测性为一体的文化共同体。④ 这些研究视角与结论往往较为新颖，代表着数字文化实践的创新方向。

（4）数字文化产品与数字文化消费的多元化与差异化

互联网视频方兴未艾，热度高涨。随着传统电视业务的衰弱，互联网视频已成主流的视频媒体，Netflix、Disney+、Hulu 等平台的用户不断增加，带来了可观的经济收入。根据不同收益形式分类，主要分为以广告支持模式盈利的以 Youtube 为代表的用户生成内容（user-generated content, UGC）平台，及以付费订阅模式盈利的以 Netflix 为代表的原创内容订阅点播（subscription video on-demand,

① Hancock R. VOIP technology in grassroots politics: Transforming political culture and practice? [J]. Journal of Sociology, 2022. https://doi.org/10.1177/144078332210863.

② Wang R. Community-Building on Bilibili: The Social Impact of Danmu Comments[J]. Media and Communication, 2022, 10(2): 54-65.

③ Mazumdar B T. Digital diplomacy: Internet-based public diplomacy activities or novel forms of public engagement? [J]. Place Branding and Public Diplomacy, 2021. https://doi.org/10.1057/s41254-021-00208-4).

④ Seryun L. An Exploration of Lingua-Cultures on YouTube: Translation and Assemblages[J]. Social Media + Society, 2021, 7(4). 657-674.

SVOD）平台。有学者调研了 YouTube 平台用户对所订阅作者发布的视频中提及的产品的购买意愿的影响因素；① 探讨了对广告的看法及其在年轻 YouTube 访问者购买意向中的作用。② Ju 以 Netflix 北美地区观众为目标群体调研了其对 Netflix 平台韩国影视作品的态度看法，并探讨了浪漫主题韩剧在北美市场接纳度高的因素与影响。③

流媒体数字音乐市场持续繁荣。以 Spotify 为代表的流媒体播放软件成为年轻人青睐的数字音乐载体。Spotify 推行的音乐播放列表成为数字音乐市场的热门形式，Spotify 的音乐榜单数据影响力覆盖全球各个地域。美国权威音乐榜单 Billboard 继韩流文化进驻欧美市场后，更受到亚洲地区音乐听众的关注。Prey 等讨论了 Spotify 作为流媒体播放平台在数字音乐产业中扮演的角色及作用，并指出 Twitter@ Spotify 账号拓宽了人们观察 Spotify 公司战略的窗口。④ 受流媒体的影响，人们对现场演出的需求也发生了改变，Westgate 对影响人们购买演出门票的财务、情感、经验三种因素进行了研究分析，并指出人们认为线下演出是承载长期等待后的情绪表达的一种方式。⑤

数字新闻不断升级，网络出版稳定发展。有声书服务、电子书

① Kim, Eunyoung, Yeojin Kim. Factors Affecting the Attitudes and Behavioral Intentions of Followers toward Advertising Content Embedded within YouTube Influencers' Videos[J]. Journal of Promotion Management, 2022, 28(8)1235-1256.

② Tresa Sebastian, Ann, et al. Exploring the Opinions of the YouTube Visitors towards Advertisements and Its Influence on Purchase Intention among Viewers [J]. Cogent Business & Management, 2021, 8(1)187-198.

③ Ju, Hyejung. Korean TV Drama Viewership on Netflix: Transcultural Affection, Romance, and Identities [J]. Journal of International and Intercultural Communication, 2020, 13(1): 32-48.

④ Robert Prey, et al. Platform Pop: Disentangling Spotify's Intermediary Role in the Music Industry[J]. Information, Communication & Society, 2022, 25(1): 74-92.

⑤ Christopher Joseph Westgate. Popular Music Fans and the Value of Concert Tickets[J]. Popular Music and Society, 2020, 43(1): 57-77.

(e-book)等融合网络在线阅读技术的出版产品不断升级。Puijk 等人追溯了挪威内陆区域五家地方报纸的趋同与创新过程，并介绍了当地数字新闻出版商在实行付费订阅制、建立有声视听平台，为数字新闻内容赋予多媒体形式等创新举措，在寻求数字出版技术创新的路径上实现了突破。① 此外，受记者等数字新闻创作者的影响，诸如 Twitter 等社交媒体平台逐渐成为数字新闻内容生产的载体之一，及时、迅速地向大众传播数字新闻信息。在网络文学出版平台方面，对出版网站的技术研究居多。如 Fathallah 研究了 Live Journal 及 Archive of Our Own 两大同人文学平台的网站设计与用户体验，展示了数字技术与同人文学文化之间的互动。②

电竞产业表现亮眼。Kim 等人系统回顾了电子竞技的发展历程，并期待各国加强对电子竞技的重视与投资。③ Johnson 等在对电子竞技劳动体系的研究中全面概述了新兴电竞生态系统中不同行为者所从事的劳动，以及它们如何相互交叉和影响，并探讨了劳动的不稳定性及电竞产业的劳动形式汇总。④ 在游戏上瘾、游戏购买、玩家体验、直播网络等方面，学界也给予了关注。有学者对专业游戏直播平台 twitch 进行研究，并指出游戏直播能够提升游戏的传播能力与寿命，其对游戏行业的重要性有很大的发展空间。也有人对消费者的感知价值与他们使用免费增值服务和购买优质内容的意图的关联情况进行了研究，并得出社交价值与购买游戏内容呈正

---

① Puijk, Roel, et al. Local Newspapers Transition to Online Publishing and Video Use: Experiences from Norway[J]. Journalism Studies, 2021, 22(9): 1123-1141

② Judith Fathallah, Digital Fanfic in Negotiation: Live Journal, Archive of Our Own, and the Affordances of Read-Write Platforms[J]. Convergence: The International Journal of Research into New Media Technologies, 2020, 26(4): 857-73.

③ Eunyoung Kim & Kim Yeojin. Factors Affecting the Attitudes and Behavioral Intentions of Followers toward Advertising Content Embedded within YouTube Influencers Videos[J]. Journal of Promotion Management, 2022, 28(8): 1235-1256.

④ Mark RJohnson & Woodcock Jamie. Work, Play, and Precariousness: An Overview of the Labour Ecosystem of Esports[J]. Media, Culture & Society, 2021, 43(8): 1449-1465.

相关，免费增值服务的经济价值确实与继续使用免费增值服务的意愿呈正相关等相关关系作为研究结论。①

数字文旅成为文化产业发展新方向，以 XR、AR、VR 技术为重点的虚拟旅游得到发展。受疫情等多种因素限制，游客实现线下旅游困难重重，实体旅游经济下滑严重。根据世界旅游组织的数据，受 COVID-19 的影响，2020 年全球旅游收入比 2019 年减少60%～80%。因此，寻求新的发展途径成为旅游行业亟待解决的问题。虚拟现实（VR）、区块链等概念与技术的成熟催动了元宇宙概念的成长与发展。虚拟现实技术及智能穿戴设备能够让人们沉浸式观看场景，因此，从虚拟现实技术中获得智慧旅游（smart tourism）的新体验，成为产业的新的技术发展目标。Akhtar 等总结了2016—2020 年数字旅游的发展状况，通过内容分析与文献计量分析得出虚拟旅游是 COVID-19 爆发期间大众旅游的一个实用和有价值的选择，虚拟空间须开发更多的功能和附加值以实现未来的游客满意度，从而挽救低迷的旅游产业。② Suanpang 等提出了智慧旅游城市的元宇宙可扩展空间，通过这种比其他平台更加灵活的三维虚拟世界技术，让游客实现在网络数字世界中听音频、读文本、看世界的虚拟旅行。③ 此外，Cheng 等对影响人们持续选择虚拟旅游的因素进行了研究，结果显示虚拟旅游积极的 VR 体验感，即虚拟画面的生动感与身临其境感能够吸引人们持续选择虚拟旅游。④

———————

① Juho Hamari, et al. Why Pay Premium in Freemium Services? A Study on Perceived Value, Continued Use and Purchase Intentions in Free-to-Play Games[J]. International Journal of Information Management, 2020, 51(2): 120-143.

② Nadeem Akhtar, et al. Post-COVID 19 Tourism: Will Digital Tourism Replace Mass Tourism? [J]. Sustainability, 2021, 13(1): 123-132.

③ Pannee Suanpang, et al. Extensible Metaverse Implication for a Smart Tourism City[J]. Sustainability, vol. 14, no. 21, Nov. 2022, 14(21): 1131-1145.

④ Li-Keng Cheng & Hsien-Long Huang. Virtual Tourism Atmospheres: The Effects of Pleasure, Arousal, and Dominance on the Acceptance of Virtual Tourism[J]. Journal of Hospitality and Tourism Management, 2022, 53: 143-152.

四、海外数字文化研究的热点问题

1. 数字敌意（Digital hostility）

今天的全球互联网文化中，网络暴力（internet pile-on）、人肉搜索（dox）、网络羞辱（online shaming）已经成为了非常普遍的现象①，这一现象也引起了海外学者的关注，一些研究者将互联网上对陌生人的负面态度统称为数字敌意（digital hostility），将其定义为一种基于在线交流的文化情景和一种在网络环境下即时产生的特定态度（或情绪）②。引起数字敌意的原因很多，但对现实社会的情感投射、对网络交流的投入和对自我表达权利的拥护是最主要的三大原因。

数字敌意的主要表现为网络暴力和网络羞辱③。在英语中，网络暴力（internet pile-on）一词最先出现在记者对社交媒体上众多网民攻击公众人物这一社会现象的报道中，通常指众多（从几千人到几百万不等）网民通过仇恨言论（hate speech），辱骂（abusive language），人身攻击（name calling）等方式对其他人实施影响。今天的网络暴力对象已经不仅仅是公众人物，任何普通人都有可能受到网络攻击，网络暴力与网络霸凌（cyberbullying）有所区别，网络霸凌主要是指互联网上个体对其他个体施加的行为，是指以网络为媒介，通过用捏造事实或者无端谩骂等方法诽谤或者侮辱他人的行为，并会对当事人造成心理上的伤害。与网络霸凌相比，网络暴力更强调网民的群体性行为，对于网络环境甚至社会环境的危害更

---

① T Radtke, T Apel, K Schenkel, et al. Digital detox: an effective solution in the smartphone era? A systematic literature review[J]. Mobile Media & Communication, 2022, 10: 190-215

② Thompson JD and Cover R. Digital hostility, internet pile-ons, and shaming: A case study[J]. Convergence: The International Journal of Research Into New Media Technologies. 2022. Online first. DOI: 10.1177/13548565211030461.

③ Cover R. Digital hostility: contemporary crisis, disrupted belonging and self-care practices[J]. Media International Australia, 184(1): 79-91.

大，因此学者们倾向于将网络暴力视为一种数字文化现象。

网络羞辱（online shaming）是指在互联网上以公开羞辱、集体排斥、取消关注、盲目下架、人肉搜索、公开未经同意的色情内容等方式对他人实施负面影响或权利侵害的行为①。网络羞辱被认为是一种典型的数字敌意，典型的表现是"呛声文化"（call out culture），意思是某人在网上说了一句有争议的话就被人揪住、放大、批评、嘲讽、攻击、人肉、非置其于死地不可的极端现象。日语中与 call out culture 对应的词叫"炎上"（え上がること），意思是火势猛烈，从另一个侧面表现出这种"呛声文化"给互联网环境带来的破坏和压力。② 一个典型的例子是《哈利·波特》的作者，英国女作家 J·K. 罗琳，因为其在社交媒体上发表了尊重女性（自然性别）的言论，而被认为是"跨性别批评者"，甚至是"跨性别恐惧症"，③ 而成为众矢之的，遭到包括《哈利·波特》全体演职人员在内的全网攻击，甚至其创作的作品也被下架处理。与呛声文化相关但又不同，西方学者关注到另外一种网络敌意的表现形式——取关文化（也称封杀或者取消文化 cancel culture），④ 即在社交媒体上取消对某一公众人物的关注，甚至下架其代言的商品，封杀其作品，短时间内使其在社交媒体甚至传统主流媒体上消声匿迹。

数字敌意对当事人带来的伤害包括职业生涯受阻、身心健康受损、退出公众实现和社会交往生活，更严重的，甚至造成受害者不堪重负自杀。公众人物特别容易成为数字敌意的对象，网络语境中

---

① Corry F. Screenshot, save, share, shame: making sense of new media through screenshots and public shame. First Monday, 2021, 26(4-5): 1121-1132.

② Thomas A, McCann H, and Fela G. In this house we believe in fairness and kindness': post-liberation politics in Australia's same-sex marriage postal survey[J]. Sexualities, 2020, 23(4): 475-496.

③ Cover R, Rasmussen M, Newman C, et al. Marriage equality: two generations of gender and sexually diverse Australians[J]. Australian Feminist Studies. 2020, 35(103): 37-53.

④ Ng E. No grand pronouncements here Reflections on cancel culture and digital media participation[J]. Television and New Media. 2020, 21(6): 621-627.

的公众人物不只包括影视明星、体育运动员、政治人物、王室成员等传统意义上的"大人物"，也包括社交媒体上的意见领袖、大大小小的主播、网红等。① 正因为如此，数字敌意正在变成全球化和普遍性的"文化问题"。在今天的网络环境中，数字敌意无处不在，已经成为了一种日常的、主观的、当下的关于身份认知和归属认同的行为和态度，每一个人都可能成为数字敌意产生者和施加者，更严重的是，对数字敌意本身的不敏感和不自知，有可能让我们每一个人成为数字敌意文化的参与者和构建者。②

社交媒体是数字敌意文化萌发、不断生长、持续发酵，甚至影响主流文化的场所。今天，在社交媒体上呈现出任何的观点不一致，都有可能演变成数字敌意。全球范围来看，Twitter、Facebook、TikTok 是用户最多的三大主流社交媒体平台，这些社交媒体上每天喧嚣尘上的是网民们的各种骂战和极端言论，使其成为数字敌意文化的发源地。③ 随着新冠疫情在全球范围爆发，2020 年以来，居家办公、上网课和使用社交网络的人数空前增加，导致网络会议炸弹(Zoombombing，也称 Zoom-bombing 或 Zoom Raide)这种新型的数字敌意表现方式产生了。网络会议炸弹是指利用安全漏洞或不请自来的破坏者进入在线会议或在线课堂，发布低俗笑话，传播带有种族歧视、亵渎宗教色彩或者色情内容的图片、视频和文字，以达到干扰会议或教学正常进行的目的。④ 极端的情况下，这种入侵和破坏行为已经超越了文化和道德范畴，成为触犯法律的刑事行为，会

① Cover R. Vulnerability and the Discourse of 'forgotten People'：Populism, Population and Cultural Change[J]. Continuum：Journal of Media & Cultural Studies. 2020，34(5)：749-762.

② Ozduzen O, Korkut U, and Ozduzen C. 'Refugees are not welcome'：digital racism, online place making and the evolving categorization of Syrians in Turkey[J]. New Media & Society. 2020. 23(11)：3349-3369.

③ Burgess J & Baym N. Twitter：A Biography[M]. NY：New York University Press. 2022：11.

④ Tran CH. Stream(Age) queens：Zoom-bombs, glitter bombs & other doctoral fairy tales[J]. Communication, Culture and Critique. 2021，14(2)：356-360.

受到法律审判。随着远程教学和会议工具的广泛使用，网络会议炸弹现象变得越来越普遍，已经超越了个体和心理范畴，成为一种影响十分广泛的普遍现象和网络亚文化。

2. 情感商品（emodity）

数字媒介时代容易产生群情沸腾的现象，人们在数字媒介时代的表达带有明显的情感特征。有些情感可以在数字媒介上迅速传播，因此社交媒介上容易出现"情感极化"（polarization of emotion）的问题。① 我们经常看到，一张图片、一个短视频、一则故事，都可能在网络上引发网民的情感共鸣，迅速形成强大的情感能量。这些现象看似纷杂且缺少联系，其实都与情感流通相关（emotional circulation），正是情感的流通积聚情感的能量，才把个体与集体连接起来。② 近年来，随着人文社会科学领域对情感的关注，文化研究，尤其是数字文化研究也开始了"情感转向"，展开对数字社会中的个体、集体、乃至虚拟分身的情感研究。

法国社会学家伊娃·易洛思（Eva Illouz）围绕资本主义社会中的情感、理性、幸福感等话题展开了深入研究。近年来，围绕数字环境下人们在商品消费中表现出的为"情感"买单的行为，易洛思及展开了系统研究，提出了"情感商品"（emodity）这一概念。"Emodity"是一个生造词，实际上是英文单词"情感的"或"情绪的"（emotional）和"商品"或"有用品"（commodity）的缩写。③ 数字时代下，尤其是在社交网络构成的虚拟环境中，情感本身成为了商品，情绪成为了最有价值的交换物，甚至可以说，互联网在某种程度上就是一种巨大的情感商品，而社交网络就是情感流通，这种生产和

① Echeverri, P., & Skålén, P. Value co-destruction: Review and conceptualization of interactive value formation[J]. Marketing Theory, 2021, 21(2), 227-249.

② Cosslett R H. Be it Hopper pastiche or Hockney original, art ofers vital comfort in times of crisis[EB/OL]. [2022-11-12]. https://www.theguardian.com/commentisfree/2020/apr/08/hopper-hockney-art-comfort-crisis-coronavirus.

③ Rome, A. S., & Lambert, A. Wo)men on top? Postfeminist contradictions in young women's sexual narratives[J]. Marketing Theory, 2022. 20(4): 1-25.

消费合一或者叫做"生产性消费"的特征是数字消费的典型特征。①
这就和"产消合一者"(prosumer，亦译为"生产性消费者")的概念
联系起来了，这在消费社会学中是一个非常重要的概念。这个由
"生产者"(producer)和"消费者"(consumer)合成的词，描绘的就是
这么一种一本万利的由消费者自行完成生产工作的新发明。②

当情感作为一种商品和数字时代与互联网结合起来时，消费和
生产结合的这种商业模式或者说信息行为模式就获得了巨大的发展
空间。易洛思认为，情感作为一种商品和消费主义相结合，在数字
化的土壤中生根以后，将会让人类走向一个充斥着情感的时代，在
这个时代之下，情感体验将成为自我判断其现实是否存在的唯一标
准。数字时代的情感商品文化会让身处其中的每个人都被框死在情
绪正义中。更加令人担忧的是，随着元宇宙、虚拟现实、增强现
实、虚拟分身人等技术的发展和广泛应用，人们对情感商品的"上
瘾"和"依赖"程度逐渐加深，寄托于虚拟物和虚拟关系上的情感可
能成为唯一能带给我们满足的寄托，这就意味着我们与其他人的关
系将更加疏离，因为我们的情感无论是否来自集体组织的激发，其
体验和应对都只能在我们心理的内在性中完成。③ 这种情感集约化
最终会导致更严重的社会分裂和个人的自我僵化，可能会带来深远
的社会和文化影响。④

3. 数字断联(digital disconnection)

无处不在的移动网络、随身携带的智能手机让今天的人们无时

---

① Minina, A., Masè, S., & Smith, J.. Navigating the marketplace of love：Value conflict in online dating community[J]. Advances in Consumer Research, 48, 537-540.

② Rokka, J. Consumer Culture Theory's future in marketing. Journal of Marketing Theory and Practice, January, 2021, 29(1)：114-124.

③ Jones, S., Cronin, J., & Piacentini, M. The interrupted world：Surrealist disruption and altered escapes from reality[J]. Marketing Theory, 2020, 20(4)：459-480.

④ Dasgupta U, Jha CK, Sarangi S. Procedural rationality in the time of COVID-19[N]. Econ Political Weekly. 2020, 55：13.

无刻不处在数字连接当中。连接给人们生活提供巨大便利的同时也带来了许多负面影响。① 无意义（non-meaningful）和令人失望（dissatisfactory）的数字连接所导致的"过度数字使用"（digital overuse）现象已经引起了人们的反思和对"数字幸福感"（digital well-bing）的关切。与数字断连紧密相关，"数字幸福感"（digital well-being）这一术语旨在描述一种主观的个人体验，这种体验来自于在数字连接和断连之间找到对于个人而言的最佳平衡。② 即个人有足够能力和条件决定何时连接、何时断开连接。③ 从这个意义上看，数字幸福感正好对应数字断连的第一层含义，因此我们认为数字幸福感是数字断连的应有之义。但数字幸福感更强调的是个人的心理和行为，或者说个体化的行动策略对个体带来的行为影响和心理体验。④

数字断联是一种消极选择的形式，即决定不使用、不参与、不通过用户生成的内容为数字平台做贡献，是一种对社会世界中介化和数据化特性的超联通的现代性表达，而不紧紧是对数字化连接或任何形式媒介实践的抵制。⑤

学者们认为数字断联有三种表现形式：首先，数字断连表现为一种信息策略，指抵制或者反对 7×24 小时全天候的过载连接；其次，数字断连表现为一种社会心理需要，即通过暂时地断开虚拟世界的连接使人们重新获得的物理接近和亲密感；第三，数字断连在

---

① Fasoli M. The overuse of digital technologies: human weaknesses, design strategies and ethical concerns[J]. Philosophy & Technology. 2021, 34: 1409-1427.

② Beattie A and Daubs MS. Framing "digital well-being" as a social good[EB/OL]. First Monday. 2020[2021-10-12]. https://doi.org/10.5210/fm.v25i12.10430.

③ Büchi M. Digital well-being theory and research[J]. New Media & Society. Epub ahead of print 14 November. 2021. DOI: 10.1177/14614448211056851.

④ Burr C and Floridi L. The ethics of digital well-being: a multidisciplinary perspective[A]. In: Burr C and Floridi L (eds) Ethics of Digital Well-Being: A Multidisciplinary Approach. Cham: Springer International Publishing, pp. 1-29.

⑤ Fast K. The disconnection turn: three facets of disconnective work in post-digital capitalism[J]. Convergence, 2021, 27: 1615-1630.

个体层面表现为弥补性行为，即身处网络中的个人通过断开网络连接以补偿其在过度连接中出现的失去真实自我和身体的感觉时间超载和空间感丧失。越来越多的学者注意到，数字断连不仅仅一种个人的信息行为，也逐渐成为一种特殊的数字文化现象，成为当前互联网语境下人们数字化生存的一种文化倾向。①

从个人层面来看，数字断连的动因很多，主要可以分为两个方面：一是过度的数字连接带来的信息过载焦虑、对隐私泄露担忧、社交媒体消息即时回复带来的压力导致原本数字连接的人们选择数字断连；二是作为一种生活方式的选择，并非从连接到断连，而是本身就能够在连接和断连当中找到最优的平衡。从社会层面看，不同人群对数字断连有着不同的态度、倾向和行为。② 有研究证实，相对而言，一个社会中，在经济、文化、政治资本方面都处于劣势的较低阶层对数字断连态度更加消极，或者说，较低层的社会民众更加难以负担数字断连带来的"损失"。③ 因此，从社会整体层面来看，因其作用深远、影响广泛，且与社会资本、经济资本、政治资本紧密相关，故越来越多的学者认为应该把数字断连视为一种数字亚文化形态并加以宏观层面的研究。④

今天，人类的生活已经建诸于数字化的基础设施之上，不论主观上是否愿意选择使用数字化媒介，客观来看，数字化社会中的人

---

① Meier A and Reinecke L. Computer-mediated communication, social media, and mental health: a conceptual and empirical meta-review [J]. Communication Research, 2021, 48: 1182-1209.

② Nguyen MH, Hargittai E, Fuchs J, et al. Trading spaces: how and why older adults disconnect from and switch between digital media. The Information Society. 2021, 37(5): 299-311.

③ Natale S and Treré E. Vinyl won't save us: reframing disconnection as engagement[J]. Media, Culture & Society. 2020, 42: 626-633.

④ Rosenberg H and Vogelman-Natan K. The (other) two percent also matter: the construction of mobile phone refusers[J]. Mobile Media & Communication. 2022. 10: 216-234.

类都无法真正"摆脱"数字连接，不可能实现真正意义上的数字断连。① "大数据"已经成为社会基础设施的情况下，人人都是数据的提供者，即使并非主动提供，我们每个人的日常衣食住行无时无刻都在被动地提供着数据，这在某种意义上使得数据断连变得异常困难。② 尤其是2020年新冠疫情在全球爆发以来，人与人之间不得不在一轮又一轮封控（lockdown）、隔离（quarantine）中被迫接受物理空间和生物机体意义上的"断连"，而数字连接（digital connection）几乎成为了人与人、人与社会连接（being connected）的唯一途径。③ 在这些极端情况下，不论是连接的可能性还是断连的能力都不可避免地受到社会经济、政治和文化因素的影响，包括地位、阶级、国籍、性别等。④ 如今万事万物皆连接的现实状况下，想要数字断连似乎变得越来越困难，一些学者提出"通过参与断开连接"（Disconnection-through-Engagement），即提倡作为技术使用者主体的人通过批判性地使用数字技术与网络平台，通过匿名使用、有限使用等手段来驾驭数字技术而不是被其驾驭。⑤

4. GLAM 的数字化

自疫情爆发以来，以美术馆（Galleries）、图书馆（Libraries）、档案馆（Archives）、博物馆（Museums）（以下简称为 GLAM）为代表的海外公共文化事业受到了巨大冲击。包括旅行禁令、封锁和社会疏导在内的防疫政策导致能够亲临现场的人数直线下降，展览、旅

---

① Bucher T. Nothing to disconnect from? Being singular plural in an age of machine learning[J]. Media，Culture & Society. 2020，42（4）：610-617.

② Goodin T. My Brain Has Too Many Tabs Open：How to Untangle Our Relationship with Tech[M]. London：White Lion Publishing. 2021：21.

③ Gui M and Büchi M. From use to overuse：digital inequality in the age of communication Abundance[J]. Social Science Computer Review. 2021，39（1）：3-19.

④ Lim M. The politics and perils of dis/connection in the global south [J]. Media，Culture & Society.

⑤ Natale S & Treré E. Vinl wont save us：reframing disconnection as engagement [J]. Media，Culture & Society. 2022. Epub ahead of print 8 April. DOI：10. 1177/0163443720914027.

游和活动大量取消，文化机构和项目关闭，艺术家、自由职业者和经纪人失业。① 面对如此窘境，GLAM 机构等海外公共文化事业机构加快了持续进行的数字化转型进程。在新兴技术的推动下，GLAM 机构所带来的用户体验、具备的功能得到了一定程度的延伸，对其评估的方式也发生了转变。在海外公共文化事业数字化转型的研究中，GLAM 机构如何运用数字技术提升服务受到广泛关注。GLAM 机构保存有大量专业知识、信息和资源，能够提供集成化的文化资源服务。② 而作为信息服务提供商，其在有效利用数字技术方面处于有利地位。确保 e-GLAM 运行的数字技术是指网络空间的访问、数字音频/视频和互联网通信技术（ICTs）的使用。此类技术主要包括大数据、人工智能、5G、3D 再现、虚拟现实、增强现实等。③

长期以来，GLAM 机构一直以数字格式发布和提供对信息资源的访问，④ 如用 epub、pdf、html 等格式发布图文资源。近年来，海外公共文化机构使用国际图像互操作性框架（IIIF）等新框架为用户提供丰富的高质量图像资源的访问路径，学者们还提供了 GLAM 机构数据集创建以及重用的方法，⑤ 丰富了用户访问和使用公共文化资源的渠道。

而在 GLAM 机构的空间建构中，新技术的应用给人们带来了

---

① Yue A. Conjunctions of resilience and the Covid-19 crisis of the creative cultural industries[J]. International Journal of Cultural Studies, 2022, 25(3-4)：349-368.

② Warren E, Mattews G. Public libraries, museums and physical convergence：context, issues, opportunities：a literature review part 1[J]. Journal of librarianship and information science, 2019, 51(4)：1120-1133.

③ Paliokas, I., Patenidis, A. T., et al.. A gamified augmented reality application for digital heritage and tourism[J]. Applied Sciences, 2020, 10(21)：7868.

④ Candela G, Sáez M D, Esteban M E, et al. Reusing digital collections from GLAM institutions[J]. Journal of Information Science, 2022, 48(2)：251-267.

⑤ Candela G, Sáez M D, Esteban M E, et al. Reusing digital collections from GLAM institutions[J]. Journal of Information Science, 2022, 48(2)：251-267.

交互式的，沉浸式的体验。通过将数字信息整合到物理环境中，数字革命从根本上改变了人们体验世界的方式，技术可以创造各种体验价值，从而增强整体体验。① 在人工智能的应用上，人工智能赋予了展览在数字时代的力量性、交互性、虚拟化等特征，使博物馆展示空间发生了变化。通过人工智能技术，实现了博物馆展览空间的 3D 设计以及文物陈列的图文结合模式，利用互动媒体和电子图像输出博物馆陈列空间的设计;② 在 AR/VR/MR 的应用上，研究表明，这类技术设备的使用提供的多感官刺激可以唤起感官更丰富的虚拟世界，从而创建与物理世界相辅相成的情感联系,③ 在应用 AR/VR/MR 等技术的数字博物馆中，当多感官线索被被整合到环境中时，游客能够在物理或虚拟的身体上和精神上与给定的展览联系起来，并沉浸在有意义的学习和发现体验中,④ 同时，多感官提示可以为游客提供个性化、共创性和参与性的体验，增强体验的记忆性。

在海外公共文化事业数字化转型的过程中，GLAM 机构的功能得到了延展，从单一的展示功能，发展到娱乐功能、交互功能、连接功能以及盈利功能等。⑤⑥

---

① International Image Interoperability Framework [EB/OL]. [2022-11-26]. https://iiif.io/.

② Candela G, Sáez M D, Esteban M E, et al. Reusing digital collections from GLAM institutions[J]. Journal of Information Science, 2022, 48(2): 251-267.

③ Hoyer W. D., Kroschke M., Schmitt B., Kraume K., Shankar V., (2020). Transforming the customer experience through new technologies. Journal of Interactive Marketing, 51(August), 57-71.

④ Lunardo R., Ponsignon F., (2020). Achieving immersion in the tourism experience: The role of autonomy, temporal dissociation, and reactance. Journal of Travel Research, 59(7), 1151-1167

⑤ Agostino D, Arnaboldi M. From preservation to entertainment: Accounting for the transformation of participation in Italian state museums[J]. Accounting History, 2021, 26(1): 102-122.

⑥ Strover S, Whitacre B, Rhinesmith C, et al. The digital inclusion role of rural libraries: social inequalities through space and place: [J]. Media, Culture & Society, 2020, 42(2): 242-259.

GLAM 机构不仅能够提供书籍、艺术品、文物等信息载体的展示功能，还能利用数字技术提高场馆的娱乐性。例如博物馆可以利用增强现实、虚拟现实以及人工智能等数字技术作为娱乐公众的工具，从而吸引新的参观者，同时也可以用来通过直接从数字工具获得的数据来衡量访客，如利用社交媒体收集用户数据以开发数字平台量化博物馆；在连接功能上，GLAM 机构能够通过数字技术帮助更多用户与信息内容连接，发挥其社会服务的根本功能。一项关于图书馆的"热点计划"为农村地区用户提供了与互联网连接的机会，让他们得以在方便的时间地点长时间地连接互联网，从而使更高密度的工作、教育或交易得以实现。图书馆的"热点计划"为人们提供了简单方便的连接，能够为农村用户节省开支，为儿童教育提供帮助，并使他们能够与家人、朋友和更广泛的信息环境联系起来；在交互功能上，数字技术支持用户与 GLAM 机构深度交互，如社交媒体技术（Facebook、Twitter 和 Instagram 等）支持博物馆与其在线访客之间的互动和对话，而在一项调查中，一家意大利博物馆引入了互动系统，现场参观者使用数字系统搜索他们的面部与博物馆展示的肖像之间的相似之处，然后必须亲自去寻找那幅肖像，增加了博物馆的趣味性和吸引力；在盈利功能上，研究者认为未来博物馆在具备展览、收藏、研究和教育功能的基础上，还具有盈利的趋势。虽然博物馆是一个非营利组织，但如果能在"知识产权"和"文化资产保护"的前提下，提供数字展品和藏品，并在各个领域进行授权和增值，就可以通过数字授权获得收入，处理博物馆运营的费用。这将是博物馆运营可持续发展的一个新趋势。有利于解决新冠疫情爆发后，博物馆运营面临的"极端的财政困难"问题。①

在公共服务机构层面。图书馆、档案馆、博物馆等公共服务机构在资源整合、文化传承、数字包容等多方面实现价值传播。Li 等的研究发现公共图书馆在数字资源建设和公共文化服务方面承担

---

① Wang Y-C, Chen C-L, Deng Y-Y. Authorization Mechanism Based on Blockchain Technology for Protecting Museum-Digital Property Rights [J]. Applied Sciences. 2021; 11(3): 1085.

了重要的社会责任，并打造了数字资源整合与针对性供给、读者反馈与个性化服务定制、数字品牌 IP 打造与"一站式"建设等数字文化创新途径。① Lawton 等认为，数字档案尤其是影视在线遗产档案具有较高的利他价值、遗赠价值与存在价值，或将成为档案馆等文化服务机构的未来转型方向。② Giannini、Bovcon 等分别使用循证分析与可视化实验的方法，对数字博物馆、虚拟博物馆在 COVID-19 暴发后的应用前景进行探讨，得出结论：博物馆将在 VR、AR、AI 等新兴技术的支持下，持续扩展在线体验式学习等新应用场景，并在用户体验、外延互动、通信多样性等方面实现数字化状态的改造升级。③④

五、国外数字文化研究述评

研究调查表明，近些年的数字文化研究发展已较为成熟，尤其是国外诸多学者或锚定宏观大视角展开调研，或聚焦微观小切口进行分析，从不同维度对数字文化的关联要素、媒介指向、理论弥合及实践创新等重要问题论域进行了全面阐释。随着技术条件的改善与研究范式的修正，数字文化相关研究也势必更加深入，不仅可为后续的研究开展奠定坚实基础，而且也为规范形成具有一定影响力的学术共识提供帮助。在系统综述的支持下，从以下四方面对国外数字文化研究展开述评。

---

① Yi L, Ting X. From Digital Resource Construction to Public Cultural Services: The Innovation Approaches of Digital Culture Construction of Public Libraries [C].//Lecture Notes in Computer Science, Serv Soc, 2022: 106-112.

② RN L, Fujiwara D, Hotop U. The value of digital archive film history: willingness to pay for film online heritage archival access [J]. Journal of cultural economics, 2022, 46(1): 165-197.

③ Giannini T, Bowen JP. Museums and Digital Culture: From Reality to Digitality in the Age of COVID-19. Heritage. 2022; 5(1): 192-21qin.

④ Bovcon, N. Virtual museums: interpreting and recreating digital cultural content. Neohelicon, 2021.

1. 研究主题较为全面，已形成较为系统的体系范式

从文献筛选过程看，国外关于数字文化的主题调研发展已较为成熟，无论是宏观的关键要素、社会认知、文化影响等核心议题，还是微观的数字文化个体类型、数字文化领域实践等创新举措，均有相关研究予以深入研究或调研佐证，整体上已构建较为全面的主题研究网络。且从文献内容上看，由数字文化现象或案例的引入，到数字文化内在机理的抽丝剥茧式的层层分析，逐渐成为系统化的研究程序。科学范式被认为是"科学共同体的成员所共有的东西"，可见在数字文化共同体中，研究者们已将研究方法和方法论内化于心，在确定开展数字文化相关研究的过程中有了较好的开放性的认知工具。

但必须承认的是，关于数字文化核心概念的讨论尚未休止，数字文化核心知识的概念化工作重视程度也有待加强。事实上，许多文献在铺陈分析过程、强调研究结论之前，未对数字文化或相关研究对象作出准确认定或定义，因此在后续的同主题或类似主题研究中难以达成响应或争鸣。此外，少见集中的多模态数字文化研究，数字文化在媒介指向过程中呈现出数字新闻、数字视频等多媒体传播形态，但目前的相关研究大多比较分散，围绕某一或某几关联模态进行探索，缺乏对统一的多模态数字文化的关注。

2. 研究方法较为单一，亟待加大实证研究应用力度

从已有文献看，目前海外数字文化研究较多使用案例分析法、参与观察法、访谈法等质性研究(Quanlitative research)方法，偏重数字文化的辩证分析，展开深入的文化意义阐释。在案例分析文献中，单案例较为常见，且多为描述性或解释性研究，缺乏探索性的现象总结或验证性的规律解析。其中案例数据往往来自实地或网络调研。参与观察与访谈文献中，田野调查最为常见，直接的"资料-现象-启示"类研究程序远多于比较分析或扎根分析，如对数字青年的自我意志书写调查等。① 而与之对应的量化研究(Quantitative

① Costa D, DP. youth self-writing in instagram stories: virtual space, body virtualization and digital culture[j]. revell-revista de estudos literarios da uems, 2021, 2(25): 332-354.

research)作为偏重社会科学研究中科学主义取向的研究方法,却并未受到过多关注,尤其极少见到关于数字文化特定问题的实证研究。

研究方法的单一问题,启示学者们创新不同方法使用角度来面对、解决数字文化问题或解构、分析数字文化现象。一方面,找准应用较少或比例较低的质性研究方法适用角度,如叙事研究在新媒介文本展现出的新特征、民族志在数字文化创作与保护构建的新模型等;① 另一方面,鼓励使用交叉混合研究方法进行研究创新,在拥有"问题意识"的前提下,无论是质性研究的内部混合,还是质性研究与量化研究的综合混合,都能为数字文化的深入研究及研究范式的形成打开新的视角。

3. 实践研究侧重明显,缺乏时代性的理论突破研究

由研究方法不难看出,单一且单向的质性研究虽然面向辩证批判的文化意义阐释,但在最终成果效用上,仍然展现出对"实然"状态的高强度关注,呈现出显著的实践贡献。作为数字文化在数字社会的主要体现,实践贡献相较于理论贡献来说重要程度偏低,理论研究的"缺位"问题因而变得更加突出。当前的实践贡献研究主要面向数字文化的不同受众主体,如消费者、企业、学习型组织等,成果针对性较强,研究数量上有所领先,但在研究深度上尚逊色于理论研究。② 无论现实叙事如何宏大或难以掌握,运用理论工具对其进行抽象和简化都是必不可少的。因而,数字文化研究如何检验已有的概念问题是否成立?目前的数字文化相关理论是否适用?如何适应瞬息万变的数字文化发展态势并建构动态的数字文化研究特色理论?这些突破性的理论研究问题尚待学者们层层深入,进一步思考与解决。

---

① Schellewald, A. Communicative Forms on TikTok: Perspectives From Digital Ethnography[J]. Art, 2021.

② How to develop a digital culture: Understanding digitalization's impact on the learning organization[J]. Development and Learning in Organizations, 2021, 35(3): 40-42.

4 数字文化研究的未来趋势：数字文化经济与文化数据资产

2020 年后，数字文化经济历经简单的信息化和网络化发展阶段，成为大多国家数字化进程中融合数字经济与文化经济的关键议题。数字文化经济发展意味着数据要素市场规模逐渐扩张，ICT 将广泛应用并融入文化全业态及各圈层，促进技术重构文化、推动经济勃兴。2021 年欧盟发布《Europe's Digital Decade：digital targets for 2030》，旨在强调新冠疫情后的全球数字化在经济、文化中的作用。随后，英国、法国、德国等相继推行数字战略（Digital Strategy）或数字文化经济项目（Digital Culture & Economy Project），提出发展创意产业建设更具包容性、竞争力和创新性的数字文化经济等具体举措。根据已有研究，关于数字文化的微观研究已经从静态的特征侧写发展至对动态演化的全貌关注与调查。文化与经济是社会发展的两个重要系统，未来关于数字文化的研究或将以数字文化经济作为研究重点，数字文化的发展质量越高，数字社会中的文化经济相应地越应得到学界和业界的关注与深入探讨。

此外，文化数据资产（Cultural Data Asset）同时承载文化的效用价值与经济的权属价值，也开始进入数字文化、文化金融等领域的研究视野，成为重要的数字文化资产形态，如文化遗产数字化与文化基因工程等。它是文化资产的多类型集成，包括原生性文化数据资产（ICT 支持的数据转化资产）和经营性文化数据资产（传统形态资产数字化转化）。包括文创产品在内的数字文化衍生物也是经由产权交易与确权定价后的文化数据资产重要表现形式。相较于传统的文化研究，文化数据资产在信息科学、数据科学、数字资产管理、数字人文等领域或许大有作为，促进数字文化、金融服务等多领域的产学研交流。

元宇宙研究前沿追踪报告[*]

杨思洛　张钧惠　郑梦雪^{**}

摘　要：元宇宙作为一个新兴的概念，具有巨大的发展潜力和经济技术价值，整体把握国外元宇宙领域研究现状、热点主题和前沿趋势，对推进我国元宇宙研究发展和产业布局具有重要意义。本报告采集 Web of Science 核心合集和智慧芽中相关论文和专利文献，基于文献计量、内容分析和可视化挖掘，从期刊、会议和专利文献多个视角，系统展现了元宇宙研究的演化过程和研究态势，梳理了热点话题，揭示了元宇宙领域的研究前沿和发展趋势，为后续的研究和实践提供参考。

关键词：元宇宙；虚拟世界；文献计量；内容分析

一、引言

随着 5G、大数据、虚拟现实、人工智能等为代表的新技术蓬勃发展，各种前沿技术融合重组，推动各个领域的数字化发展，一

　＊　本文为武汉大学自主科研项目(人文社会科学)研究成果，得到"中央高校基本科研业务费专项资金"资助。

　＊＊　杨思洛，武汉大学信息管理学院教授；张钧惠，武汉大学信息管理学院硕士生；郑梦雪，武汉大学信息管理学院博士生。

批科技公司和科研工作者开启了对未来人类社会的幻想，元宇宙在此背景下兴起。从国外到国内，各科技巨头纷纷进入元宇宙市场布局。2021年3月，被称为元宇宙第一股的沙盒游戏Roblox正式上市，市值达到了476亿美元；同年4月，游戏公司Epic Games宣布进军元宇宙；7月，扎克伯格表示要把Facebook在5年内转型为一家元宇宙公司；8月，字节跳动公司也正式开始元宇宙布局。近年来，元宇宙也受到政府和社会公众的高度重视和关注，国家陆续出台多项产业政策，重点支持和鼓励元宇宙行业发展与创新。2022年1月，"元宇宙"一词屡登我国的委员提案，国务院印发《"十四五"数字经济发展规划》，提出在"十四五"期间，数字经济将是中国经济发展的重点方向。而元宇宙是数字经济未来发展的重要载体和场景，与云计算、物联网、VR、AR、5G、区块链、人工智能等前沿数字技术的集成创新和融合密切相关。成都、合肥、武汉、海口、保定市等多地将元宇宙写入2022年的政府工作报告中。

元宇宙作为一个新兴概念，在其巨大的发展潜力和经济技术价值受到了产业界、学术界、科技界广泛关注的同时，也需要从不同角度来思考元宇宙的内涵及外延，以及元宇宙的演化过程和发展趋势是怎样的；当前海外各国、各机构中元宇宙的研究态势如何；对元宇宙研究的前沿追踪能给我们带来哪些启示。这些问题有着较强的理论和实践意义，值得系统探究。

本报告通过对元宇宙概念界定与研究进展、热点主题和前沿趋势的整体把握，为我国各行各业利用元宇宙相关理念和技术发展提供借鉴，为我国数字经济发展和创新型国家建设提供参考。一是梳理元宇宙的研究成果，系统分析元宇宙的概念和演化历程，定位元宇宙的发展阶段；二是重点分析元宇宙的热点主题，定位元宇宙本体内涵，把握元宇宙基本特征，探究元宇宙的关键技术，分析其应用场景，展望元宇宙发展的机遇和挑战；三是探测元宇宙研究的前沿趋势，明晰发展布局方向。

二、元宇宙界定与研究进展

（一）元宇宙概念界定与发展

1. 概念的产生与发展

1981 年，美国数学家、计算机科学家 Vinge 发表《真名实姓》（*True Names*），以远超时代的视角描绘了一个未来虚拟世界。[①]《真名实姓》成为"元宇宙"的思想源头，书中构想的场景正在被快速实现，其中有关网络安全和隐私保护等隐喻，如今也逐渐成为人们关注的现实问题。而"元宇宙"（Metaverse）一词最初出现于美国科幻小说家 Stephenson 在 1992 年创作的科幻小说《雪崩》（*Snow Crash*），书中描绘了一个超现实主义数字空间"Metaverse"，在元宇宙中人们可以克服地理阻隔并通过各自的"Avatar"（化身）生活、工作与娱乐。[②] 艺术创作先于科技产生，在准确理解了互联网发展带来的技术诉求的基础上对技术进行了细致的描绘，超前且精准的技术想象和对未来的推测引发人们思考，使得众多科研人员和科技领袖受到启发。[③]

虚拟世界的构想被科幻电影和游戏吸收融合。科幻电影内容较早指向了元宇宙的技术想象与伦理忧思，如最早展现虚拟空间的电影是 1982 年《电子争霸战》，电影第一次提出了"真实世界"和"虚拟世界"二元对立的世界观，同时以未来世界的银幕想象为人们了解科幻背后的现实困局提供了视角。[④] 1995 年日本动漫电影《攻壳机动队》营造了一个由电脑、AI 和网络主导人类生活的世界。人类通过可移植的终端直接与计算机网络互动，人与机器的界限变得模

---

① Vinge V. True names and the opening of the cyberspace frontier［M］. Tor Books，2015.

② Stephenson N. Snow crash：A novel［M］. Spectra，2003.

③ Raeka. 雪崩｜科幻经典解读［EB/OL］.（2020-08-29）. https：//mp. weixin. qq. com/s/PWO078Qcp3PpMxN-NG-UTw.

④ 韩贵东. 科幻照进现实——科幻电影作为"元宇宙"思考的窗口［J］. 电影文学，2022(11).

糊，因而需要在物质躯壳和内在灵魂"部分真实"中寻求自洽。①
1999 年，相继出现了《感官游戏》《黑客帝国》《异次元骇客》等电影，其中《黑客帝国》系列科幻电影中关于"元宇宙"的刻画让我们窥见未来世界：人类可以生活于由 AI 所创造的虚拟空间中，但没有放弃对"存在的真实"的追求。2010 年，《电子世界争霸战》的续作《创：战纪》上映，更加详细地描述了虚拟世界。2018 年科幻电影《头号玩家》中人们可以通过 VR（Virtual Reality，虚拟现实）设备进入名为"绿洲"的虚拟世界，通过"绿洲"的生活来逃离现实世界，或者转换身份地位性别等来获得新的体验。这种虚拟世界已经很接近当下对"元宇宙"的定义：元宇宙是一个融合物理现实和数字虚拟的永久可持续的多用户环境，基于如虚拟现实（VR）和增强现实（Augmented Reality，AR）等技术的融合，使得多种感觉与虚拟环境、数字对象和人进行交互。②

除了电影，不少游戏也作为元宇宙构想雏形来进行分析，游戏被业界普遍认为是最有可能实现元宇宙构想的领域，因为其天然具有虚拟场景和人物的虚拟化身，并且在不断地"打破次元"。主要是 MMO 游戏（大型多人在线角色扮演游戏）削弱传统游戏中最强调的竞技性和娱乐性，在融入众多现实生活要素基础上给予用户极大的自主性。③ 其中 2003 年 Linden 实验室发布《第二人生》（*Second Life*），通过游戏创造了第一个现象级的虚拟世界，通常被看作是元宇宙的初期形态，曾被称为最接近元宇宙的产品，④ 其中的一切都由用户按照自己的意愿自由决定和构建，人们可以像在真实世界一样进行多种交流和互动。2009 年，Mojang Studios 发布了一款沙盒游戏《我的世界》（*Minecraft*），游戏以方块作为最基本的组成单

① 陈若谷. 崛起与弥散：《黑客帝国》的多重"真实"视阈[J]. 文艺论坛，2022（3）.

② Mystakidis S. Metaverse[J]. Encyclopedia，2022，2（1）：486-497.

③ 陈永伟.《第二人生》：一个早期元宇宙的兴衰[EB/OL].（2021-12-20）. http://www.eeo.com.cn/2021/1220/515779.shtml.

④ 杨新涯，钱国富，唱婷婷，涂佳琪. 元宇宙是图书馆的未来吗？[J]. 图书馆论坛，2021（12）.

位，让玩家在方块世界中探索、交互和建立了无数的自定义世界，具有去中心化、沉浸感强、开放可破解等特性，正是元宇宙所具备的特征。而后又出现了如"希望之村""第九城市"等游戏以及《刀剑神域》《龙与雀斑公主》等以虚拟实境为背景、与元宇宙概念相关的动画。

元宇宙的概念在从用文字描绘构想到用技术图像呈现，再到落地于游戏、电影等场景的过程中不断地被细化与深化。2020 年，在新冠疫情隔离政策的背景下，全社会上网时长大幅增长，"宅经济"快速发展，线上生活由原本的短期进行变为常态，从现实世界的补充变为了与现实世界平行的世界，全民工作学习和娱乐转移到线上，现实生活的各个方面开始大规模向虚拟世界迁移。如疫情期间，加州大学伯克利分校为了学生能参加毕业典礼，在《我的世界》里重建了校园，学生们通过各自的虚拟化身参加典礼完成仪式；全球 AI 学术会议 ACAI 在任天堂的《动物森友会》里举办了 2020 年研讨会，等等。此外，人们的认知也发生了较大的改变，将虚拟世界当作日常生活不可或缺的一部分。2020 年也由此成为人类社会虚拟化的临界点。

2021 年，元宇宙概念迅速引发科技界和学界的关注和思考，也吸引了大量投资者入局。3 月 10 日，被认为具有元宇宙初级形态的《Roblox》游戏公司以"元宇宙"概念在纽约证券交易所上市，将"元宇宙"的发展带向落地应用阶段。① 4 月，网络游戏公司 Epic Games 宣布将一轮 10 亿美元的融资投入到元宇宙技术研发中。6 月，风险投资家 Matthew Ball 等人联合推出股票基金 Roundhill Ball Meteverse ETF，成为全球规模最大的元宇宙 ETF。次年 2 月，香港首只元宇宙 ETF——南方东英元宇宙概念 ETF 上市。2021 年 10 月 29 日，扎克伯格为显示其创造元宇宙未来的信心和决心，高调宣布将 Facebook 公司改名为 Meta 公司。这一举动表明元宇宙市场的

---

① 吴桐，王龙. 元宇宙：一个广义通证经济的实践[J]. 东北财经大学学报，2022(2).

重要性，预计到 2024 年元宇宙的市场规模可达 8000 亿美元。① 各国政府也开始积极布局元宇宙产业，出台相关政策和发展报告，有关元宇宙的各类文章、课程、商标和应用等快速增多，"元宇宙"一词频繁出现在大众视野，形成"元宇宙"现象，2021 年也因此被认定为元宇宙元年。

2022 年 1 月，英伟达开发出创建元宇宙虚拟世界的软件 Omniverse，免费向艺术家和创作者提供，韩国现代汽车计划与 3D 内容平台 Unity 建设元宇宙工厂；2 月，谷歌和 NBA 合作推出元宇宙项目 Google Pixel Arena，摩根大通入驻 Decentraland 并发布元宇宙研究报告，沙特阿拉伯将投资 64 亿美元用于元宇宙和区块链技术；3 月，腾讯首次出手 Web3.0 项目，2 亿美金参投澳大利亚 NFT 游戏公司，高通出资 1 亿美元设立骁龙元宇宙基金；4 月，韩国政府计划投资 179 亿韩元扶持元宇宙企业的内容开发及海外扩张，日本成立"元宇宙推进协议会"探讨虚拟空间，索尼和乐高向 Epic Games 投资 20 亿美元以协助开拓元宇宙；5 月，韩国"元宇宙首尔市政厅"向公众开放；6 月，元宇宙首个国际标准联盟成立，Meta、微软等科技巨头宣布成立并启动元宇宙标准论坛；7 月，韩国科技部成立元宇宙/NFT 安全委员会，阿联酋推出首个元宇宙医院并拟于 10 月投入使用；8 月，泰国举办首届元宇宙博览会，Meta 元宇宙应用 Horizon Worlds 正式推出。目前全球元宇宙领域交流合作不断深化，学界业界广泛关注，相关的协会和组织相继成立，元宇宙时代已然在来临的路上。

2. 定义讨论

尽管关于"元宇宙是什么？"这个话题，尚未形成统一和明确的观点，但伴随着元宇宙相关技术的发展，各行对元宇宙探讨的不断增多，不同领域内部逐渐形成较为一致的定义。"metaverse"是"meta"和"universe"的组合。"meta"来源于希腊语，虽然在认识论

---

① Bloomberg. 彭博行业研究 | 元宇宙 ETF 资产或在年底前超过 20 亿美元 ［EB/OL］．（2021-11-27）．http：//pk. langyabang. com/zhuanlan _ content _ 42879. html.

中有着"about"的意思，如"metadata"就是关于数据的数据，称为元数据，但作为词语的前缀表示"更全面"或者"超越"的意思。"universe"即宇宙，是所有空间和时间及其内容的总和，通常被定义为存在的一切和将要存在的一切。"metaverse"可以理解为超越了现有存在的、现实的、更为高阶的世界。维基百科将元宇宙定义为超越新"元"和宇宙的合成词，是指人们的化身参与政治、经济、社会和文化活动的三维虚拟世界。① Gartner 将其定义为是由虚拟技术增强的物理和数字显示融合而成的虚拟空间，是一种组合式的创新技术，需要增强现实（AR）、头戴式显示器（HMD）、物联网（IoT）、5G、人工智能（AI）等技术协同运作。国内学者赵星和乔利利等从现实宇宙的关系角度，将元宇宙概念划分为三类：虚拟世界或数字世界、现实世界与虚拟世界的融合、人类数字化生存的高级形态。②

　　元宇宙概念的兴起和爆热引发社会各界的关注，也让人们对元宇宙场景下新的未来充满期待，但是仍有不少人持不同看法。在国内，《三体》作者刘慈欣认为元宇宙本身没有什么新的东西，它更类似于一个社会学概念，而认定虚拟现实将成为形成未来形态的决定性因素，只是一种惯性和直线思维而已；《七重外壳》的作者王晋康认为如果元宇宙发展到极致，人类将要面临自身存在的必要性这个问题；中国新生代科幻小说作家何夕指出元宇宙真正的障碍并未解决。③ 在国外，一些评论家认为元宇宙是一个模糊的概念，或者是科技巨头创造的"令人兴奋的未来的美妙之处"，但是尚且没有足够的对用户有用的应用，或者是一个会将我们推向消费黑洞的

---

① Metaverse Wiki. ［EB/OL］.（2021-11-11）. https：//en. wikipedia. org/wiki/Metaverse.

② 赵星，乔利利，叶鹰. 元宇宙研究与应用综述［J］. 信息资源管理学报，2022（4）.

③ 懂懂笔记. 知名作家、科学家为何纷纷质疑元宇宙？［EB/OL］.（2021-11-12）. https：//36kr. com/p/1481821488136581.

幻想世界。① 美国第一位功能性 AR 系统的开发者 Louis Rosenberg 质疑元宇宙将通过创建一个虚拟与现实相融合的系统导致"现实的消失"。还有不少人认为"元宇宙"目前还处于"炒作曲线"前期的泡沫阶段，主要集中在资本层面。Gartner 副总裁分析师 Melissa Davis 也表示与元宇宙相关的技术大多处于早期或萌芽阶段，未来将如何发展仍存在着很大的不确定性。②

总的来说，元宇宙作为现实世界和虚拟世界之间的关键联结，是一个不断发展的概念，不同的参与者以自己的方式来丰富和完善元宇宙的意义。元宇宙的出现和发展得益于深度学习、移动设备与互联网、增强现实（AR）和虚拟现实（VR）、数字孪生、区块链等技术的发展，能为人们提供更为沉浸式的体验、随时随地连接的服务，帮助打造现实世界的镜像，将虚拟世界和现实世界紧密融合。因而，元宇宙带来的影响不仅仅是促使技术的融合与更新，还有对人类社会中经济、文化、思想观念和思维方式的改变。

（二）元宇宙研究进展

在 Web of Science 核心合集（SCIE、SSCI、AHCI、ESCI 和 CPCI）中主题检索（metaverse*），由于数据库年限问题，时间段为 1990-2022 年，日期截止到 2022 年 9 月 1 日，共检索到 396 篇文献，以 TXT 格式导出，利用 ITGInsight 软件清理，删除不直接相关的文献，得到有效数据 364 条。在此基础上，本文将重点分析元宇宙研究文献的时间分布、地区分布、机构分布、学科分布、文献类型、作者和关键词等，从时间维度界定元宇宙研究的起源和发展阶段。

1. 元宇宙成果的时间分布

对 364 条文献数据进行整理，其发表时间分布如图 2-1 所示。国外有关元宇宙的文献首次出现是在 1995 年，是由 Stephen

---

① Kim J. Advertising in the Metaverse：Research agenda［J］. Journal of Interactive Advertising，2021，21（3）：141-144.

② Russell Atticus. 什么是元宇宙［EB/OL］.（2022-09-23）. https：//www. gartner. com/cn/information-technology/articles/what-is-a-metaverse.

Budiansky 发表的《How to Build a Metaverse》，但该篇文章并未引起较高的关注。直到 2007 年文献数量才开始发生显著变化，并迅速增长，但不同时间阶段元宇宙方面的文献数量起伏较大，整体上呈现出增长的趋势。

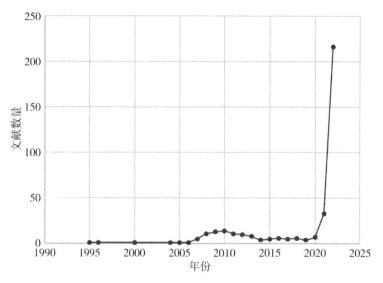

图 2-1 国外元宇宙研究文献的时间分布

如图 2-1 所示，按照时间分布，可将其初步划分为三个阶段：

（1）萌芽阶段：从相关论文出现到 2006 年，文献数量较少，年均不足一篇，该领域的关注度较低，研究处于萌芽阶段。该阶段的主题较为分散，主要有"虚拟 3D 环境（virtual 3d environment）""架构模式（architectural pattern）""元宇宙的统一建模语言（uml metaverse）""多路径路由服务（multi path routing service）""仿真环境（immersive environment）""可部署的多投影沉浸式显示器（deployable multiprojector immersive display）""手机（mobile player）"等。尽管文献数量不多且主题不集中，但已经涉及到有关元宇宙的技术和设备等。

（2）起步阶段：2007 年文献量突然增长到 5 篇，此后连续 5 年每年的文献量都在 10 篇以上，出现了一次研究小高潮；2013—2020 年数量有所下降，但稳定在 4 篇及以上，研究处于起步阶段。将文献记录导入 ITGinsight 软件，分析可知，共涉及 158 个主题。选取频次在前 50 的主题进行可视化，如图 2-2 所示，每一个节点表示一个主题，节点的大小代表该主题文献量的多少，体现该主题的研究热度；节点间的连线粗细表明主题间的紧密程度。

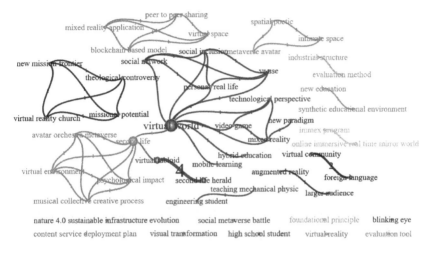

图 2-2　元宇宙研究起步阶段的主题词同现网络

由图可知，该阶段研究主题整体可分为 5 个子群（节点数量在 2 个以上的子群），其中节点最大的是"虚拟世界（virtual world）"，其节点数量也最多，主要包括社会生活、技术实现和教育学习等方面的主题词。其次是"第二人生（Second Life）"，结合元宇宙发展历程，2003 年网络虚拟游戏"第二人生"向公众开放，之后被看作元宇宙初期形态；① 根据《卫报》发表的关于"第二人生"经济的分析

---

① 杨新涯，钱国富，唱婷婷，涂佳琪．元宇宙是图书馆的未来吗？［J］．图书馆论坛，2021（12）．

数据，截至 2007 年 1 月，已有超过 300 万居民在 Second Life 上注册，① 该游戏庞大稳定的参与人数和极高的话题热度促使关于"第二人生"的研究逐渐增多。此外，研究还关注游戏内部的虚拟环境、虚拟人物的乐队及音乐创作和虚拟报纸的新闻报道等。剩余 3 个子群分别关注宗教在虚拟世界的宣扬和发展、区块链等技术的应用、虚拟世界中的亲密空间等，子群内部的各节点大小相当，相互关联。其余节点或两两相连，或成孤立点，频次不高，热度较低。综合来看，该阶段现实世界的多个方面都在虚拟世界中有所体现并且极其相似，引发学界业界的关注和探讨。

（3）发展阶段：2021 年是元宇宙元年，元宇宙话题引爆学界，相关研究迅速增多，在 2022 年文献数量猛增至 216 篇，且还在继续增长，元宇宙成为当下研究热点。

根据图 2-3，频次最高的主题词是紫色节点表示的虚拟现实（virtual reality），出现在 27 篇文献中；其次是绿色节点表示的虚拟世界（virtual world），相关文献有 24 篇；第三是橙色节点表示的数字孪生（digital twin），相关文献有 19 篇。节点的不同颜色表示不同的聚类，图中共 4 个大类。第 4 个类包括智慧城市（smart city）、重要角色（important role）、用户体验（user experience）和广泛范围（wide range）4 个节点。相较于起步阶段，发展阶段的主题节点相互关联，构成网络，其中虚拟世界（virtual world）与现实世界（real world）、物理世界（physical world）间的相互关联，虚拟现实（virtual reality）与增强现实（augmented reality）间的相互关联，是该阶段研究的重点。

2. 元宇宙成果的空间分布

（1）国家/地区分布

364 篇文献涉及 55 个国家或地区，统计每篇论文前 3 个作者的国别，排名前 10 名的国家如表 2-1 所示。

---

① Ives B, Piccoli G. STA travel island: marketing first life travel services in Second Life[J]. Communications of the Association for Information Systems, 2007, 20 (1): 28.

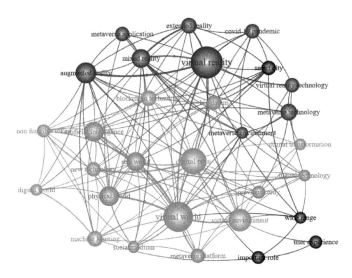

图 2-3　元宇宙研究发展阶段的主题词同现网络

表 2-1　　　**国外元宇宙研究文献的国家/地区分布（前 10 名）**

国家	数量	排序 1	排序 2	排序 3	占比
美国	70	48	19	3	15.09%
中国	56	50	6	0	12.07%
韩国	49	45	2	2	10.56%
英国	39	29	8	2	8.41%
西班牙	21	20	0	1	4.53%
德国	17	11	3	3	3.66%
意大利	16	14	2	0	3.45%
日本	16	12	2	2	3.45%
土耳其	13	11	0	2	2.80%
法国	10	8	2	0	2.16%
澳大利亚	10	5	3	2	2.16%

其中美国以 70 篇居于第一，占比 15.09%。元宇宙的概念起源于美国，其相关的电影游戏等也最先在美国受到关注并迅速发展，拥有众多观众和玩家。美国自身的经济和科技实力也为元宇宙的发展提供支撑，在该领域有较多的研究成果产出。排名第二的是中国，有 56 篇占比 12.07%，集中在 2022 年，此前文献较少。这与国内各界近两年重视相关，例如出台元宇宙系统政策，进行元宇宙布局等。①

此外，韩国对元宇宙的探索也较为积极，有 49 篇，占比 10.56%。2021 年 5 月，韩国科学技术信息通信部发起并成立"元宇宙联盟"（Metaverse Alliance）；7 月，韩国政府在发布的《韩国版新政 2.0 推进计划》中，首次提出"培育元宇宙等新产业"；② 11 月，韩国首尔市市长提出首尔愿景 2030（The Seoul Vision 2030），提出元宇宙首尔基本计划（Basic Plan for Metaverse Seoul）。③ 总体来看，排名前十的国家约占 70%，是进行元宇宙研究的主要国家，对元宇宙发展有着关键的推动作用。中国对元宇宙的研究和布局稍晚，但发展速度较快。

（2）机构分布

相关研究文献涉及的机构共有 519 个，其中 434 个机构仅发表过 1 篇文献，59 个机构发表过 2 篇，17 个机构发表过 3 篇，发表 4 篇及以上的机构如表 2-2 所示。发文量一定程度上可代表机构在领域的研究实力，前 10 个机构全部为大学。其中中国科学院发文量最高，有 9 篇成果；其次为土耳其的 Sabanci University 和英国的 University College London，均发表 7 篇，来自 Sabanci University 的成

① 贵州省大数据发展管理局 . 2022 年中国元宇宙政策汇编［EB/OL］.（ 2022-08-25 ）. https：//dsj. guizhou. gov. cn/xwzx/gnyw/202208/t20220825 _ 76253810. html.

② 叶京 . 韩国发布《元宇宙新产业引领战略》［EB/OL］.（2022-07-11）. http：//www. casisd. cn/zkcg/ydkb/kjzcyzxkb/kjzczxkb2021 _ 188403/zczxkb202203/202207/t20220711_6474177. html.

③ Chenglin Pua. 韩国政府力挺元宇宙：打造元宇宙城市，出台五年规划［EB/OL］.（2021-12-04）. https：//new. qq. com/rain/a/20211204A08VUU00.

果均由专注于平面设计的学者 Elif Ayiter 发表，从 2010 年开始，Elif Ayiter 就围绕游戏"第二人生"展开对虚拟环境中的服装和场地设计和制作，以第二人生为背景展开对元宇宙的研究。

表 2-2　　　　　　国外元宇宙研究发文量前三的机构

国家	机构名称	发文量	最早发文年份	点度中心度
中国	Chinese Academy of Sciences(中国科学院)	9	2022	0.041
土耳其	Sabanci University(萨班哲大学)	7	2010	0.000
英国	University College London(伦敦大学学院)	7	2021	0.020
意大利	University of Bologna(博洛尼亚大学)	4	2006	0.020
美国	The University of Nebraska(内布拉斯加大学)	4	2009	0.102
西班牙	Universidad Politécnica De Madrid (马德里理工大学)	4	2009	0.000
美国	Clarkson University(克拉克森大学)	4	2010	0.041
中国	South China University of Technology(华南理工大学)	4	2022	0.000
挪威	Norwegian University of Science and Technology(挪威科技大学)	4	2022	0.000

　　点度中心度最高的为美国的 The University of Nebraska，其次为中国科学院和美国的克拉克森大学。这与国家合著网络中的点度中心度排名相一致。美国在国家之间以及机构之间的合作中影响力均最高，在合作网络中处于中心地位。

　　选取发文量 50 名的机构，剔除孤立点后合著网络如图 2-4 所示。大致可分为 8 个子群，密度最大的是由 Clarkson University、The University of Nebraska、Yonsei University、Tsuyama College 等 6 个机构构成的合作网络，均为美国和日本的大学，这说明美日两国在元宇宙研究中合作较为密切。

其次是意大利的 Università Cattolica del Sacro Cuore、Istituto Auxologico Italiano 和美国的 Virtual Reality Medical Center、The Interactive Media Institute，同为医疗健康领域的跨国合作。此外，英国公司 Daden Limited、英国 University of Plymouth 和美国 University of Plymouth 三所机构两两合作，其中 Daden Limited 和 University of Plymouth 的连线更粗，这说明它们合作更密切。

其余的合作网络主要均为两个机构间的合作。发文量最多的中国科学院与澳门科技大学合作最密切，其次与香港中文大学合作较多，没有涉及国际合作或跨国合作较少。整体上看，中国元宇宙研究集中在国内，较少跨国合作和交流，而美国国际交流较为活跃，与日本、意大利和英国等国家均有合作，合作密度较大，交流较深入。

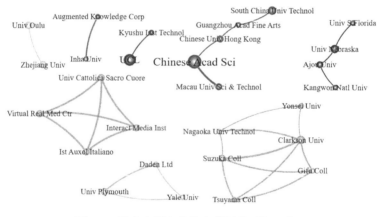

图 2-4　元宇宙研究机构合著网络（前 50 名）

3. 元宇宙成果的作者分析

（1）高产作者分析

364 篇文献由 991 名作者贡献，发文量为 2 篇的作者有 49 位，为 3 篇的作者有 12 位，为 4 篇的有 5 位，如表 2-3 所示。Elif Ayiter、Fei-Yue Wang 和 Hideyuki Kanematsu 是国外元宇宙研究的高产作者。根据洛特卡定律：在某一研究领域，所有写 1 篇论文的作者占总数的比例应大约是60%，该领域就形成核心作者群。当前文献数为1篇的作者所占比率为93.03%，说明元宇宙领域的核心作者群尚未形成，该领域的研究处于初步探索阶段。再利用普赖斯定律来了解产出影响力较大的学者情况，即为：$m = 0.749(n_{max})^{0.5}$（n_{max}为该领域最高产的作者的发文量，m为核心作者中最低产作者的发文量），计算可得m约为2.12，即核心作者最低发文量为3篇。则元宇宙领域的核心作者数为6人，总发文量为23篇，占6.12%。这说明目前没有形成领域核心作者群，缺少高产学者。

表2-3　　　　　　　　　国外元宇宙研究作者分布

篇数	所有作者		第一作者	
	人数	占比	人数	占比
8	1	0.10%	1	0.30%
6	1	0.10%	0	0.00%
4	5	0.50%	0	0.00%
3	12	1.21%	5	1.52%
2	49	4.94%	17	5.15%
1	923	93.14%	307	93.03%
合计	991	100.00%	330	100.00%

（2）作者合作情况分析

合作度可用作者总数除以论文总数表示，合作率可用合作论文数（两个及以上作者的论文）除以论文总数表示。经计算有97位作者为独作，合作度为2.636，合作率为0.742。篇均作者数量为2~3人，超过2/3的文献为合著，元宇宙研究作为交叉的新兴领域，整体合作程度较高。

如图2-5所示，发文量在1篇以上的作者合作网络，合作最多是Hideyuki Kanematsu和Dana M. Barry，共4次，网络中的8位作者互有合作。其余合作网络中合作次数基本都为2次及以上。孤立点中最为突出的是发文量最高的Elif Ayiter，所发文都没有与其他

学者合著。整体上看，国外元宇宙研究已出现较为稳定的合作团
体，但是规模较小、缺乏稳定性、产出有限，合作形式多为 2～3
人，跨国合作交流不多。

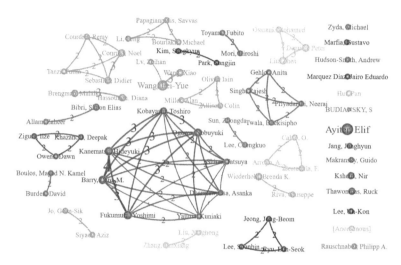

图 2-5　元宇宙研究作者合著网络（发文量 1 篇以上的作者）

4. 元宇宙成果的学科分析

按照 Web of Science 研究方向，元宇宙研究共涉及 61 个学科，
其中发文量最高的"Computer Science"，为 146 篇，占比 38.83%；
其次为占比为 25.53% 的学科"Engineering"，共 86 篇；剩余学科的
占比都不足 10%，元宇宙研究集中在计算机科学和工程学领域，
这也符合元宇宙的应用场景和发展状态。

元宇宙研究领域的学科共现网络如图 2-6 所示。由图颜色聚
类可知，主要可分为 5 个学科群，分别是以计算机科学和工程学
为核心的子群、以商业和经济学为核心的子群、以科技为核心的
子群、以化学物理为核心的子群和由生物化学、计算生物学和晶
体学组成的子群，5 类子群相互联系。其中"Computer Science"
"Telecommunications"和"Engineering"连线较粗，联系最为紧密。
此外，图中共有 16 个孤立点，说明学科间的合作主要集中在部分

学科，四分之一以上的学科仍处于独立研究的状态，主要有牙科、普通医学和内科、眼科、心血管系统和心脏病学、放射科、神经病学和医学信息学等。

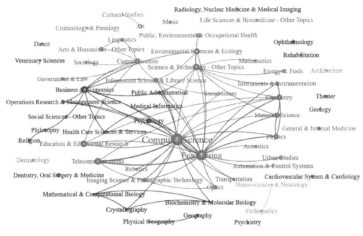

图 2-6　元宇宙研究领域共现网络

5. 元宇宙成果的类型分析

如表 2-4 所示，376 篇成果中"Article"数量最多，有 189 篇，占比 50.27%；其次是占比为 27.13% 的"Proceedings Paper"，有 102 篇；"Editorial Material"占比为 11.17%。此外，还有"Early Access""Review"等多种文献类型。整体上期刊和会议论文最多。

表 2-4　　　　　　　　国外元宇宙研究文献类型分布

文献类型	文献量	占比	文献类型	文献量	占比
Article	189	50.27%	Letter	11	2.93%
Proceedings Paper	102	27.13%	Book Review	8	2.13%
Editorial Material	42	11.17%	Meeting Abstract	2	0.53%
Early Access	32	8.51%	News Item	2	0.53%
Review	18	4.79%	Art Exhibit Review	1	0.27%

三、元宇宙研究热点主题分析

关键词是文献主题的高度概括和凝练，分析文献关键词有利于发现元宇宙研究的热点主题。统计发现共有 1098 个关键词，高频关键词如表 3-1 所示。元宇宙（Metaverse）、虚拟现实（Virtual Reality）、增强现实（Augmented Reality）、虚拟世界（Virtual Worlds）和第二人生（Second Life）出现频率最高，彼此关系密切，表征含义也相似。①

表 3-1 　　　　　　　　元宇宙研究领域高频关键词

排名	高频关键词	频次	聚类	排名	高频关键词	频次	聚类
1	Metaverse	160	0	16	Collaboration	6	1
2	Virtual Reality	45	0	17	E-Learning	6	1
3	Augmented Reality	29	0	18	3D	6	2
4	Virtual Worlds	28	1	19	Solid Modeling	6	3
5	Second Life	25	1	20	Digital Twin	6	0
6	Mixed Reality	14	0	21	Avatars	6	3
7	Avatar	13	2	22	Simulation	5	0
8	Artificial Intelligence	11	3	23	Art	5	2
9	Blockchain	12	3	24	Internet	5	1
10	Extended Reality	11	0	25	Telepresence	5	0
11	Virtual World	10	0	26	Security	4	3
12	Metaverses	10	1	27	Deep Learning	5	5
13	Digital Twins	8	0	28	Machine Learning	5	0
14	Immersion	7	2	29	Presence	4	2
15	Virtual Environments	6	1	30	Virtual	4	0

① 李杰. 元宇宙的科学计量分析[J]. 科学观察，2022（1）.

根据聚类情况，可将高频关键词划分为6个子群，删减重复关键词，得到4个主要主题：元宇宙构建的相关技术和场景，如虚拟现实（Virtual Reality）、增强现实（Augmented Reality）、混合现实（Mixed Reality）、扩展现实（Extended Reality）、数字孪生（Digital Twin）等；以被视为元宇宙初级形态的"第二人生"（Second Life）为核心的相关本体概念，如虚拟世界（Virtual Worlds）、数字化学习（E-Learning）、虚拟环境（Virtual Environments）等；有关元宇宙呈现和感受模式的概念如3D、化身（Avatar）、沉浸（Immersion）等；有关元宇宙的相关领域如人工智能（Artificial Intelligence）、区块链（Blockchain）、实体建模（Solid Modeling）和安全隐私（Security）等。但主题之间的区分并不明显，相互交叉，应用场景主要在游戏、电影领域。

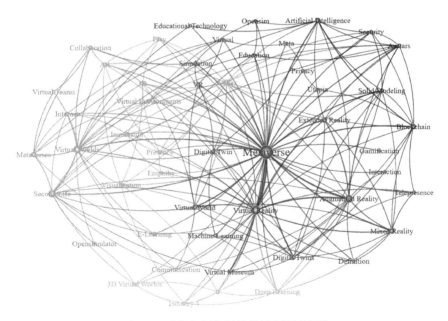

图 3-1　元宇宙研究领域关键词同现网络

通过梳理研究文献，结合主题内容，可将国外元宇宙研究热点话题分为本体理论、基本特征、关键技术和应用场景等方面。

161

（一）元宇宙本体理论研究

元宇宙作为新兴概念，是工程技术、社会科学、自然科学以及医疗等领域的共同研究热点，在不同的领域和视角下，其认知会有所差别。

从技术角度来看，元宇宙是互联网技术、信息技术等多种技术融合集成的生态系统，常常被视为互联网全要素的未来融合形态，又被称为全真互联网和共享虚拟现实互联网。如通过增强现实技术提供沉浸式体验，通过数字孪生技术和扩展现实技术打造镜像世界、实现时空扩展，通过区块链技术、数字藏品和 NFT 等构建经济系统、实现经济增值等，通过 AI 和物联网技术实现人机交互和融生。不少学者将元宇宙定义为连接物联网、区块链、人工智能以及各个技术行业的技术和元数据集合，并利用人工智能和区块链技术构建的数字化虚拟世界。① Ning 等认为元宇宙是一种融合了多种新技术的新型互联网应用和社会形态。② Dionisio 等指出元宇宙是一个由计算机生成的世界和完全沉浸的三维数字环境，其具体性质和组织的观念会随着时间的推移发生变化。③ Sotto 认为元宇宙超越了信息技术的工具隐喻，成为现实世界的模型和用户自身的延伸。④ Bolger 认为元宇宙是技术文化的普世表达，其影响将是全球性的。⑤

---

① Mozumder M A I, Sheeraz M M, Athar A, et al. Overview: technology roadmap of the future trend of metaverse based on IoT, blockchain, AI technique, and medical domain metaverse activity[C]//2022 24th International Conference on Advanced Communication Technology (ICACT). IEEE, 2022: 256-261.

② Ning H, Wang H, Lin Y, et al. A Survey on Metaverse: the State-of-the-art, Technologies, Applications, and Challenges[J]. arXiv preprint arXiv: 2111. 09673, 2021.

③ Dionisio J D N, III W G B, Gilbert R. 3D virtual worlds and the metaverse: Current status and future possibilities[J]. ACM Computing Surveys (CSUR), 2013, 45(3): 1-38.

④ Sotto R. The virtual organisation[J]. Accounting, Management and Information Technologies, 1997, 7(1): 37-51.

⑤ Bolger R K. Finding wholes in the Metaverse: Posthuman mystics as agents of evolutionary contextualization[J]. Religions, 2021, 12(9): 768.

从社会角度来看，元宇宙通过现实世界和虚拟世界的紧密融合、互动和交织，创造出一种新颖的社会形态，其出现是信息技术高度发达和社会文明高度繁荣综合作用的结果。构建的虚拟社会中，人们可以通过虚拟现实对象连接、虚拟现实融合和管理技术等，实现以化身形式存在并自由行动和生产、基于不同的场景进行聚会交友，塑造虚拟社会的经济系统、社交系统和身份系统等。学者们关注新环境下社会交互的改变。Moor 提出 IT 革命的第二阶段旨在将 IT 与人类和社会互动结合起来，① 如 Second Life 因具有强烈的人文、社会和消费元素而成为第二阶段的一个标志。② 在 Ning 等人看来，元宇宙具有社会性特征，将传统的社会网络转变为交互式、沉浸式的三维虚拟社交世界，使用户从现实世界的束缚中解脱出来，增加人与人之间的交流，有利于扩大社交圈。③ Park 等指出元宇宙基于沉浸式交互扩展出多种社会意义，例如加密货币作为元宇宙和现实世界之间的经济桥梁，正在改变和颠覆着多个行业并对社会关系产生重要影响。④ Kozinets 认为可以使用结合 AR、VR、区块链、不可替代的代币、社交媒体等技术，为元宇宙中丰富的用户交互创造空间，提供全面且持久的交互式模拟体验。⑤ Davis 等采取互动主义和社会技术观点，阐释持续的社会互动如何影响和改

① Moor J H. What is computer ethics？［J］. Metaphilosophy，1985，16(4)：266-275.

② Papagiannidis S, Bourlakis M, Li F. Making real money in virtual worlds：MMORPGs and emerging business opportunities，challenges and ethical implications in metaverses［J］. Technological Forecasting and Social Change，2008，75(5)：610-622.

③ Joshua J. Information Bodies：Computational Anxiety in Neal Stephenson's Snow Crash［J］. Interdisciplinary Literary Studies，2017，19(1)：17-47.

④ Park S M, Kim Y G. A Metaverse：Taxonomy，components，applications，and open challenges［J］. Ieee Access，2022，10：4209-4251.

⑤ Kozinets R V. Immersive netnography：a novel method for service experience research in virtual reality，augmented reality and metaverse contexts［J］. Journal of Service Management，2022.

变元宇宙技术的能力。① 此外，也有研究关注元宇宙与团队协作等问题。Kahai 指出元宇宙允许团队成员以不同的方式交互，以支持团队协作。② Davis 等指出元宇宙为虚拟团队成员提供了管理和克服地理环境限制等障碍的新方法，创造了一个推进虚拟团队合作、克服位置分散挑战以及研究通信和信息共享的机会。③

从与现实世界的关系角度来看，元宇宙是虚实兼备的。

一是认为元宇宙是系列独立的"虚拟世界"集成，即平行宇宙观。将元宇宙视为一个独立于现实世界，但与现实世界密切相关的虚拟世界。在《雪崩》中，Stephenson 就将元宇宙定义为与物理世界平行的巨大虚拟世界。Dionisio 等认为从独立的虚拟世界发展到元宇宙取决于四个方面的进展：沉浸式真实感、访问和身份的普遍性、互操作性和可扩展性。④ Collins 将元宇宙视为"一个巨大的虚拟世界"，在这个世界中数以百万计的人们通过化身实时互动。⑤

二是认为元宇宙是现实世界和虚拟世界的深度融合，即融合宇宙观。将元宇宙视为无限向实也无尽向虚的世界：一方面是通过虚拟世界仿真模拟现实世界，将模拟结果反馈给现实世界，进一步认

① Davis A, Murphy J, Owens D, et al. Avatars, people, and virtual worlds: Foundations for research in metaverses [J]. Journal of the Association for Information Systems, 2009, 10(2): 1.

② Kahai S S, Carroll E, Jestice R. Team collaboration in virtual worlds [J]. ACM SIGMIS Database: the DATABASE for Advances in Information Systems, 2007, 38(4): 61-68.

③ Davis A, Murphy J, Owens D, et al. Avatars, people, and virtual worlds: Foundations for research in metaverses [J]. Journal of the Association for Information Systems, 2009, 10(2): 1.

④ Dionisio J D N, III W G B, Gilbert R. 3D virtual worlds and the metaverse: Current status and future possibilities [J]. ACM Computing Surveys (CSUR), 2013, 45(3): 1-38.

⑤ Collins B. The Metaverse: How to Build a Massive Virtual World [J]. Forbes Magazine. Available online: https://www.forbes.com/sites/barrycollins/2021/09/25/the-metaverse-how-tobuild-a-massive-virtual-world, 2021.

知真实世界以预测未来发展的趋势，影响现实决策；另一方面，通过虚拟世界延伸现实世界，既可以真实还原现实世界，也可以建构想象的世界，增强现实的同时扩展人的感官和想象。虚实的交汇融合使得元宇宙从独立的虚拟世界转变为整合的 3D 虚拟世界。Mystakidis 指出元宇宙是后现实世界，提供了持久且永久的多用户环境，实现了物理现实和数字虚拟的融合。① Lee 等人将元宇宙视为一个物理和数字混合的虚拟环境，由互联网和 Web 技术以及扩展现实（XR）技术三者融合所促成。② 元宇宙发展要经历三个连续阶段：数字孪生阶段（digital twins）、数字原生阶段（digital natives）、物理与虚拟现实共存阶段或超现实阶段（co-existence of physical-virtual reality or namely the surreality）。也有学者将其归纳为数字孪生、虚拟原生和虚实融生三步，表明元宇宙虚拟兼备、反哺实体的特性。③ Mozumder 等人则认为元宇宙是一个包罗万象的术语，是物理、增强和虚拟现实在共享的网络空间中的融合。④

三是元宇宙是数字网络（或互联网）的升级版，即 Web 3.0（进化宇宙观）。这类观点普遍认为元宇宙是在多种新技术融合作用下产生的下一代互联网或数字网络的形态。Cook 等认为元宇宙是下一个计算机时代，即 Web3.0 或智慧空间网（Spatial Web）；⑤ 是从

---

① Mystakidis S. Metaverse[J]. Encyclopedia, 2022, 2(1)：486-497.

② Lee L H, Braud T, Zhou P, et al. All one needs to know about metaverse：A complete survey on technological singularity, virtual ecosystem, and research agenda [J]. arXiv preprint arXiv：2110.05352, 2021.

③ 清华大学新媒体研究中心. 元宇宙发展研究报告 3.0 版[EB/OL].（2022-11-14）. https：//www.163.com/dy/article/HM7V54L00511B3FV.html.

④ Mozumder M A I, Sheeraz M M, Athar A, et al. Overview：technology roadmap of the future trend of metaverse based on IoT, blockchain, AI technique, and medical domain metaverse activity[C]//2022 24th International Conference on Advanced Communication Technology (ICACT). IEEE, 2022：256-261.

⑤ Cook A V, Bechtel M, Anderson S, et al. The Spatial Web and Web 3.0：What business leaders should know about the next era of computing[J]. Deloitte Insights, 2020.

根本上改变我们与数字世界互动的方式。① Dowling 将元宇宙定义为建立在区块链技术之上的新一代虚拟世界，人们通过购买 LAND（一个元宇宙的编码片）来成为新世界的公民。② Lee 等人认为元宇宙的核心就是一个沉浸式互联网的愿景，是一个巨大的、统一的、持久的和共享的领域。③ Boulos 认为互联网发展的下一步是超越 Web 2.0 和语义 Web，走向 3-D 网络，演变为更为沉浸式的、混合现实的和无处不在的社会体验元宇宙。④ Facebook 首席执行官 Mark Zuckerberg 将元宇宙描述为一个"具身性的互联网"，与今天的互联网不同的是它给人一种"存在感"。⑤

（二）元宇宙基本特征研究

不少学者和业界人士认为，元宇宙具备了独有的丰富特征。Roblox 公司共同创始人兼 CEO David Baszucki 提出了元宇宙的八个特征：身份（Identity）、朋友（Friends）、沉浸感（Immersive）、低延迟性（Low Friction）、内容多元性（Variety of Content）、随时随地性（Anywhere）、经济系统（Economy）和安全性（Safety），之后还提出

---

① Austin S. The New Wave of Web 3.0 Metaverse Innovations［J］. Entrepreneur-2021. -URL：https：//www. entrepreneur. com/article/380250 （дата обращения：07.04. 2022），2021.

② Dowling M. Fertile LAND：Pricing non-fungible tokens［J］. Finance Research Letters，2022，44：102096.

③ Lee L H，Braud T，Zhou P，et al. All one needs to know about metaverse：A complete survey on technological singularity，virtual ecosystem，and research agenda ［J］. arXiv preprint arXiv：2110. 05352，2021.

④ Boulos M N K，Scotch M，Cheung K H，et al. Web GIS in practice VI：a demo playlist of geo-mashups for public health neogeographers［J］. International Journal of Health Geographics，2008，7（1）：1-16.

⑤ Todd Wasserman. （2021）. Inside Mark Zuckerberg's metaverse，how will the world of advertisements look?［Online］Available：https：//www. cnbc. com/2021/11/20/in-mark-zuckerbergs-metaverse-how-will-advertisements-look. html （November 25，2022）

了文明性(Civility)。① 游戏创作平台公司 Beamable 的首席执行官 Jon Radoff 基于预期市场价值链的产业分工,将元宇宙概念框架划分为基础设施(Infrastructure)、人机交互(Human interface)、去中心化(Decentralization)、空间计算(Spatial computing)、创造者经济(Creator economy)、发现(Discovery)和体验(Experience)七层。②

Ning 等认为元宇宙作为一种新兴的互联网应用,具有多技术融合(Multi-technology)的特点;作为一种新型的社会形态,包括与现实社会密切相关的经济、文化和法律制度等,具有社会性(Society)特征;作为一个平行与现实世界的虚拟世界,为用户提供了身临其境的体验,具有超时空性(Hyper Spatiotemporality)。③ Lee 等认为元宇宙具有互操作性(Interoperability),能够使得代表不同虚拟世界的平台之间互操作,即用户创建内容并能在虚拟世界的各个平台中广泛分发内容,虚拟世界平台还可以通过各种渠道与物理世界连接和交互。④ Park 等指出新时期元宇宙的新特征:一是深度学习的快速发展使其具有提供更为沉浸式环境和自然运动的能力,即沉浸感提升;二是不再限于 PC 端访问,突破了时空限制,提高了一致性,具备随时随地轻松访问的特征;三是元宇宙作为与现实世界之间的桥梁,赋予了人们更丰富和更深层次的社会意义,具备一定的社会性特征。⑤ Duan 等认为元宇宙具有可访问性(Accessibility)、

① Roblox Corporation. Prospectus [EB/OL]. (2022-11-25). https://www.sec.gov/Archives/edgar/data/1315098/000119312520298230/d87104ds1.htm.

② Jon Radoff. The Metaverse Value-Chain[EB/OL]. (2022-11-25). https://theblockchaintest.com/uploads/resources/na%20-%20the%20Metaverse%20Value-Chain%20-%202022.pdf.

③ Ning H, Wang H, Lin Y, et al. A Survey on Metaverse:the State-of-the-art, Technologies, Applications, and Challenges[J]. arXiv preprint arXiv:2111.09673, 2021.

④ Lee L H, Braud T, Zhou P, et al. All one needs to know about metaverse: A complete survey on technological singularity, virtual ecosystem, and research agenda [J]. arXiv preprint arXiv:2110.05352, 2021.

⑤ Park S M, Kim Y G. A Metaverse:Taxonomy, components, applications, and open challenges[J]. Ieee Access, 2022, 10:4209-4251.

多样性（Diversity）、平等性（Equality）和人文精神（Humanity）四个社会特征：可访问性指帮助克服地理距离障碍，增进国家间的全球交流和合作，满足人们日常社交需求；多样性指元宇宙可以无限扩展空间和无缝转换场景，可以举办各种各样的活动；平等性指元宇宙中不受现实世界中影响平等的因素如种族、性别、残疾和财富地位的限制，是一个自主的生态系统；人文精神体现在元宇宙可以成为文化传播与保护的绝佳途径，可为文物数字化重建和提供修复依据。[1] Dionisio 等指出元宇宙核心内容应包含四个特征：现实主义（Realism）、普遍性（Ubiquity）、互操作性（Interoperability）、可扩展性（Scalability）。[2]

综上来看，国外学者对元宇宙特征的研究，有几点共性特征：一是沉浸感，元宇宙为人类提供现实世界中无法提供的体验，在多种技术支持下，元宇宙能够扩展视觉、听觉、触觉和嗅觉等感官，增强用户在图形空间或故事世界的沉浸感，还以这种深度参与的方式增强用户的社会沉浸感，使得用户能全身心沉浸于虚拟环境之中，甚至感受不到与现实世界的不同。二是普遍性，即随时随地访问的特性，不受限于设备、地点和时间等因素，用户可以通过现有的台式机、平板电脑或是各种移动设备访问，且用户的虚拟身份在不同访问过程中也保持不变。三是社会社交性，元宇宙是一种新型的社会形态，具有很强的社会意义，融合现实世界的身份、经济、法律和文化系统，并扩展出时尚、游戏、教育和办公等多种社会活动，不受到现实地理因素和时空因素的影响，增进社会的交流与互动。除了与元宇宙结合最为紧密的游戏会融入更多娱乐活动以外，旅游、教育和现场表演等传统行业也将围绕游戏思维和虚拟

---

[1] Duan H, Li J, Fan S, et al. Metaverse for social good: A university campus prototype[C]//Proceedings of the 29th ACM International Conference on Multimedia. 2021: 153-161.

[2] Dionisio J D N, III W G B, Gilbert R. 3D virtual worlds and the metaverse: Current status and future possibilities[J]. ACM Computing Surveys（CSUR）, 2013, 45(3): 1-38.

经济被重塑。四是融合性，元宇宙本身就是多种新技术的融合和创新，而元宇宙的发展进一步将现实和想象连接，打破了现实与虚拟的界限，消除了交流的时空障碍，使得现实世界和虚拟世界紧密融合。

（三）元宇宙关键技术研究

元宇宙涉及众多技术，从不同角度可进行多种分类。①

通信和计算基础设施：5G 和 6G 是元宇宙通信的基础，5G 具有的高速率、低延时、泛在网络、低功耗和万物互联的特性，为元宇宙的实现提供了可能，6G 则能进一步连接物理世界和虚拟世界，实现人-机-物-环境的协同；量子通信技术保证了元宇宙中的通信安全；② 物联网（IoT）构建元宇宙和现实世界的桥梁，为用户提供完全真实且持久流畅的交互体验；③ 云计算和边缘计算在一定程度上推动计算能力的进一步发展。④

管理技术：能耗管理技术考虑的是元宇宙架构和实施对电能的消耗，⑤ 如 Elman 递归神经网络模型和指数功率预测模型，能减少功率损耗和节约成本；资源管理技术解决的是如何有效地发现和分

① Ning H, Wang H, Lin Y, et al. A Survey on Metaverse：the State-of-the-art，Technologies，Applications，and Challenges ［J］. arXiv preprint arXiv：2111. 09673，2021.

② Chowdhury M Z, Shahjalal M, Ahmed S, et al. 6G wireless communication systems：Applications，requirements，technologies，challenges，and research directions［J］. IEEE Open Journal of the Communications Society，2020，1：957-975.

③ Shi F，Ning H，Huangfu W，et al. Recent progress on the convergence of the Internet of Things and artificial intelligence［J］. IEEE Network，2020，34（5）：8-15.

④ Somula R S, Sasikala R. A survey on mobile cloud computing：mobile computing+ cloud computing （MCC＝MC+ CC）［J］. Scalable Computing：Practice and Experience，2018，19（4）：309-337.

⑤ Bedi G, Venayagamoorthy G K, Singh R. Development of an IoT-driven building environment for prediction of electric energy consumption［J］. IEEE Internet of Things Journal，2020，7（6）：4912-4921.

配资源的问题；① 会话管理是对异构网络中泛在资源与资源用户之间交互的管理等。

基础共性技术：人工智能（AI）算法，即机器学习、深度学习、强化学习等，可以使得元宇宙安全、自由地参与超越现实世界边界的社会经济活动，获得与现实世界相同的视觉和听觉感受；② 时空一致性方法如时间同步、目标定位、时间配准、空间配准等，推动现实世界和元宇宙之间的映射；③ 用户数据的安全和隐私相关技术同样为元宇宙的数据交互和隐私安全提供保障。④

虚拟现实对象连接技术：身份建模和寻址技术是元宇宙的关键技术，每个个体需要以化身的形态在元宇宙在交流和互动，与现实世界一样，每个化身需要有一个身份凭证；⑤ 社会计算技术用于研究人的行为和社会关系，收集个人信息，帮助预测元宇宙的运行规律和未来趋势；去中心化技术包括区块链、分布式存储、分布式计算等，来保证元宇宙的安全和运行。⑥

---

① Nunes L H, Estrella J C, Perera C, et al. The elimination-selection based algorithm for efficient resource discovery in Internet of Things environments[C]//2018 15th IEEE annual consumer communications & networking conference (CCNC). IEEE, 2018：1-7.

② Jeon H, Youn H, Ko S, et al. Blockchain and AI Meet in the Metaverse[J]. Advances in the Convergence of Blockchain and Artificial Intelligence, 2022, 73.

③ Atluri G, Karpatne A, Kumar V. Spatio-temporal data mining：A survey of problems and methods[J]. ACM Computing Surveys (CSUR), 2018, 51(4)：1-41.

④ Zhang Z, Ning H, Shi F, et al. Artificial intelligence in cyber security：research advances, challenges, and opportunities[J]. Artificial Intelligence Review, 2022, 55(2)：1029-1053.

⑤ Ning H, Zhen Z, Shi F, et al. A survey of identity modeling and identity addressing in Internet of Things[J]. IEEE Internet of Things Journal, 2020, 7(6)：4697-4710.

⑥ Ryskeldiev B, Ochiai Y, Cohen M, et al. Distributed metaverse：creating decentralized blockchain-based model for peer-to-peer sharing of virtual spaces for mixed reality applications[C]//Proceedings of the 9th augmented human international conference. 2018：1-3.

虚拟现实空间衔接技术：增强现实技术（AR）通过设备识别和评估将虚拟信息叠加在检测对象的位置并显示在设备屏幕上，使虚拟信息能够实时交互；虚拟现实技术（VR）为用户提供了完全沉浸式的体验，使用户有身临其境的感觉；混合现实技术（MR）将现实世界和虚拟世界相结合，提供新型可视化环境；全息影像通过光学手段记录和再现物体真实三维图像，进一步使物理世界与虚拟世界的界限得以模糊；脑机接口技术（BCI）能够将人的神经世界与外部物理世界联系，实现虚拟世界与现实世界的空间融合；① 电子游戏技术则为元宇宙提供创作平台，实现互动内容和社交场景的聚合。

（四）元宇宙应用场景研究

1. 游戏领域

多数学者认为元宇宙产生于虚拟游戏领域，元宇宙的发展极大地提高了游戏的沉浸感，有效提升了用户体验感、游戏的可玩性和享乐性。Cacciaguerra 认为元宇宙原型产生于"魔兽世界""第二人生""恩特罗皮亚计划"等游戏的虚拟环境，并为游戏玩家提供了良好的娱乐性。② Bardzell 等指出元宇宙不单是"第二人生"类似游戏的变体，更代表了当下使用的学习、模拟和数字设计中最具有沉浸感和互动性的可能性，也模糊了工作、娱乐以及用户和设计师之间的区别，引发了虚拟设计的性质与实践。③ Papagiannidis 等指出元宇宙推动了游戏玩家在虚拟世界及物理世界的互动，会带来众多的

① Abiri R, Borhani S, Sellers E W, et al. A comprehensive review of EEG-based brain-computer interface paradigms[J]. Journal of neural engineering, 2019, 16（1）：011001.

② Cacciaguerra, S., "On guaranteeing equity to mobile players in a metaverse"[J]. Braunschweig：7th International Conference on Intelligent Games and Simulation, TU Braunschweig, 2006.

③ Bardzell S, Shankar K. Video game technologies and virtual design：a study of virtual design teams in a metaverse[C]//International Conference on Virtual Reality. Springer, Berlin, Heidelberg, 2007：607-616.

商业机会。① Getchell 等认为元宇宙是基于游戏的学习平台，相比于游戏，对于主机服务器系统和网络流量的需求更多。② 更多学者探究 Epic Games 和 Unity Technologies 等游戏引擎公司挑战现有平台公司间的布局，为扩展现实应用程序和元宇宙提供平台。③ Schlemmer 认为元宇宙创造的虚拟游戏环境可以应用于多个领域，提供沉浸式体验。④

2. 商业领域

元宇宙对商业领域的影响主要体现在电商平台上，增强现实和虚拟现实等沉浸式技术的应用，可以使用户在 3D 沉浸式虚拟空间中进行消费，通过虚拟交互等提高购物的体验感。虚拟世界中新的商业机会和挑战、区块链技术、去中心化以及元宇宙内部新产业的发展和兴起等方面是重点主题。Shen B 等探讨了如何在元宇宙中促进用户的购买行为，分析了虚拟商务环境中影响购买的因素。⑤ Jeong 等提出通过使用数字孪生技术将实时购物与元宇宙相结合，克服了现有在线购物存在的内容枯燥、聊天沟通有限、卖家直播空

① Papagiannidis S, Bourlakis M, Li F. Making real money in virtual worlds: MMORPGs and emerging business opportunities, challenges and ethical implications in metaverses[J]. Technological Forecasting and Social Change, 2008, 75（5）: 610-622.

② Getchell K, Oliver I, Miller A, et al. Metaverses as a platform for game based learning[C]//2010 24th IEEE International Conference on Advanced Information Networking and Applications. IEEE, 2010: 1195-1202.

③ Jungherr A, Schlarb D B. The extended reach of game engine companies: How companies like epic games and Unity technologies provide platforms for extended reality applications and the metaverse[J]. Social Media + Society, 2022, 8（2）: 20563051221107641.

④ Schlemmer E, Marson F. Immersive learning: metaversos e jogos digitais na educação[C]//2013 8th Iberian Conference on Information Systems and Technologies（CISTI）. IEEE, 2013: 1-7.

⑤ Shen B, Tan W, Guo J, et al. How to promote user purchase in metaverse? A systematic literature review on consumer behavior research and virtual commerce application design[J]. Applied Sciences, 2021, 11（23）: 11087.

间有限、消费者对品牌和产品缺乏体验等局限，增加购买体验。①
Stacchio 等研究了时尚商店环境中数字孪生与人类互动的有效性；②
Chen 等分析了虚拟现实购物的特征对于消费者冲动购买行为的影响。③ Papagiannidis 讨论了在"第二人生"虚拟世界的商业机会和挑战，分析了相应的企业社会责任影响，及其中有关道德和政策问题。④

3. 医疗领域

医疗机构虚拟团队中元宇宙起到支持有效协作和知识共享，提供社会互动的情感环境的作用。元宇宙相关技术广泛应用于远程医疗、虚拟医疗、远程监护、数据驱动医疗等领域，能够利用设备资源，为患者诊断、急救、护理等提供高度移动化、数字化、实时化、远程化的医疗服务，提高医疗效率，如元宇宙在胎儿医学和妇科中，可以通过 3D 虚拟模型查看胎儿核磁共振结果，以及展现输卵管的 3D 结构并进行虚拟会议讨论。⑤ 在心血管医学中，元宇宙可以通过虚拟房间实现基于头像的患者—医生咨询来增强医疗访问，利用 AR 和 VR 技术加强血管系统和心腔的可视化，辅助心脏

① Jeong H, Yi Y, Kim D. An innovative e-commerce platform incorporating metaverse to live commerce [J]. International Journal of Innovative Computing, Information and Control, 2022, 18(1): 221-229.

② Stacchio L, Perlino M, Vagnoni U, et al. Who will Trust my Digital Twin? Maybe a Clerk in a Brick and Mortar Fashion Shop [C]//2022 IEEE Conference on Virtual Reality and 3D User Interfaces Abstracts and Workshops (VRW). IEEE, 2022: 814-815.

③ Chen J V, Ha Q A, Vu M T. The Influences of Virtual Reality Shopping Characteristics on Consumers' Impulse Buying Behavior [J]. International Journal of Human-Computer Interaction, 2022: 1-19.

④ Papagiannidis S, Bourlakis M, Li F. Making real money in virtual worlds: MMORPGs and emerging business opportunities, challenges and ethical implications in metaverses [J]. Technological Forecasting and Social Change, 2008, 75 (5): 610-622.

⑤ Werner H, Ribeiro G, Arcoverde V, et al. The use of metaverse in fetal medicine and gynecology [J]. European Journal of Radiology, 2022, 150.

干预治疗。① 元宇宙还可以帮助心理治疗，如构建虚拟轻松的情景，让患者与虚拟人物交流互动。②

4. 教育领域

元宇宙在教育教学及在线学习方面的应用，主要是通过元宇宙模拟现实场景，为学生提供身临其境的沉浸式教育体验，促进学生对学习内容的理解，也可避免现实实验的危害等。例如，在学习行星时，可以放大显示或缩小显示宇宙星系，清楚地看到宇宙的纹理和特征。在学习古建筑时，可以回到那个时代，亲身体验建筑的建造过程和细节。③ Siyaev 等人提出了波音 737 飞机维修培训和教育的元宇宙，用虚拟飞机取代昂贵的真实飞机，让实习工程师和学生能够通过控制虚拟飞机学习和操作。④ Lee 等人开发了一个飞机模拟系统，通过虚拟现实元宇宙系统来补充远程教育，提高教学效果。⑤ Kanematsu 等人通过元宇宙（第二人生）开设放射性、核安全教育虚拟课堂，补充现实教学，同时避免现实环境中放射性元素对学生身体造成的安全威胁。⑥ Barry 等发现在元宇宙的虚拟学习课程

① Skalidis I, Muller O, Fournier S. The Metaverse in Cardiovascular Medicine：Applications, Challenges and the role of Non-Fungible Tokens[J]. Canadian Journal of Cardiology, 2022.

② Mejia J M R, Rawat D B. recent advances in a medical domain metaverse：Status, challenges, and perspective[C]//2022 Thirteenth International Conference on Ubiquitous and Future Networks (ICUFN). IEEE, 2022：357-362.

③ Ning H, Wang H, Lin Y, et al. A Survey on Metaverse：the State-of-the-art, Technologies, Applications, and Challenges [J]. arXiv preprint arXiv：2111. 09673, 2021.

④ Siyaev A, Jo G S. Neuro-symbolic speech understanding in aircraft maintenance metaverse[J]. IEEE Access, 2021, 9：154484-154499.

⑤ Lee H, Woo D, Yu S. Virtual Reality Metaverse System Supplementing Remote Education Methods：Based on Aircraft Maintenance Simulation[J]. Applied Sciences, 2022, 12(5)：2667.

⑥ Kanematsu H, Kobayashi T, Barry D M, et al. Virtual STEM class for nuclear safety education in metaverse[J]. Procedia Computer Science, 2014, 35：1255-1261.

中引入针对学生虚拟化身的眨眼系统，可以让教师通过记录眨眼次数判断问题对于学生的困难程度，进而分析学生的回答和学习效果。① Chen 指出元宇宙技术可以通过逼真的体验和 3D 身份、个性化的教学模式、互动交流和游戏化学习来支持在线课堂，能够节省教育成本、提高学习效率和潜力。② Masferrer 等研究发现相比于专门的辅助学习网络平台，通过元宇宙（第二人生和开放模拟人生）进行教学的教学效果更好，对教学的持续评估效果显著。③

四、元宇宙研究前沿趋势

（一）元宇宙研究的历时趋势

突现词是指在一段时期内使用频次骤增的关键词，表示该时段相关主题受到的关注增加很快，是具有较大发展潜力和研究价值的方向，通过 CiteSpace 对元宇宙研究领域的关键词聚类后进行突变分析可视化，如表 4-1 所示。

由表可知，在元宇宙研究的萌芽阶段，虚拟环境（virtual environment）是国外该领域的前沿主题，起始突破时间是在 2006 年，以虚拟环境背景的多人在线游戏进入了主流视野，不同用户通过虚拟世界跨越时空限制进行交互和合作，其用户量和关注度迅速上升。《魔兽世界》《第二人生》《Entropia 计划》和《Sociolotron》等虚拟环境相继出现，被当作接近元宇宙的产品得到关注。伴随而生的前沿方向是便携式设备和网络基础设施，如不少领先的游戏公司推广利用无线热点的便携式游戏机，保证玩家能够尽可能随时随地登

① Barry D M, Ogawa N, Dharmawansa A, et al. Evaluation for students' learning manner using eye blinking system in Metaverse[J]. Procedia computer science, 2015, 60: 1195-1204.

② Chen Z. Exploring the application scenarios and issues facing Metaverse technology in education[J]. Interactive Learning Environments, 2022: 1-13.

③ Masferrer J Á R, Sánchez F E, Hernández D F O. Experiences complementing classroom teaching with distance seminars in metaverses and videos[J]. Journal of Cases on Information Technology (JCIT), 2014, 16(4): 1-12.

入设备而获得良好的游戏体验，通过无线基础设施扩展互联网，为元宇宙虚拟环境提供网络及运算技术的支持。

表 4-1   元宇宙领域突现关键词

阶段	突现关键词	平均突现强度
萌芽阶段 （1995—2006）	virtual environment（2006）	2.3279
起步阶段 （2007—2020）	virtual environment（2007—2018）； web 2.0（2008—2013）； second life、virtual world（2008—2018）； behavior（2009—2011）； virtual team、media richness（2009—2012）； information system（2009—2018）； context information、intelligent agent、open metaverse、3d virtual world（2010—2011）； virtual community、earning environment、foreign language learning（2011—2012）； metaverse retailing（2015）； the aleph（2015—2017）； mixed reality（2018）； education（2019—2020）； emerging technology（2020）	2.11184
发展阶段 （2021—2022）	deep learning、aircraft maintenance education（2021—2022）	1.05565

2007—2020 年，第二人生（second life）、虚拟世界（virtual world）和虚拟环境（virtual environment）成为突变关键词。截至 2007

年1月，已有超过300万居民在 Second Life 上注册，① 庞大稳定的参与人数和极高的话题热度促使关于"第二人生"的研究增多。研究还关注到虚拟世界的构建与运行、虚拟社区和虚拟团队、虚拟环境下新的商业机会和挑战、虚拟人物的乐队及音乐创作以及虚拟报纸的新闻报道等。稍晚出现的突现词为教育（education）和新兴技术（emerging technology）。关注元宇宙在教育领域的应用，如虚拟学习环境和外语教学。世界经济论坛发表《2020年十大新兴技术》报告指出新兴技术中，空间计算、虚拟病人、数字医学和量子传感四项技术均与元宇宙领域密切相关，如通过空间计算达到物理世界和数字世界融合的下一阶段，将提高各行业人-机和机-机交互效率和水平。这些技术有可能彻底改变工业、医疗保健和社会发展情况。

2021—2022年，深度学习（deep learning）和飞机维修教育（aircraft maintenance education）代表了国外元宇宙领域的最新趋势。深度学习（DL）是机器学习的子集，能够模仿人类的行为和思维，帮助解决复杂的模式识别难题，推动人工智能技术发展。元宇宙研究中有不少基于 DL 构建沉浸式虚拟环境的研究，将 DL 用于计算机视觉、特征提取和跟踪、化身和机器人控制、用户眼睛和运动跟踪和语音识别等。元宇宙中的飞机维修和教育可以通过虚拟飞机取代昂贵的物理飞机，对于航空学院是一种较为廉价和可扩展的教育方案，因而元宇宙虚拟现实融入课堂以补充远程实践教育，元宇宙教育成为不可忽视的前沿热点。

（二）不同文献类型的前沿探测

不同类型的文献各有特色。期刊论文具有篇幅简短、论述专业和内容深入的特点，是科研成果的主要载体和研究趋势的主要数据源。学术会议是科学交流的重要渠道，相比于期刊论文，会议论文发表的周期更短，信息传递更及时，更具有新颖性和时效性，便于发现当前新趋势。专利文献侧重于转化应用，反映元宇宙应用技术

① Ives B, Piccoli G. STA travel island: marketing first life travel services in Second Life[J]. Communications of the Association for Information Systems, 2007, 20（1）: 28.

进步情况和创新能力，能够挖掘领域的技术发展趋势。利用文献共被引分析和关键词突变检测方法，对元宇宙最新前沿趋势进行揭示，有利于探究新兴动态。

1. 基于会议论文挖掘元宇宙前沿趋势

在 Web of Science 会议数据库中主题检索"metaverse*"，截止日期为 2022 年 10 月 31 日，清洗后获得 145 条数据。发现 22 个突变强度最大的关键词，如图 4-1 所示。

Top 22 Keywords with the Strongest Citation Bursts

Keywords	Year	Strength	Begin	End	2000 - 2022
augmented reality	2019	**3.87**	2019	2022	
second life	2009	**1.34**	2014	2015	
virtual community	2011	**1.17**	2011	2012	
earning environment	2011	**1.17**	2011	2012	
foreign language learning	2011	**1.17**	2011	2012	
open metaverse	2010	**1.05**	2010	2011	
3d virtual world	2010	**1.05**	2010	2011	
virtual world	2008	**0.94**	2014	2014	
virtual environment	2006	**0.73**	2006	2010	
boundary object	2007	**0.69**	2007	2007	
virtual design team	2007	**0.69**	2007	2007	
agent-based entertainment	2006	**0.68**	2006	2006	
pervasive entertainment	2006	**0.68**	2006	2006	
multi-player online game	2006	**0.68**	2006	2006	
social network	2019	**0.68**	2019	2019	
regenerative infrastructure	2019	**0.68**	2019	2019	
transformative design	2019	**0.68**	2019	2019	
international marketing	2008	**0.68**	2008	2008	
brand building	2008	**0.68**	2008	2008	
experiential market knowledge	2008	**0.68**	2008	2008	
small and medium-sized enterprise	2008	**0.68**	2008	2008	
online marketing	2008	**0.68**	2008	2008	

图 4-1 元宇宙领域会议论文关键词突现表

突变强度最大和时间最近的词是增强现实(augmented reality)，Strength 值达到 3.87，起始突现时间为 2019 年，持续到 2020 年。增强现实技术通过无缝地将模拟的视觉、声音和感觉集成到现实世界的感知中，来消除我们对物理和虚拟世界的边界感。在元宇宙相关会议中增强现实技术研究与计算机科学、通信、教育等多个研究方向密切相关，涉及计算机图形和交互技术协会会议、国际电子设备会议、全球工程教育大会和区块链计算与应用国际会议等，为扩展元宇宙应用场景和增强用户体验铺平了道路。

突变持续时间最长的词是虚拟环境（virtual environment），从2006年持续到2010年。最早的会议论文是第七届智能游戏与仿真国际会议上发表的《On guaranteeing equity to mobile players in a metaverse》，目标是减少由于网络的不可靠而使移动设备在移动过程中出现游戏的中断和滞后情况的发生，使用户在虚拟游戏环境中获得良好的可玩性。被引频次最高的会议论文是在第24届IEEE先进信息网络与应用国际会议（AINA）上发表的《Metaverses as a Platform for Game Based Learning》，介绍了一个基于真实世界数据的虚拟模拟环境，挖掘具有考古价值的世界遗址，这种构建的元宇宙环境使得学生在虚拟实践中提高其学习能力。其余大部分突变词在某几个时段集中出现，虚拟环境与学习、在线游戏和娱乐环境、网络与基础设施、在线营销与品牌建设等也是各时期的前沿热点，但近期有所下降。

2. 基于期刊论文挖掘元宇宙前沿趋势

保持检索式不变，检索WOS核心合集中SCIE、SSCI、A&HCI和ESCI四大数据库，生成1995-2022年元宇宙领域期刊文献关键词突变表，如图4-2所示。突现强度最高的关键词是"virtual world"，突破强度为4.82，该词突现起始于2008年，直至才2018年出现下降趋势，但仍维持着较高的讨论热度。2006年中国发布的《国家中长期科学和技术发展规划纲要（2006—2020年）》①和2007年日本发布的《创新2025》的报告②都将虚拟现实技术列为值得优先发展的前沿技术，2008年美国国家工程院（NAE）将虚拟现实确定为21世纪的14大挑战之一。世界各国政策的导向和支持

① 中华人民共和国国务院.国家中长期科学和技术发展规划纲要（2006—2020年）》[EB/OL].（2006-02-09）.http：//www.gov.cn/gongbao/content/2006/content_240244.htm.

② 日本内阁府.イノベーション25[EB/OL].（2007-06-01）.https：//www.cao.go.jp/innovation/index.html.

下，研究人员对相关领域的重视加强，虚拟世界相关技术不断发展。在未来较长一段时间内，虚拟世界仍是该领域学者关注的主题。

Top 18 Keywords with the Strongest Citation Bursts

Keywords	Year	Strength	Begin	End	1995 - 2022
virtual world	2008	**4.82**	2008	2018	
second life	2008	**3.93**	2008	2018	
virtual environment	2010	**1.97**	2010	2017	
virtual team	2009	**1.83**	2009	2012	
education	2012	**1.83**	2012	2020	
deep learning	2021	**1.68**	2021	2022	
augmented reality	2017	**1.57**	2021	2022	
emerging technology	2020	**1.32**	2020	2022	
behavior	2009	**1.27**	2009	2011	
aircraft maintenance education	2021	**1.25**	2021	2022	
media richness	2009	**1.22**	2009	2012	
mixed reality	2018	**1.07**	2021	2022	
tool	2008	**1.04**	2008	2019	
world	2007	**0.82**	2007	2012	
model	2011	**0.8**	2011	2015	
environment	2009	**0.78**	2021	2022	
design	2019	**0.74**	2019	2020	
information technology	2011	**0.73**	2011	2019	

图 4-2　元宇宙领域期刊论文关键词突现表

如图 4-2 所示，持续时间最长的突现词是工具（tool），出现时间最近的突现词是深度学习（deep learning）、增强现实（augmented reality）、混合现实（mixed reality）、飞机维修教育（aircraft maintenance education）和环境（environment）。增强现实是从 2017 年出现，到 2021 年引起关注，成为学术领域的热点话题；而环境一词是在 2009 年与虚拟世界与游戏伴随出现，其余三个主题都是近两年出现并快速发展的前沿趋势，这说明元宇宙研究更加重视与构建虚拟环境相关的前沿技术，并正在将元宇宙初步应用于教育等领域。

3. 基于专利文献挖掘元宇宙前沿趋势

以智慧芽专利数据库（Patsnap）作为数据来源，检索时间为 2021 年 11 月 25 日，检索式为"TACD_ALL：（metaverse）OR TACD

_ALL：（元宇宙）"，共得到 1520 条专利信息，同族专利去重后最终得到 1006 条专利数据。得到 2010 年至今排名前 20 的元宇宙技术主题的热力图，如图 4-3 所示。

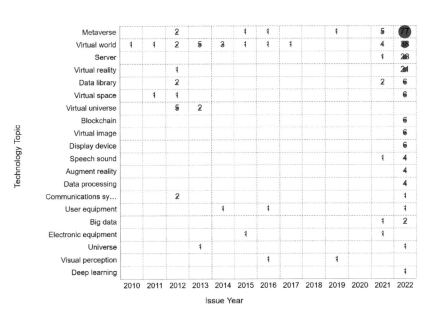

图 4-3　元宇宙专利技术主题气泡图

　　横轴为专利授权，纵轴为主题 3 级分类，气泡越大，说明相关专利在该时段的授权数量越多。由图可知，气泡数量最多的年份是 2022 年，与元宇宙有关专利授权数量迅速增多，元宇宙、虚拟世界、服务器、虚拟现实和数据库等都成为热点专利技术主题。

　　对主题进行前沿技术主题识别，依据宋凯和朱彦君提出的 Z 分数和 Sen's 斜率指标，计算主题的创新度、授权趋势，得到各技术主题的前沿度。① 创新度原理是技术主题的被引用次数越高，则其在所属技术领域具有较高利用价值，能够对专利引用者的技术创新

① 宋凯，朱彦君．专利前沿技术主题识别及趋势预测方法——以人工智能领域为例［J］．情报杂志，2021，40（1）：33-38.

提供支撑；授权趋势是分析技术主题的逐年授权量来判断其发展趋势；前沿度则是综合 Z 分数和代表专利授权量的斜率 γ 计算得出。设置 Z 分数和 γ 值阈值划分不同类型的主题：当 $Z>0$，γ 值 ≥ 1，为前沿技术主题；当 $Z<0$，γ 值 ≥ 1，为过热技术主题；当 $Z<0$，γ 值 <1，为冷点技术主题；当 $Z>0$，γ 值 <1，为潜在技术主题。

　　根据计算得出，虚拟世界为前沿技术主题；服务器、虚拟空间、区块链、虚像（光学）、增强现实、数据处理、虚拟现实、深度学习是当前过热技术主题；宇宙和通信系统是潜在技术主题；用户设备和电子设备等技术的关注度相对较低。整体来看，服务器、虚拟世界、宇宙、通信系统和虚拟空间等均具有较高的前沿度，是未来元宇宙领域研究的前沿趋势。

（三）元宇宙研究前沿主题

　　结合前面的关键词突变检测和技术主题前沿度计算，综合分析得出元宇宙研究的前沿趋势主要有以下方面。

1. 虚拟环境或世界与现实世界联通的研究

　　元宇宙是人们通过化身行动的虚拟世界，现实世界的用户可以基于增强现实或混合现实等技术与元宇宙的化身连接起来，但虚拟与现实的关系并不仅限于技术连接，两者是能够跨越位面相互影响的。目前研究者们已经开始关注到虚拟环境的特殊性以及在此环境下进行活动的便捷性，但还处于将现实场景转换为虚拟场景，将人类现实活动迁移到虚拟世界中的认知，关注虚拟环境的真实性和沉浸感。

　　但是，从虚拟世界反作用于现实世界的角度研究两者关联，关注利用元宇宙虚拟场景进行现实活动的预演也同样十分必要。从不同维度对教育、商业、娱乐、时尚和医疗等领域的虚拟活动进行分析，把握与现实世界发展的不同与相似之处，归纳在虚拟环境中出现的问题和发展的不足，以探索现实世界相应领域可能面临的新机遇和挑战，可以为现实发展和走向提供启示和指导。

　　如在商业领域：商业投资方面，伴随着元宇宙中的虚拟商务和交易规模逐渐扩大，一方面虚拟财富可以影响现实世界的财富，深入研究有利于把握新的商业机会，合理规划投资；另一方面虚拟世界还可以被作为经济实验平台，通过观察虚拟经济来预测现实世界的经济发展，并为政策制定和投资提供参考；营销运营方面，虚拟商店可以提前试运营线下商店的营销模式，如推销策略、商店选址、店面装修、货品排架和店内氛围等，通过研究元宇宙商店的运营对购物者行为和零售商绩效的影响，可以了解采取的模式的效果，帮助决定是否在现实世界采取相关决策和采取后对盈利效果进行预测。在其他领域，虚拟世界同样可以帮助决策者克服年龄、地域和种族等诸多障碍，节省时间和成本，如可以在虚拟环境中进行高级时装设计、修改与线上发布，探索服装的受欢迎度和售卖可能性，还可以进行现场戏剧和表演和与观众交互，通过提前虚拟演练确定剧本和道具，节省现实购买成本和无效排练时间等。

因此，明确虚拟世界和现实世界各自的特征和优势，研究如何充分利用虚拟世界可提供的低限制场景和高还原发展，可以更好地了解现实世界中哪些因素和策略有利于推动领域的发展、发展态势如何，从而改善决策的效果，节省人力物力和财力。但虚拟环境中与信任、隐私、安全、虚假信息和法律应用相关的社会问题也不容忽视，会对现实社会产生不小的影响，同样未来是值得研究和关注的方向。

2. 增强现实和深度学习技术深入应用研究

增强现实（AR）和深度学习（DL）对于元宇宙的构建和落地具有关键作用：AR可以增强用户的整体数字体验，使元宇宙更接近于真实世界，为元宇宙的自由互动、沉浸式连接和安全协作工作开辟了新的机会。DL能增强机器学习、识别和记忆功能，对于推动人机交互、构建沉浸感高的日常生活、工作、学习和社交的虚拟环境也十分重要。因此，进一步推动AR和DL等技术深入发展，探索这类技术对元宇宙发展的具体影响是未来研究应关注的重点，有助于扩展元宇宙的现实功能和应用场景。

新的研究方向包括深度学习方法在语音命令和识别的应用研究，主要是基于卷积神经网络的深度学习方法来对不同国家或地区的语言进行识别，这种识别方法的探索可以推动人机交互和物联网领域的发展，可以应用于医学、教育等领域的元宇宙。但目前研究提出的语音识别的语种较少，Nguyen 等人是对越南语音命令进行识别，① Sharmin 等人是对孟加拉语语音数字进行分类，② 整体上还未形成系统的语言识别体系，有待基于深度学习算法进一步解决声音命令识别和分类问题，提高识别的准确率。

还包括增强现实等技术在用户沉浸感方面的应用研究。元宇宙构建的核心任务之一是还原真实感和提高沉浸感，以使得元宇宙用户获得与现实世界相似的体验。当这些体验的外观、声音、感觉和气味就像真实的一样的时候，用户对虚拟刺激和虚拟交互的反应更类似于对现实世界对应物的平行反应，则用户更能参与到元宇宙环境之中。目前研究学者研究了沉浸式系统技术对用户体验的影响，以及不同技术对沉浸感影响的大小。而伴随着人们对虚拟世界沉浸感要求的提升，原有的技术水平不足以支撑现在的发展要求，增强现实等技术如何进一步提升和应用成为未来研究的重要领域。如增强现实技术可以为医疗保健领域的发展提供新路径，研究如何利用增强现实技术为患者提供沉浸度高的虚拟世界来转移注意力和回忆场景，有助于治疗各种精神和心理疾病和进行精神保健。

除此之外，基于深度学习的传感器设计、数字孪生智能家居的位置与活动感测、指静脉识别系统等也是新兴的研究方向。而在研究中还应注意由于 AR 和 DL 技术提升而带来的过高的沉浸感，对用户的注意力持续时间和个人健康产生负面影响。

3. 教育与医疗等具体应用场景的研究

在 COVID-19 流行背景下，各种实体活动中断，线上交流方式更为普遍并改变着人们的生活和工作习惯，更多人需要在线的教育和医疗资源，教育和医疗工作者需要在线上提供服务，进一步推动元宇宙的形成与使用，元宇宙应用呈现出新的发展趋势，教育和医

---

① Nguyen Q H, Cao T D. A novel method for recognizing vietnamese voice commands on smartphones with support vector machine and convolutional neural networks [J]. Wireless Communications and Mobile Computing, 2020, 2020.

② Sharmin R, Rahut S K, Huq M R. Bengali spoken digit classification: A deep learning approach using convolutional neural network [J]. Procedia Computer Science, 2020, 171: 1381-1388.

学保健等场景的元宇宙技术应用是未来关注的重点主题。

在教育方面，主要是虚拟环境下学习效果和教学方式的研究，将教学过程嵌入虚拟环境中成为学者关注的方向，具有一定的研究潜力。因为元宇宙可以为学生和教师提供新的交流互动空间(地点人数和时间不再受限)、更高的创作和分享的自由度(体验现实世界的各种活动和由于现实世界中的物理限制而难以轻松体验的事件)、高沉浸感(能克服现有基于 2D 的在线和远程课程局限性)。①

其中，具有前沿性教育实践研究有飞机维修教育，随着深度学习增强语言交互模块的功能增强，促进在元宇宙世界中借助飞机语音通信系统进行沟通和维修模拟成为可能，运用综合研究方法，可以对如何使实习工程师能够使用语言命令控制虚拟资产如虚拟飞机和工作流程等开展实证研究，有助于将虚拟现实融入课堂，提升学生的空间存在感，增强实践学习的感知和交互，弥补视频教育在取代实践课程方面存在局限性，提高远程实践教育的效果。除此之外，元宇宙中游戏与教育的结合也可以促进教学方式创新，如可以设计元宇宙的逃脱游戏，让学生通过解谜的方式来发现和学习化学过程，以增强学生学习积极性和主动性。

元宇宙技术在医学保健领域的应用和挑战研究也是较新的研究方向，利用元宇宙技术对患者病情的识别、管理和治疗以及对医疗相关者的教育和培训，对医疗水平的提高和医疗教学效果的提升具有较强的现实意义。具体如如何利用数字孪生技术构建精准模型提高医疗人员诊断的准确性，如何将区块链技术和人工智能技术应用于神经病学、心脏病学、肾脏病学等，为专业服务分析大量数据，切实提升记录管理和专业诊断能力。

但在元宇宙发展为教育医疗带来方便的同时也潜藏着威胁。元宇宙的虚拟性注定在现阶段学生在元宇宙的互动和联系比现实世界弱，并且需要提供各种个人信息会导致出现隐私问题，其高自由度

---

① Kye B, Han N, Kim E, et al. Educational applications of metaverse: possibilities and limitations [J]. Journal of Educational Evaluation for Health Professions, 2021, 18.

也会导致平台管理员无法预测用户所有行为，也较难监测虚拟空间中的犯罪，以致出现安全问题；其高沉浸感可能会使学生容易模糊现实与虚拟的界限，造成身份混乱和对现实世界的不适应。元宇宙医疗作用的实现需要获取大量患者身体数据，患者隐私容易被窃取，医疗机构的数据也可能会遭受攻击而被篡改，最终影响诊断结果。这些问题还有待进一步解决和探讨，预防措施的制定和研究也具有较高价值。

五、总结与展望

纵观发展历程，元宇宙的出现是时代与技术发展的必然产物，是人类想象落地的产物，为各领域的发展开启了一个新的方向。本报告在对元宇宙概念发展和定义讨论进行概述的基础上，借助文献计量法和内容分析法，基于 WoS 核心数据集和智慧芽专利数据，利用元宇宙研究领域的期刊、会议和专利等多源数据，探究其研究进展、热点主题和前沿趋势。

元宇宙研究可分为萌芽阶段、起步阶段和发展阶段，2021 年进入初步发展阶段，相关研究迅速增多。现已出现较为稳定的合作团体，但是规模较小，缺少国际合作与交流。研究学科集中在计算机科学、工程学、商业和经济学和通信等，工程与技术和社会科学对该研究领域的推动作用最大。元宇宙研究成果最多的是美国、中国和韩国，国际交流最为活跃的是美国，与日本、意大利和英国等国家均有合作，在合作网络中处于中心地位。中国的研究成果较多，但元宇宙研究起步稍晚，较少进行跨国合作和交流，技术基础仍较为薄弱，应关注对元宇宙生态系统发展起到关键作用的技术，加强国际交流与合作，积极进行产业布局。

元宇宙研究热点话题主要包括元宇宙的本体、基本特征、关键技术和应用场景。从技术角度来看，元宇宙本质上不是一类新的技术，而是互联网技术、信息技术等多种技术融合集成逐步共同建设而成的生态系统；从社会角度来看，元宇宙是通过现实世界和虚拟世界的紧密融合而创造出的一种新的社会形态，其出现是信息技术高度发达和社会文明高度繁荣综合作用的结果；从与现实世界的关系角度来看，元宇宙是虚实兼备的，既无限向实，又无限向虚。元宇宙由通信和计算基础设施、管理技术、基础共性技术、虚拟现实连接技术、虚拟现实融合技术 5 类关键技术支撑，具备沉浸感、普遍性、社会社交性和融合性四个共性特征，并已逐渐应用于游戏、经济、医疗、教育等多个领域。

通过对海外元宇宙前沿整体追踪可知，近几年深度学习、飞机维修教育等教育教学应用场景代表了元宇宙领域的最新研究趋势。基于会议文献分析可知，增强现实技术是目前最大的技术趋势之一。基于期刊论文分析可知，深度学习、混合现实、飞机维修教育同样是现下学术领域的前沿话题。基于专利文献分析可知，对虚拟世界的构建为前沿技术主题，虚拟现实、深度学习、增强现实、区块链、虚像(光学)等技术仍是元宇宙领域在未来一段时间研究的前沿方向。

综上所述，本报告对目前国外元宇宙研究状况进行了概念梳理、热点主题分析和前沿趋势探测，可为把握元宇宙研究的核心与前沿提供参考。但是，元宇宙研究内容纷繁复杂、快速变化，本研究报告也存在一些不足。首先，本报告的数据来源设定在 WOS 核心合集和智慧芽数据库收录的文献，由于元宇宙前期研究较少，样本数量不多，分析结果无法完全反映元宇宙研究的最新情况。其次，文献数据和专利数据的分析对比不多，数据融合不够，元宇宙领域的学界研究和产业技术发展之间存在的差异有待进一步探究。最后，技术主题的前沿度计算指标的结合不够科学，未对前沿技术主题的发展趋势进一步验证。

海外数据伦理研究前沿追踪*

陈 一 朱传宇**

摘 要：运用大数据推动经济发展、完善社会治理、提升政府服务和监管能力已经成为国内外的发展趋势。但大数据与智能技术的应用也伴随着复杂的伦理风险。本研究梳理了近 10 年来国际上数据伦理问题的研究趋势，并对 2020 年以来的文献从"数据伦理基础理论""数据伦理关键问题""生物医学数据伦理问题""数据伦理问题治理策略"四个方面进行研究梳理。以期为我国数据伦理研究，以及相关机构和部门制定数据伦理准则提供参考。

关键词：数据伦理；隐私；数据鸿沟；知情同意

一、前言

数据已经成为当今社会重要的战略性资产，世界各国纷纷将大数据的发展上升至国家发展战略层面，运用大数据推动经济发展、完善社会治理、提升政府服务和监管能力已经成为趋势。但大数据

---

* 本文为武汉大学自主科研项目(人文社会科学)"海外数据伦理研究前沿追踪"(项目编号：1206-413000223)研究成果，得到"中央高校基本科研业务费专项资金"资助。

** 陈一，武汉大学信息管理学院副教授。朱传宇，武汉大学信息管理学院硕士研究生。

与智能技术的应用也伴随着复杂的伦理风险，如个人数据非法获取和保存、数据滥用、数据主体对数据的控制权被削弱、数据垄断、数据不公平应用、数据偏向引导等。伦理是处理各种发展关系时应坚持的道德准则，数据伦理问题是关注在收集、分析数据过程中，以及在生物医学研究和社会科学研究中使用、描述、传播及开放数据等一系列活动中所产生的伦理问题。① 伦理规范在数据开发利用过程中发挥着关键作用，它能够确保充分发挥数据价值的同时降低风险。数据伦理研究旨在揭示数据技术发展面临的伦理难题，厘清发展中存在的伦理风险，为数据技术的发展提供价值引导，确保新技术在"向善"的轨道上发展。本报告聚焦于数据伦理问题研究国际前沿，厘清数据伦理的理论基础，剖析典型问题，系统揭示数据伦理的研究前沿与发展趋势。以期为我国数据伦理研究，以及相关机构和部门制定数据伦理准则提供参考。

二、海外数据伦理研究发文趋势概览

（一）整体研究趋势

为了探究国外数据伦理研究的整体趋势，从宏观上把控数据伦理的研究进展，本研究以检索式"TS =（digital ethics OR data ethics OR（ethics in the big data））OR TS =（digital NEAR ethics）OR TS =（data NEAR ethics）"在 Web of Science 数据库中进行高级检索，文献类型限制为"Article"，获得 2012 至 2022 年发布的文章。检索截止时间为 2022 年 11 月 9 日。从图 1 可以清晰看出，近 10 年来，国际上有关数据伦理的研究发文量成直线上升，2012 年全年发文量 500 篇左右，而 2021 年发文量已经突破 3000 篇。越来越多的学者认识到在发挥数据价值的同时，也关注其中存在的伦理隐忧。

为了进一步探测海外数据伦理研究前沿，本文则重点以

---

① Floridi L, Taddeo M. What Is Data Ethics? [J]. Philosophical transactions series A, mathematical, physical, and engineering sciences, 2016, 374（2083）: 2016360.

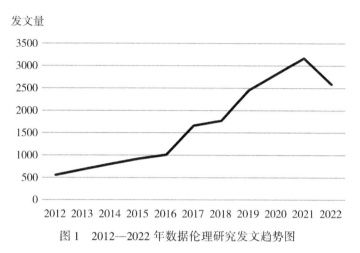

发文量

图1 2012—2022 年数据伦理研究发文趋势图

2020—2022 年刊发的 8519 篇作为基础数据进行后续分析。同时梳理国际上有关数据伦理的政策规范，从政策与研究两方面分析国际上数据伦理问题的发展趋势。

（二）国家分布分析

分析研究成果的国家分布有助于我们了解各国的数据伦理研究水平及影响力，明晰我国在数据伦理研究领域的学术地位，数据显示，美国、英国、西班牙、中国、加拿大等 156 个国家/地区的学者在期刊上发表过数据伦理的相关成果，作者所在国家/地区的分布情况如表 1 所示。

表 1　　数据伦理论文作者所在国家/地区的分布情况

国家/地区	记录数（篇）	百分位（%）	国家/地区	记录数（篇）	百分位（%）
USA	1774	20.824	TURKEY	293	3.439
ENGLAND	1315	15.436	ITALY	291	3.416
AUSTRALIA	779	9.144	BRAZIL	271	3.181
CANADA	747	8.769	SWITZERLAND	263	3.087

续表

国家/地区	记录数（篇）	百分位（%）	国家/地区	记录数（篇）	百分位（%）
CHINA	601	7.055	SWEDEN	248	2.911
GERMANY	557	6.538	SOUTH AFRICA	244	2.864
NETHERLANDS	402	4.719	IRAN	226	2.653
SPAIN	348	4.085	SCOTLAND	225	2.641
FRANCE	323	3.792	DENMARK	206	2.418
INDIA	312	3.662	NORWAY	196	2.301

结合发文数据可以发现，美国学者共发表1774篇，占20.824%，英国学者共发表1315篇，占15.436%，遥遥领先于其他国家。中国的发文量位列第4，占8.769%，虽然与美英等国家还有一定差距，但近年来我国学者也逐渐意识到数据伦理的重要性，有更多的学者在此领域展开探索。

（三）研究主体分析

1. 研究机构

经过统计分析，2020年以来发表的8519篇文献来自10093个研究机构，分布非常广泛，也足见数据伦理问题已经在学界引起广泛关注。表2列举了发文量排名前20名的研究机构。伦敦大学发文量达370篇排在首位，多伦多大学有关数据伦理的研究发文量也超过200篇。中国的高校及科研机构在此领域的研究距离发达国家还有一定差距。

表2 数据伦理论文作者所属研究机构的分布情况

所属机构	记录数	百分位	所属机构	记录数	百分位
UNIVERSITY OF LONDON	370	4.343	UNIVERSITY TORONTO AFFILIATES	132	1.549
UNIVERSITY OF TORONTO	217	2.547	UNIVERSITY OF NEW SOUTH WALES SYDNEY	107	1.256

所属机构	记录数	百分位	所属机构	记录数	百分位
UNIVERSITY OF OXFORD	191	2.242	KING S COLLEGELONDON	106	1.244
UNIVERSITY OF CALIFORNIA SYSTEM	186	2.183	UNIVERSITY OF BRITISH COLUMBIA	101	1.186
UNIVERSITY COLLEGE LONDON	165	1.937	UNIVERSITY OF EDINBURGH	98	1.15
HARVARD UNIVERSITY	163	1.913	INSTITUT NATIONAL DE LA SANTE ET DE LA RECHERCHE MEDICALE INSERM	97	1.139
UNIVERSITY OF SYDNEY	161	1.89	UNIVERSITY OF BIRMINGHAM	96	1.127
UNIVERSITY OF MELBOURNE	152	1.784	UNIVERSITY OF CAMBRIDGE	94	1.103
UDICE FRENCH RESEARCH UNIVER-SITIES	142	1.667	UNIVERSITY OF COPENHAGEN	92	1.08
MONASH UNIVERSITY	140	1.643	MCMASTER UNIVERSITY	90	1.056

2. 学者

表 3 梳理了发文量排名前 10 的作者。发文量排名第一的 Sheikh Aziz 和第二的 Sugarman Jeremy 主要研究方向都是医学数据伦理领域。Sheikh Aziz 在《柳叶刀》上发表多篇文章，Sugarman Jeremy 发表的 *Ethics and Best Practice Guidelines for Training Experiences in Global Health*，*The limitations of "vulnerability" as a protection for human research participants*，被引频次均在 200 次以上，在学界有着较大影响力。Floridi Luciano 发表的人工智能伦理的相关文献也受到广泛关注，*The grand challenges of Science Robotics* 被引超过 400 次，*AI4People-An Ethical Framework for a Good AI Society：Opportunities*，

Risks，*Principles*，*and Recommendations* 被引超过 350 次。

表3 数据伦理研究作者发文数量统计

作　者	篇　数
Sheikh，Aziz	10
Sugarman，Jeremy	10
Rennie，Stuart	9
Braithwaite，Jeffrey	9
Floridi，Luciano	9
Caggiano，Valeria	7
Naqvi，Atta Abbas	7
Alzoubi，Karem H.	7
Balistreri，Alberto	7
Wiesik-Szewczyk，Ewa	7

(四)学科类别

通过对研究文献所属的学科梳理发现，排名前5的学科分别为普通内科、伦理学、公共环境及职业卫生、卫生保健及科学服务和教育及教育研究。数据伦理主要起源于医学中使用患者数据所带来的伦理问题，因此，医学相关学科占据主要地位。近年来，随着学术研究转向第四范式，数据改变了传统的社会科学研究范式，数据伦理问题也受到社会科学、信息科学与图书情报等研究领域的关注。

表4 数据伦理论文所属学科情况

类　别	篇数	类　别	篇数
Medicine General Internal	2187	Social Sciences Interdisciplinary	223
Ethics	679	Information Science & Library Science	195
Public Environmental Occupational Health	550	Environmental Sciences	191
Health Care Sciences Services	406	Communication	169
Education Educational Research	383	Social Issues	157

续表

类　　别	篇数	类　　别	篇数
Nursing	376	Multidisciplinary Sciences	156
Business	361	Computer Science Information Systems	149
Medical Ethics	325	Surgery	149
Management	304	Medicine Research Experimental	144
Social Sciences Biomedical	294	Psychology Multidisciplinary	133

（五）主题分析

表 5 梳理了出现频次排在前 30 位的高频关键词，并使用 VOSviewer 进行关键词聚类，对高频关键词进行可视化分析，以更直观的体现该领域的研究热点及相关关联。健康数据伦理是最受关注的研究方向，特别是近年来新冠（covid-19）疫情防控特殊时期，大数据在防控流行病（epidemiology）中发挥关键作用，但不合理地滥用数据也存在很大的风险（risk）和挑战（challenges）。这些研究视角在高频关键词中都有所体现。

表 5　　　　　　　　高频关键词（前 30）

排名	关键词	排名	关键词	排名	关键词
1	ethics	11	mental health	21	children
2	health	12	epidemiology	22	perceptions
3	management	13	performance	23	artificial intelligence
4	impact	14	validation	24	model
5	public health	15	prevalence	25	depression
6	care	16	attitudes	26	decision-making
7	qualitative research	17	education	27	challenges
8	covid-19	18	big data	28	validity
9	outcomes	19	behavior	29	research ethics
10	risk	20	privacy	30	quality

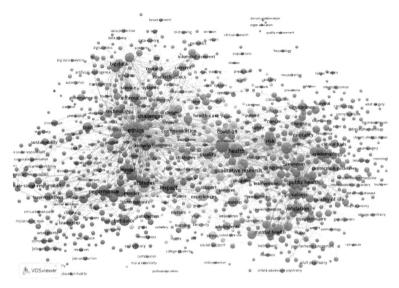

图 2　数据伦理关键词聚类图

三、海外数据伦理研究内容分析

国际上针对数据伦理已经展开了丰富的探索，研究范围较广，主体多样，涉及学科广泛。本研究在已有的研究成果基础上，根据对关键词的聚类分析，主要从数据伦理基础理论研究、数据伦理关键问题研究、生物医学数据伦理研究和数据伦理问题治理策略四大方面对海外数据伦理问题研究进展进行系统梳理和分析。

（一）数据伦理基础理论研究

1. 理论溯源

（1）伦理学

数据伦理是伦理学的一个新的分支，与技术伦理学、道德哲学、科技哲学等相关理论有密切关联，学者们对伦理学对数据伦理指导和建设作用已经进行了系统梳理。Vanacker 提出美德伦理可以比其他理论更好地作为全球数字伦理的指导框架，因为它的开放式、包罗万象的框架侧重于培养伦理，而不是专注于阐明基本的道德原则。① 在美德伦理的基础上，Bezuidenhout 提出了美德伦理与微观伦理结合学说，提出了数据微美德道德模型，将美德伦理对个人性格的强调与微观伦理的具体定位相结合，数据伦理的道德培训是帮助学生和从业者培养两种主要美德(即道德关注和适当扩展道德关注)的一种方式。②

关怀伦理学的核心理论是"关怀"，注重情感的共鸣以及他人的需求。Taylor 提出在面对如数据鸿沟这类数据伦理问题时，以关怀伦理学为基础可以更好地保护弱势群体的利益。护理伦理学是关怀伦理学的重要应用领域，护理伦理学更加注重将关怀范围扩大到社会各个群体，对不太明显的群体，即那些不太符合数据分析所依据的行为规范的人也进行覆盖。③

（2）解释学

解释学又称诠释学(Hermeneutics)，是一个解释和了解事物的哲学技术，其关键理念在于"人"的作用。数据伦理是对解释学的延伸，在传统的解释学中，收集世界数据及其随后的解释的活动都由人完成。在物质诠释学阶段，面对科学的扩展，人类需要技术设备来收集数据，尽管受到技术工具的限制，但人类仍然是这些数据的解释者。这些技术扩展了人类的分析能力。Moran-Reyes 认为在数据伦理中，人类作为数据解释中的主体发挥着关键作用，要充分发挥"人"的作用规范各方面的数据伦理。④

① Vanacker B. Virtue ethics, situationism and casuistry: toward a digital ethics beyond exemplars[J]. Journal of Information, Communication and Ethics in Society, 2021, 19(3): 345-357.

② Bezuidenhout L, Ratti E. What does it mean to embed ethics in data science? An integrative approach based on microethics and virtues[J]. AI & SOCIETY, 2021, 36: 939-953.

③ Taylor L. The price of certainty: How the politics of pandemic data demand an ethics of care[J]. Big Data & Society, 2020, 7(2).

④ Moran-Reyes A A. Towards an ethical framework about Big Data era: metaethical, normative ethical and hermeneutical approaches[J]. Heliyon, 2022, 8: 1-8.

2. 概念

虽然目前国际上尚未就"数据伦理"形成统一的概念，但诸多学者已经在研究中发表了自己的观点。Rogerson 认为数据伦理可以被定义为将数字技术和人类价值观的结合，数字技术应该推进人类价值观，而不是损害价值观。因此，数据伦理必须包括制定合适的政策，使得数字技术的使用符合伦理规范，并且具体行动也应该是经过仔细思考的，符合透明和合理原则，从而产生道德上可接受的数字技术产品和服务。① Floridi 认为数据伦理可以以两种方式理解，即硬性伦理和软性伦理。其中，硬性伦理是我们通常在制定新法规或挑战现有法规的过程中讨论价值观、权利、义务和责任时所想到的，或者更广泛地说，道德上是对的或错的，以及应该或不应该做什么。软性伦理是合规后的伦理，因为在这种情况下，"应该意味着可能"，软性伦理可以提供机会策略，使参与者能够利用数字技术的社会价值。这是能够识别和利用社会可接受或可取的新机会的优势，平衡任何预防原则和不遗漏可以和应该做的事情的义务，例如利用积累的大量数据或可用的智能代理形式。②

3. 临近概念

（1）算法伦理

算法伦理是指算法驱动的行动和决策的伦理影响，Tsamados 认为算法伦理主要有六个问题：确凿的证据导致不合理的行动；难以理解的证据导致不透明；误导性证据导致不必要的偏倚；导致歧视的不公平结果；变革性影响导致对自主性和信息隐私的挑战；可追溯性导致道德责任。③

（2）人工智能伦理

人工智能伦理是指特定任务配置人工智能系统所带来的道德问

---

① Rogerson S. Re-imagining the digital age through digital ethics［C］. Ethics and the Internet Webinar. The Jubilee Centre for Character and Virtues，2020：25-28.

② Floridi L. Soft Ethics and the Governance of the Digital. Philos［J］. Technol，2018，31：1-8.

③ Tsamados A，Aggarwal N，Cowls J，et al. The ethics of algorithms：key problems and solutions［J］. AI & SOCIETY，2022，37：215-230.

题，人工智能在数据的选择和准备，算法工具的选择和配置，以及根据中间结果微调不同的参数三个阶段存在不同的伦理问题。① 人工智能伦理的工作是由个人价值观和职业承诺构成的，它涉及通过数据和算法进行情境意义创造。② Kazim 提出人工智能伦理的原则为人的代理和监督、安全、隐私、透明度、公平和责任。③ 但目前，人工智能伦理大多数指导方针遵循广泛的技术官僚对伦理的理解，既没有定义他们采用的道德概念，也没有定义他们的基本道德框架。④ 现有研究中，Kazim 对人工智能伦理进行了全面的概述，⑤ Chuang 对人工智能伦理进行计量发现大多数研究人工智能和伦理的国家都是中高、高度发达国家。美国发表的论文和引用最多。⑥ Christoforaki 从历史角度出发，对人工智能伦理问题的产生、问题和解决方法进行了介绍，强调人工智能伦理的多学科性质。⑦

（3）计算机与信息伦理

信息伦理指在信息开发、信息传播、信息加工分析、信息管理和利用等方面的伦理要求、伦理准则、伦理规范，以及在此基础上

① Rochel J, Evéquoz F. Getting into the engine room: a blueprint to investigate the shadowy steps of AI ethics[J]. AI & SOCIETY, 2021, 36: 609-622.

② Slota S C, Fleischmann K R, Greenberg S, et al. Locating the work of artificial intelligence ethics[J]. Journal of the Association for Information Science and Technology, 2022: 1-12.

③ Kazim E, Koshiyama A. A High-Level Overview of AI Ethics[J]. Patterns, 2021, 2(9): 1-12.

④ Franzke A S. An exploratory qualitative analysis of AI ethics guidelines[J]. Journal of Information, Communication and Ethics in Society, 2022, 20(4): 401-423.

⑤ Kazim E, Koshiyama A. A High-Level Overview of AI Ethics[J]. Patterns, 2021, 2(9): 1-12.

⑥ Chuang C-W, Chang A, Chen M, et al. A Worldwide Bibliometric Analysis of Publications on Artificial Intelligence and Ethics in the Past Seven Decades[J]. Sustainability, 2022, 14(18): 11125.

⑦ Christoforaki M, Beyan O. AI Ethics—A Bird's Eye View[J]. Applied science, 2022, 12: 4130.

形成的新型的伦理关系①。信息伦理源于计算机伦理，将计算机伦理扩展到信息生命周期中的伦理问题。计算机与信息伦理的使命在于对可能的伦理问题进行概念分析，并推导出伦理正确的行为，这也为制定相关法律法规提供了线索。Häußler 认为在大数据时代，新出现的数据伦理问题的原因不在计算机与信息伦理中，而是在信息的处理和数据层面的不同抽象级别中。②

（4）机器人伦理

机器人伦理是指机器人与人类在生活中所发生的人与机器人之间、机器人与机器人之间、机器人与人类社会之间、机器人与自然之间关系处理的规范与原则。机器人技术的发展被定性为数字化的必要要素。该领域的最新进展广泛应用于我们的日常生活中。但人类与机器人之间伦理对话的原则还处于起步阶段。必须创建特殊的"机器人伦理学"来规范数字活动的这个微妙领域。③

（二）数据伦理关键问题研究

数据对社会各行业、各领域产生深刻的影响，随之产生的数据伦理问题也表现在多方面、多领域。不同学者使用不同方法，基于不同视角对数据伦理的关键问题进行研究，总结出不同类型的关键问题。Richardson 认为在大数据环境下，数据伦理问题伴随在整个数据生命周期，研究人员和从业者应该考虑有关个人隐私、数据准确性、数据产权、数据可及性等数据伦理问题。④ Weinhardt 认为

---

① 许剑颖. 论网络环境中的信息伦理问题及其对策[J]. 情报杂志，2004（1）：17-18.

② Häußler H. Data Ethics Frameworks：Werte und Machtstrukturen im Spannungsfeld von Technologie und moralischem Handeln［J］. Information：Wissenschaft & Praxis，2021，72(5-6)：291-298.

③ Noskov E，Shestakov A，Guryanova A. Digital Ethics As An Instrument For The Technological Challenges Regulation［J］. European Proceedings of Social and Behavioural Sciences，2019：251-262.

④ Richardson S M，Petter S，Carter M. Five Ethical Issues in the Big Data Analytics Age[J]. Communications of the Association for Information Systems，2021：49.

大数据还有一系列伦理问题需要考虑，其中包括记录和传播方法、数据和结果的必要性、匿名化和重新识别的问题，以及围绕大数据研究中利益相关者和制度化机构处理伦理问题的能力的问题。[①] Ryan 通过十个案例分析发现数据伦理问题主要体现在数据的控制、数据的可靠性、正义、经济问题、组织的作用和个人自由六个方面。[②] Christoforaki 提出伦理问题主要涉及数据的收集、管理、处理、算法的不透明性和结果的部署。数据收集和预处理阶段或算法设计中的偏见等问题导致了在执法、医疗保健、劳动力市场和金融服务等关键领域对弱势群体的歧视，以及隐私、安全和问责问题。[③] Häußler 使用费尔克拉夫的话语模型和话语分析模型，将其应用于数据伦理框架，将编码的单元分布在已识别的价值和价值冲突、当前话语和参与者之间。综合值列表可以确定数据伦理的价值观：人类福祉、预防伤害、正义、透明度、问责制、自主和隐私。[④] Mahieu 使用信息计量方法发现数据伦理研究集中在法律治理集群、医学伦理集群、商业道德集群、数据和信息安全集群。[⑤]

本研究根据关键词聚类和已有的研究成果，"个人隐私""数据滥用""数字鸿沟""科研数据伦理"近年来受到较多关注，本研究将对以上四个方面进行详细梳理。

---

① Weinhardt M. Big Data：Some Ethical Concerns for the Social Sciences[J]. Social Sciences，2021，10：36.

② Ryan M，Antoniou J，Brooks L，et al. Research and Practice of AI Ethics：A Case Study Approach Juxtaposing Academic Discourse with Organisational Reality[J]. Science and Engineering Ethics，2021，27：16.

③ Christoforaki M，Beyan O. AI Ethics—A Bird's Eye View[J]. Applied science，2022，12：4130.

④ Häußler H. Data Ethics Frameworks：Werte und Machtstrukturen im Spannungsfeld von Technologie und moralischem Handeln[J]. Information：Wissenschaft & Praxis，2021，72(5-6)：291-298.

⑤ Mahieu R，Eck N J，Putten D，et al. From dignity to security protocols：a scientometric analysis of digital ethics[J]. Ethics and Information Technology，2018，20：175-187.

1. 个人隐私

个人隐私，是指人们拥有个人信息非经许可他人不可使用的权利，这看似简单的权利在数字社会中却变得及其复杂，隐私也成为当前最重要的伦理议题。各个国家和地区也都出台系列法案来保障数字时代的个人隐私权，如欧盟《通用数据保护条例》(General Data Protection Regulation，GDPR)、《数据治理法》(Data Governance Act，DGA)、《数据法案》(Data Act)，美国出台《美国数据隐私和保护法案》(American Data Privacy and Protection Act，ADPPA)等。Ravn 以 Instagram 上的个人隐私条款为案例，提出不能因为数据发布在互联网平台就认为其不需要知情同意、是完全"公开可用"的，因为在目前的在线环境中，用户对"公共"和"私人"的界定并不明确，因此更要细致地了解用户的隐私需求，这才是公平的伦理。①

在大数据的分析应用中也存在个人隐私被侵犯的问题，尤其是利用个人数据深入分析进行决策的过程中，存在对个人信息、隐私的保护不到位问题。多名学者对不同数字情境下个人隐私受到威胁的案例进行了深入分析。Maria 提出学习分析(Learning analytics，LA)通过大数据对学生提出建议，在此过程中需要个性化数据，隐私是第三方使用数据的关键因素。通常，此类数据应受到国家数据和隐私法，特别是 GDPR 或其他道德行为准则的特定保护。②Afrashteh 认为，利用大数据分析预测客户行为的算法正在成为一种广泛的实践。这种决策方法是一把双刃剑，给企业带来收益的同时

① Ravn S, Barnwell A, Barbosa Neves B. What Is "Publicly Available Data"? Exploring Blurred Public-Private Boundaries and Ethical Practices Through a Case Study on Instagram[J]. Journal of Empirical Research on Human Research Ethics, 2020, 15 (1-2): 40-45.

② Rosa M J, Williams J, Claeys J, et al. Learning analytics and data ethics in performance data management: a benchlearning exercise involving six European universities[J]. Quality in Higher Education, 2022, 28(1): 65-81.

往往给用户带来负面后果，如歧视、去个性化和侵犯个人隐私。①
Neiva 表示，尽管大数据在刑事调查技术方面的应用很有潜力，但
同时它也带来了伦理和人权问题，作者认为，要在保障个人的权
利、自由与保障和促进公共安全之间找到平衡是很困难的。②

机器学习中的数据分析和数据驱动方法是在工业领域中最受欢
迎的计算技术之一，其中一个主要应用便是预测分析。但如果预测
分析用于预测有关单个个人的敏感信息，或根据许多无关个人提供
的数据而对个人进行差别化处理，那么就会来带严重的伦理问题，
这对数据道德和隐私监管提出了新的挑战。③ Molldrem 提出大数据
驱动的预测分析在公共卫生项目中的应用已经扩大，在艾滋病等疾
病的预测中涉及到大量个人健康数据，需要制定一系列监管框架、
道德规范和最佳实践来指导和监管实践，防止公共卫生数据重复使
用和泄露。④

2. 数据滥用

数据滥用是滥用数据分析所得到的信息，并进行一定的决策和
操作，数据滥用会导致不平等、不信任，甚至会危害国家安全和民
主公平等。⑤ 数据滥用主要出现在消费者数据中，消费者的数据被
商家分析、销售、传播，容易导致大数据杀熟等风险，如果涉及生
物基因等数据滥用，并在非法渠道传播，可能会危害国家安全。基
于消费者的数据集是数据经济公司的产品，这些公司汇集了数百万

---

① Afrashteh S, Someh I, Davern M. Explanations as Discourse: Towards
Ethical Big Data Analytics Services [J]. Australasian Journal of Information Systems,
2020, 24: 1-15.

② Laura N. O direito à privacidade no tempo do big data: narrativas profissionais
na União Europeia[J]. Revista Tecnologia e Sociedade, 2020, 16(45): 1-20.

③ Mühlhoff R. Predictive privacy: towards an applied ethics of data analytics
[J]. Ethics and Information Technology, 2021, 23: 675-690.

④ Molldrem S, Smith A K J, McClelland A. Predictive analytics in HIV
surveillance require new approaches to data ethics, rights, and regulation in public
health[J]. Critical Public Health, 2022.

⑤ The Guardian, https://go. nature. com/38r9rmy, 2022 年 11 月 29 日。

用户的个人记录，这些数据集被当做商品出售给公司或个人客户，可能用于营销、风险防范和身份搜索等，很多时候还被用于一些不透明的商业实践中，这些数据集庞大的规模和广泛的人口覆盖率加剧了伦理挑战。① Yallop 分析了在线旅游系统中防止数据滥用的措施，提出在旅游和酒店业中发布数据伦理框架，消费者能够自由选择共享和删除数据，防止个人数据被滥用，在保护消费者隐私权的基础上，使他们能够根据消费者选择提供的信息提供更加个性化和高效的服务，最终为消费者/旅行者带来巨大利益。②

3. 数字鸿沟

数字鸿沟是指在全球数字化进程中，不同国家、地区、行业、企业、社区之间，由于对信息、网络技术的拥有程度、应用程度以及创新能力的差别而造成的"信息落差"及贫富进一步两极分化的趋势。③ 在全球信息革命和知识时代，世界发展的不平衡性突出表现为日益扩大的"数字鸿沟"，这反映了全球信息资源和知识资源分布的严重不平等，构成了信息时代新的全球贫富差距。随着数字化转型的推进，图书馆、博物馆、档案馆这些传统的文化信息机构提供数字展品的能力可能会给数字鸿沟带来文化层面的影响，机构不但要考虑展品所提供的数字信息，更要兼顾公众如何选择、访问这些数字展品。④ 数字鸿沟不但影响人们获取、接收信息的公平性，还会对社会决策产生影响。由于对数据的获取和掌握能力差距大，在此基础上，有不少与发展相关的问题或者社会群体，其代表程度是偏低的，如果以这种数据作为决策的依据，那么就有可能对

---

① Stewart R. Big data and Belmont: On the ethics and research implications of consumer-based datasets[J]. Big Data & Society, 2021: 1-12.

② Yallop A C, Gică O A, Moisescu O I, et al. The digital traveller: implications for data ethics and data governance in tourism and hospitality[J]. Journal of Consumer Marketing, 2021.

③ 科学发展观百科词典[M]. 上海辞书出版社, 2007.

④ Mindel D. Ethics and digital collections: a selective overview of evolving complexities[J]. Documentation, 2022, 78(3): 546-563.

那些代表程度偏低的问题或人群造成不公。① Segkouli 研究发现，在 COVID-19 大流行期间，由于孤独、孤立、年龄歧视和医疗保健信息获取受限等心理风险，以至于在智能工作场所中，老年群体与年轻群体之间有较大数据鸿沟。② 在数据鸿沟的治理方面，基本的互联网接入并不是弥合不断变化的数字鸿沟的唯一解决方案。要缩小这一差距，需要提升公众对社会、文化、经济发展的认知的敏感性，这需要社会经济、信息基础设施、公众素养共同的支撑；③ 在进行相关决策时，需要使用由网络、智能移动设备、可穿戴传感器和人工智能技术支持的数字解决方案，根据所提供的行为数据，了解真实的数字需求，以提供符合伦理准则的服务，减少数字鸿沟对弱势群体的损害。

4. 科研数据伦理

目前，科学研究已经进入数据驱动的"第四范式"。互联网提供了一个促进研究的实践平台，它可以使研究者毫不费力的获取大量数据。④ 但不论是利用互联网收集的研究数据，还是通过互联网采集已存在的数据，其核心都是对数据的分析和挖掘，利用现有数据的分析实现对未来趋势的预测。研究者为追求数据获取的便捷性和研究效果很容易忽视在采集、分析，甚至使用数据进行预测时所伴随的伦理问题。互联网上并没有对"公共"与"隐私"的清晰界定。在处理网络数据时，数据在何种程度上被认为是存在于公共或是私有领域通常是存在争议的问题，一些学者认为这是影响网络研究中

① 林曦，郭苏建．算法不正义与大数据伦理［J］．社会科学，2020（08）：3-22.

② Segkouli S, Giakoumis D, Votis K, et al. Smart Workplaces for older adults：coping 'ethically' with technology pervasiveness［J］．Universal Access in the Information Society，2021.

③ Mindel D. Ethics and digital collections：a selective overview of evolving complexities［J］．Documentation，2022，78（3）：546-563.

④ Wu J J, Sun H Y, Tan Y. Social media research：A review［J］．Journal of Systems Science and Systems Engineering，2013，22（3）：257-282.

数据伦理的核心问题。① 科学研究中的数据伦理问题基本围绕尊重、隐私、匿名、最小伤害、知情同意等展开。② 研究人员在进行研究时经常使用各种工具和技术自动从网页上抓取数据，使用这些工具来收集数据的合法性和伦理规范性都不清晰，没有任何限制地抓取网页数据可能会面临严重的伦理争议。③ Hosseini 认为在大数据环境下，社会科学研究（social science research，SSR）中存在三大数据伦理问题：①数据解释存在偏见；②数据发布和重用存在复杂风险；③保护主体模糊以及伦理监管规范缺失。④ Johannes 尝试建立"行业学术合作的新模型"来解决这一复杂问题，他提出学术研究人员和拥有用户数据的私营公司之间应该建立某种形式的公私合作伙伴关系，还应找到受信任的第三方进行数据存档。⑤

（三）生物医学数据伦理问题

1. 生物医学数据伦理

医院在诊疗过程中，通过针对各个科室的特定应用，积累了长期的与特定疾病相关的临床监测数据，在运营过程中也得到了大量的数据积累。大量的数据能分析出疾病、症状以及实验数据的相关性，从而帮助临床人研究人员建立针对某一些典型疾病的预测模型。同时，随着移动互联网技术和穿戴式医疗设备的发展，通过各种穿戴式设备所获取的用户生命体征，也形成了大量的用户健康数据。通过对健康数据的分析，可以给用户提供更加个性化和有效的

---

① Convery I, Cox D. A Review of Research Ethics in Internet-Based Research [J]. Practitioner Research in Higher Education, 2012, 6(1): 50-57.

② Favaretto M, De Clercq E, Gaab J, et al. First do no harm: An exploration of researchers' ethics of conduct in Big Data behavioral studies[J]. PLoS ONE, 2020, 15(11): e0241865.

③ Krotov V, Johnson L, Silva L. Tutorial: Legality and Ethics of Web Scraping [J]. Communications of the Association for Information Systems, 2020, 47.

④ Hosseini M, Wieczorek M, Gordijn B. Ethical Issues in Social Science Research Employing Big Data[J]. Sci Eng Ethics, 2022, 28: 29.

⑤ Breuer J, Bishop L, Kinder-Kurlanda K. The practical and ethical challenges in acquiring and sharing digital trace data: Negotiating public-private partnerships[J]. New Media & Society, 2022, 22(11): 2058-2080.

治疗方案，而为了实现这一目标，医生、研究人员和政府机构必须尽可能地共享和链接更多的患者数据。Scheibner 等在研究欧盟健康数据共享的过程中，发现健康数据的共享存在障碍，主要表现在数据共享同意的要求、匿名化或假名化的标准以及司法管辖区之间保护的充分性。① Rubeis 研究发现，精神保健中的智能健康数据在提供更加个性化和有效的治疗方案方面具有巨大潜力，但同时也伴随着一些伦理挑战，这些主要是自治的矛盾心理，以及技术如何满足个体患者的需求并提供资源的问题，同时还有对个人数据隐私的威胁，以及数据依赖和偏见认知的风险。② Muhammed 提出生物和卫生系统中数据的伦理问题有五种，分别是个人获取数据权限的复杂性、基于商业和政治需求的二次数据共享、生物技术和合成生物学、生物医学设备、基因监测以及人工智能相关伦理问题。③ Kamal 研究发现医疗数据的使用过程中存在知情同意、隐私、数据所有权、客观性以及拥有分析大数据资源的个人与缺乏类似资源的个人之间存在分歧五大伦理困境。④

不少学者针对生物医学数据中的伦理困境也提出了解决策略，通用方法是设立研究伦理委员会，以用于评估生物医学伦理问题。⑤ 但在实践中，伦理委员会的发展也面临挑战，Ferretti 对瑞士

① Scheibner J, Ienca M, Kechagia S, et al. Data protection and ethics requirements for multisite research with health data: a comparative examination of legislative governance frameworks and the role of data protection technologies [J]. Journal of Law and the Biosciences, 2020, 7(1): 1-30.

② Rubeis G. iHealth: The ethics of artificial intelligence and big data in mental healthcare[J]. Internet Interventions, 2022, 28: 100518.

③ Karabekmez M E. Data Ethics in Digital Health and Genomics[J]. The new bioethics, 2021, 27(4): 320-333.

④ Althobaiti K. Surveillance in Next-Generation Personalized Healthcare: Science and Ethics of Data Analytics in Healthcare[J]. The New Bioethics, 2021, 27(4): 295-319,

⑤ Ferretti A, Ienca M, Sheehan M, et al. Ethics review of big data research: What should stay and what should be reformed? [J]. BMC Med Ethics, 2021, 22: 51.

的研究伦理委员会进行定性研究发现，目前大数据对研究伦理委员会提出了三大挑战，即大数据研究伦理审查缺乏具体的规范性标准；研究伦理委员会成员经验和专业知识不足；传统的用于评估生物医学研究的相关工具已经无法评估大数据环境下这些新颖和多变的风险。① 设置生物医学数据伦理评估清单能够为医院提供参考，帮助医院更好地规避数据伦理问题。Montague 等人的研究介绍了数据伦理团队为西雅图儿童医院制定的数据伦理评估清单，清单主要侧重于隐私、同意、偏见和透明度问题，用来评估数据项目是否可能涉及重大的伦理危害。同时，研究还指出，信息受托人应当了解新旧数据产品开发中固有的风险和潜在危害。② 除此之外，Pekka 还提出要针对健康数据制定道德上可接受的、注重隐私保护和值得信赖的数字健康信息系统（DHIS），通过设计以系统为导向、以架构为中心、基于本体、政策驱动的方法，以实现数字健康生态系统的构建。③ 在健康数据共享方面，需要通过建立数据传输协议和组织合作，旨在"提前加载"道德审批过程，以便后续研究协议标准化，提出分布式计算、安全多方计算和同态加密的技术解决方案。④

2. COVID-19 中的数据伦理

大数据分析技术在新冠疫情预测和密切接触者追踪方面产生了

---

① Ferretti A, Ienca M, Velarde M R, et al. The Challenges of Big Data for Research Ethics Committees: A Qualitative Swiss Study [J]. Journal of Empirical Research on Human Research Ethics, 2022, 17(1-2): 129-143.

② Montague E, Day T E, Barry D, et al. The case for information fiduciaries: The implementation of a data ethics checklist at Seattle Children's Hospital[J]. Journal of the American Medical Informatics Association, 2021, 28(3): 650-652.

③ Ruotsalainen P, Blobel B. Health Information Systems in the Digital Health Ecosystem—Problems and Solutions for Ethics, Trust and Privacy [J]. International Journal ofEnvironmental Researchand Public Health, 2020, 17(9): 3006.

④ Scheibner J, Ienca M, Kechagia S, et al. Data protection and ethics requirements for multisite research with health data: a comparative examination of legislative governance frameworks and the role of data protection technologies [J]. Journal of Law and the Biosciences, 2020, 7(1): 1-30.

至关重要的作用，如密切接触者追踪应用程序能够有效识别、定位密切接触者，在控制疫情和延缓蔓延速度方面发挥了重要作用。目前多个国家也推出使用了相关应用程序，比如中国的"健康码""行程卡"；美国的"暴露通知（Exposure Notification）"；新加坡的"合力追踪（Trace Together）"等。但是，大数据在疫情防控方面的应用也引发了人们对隐私保护、数字安全、社会公平等深层次问题的担忧。

新冠疫情的全球大流行扩大了对数据收集、使用和共享的需求，国家在使用公民个人数据的过程中也出现了一定的数据伦理问题。一些学者对国家危机管理中使用公民数据的合理性进行了探讨。Benjamin 认为在 COVID-19 大流行期间使用移动电话技术进行公共卫生监测在伦理上是合理的，但必须确保从公民手机收集的所有数据仅用于公共卫生目的。[①] 也有学者有不同的观点，Basu 认为在突发公共卫生事件中，政府的责任仅限于满足合理的个人需求，这一原则与密尔的经典伤害原则一致，即个人的"身体或道德利益"被认为能够在必要时被取代，以防止"对他人的伤害"，因此减少对数字隐私的担忧，在新冠疫情期间安装政府支持的应用程序进行接触者追踪是一种合法的公共卫生干预措施。[②]

大数据技术提高了疫情防控的效率，但在公民数据的使用上也存在诸多问题。主要包括采集、使用个人健康数据的合法性问题、知情同意、公共与私人之间的关系、安全、隐私等伦理和法律问题。[③] Boersma 认为密切接触者追踪应用程序属于数据监控，数字监控的激增使个人数据收集合法化和正常化，加强了贫困城市地区

① Anom B Y. The ethical dilemma of mobile phone data monitoring during COVID-19: The case for South Korea and the United States [J]. Journal of Public Health Research, 2022, 11(3): 1-10.

② Basu. Effective Contact Tracing for COVID-19 Using Mobile Phones: An Ethical Analysis of the Mandatory Use of the Aarogya Setu Application in India [J]. Cambridge Quarterly of Healthcare Ethics, 2021, 30(2): 262-271.

③ Flores L, Young S D. Ethical Considerations in the Application of Artificial Intelligence to Monitor Social Media for COVID-19 Data [J]. Minds & Machines, 2022.

的无家可归者和无证移民的隐形化，破坏了"信任和团结、代理、透明度以及公民的权利和价值观"。这种灾难的数据化为商业和政治的利益提取和个人数据利用提供了便利。① Clark 认为在政府应对危机、收集和处理有关人员的个人数据过程中，潜在危机、伦理原则甚至法律的紧迫性可能会被忽视，这会使数据主体受到不同意义上的伤害。数据保护作为一项法律义务和道德原则，在与那些面临危险事件的人的生存相权衡时，就会被剥夺。② Xiong 对比了中国和新加坡的接触者追踪应用程序后发现，隐私政策中存在五个潜在问题：个人信息收集广泛、处理目的多、存储时间不确定、隐私政策内容模糊、知情同意无效。③

　　针对新冠疫情期间面临的数据伦理问题，需要从政策方针、专家和专业机构、基础设施建设和国际合作多个方面采取措施，使数据能更好地服务于疫情防控。在政策层面，需要制定一个更全面、更具体的数据伦理框架来支持利用大数据对传染病监测。④ 在这一特殊时期，应该利用大数据来表达社会关怀，通过数据来查找一些弱势群体，如流动的工人、无证工人、养老院的老年人等，进而满足他们的需求，询问人们需要什么以及他们之间的关系如何，这种方法更适合应对新冠肺炎疫情，而不是功利主义地计算每个国家应

---

　　①　Boersma K, Büscher M, Fonio C. Crisis management, surveillance, and digital ethics in the COVID-19 era Kees Boersma, Monika Büscher, Chiara Fonio[J]. Journal of CONTINGENCIES AND CRISls MANAGEMENT, 2022.

　　②　Clark N, Albris K. In the Interest(s) of Many: Governing Data in Crises [J]. Politics and Governance, 2020, 8(4): 421-431.

　　③　Xiong B, Lin F. How to Balance Governance Efficiency and Privacy Protection? A Textual Analysis of the Privacy Policies of the COVID-19 Contact-Tracing App in China and Singapore [J]. INTERNATIONAL JOURNAL OF CHINESE & COMPARATIVE PHILOSOPHY OF MEDICINE, 2020, 18(01): 113-143.

　　④　Zhao I Y, Ma Y X, Yu M W C, et al. Ethics, Integrity, and Retributions of Digital Detection Surveillance Systems for Infectious Diseases: Systematic Literature Review[J]. Med Internet Res, 2021, 23(10): e32328.

该因疾病失去多少人。① 在专家和专业机构层面，数据治理需要协调公共利益和个人权利，并应平衡治理效率和数据伦理。使用跨机构的数字工具进行 COVID-19 社交媒体数据研究中调查人员和伦理委员会在确保研究人员遵守尊重人、仁慈和正义的道德原则方面发挥着作用，在推动科学发展的同时确保公共安全，增强公众对这一过程的信心。② 在基础设施建设方面，Sharma 构建了一个在参与式流行病学数据处理中建立问责制的基础设施 Lohpi，通过允许机构在其托管服务器上托管数据的方式来应对数据所有权的挑战，在新冠肺炎疫情防控中保护个人敏感信息。③ 在国际合作方面，各国必须努力团结起来，就网络安全、隐私和人工智能治理的最低标准和规则达成协议。④ 只有公平、包容地参与过程阐明（跨）国家数据治理政策的基本价值观及其对人工智能发展的影响，并相应地设定优先事项，医疗保健领域的"人工智能革命"才能充分发挥其潜力。⑤

（四）数据伦理问题治理策略

1. 政策及发展战略

近年来，在世界上主要发达国家中有关"数字化"的观点呈指数级增长，对伦理层面有很强的前瞻意识，发布多项战略、计划，颁布相关政策，强调在大数据环境下，发挥数据价值的同时，也要保障个人权利，关注数据权属、数据安全、数据鸿沟等问题。本部

---

① Taylor L. The price of certainty：How the politics of pandemic data demand an ethics of care[J]. Big Data & Society, 2020, 7（2）.

② Flores L, Young S D. Ethical Considerations in the Application of Artificial Intelligence to Monitor Social Media for COVID 19 Data[J]. Minds & Machines, 2022.

③ Sharma A, Nilsen T B, Czerwinska K P, et al. Up-to-the-Minute Privacy Policies via Gossips in Participatory Epidemiological Studies[J]. Front Big Data, 2021, 4：624424.

④ Véliz C. Privacy and digital ethics after the pandemic[J]. Nat Electron, 2021, 4：10-11.

⑤ Bak M, Madai V I, Fritzsche M, et al. You Can't Have AI Both Ways：Balancing Health Data Privacy and Access Fairly[J]. Frontiers in Genetics, 2022, 13：929453.

分系统梳理欧盟和美国与数据伦理有关的相关政策及发展战略，以期为我国相关政策法规的制定提供参考。

（1）欧盟

2013 年 2 月，欧盟委员会发布了欧洲网络安全战略《一个开放、安全、可靠的网络空间》（An open，safe and secure Cyberspace），① 其中强调欧洲当局应该关注网络空间中需要保护的基本权利——民主与法治，欧盟必须促进"网上自由"，并确保"尊重在线基本权利"，这可以通过授权访问权限、建立民主和有效的多主体治理体系以及责任分担来实现。

2013 年 3 月，欧盟委员会创立了数字技能与就业联盟（The Digital Skills and Jobs Coalition），② 该机构计划旨在提升所有人的数字技能，弥合数字鸿沟，使所有公民都能参与到数字社会；提升劳动力的数字职业技能，加强职业建议和就业指导；提升 ICT 专业人员高水平的职业技能；转变数字技能的教育体系，建立终身学习体系。该计划能有效提高欧盟公民的数字素养，有效弥合数据鸿沟。

2015 年 11 月，欧洲数据保护主管撰写了 7/2015 号意见，③ 就大数据本身的风险和挑战展开了讨论，呼吁加强透明度、用户控制和数据保护，还强调对大数据的开发利用必须依赖 4 要素：组织必须利用更透明的方式来处理个人数据；用户能更好地掌控个人数据；在产品和服务中设计更友好的数据保护；担负起对数据开发利用的责任。

2016 年 4 月，欧洲议会投票通过了商讨了四年的《通用数据保护条例》（General Data Protection Regulation），④ 于 2018 年 5 月 25

① An open，safe and secure Cyberspace，https：//ec. europa. eu/home-affairs/what-is-new/news/news/2013/20130207_01_en，2022 年 11 月 24 日。

② The Digital Skills and Jobs Coalition，https：//ec. europa. eu/digital-single-market/en/digital-skills-jobs-coalition，2022 年 11 月 24 日。

③ Opinion 7/25 Meeting the challenges of big data，https：//edps. europa. eu/sites/edp/files/publication/15-11-19_big_data_en. pdf，2022 年 11 月 20 日。

④ General Data Protection Regulation，https：//gdpr-info. eu/，2022 年 11 月 20 日。

日正式实施。这个被称为欧盟最严格的数据保护法案强调个人数据权利，不再将"个人权利"作为数据保护原则的一条，而是运用一整章单独规范，确立了包括知悉权、访问权、整改权、擦除权等在内的8项个人权利，使人们能够更有效地控制自己的数据。

2016年5月，欧盟法律事务委员会(CLA)向欧盟委员会提交了《欧盟机器人民事法律规则》，对基于人工智能控制的机器人，提出其使用的责任归属、伦理规则及对人类自身和财产的伤害赔偿等监管原则，① 标志着欧盟对人工智能伦理初步探索的开始。

2017年欧盟委员会提出《电子隐私条例》(E-Privacy Regulation)，其加强电子通信服务中用户隐私保护，为欧盟电子通信创建了单一的数据保护标准。②

2018年3月，欧洲政治战略中心发布《人工智能时代：确立以人为本的欧洲战略》(The Age ofArtificial Intelligence：Towards a European Strategy for Human-Centric Machines) 报告，该报告针对人工智能发展过程中劳动者被替代和人工智能偏见等问题提出了应对策略，强调应引导技术开发朝以人为本、赋予消费者更大权力的方向发展，使其成为人工智能和未来社会发展的普遍原则。③

2018年12月，欧盟委员会发布《促进人工智能在欧洲发展和应用的协调行动计划》(Coordinated Plan on the Development and Use of Artificial Intelligence Made in Europe)，提出通过设计使人工智能符合伦理和安全的方针，强调通过以人为本的方式促进欧洲人工智

---

① Committee on Legal Affairs. European Civil Law Rules in Robotics，https：// www. europarl. europa. eu/RegData/etudes/STUD/2016/571379/IPOL _ STU （2016） 571379_EN. pdf，2022 年 11 月 22 日。

② Proposal for an e-Privacy Regulation，https：//digital-strategy. ec. europa. eu/en/policies/eprivacy-regulation，2022 年 11 月 20 日。

③ The Age of Artificial Intelligence：Towards a European Strategy for Human-Centric Machines，https：//www. oecd-forum. org/posts/31793-the-age-of-artificial-intelligence-towards-a-european-strategy-for-human-centric-machines，2022 年 11 月 20 日。

能技术发展。①

2019 年 4 月 8 日，欧洲委员会人工智能高级专家组（High Level Group on Artificial Intelligence，AI HLEG）发布了《值得信赖的人工智能伦理准则》（Ethics Guidenelines for Trustworthy AI），旨在最大限度地发挥人工智能作用，同时最大程度地降低风险。其中规定，AI 系统开发利用中应坚持下列原则：有益（do good）、无害（do no harm）、保持人的能动性（preserve human agency）、公平（be fair）以及透明操作（operate transparently）。②

2020 年 2 月，欧盟委员会发布《人工智能白皮书》（White Paper on Artificial Intelligence），在充分尊重公民价值观和权利的情况下，完成人工智能可信赖及安全发展的政策选择，如建立卓越、可信的生态系统等。③

2021 年 4 月，欧盟委员会发布《人工智能法案》（Artificial Intelligence Act）将加强伦理道德审核，该法案将有效规范人工智能和机器学习技术在所有行业的使用，从风险视角监控人工智能，将人工智能风险分为：不可接受风险、高风险、有限风险和极小风险，其中对于高风险及以上的人工智能系统应建立、实施、记录和维护与其相关风险管理系统、投入使用前的技术文件、自然人有效地监督、设计和开发方式保障适当的准确性、鲁棒性和网络安全性等要求，以防范或化解隐藏的数据与技术风险。④

---

① Coordinated Plan on the Development and Use of Artificial Intelligence Made in Europe-2018, https：//knowledge4policy. ec. europa. eu/publication/coordinated-plan-artificial-intelligence-com2018-795-final_en，2022 年 11 月 24 日。

② Ethics Guidenelines for Trustworthy AI，https：//www. ai. bsa. org/wp-content/uploads/2019/09/AIHLEG_EthicsGuidelinesforTrustworthyAI-ENpdf. pdf，2022 年 11 月 26 日。

③ White Paper on Artificial Intelligence，https：//www. europarl. europa. eu/RegData/etudes/BRIE/2020/648773/IPOL_BRI（2020）648773_EN. pdf，2022 年 11 月 25 日。

④ Artificial intelligence act，https：//www. europarl. europa. eu/RegData/etudes/BRIE/2021/694212/EPRS_BRI（2021）694212_EN. pdf，2022 年 11 月 20 日。

2021 年 12 月，欧洲议会研究服务机构发布《个人识别、人权和道德伦理原则—反思人工智能时代的生物识别技术》，该报告探讨了生物识别技术的发展对个人基本权利的影响，并针对这些影响在欧盟层面提出相关的政策选择，同时指出目前没有专门针对生物识别技术的欧洲立法，需要制定能够保证人工智能系统的公平性、透明性和问责制的监管框架等。①

2022 年 2 月，欧盟委员会公布了《数据法：关于公平访问和使用数据的统一规则的法规提案》（Data Act：Proposal for a Regulation on harmonised rules on fair access to and use of data），该提案规定了公共机构访问条件、国际数据传输、云交换和互操作性等一系列数据共享新规则，提案要求微软等科技巨头分享更多数据，且个人或组织将有权访问其生成的数据。②

（2）美国

2012 年 2 月，美国总统奥巴马签署美国白宫发布的工作报告《网络环境下消费者数据的隐私保护——在全球数字经济背景下保护隐私和促进创新的政策框架》（Consumer Data Privacy in A Networked World：A Framework for Protecting Privacy and Promoting Innovation in the Global Digital Economy）。该报告正式提出《消费者隐私权利法案》（Consumer Privacy Bill of Rights），其中强调了数据的"个人控制"，消费者有权控制企业对个人信息的收集和使用，消费者也有权对授权进行撤销；强调数据使用的透明度，消费者有权获取有关隐私及安全保障的信息；强调情境一致，消费者有权期

---

① Person identification, human rights and ethical principles：Rethinking biometrics in the era of artificial intelligence, https：//www. europarl. europa. eu/RegData/etudes/STUD/2021/697191/EPRS_STU（2021）697191_EN. pdf，2022 年 11 月 26 日。

② Data Act：Proposal for a Regulation on harmonised rules on fair access to and use of data, https：//digital-strategy. ec. europa. eu/en/library/data-act-proposal-regulation-harmonised-rules-fair-access-and-use-data，2022 年 2 月 26 日。

望信息收集、利用的方式与自己提供该信息的情境相一致。①

2014 年 5 月，美国总统执行办公室发布了大数据白皮书——《大数据：把握机遇，守护价值》（Big Data：Seize Opportunities，Preserving Values），其中表示保证数据的安全是当务之急，"告知与同意"框架已经不能满足隐私权的保护需要，需要重新关注数据的使用一端而非采集一端，使数据的采集者和使用者对数据的管理及可能产生的危害负责。②

2017 年 12 月，美国国会通过《人工智能的未来法案》，该法案成立了一个联邦咨询委员会，以审查和应对新兴人工智能技术在美国的影响，并负责企业和政府关于维护美国人工智能全球竞争力、个人隐私保护等提出建议。③

2019 年 2 月，美国总统行政办公室（EOP）发布《保持美国在人工智能领域的领导地位》的行政命令，强调与工业界，学术界，国际合作伙伴和盟友以及其他非联邦实体合作，减少使用人工智能技术促进其创新应用的障碍，同时保护美国技术、经济和国家安全、公民自由、隐私和价值观等。④

2019 年 6 月，美国科技委员会（ATC）发布更新后的《国家人工智能研究与发展战略规划》，在战略目标方面，分别将确保人工智能系统的安全与保障、理解与解决人工智能的伦理、法律和社会影响列为八大战略之一，研究符合安全和伦理的人工智能。⑤

2019 年 10 月，美国国防部发布《人工智能原则：国防部应用

---

① Consumer Privacy Bill of Rights，https：//epic. org/privacy/white _ house _ consumer_privacy_. html，2022 年 11 月 20 日。

② Big Data：Seize Opportunities，Preserving Values，2014 年 5 月。

③ The future of AI act，https：//www.congress. gov/bill/116th- congress/senate-bill/3771，2022 年 22 月 26 日。

④ Maintaining American Leadership in Artificial Intelligence，https：//public-inspection. federalregister. gov/2019-02544. pdf，2022 年 11 月 26 日。

⑤ The National AI R&D Strategic Plan：2019 Update，https：//www. nitrd. gov/pubs/National-AI-RD-Strategy-2019. pdf，2022 年 11 月 26 日。

人工智能伦理建议》,① 提出"负责任、公平性、可追溯性、可靠性、可控性"五项人工智能使用的道德原则，此后 2022 年 6 月美国国防部发布《国防部负责任人工智能战略和实施路径》,② 其从 AI 产品全生命周期化解日益凸显的伦理问题。

2020 年 1 月，进一步阐明政府对当今社会多种形式的人工智能技术及应用的监管和非监管方法，美国白宫管理预算办公室提出《人工智能应用监管指南》，将安全保障作为指南中的关键原则之一，要求机构应促进安全、可靠、按预期运行的人工智能系统的发展，并鼓励在整个人工智能设计、开发、部署和操作过程中考虑安全问题。③

2020 年 8 月，美国发布《促进联邦政府使用可信赖的人工智能》行政命令，提出联邦机构指导 AI 设计、开发、获取和使用的 9 种通用原则，这些原则强调联邦机构使用 AI 必须合法；有目的且以绩效为导向；准确、可靠和有效；安全、有保障和有兼容性；可追溯；定期监测；透明性等。④

2021 年 3 月，《信息透明度和个人数据控制法》要求联邦贸易委员会出台敏感个人信息相关法规，要求组织必须在处理敏感个人

---

① AI Principles: Recommendations on the Ethical Use of Artificial Intelligence by the Department of Defense, https://media. defense. gov/2019/Oct/31/2002204458/-1/-1/0/DIB_AI_PRINCIPLES_PRIMARY_DOCUMENT. PDF, 2022 年 11 月 26 日。

② U. S. Department of Defense Responsible Artificial Intelligence Strategy and Implementation Pathway, https://media. defense. gov/2022/Jun/22/2003022604/-1/-1/0/Department-of-Defense-Responsible-Artificial-Intelligence-Strategy-and-Implementation-Pathway. PDF, 2022 年 11 月 26 日。

③ Guidance for Regulation of Artificial Intelligence Applications, https://www. whitehouse. gov/wp-content/uploads/2020/01/Draft-OMB-Memo-on-Regulation-of-AI-1-7-19. pdf, 2022 年 11 月 26 日。

④ Promoting the Use of Trustworthy Artificial Intelligence in the Federal Governmen, https://www. federalregister. gov/documents/2020/12/08/2020-27065/promoting-the-use-of-trustworthy-artificial-intelligence-in-the-federal-government. https://www. justice. gov/opcl, 2020 年 12 月 8 日。

数据之前获得用户同意。①

2021 年 4 月，参议院提出《消费者数据隐私和安全法》，旨在保护消费者隐私，在收集和处理个人数据、知情权、个人控制、安全性及问责制方面做出具体规定，如禁止在未经消费者知情同意的情况下收集和处理其数据等。②

2021 年 6 月，《数据保护法》要求设立独立的联邦数据保护局，专门负责管理个人高风险数据的处理和使用。③ 2021 年 7 月，《安全数据法》的发布，旨在为消费者建立隐私和数据安全保护，在消费者数据权，数据透明度、完整性和安全性，企业责任及执法当局和新程序四个方面做出了具体规定。④

2021 年 12 月，美国国家标准与技术研究所发布《AI 风险管理框架概念文件》，旨在帮助指导人工智能风险管理框架的开发，以解决人工智能产品、服务和系统的设计、开发、使用和评估过程中会引发的安全风险，包括国际竞争，冲击就业格局，威胁政治安全，影响个人隐私数据安全及技术方面的不可预测性、大规模破坏和不可解释性风险。⑤

2022 年 6 月，《数据隐私和保护法（草案）》发布，旨在创建一个全面的联邦消费者隐私框架，包括规定收集、处理、向第三方传输个人敏感数据必须取得个人同意；禁止向未满 17 岁的个人投放

---

① Information Transparency & Personal Data Control Act, https：//www. congress. gov/bill/117th-congress/house-bill/1816/text，2022 年 11 月 26 日。

② Consumer Data Privacy and Security Act of 2021, https：//www. congress. gov/117/bills/s1494/BILLS-117s1494is. pdf，2022 年 11 月 26 日。

③ Data Protection Act of 2021, https：//www. congress. gov/117/bills/s2134/BILLS-117s2134is. pdf，2022 年 2 月 26 日。

④ SAFE DATA Act, https：//www. congress. gov/117/bills/s2499/BILLS-117s2499is. pdf，2022 年 11 月 26 日。

⑤ AI Risk Management Framework Concept Paper, https：//www. nist. gov/system/files/documents/2021/12/14/AI%20RMF%20Concept%20Paper_13Dec2021_posted. pdf，2022 年 11 月 26 日。

定向广告；受管辖实体不得以歧视性方式收集、处理或传输受保护数据等情况。①

2. 数据伦理治理策略理论及技术探索

在研究领域，不少学者已经探索提出相关理论、方法、工具，为数据伦理的治理提供参考。要以数据保护立法为基础，将案例研究、观察到的用户行为和决策过程相结合，制定应用于数字和前沿技术的简洁、用户友好的道德框架。② Barabas 提出要探索"拒绝"作为边界设置，即拒绝通常在数据密集型工作中遇到的默认的问题和假设。"拒绝"不但可以作为一种抵抗方式，也可以用来"重新调整边界"。③ Lund 表示信息科学的跨学科性质使研究人员能够很好地运用人文视角来对抗数据偏见，并运用规范的方式实施数据的收集、存储和使用过程。④ Vanacker 提出基于美德伦理框架的因果论方法在理论上可能非常适合解决与新兴技术和一般研究伦理相关的伦理问题。⑤ Shilton 提出要将民族志研究法应用于数据伦理研究中，研究人员和支持普及数据研究的专业组织都可以为更值得信赖的研究社区做出贡献，为值得信赖的普遍数据研究制定专业规

---

① American Data Privacy and Protection Act，https：//energycommerce. house. gov/sites/democrats. energycommerce. house. gov/files/documents/Bipartisan _ Privacy _ Discussion_Draft_Bill_Text. pdf，2022 年 11 月 26 日。

② Ibiricu B，Made M L. Ethics by design：a code of ethics for the digital age [J]. Records Management Journal，2020，30(3)：395-414.

③ Barabas C. Refusal in Data Ethics：Re-Imagining the Code Beneath the Code of Computation in the Carceral State[J]. Engaging Science，Technology，and Society，2022，8(2)：35-57.

④ Lund B，Wang T. What does information science offer for data science research?：A review of data and information ethics literature[J]. Journal of Data and Information Science，2022.

⑤ Vanacker B. Virtue ethics，situationism and casuistry：toward a digital ethics beyond exemplars[J]. Journal of Information，Communication and Ethics in Society，2021，19(3)：345-357.

范和准则。① Lam 提出使用德尔菲法构建数据伦理体系，邀请外科、伦理与法律、政策、人工智能和工业领域的专家就"伦理""数据治理""障碍""未来的研究目标"问题表达意见，最终共同起草数据伦理共识文件。② Wehrens 提出在数据伦理治理中使用以下三种框架：一是数据伦理作为"平衡行为"，在经济价值（如创新能力）、公共价值（如隐私和数据保护）、专业价值（如提供良好的护理）、科学价值（如知识开发、学习）和法律价值（如数据完整性）之间找到平衡；二是数据伦理作为技术"修复"，用数据伦理以实现更好的技术解决方案，制定适当的法律原则和框架；三是伦理作为"集体思维过程"，将数据伦理的使用与公民的知情权联系起来，突出了伦理在"集体"方面的属性。③ Stahl 表示，研究人员在考虑大数据伦理问题时通常是使用"隐私""准确性""财产"和"可访问性"（PAPA）这一框架，但他建议要将这一框架扩展到"利益相关者"（stakeholders），这其中就包含了个人、组织或社会，即从原来PAPA 框架扩展到 PAPAS 框架。④ Öhman 提出要制定新的数据保护机制，数据控制者制定新的监管义务，以尽量减少系统和个人损害。⑤ Mantelero 针对人工智能数据密集型系统产生的伦理挑战提出

① Shilton K, Moss E, Gilbert S A, et al. Excavating Awareness and Power in Data Science：A Manifesto for Trustworthy Pervasive Data Research[J]. Big Data & Society, 2021, 8(2).

② Lam K, Iqbal F M, Purkayastha S, et al. Investigating the Ethical and Data Governance Issues of Artificial Intelligence in Surgery：Protocol for a Delphi Study[J]. JMIR Res Protoc, 2021, 10(2)：e26552.

③ Wehrens R, Stevens M, Kostenzer J, et al. Ethics as Discursive Work：The Role of Ethical Framing in the Promissory Future of Data-driven Healthcare Technologies [J]. Science, Technology, & Human Values, 2021：1-29.

④ Stahl B C. From PAPA to PAPAS and Beyond：Dealing with Ethics in Big Data, AI and other Emerging Technologies[J]. Communications of the Association for Information Systems, 2021, 49.

⑤ Öhman C, Aggarwal N. What if Facebook goes down? Ethical and legal considerations for the demise of big tech[J]. Internet Policy Review, 2020, 9 (3).

了人权影响评估（HRIA）的方法和模型。该方法和相关评估模型侧重于人工智能的应用伦理，该模型提供了一种更可衡量的风险评估方法，这与以风险阈值为中心的监管建议一致。①

在数据伦理规范制定过程中也要发挥专家和专业机构的力量。设立伦理委员会，由伦理委员会给出专业意见，对数据伦理进行指导和规范。可以适当地裁决和调整敏感但重要的研究项目，从而提高研究能力和成果。② Novak 提出要发挥数据专家的平衡作用，包括动机和能力、对数据伦理的责任感以及影响大数据问题的可能性和手段。③ Nina 介绍了由布里斯托大学的教职员工和学生主持的数据伦理俱乐部，多学科背景的不同领域专家针对数据伦理的困境与实践展开跨学科讨论。④ Kuc-Czarnecka 通过信息计量发现，在大数据中，需要增加微观和宏观经济、政治和社会学分析相关的伦理问题的研究。⑤ Utts 提出统计学家应当在一般数据问题、研究规划、分析阶段和结果四个方面给出伦理报告，在与研究团队合作时列出应解决的一些与道德数据相关的问题的列表。⑥ Benjamin 提出要授权专家确定是简单的数据聚合安全港规则的更好替代方案，建议监管机构如何在公用事业客户数据规则的有用性和隐私性之间取

① Mantelero A, Esposito M S. An evidence-based methodology for human rights impact assessment（HRIA）in the development of AI data-intensive systems［J］. ScienceDirect, 2021, 41: 1-35.

② Winter C, Gundur R V. Challenges in gaining ethical approval for sensitive digital social science studies［J］. International Journal of Social Research Methodology, 2022.

③ Novak R, Pavlicek A. Data Experts as the Balancing Power of Big Data Ethics［J］. Information, 2021, 12(3): 97.

④ Cara N H D, Zelenka N, Day H, et al. Data Ethics Club: Creating a collaborative space to discuss data ethics［J］. Patterns, 2022, 3(7): 1-7.

⑤ Kuc-Czarnecka M, Olczyk M. How ethics combine with big data: a bibliometric analysis［J］. Humanit Soc Sci Commun, 2020, 7, 137.

⑥ Utts J. Enhancing Data Science Ethics Through Statistical Education and Practice［J］. International Statistical Review, 2021, 89: 1-17.

得可行且可接受的平衡。① Neiva 提出采用基于访谈内容分析的定性方法，采访参与基因数据跨国共享的专业人士、法医遗传学家和来自不同领域的利益相关者对将大数据纳入跨国刑事调查的期望，使得能够从专业视角了解大数据作为刑事调查技术潜力的含义和意义。②

3. 加强数据伦理教育

早在 2016 年 6 月，欧盟社会经济委员会（European Social and Economic Committee，EESC）就启动了大数据伦理调查，其中明确提出要"构建大数据时代的数字教育体系"。③ 这一举措旨在在欧洲建立更广泛的数字文化，使欧洲公民对大数据有更深入的理解，使其明白大数据如何在生命周期内与欧洲公民互动并影响到每个人。为提升这一意识，要针对不同年龄段人群设计教育计划。小学至高中主要以介绍大数据为主，包括大数据基本概念，什么是数字身份，如何收集数据，怎样避免过度泄露个人隐私等。大学学位教育主要以培养相关专业人才为主，通过系统学习，创建和使用大数据的伦理学方法。在社区中，按照不同年龄层，特别是针对老年人的需求，举办不同的专题，提升居民的数字化技能。数字教育体系的构建能够有效提高欧洲公民的数字素养，缩小数字鸿沟，也能够对大数据环境有更清晰的认知，对网络环境所提供的信息有更理性的认知。另外，也能对当今"享受数字服务可能需要牺牲部分隐私"这一风险有一定预判，以增加人们对新技术的接受度和信任度。从长期看，大数据伦理意识的培养，使人们有意识地在伦理框架下收集、利用数据，也有助于数字社会的健康发展。

---

① Ruddell B L, Cheng D, Fournier E D, et al. Guidance on the usability-privacy tradeoff for utility customer data aggregation[J]. Utilities Policy, 2020, 67: 1-14.

② Neiva L. O direito à privacidade no tempo do big data: narrativas profissionais na União Europeia[J]. Revista Tecnologia e Sociedade, 2020, 16(45): 1-20.

③ The ethics of Big Data: Balancing economic benefits and ethical questions of Big Data in the EU Policy context, https: //www. eesc. europa. eu/en/our-work/publications-other-work/publications/ethics-big-data, 2022 年 11 月 27 日。

近年来，数据伦理教育在实践中也得到了逐步推进，Bezuidenhout 介绍了为 CODATA-RDA 研究数据科学学院开发的短期课程中教授数据伦理的新方法。这些学校的伦理内容以开放和负责任的（数据）科学公民的概念为中心，利用美德伦理来促进实践伦理。这种多层次的方法使学生能够理解"负责任和开放的（数据）科学公民"，以及如何在家庭环境中的日常研究实践中实施这些责任。这种方法成功地在日常数据科学实践中定位了道德规范，并让学生看到小行动如何转化为更大的道德问题。① Tang 开发了基于以用户为导向的设计方法和道德素养框架，用于不同能力水平的学生的不同课程和课外活动，以提高他们识别和分析与处理研究数据相关的道德问题的能力。② Lewis 提出教授负责任的数据科学，应该建立跨学科框架，以理解透明度、可解释性和其他相关概念，课程板块包括：数据科学生命周期、数据分析和清理；算法公平性和多样性；隐私和数据保护；透明度和可解释性；道德、法律和监管框架。③

四、趋势总结与分析

大数据时代，数据的采集、利用方式较以往发生了巨大变化，大数据技术是一种全新的信息技术，其中所伴随的数据伦理问题也都是全新的问题，这给传统的法律规范、伦理道德带来了挑战，传统的隐私保护方式在大数据时代也基本失效。在大力发展信息技术，享受数据资源带来的便利和价值的同时，必须高度重视可能存

① Bezuidenhout L, Quick R, Shanahan H. "Ethics When You Least Expect It": A Modular Approach to Short Course Data Ethics Instruction [J]. Science and Engineering Ethics, 2020, 26: 2189-2213.

② Tang X, Mendieta E, Litzinger T A. Developing an Online Data Ethics Module Informed by an Ecology of Data Perspective [J]. Science and Engineering Ethics, 2022, 28: 1-21.

③ Lewis A, Stoyanovich J. Teaching Responsible Data Science: Charting New Pedagogical Territory[J]. International Journal of Artificial Intelligence in Education, 2022, 32: 783-807.

在的社会风险和伦理挑战，加强针对"科技伦理""数据伦理""技术伦理"的研究。数据伦理的研究旨在揭示数据驱动环境下所面临的伦理难题，为技术的发展厘清障碍，同时为技术发展提供价值指引，确保技术在造福人类的轨道上发展。

随着互联网、大数据与人工智能对人类社会影响的普遍化，伦理问题不再只是寓于哲学伦理学圈内的议题，已经成为政界、业界、学界和公众高度关注的公共话题，也需要运用交叉学科的理论和方法来探索这些问题。本报告通过对前沿文献和国际政策的梳理发现，目前有关数据伦理的研究涉及学科广泛，包括哲学、法学、生物医学、信息科学等多学科领域。生物医学数据伦理一直受到广泛关注，特别是当前新冠疫情特殊阶段，防治公共卫生事件中的运用大数据进行定位、追踪、预测而带来了伦理问题也成为学界关注的热点。

数据价值的发挥不应该以伦理的丧失为代价，要有效平衡数据效益与伦理。发达国家在数据伦理政策规范的制定上也走在国际前列，有关隐私保障、弥合数据鸿沟、人工智能伦理等方面的治理策略给我国提供了有益的借鉴。我国应积极参考国际的治理实践，借鉴有益经验，从政策层面、行业层面、社会层面等多管齐下，实现规范引导、严格监督。同时人们也应适时调整传统隐私观念和隐私领域认知，培育开放共享的大数据时代精神，使人们的价值理念与大数据技术发展以及文化环境更加契合，实现更有效的隐私保护。

碳中和愿景下碳金融市场创新路径：
海外前沿文献追踪与中国实践*

韩国文　敬成宇**

摘　要：为应对全球气候变暖问题，全球大多数国家和地区提出了碳目标，绿色低碳和可持续发展已经成为国际共识。碳金融市场成为减少排放和实现碳中和愿景的核心机制和重要举措。外部性、稀缺性和比较优势理论为碳金融市场提供了经济学基础。各主要经济体碳金融市场的创新路径各具特色。我国碳金融市场基于碳强度进行配额分配，金融化程度不高，未来应进一步完善碳金融市场基础制度，建立科学碳定价机制，建设中国特色碳金融市场体系。

关键词：气候风险；碳中和；碳金融市场

20 世纪 80 年代以来，人类逐渐认识并日益重视气候变化问题。① 1990 年 6 月政府间气候变化专门委员会（IPCC）的第一次评估报告显示：由人类活动产生的排放正在使大气中的温室气体浓度显著上升，由此带来的温室效应增强如不加以控制，将对生态环

---

　* 本文为武汉大学自主科研项目（人文社会科学）研究成果，得到"中央高校基本科研业务费专项资金"资助（项目编号 2022HW）。

　** 韩国文，武汉大学经济与管理学院教授。敬成宇，武汉大学经济与管理学院硕士。

　① 本研究对于"气候变化"的定义与《联合国气候变化框架公约》第一条中的解释保持一致，即指除在类似时期内所观测的气候的自然变异之外，由于直接或间接的人类活动改变了地球大气的组成而造成的气候变化。

境、社会经济产生恶劣影响。[1]

大气中温室气体总量控制的最终目标，是 1992 年《联合国气候变化框架公约》确立的，而 1997 年制定的《京都议定书》明确要求主要发达经济体减少 5% 的温室气体排放，带来了碳金融市场建立的现实可行性。《京都议定书》对温室气体减排目标进行了明确规定：其附件一国应当在 1990 年的基础上，在 2008 年至 2012 年间，将其温室气体年平均排放总量整体削减至少 5%。这种总量控制带来的碳排放权稀缺性使企业内部化碳排放成本成为可能，解决了碳排放负外部性带来的市场失灵问题。《京都议定书》延续了《联合国气候变化框架公约》确立的各国"共同但有区别的责任"原则，发展中国家与发达国家相比在碳排放方面具有比较优势，再加上发达国家之间的差异，这带来了跨国碳交易的源动力，也对处于不同发展阶段的缔约方提出了差异化的要求。

同时，《京都议定书》还提出了"排放贸易""共同履约""清洁发展机制"三种灵活的履约机制作为发达国家履行减排义务的补充手段，这三种形成早期碳排放权交易渠道的交易模式既是碳市场建立的基础，① 也为后期碳金融体系的形成和发展提供了广阔的平台。

世界银行将"碳金融"定义为出售温室气体减排量或参与碳排放许可证交易，并从中获得现金流收支的活动的统称，② 联合国开发计划署则将碳市场定义为买卖碳信用的交易系统的总和。Wara 则认为 2003 年基于《京东议定书》中清洁发展机制（CDM）建立的全球减排市场就是早期"全球碳市场"概念的源头。[2] 目前，国内通常将碳金融大致分为狭义和广义两种。一般狭义的碳金融是指建立在碳排放权基础上的一系列金融活动，[3,4] 这一定义与国际常用的"碳

---

① 碳排放权交易并非只是限于交易 CO_2 排放权，由于 CO_2 是最主要且影响最大的温室气体，国际惯例是将其他温室气体折算成 CO_2 当量来计算最终的减排量，因此国际上把排放权交易市场简称为"碳市场"或"碳金融市场"。

② 参见：世界银行著，广州东润发环境资源有限公司译，《碳金融十年》，北京：石油工业出版社，2011 年，第 1 页。

市场"概念相近。而广义的碳金融则是泛指旨在发展低碳经济、减少温室气体排放、控制并降低以环境为代价的经济社会发展的各种金融制度安排和金融交易活动。[3,4] 本文所说的碳金融市场指碳排放权及其衍生品与支持碳减排的金融相关活动工具和市场的总和。本文在分析碳金融市场建立背景和理论基础之后，对碳中和愿景下国外碳金融市场建立的必然性、必要性及其发展脉络进行归纳，梳理总结国际前沿研究成果，把握碳金融市场创新规律，展望国际碳金融市场发展前沿，以此助力我国碳金融市场作用的发挥与提升，为我国碳金融市场发展提供启示。本研究分为四个部分，第一部分对双碳目标的提出和碳金融市场的建立进行梳理；第二部分对碳金融市场产生的原因从理论方面进行探讨；第三部分对国内外主要碳金融市场的发展情况、现状及前瞻性进行介绍；第四部分结合已有成果的发现结论提出建议。

一、全球碳目标的提出与碳金融市场的建立

（一）气候变暖与全球碳目标的提出

20 世纪以来，随着全球气温升高，气候变化的不利影响日益显现，全球行动的紧迫性持续上升，应对全球气候变暖的战略行动也不断推进，但目前全球气候变暖的趋势仍未得到有效遏制，人类活动的影响已造成大气、海洋、陆地变暖，大气圈、海洋、冰冻圈、生物圈等发生了广泛而迅速的变化，气候系统的一些变化是不可逆的，气候系统的许多变化与日益加剧的全球气候变暖直接相关。[5,6] 关于人类活动与气候变化之间关系的研究一直是学界关注的热点问题，几十年来众多学者致力于将人类活动与气候变化之间的联系清晰地呈现在世界面前。20 世纪 60 年代，Manabe 等人开发出地球气候物理模型，演示了地球大气中 CO_2 含量上升导致温度升高的过程，[7] 使国际社会的目光转向全球变暖，成立了联合国政府间气候变化专门委员会（IPCC）。20 世纪 70 年代，Klaus Hasselmann 创建了将天气和气候联系起来的模型，[8,9,10] 其模型后被用于证明 20 世纪以来的大气温度升高主要是大气中 CO_2 浓度水平

增加所致。[11]1998 年，Michael Mann 及其同事建立了关于全球气候变暖的"曲棍球杆曲线"理论，[12,13]揭示了全球气候变暖的客观存在，并表示从 20 世纪开始，温室气体特别是 CO_2 成为影响气候变化的最主要因素，Raphael Neukom 及其合作者再次证明现代暖期无法通过随机波动来解释，气候变暖更有可能是人为排放的 CO_2 和其他温室气体导致。[14]许多学者在这之后也得出了类似的气候变化研究结论。

全球气候变暖问题逐渐成为人类社会可持续发展的重要议题，温室气体已经并将持续给气候带来恶劣影响已经成为人类共识。但在 6 种主要温室气体中，对气候变暖影响最大的是 CO_2，1979 年第一次全球气候变化大会上，科学家们提出了"大气中 CO_2 浓度升高会导致地球变暖"[5]的警告，随后于 1990 年发表的 IPCC 首次评估报告更加明确地指出，过去半数以上的温室效应增加都是由 CO_2 引起的。为控制 CO_2 及其他温室气体的排放，从而有效降低因人类活动带来的气候变暖，及其对人类发展带来的恶劣影响，从 20 世纪末开始，各经济体相继制定了以 CO_2 当量为衡量标准的碳排放目标[15]，考虑到碳金融市场对碳目标实现具有不可替代的作用，[16,17]碳目标的相继设立也使各国碳市场的建立及碳金融体系的发展水到渠成。

目前公认的全球气候变化目标来自于 2015 年第 21 届联合国气候变化大会通过的《巴黎协定》，作为继《京都议定书》后第二个具有法律约束力的气候协议，《巴黎协定》明确将全球平均气温控制在比工业化前水平上升 2℃ 以内，并努力将气温上升限制在比工业化前水平上升 1.5℃ 以内的全球长期目标。为了达到这一目标，《巴黎协定》第四条中提出，在本世纪下半叶，各缔约方应尽快达到温室气体排放的全球峰值，在人为排放温室气源和清除温室气源之间取得平衡，而这一内容也成为后来各国独立设定气候目标的依据。除此之外，"自下而上"设定行动目标和"自上而下"建立在巴黎协定中的稳健核算方法，使碳目标达成的全球参与度得到了较大程度的提高。[18]

227

（二）主要经济体碳目标及其实现行动

在全球总目标的指导下，各国纷纷自主设立碳排放目标，目前，广义的净零排放已成为全球广泛接受的气候目标。跟踪数据发现，截止到 2022 年 9 月，已有 18 个国家将广义净零排放立法，[①] 38 个国家将广义净零目标写入政策文件，16 个国家作出了相关声明或承诺，57 个国家的广义净零目标还处于讨论阶段。

一般而言，对于碳排放目标的表述可大致分为气候中性目标、碳中和目标和净零排放目标三种。虽然 IPCC 在《全球变暖 1.5℃》特别报告中从影响和排放两个角度对气候中和及净零排放进行了明确区分，[②] 但目前绝大多数确立碳排放相关目标的国家或地区并没有将两者的概念进行严格区别。[19]另一方面，由于 CO_2 是影响力最大的温室气体，各国提出的碳中和或净零碳排放等气候目标中也常常以碳代指温室气体。接下来，我们将梳理各经济体在后《巴黎协定》时代自主碳目标的实现情况及其政策措施。

1. 欧盟

作为气候政策的先行者，自气候变化问题进入人类视野起，欧盟一直致力于气候治理国际合作的达成以及全球气候目标的制定。欧盟气候变化政策可以追溯到 20 世纪 60—70 年代欧洲环境保护主义运动的兴起，自此，环境保护意识从绿党、环境先锋国家逐步发展到整个欧盟范围，强烈的环保意识、完备的环境立法和超前的制度建设使欧盟在国际气候谈判和相关政策及气候目标的确立中处于领先地位。[20]

---

① 根据 ENERGY & CLIMATE INTELLIGENCE UNIT 网站的说明，其数据集对于"净零排放"的定义广泛地包含了目前主要碳目标定义，包含：净零（Net zero）、零排放（Zero emissions）、零碳（Zero carbon）、气候中性（Climate neutral）、气候积极（Climate positive）、碳中和（Carbon neutral/Carbon neutrality）、温室气体中性（GHG neutral/GHG neutrality）、碳负（Carbon negative）、负净（Net negative）、1.5℃目标（1.5℃ target）和基于科学的目标（Science-based target）。

② 参见 2018 年 IPCC 特别报告《全球变暖 1.5℃》中的定义，根据评估角度差异，气候中和是从对气候系统整体影响出发，强调人类活动对气候的零影响，而净零排放则是从排放角度衡量，着重净排放为零。

欧共体早在 1990 年 10 月就已经提出目标，将 2000 年 CO_2 的排放量稳定在 1990 年的排放水平。[21] 根据此后的欧盟碳排放数据，① 1990 年欧盟就已经碳达峰。而 1996 年由欧盟率先提出的 2℃目标，也在 2015 年的《巴黎协定》中作为全球长期气候目标出现，并获得世界广泛认可。欧盟超前的气候管理理念和发展完善的制度环境，在推动国际气候协议的商议和气候目标的制定上发挥了不可替代的领导作用，在减排目标的制定上体现出较为激进的特点。2007 年，欧盟提出"气候和能源一揽子计划"（CEP2020），② 将 2020 年温室气体排放量较 1990 年水平下降 20% 的减排目标纳入其中，并在 2020 年以 27.87% 的减排幅度超额完成减排任务。2014 年，欧盟在《2030 气候与能源政策框架》中提出，2030 年温室气体排放量比 1990 年减少至少 40%，③ 而在 2019 年的"欧洲绿色新政"中，这一减排目标进一步提升至 55%。④ 在 2020 年的《2030 气候目标计划》中则被进一步提高到 55%。⑤

———————————

① 参见 EDGAR 数据库对欧盟 CO_2 总排放量的记录，1990 年欧盟（EU27）年度 CO_2 排放量为 3819.23 百万吨，而 2000 年为 3577.21 百万吨，较 1990 年下降了 6.34%，超额完成了目标。https：//edgar.jrc.ec.europa.eu/report_2022#data_download。

② 2020 年气候和能源一揽子计划是为确保欧盟实现 2020 年气候和能源目标而通过的一系列法律。其主要内容包括：温室气体排放降低 20%（与 1990 年相比）、欧盟能源 20% 为可再生能源以及能效提高 20%。https：//climate.ec.europa.eu/eu-action/climate-strategies-targets/2020-climate-energy-package_en。

③ 参见《2030 欧盟气候与能源政策框架》（2030 climate & energy framework）中提出的欧盟 2021 至 2030 年间的气候目标和政策目标。https：//climate.ec.europa.eu/eu-action/climate-strategies-targets/2030-climate-energy-framework_en。

④ 参见 2019 年提出的《欧洲绿色新政》（A European Green Deal）中提出 2050 年实现无温室气体净排放的碳中和目标以及 2030 年较 1990 年减排至少 55% 的碳目标。https：//ec.europa.eu/info/strategy/priorities-2019-2024/european-green-deal_en。

⑤ 参见 2020 年提出的《2030 气候目标计划》（2030 Climate Target Plan）中表示欧盟 2030 年减排 55% 的目标以及 2050 年实现气候中和。https：//climate.ec.europa.eu/eu-action/european-green-deal/2030-climate-target-plan_en。

截止到目前，欧盟最新低碳发展目标包含了 2030 年较 1990 年温室气体减排 55% 的减排目标以及 2050 年实现碳中和的气候目标。为实现这一目标，欧盟也一直强调碳市场在目标实现中不可替代的重要地位。作为世界上最早且目前交易规模最大的碳市场，欧盟碳排放交易系统（EU ETS）一直是欧盟制定气候政策的基石，是实现减排目标的中心渠道，自 2005 年欧盟碳排放交易系统成立到 2021 年的 14 年间，EU ETS 减少了约 43% 的温室气体排放。[22] 为确保 ETS 框架与欧盟总体气候政策目标的一致性和适配性，欧盟前后四次对 ETS 框架进行修订，2018 年欧盟在第四次修订中主要对交易系统市场稳定机制、配额规则、资助机制等方面进行了调整和完善。与时俱进的欧盟碳排放交易体系推动了欧盟气候目标的稳步实现，也给世界各国碳金融助力碳目标实现提供了宝贵的经验。

2. 美国

相较于民众环保意识强烈、气候政策完善且具有连续性的欧盟，美国受其政治制度影响，对待气候变化的态度一直摇摆不定，气候政策也难以在政党轮替中保持连贯。出于各自的执政理念和所代表利益集团的气候态度差异以及差异化竞争的客观政治需求，美国自由派民主党和保守派共和党在对气候变化事实以及采取应对措施的认识上存在巨大分歧，这也直接导致美国气候政策几经反复。

从气候变化问题进入国际视野的 20 世纪末至今，美国共经历了 6 次党政轮替，其中民主党执政的克林顿政府时期（1993 年至 2001 年）、奥巴马政府时期（2009 年至 2017 年）、拜登政府时期（2021 年至今），美国都倾向于采取积极行动，展现大国应对气候变化的决心。相较而言，共和党执政的布什政府时期（1998-1993 年）、小布什政府时期（2001 年至 2009 年）以及特朗普政府时期（2017 年至 2021 年），美国对气候治理，尤其是相关国际合作则更多地体现出消极的态度，期间气候政策甚至出现停滞甚至倒退的现象。[23]

美国摇摆的气候政策更是直接导致其减排行动及目标几经反

复。20 世纪末，美国更多关注其环境保护和能源管理的内部治理，对于参与国际气候治理展现出漠不关心的态度。美国消极的态度一直持续到 1993 年民主党总统克林顿上台，克林顿政府将环境外交纳入其主要外交政策，提出美国应该在全球气候变化行动中承担"领导责任"。这一时期美国政府积极制定减排目标，1993 年《美国气候变化行动计划》宣布 2000 年温室气体排放量将维持在 1990 年的水平上。[24]

随着国际社会对气候变化的重视程度进一步提升，共和党对气候变化的态度虽有所变化，但仍较消极。小布什政府时期，美国虽然在国内层面积极制定气候政策，推动建立以市场为基础的灵活温室气体减排机制，并于 2007 年实现碳达峰，[25]但在国际合作中态度消极，甚至要退出《京都议定书》。2009 年民主党总统奥巴马上任后的新政府提出"绿色经济复兴计划"，以应对金融危机对美国经济带来的灾难性打击，以及气候变化带来的未来发展危机，实现经济恢复和可持续发展的兼顾。《绿色经济复兴计划》中明确提出，2020 年温室气体排放量比 2005 年减少 17%，2050 年比 2005 年减少 83%。①

后《巴黎协定》时代，与积极制定和实施减排目标的国际趋势相逆，特朗普政府 2017 年 6 月宣布退出《巴黎协定》，并推行一系列"去气候化"政策，[26]这种倒退性的气候策略，给国际气候治理格局带来了恶劣影响。但国内层面，受长久以来积极气候政策的影响，美国已逐渐形成低碳发展模式，这种"自下而上"的分散化低碳发展模式降低了由于政治不确定性带来的气候治理成本。2021 年 1 月，拜登宣誓就职后，立即宣布美国将重返《巴黎协定》的决

---

① 参见美国环境署发布的《1990—2020 年美国温室气体排放和汇清单》，2005 年美国温室气体排放总量 7，434.8 百万吨 CO_2 当量，2020 年温室气体排放总量为 5，981.4 百万吨 CO_2 当量，减排 19.55% 完成减排目标。https：// search. epa. gov/epasearch/？ querytext = Inventory + of + U. S. + Greenhouse + Gas + Emissions + and + Sinks&areaname = &areacontacts = &areasearchurl = &typeofsearch = epa&result_template=#/。

议，并作出"2035 年实现无碳发电，2050 年美国实现碳中和"的气候承诺。但仅过一年，美国气候政策又遇反复，2022 年 6 月 30 日，美国联邦最高法院裁定美国国家环保局将无权在州层面限制温室气体排放量，[27]这意味着美国国家层面的碳排放政策难以运行。

20 世纪末至今，美国执政党虽然在应对全球变暖的态度上反复变化，但也探索出实现低碳可持续的发展的路径：（1）调整产业和能源结构并推动重碳部门低碳转型，从源头上减少排放；（2）鼓励环保和减排领域的科技创新，从技术上阻断排放；（3）探索建立起不同层次各有特色的碳金融市场系，充分发挥碳金融市场体系的作用，已经实现碳达峰，并在向实现碳中和的愿景迈进。

3. 中国

作为有担当的大国，中国在气候变化进入国际视野伊始就坚定地与全人类的命运站在一起。早在 1992 年我国就根据《联合国气候变化框架公约》"共同但有区别的责任"等基本原则，提出了"环境与发展十大对策"，并积极参与全球气候治理。

由于发展阶段不同，中国在气候治理中需考虑经济发展与气候环境之间的平衡，中国碳排放目标更多以碳强度①作为制定碳目标的参考指标，并在关注减排的同时兼顾碳汇的提高。1994 年 3 月《中国 21 世纪议程》首次提出适应气候变化的概念，并确立了可持续发展战略。[28]2007 年 6 月《中国应对气候变化国家方案》提出了单位 GDP 能耗较 2005 年降低 20%左右，碳汇量较 2005 年增加 0.5 亿吨左右的早期碳排放目标。并于 2009 年，在哥本哈根世界气候大会上进一步提出 2020 年碳强度较 2005 年下降 40%～50% 的长期减排目标。为保障长期目标稳步实现，我国又将总目标进一步拆解和细化。2014 年《国家应对气候变化规划（2014—2020 年）》中将主要目标提高到 2020 年碳强度较 2005 年下降 40%～45%，森林面积和蓄积量较 2005 年分别增加 4000 万公顷和 13 亿立方米。而第一阶段目标也于 2019 年底提前完成：2019 年较

---

① 碳强度（carbon intensity）即单位国内生产总值的 CO_2 排放量。

2005 年碳排放强度下降约 48.1%，[1] 2020 年森林面积增加约 4553 万公顷、森林储蓄量增加约 51 亿立方米，[2] 碳排放量快速增长的态势得以初步扭转。

在 2015 年的巴黎气候大会上，中国提出了 2030 年碳强度较 2005 年降低 60%~65% 的减排目标，同年确立了 2030 年左右实现碳达峰的国家自主行动目标。2020 年 9 月 22 日，习近平主席在第 75 届联合国大会上郑重宣示：中国将提高国家自主贡献力度，采取更加有力的政策和措施，力争 2030 年全面实现 CO_2 排放量达峰，努力争取 2060 年前实现碳中和。[3] 为实现双碳目标，我国持续推进碳金融市场体系的建立和完善，2021 年 7 月 16 日，我国碳市场上线交易正式启动，形成了目前全球涵盖减排规模最大的碳市场。我国已经构建起以双碳目标为顶层设计，各种双碳目标实施方案和保障方案为辅助的"1+N"气候政策体系。[4]

（三）碳目标实现路径与碳金融市场

目前，主要经济体为实现碳目标而选择的降碳路径和保障措施基本类似。降碳路径方面，主要从推动各行业降低能源和资源消耗，重点关注构建绿色交通运输体系、推进节能低碳建筑和低碳设施建设以及能源结构优化和能效提高等方面。而微观上，对于各企

---

① 数据来源：生态环境部 2020 年 9 月例行新闻发布会实录。https：//www. mee. gov. cn/xxgk2018/xxgk/xxgk15/202009/t20200925_800543. html。

② 数据来源：中国环境保护与经济社会发展统计数据库 2020 年《CNKI 中国经济社会发展年鉴数据》、《2005 中国环境统计》。https：//data. cnki. net/trade/Yearbook/Single/N2021070128？zcode＝Z008。

③ 转引自 2021《中国应对气候变化的政策与行动》白皮书。

④ 2021 年 10 月 24 日发布《中共中央 国务院关于完整准确全面贯彻新发展理念做好碳达峰碳中和工作的意见》，作为"1"，在碳达峰碳中和"1+N"政策体系中发挥统领作用；意见与同年 10 月 26 日国务院发布的《2030 年前碳达峰行动方案》共同构成贯穿碳达峰、碳中和两个阶段的顶层设计。"N"则包括能源、工业、交通运输、城乡建设等分领域分行业碳达峰实施方案，以及科技支撑、能源保障、碳汇能力、财政金融价格政策、标准计量体系、督察考核等保障方案。一系列文件将构建起目标明确、分工合理、措施有力、衔接有序的碳达峰碳中和政策体系。

业碳排放具体行为，秉承"污染者付费"和"奖惩结合"的基本原则，一方面通过碳税、低碳技术补贴等财政措施引导企业绿色化转型，另一方面借助碳金融体系对碳排放进行配额和定价，从而发挥市场在资源配置中的基础作用，促进经济绿色循环低碳发展。与此同时，在碳汇端通过植树造林、湿地保护以及负碳技术等手段实现总排放量的进一步降低。为保证降碳路径稳步实现，目前多采用公共资金引导、市场资本驱动以及相关法规政策作为联合保障手段。政府层面，通过碳税、低碳技术创新补贴等进行负外部性矫正，有效提高污染成本，提高绿色创新激励。市场方面，借助合理的碳配额和有效的碳定价，[29,36]利用市场自发的高效调节机制，将减排责任与企业利益直接挂钩，充分调动企业绿色转型积极性，与此同时，以绿色信贷、绿色基金、绿色债券为代表的绿色金融体系的发展以及转型金融的兴起对于气候目标的实现也有极大的推动作用。[30,20,42,43]

当前，在这种以各行业降碳为主要措施，同时以政府及市场联合为协同保障的主流碳目标实现模式基础上，各个国家和地区也逐渐探索出符合自身国情需要的特色碳目标实现路径。欧盟在其气候治理政策及碳金融体系发展国际领先的同时，"碳泄漏"问题也逐渐出现。[31]"碳泄漏"风险是企业将重碳部门转移到排放成本相对较低的其他国家或地区的风险，这种转移虽然表面上降低了转移者的碳排放量，但对于全球减排目标的实现毫无益处。2021 年 3 月，欧盟提出了"欧盟碳边境调节机制"（CBAM），通过对减排不力国家的输欧商品征取"碳关税"，平衡欧盟区域内外企业竞争力，对冲"碳泄漏"带来的减排损失。[32]

碳目标实现过程中除了设置"碳关税"等自我保护机制外，也会充分考虑气候治理与自身经济发展的可持续性，这在新冠疫情大背景下显得尤为重要。例如美国气候政策，即使是当前积极应对气候变化的民主党拜登政府时期，其碳目标实现渠道的选择也是以美国自身经济发展为先。拜登政府在上台初期表明了重振美国气候治理国际地位的雄心，但其最终落脚点仍然是通过积极的气候政策带动经济发展、扩大美国国内就业，这一点与金融危机期间奥巴马政府提出的"绿色经济复兴计划"如出一辙，即通过产业低碳转型、财政政策辅助、就业环境改善，刺激经济，提高面对危机的经济弹性。

事实上，无论是哪一种气候治理模式，碳金融市场都在碳目标实现路径中扮演着极其重要的角色。首先，由于碳金融市场在释放碳价信号、矫正负外部性、内化环境成本以及气候风险管理等方面能发挥常规政府政策手段不可替代的作用。碳金融市场依托碳配额和项目减排量两种基础资产，在充分考虑供求因素的前提下实现市场化科学碳定价，这一过程释放的碳价信号，可以实现对实体经济也就是微观企业行为的引导，同时形成从宏观政策到微观企业层面低碳转型的内生动力。[33,34,35]其次，碳金融市场可以通过市场机制以及明确的产权界定实现负外部性的矫正，[36,37]并进一步引导社会整体绿色偏好的形成，从而对项目回报率进行环境风险调整，进一步降低环境带来的经济成本扭曲。第三，碳金融体系可以实现环境成本内部化，并防止环境套利的产生，通过对环境成本的有效定价，使企业将环境成本纳入到其成本收益衡量中。由于碳排放市场的均衡即使在非常复杂的情形下也能迅速实现，[38]碳排放权市场能控制企业成本效率的能力，对企业的成本结构和投资选择都将产生深远的影响，这种自下而上的绿色经济循环动力，能够降低只片面施加政府约束带来的企业"漂绿"行为的可能。第四，碳金融市场也提供了更多的绿色金融工具，在气候风险逐渐成为金融市场系统性风险的当下，[39,40,41]为市场参与者管理气候风险提供了可能，增加了金融市场的深度和广度，充分发展的碳金融市场也会降低国家的气候脆弱性，提高环境变化适应力。

总而言之，碳金融市场能更彻底地矫正负外部性产生的扭曲行为，行政手段虽然能通过政府权威在短时间内迅速见效，但如果要从本质上彻底改变市场主体错误的成本收益关系，优化资源配置并形成长期的绿色经济循环动力，就必然离不开碳金融市场的参与。

这在各个经济体碳金融市场产生、发展、完善的实践历程中得到证实。以欧盟的碳金融市场建设为例，欧盟作为全球气候治理先行者，在推动《联合国气候变化框架协议》达成的过程中，就已经意识到碳市场在实现气候目标方面发挥重大作用的可能，并开始酝酿内部减排市场的建设。而 1997 年《京都议定书》中提出国际排放贸易的灵活履约机制更是加速了碳金融市场体系建立的进程，作为《京都议定书》附件 B 所列的有资格参与排放贸易并须履行 8% 减排承诺的缔约方，一方面欧盟内部迫切需要具有经济效益的新减排方向以减轻政府手段带来的财政压力和企业负外部性带来的成本扭曲以及环境套利行为，另一方面国际排放贸易也给欧盟内部市场带来的新的机遇和挑战，建立内部碳排放交易体系已成必然之势。欧盟 2000 年发布的《温室气体排放权交易绿皮书》明确表示，维持现状无法实现减排目标，欧盟迫切需要碳市场建设作为已有政策和措施的补充，以低成本高效率的方式实现气候目标。事实证明，欧盟建设的总量控制的碳排放交易体系的确在碳价格信号释放、市场负外部性矫正、金融市场绿色循环以及国家气候弹性增强等方面取得的成果无可辩驳。[42]此后，欧盟气候政策也逐渐发展为以碳市场为核心政府力量为辅助的自下而上新模式，在碳市场的引导下，欧盟经济也朝着脱碳方向逐渐转型。

二、碳金融市场的理论基础及其发展

碳目标的顺利实现与碳金融市场的建设和发展密不可分，作为内部化负外部性的高效气候措施，碳金融市场的成功建立本身也离不开与气候治理市场化相关的外部性理论、比较优势理论和稀缺性理论等重要经济学理论的提出、发展和应用。

（一）外部性理论

外部性主要是指一种效率低下的现象，因为社会边际成本不同于私人部门，私人部门的决策者往往会额外受益或受损，因为某些收益或成本不在决策的考虑范围之内。[43,44]

根据造成的影响不同，外部性被划分为负外部性和正外部性两种。对气候变化有负面影响的行为如温室气体排放等就具有典型的负外部性。因为带来的环境成本并不是直接由污染者付费，温室气体排放的负外部性导致了迄今最严重的市场失灵现象。[45]上世纪初，就有学者就注意到了外部性带来的扭曲，并从不同视角提出了解决思路，其中庇古和科斯两位经济学家的研究最具代表性。

1920 年，庇古提出通过补贴或税收的方式使私人边际成本和社会边际成本相等，通过内化的方式矫正外部性带来的市场扭曲。1960 年科斯提出了外部性的市场解决方案即在产权界定明确且交易成本为零的前提下，运用市场通过市场交易达到帕累托最优配置，[46]这一理论奠定了碳排放交易市场产生的经济学理论基础。

基于科斯运用市场力量解决外部性问题的构想，将科斯定理在应用在污染治理方面的研究也逐渐展开。1968 年美国经济学家 Dales 提出以"污染权市场"作为解决污染外部性问题的政策工具，[47]将产权理论引入污染治理领域。1972 年，Montgomery 运用 CGE 模型对排污权市场进行分析，论证了复杂情形下市场均衡实现的可能，并提出运用边际减排成本对碳交易进行定价的观点，[48]奠定了排污权市场建立的理论基础。1992 年，诺德豪斯提出了气候与经济动态综合模型（Dynamic Integrated Model of Climate and the Economy，DICE），用于优化资本积累和减少温室气体排放的路径。[49]1996 年又发布了气候与经济区域综合模型（Regional Integrated Model of Climate and the Economy，RICE），进而考虑各国不同政策条件下计算全球温室气体减排的最优路径。[50]随着相关理论研究的进一步发展，排污权交易市场在 20 世纪 90 年代被首次用于美国大气和河流污染治理。2005 年，随着欧盟碳排放交易体系的建立，世界各个国家和地区的碳排放交易市场不断涌现，并逐步成为解决全球气候变化问题的核心措施。

（二）比较优势理论

比较优势理论源于大卫·李嘉图，[51]其中心思想是国际贸易产生的基础是各国生产同一产品的相对差异，比较优势充分考虑了生产的机会成本，从而更好地解释了缺乏绝对优势的小国参与国际贸易的原因。

国家间的碳交易需求源于 1997 年《京都议定书》中规定的三种

灵活履约机制，由于碳排放行为本身对于地球整体的影响并不会随排放主体不同而改变，但不同国家受发展程度和技术水平等差异的限制，具有减排成本上的差别，并且这种差距在发达国家与发展中国家之间尤其明显。因而不同国家之间具有进行碳排放权交易的动力，灵活履约机制的提出使国家间通过"碳排放自由贸易"实现减排成本降低成为可能。例如，发达国家可以用 CDM 换取投资项目的减排额度，通过对发展中国家的资金和技术支持来实现减排成本的降低，而通过联合履约机制(JI)和国际排放贸易(IET)，发达国家也可以通过相互间的减排单位交易来降低减排成本实现共赢。类似地，企业间边际碳排放成本差异也是国家内部碳排放交易体系中微观参与个体间自发性碳排放交易的原因。

企业间减排能力的比较优势是碳排放权商品产生供求关系的基础，由于技术创新成本、边际利润等方面的差异，面对减排要求，不同企业会做出减排技术创新、减产、购买碳配额等差异化选择，进而带来碳排放权出售和购买的需求。

(三)稀缺性理论

因为只有稀缺的资源才有交换价值，才能成为商品，稀缺性是市场得以建立的根本。20 世纪 60 年代初期，巴尼特和莫尔斯提出关于环境资源具有稀缺性的理论。[52] 随后的研究表明碳排放权具有稀缺性，具有自然科学基础，这是碳金融市场得以产生、建立和完善的基础。

环境多元价值带来的竞争性以及有限的容污和自净能力构成了气候环境资源稀缺性的自然科学基础。随着人类社会的发展，环境要素的多元价值使得同一时空范围内环境资源在生产需要和生活享受之间形成对立，与此同时，越来越多的排污需求逐渐突破了环境自净上限，客观上气候容污能力是有限的，从全球碳排放总目标的制定，到各国自主碳排放目标的确立，再到各国碳排放目标在时空范围内的进一步细化，充分保障了碳排放权的稀缺性，这也是碳排放权能够作为商品进行交易的基础。其次，温室气体作为微观企业个体生产过程中的伴随产物，能够在合理成本范围内稳健、透明、一致和准确地进行监测，是实现碳排放权商品化的基础。

回顾各经济体碳排放权交易市场的发展历程，不难发现其排放权交易市场的建立和发展往往伴随着检测技术的进步。早期温室气体排放权交易市场往往选择对重点行业的单一气体种类管控，例如1990年美国"酸雨计划"通过建立二氧化硫排放交易市场，控制美国火电厂对大气的污染，而欧盟碳排放交易体系初期也只是采用的核算法和CEMS实测法对CO_2排放进行监测，后期随着检测技术的进步，才逐步扩展行业和温室气体气体覆盖范围。

三、国外碳金融市场建立路径及其前瞻

（一）欧盟碳金融市场

从2005年1月正式运行的欧盟碳排放交易体系（EU ETS），是欧盟气候政策的基石，是世界首个国际排放交易体系，目前正处于发展的第四个阶段，覆盖范围包含27个欧盟成员国以及冰岛、列支敦士登、挪威共30个国家，涉及电力、供热、能源密集型部门、商业航空以及海运等多个部门的约10000家企业，总排放额约占欧盟温室气体总排放量的40%。[53]

1. EU ETS发展历程

从2005年EU ETS正式运行至今，共经历了四个发展阶段，如表1所示。欧盟碳排放交易体系从涵盖范围、配额总量和分配方式的确定、监管和价格稳定措施等方面都经历了极大的发展和进步。第一阶段（2005年至2008年）是欧盟碳排放交易体系的试验时期，这一阶段只涵盖了欧盟当时27个成员国，控排行业和管制的温室气体方面也只包含了发电和能源密集型行业的CO_2气体排放，交易工具也只限于EUAs。这一时期的配额总量采取自下而上的欧盟成员国自主制定国家分配计划（NAPs）方式，而大部分国家由于经验缺乏在配额设定时都比较保守，导致了配额超发的现象。尽管有诸多缺陷，这个为期三年的交易试点还是成功地建立了EU ETS碳价机制，促成了整个欧盟的碳排放配额贸易，并完成了监测、报告和核实控排放所需的各类基础设施建设。

表 1 　　　　　　　　　　EU ETS 发展历程

	第一阶段 （2005—2008 年）	第二阶段 （2008—2012 年）	第三阶段 （2013—2020 年）	第四阶段 （2021—2030 年）
时期	试验时期	初步发展时期	改革时期	稳定发展时期
目标	积累经验	8% 减排目标	20% 减排目标	55% 减排目标
覆盖国家	27 欧盟成员国	新增冰岛、挪威和列支敦士登	新增克罗地亚	英国脱欧
控排行业	发电、能源密集型行业	新增航空业	新增石油化工、电解铝行业	新增海运
GHG 类型	CO_2	CO_2 氧化氮（部分国）	新增全氟化合物、氧化氮	无变化
总配额确定	自下而上	自下而上	自上而下年降幅 1.74%	自上而下年降幅 2.2%（4.2%，Fit for 55）
配额分配	免费配额为主	引入拍卖机制免费配额 90%	拍卖比例进一步提高到约 57%	计划拍卖逐步替代免费配额
其他	—	履约期考核	建立 MSR 机制、推出 NER300 计划	进一步发展MSR、完善碳泄漏应对措施

第二阶段（2008 年至 2012 年）EU ETS 的初步发展阶段。本阶段的主要目标是实现《京都议定书》中设定的减排目标，即温室气体排放较 1990 年降低 8%。在这一阶段，随着冰岛、挪威和列支敦士登三个国家的加入，EU ETS 的覆盖范围进一步扩大，并在原有基础上将航空业纳入控排行业之中，部分国家在控排 CO_2 的基础上还加入了对氧化氮排放的管制，交易工具也扩展为 EUAs、EUAAs、CERs、ERUs 四类。虽然继续沿用了第一阶段自下而上的总配额分配方式，但基于第一阶段的数据经验，总配额和免费配额比例（降至 90% 左右）均有下降，违规排放的处罚也从第一阶段的 1 吨超排

处罚的 40 欧元提高到 100 欧元，并在随后一年的配额中对超排量进行扣除。

第三阶段（2013 年至 2020 年），EU ETS 的改革时期，主要目标是到 2020 年在 1990 年的基础上减排 20% 温室气体。经过前两阶段的经验积累，第三阶段欧盟碳排放交易体系进行了深度改革，一方面将碳配额总量分配方式改为"自上而下"由欧盟统一配额进行总量控制，且配额总量以每年 1.74% 的速度递减，并不再接受非贫困国家新签发的 CERs 和 ERUs 进一步缩减配额。另一方面，用拍卖代替免费配额分配方式，这一阶段的拍卖配额比例约 57%，并取消了对电力行业的免费配额。EU ETS 覆盖范围也进一步扩大，石油化工和电解铝行业被纳入到控排行业，并将电解铝行业产生的全氟化合物和化工行业产生的氧化氮纳入控排温室气体。除此之外，欧盟还推出了 NER300 计划，① 通过出售预留的 3 亿配额筹措资金，补贴可再生能源和碳捕获与封存技术的创新。为解决前两阶段中出现的供求错配并防止黑天鹅事件发生对碳价的冲击，在 2019 年初建立市场稳定储备（MSR），增强 EU ETS 应对冲击的韧性。

第四阶段（2021 年至 2030 年），EU ETS 的稳定发展时期。这一阶段的主要目标是 2030 年较 1990 年减排 55% 的温室气体。经历了前一阶段的改革，第四阶段保持了"自上而下"的总配额方式，稳步过渡英国脱欧转向 UK ETS 对 EU ETS 的影响，取消了碳抵消机制，进一步将配额年降幅由 1.74% 提升到 2.2%，2021 年提出的"Fit for 55"计划中将年降幅进一步提高到 4.2%。控排行业方面进一步将海运纳入覆盖范围，配额分配方式上在加快拍卖配额对免费配额替代的同时，计划将生产转移风险较高部门的免费分配制度继续延长以应对碳泄漏问题，并在 2026 年后，第四阶段结束时，彻底取消免费配额制度，以激励企业减排。

2. EU ETS 发展规律及前瞻

具体而言，EU ETS 分阶段逐步成熟的发展进程主要围绕以下

---

① 转引自 NER300 计划官方网站：http：//www. ner300. com。

五个方面展开。首先，是对控排国家、行业、温室气体种类的扩大，通过扩大覆盖范围提升市场规模，增强市场整体的稳定性和减排效果。第二，在交易工具上采用碳现货与碳衍生工具相结合，交易门槛持续放宽，通过交易主体多元化提升市场活跃度，充分发挥市场资源配置功能。第三，碳配额总量分配上用"自上而下"和基准法来替代"自下而上"和历史法，结合总配额的不断收紧实现碳配额供给端的合理收缩，结合市场稳定储备（MSR）机制的建立，按照碳目标需要动态调节配额供需平衡，提高碳价应对外部冲击和黑天鹅事件时的稳定性，与此同时通过履约期的设置，对履约期末的净超排行为进行惩罚，进一步强化碳金融市场的作用，保障碳价的权威性。第四，一方面通过加大超额排放处罚力度并用拍卖代替免费配额分配制度提高企业碳排放成本，另一方面借助"NER300"计划、拍卖所得、基金建立为低碳创新和能源部门现代化提供资金补贴，通过惩罚和补贴激励双管齐下矫正碳排放负外部性。最后，发展完善"双轨并行"的监管体系、内部市场保护机制等一系列保障措施，利用 MRV 机制进行监测、报告和核查，[1] 以确立减排框架和完成减排政策工具开发，与此同时通过向转移风险较高的部门发放免费配额以及碳关税等措施提高内地企业竞争力，防止碳泄漏带来的内部风险。

　　本研究认为，未来欧盟碳排放交易体系将继续扩大覆盖、活跃市场、稳定碳价、矫正外部性、完善保障措施防止碳泄漏，其中最为重要的是以市场稳定储备机制为核心的一系列碳价稳定机制、负外部性等矫正以及碳泄漏等保障措施的完善。只有稳定有效的碳价辅以政府负外部性矫正措施才能从根本上矫正碳排放负外部性带来的成本收益核算错配，真正实现借助市场力量的环境成本内化，推

---

　　[1]　监测（Monitoring）：采取一系列技术和管理措施，测量、获取、分析、记录能源、物料等数据，是准确计算企业碳排放的基础；报告（Reporting）：是指企业将碳排放相关监测数据进行处理、整合、分析，并按照统一的报告格式向主管部门提交碳排放结果；核查（Verification）：是指第三方独立机构通过文件审核和现场走访等方式对企业的碳排放信息报告进行核实，出具核查报告，确保数据相对真实可靠。

动欧盟经济绿色循环。与此同时，由于欧盟气候政策和碳目标的先进性，碳泄漏问题也是欧盟需要面对的重要议题，由于严格的减排措施带来的部分产业转移会对欧盟产业布局带来失缺的隐患，碳关税和针对性的免费配额或技术补贴将是未来很长一段时间的发展方向。

（二）美国碳金融市场

相较于欧盟统一、稳定的欧洲碳排放交易体系，受气候政策摇摆不定的影响，美国没有建立其国家层面的碳金融体系，但逐步形成了自下而上的区域性碳市场，主要包含区域温室气体减排行动（The Regional Greenhouse Gas Initiative，RGGI）和西部气候倡议（Western Climate Initiative，WCI）。

1. 区域温室气体减排行动

RGGI 是美国第一个覆盖全美 12 个州、旨在减少电力部门 CO_2 排放量的强制温室气体减排交易系统，这一系统主要包括拍卖配额的一级市场和交易现货和碳金融衍生品的二级市场，通过二级市场的交易活动，一方面可以保障控排企业能够在拍卖日之间的三个月内随时获取 CO_2 配额，另一方面提供了有效的碳风险管理渠道和碳价信号，帮助企业作出投资决策。在配额确定方面，考虑到各州的独立性 RGGI 采用"自下而上"的配额确立制度，其初始配额上限是各 RGGI 各州通过历史法核定的配额量之和，并从 2013 年开始进行总配额的阶段性缩减调整，以达到减排目的并支撑碳价。而分配制度方面，RGGI 是全球首个建立之初就几乎完全采用拍卖分配方法的交易体系。

与欧盟市场稳定储备机制（MSR）类似，RGGI 在 2014 年和 2021 年分别引入了成本控制储备机制（CCR）和排放控制储备机制（ECR）两个安全阈值，通过动态调整流通中的碳配额数量稳定碳价。CCR 机制是在配额拍卖价格过高时（到达"CCR 触发价"）增加拍卖的配额供给，而 ECR 机制则是在需求不足时减少拍卖配额。此外，RGGI 还在 2015 年引入了为企业预留充足履约时间的两年过渡履约控制期，作为碳价稳定机制。

除获取碳配额量外，RGGI 还允许通过购买非电力行业 GHG

减排的碳补偿项目作为抵消量，抵消机制为电力企业履行控排目标提供了一定的灵活性，也带来了投资型绿色外溢。

在监管方面，RGGI 建立了一个配额追踪系统（RGGI COATS），对各州的碳配额和碳抵消交易数据进行记录和追踪。具体而言，RGGI COATS 通过记录碳配额的分配、授予及转让，完成项目合规认证和提供碳配额，登记和提交抵消项目的申请和报告等方式深度参与市场交易活动。[54]

2. 西部气候倡议

WCI 是一项长期承诺，由美国西部 7 个州和加拿大中西部 4 个省于 2007 年共同签署，目前覆盖加州、魁北克州、新斯科舍和华盛顿州的碳交易市场，也是目前北美最大的碳交易市场。相较于 RGGI 以电力部门为单一切入点，WCI 下的碳交易系统覆盖了包含电力、工业等几乎所有经济部门的共 7 种温室气体。① 与欧盟 EU ETS 体系类似，WCI 下的加利福尼亚碳市场也采用"限额—交易"机制，通过建立不断收缩的碳排放上限（以 CO_2 当量衡量），推动 2030 年较 1990 年降低 40% 温室气体排放量以及 2050 年实现碳中和的碳目标实现。在碳配额分配机制的演变上也与 EU ETS 高度相似，早期 WCI 也主要采用免费配额，随着时间推移在逐渐用拍卖替代免费分配的同时对碳泄漏较为严重的行业以免费配额的方式进行补贴。交易机制和交易工具方面也与 RGGI 基本类似。[55]

3. 美国碳金融市场发展规律及前瞻

美国碳金融市场的建立和发展再次表明碳金融市场在减少温室气体排放实现碳中和愿景方面的重要意义和巨大作用。美国"双阈值"机制对配额供需动态调节，以及 RGGI COATS 对碳排放的全程监督和追踪对于保障市场正常运转且具有活力，以及防止企业环境套利都具有重要重要的保障作用。除此以外，由于没有建立全国统一的交易体系，美国不同区域性市场之间常存在碳价差异，对于碳

---

① WCI 管控温室气体包括七种：CO_2（CO_2）、甲烷（CH_4）、氧化亚氮（N_2O）、氢氟烃（HFCs）、全氟碳化物（PFCs），六氟化硫（SF_6）和三氟化氮（NF_3）。

价的有效性带来消极影响。因此进一步发展碳价稳定机制，强化碳价信号的跨市场联动，完善监管体系是未来美国碳金融市场的主要发展方向。

综合以上，我们不难发现欧美碳金融市场的发展呈现明显金融化的发展趋势。一方面源于欧美等发达国家原生高度发达金融市场的历史因素，另一方面也是新兴市场发展对投资投机以及风险管理的需要。20 世纪末期，气候变化问题进入国际视野之初，欧美就已经具备较为完善成熟的传统金融体系，这也导致发达经济体碳交易体系建立初期就具有很强的金融性质，2005 年欧盟碳排放交易体系建立之初就直接引入了碳远期、碳期货、碳期权和碳互换等碳金融衍生品。事实上，金融化本身就是市场发展的必然趋势，对冲机制和期货市场等衍生品是整个市场体系建立和完善的必经之路。这与金融化所带来的更好的满足市场参与者风险管理和投资投机需要、市场稳定性增加以及市场活跃度提升等优点相关。

四、中国碳金融市场的创新实践

相较于欧美，我国碳金融市场建设开始较晚，碳市场至今的金融化程度也较低。作为重要的发展中国家，我国早期主要以 CDM 的形式参与成熟的国际碳交易，随着全球气候治理形势的变化和我国自身发展的要求，我国开始建立碳排放交易体系。我国采用从试点到全国循序渐进的碳金融市场建设思路。

（一）发展历程

2011 年 10 月《关于开展碳排放权交易试点工作的通知》标志着我国碳排放权交易市场建立的开端。我国碳金融市场建设可大致分为两个阶段。第一阶段为试点阶段（2011 年至 2021 年），通过在北京市、天津市、上海市、重庆市、广东省、湖北省、深圳市以及福建等八个省市设立碳排放权交易试点，初步积累碳市场建设经验。第二阶段为全国性碳排放交易体系建设阶段（2021 年至今），进一步完善碳排放交易体系并逐步扩大碳市场覆盖范围。虽然受金融市场成熟度限制，我国碳市场诞生伊始并没有成熟完备的金融体系作为碳金融化支持，但我国碳交易体系都没有停止对碳金融工具运用的探索，碳金融市场也逐步发展。

（二）市场现状

2020 年生态环境部通过的《碳排放权交易管理办法（试行）》，对全国碳排放权交易及相关活动，包括碳排放配额分配和清缴，碳排放权登记、交易、结算，温室气体排放报告与核查等活动，以及对前述活动的监督管理。我国的碳排放权交易市场目前只涉及发电行业，未来预计覆盖发电、石化、化工、建材、钢铁、有色金属、造纸和国内民用航空等八大行业，[①] 交易产品为碳排放配额（CEA）。碳排放总量为生态环境部基于历史法统一制定，并分配给各省份，再由各省份生态环境主管部门向重点排放单位也就是控排企业分配。目前我国的碳配额分配仍以免费配额方法为主，预计未来适时引入拍卖机制等有偿分配模式。值得注意的是，与欧美基于总量的碳市场不同，我国是全球首个基于碳强度配额的碳市场，这一选择充分考虑了我国发展中国家的基本国情和现实需要，也为世界其他国家碳排放交易体系的构建尝试提供了新的可能。未来将采用排放基准结合修正系数替代历史核算法企业配额。

我国碳排放权交易体系全貌如图 1 所示。目前我国碳排放交易体系由上海环境能源交易所和武汉全国碳排放权注册登记系统构成，监管职责主要由各级生态环境部门承担，对企业的监管秉持"双随机、一公开"原则。[②] 允许重点排放单位、机构和个人参与交易，其中重点排放单位是指属于全国碳排放权交易市场覆盖行业（目前仅限于电力部门的 2225 家发电企业）且年度温室气体排放量达到 2.6 万吨 CO_2 当量的企业，纳入全国碳排放权交易市场的控排企业，不再参与地方试点碳市场。在全国碳排放权交易市场中重点

---

① 转引自中国国际环境与发展国际合作委员会（简称"国合会"）核心专家组成员张建宇 2021 年 1 月 6 日采访。

② "双随机、一公开"，就是指在监管过程中随机抽取检查对象，随机选派执法检查人员，抽查情况及查处结果及时向社会公开。

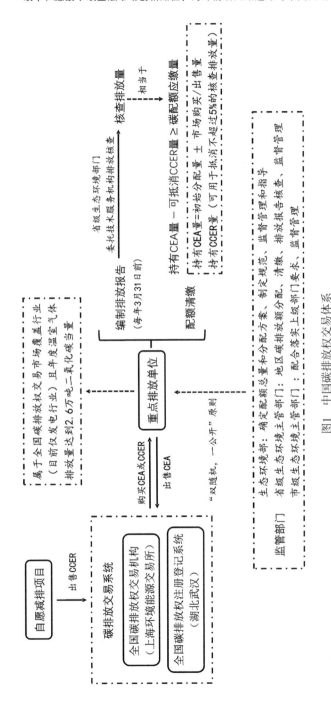

图1 中国碳排放权交易体系

排放单位可以根据实际情况出售富余的碳配额或按需购入碳排放配额（CEA），① 或购买符合条件的基于自愿减排项目的国家核证自愿减排量（CCER）。

重点控排企业每年需要完成排放报告的编制和配额清缴两项工作。每年 3 月 31 日前，控排企业向省级生态环境部门提交排放报告，由省级生态环境部门委托技术服务机构对报告列示的排放量进行核查，最终确认的排放量作为履行配额清缴义务的依据。年度配额清缴时，企业应保证持有的 CEA 量在抵消 CCER 数量后的净碳配额数量大于或等于碳配额应缴数量。否则将被责令限期改正并面临罚款以及等量核减下一年度碳排放配额等惩罚。但我国目前基于历史法实行配额免费分配，往往是配额分配偏多，[56]市场交易较为清淡。但我国尚未建立起有效的企业层面 MRV 机制，而防止核查机构利益冲突、对于核查机构进行抽查以及对于历史排放数据的核查至关重要，实践中应进一步提高核算的准确性并防止造假或共谋情况发生。[57]

五、结论与建议

随着人类活动对气候变化的影响日益显现，国际社会对气候变化也日益重视，随着国际气候治理行动和各国气候政策的提出和发展，至今绝大部分国家已提出碳目标，并基本建立了内部气候治理体系。从气候治理先行者欧盟、排污权交易系统的开创者美国以及双碳目标的提出者中国来看，各国碳目标实现方案均将碳金融市场的建立放在核心地位。这是由于碳金融市场相较于纯行政手段成本更低且效率更高。根据外部性理论、比较优势理论以及稀缺性理论，在产权界定明确、碳目标清晰且具有威信力的情况下碳金融市场会在具有环境成本差异的个体间自发产生，从而产生源源不断的

---

① 碳排放配额交易以"每吨 CO_2 当量价格"为计价单位，买卖申报量的最小变动计量为 1 吨 CO_2 当量，申报价格的最小变动计量为 0.01 元人民币。转引自上海环境能源交易所。https：//www.cneeex.com/c/2021-07-16/491306.shtml。

交易动力。从欧盟和美国两大海外主要碳金融市场的建立路径及前瞻后发现，国际碳市场机制的完善主要从市场覆盖范围进一步扩大，配额总量确定和分配机制完善、建立价格稳定机制、建立碳泄漏防范机制等方面开展。结合我国的具体国情，加快碳交易体系与金融市场结合以及推进碳信用产品对探索也是发展重要方向。同时，碳定价在碳金融体系中的作用也不容忽视，一方面碳金融市场本身就会通过配额交易和碳金融衍生品的交易产生碳定价结果，以较低的成本向社会层面传递气候变化的动态实时经济成本，从而获得市场碳信号，另一方面，政府和企业也可以通过市场碳信号进行内部决策，也就是通过比较内部碳定价和市场碳定价完成内部决策。

我国碳交易体系最大的特征是基于碳强度进行配额且构建历程具有从试点到全国且由政府主导的特点。当前我国碳市场总体与第一阶段的 EU ETS，二级市场的金融化程度不高，主要以现货交易为主。自 2021 年 7 月全国碳排放交易系统正式上线，CEA 市场活跃度逐步提高，量价齐升，但距离成熟碳交易市场仍有较大差距。接下来从碳金融市场建设和碳定价体系完善两方面为我国碳金融体系的完善和碳目标实现提出政策建议。

1. 进一步完善市场基础制度

逐渐稳步扩大控排范围。根据欧盟碳金融体系建设经验，逐渐扩大市场覆盖行业范围的同时进行有效的配额总量管控。虽然我国建设的是基于碳强度的碳市场，但在配额核算方法的选择上也可以参考 EU ETS 逐渐增加使用的基准法，以进行更科学有效的管理，防止配额过剩带来的交易冷淡。

适时引入有偿配额分配模式。在分配机制方面，目前采用免费配额为主的分配方式，以实现企业环境成本内化的平稳过渡，适时引入拍卖等有偿配额分配模式替代免费配额以提高企业排放成本，从根本上影响企业投资决策，并提供政府绿色技术补贴资金来源，双管齐下实现自下而上的经济绿色发展。

积极探索建立价格稳定机制。稳定的碳价是碳市场发挥有效资源配置功能的前提，也是碳市场面对外部冲击正常运转的前提，无论是欧盟的 MSR 稳定储备还是美国的"CCR＋ECR 双阈值"机制，都体现出通过动态调节流通中碳配额数量实现碳价稳定的思路。基于此，我国也应当建立基于供需调节的价格稳定机制，通过政策支撑，避免市场周期波动和经济压力等原因造成的供需单边过剩。

建立碳泄漏防范机制。由于提高了企业环境成本，减排措施的实施不可避免地会面对碳泄漏问题，出于对内部企业竞争力的保护，有必要建立有效的碳泄漏防范机制。我国碳泄漏防范问题应从两方面入手，一方面是向海外的碳泄漏，可以借鉴欧盟经验，对碳泄漏高风险行业进行针对性补贴或者发放免费配额，以平衡海内外企业竞争态势，也可以采用碳关税等财政措施，提高海外产品成本。另一方面是国内不同地区间的碳泄漏，不同区域的碳交易系统之间可能会由于碳价和政策的差异带来区域间碳泄漏以及环境套利的可能，加快完善统一的全国碳排放权交易体系，防止区域间碳泄漏。

2. 完善中国特色碳金融体系

与欧美不同，我国在碳交易市场建立之初并没有成熟完备的金融体系，我国碳金融体系建设不仅需要完成碳交易市场与金融市场的结合，还需要兼顾金融体系自身的发展。仅依靠重点企业控排需要带来的市场流动性和交易量毕竟有限，金融化可以通过引入具有投资或投机需要的投资者补充市场流动性，也能满足市场参与者风险管理的需要，并极大地提高我国碳交易市场的碳定价能力。可以借鉴美国在金融危机中提出的"绿色经济复兴计划"的思路，积极推动绿色金融、转型金融市场的发展，提高经济系统的气候风险抵御能力、风险分散能力。

推动碳金融衍生品市场建设。缺乏成熟的碳金融衍生产品是我国碳交易市场活跃程度较低的重要原因之一，自 2013 年我国第一个区域性碳交易试点开始运行至今，我国碳金融衍生品大多只停留在探索发展阶段，与欧美碳金融衍生品相比交易规模较小，允许的交易产品种类也较少。未来在碳市场建设过程中可以逐步尝试开发和完善碳远期、碳期货、碳期权以及碳互换等基础金融衍生交易工具，碳债券、碳基金、碳信托等气候融资工具，以及碳指数、碳保险等支持工具，以提高碳金融市场的活跃程度，更好的发挥市场碳定价功能，提高整个金融体系的气候韧性。

探索碳信用产品的中国化发展。国际碳信用市场的成功建设经验以及碳市场矫正负外部性的激励补贴手段都证明碳信用市场对于碳金融体系建设不可或缺。2012 年我国发改委发布《温室气体自愿减排交易管理暂行办法》，推出了我国基于自愿减排项目的国家核证资源减排量（China Certified Emission Reduction，CCER）的碳信用产品，奠定了以 CEA 交易为主，CCER 为补充的碳交易体系。虽然 2017 年考虑到项目规范性不足以及交易规模较小等因素，CCER 新项目暂缓备案，但这也导致我国具有体量较大的潜在碳信用项目。考虑到 CCER 更高的经济效益以及对市场负外部性矫正的能力，我国可以逐渐恢复以 CCER 为核心的碳信用市场的建设模式，尤其是国际碳信用中占比较大而目前我国规模仍较小的林业碳汇 CCER。

3. 建立科学的碳定价体系

全球碳金融市场的建设几乎都围绕获取有效合理的碳定价展开，这也是碳金融市场在资源配置中发挥关键作用的基础。通过有效的碳定价，温室气体排放带来的直接或间接环境成本和经济损失可以转嫁给排放主体，而面对碳价信号，碳排放主体也可以采取减排措施或继续排放并为之付费。借助碳信号功能，碳定价可以提高能源和工业部门的效率，为政府提供环境收入，进而为经济转型和复苏提供动力，而充分成熟的碳市场还可以通过碳价变动向政策制定者传递市场预期波动，并依据需要作为气候政策的传导工具。

随着我国碳金融市场的逐步发展和完善，我国碳金融市场为核心的宏观碳定价体系将迎来巨大发展。市场碳定价的逐步成熟也意味着微观内部决策应当充分考虑气候风险的影响，应逐步推动内部碳定价方法在企业、金融机构以及政府等部门的应用。通过内部定价方法，企业可以更好地计算内部气候成本，以辅助投资决策；政府可以综合考虑碳排放的社会成本、国家碳目标的减排成本以及对未来碳价的预期，作为项目评估和政策制定的参考；而金融机构也可以利用内部碳价进行资产配置和项目组合，以降低其资产面对气候的脆弱性。通过宏观市场碳定价与微观内部碳定价并行，充分实现碳金融市场的资源作用，推动经济绿色循环发展。

参考文献

[1] Houghton J T, Jenkins G J, Ephraums J J. Climate change：the IPCC scientific assessment[J]. American Scientist；（United States），1990，80（6）.

[2] Wara M. Is the global carbon market working？[J]. Nature，2007，445（7128）：595-596.

[3] Yang J, Luo P. Review on international comparison of carbon financial market[J]. Green Finance，2020，2（1）：55-74.

[4] 韩国文，陆菊春：《碳金融研究及其评价》，《武汉大学学报（哲学社会科学版）》，2014 年第 2 期.

[5] 马占云等：《IPCC 第一工作组评估报告分析及建议》，《环境科学研究》。DOI：10.13198/j. issn. 1001-6929. 2022. 08. 08.

[6] 吴鹏，谷星月，王朋岭：《中国气候变化蓝皮书（2022）发布》，《中国气象报》2022 年 8 月 4 日，第 001 版.

[7] Manabe S, Smagorinsky J, Strickler R F. Simulated climatology of a general circulation model with a hydrological cycle[J]. Monthly Weather Review，1965，93：769-798.

[8] Hasselmann K. Multi-pattern fingerprint method for detection and attribution of climate change[J]. Climate dynamics，1997，13（9）：601-611.

[9] Hasselmann K. Optimal fingerprints for the detection of time-dependent climate change[J]. Journal of Climate，1993，6（10）：1957-1971.

[10] Hasselmann K. Stochastic climate models part I. Theory[J]. tellus，1976，28（6）：473-485.

[11] 罗勇：《气候变化归因：应对气候变化的科学基础——从诺奖得主克劳斯·哈塞尔曼谈起》，《物理》2022 年第 1 期。

[12]Mann M E, Zhang Z, Rutherford S, et al. Global signatures and dynamical origins of the Little Ice Age and Medieval Climate Anomaly[J]. Science, 2009, 326(5957): 1256-1260.

[13]Mann M E, Bradley R S, Hughes M K. Global-scale temperature patterns and climate forcing over the past six centuries [J]. Nature, 1998, 392(6678): 779-787.

[14]Neukom R, Steiger N, Gómez-Navarro J J, et al. No evidence for globally coherent warm and cold periods over the preindustrial Common Era[J]. Nature, 2019, 571(7766): 550-554.

[15]王遥, 刘倩:《碳金融市场：全球形势、发展前景及中国战略》,《国际金融研究》2010年第9期.

[16]Ren X, Shao Q, Zhong R. Nexus between green finance, non-fossil energy use, and carbon intensity: Empirical evidence from China based on a vector error correction model[J]. Journal of Cleaner Production, 2020, 277: 122844.

[17]Madaleno M, Dogan E, Taskin D. A step forward on sustainability: The nexus of environmental responsibility, green technology, clean energy and green finance[J]. Energy Economics, 2022, 109: 105945.

[18]《巴黎协定》评估与对策研究课题组:《〈巴黎协定〉主要内容解读与评估》,《中国智库经济观察》2016年.

[19]杜祥琬:《对碳达峰、碳中和的八点思考》, https://www.scimall.org.cn/article/detail? id=5558691, 2022年11月19日.

[20]陈新伟, 赵怀普:《欧盟气候变化政策的演变》,《国际展望》2011年第1期.

[21]Europe and global climate change: Politics, foreign policy and regional cooperation [M]. Edward Elgar Publishing, 2007. (p.41.).

[22]European Commission. Report on the Functioning of the European Carbon Market, [M] 2021. (p.44).

[23]张莉:《美国气候变化政策演变特征和奥巴马政府气候变化政

策走向》，《国际展望》2011 年第 1 期。

［24］马元：《克林顿总统宣布美国气候变化行动计划》，《全球科技经济瞭望》1994 年 4 期。

［25］Feng K，Davis S J，Sun L，et al. Drivers of the US CO_2 emissions 1997-2013［J］. Nature communications，2015，6（1）：1-8.

［26］柴麒敏等：《特朗普"去气候化"政策对全球气候治理的影响》，《中国人口·资源与环境》2017 年 8 期。

［27］World Bank. State and Trends of Carbon Pricing 2021. World Bank Group，Washington DC：USA. 2022.

［28］黄晶：《从 21 世纪议程到 2030 议程——中国可持续发展战略实施历程回顾》，《可持续发展经济导刊》2019 年 Z2 期。

［29］Ruhnau，O.，How flexible electricity demand stabilizes wind and solar market values：the case of hydrogen electrolyzers. Appl. Energy 2022. 307，118194.

［30］Elsayed A H，Naifar N，Nasreen S，et al. Dependence structure and dynamic connectedness between green bonds and financial markets：Fresh insights from time-frequency analysis before and during COVID-19 pandemic［J］. Energy Economics，2022，107：105842.

［31］Aichele，R.，and G. Felbermayr. Kyoto and Carbon Leakage：An Empirical Analysis of the Carbon Content of Bilateral 80 Trade［J］. Review of Economics and Statistics，2015，97（1）：104-115.

［32］Dechezleprêtre，A.，C. Gennaioli，R. Martin，M. Muûls，and T. Stoerk. Searching for Carbon Leaks in Multinational Companies［J］. Journal of Environmental Economics and Management，2022，112：2-20

［33］Baranzini A，Van den Bergh J C J M，Carattini S，et al. Carbon pricing in climate policy：seven reasons，complementary instruments，and political economy considerations［J］. Wiley Interdisciplinary Reviews：Climate Change，2017，8（4）：e462.

[34] Boyce J K. Carbon pricing: effectiveness and equity[J]. Ecological Economics, 2018, 150: 52-61.

[35] Lang G, Lanz B. Climate policy without a price signal: Evidence on the implicit carbon price of energy efficiency in buildings[J]. Journal of Environmental Economics and Management, 2022, 111: 102560.

[36] Meade J E. External economies and diseconomies in a competitive situation[J]. The economic journal, 1952, 62(245): 54-67.

[37] Coase R H. The Problem of Social Cost [J]. Journal of Law and Economics, 1960, Vol 3(10), 1-44.

[38] Montgomery W D. Markets in licenses and efficient pollution control programs[J]. Journal of economic theory, 1972, 5(3): 395-418.

[39] Wang Q J, Wang H J, Chang C P. Environmental performance, green finance and green innovation: What's the long-run relationships among variables? [J]. Energy Economics, 2022, 110: 106004.

[40] Cevik S, Jalles J T. This changes everything: Climate shocks and sovereign bonds. [J]. Energy Economics, 2022, 107: 105856.

[41] Yousaf I, Suleman M T, Demirer R. Green investments: A luxury good or a financial necessity? [J]. Energy Economics, 2022, 105: 105745.

[42] Kohlscheen E, Moessner R, E Takáts. Effects of Carbon Pricing and Other Climate Policies on CO_2 Emissions[J]. CESifo Working Paper Series, 2021.

[43] Pigou A. The economics of welfare[M]. Routledge, 2017.

[44] [美] 兰德尔：《资源经济学》，商务印书馆 1989 年版，第 155 页。

[45] Stern N. The Economics of Climate Change: The Stern Review [M]. Cambridge, UK: Cambridge University Press, 2006(p. viii, p. 23)

[46] Coase, R. H. The Problem of Social Cost. The Journal of Law and

Economics，2006，3，1-44.

［47］Dales J H. Pollution, property & prices：an essay in policy-making and economics［M］. Edward Elgar Publishing，2002.

［48］Montgomery W D. Markets in licenses and efficient pollution control programs ［J］. Journal of economic theory，1972，5（3）：395-418.

［49］Nordhaus W D. An optimal transition path for controlling greenhouse gases ［J］. Science，1992，258（5086）：1315-1319.

［50］Nordhaus W D，Yang Z L. A regional dynamic general-equilibrium model of alternative climate-change strategies ［J］. The American Economic Review，1996，86（4）：741-765

［51］［英］李嘉图：《政治经济学及赋税原理》，金城出版社有限公司 2020 年版.

［52］蔡宁，郭斌：《从环境资源稀缺性到可持续发展：西方环境经济理论的发展变迁》，《经济科学》，1996(06)：59-66.

［53］European Commission. EU emissions trading system［EB/OL］［2021-11-18］. https：//ec. europa. eu/clima/eu-action/euemissions-trading-system-eu-ets_en.

［54］Center for Climate and Energy Solutions. Regional Greenhouse Gas Initiative（RGGI）［EB/OL］. ［2022-10-12］. https：//www. c2es. org/content/regional-greenhouse-gas-initiative-rggi/.

［55］WCI. Program design and implementation［EB/OL］. ［2022-10-16］. https：//wci-inc. org/our-work/program-design-and-implementation/.

［56］齐绍洲，杨光星，《全国碳市场建设要充分发挥市场机制作用》，《光明日报》理论版，2016 年 2 月 4 日.

［57］Da Zhang, Qin Zhang, Shaozhou Qi, Jinpeng Huang, Valerie J. Karplus[*] and Xiliang Zhang[*], Integrity of firms'emissions reporting in China's early carbon markets, Nature：climate change, 2019(02).

数字经济、数字规则及其对全球价值链分工影响前沿研究动态[*]

张天顶　龚　同[**]

摘　要：本文系统评述了数字经济、数字规则的发展历程及其对全球价值链分工的影响的研究成果。首先梳理了数字经济的内涵与概念范畴，比较了测度数字经济规模的不同方法，并揭示了数字经济发展中所出现的数字鸿沟现象。从国内和国际两个方面对数字规则的发展进行了总结，并重点比较了数字规则中的跨境数据流动规则。随后分别总结了数字经济和数字规则对全球价值链分工的影响机制。这些研究对于我们探寻如何发展数字经济并参与数字规则的制定以应对全球价值链分工变化具有重要的借鉴意义。

关键词：数字经济、数字规则、全球价值链分工

一、引言

进入 21 世纪以来，以电子计算机和互联网为代表的数字技术发展日新月异，数字技术作为新一代信息技术在产业领域中的应用，正在推动全球价值链和产业链的重塑和升级，也萌生了一种新

　＊　本文为武汉大学自主科研项目(人文社会科学)研究成果，得到"中央高校基本科研业务费专项资金"资助。

　＊＊　张天顶，武汉大学经济与管理学院教授、博士生导师；龚同，武汉大学经济与管理学院博士研究生。

的经济模式——数字经济。在 2016 年的《二十国集团数字经济发展与合作倡议》中，数字经济被定义为以使用数字化的知识和信息作为关键生产要素、以现代信息网络作为重要载体、以信息通信技术的有效使用作为效率提升和经济结构优化的重要推动力的一系列经济活动。数字贸易占全球贸易的比例连年上升，数字经济已经成为了推动全球经济发展的主要驱力之一。根据联合国贸易和发展会议（UNCTAD）给出的估计数据，2020 年全球电子商务与数字贸易规模已达到了 25.6 万亿美元。数字经济的共建性与共享性特征给全球生产分工带来了新的变化，数字全球化背景下的国际生产分工得到了进一步细化，数字经济通过影响贸易成本和各国的比较优势改变全球价值链的生产布局模式。全球数字经济发展的不平衡性也导致了新的问题：那些数字后发经济体由于数字技术的落后，缺乏将数字技术转化为生产力的能力，在数字全球化的过程中逐步沦为了发达国家的原始数据提供国。数字经济的发展对于全球价值链分工的影响是一把双刃剑，一方面随着数字经济渗透到各行各业，改变了全球价值链生产分工的模式；另一方面，如果无法解决数字鸿沟等发展不平衡问题，数字经济将进一步拉大发达国家与发展中国家在全球价值链中分工地位的差距，并使发展中国家陷入"低端锁定"的困境。

面对快速发展的数字经济，目前全球尚未建立起全面完善的数字规则体系，世界贸易组织（WTO）制度框架下对数字贸易规则的"供给"严重不足，数字规则的发展远远落后于全球数字化进程。从数字规则的国内规制来看，欧美等发达国家作为数字先发经济体，由于数字经济的发展起步较早，较早地产生了对数字规则的需求，从而在数字规则治理中占据先发优势，并对其他国家产生了示范效应。发展中国家则由于缺乏相应的数字基础配套设施，在国内的数字规则治理上存在滞后。从数字规则的国际规制来看，全球化数字规则的形成主要依赖于区域贸易协定中的相关数字条款。根据 WTO 区域贸易协定数据库统计，截止 2022 年 9 月 30 日，全球已生效的区域贸易协定中共有 202 个涵盖了电子商务或数字经济相关条款。2020 年 6 月 12 日，新加坡、新西兰和智利三国共同签署了

《数字经济伙伴关系协定》(Digital Economy Partnership Agreement,简称 DEPA),该协议以电子商务便利化等方面为主要内容,构建了 16 个模块对数字经济的不同方面进行了规定,这也是全球第一份专门针对数字经济合作所签署的国际协定。随着《数字经济伙伴关系协定》的达成,标志着专业化的数字贸易协定将成为数字规则治理的新趋势,同时也昭示着世界各国对于数字规则的愈发重视。数字规则在全球价值链分工体系中扮演了关键的角色。数字规则通过协调数字贸易中的数字贸易壁垒,从而降低数字贸易的成本。然而,数字规则在发展过程中也同样面临着诸多问题,由于各方立场与发展地位的不平衡,各国对于跨境数据的流动与储存监管政策存在分歧,数据规则的割裂导致全球数字治理的碎片化,从而极大地影响到全球生产分工的运行效率。

本文接下来的内容安排如下:第二节介绍数字经济的内涵以及发展现状;第三节介绍数字规则的发展;第四节对数字经济影响全球价值链分工的研究动态进行梳理;第五节主要讨论数字规则对全球价值链分工的影响;第六节总结相关研究的未来展望。

二、数字经济内涵及发展的前沿动态

(一)数字经济的内涵

对于数字经济的相关研究最早起源于 20 世纪 90 年代,Tapscott(1996)首次提出了数字经济(digital economy)的概念,将其定义为一个广泛运用 ICT 技术的经济系统,这个系统由数字基础设施、电子商务以及运用 ICT 技术的各种交易模式所组成。[①] 数字经济的发展经历了信息经济、互联网经济与数字经济三种不同发展阶段,随着数字技术的不断发展并渗透到不同行业,数字经济的领域也在不断扩大。广义上的数字经济泛指所有包含数字化技术的经济活动,但是不同机构和学者对数字经济内涵的界定并不是完全相同的。

---

① Tapscott D. The digital economy: promise and peril in the age of networked intelligence [M]. New York: McGraw-Hill, 1996.

在 2016 年的 G20 峰会发布的《二十国集团数字经济发展与合作倡议》中，数字经济被定义为以数据为主要生产要素，以数字技术创新为核心驱动力，依托数字基础设施构建数字化平台实现数据的交互传递，促进经济结构优化与效率提升的经济活动总和。Bukht 和 Heeks（2018）将数字经济的内涵定义为部分经济产出全部或大部分来自以数字商品或服务为基础的商业模式，① 这包括了数字部门以及新兴的数字平台服务。UNCTAD（2019）将数字经济划分为三部分，分别为数字技术和数字基础设施、数字和信息技术部门以及其他数字化部门，② 其中数字技术和基础设施构成了数字经济的核心内容，驱动着数字经济的发展。从发展路径来看，数字经济内涵包括数字产业化和产业数字化两个方面，二者共同构成了数字经济的核心内容。从具体产业来看，数字产业化强调数字技术的产业化，包括信息通讯产业、电信业以及互联网行业等。产业数字化指数字技术在产业层面的应用，即利用数字技术对传统产业进行升级改造的过程，包括数字平台、智能制造等新兴的产业模式。

（二）数字经济规模测度的研究进展

随着对于数字经济研究的逐渐深入，部分研究将视角从概念定义转移到实证研究层面，此时对数字经济规模的测度成为了一切实证研究的基础，从而受到了统计机构以及一部分学者的重视。然而各机构与学者所测得的数字经济规模存在较大差异，这种差异一方面是由于测度方法不同。在具体的计算方法上，现有文献主要基于国民经济核算、数字增加值和构建数字经济卫星账户这三种方式对数字经济的规模展开计算。另一方面是由于不同学者对数字经济范围的界定存在差异，从而可能使得基于不同行业数据测度的数字经济规模差距较大。数字经济的范围随着数字技术的渗透不断动态发展。中国国家统计局发布的《数字经济及其核心产业统计分类

---

① Bukht R, Heeks R. Defining, conceptualising and measuring the digital economy [J]. International Organisations Research Journal, 2018, 13: 143-172.

② UNCTAD. Digital economy report 2019——value creation and capture: Implications for developing countries[R]. UNCTAD, 2019.

（2021）》将数字经济的产业范围划分为五个部分，分别为数字产品制造业、数字产品服务业、数字技术应用业、数字要素驱动业以及数字化效率提升业，至此，中国对数字产业的统计框架被正式确立。但是在现实的实证研究过程中，由于所获取的基础数据有限，不能对产品中的数字化内容进行单独的提炼，只能选取代表性的数字核心产品来尽量保证测度的准确性。对于数字行业的选取存在差异则是导致数字经济规模测度结果存在较大差异的主要原因之一（Marshall & Gabriel，2018）。①

在数字经济规模的国民经济核算方法上，现有研究主要通过生产法和支出法两种模式对数字经济的规模进行测度（Ahmad & Schreyer，2016；② Colecchia；De Panizza；Köksal-Oudot；Spiezia；Montagnier；Herrera-Gimenez；Serra-Vallejo & Bourassa，2014）。③ 在增加值测算研究方面，Porat & Rubin（1977）较早地提出使用增加值衡量数字经济的规模，④ 随后各研究机构也围绕增加值对数字经济的测算展开研究。OECD(2018)提出通过定义数字经济行业的范围，再计算数字行业的增加值来描述数字经济的发展规模。⑤ Dean、Digrande、Field、Lundmark、O'Day、Pineda & Zwillenberg（2016）通过计算得出 2016 年 G20 国家的数字经济规模达到了 4.2

① Marshall R., Gabriel Q. Measuring digital economy [M]. IMF Staff Report；Washington D. C, 2018.

② Ahmad N, Schreyer P. Measuring GDP in a digitalised economy [R]. OECD Publishing，2016.

③ Colecchia A, De Panizza A, Köksal-Oudot E, Spiezia V, Montagnier P, Herrera-Gimenez P, Serra-Vallejo C, Bourassa F. Measuring the digital economy：a new perspective [M]. OECD，2014.

④ Porat M U, Rubin M R. The information economy：definition and measurement [M]. Washington, D. C.：U. S. Department of Commerce，1977.

⑤ OECD. A Proposed framework for Digital Supply-Use Tables [EB/OL]. http：//www. oecd. org/officialdocuments/publicdisplaydocumentpdf/? cote = SDD/CSSP/WPNA(2018)3&Doc Language=En，2018.

万亿美元,① 其规模相当于全球经济体体量的第五位,仅次于美国、中国、日本和印度。Bukht & Heeks(2018)根据测算得出全球数字经济总量占全球 GDP 的 5% 和全球就业的 3%。Barefoot、Curtis、Jolliff、Nicholson 和 Omohundro(2018)对于数字经济增加值的测度为数字经济卫星账户的编制奠定了基础。② 卫星账户作为国民经济核算的辅助账户,主要用于核算国民经济中的特殊方面,而数字卫星账户的构建可以作为对数字经济规模测度的有效补充。国际机构中,OECD(2017)曾尝试构建数字经济卫星账户(Digital Economy Satellite Account,简记 DESA),其优势在于其可以更加准确地反映各行业从事数字经济生产的情况,③ 然而由于缺乏可用的基础数据,数字经济卫星账户的编制进程停滞不前。目前中国官方尚且没有编制数字经济卫星账户,并且对于数字经济卫星账户的研究还比较少,杨仲山和张美慧(2019)在 OECD 和其他欧美国家的研究基础之上提出了建设中国数字经济卫星账户的分析框架,④ 这对中国数字经济卫星账户的编制和完善具有借鉴意义。

除了上述几类主要方法以外,一部分研究还从数据价值的测度视角提出了测度数字经济规模的方法。OECD(2013)认为数字技术的渗透是导致数据价值难以测算的主要原因,当数字技术全面渗透到生产活动的方方面面时,数据的价值将难以估量,传统核算方法

---

① Dean D, Digrande S, Field D, Lundmark A, O'Day J, Pineda J, Zwillenberg P. The internet economy in the G20: The 4. 2 trillion growth opportunity [R]. The Boston Consulting Group, 2016.

② Barefoot K, Curtis D, Jolliff W, Nicholson J, Omohundro R. Defining and measuring the digital economy [R]. US Department of Commerce Bureau of Economic Analysis, Washington, DC, 2018.

③ OECD. OECD digital economy outlook 2017[M]. Pairs: OECD Publishing, 2017.

④ 杨仲山,张美慧:《数字经济卫星账户:国际经验及中国编制方案的设计》,《统计研究》2019 年第 5 期。

将极大地低估数字经济的价值。① 尽管数据作为数字经济的核心要素，但由于数据的价值难以精确度量，对于数据价值的测度研究目前还比较少。Nguyen & Paczos（2020）对数据的经济价值和跨境数据的流动进行了测量，但是目前对于数据价值的测度还不够成熟。② 目前常用的做法是使用国际互联网宽度的使用量衡量数据规模的大小，但这种做法无法对数据的流向进行考察（UNCTAD，2021）。③ 除了以上直接核算方法，一些国际组织和机构也尝试通过建立综合性指标来间接测算数字经济的规模，例如欧盟提出的数字经济与社会指数（Digital Economy and Society Index，DESI）和OECD 提出的数字经济指数等都从一定程度上衡量了数字经济的规模，这些指数都已成为比较各国数字规模大小的有力工具。

(三)数字经济发展中的"数字鸿沟"

数字鸿沟（Digital Divide）既是造成数字发展不平衡的主要原因，也是数字发展不平衡的内涵之一。数字鸿沟指在数字化发展的过程中，国家、区域和个体之间因为对数字技术的拥有程度和使用与获利能力存在差异，最终导致的两极分化问题。数字鸿沟可以被分为接入鸿沟、使用鸿沟和获益鸿沟三种类型。"接入鸿沟"指因为一部分人可以接入数字技术，另一部分人无法接入数字技术所导致的在信息可及性层面的差异。这一鸿沟更多地体现为互联网、计算机设备等硬件条件的差异。"使用鸿沟"指随着信息通信成本的下降、互联网的普及，"接入鸿沟"不再难以逾越，但与此同时，因为数字技术使用的差异而导致的"使用鸿沟"开始凸显，具体表现为是否掌握使用数字技术的知识、数字技术的使用广度和使用深

---

① OECD. Exploring the economics of personal data：A survey of methodologies for measuring monetary value［R］. OECD Digital Economy Papers，No. 220，OECD Publishing，Paris，2013.

② Nguyen D，Paczos M. Measuring the economic value of data and cross-border data flows［R］. OECD Digital Economy Papers，2020.

③ UNCTAD. Digital economy report 2021 cross-border data flows and development：For whom the data flow［R］. 2021.

度等（Burri，2012）。① 目前发达国家与发展中国家之间还存在着很深的数字鸿沟（UNCTAD，2021）。

由于数字鸿沟的定义尚未统一，因此基于数字鸿沟的不同侧重方向存在着多种衡量方法。目前主流的测度方法包括直接与间接差距法、基尼系数法以及指数法。直接与间接差距法通过比较不同指标的绝对与相对差距来衡量数据鸿沟，因为比较简单而被广泛运用到对数字鸿沟的研究中。基尼系数法基于统计学视角给出了数字鸿沟的内涵解释，使用各经济体在某指标上的发展不平衡性来表示数字鸿沟的大小。指数法则是通过综合各级指标并进行赋权来比较各经济体在指数上的差异性。目前国际机构与组织已经构建了一系列信息化指标来刻画各国数字技术发展的层次，从而我们可以借此比较各国之间的数字发展鸿沟。世界经济论坛（WET）的《全球信息科技报告》提出了网络就绪指数（Networked Readiness Index，简记 NRI）衡量各经济体利用信息和通信技术推动社会经济发展和提升竞争力的成效。网络就绪指数是一个多维度的指标，根据数字技术发展的不同维度可以分为四个方面，分别是：①技术（Technology），技术作为数字经济的核心，这是一个国家参与全球经济的必要条件。②人员（People），通过衡量一国的人员与组织使用数字技术的情况来反映一国数字技术的技术可用性与发展水平。③管理（Governance），用于比较个人和企业在数字经济背景下所面临的监管安全性和数字包容性。④影响（Impact），衡量数字技术如何在现实中改善社会福祉并促进经济增长。国际电信联盟（ITU）提供了互联网发展指数（Internet Development Index，简记 IDI），同样用于衡量各国的数字技术发展水平。类似于网络就绪指数，该指标同时考虑了信息技术的接入、使用与技能三个维度。除此之外，Aaronson & Leblond（2018）指出还存在着一种新型的数字鸿

① Burri M. The global digital divide as impeded access to content［M］. Cambridge University Press，2012.

沟——数据鸿沟。① 数字经济是一个建立在跨境数据流上的新型经济模式，而目前对于数据的监管存在着分歧，并在美国、欧盟和中国三个数据巨头与其规则的追随者之间产生了一道新的"数据鸿沟"。相比较于一般性的数字鸿沟，数据鸿沟产生的影响则需要借助数字规则的谈判来消除。

三、数字规则发展的前沿动态

(一)数字规则的内涵与类别

对于数字规则的研究主要从数字规则的国内规制和数字规则的全球性谈判两个方面展开。数字规则的国内规制指的是各国国内通过建立相应的法律制度促进数字经济运行和发展的制度性安排；而数字规则的全球性谈判包括在 WTO 体系下的多边数字规则谈判以及在 RTA 体系下的区域性数字规则谈判。

在有关国内数字规则的研究中，国内外学者提出了一系列指标用于衡量各国对于数字贸易的规制程度。欧洲国际政治经济中心(ECIPE)提出了数字贸易限制指数(Digital Trade Restrictiveness Index，简记 DTRI)(Ferracane、Lee-Makiyama 和 van der Marel，2018)。② 该指标从财政限制、市场准入与数据限制等四个一级指标对各国对于数字贸易的限制规则程度进行了衡量。Ferencz(2019)从基础设施连通性、电子交易、支付系统、知识产权以及其他项目共五方面政策领域构建了数字服务贸易限制指数(Digital Service Trade Restrictiveness Index，简记 DSTRI)，③ 该指数常被用

---

① Aaronson S A, Leblond P. Another digital divide: The rise of data realms and its implications for the WTO [J]. Journal of International Economic Law, 2018, 21 (2): 245-272.

② Ferracane M F, Lee-Makiyama H, Van Der Marel E. Digital trade restrictiveness index [R]. European Center for International Political Economy, Brussels: ECIPE, 2018.

③ Ferencz J. The OECD digital services trade restrictiveness index [R]. OECD Trade Policy Paper, 2019.

于衡量各国国内对数字服务贸易的规制措施，取值范围为[0，1]，数值越高说明对该国对于数字贸易投资的开放程度越低，数字服务贸易限制指数显示限制指数较高的国家均为发展中国家。

在实际研究中，数字规则更多是指数字规则在国际范围内的协商与制定，国际数字规则的谈判过程体现了各国数字监管模式的竞合。国际数字规则最早起源于电子商务规则，随着数字技术逐渐渗透到经济的各个领域，电子商务概念已无法从内涵和范围覆盖数字经济，专门的数字经济规则开始逐步取代电子商务规则。数字规则谈判在 WTO 的多边层面和 RTA 的区域层面下同时进行。在多边层面，数字规则主要依托于 WTO 框架下的数字规则谈判。WTO 的《关税及贸易总协定》（GATT）、《服务贸易总协定》（GATS）、《与贸易有关的知识产权协议》（TRIPS）等现有协定均能够通过在现有规则上进行扩展对数字经济加以监管。2017 年 WTO 达成了《电子商务联合声明》，目前已有 86 个成员参与其中，各方提出的众多提案在关税、数据、隐私及安全方面面临着利益的冲突，持有不同的立场，导致难以形成统一的数字规则（Neeraj，2019）。① 目前多边层面的数字规则谈判陷入了困境，产生分歧的原因主要是多边框架下各国在数字技术、数字贸易利益、国内数字治理规则和其他非经济因素等方面难以达成一致（Meltzer，2019）。② 相比较下，区域层面的数字规则在 WTO 多边电子商务谈判停滞不前时快速推动着数字规则的发展。Wunsch-Vincent 和 Hold（2012）③认为由于 WTO 多边框架无法根本解决以上矛盾，目前数字规则的谈判只能依赖于区域贸易协定。目前区域范围的数字贸易规则治理存在开展贸易协定谈判和制定非约束性原则两条路径，2020 年签订的 RCEP 和 DEPA

① Neeraj R S. Trade rules for the digital economy：charting new waters at the WTO [J]. World Trade Review，2019，18(S1)：S121-S141.

② Meltzer J P. Governing digital trade [J]. World Trade Review，2019，18 (S1)：S23-S48.

③ Wunsch-Vincent S，Hold A. Towards coherent rules for digital trade：building on efforts in multilateral versus preferential trade negotiations [M]. New York：Cambridge University Press. 2012.

则分别代表了这两种治理模式。

鉴于 RTA 框架下数字规则谈判的火热开展，一些机构和学者对区域性数字贸易规则进行了文本分析，为相应的实证研究提供了数据基础。Burri 和 Polanco（2020）单独构建了一个关于数字贸易规则的数据库——TAPED（Trade Agreements Provisions on Electronic-commerce and Data）数据库，① 对区域贸易协定中与数字经济相关的条款进行了详细地整理与赋值评分，覆盖了自 2000 年以来达成的 340 余项自由贸易协定，并将与数字经济相关条款编码为 84 个小项，具体包含数字贸易、知识产权保护等方面。除此之外，为了便于和国际关系研究相联系，该数据库还对所有编码条款的合法化程度进行了评估，区分了"软"（soft）"混合"（mix）和"硬"（hard）承诺，以及每项协议中与数字贸易相关的条款和词语的数量，该数据库的出现为数字规则的研究提供了翔实的数据支撑。除了 TAPED 数据以外，Dür、Baccini 和 Elsig（2014）构建的 DESTA（Design of Trade Agreements）数据库同样对于自由贸易协定中的数字经济规则进行了分析。② 区别在于该数据库不仅仅是对于数字经济条款进行编码，也同样对其他深度规则进行了分类。由于数字经济的渗透性，数字经济的相关规则早已渗透至各方各面，因此基于 DESTA 数据库可以更加全面地对数字经济的相关规则展开分类讨论。以上两个数据库目前均被广泛地运用到对 RTA 框架下的数字规则量化研究中。

（二）数字规则发展现状

全球数字规则的发展主要呈现四大特征：第一，全球数字规则在 2000 年以来经历了较快的发展，不同数字规则在时空范围内交织在一起，部分数据监管规则存在冲突，使得全球数字规则呈现出

---

① Burri M, Polanco R. Digital trade provisions in preferential trade agreements: introducing a new dataset [J]. Journal of International Economic Law, 2020, 23(1): 187-220.

② Dür A, Baccini L, Elsig M. The design of international trade agreements: Introducing a new dataset [J]. The Review of International Organizations, 2014, 9(3): 353-375.

"意大利面条碗"现象；第二，随着数字规则的快速发展，数字规则之间发展的不平衡性正变得日益突出，具体体现在发达国家与发展中国家之间参与数字规则深度的差异；第三，各国在数字规则中的跨境数据监管模式方面存在着难以调和的矛盾，产生了"美式模板""欧式模板"等数据监管模式。第四，全球数字规则的发展呈现出路径依赖，数字规则网络的发展呈现出显著的外部性特征，一国对于数字经济的规制和政策将会对全球范围内所有其他国家产生深远影响。

1. 数字规则发展呈现"意大利面条碗"现象

"意大利面条碗"现象由 Bhagwati（1995）首次提出，指的是在特惠贸易协定框架下，各贸易协定中的原产地规则和优惠待遇交织在一起，从而形成了"剪不断理还乱"的复杂关系，就像是一碗搅在一起的意大利面一样。① 当下全球数字规则的治理主要依托区域贸易协定中的数字条款展开，区域贸易协定使得两个不同的数字贸易规则模板可以同时并存并展开竞争，同时由于各国在跨境数据规则存在立场上的冲突，对于跨境数据流动和数据本地化采取了不同的监管政策，使得数字贸易规则的"意大利面条碗"现象更加严重。

由于数字规则的发展呈现"意大利面条碗"现象，各数字规则之间存在羁绊与关联，于是部分学者尝试基于社会网络分析方法对数字规则错综复杂的关系进行研究。社会网络分析方法关注的重点是构成网络的节点以及连接节点与节点之间的关联关系，数字规则在网络中就像是连接国家间的一道桥梁，协调着国家之间的数字贸易往来。社会网络分析使用节点中心度、聚类系数等拓扑指标来衡量数字规则发展的结构性特征，并采用可视化的方式对全球数字规则的发展与演变进行直观的展示。Elsig 和 Klotz（2021a）测算了全球 RTA 中电子商务与数字贸易规则文本相似度，并根据文本分析的结果绘制了可视化网络图，可视化网络显示全球数字规则自

---

① Bhagwati, J. (1995). U.S. trade policy, the infatuation with free trade areas. In J. Bhagwati, & A. O. Krueger (Eds.), The dangerous drift to preferential trade agreements (pp. 1-18). American Enterprise Institute.

2000年以来逐步形成了以美国和欧盟为主导的复杂网络结构，同一模式下的电子商务条款之间存在一定的相似性，而不同模式下的电子商务条款之间存在着异质性。[①] Monteiro和Teh（2017）构建了Jaccard指标来反映数字规则之间的相似性，并据此绘制了可视化网络，研究结果显示全球区域贸易协定中的数字规则呈现出更加分散的社群分布，[②] 网络的枢纽包含了澳大利亚、加拿大、欧盟、中国、日本、拉丁美洲国家（墨西哥和哥伦比亚）、韩国、新西兰、新加坡和美国，但是只有少数几个国家，如澳大利亚、加拿大和美国，在各自的区域贸易协定中设置了相似的电子商务条款。例如，美国加入的区域贸易协定平均涵盖了12项常见的电子商务条款，但不同协议之间的相似性也存在着差异。该结果显示当通过规则文本进行分析时，全球数字规则的分群现象远比"美式模板"和"欧式模板"的分类要更复杂。

2. 数字规则发展的不平衡性

数字贸易规则的发展不仅存在着严重的"意大利面条碗"现象，并且在条款的深度上存在明显的差异性。这种差异性体现在发达经济体与发展中经济体之间以及不同数字条款之间，这种不平衡性在很大程度上阻碍了数字规则在全球数字经济治理中所发挥的作用。为了更好地研究数字规则发展的不平衡性，不同学者和机构通过构建一系列综合指标来对数字规则深度的不平衡性进行测度。

Elsig和Klotz（2021a）基于TAPED数据库对数字规则进行了指标构建，分别建立了范围、深度、灵活度、消费者保护、非歧视原则以及监管合作六个子指标来反映不同数字规则之间的差异。范围（scope）主要反映了各数字规则对于数据条款的关注程度，具体分为两种：第一种（scope1）用电子商务章节中的单词数来进行衡量，第二种（scope2）使用电子商务章节中的条款个数来衡量。深度（depth）

[①] Elsig M, Klotz S. Data flow-related provisions in preferential trade agreements: Trends and patterns of diffusion [M]. Cambridge University Press, 2021.

[②] Monteiro J-A, Teh R. Provisions on electronic commerce in regional trade agreements [R]. WTO Staff Working Papers, 2017.

指标类似于现有研究自由贸易协定的深度性指标，作者通过衡量数字规则中对于相应条款的承诺范围来制定该指标，具体涵盖了 17 个用于促进贸易的规则。灵活度（flexibility）通过测度协议文本中的 8 项灵活性承诺以衡量数字规则的灵活性，Baccini、Dür 和 Elsig（2015）的研究也表明更深层次的数字规则也更加灵活。① 消费者保护（Consumer protection）衡量了数字规则对消费者利益的保护程度，包涵与数据保护、数据本地化措施等相关的个人权利要素。非歧视原则（Non-discrimination）用于衡量数字规则的制定者在非歧视条款上的重视程度。监管合作（Regulatory cooperation）代表了条约文本中预计的监管合作程度。最终作者梳理出了 99 个至少包含一条数据规则的区域贸易协定。通过分别对六个子指标的动态比较发现，全球数字规则的广度和深度是在不断提升的，同时各数字规则的发展也展露出显著的不平衡性，例如，scope1 指标的最小值为 17，而最大值高达 3206，为最小值的 188 倍之多，这表明当区分数字规则的异质性时，各规则之间存在显著差异。

Monteiro 和 Teh（2017）对区域贸易协定中的电子商务条款进行了详细的分析，研究发现，区域贸易协定中涵盖了电子商务条款的比例逐年上升，在 21 世纪初数字规则发展刚起步阶段，新增 RTA 中覆盖数字规则条款的比例仅在 20% 左右，而到了 2010 年以后，新增的 RTA 中有超过半数均对数字经济方面进行了专门的条款规定，这说明数字规则正在区域经济治理层面逐渐普及。作者还用电子商务条款的数量来衡量数字规则的深度，通过绘制散点图发现数字规则深度在南北国家之间存在显著差异：发达经济体达成的数字规则深度要远高于发展中经济体，除此之外发达经济体参与数字条款的绝对数量也要高于发展中经济体。Burri 和 Polanco（2020）对 2000—2019 年达成的 184 项与数字贸易相关的区域贸易协定进行了研究，这其中包含 108 项涵盖了电子商务条款的贸易协定。研究

---

① Baccini L, Dür A, Elsig M. The politics of trade agreement design: revisiting the depth-flexibility nexus [J]. International Studies Quarterly, 2015, 59（4）: 765-775.

发现尽管新增数字贸易规则中覆盖的条款数量和内容随着时间的推移越来越丰富，但是在不同的数字贸易规则下依然存在较大的差别。

3. 跨境数据监管模式存在分歧

数字化时代下，大数据作为新的生产要素，被称为"21 世纪的石油"。数据传输的速度收到监管政策的影响，因此数字规则需要对跨境数据的传输进行监管（Janow 和 Mavroidis，2019）。① 围绕数据的跨境流动规则一直是数字规则所争夺的焦点议题。第一个关于跨境数据流动的数字规则出现在 2000 年的约旦—美国自由贸易协定（JOR-USA FTA）中，协议中强调要继续保持信息的自由流动，但是协定没有在这方面列出明确的规定。而第一个对跨境数据流动存在约束力条款的自由贸易协定是 2014 年墨西哥—巴拿马自由贸易协定（MEX-PAN FTA），该协定规定缔约方的个人与另一方在相关法律与国际惯例的情况下从其领土向其领土传递数据信息。然而在数字规则的谈判过程中，各国对数字贸易过程中存在的数字贸易壁垒等其他问题使全球范围内的数字贸易规则制定还存在争议，这导致全球数字贸易规则无法形成有机整体，各国数字规则无法对接，从而给世界数字经济的治理与发展带来了诸多的负面影响（Aaronson，2018）。②

现有文献在研究全球数字规则时主要围绕区域与双边层面的数字贸易规则中的"美式模板"与"欧式模板"展开研究，不同模板之间的核心议题冲突集中在跨境数据流动和数据本地化领域。以美国为代表所推崇的"美式模板"一般包含电子商务、跨境服务贸易以及信息技术合作几个章节。2005 年的欧盟—智利自由贸易协定（EU-CHL FTA）是欧盟达成的第一个包含了大量数字贸易条款的自由贸易协定。"欧式模板"同样强调跨境数据的流动，但与美式模

---

① Janow M E，Mavroidis P C. Digital trade，e-commerce，the WTO and regional frameworks [J]. World Trade Review，2019，18(S1)：S1-S7.

② Aaronson S A. What are we talking about when we talk about digital protectionism? [J]. World Trade Review，2019，18(4)：541-577.

板的最大不同在于欧式模板更加注重对于隐私的保护（Willemyns，2020）。① 与美式模板相比，欧盟所倡导的欧式模板在"视听例外"和"隐私保护"等传统立场上态度坚定，对于跨境数据流动中的隐私保护问题也使得有些谈判难以进行下去，这导致欧式模板的广泛应用存在难度。此外，欧式模板会根据缔约伙伴的不同采取灵活态度来制定数字规则，这一点与美式模板存在明显差异，因此欧式模板没有形成相应的规则文本体系来对其签署的数字条款达成规范。总体来看，数字贸易规则的欧式模板还处于发展和完善中。除了美式模板和欧式模板，中国所提出的"中式模板"则更加注重网络安全，对于数据的完全自由流动基本持反对态度，但是目前中式模板尚且没有形成确切的文本范式，内容主要以倡议为主，和欧美相比，中国的数字规则治理还面临着较长的发展道路。

Ferracane 和 van der Marel（2021）对各国对数据的监管模式进行了分类，将全球共 116 个国家（地区）在跨境数据流动和数据本地化上的立场分为了三类。② 其中在数据监管模式上持有条件开放式模式（Conditional Transfers and Processing Model）的国家占比最大，在跨境数据流动和数据本地化中的比例分别达到了 57% 和 65%；而持有限制式监管模式（Limited Transfers and Processing Model）的国家占比最小，在跨境数据流动和数据本地化中的比例分别达到了 9% 和 10%。研究还发现与具有不同数据监管模式的国家相比，具有相同数据监管模式的国家之间存在更多的数字服务贸易，且这种影响在信息通讯部门的数字服务贸易上最为显著。

4. 数字规则治理的路径依赖

数字经济体系下的个体具有相互关联性和高度的依赖性，这意味着各国在数字领域的政策可能会对其他国家产生溢出效应

① Willemyns I. Agreement forthcoming? A comparison of EU，US，and Chinese RTAs in times of plurilateral E-Commerce Negotiations ［J］. Journal of International Economic Law，2020，23（1）：221-244.

② Ferracane M F，Van Der Marel E. Regulating personal data：data models and digital services trade ［R］. World Bank Policy Research Working Papers，2021.

（UNCTAD，2021）。数字先发经济体的数字治理存在示范效应，先达成的数字规则对后达成的数字规则将会产生重要的影响作用。数字规则治理呈现出显著的外部性特征，一国对于数字经济的规制和政策将会对全球范围内所有其他国家产生深远影响。而在区域贸易协定框架下，RTA 中的数字条款也会对其他缔约国产生政策的溢出效应（Bown，2017）。① 对于数字治理的路径依赖研究主要基于文本分析方法，由于文本相似度可以有效地反映数字规则设计上的趋势与差异性，由此构建的文本相似系数也可以避免如何从大量数字规则指标中选取合适的变量来反映规则差异这一问题（Alschner 和 Skougarevskiy，2016）。② Elsig 和 Klotz（2021a）使用文本分析对特惠贸易协定中的电子商务与跨境数据流动条款的相似性进行了研究，并使用热力图直观展示了不同数字规则的文本相似度。结果发现区域贸易协定中的数字规则是呈现集群分布的，集群范围以内的数字规则呈现出文本模式的相似性，而不同集群之间的数字规则存在相当大的差别。全球数字规则大体分为了五大主要社群：第一社群包含了 18 个区域贸易协定，主要由美国和新加坡参与的数字规则所组成；第二社群包含了 6 个区域贸易协定，主要是澳大利亚参与的数字规则；第三社区包含 7 个区域贸易协定，加拿大参与的数字规则占据了其中 6 个；第四社区包含了全面与进步跨太平洋伙伴关系协定（CPTPP）和美墨加协议（USMCA）的成员，剩余的协定中也同样起码包含了一个 CPTPP 的成员；第五社群包含了欧盟参与的 9 个区域贸易协定。该研究结果也表明美国、新加坡、澳大利亚、加拿大和欧盟扮演着数字规则网络中心的角色。随着数字规则逐渐朝着网络化的方向发展，不可避免地带来了规则的分群现象。网络可视化也显示欧盟、新加坡和美国在全球数字规则中占据了中

① Bown C P. Mega-regional trade agreements and the future of the WTO [J]. Global Policy, 2017, 8(1): 107-112.

② Alschner W, Skougarevskiy D. Mapping the universe of international investment agreements [J]. Journal of International Economic Law, 2016, 19(3): 561-588.

心主导地位。

四、数字经济对全球价值链分工影响作用的前沿动态

随着全球价值链数字化程度的不断提升，数字技术和数字经济已经渗透到全球生产分工的各个阶段，分析数字技术如何赋能全球价值链、厘清数字经济对全球价值链分工的影响机制具有重要的理论与实际意义。

（一）数字技术赋能全球价值链

数字技术作为数字经济的核心要素，成为了影响数字经济与全球价值链结合的关键。数字技术（digital technology）指以电子计算机为基础，包含了互联网、人工智能、3D 打印、云计算等一系列伴生技术（UNCTAD，2019）。数字技术在全球价值链分工的过程发挥了重要的作用，替代了大量低技术劳动力在全球价值链生产中的使用。不同学者对于数字技术影响全球价值链分工的理论机制进行了探讨。数字技术的发展与应用一方面打破了地理距离的限制，提高了资源的配置效率，另一方面数字技术为知识信息的交流搭建了便利的平台，削弱了知识技术传播壁垒，从而推动了人力资本结构的升级（Rodrik，2018）。[1] Deichmann、Goyal 和 Mishra（2016）建立了一个简明的框架，用于分析信息和通信技术给参与全球价值链所带来的好处：首先数字技术促进经济体更大程度地融入更开放的经济，通过提供数字生产要素来提高生产效率，并通过大幅降低交易成本来促进创新。[2] 此外数字技术还克服了原本存在的阻碍小规模农民进入市场的信息问题，通过提供推广服务方式增加接收知识的渠道，为改善农业供应链的管理提供了新的途径。Sturgeon（2021）

---

[1] Rodrik D. New technologies, global value chains, and developing economies [R]. NBER Working Paper, No. 25164, 2018.

[2] Deichmann U, Goyal A, Mishra D. Will digital technologies transform agriculture in developing countries? [J]. Agricultural Economics, 2016, 47(S1): 21-33.

认为数字技术的发展便利了离岸外包的生产方式，并提升了对于数字资本的需求，从而进一步加强了全球价值链的"区域化"和"模块化"趋势。[1] 在数字技术的影响下，全球价值链的主导产业也发生了一定的变化，重心由制造业逐渐转移到服务业中。服务贸易主要依托于数字平台展开，数字技术的应用则为数字服务贸易的发展做出了卓越的贡献。

此外更是有学者从数字技术的不同方面出发对数字技术对全球价值链分工的影响机制展开了研究。在对于互联网的研究中，Freund 和 Weinholdb（2004）认为互联网的发展促进了贸易的增长，一个国家的网络计算机主机数量每增加 10%，将导致出口增长增加约 0.2%，这强调了网络基础设施带来的好处。[2] 从样本国家的平均值来看，从 1997 年到 1999 年，互联网平均每年促进各国出口增长达到 1%以上，并且互联网对于发展中国家的影响要强于发达国家。对人工智能角度的研究中，Graetz 和 Michaels（2018）分析了现代工业机器人的经济贡献。[3] 作者使用了 1993 年到 2007 年共 17个国家的工业机器人使用情况构建面板数据，研究结果表明，工业机器人使用率的增长对劳动生产率增长贡献了约 0.36 个百分点，同时机器人的应用提高了全要素生产率并降低了产出价格。实证结果还表明，尽管工业机器人的应用的确减少了低技能工人的就业份额，但是并没有显著减少总的就业人数。Bartel、Ichniowski 和Shaw（2007）为了考察信息技术对生产力的影响，构建了相应的数据集进行了实证研究。得出三点结论：首先，采用新信息技术设备的企业将有机会生产更多定制型产品，从而促进了自身的业务战略的转变。其次，新的信息技术通过减少设置时间、运行时间和检查时间来提高所有生产阶段的生产效率。最后，使用新的信息技术的

---

① Sturgeon T J. Upgrading strategies for the digital economy [J]. Global Strategy Journal, 2021, 11(1): 34-57.

② Freund C L, Weinhold D. The effect of the Internet on international trade [J]. Journal of International Economics, 2004, 62(1): 171-189.

③ Graetz G, Michaels G. Robots at work [J]. The Review of Economics and Statistics, 2018, 100(5): 753-768.

同时也提升了对高技术员工的技能要求，特别是解决问题的技能。① Fort(2017)发现信息通信技术的应用促进了企业生产的碎片化，实证研究显示当一家公司在 2002 年至 2007 年间采用了通信技术，则其生产碎片化的可能性便会增加 3.1%，产生这种影响主要由于数字技术降低了沟通成本。② 此外行业异质性分析显示信息技术对于不同行业的影响差异是巨大的。

值得注意的是，由于数字技术处于不断发展的过程中，不同数字技术所带来的影响也存在差异。Syverson(2017)发现尽管大多数学者认为生产力增速的放缓与数字技术使用的缺乏有关，但是实证研究证实了大数据和人工智能等数字信息技术并没有对生产力速度的下降产生正向影响。③ 因此整体来看数字技术对全球价值链分工布局的影响是难以确定的，在对数字技术影响的研究中不可一概而论。一方面，互联网、人工智能等数字技术的发展提高了生产效率，并使出口中的国外增加值率提升，这可能导致全球价值链长度的延长；另一方面，3D 打印、人工智能等数字技术的发展减少了生产中对于劳动力的需求，生产的中间品将更多地来源于本国国内，从而使全球价值链的演变呈现出本土化和区域化的重构。因此在对现实问题的研究中，应当从数字技术的影响机制入手展开具体的讨论。

(二)数据要素流动与企业数字化转型

数据作为数字全球化下的一种新型生产要素，是引领与改变价值链分工的关键因素之一。数据主要通过国际流动对全球价值链的生产分工产生影响。在新的分工下，数字经济发展较为落后的发展中国家将位于全球价值链分工的从属地位，而发达国家由于掌握了

---

① Bartel A, Ichniowski C, Shaw K. How does information technology affect productivity? plant-level comparisons of product innovation, process improvement, and worker skills [J]. The Quarterly Journal of Economics, 2007, 122(4): 1721-1758.

② Fort T C. Technology and production fragmentation: Domestic versus foreign sourcing [J]. The Review of Economic Studies, 2017, 84(2): 650-687.

③ Syverson C. Challenges to mismeasurement explanations for the US productivity slowdown [J]. Journal of Economic Perspectives, 2017, 31(2): 165-186.

大型的数字跨国公司与数字平台进而掌控了利益的分配（UNCTAD，2019，UNCTAD，2021）。在全球价值链分工中，国际生产的不同环节具有不同的要素特征，全球价值链分工依托要素的比较优势进行全球化生产。由于国家之间数字鸿沟的存在导致全球价值链分工环节的失衡，加剧了世界发展的不平等。占据价值链高端产业链的国家利用自身的数字垄断优势，在彼此间进行技术结盟不断扩大着自身的规模，使得价值链的空间布局朝着区域化方向发展。随着数据成为数字经济的重要生产要素，企业生产更多地依赖无形资产而不是实物资产，这样数字企业能够更快地进入全球市场，而无需在其他部门进行先前所需的实物投资（WTO，2020）。①

数字经济的发展引发了要素重组效应。随着数字经济的成熟发展，数字要素流动更加便利，这从根本上改变了跨国公司基于成本因素进行全球价值链布局的动机。随着数据要素化的普及，全球价值链呈现出"去中介化"的发展趋势。Nguyen 和 Paczos（2020）指出跨境数据流动障碍将对企业的数据货币化能力产生影响，因为数字化时代下价值的创造在很大程度上取决于企业将分散在全球各处的数据移动并汇总的能力。数据作为一种无形资产具有连通性、可信性、稀缺性等多种独特属性，这使数据要素可以被运用在多种商业模式下。Banga（2022）基于 2001—2015 年印度参与全球价值链的制造业企业数据建立了面板数据，使用广义矩估计对数字化如何影响产品升级进行了实证研究。② 文章使用主成分分析对企业的数字化能力进行了评估，构建的数字化指数涵盖了企业的数字硬实力和软实力。经验结果表明，印度参与全球价值链的公司数字能力的提升对其产品的技术复杂度产生了重大且积极的影响，并且作为数字领导者的公司的产品复杂度的要比作为数字落后者的公司高出

---

① WTO. World trade report 2020：Government policies to promote innovation in the digital Age[R]. Geneva：WTO publication，2020.

② Banga K. Digital technologies and product upgrading in global value chains：Empirical evidence from Indian manufacturing firms[J]. The European Journal of Development Research，2022，34(1)：77-102.

4%~5%。这意味着通过提升企业的数字化能力，印度的制造业企业可以在全球价值链中生产出技术复杂度更高的产品，从而促进其在全球价值链中地位的攀升。

（三）数字经济全面赋能全球价值链的实证研究

数字技术和数据要素均是间接地考察了数字经济对全球价值链分工的影响，此外还有学者直接考察了数字经济与全球价值链分工的关系。全球价值链的驱动机制正在发生改变，世界经济逐渐转向知识主导和数据驱动的数字经济时代。对于数字经济对全球价值链分工的影响机制分析中，现有文献将影响渠道分为了以下几个方面：

第一，数字经济带来的最直接同时也是最明显的影响就是极大地降低了成本。这具体涵盖了设计、生产、销售等多个环节的成本，极大地优化了资源的配置效率，降低了人力物力以及财力的消耗。Goldfarb 和 Tucker（2019）认为数字经济的发展主要基于数字技术和数据要素的应用，这导致了与数字经济活动相关的五种不同经济成本的减少，分别为搜索成本，复制成本，运输成本，跟踪成本和验证成本，从而改变了价值链的空间布局。① Choy（2017）认为在云计算和大数据等数字技术广泛应用的推动下，除了数字产业得到了快速发展以外，包括其他传统产业在内的全行业部门的生产效率也得到了极大的提升。② González & Ferencz（2018）认为随着越来越多的服务贸易以数字产品的形式提供，这使得全球价值链的发展在一定程度上受到信息和通信技术产品市场准入的影响，因此想要充分实现全球价值链的数字化转型，就需要更全面地实现市场开放以降低监管成本。③

第二，数字经济给全球价值链带来了新的分工模式。随着数字

---

① Goldfarb A, Tucker C. Digital economics [J]. Journal of Economic Literature, 2019, 57(1): 3-43.

② Cory N. Cross-border data flows: Where are the barriers, and what do they cost[R]. Information Technology and Innovation Foundation, 2017.

③ González J L, Ferencz J. Digital trade and market openness [R]. OECD Trade Policy Paper, 2018.

贸易内容的不断创新和升级，这也将对传统制造业的数字化转型生产一定程度的促进作用（Ma、Guo & Zhang，2019）。① 以数据为基本生产要素的数字经济产生了全新的分工模式，并创造了大量新的业态。而信息通讯技术的快速发展则使得国际间的生产分工成为了现实，这也直接推动了全球价值链的分工模式的转变。Li、Frederick & Gereffi（2019）分析了电子商务对中国服装业参与全球价值链的升级轨迹和治理结构的影响。② 电子商务主要降低了企业的进入壁垒，使企业在价值链地位向上攀升。电子商务的发展对于不同规模企业的影响途径是不同的，对于大型企业来说，电子商务使终端市场更加的多样化；对于中小企业来说，电子商务通过功能升级和终端市场升级促进其参与全球价值链。UNCTAD（2021）指出数字经济这种数据驱动模式将使全球价值链的分工呈现碎片化趋势，这将阻碍技术进步和行业竞争，并使部分行业出现寡头垄断的市场结构。这对于绝大多数发展中国家来说将是一种负面的影响，因为生产与分工的碎片化将使得企业融入供应链的过程复杂化，从而减少商机，并且企业在跨区域合作方面也将面临更多的阻碍。Ding、Zhang & Tang（2021）基于 WIOD 数据库 2002—2014 年的投入产出数据进行构建面板数据实证研究，分析数字经济的发展对中国制造业出口国内增加值率的影响及其背后的影响机制。③ 结果表明：数字经济投入显着促进了国内制造业出口增加值的增长，并且该影响在资本密集型和知识密集型行业方面的影响更为显著。机制分析显示数字经济主要通过技术进步和成本降低两条渠道促进国内出口增加值的增长。

---

① Ma S, Guo J, Zhang H. Policy analysis and development evaluation of digital trade：An international comparison［J］. China & World Economy，2019，27（3）：49-75.

② Li F, Frederick S, Gereffi G. E-commerce and industrial upgrading in the chinese apparel value chain［J］. Journal of Contemporary Asia，2019，49（1）：24-53.

③ Ding Y, Zhang H, Tang S. How does the digital economy affect the domestic value-added rate of Chinese exports？［J］. Journal of Global Information Management，2021，29：71-85.

第三，数字经济从微观企业角度赋能全球价值链发展。González & Jouanjean（2017）认为数字贸易背景下企业与消费者以及政府间的互动得到了增强，这进一步加速了各国在全球价值链中的分工与贸易活动。① 数字经济在企业微观层面对中小型企业也同样会产生深远影响。中小企业在参与全球价值链的过程中面临着固定成本较高以及低端锁定等难题，而数字经济的发展降低了中小企业参与全球价值链的难度。一方面数字连通性的提升降低了中小型企业参与全球价值链的经营成本，并解决了信息不对称问题；另一方面，数字经济也为中小型企业的数字化转型提供了技术支撑，实现数字化转型的企业将大大提升自身的生产率水平和价值创造能力，从而更好地参与到全球价值链分工当中。数字经济的快速发展将更加鼓励中小型企业参与全球价值链，互联网的发展将在很大程度上提升中小型企业参与全球价值链的意愿（Lanz、Lundquist、Mansio、Maurer & Teh，2018）。② Jouanjean（2019）基于农业和食品行业层面的数据进行研究，同样发现由于数字经济拓宽了企业参与全球价值链的渠道，从而促使微小企业更加便利地参与到全球价值链分工当中。③

五、数字规则影响全球价值链分工的前沿动态

通过前文的分析我们已经得知，数字技术与数字经济的发展会从多个方面影响全球价值链分工。但是由于整体上数字规则的发展落后于数字经济水平，使数字经济与全球价值链的结合受到数字贸

① González J L, Jouanjean M A. Digital trade：developing a framework for analysis [R]. OECD Publishing, Paris, 2017.

② Lanz R, Lundquist K, Mansio G, Maurer A, Teh R. E-commerce and developing country-SME participation in global value chains [R]. WTO Staff Working Paper, 2018.

③ Jouanjean M-A. Digital opportunities for trade in the agriculture and food sectors [J]. 2019.

易壁垒的干扰（van der Marel & Ferracane，2021）。① 在这种情况下，深度全面的数字规则达成可以有效地改善研发技术和数字要素的跨境传输障碍，并降低数字贸易的成本，因此考察数字规则对全球价值链分工的影响同样具有重要意义。由于对数字规则的系统性研究起步较晚，因此专门研究数字规则如何影响全球价值链分工的文献还比较少，根据现有文献的分析，数字规则主要通过规范跨境数据流动和降低数字壁垒的形式来影响全球价值链分工。

（一）数字规则对数据要素的规范影响

数字规则对全球价值链分工的影响主要源于数字规则对数据要素的跨境流动起到了规范作用。数据驱动经济（Data-driven Economy）代表了经济演变的新阶段，数据要素作为数字经济的重要组成部分，扮演着至关重要的角色（Ciuriak，2018）。② Choy（2017）对多个国家的跨境数据流动政策进行了梳理，研究发现严格的跨境数据流动限制政策产生了额外的成本。而数字规则的作用是通过促进市场准入和信息交换提高了知识的溢出程度，能够有效地降低研发要素跨境流动壁垒，从而促进了知识和技术的流动，产生的知识溢出效应将会促进全球价值链地位的提升（Das & Andriamananjara，2006）。③ 合理规范的数字规则对于数字要素自由流动起到了至关重要的作用。UNCTAD（2021）提出要建立更加平衡的数字治理规则，既保证数据可以跨境的自由流动，同时也可以保障数据要素收益在各国之间的公平分配，并兼顾个人与国际的数据安全。尽管许多研究表明数字规则对数据的规范促进了数字经济与全球价值链的发展，但是同时也有文献通过实证研究发现过度严格的数据监管政策将不利于要素密集行业的生产率增长。这一发现需要得到额外的重视，对于发达国家而言，由于已经具备数字经济

① Van Der Marel E, Ferracane M F. Do data policy restrictions inhibit trade in services？［J］. Review of World Economics，2021，157（4）：727-776.

② Ciuriak D. Digital trade：Is data treaty-ready？［R］. CIGI Paper，2018.

③ Das G G, Andriamananjara S. Hub-and-spokes free trade agreements in the presence of technology spillovers：An application to the western hemisphere［J］. Review of World Economics，2006，142（1）：33-66.

的先发优势，其数字发展体系与数字治理体系较为成熟，能够较好地适应较为严苛的数据监管。但另一方面，对于绝大多少发展中国家而言，盲目追随数字发达经济体的数字治理经验可能会起到相反的效果。van der Marel、Bauer、Lee-Makiyama & Verschelde（2016）从数据本地化和跨境数据流动这两方面数据规则出发，分别讨论了数据政策所产生的成本以及这些成本对位于价值链不同环节产业的影响。① 该研究为数据监管成本如何影响全球价值链中下游行业的生产率提供了有力而重要的解释。van der Marel 和 Ferracane（2021）整理了 64 个国家 2006—2016 年的数据政策，并研究数据政策方面的限制如何影响服务贸易。与其他文献不同的地方在于，该文对数字规则的考察不仅仅局限于数字服务贸易方面，而是基于整个互联网视角进行的研究，并将数据政策汇编为一个总的加权指数来衡量这些国家对于数据规则的限制程度，进一步将数据政策区分为监管数据跨境流动的政策和监管国内数据使用的政策来研究其对数字服务贸易的影响。研究的结果显示，严格的数据政策对于数据密集型行业的服务进口产生了负向的抑制效果，该文的研究结论也与一系列相关文献保持了一致。Ferracane、Kren & van der Marel（2020）首先收集了一组发达国家的数字监管数据，并据此创建了一个衡量数据政策的监管限制性的指标，在此数据政策包含了数据本地化和跨境数据流动两个方面。② 通过跨国层面的企业数据和行业数据研究数字规则对下游企业和行业生产力的影响程度。研究发现严格的数据政策对于依赖数据要素进行生产的下游行业和企业具有显著的负面影响。

（二）数字规则对生产效率的影响

数字规则主要通过制度性途径来对各国参与全球价值链分工产

---

① Van Der Marel E, Bauer M, Lee-Makiyama H, Verschelde, B. A methodology to estimate the costs of data regulations [J]. International Economics, 2016, 146: 12-39.

② Ferracane M F, Kren J, Van Der Marel E. Do data policy restrictions impact the productivity performance of firms and industries? [J]. Review of International Economics, 2020, 28(3): 676-722.

生影响。数字作为一种深度贸易规则，不仅对数字经济内容作出规范，同时还对区域贸易规则中的其他方面规则起到了促进和带动作用。Laget、Osnago、Rocha & Ruta（2020）基于 WTO 提供的深度数据自由贸易协定数据和 WIOD 数据库考察了参与深度贸易协定对全球价值链嵌入程度的影响。[1] 实证结果发现参与深度贸易协定主要促进了中间生产阶段价值链的整合，从而促进了各经济体参与全球价值链的中间品贸易。在部门层面，参与深度贸易协定将有助于各国融入高附加值行业。Sanguinet、Alvim & Atienza（2021）选取拉丁美洲国家作为研究样本，基于引力模型，使用泊松伪最大似然估计（PPML）考察参与深度贸易规则对各国参与全球价值链的影响。[2] 实证结果发现参与深度贸易规则提升了嵌入全球价值链的技术强度。拉丁美洲地区的深度贸易规则降低了对遥远贸易伙伴的依赖性关系，在拉丁美洲地区贸易政策的区域外战略推动下，深度区域贸易协定提升了低技术行业供应商的价值链地位。RTA 框架下的数字规则给企业带来的最显著的影响就是削减了数字壁垒从而降低了参与全球价值链的成本，同时提高了企业的运营效率。此外，数字规则的建立与完善还极大地提升了企业参与全球价值链的安全性。数字全球化时代，数据与信息安全问题将影响跨国公司的全球性生产安排，数字规则通过各国在数字监管层面的合作减少规范性较差的投资和贸易活动。数字规则的完善为全球价值链的运行创造了更加开放的环境，企业的生产过程在数字要素的自由流动中达到了最优的配置，从而提高了生产率并深化了价值链分工（Tomiura，2009）。[3] Mitchell & Mishra（2020）认为尽管越来越多的区域贸易协

---

① Laget E, Osnago A, Rocha N, Ruta, M. Deep trade agreements and global value chains [J]. Review of Industrial Organization, 2020, 57(2): 379-410.

② Sanguinet E R, Alvim A M, Atienza M. Trade agreements and participation in global value chains: Empirical evidence from Latin America [J]. The World Economy, 2021. 1-37.

③ Tomiura E. Foreign versus domestic outsourcing: Firm-level evidence on the role of technology [J]. International Review of Economics & Finance, 2009, 18(2): 219-226.

定中达成了数字规则方面的条款，以期减少数字贸易中的监管壁垒并促进跨境数据流动。① 但是大多数数字条款仍未能全面促进数字一体化的进程，特别是在支持数字经济的包容性发展和促进国际监管合作方面的数字规则尤其不足。为此文章基于降低数字贸易壁垒、促进数字贸易便利化等共五个影响数字一体化的基本要素，分别讨论 RTA 区域框架下的数字规则如何影响数字一体化的程度。该研究表明，数字贸易一体化体现了一个复杂多维的系统，在建立数字规则来促进参与数字价值链过程中还需要更加重视数字规则条款的覆盖范围。

（三）数字规则监管差异对全球价值链的影响

尽管全球数字贸易规则已经有了较大的发展，但是各国国内数字规则的作用依然不可忽视，数字监管政策将影响全球数字规则的政策环境。数字监管主要来自各国的边境内措施，在企业参与价值链分工的过程中，各国数字监管的差异将产生额外的合规成本，并抵消数字规则所产生的作用（Nordas，2016）。② 数字监管合作对于数字规则的多边协同起到了"黏合剂"的作用，各国在利益诉求上的差异使得数字规制难以融合，而数字规制的融合则能够有效地降低数字贸易的壁垒。Nordas（2016）基于 STRI 数据库对监管异质性与服务贸易之间的关系进行了实证研究，结果发现监管异质性每降低 0.05%，则服务出口将增加 2.5%。在分行业样本的进一步研究中，监管异质性对计算机服务业和通讯业等数字行业的影响均依然显著。Ferencz 和 Gonzales（2019）也通过实证研究证明了两国在数字监管上的差异将不利于数字技术的溢出效应，并且这种影响将随着中间品的多次跨境产生放大效应。③ 数字服务监管规则的差异性作为一种新型的数字壁垒，使数字规则创造的数字贸易自由化无法

---

① Mitchell A D, Mishra N. Digital trade integration in preferential trade agreements [R]. ARTNeT Working Paper Series，2020.

② Nordas H. Services trade restrictiveness index（STRI）：The trade effect of regulatory differences [R]. OECD Trade Policy Paper，2016.

③ Ferencz J, Gonzales F. Barriers to trade in digitally enabled services in the G20 [R]. OECD Publishing，2019.

实现，并从技术创新和价值增值两方面阻碍了经济体参与全球价值链相对分工地位的提升。一方面，数字服务监管规则异质性影响会沿着价值链向下游环节传递，使获取中间投入品的成本提升；另一方面，跨国企业在进行生产时所面临的数字监管不一致，企业的技术创新活动就被受到抑制，并阻碍全球价值链的升级。UNCTAD（2021）则认为关于跨境数据流动的国内法规的激增显著增加了数字治理体系的不确定性，提高了企业参与全球价值链的合规成本，这对小微企业的发展是不利的，尤其是对于发展中国家的小微企业而言，跨境数据方面的合规成本是难以承受的。

六、总结与研究展望

基于前文的梳理，可以看到目前对数字经济与数字规则的研究已经较为丰富，同时相应研究也在随着数字经济的发展不断往前推进，未来的研究可以继续重点关注以下几方面。

（一）数字经济时代的利益分配值得关注，数字经济需要包容性增长

尽管数字经济的规模正在经历快速增长，但是数字经济时代的利益分配问题依然严峻。主要矛盾存在于发达经济体与发展中经济体之间，数字先发经济体的数字素养与技术水平远超落后的发展中经济体，数字技术的发展与应用加剧了收入分配的马太效应。在现有的数字价值链生产分工过程中，尽管数字要素的所有者数量庞大，但是在利益分配上绝大部分收益都被控制生产环节和数字技术的数字企业所获取，这种要素收益的错配现象将不利于数字经济的包容性增长。本文认为未来的研究在数字经济的规模测度上，应当借鉴增加值的核算思路，基于价值增值和要素收入的视角对各国的数字经济规模进行测度。对于数字经济的研究中需要更加关注数字经济的包容性增长，并致力于研究如何消除数字价值链下的要素收益错配，从而让更多群体受益于数字经济的发展红利。部分国家提出以征收数字税的形式来消除收益错配，目前海外文献对数字税的研究热度越来越高，已经有法国、英国、意大利等多个国家对数字税进行了立法。但数字税在一系列税收制度设计方面仍然存在纠纷，也未在税收征收方案上达成共识，更重要的是单边的数字税规则破坏了全球数字规则的平衡性，加剧了数字贸易壁垒，因此很难通过征收数字税的形式来全面有效地解决好利益分配的问题。归根结底还是要通过构建全球性的数字规则，保证数字全球化下利益分配的公正性和数字经济的包容性增长。

(二)积极利用多边与区域框架全方位参与全球数字经济治理体系

鉴于数字经济发展的不平衡性日益加剧，数字治理赤字的现象也越来越严重，数字治理作为全球性的议题，需要各国的共同参与来实现。目前 WTO 电子商务谈判取得了实质性进展，已有 86 个 WTO 成员参与了电子商务联合声明倡议。与此同时，区域框架下的数字规则治理并没有放缓脚步，随着《数字经济伙伴关系协定》的达成，多边框架下的数字规则治理将进入新的发展阶段，这种基于模块化的数字治理模式将解决各方在数字规则博弈中的矛盾，从而尽可能在最大程度上达成各方的一致性。

已经有研究表明，由于存在全球数字治理存在政策溢出效应，那些积极参与 WTO 多边框架下数字经济倡议的成员国在数字贸易协定的制订中表现出更高的参与度(Elsig & Klotz，2021b)。① 未来对于数字规则的研究应当关注数字规则在多边与区域框架下的联动性。鉴于 RTA 区域框架下的数字贸易规则的发展呈现出复杂的意大利面条碗现象，传统方法无法对 RTA 区域框架下数字规则的发展特征作出准确的刻画，未来的研究可以适当从数字规则的网络化发展入手。社会网络分析方法作为社会学的分析工具，已经被广泛地运用到经济学的研究当中，由于其侧重对关系变量的考察，因此适用于对国家之间数字规则的研究。本文梳理了近几年来的相关文献，目前的基于网络方法的研究大多停留在对数字规则的简单结构性分析。由于数字经济的共建性和共享性属性，网络关系的联动性不断增强，全球治理体系的脆弱性和风险性使得基于网络分析对数

---

① Elsig M，Klotz S. Digital trade rules in preferential trade agreements：Is there a WTO impact？[J]. Global Policy，2021，12(S4)：25-36.

字规则进行研究存在深入讨论的可能。

(三)构建高层次数字规则促进消除数字鸿沟与低端锁定

构建高层次数字规则以全力打造以自身为中心的数字价值链为最终目的，因此参与数字规则的深度在研究中需要得到更多关注。除了参与数字贸易规则的数量与深度，如何选择构建数字贸易规则的伙伴也至关重要。

对于发展中国家而言，在构建数字规则时更重要的是致力解决广泛存在的数字鸿沟和可能落入的"低端锁定"陷阱。数字经济全球化背景下，为了保证全球价值链分工的顺利开展，在构建数字规则时需要为数据的跨境流动提供更加广泛的使用保障。由于国家间数字鸿沟的存在，各国需要合理构建符合自身国情和发展需要的数字规则体系来促进数字产业的发展与全球价值链地位的攀升。各国在构建高质量数字贸易规则的首先要基于本国国情来制定政策。现有研究已经表明严格的数据政策可能会阻碍一国的数据密集型服务行业的发展，因此在制定数据政策时需要结合国情与自身的产业发展情况(Ferracane, et al., 2020)。

数字规则体现了各国在数字经济发展中的利益诉求，由于数字发展鸿沟的存在，各国也将基于不同的出发点构建数字规则。例如，由于美国的数字经济产业发展较为完备，其数字经济部门主体为大型数字平台，因此美国主导的数字规则将以巩固自身市场地位为主要目标。相比较而言，全球大部分的发展中国家的数字发展水平相对落后，很容易在数字贸易中沦为发达国家的数据供应者，导致这些国家在参与数字规则治理的立场与利益诉求与发达国家存在差异。由于在数字规则的制订上缺乏话语权，发展中国家将很容易陷入数字价值链的低端锁定困局，破局的关键在于扶植数字产业的发展，并构建深层度数字规则为数字经济的发展扫除障碍。

(四)数字规则对全球价值链分工的影响研究存在深入讨论的价值

本文通过文献梳理后发现，由于对数字规则的系统性研究起步相对较晚，因此对于数字规则如何影响全球价值链分工的研究还存在着深入探讨的空间。目前大多数研究主要围绕着数字规则对数字贸易的影响展开研究，剩下的少数研究则聚焦于数字规则的达成与否对全球价值链增加值贸易的影响，并未对具体的价值链分工模式展开讨论。随着全球价值链数字化转型进程的不断推进，数字规则将在数字价值链的发展分工中发挥越来越重要的作用，未来的研究可以主要围绕以下两方面来开展。一方面，随着对数字规则的量化研究不断深入，相关数据库通过文本分析提供了数字规则的广度、深度指标（Burri & Polanco，2020），基于不同指标能够对数字规则的异质性展开讨论，从而更加系统全面分析全球数字规则的构建如何影响全球价值链分工；另一方面，数字经济从成本、效率等多个方面影响全球价值链的分工，目前相关研究仅仅是通过理论分析梳理了数字规则对全球价值链分工的影响机制，过往研究由于缺乏数据的支撑无法对影响进行量化分析，未来的研究可以从实证研究出发，对数字规则如何规范数字经济的发展，进而影响全球价值链分工的渠道与机制进行分析。

海外人智交互研究前沿追踪*

姜婷婷　傅诗婷　吕　妍　孙竹墨**

摘　要：随着人工智能的高速发展，人与计算机的交互（人机交互，Human-Computer Interaction，HCI）正逐渐发展升级为人与智能体的交互（人智交互，Human-AI Interaction. HAII）。人智交互作为人工智能与人机交互交叉领域的前沿课题，彻底颠覆了传统的人机交互范式，为人机交互领域注入了新的活力。本文通过对国外人智交互现有研究进行细致梳理，归纳了人智交互概念体系，总结了人智交互理论基础，剖析了人智共生、人智协作、人智竞争、人智冲突这四大人智交互领域的研究进展。最终在总结研究现状与不足的基础上，构建起人智交互研究体系，为后续开展人智交互研究与实践提供理论指导与实践启示。

关键词：人智交互、人智竞争、人智冲突、人智协作、人智共生

---

　　* 本文为武汉大学自主科研项目（人文社会科学）"人智交互前沿追踪"（项目编号：1206-413000221）研究成果，得到"中央高校基本科研业务费专项资金"资助。

　　** 姜婷婷，武汉大学信息管理学院教授；傅诗婷，武汉大学信息管理学院情报学博士生；吕妍，武汉大学信息管理学院情报学硕士生；孙竹墨，武汉大学信息管理学院情报学硕士生。

1　引言

自 Alan Turing 在 1950 年提出"机器是否能思考"这个著名的问题以来，一种模拟、延伸、扩展人类智能的新技术——人工智能技术开始进入人们的视野。在这之后的数十年间，随着计算机科学、信息科学和认知科学等领域的不断进步，世人深切感受到 AI 重构各行业秩序的颠覆性力量。在新闻领域中，基于大数据的个性化推荐算法已经成为各大新闻 APP 的标配。在物流领域中，智能分单系统、智能配送机器人、无人仓、无人机等产品和服务显著提升了物流配送速度和服务水平。在医疗领域中，诊断机器人协助医生进行疾病筛查、医学影像分析，有效提升了疾病诊断效率与准确性。在教育领域，智能课堂、虚拟老师、智能作业批改等产品的普及，也带来了个性化、多样性和适应性的教学服务。目前，人工智能已成为人们日常生活中不可或缺的组成部分。

随着人工智能的发展，人类与机器的交互范式与关系模式均发生了巨大转变。在传统人机交互中，人类将计算机视为任务辅助工具，遵循一套固定规则输入操作指令，随后等待计算机的被动反馈。而在人工智能时代下，AI 可以通过物联网、传感器、面部识别、自然语言处理等技术主动捕捉用户特征、监测环境信息，并且基于深度学习算法对用户的认知活动、情感状态、行为意图进行建模与预测，能够主动开启人机交互任务，拥有自主学习、自主决策等能力。[①] 因此，人与人工智能的交互方式也从简单的"人类输入—机器响应"范式进化为人与机器轮流主导任务的"混合主动"（Mixed-

---

① Xu W, Dainoff M J, Ge L, et al. Transitioning to human interaction with AI systems: New challenges and opportunities for HCI professionals to enable human-centered AI [J]. International Journal of Human-Computer Interaction, 2022: 1-25.

initiative)服务范式。①② 人类和人工智能之间的关系也不再局限于用户与机器的操作关系，而是一种更为复杂的人与代理(Agent)的互动关系,③ 人工智能逐渐从辅助工具转变为平等的合作伙伴、竞争对手等角色。④⑤

人智交互(Human-AI Interaction，HAI)涉及的研究主题范围比传统人机交互领域更为广泛。一方面，由于人智交互目的更为复杂，人类既利用 AI 完成海量数据运算、认知决策、以及体力劳动，又依赖于 AI 所提供的社交陪伴与情感慰藉。人工智能更深入地嵌入人类社会，与人类形成相互依赖、相互促进的共生关系;⑥ 另一方面，人智交互模式也更为多元化，鉴于人工智能具有极大的自主性，其任务使命与决策结果也可能与人类相悖，出现竞争、冲突等原本只出现在人际交流中的情景，导致人类开始担忧 AI 脱离人类控制，带来种族偏见、隐私泄露等严重社会问题，甚至破坏人类社

---

① Xu W，Dainoff M J，Ge L，et al. Transitioning to human interaction with AI systems：New challenges and opportunities for HCI professionals to enable human-centered AI [J]. International Journal of Human-Computer Interaction，2022：1-25.

② Farooq U，Grudin J. Human-computer integration [J]. interactions，2016，23(6)：26-32.

③ Bradshaw J M，Feltovich P J，Johnson M. Human-agent interaction [M]. The handbook of human-machine interaction. CRC Press. 2017：283-300.

④ Schoonderwoerd T A，van Zoelen E M，van den Bosch K，et al. Design patterns for human-AI co-learning：A wizard-of-Oz evaluation in an urban-search-and-rescue task [J]. International Journal of Human-Computer Studies，2022，164：102831.

⑤ Canaan R，Salge C，Togelius J，et al. Leveling the playing field：Fairness in AI versus human game benchmarks [C]//Proceedings of the 14th International Conference on the Foundations of Digital Games. 2019：1-8.

⑥ Iyer R，Li Y，Li H，et al. Transparency and explanation in deep reinforcement learning neural networks [C]//Proceedings of the 2018 AAAI/ACM Conference on AI, Ethics, and Society. 2018：144-150.

会的伦理道德规范，威胁人类身心安全。①②③ 因此，要实现人类与 AI 的良性交互，必须以人智共生为最终目标，以推动人智协作、规范人智竞争、化解人智冲突为路径。

目前，人智交互尚处于萌芽阶段，概念术语驳杂，理论基础薄弱。相关研究散落在不同学科领域，缺乏统一的宏观视角总结。本研究将基于以下几个方面，对人智交互研究进行全面梳理。首先，建立起人智交互概念体系，划分常见 AI 类型，辨析不同人智交互模式差异；其次，基于人机交互、人际交互和人智交互三大领域，提取人智交互研究理论基础；随后，深入剖析人智共生、人智协作、人智交互、人智冲突相关研究，揭示人智交互前沿热点及其研究现状；最后，总结现有研究的不足与发展趋势，在此基础上提出人智交互研究框架，以指导后续人智交互研究设计。

2 人智交互概念体系与理论基础

2.1 人工智能

人工智能（Artificial Intelligent，AI）最初由计算机科学家约翰·麦卡锡在 1956 年达特茅斯人工智能会议上提出，强调让机器通过机器学习和神经网络等技术执行认知计算任务。④ 如今，随着计算机科学、信息科学和认知科学等领域的发展，人工智能囊括了一切

---

① Parikh R B, Teeple S, Navathe A S. Addressing bias in artificial intelligence in health care [J]. Jama, 2019, 322(24): 2377-2378.

② Peeters M M, van Diggelen J, Van Den Bosch K, et al. Hybrid collective intelligence in a human-AI society [J]. AI & society, 2021, 36(1): 217-238.

③ Felzmann H, Fosch-Villaronga E, Lutz C, et al. Towards transparency by design for artificial intelligence [J]. Science and Engineering Ethics, 2020, 26(6): 3333-3361.

④ Wang P. On defining artificial intelligence [J]. Journal of Artificial General Intelligence, 2019, 10(2): 1-37.

能够感知、理解、行动、学习的智能代理(Intelligent Agent),① 旨在让机器完成人类所能做的认知、情感、行动层面的各类事务。②

然而,目前的人工智能普遍处于弱人工智能阶段,只实现了基于规则的机械智能(Mechanical Intelligence),以及基于数据挖掘的分析智能(Analytical Intelligence),虽然能够承担一部分社会活动与日常工作,③ 但还远远未达到影视作品中所描述的强人工智能阶段,即具有自适应与创造性思考能力的直觉智能(Intuitive Intelligence),以及识别、理解、表达情感的共情智能(Empathetic Intelligence)。④

目前常见的人工智能代理(Artificial Intelligence Agents)可以根据其是否具有可触碰的实体(具身性,Embodiment)、可感知的形象(存在性,Presence)进行分类。⑤ 其中具身性(Embodiment)强调了 AI 是否具有对用户可见、可直接交互的物理实体,而存在性(Presence)强调了 AI 是否具有一个特定的形象,并表现出符合特定角色设定的外观形象或行为模式(见图 1)。

首先,有形象而无实体的人工智能包括聊天机器人、虚拟数字人、语音助手等虚拟智能代理。这类人工智能在交流、互动过程中具有明显的拟人化特征,并且依托于手机、音响等电子设备装载的App 提供在线虚拟服务,但本身不具备物理实体。

聊天机器人(Chatbot)是一种能够与用户开展自然语言对话的

---

① Bowen J, Morosan C. Beware hospitality industry: the robots are coming [J]. Worldwide Hospitality and Tourism Themes, 2018, 10(6): 726-733.

② Minsky M. Steps toward artificial intelligence [J]. Proceedings of the IRE, 1961, 49(1): 8-30.

③ Huang M-H, Rust R T. Artificial intelligence in service [J]. Journal of Service Research, 2018, 21(2): 155-172.

④ Chi O H, Denton G, Gursoy D. Artificially intelligent device use in service delivery: a systematic review, synthesis, and research agenda [J]. Journal of Hospitality Marketing & Management, 2020, 29(7): 757-786.

⑤ Chi O H, Denton G, Gursoy D. Artificially intelligent device use in service delivery: a systematic review, synthesis, and research agenda [J]. Journal of Hospitality Marketing & Management, 2020, 29(7): 757-786.

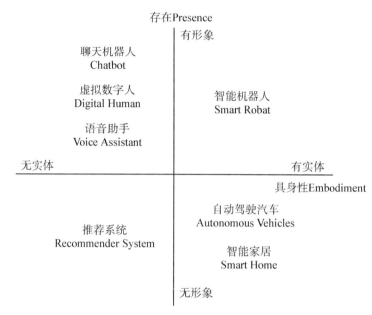

图 1 人工智能的类型

智能代理。目前已被应用于医疗咨询，电商客服、教育培训等不同场景。目前市面上的聊天机器人主要分为两种：面向对话的聊天机器人、面向社交的聊天机器人。前者为用户提供信息支持，解答用户提出的问题，如咨询平台的智能客服；[1] 后者为用户提供情感支持，与用户进行日常交流分享，如虚拟朋友 Replika 等。[2] 鉴于聊天机器人可以同时处理多项任务，存储并分析海量信息，不容易因疲劳或情绪原因出错，因此非常适用于全天候的信息咨询与情感

---

[1] Jiménez-Barreto J, Rubio N, Molinillo S. "Find a flight for me, Oscar!" Motivational customer experiences with chatbots [J]. International Journal of Contemporary Hospitality Management, 2021, 33(11): 3860-3882.

[2] Jiang Q, Zhang Y, Pian W. Chatbot as an emergency exist: Mediated empathy for resilience via human-AI interaction during the COVID-19 pandemic [J]. Information Processing & Management, 2022, 59(6): 103074.

陪伴服务。①

　　虚拟数字人(Digital Human)是指存在于虚拟世界，具有拟人化外观与行为特征的数字化形象，通常具有一定的感知、表达和互动能力。② 根据应用情景的差异，虚拟数字人可以分为服务型和身份型两类。③ 前者指辅助真人开展内容生产，并与用户进行简单交互的特定行业助手，如虚拟主播、虚拟导游等;④ 后者则是拥有独立人格象征的特定个体，如虚拟偶像、虚拟歌姬等。⑤ 虚拟数字人的特质是其高度拟人化的外表与交互模式，有助于激发用户的亲切感和沉浸感，拉近用户与虚拟数字人之间的距离，提升人智交互体验。

　　语音助手(Voice Assistant)是一种能够识别、理解语音输入，并且进行语音交流的智能代理。根据其智能水平，语音助手可以分为命令执行型和信息查询型。前者是根据用户的语音命令激活相应功能，并作出简单响应，如播放音乐、打开电灯等。⑥ 后者是根据

――――――――――

　　① Nagarhalli T P, Vaze V, Rana N. A review of current trends in the development of chatbot systems [C]//2020 6th International Conference on Advanced Computing and Communication Systems (ICACCS). IEEE, 2020: 706-710.

　　② 程思琪，喻国明，杨嘉仪，等. 虚拟数字人: 一种体验性媒介——试析虚拟数字人的连接机制与媒介属性 [J]. 新闻界，2022，(07): 12-23.

　　③ 程思琪，喻国明，杨嘉仪，等. 虚拟数字人: 一种体验性媒介——试析虚拟数字人的连接机制与媒介属性 [J]. 新闻界，2022，(07): 12-23.

　　④ Lu Z, Shen C, Li J, et al. More kawaii than a real-person live streamer: understanding how the otaku community engages with and perceives virtual YouTubers [C]//Proceedings of the 2021 CHI Conference on Human Factors in Computing Systems. 2021: 1-14.

　　⑤ Black D. The virtual idol: Producing and consuming digital femininity [M]. Idols and celebrity in Japanese media culture. Springer. 2012: 209-228.

　　⑥ Jin D, Yun M. Investigation on User Experience of Intelligent Personal Assistants from Online Reviews [J]. Journal of Cognitive Science, 2021, 22(1): 71-110.

用户提出的信息检索式进行查询，并以语音形式返回结果。① 与聊天机器人不同，用户对语音助手的期望是对于给定的指令作出立即响应与迅速反馈，因此语音助手并非以延长人机对话为目标，而更注重语音识别准确率、操作效率、响应速度等。

其次，有形象也有实体的人工智能主要是各类实体智能机器人（Smart Robot），与传统工业流水线中使用的机械机器人不同，智能机器人能够对外界复杂环境进行感知、推理和判断，并作出相应反馈与自我调整。智能机器人可以分为辅助机器人与陪伴机器人两类，前者可以代替人类做一些基础性工作，如物流运输与配送机器人等，② 后者则为人类提供情感支持，如智能人形机器人 Pepper 可以与人类进行简单的情感交流。③ 目前，智能机器人聚焦于认知、情感、行动能力的全方位提升，以建立用户信任和促进人智融洽关系为核心研究命题。④

第三，有实体但无形象的人工智能一般是由人工智能技术赋能的智能设备，比如自动驾驶汽车、智能家居设备等。其中自动驾驶汽车（Autonomous Vehicles）又称无人驾驶汽车，其自动化程度从无自动化（L0）到完全自动化（L5）分为 6 个级别，但由于其安全性问

① Brill T M, Munoz L, Miller R J. Siri, Alexa, and other digital assistants: a study of customer satisfaction with artificial intelligence applications [J]. Journal of Marketing Management, 2019, 35(15-16): 1401-1436.

② Pani A, Mishra S, Golias M, et al. Evaluating public acceptance of autonomous delivery robots during COVID-19 pandemic [J]. Transportation research part D: transport and environment, 2020, 89: 102600.

③ Saunderson S P, Nejat G. Persuasive robots should avoid authority: The effects of formal and real authority on persuasion in human-robot interaction [J]. Science Robotics, 2021, 6(58): eabd5186.

④ Rothstein N, Kounios J, Ayaz H, et al. Assessment of human-likeness and anthropomorphism of robots: A literature review [C]//International Conference on Applied Human Factors and Ergonomics. Springer, 2020: 190-196.

题和技术限制，目前尚无法完全脱离人类操作实现车辆的全自动行驶。① 智能家居（Smart Home）采用 AI 系统采集并分析环境数据，并进行相应调整，为居住者提供方便以及舒适的居住环境。② 智能设备所具有的自主性、情景感知性以及连接性能够为人们的生活工作提供便利，但其与人类用户交互过程中的易操作性、便捷性和安全性仍需要重点关注。③

第四，无实体但无形象的人工智能主要是各种智能算法。其中，推荐系统（Recommender System）是一种常见的智能算法，根据其推荐规则可以分为基于内容、基于用户协同过滤、混合型的推荐算法。基于内容的推荐算法会根据与目标用户历史数据的相似性进行内容推荐。基于用户协同过滤的推荐算法则基于用户之间的相似性，推送其他相似用户喜欢的内容。而混合推荐将多种推荐算法结合使用。④⑤⑥ 然而，研究者对于推荐算法的诟病在于其一味追求准确性，过度单一的个性化信息环境会将用户困于过滤气泡之中，

①　Yuen K F, Cai L, Qi G, et al. Factors influencing autonomous vehicle adoption: An application of the technology acceptance model and innovation diffusion theory [J]. Technology Analysis & Strategic Management, 2021, 33(5): 505-519.

②　Guo X, Shen Z, Zhang Y, et al. Review on the application of artificial intelligence in smart homes [J]. Smart Cities, 2019, 2(3): 402-420.

③　Silverio-Fernández M, Renukappa S, Suresh S. What is a smart device? -a conceptualisation within the paradigm of the internet of things [J]. Visualization in Engineering, 2018, 6(1): 1-10.

④　Barragáns-Martínez A B, Costa-Montenegro E, Burguillo J C, et al. A hybrid content-based and item-based collaborative filtering approach to recommend TV programs enhanced with singular value decomposition [J]. Information Sciences, 2010, 180(22): 4290-4311.

⑤　Krafft T D, Gamer M, Zweig K A. What did you see? Personalization, regionalization and the question of the filter bubble in Google's search engine [J]. arXiv preprint arXiv: 181210943, 2018.

⑥　Ricci F, Rokach L, Shapira B. Introduction to recommender systems handbook [M]. Recommender systems handbook. Springer. 2011: 1-35.

加剧信息茧房与回音室程度。①②③

2.2　人智交互

2.2.1　人智交互特征

人智交互是人机交互（HCI）与人工智能（AI）领域的交叉融合领域，聚焦于人类与 AI 之间的交互关系。④ 相较于传统的人机交互领域，人智交互的特征体现为社会临场感与混合主动：一方面，人们将人工智能视为一种社会角色，基于社交需求发起互动，并产生与人类交互类似的体验；另一方面，人工智能将打破被动响应的局限性，主动向用户发起交互，体现了混合主动的交互方式。

首先，随着人工智能变得更加聪明，更加拟人化，人类用户对于人工智能的感知不再仅仅是一个冷冰冰的机器，而是一个全新的社会角色。⑤ 因此人们与人工智能的交互过程中会无意识地遵守社会规则，也希望人工智能符合社交规范、符合社会期望。随着人工智能逐渐被人们视作一个新的社会角色、合作伙伴，而非简单的工具，⑥ 人智交互的目的也不再只是帮助人们完成特定任务，还包括了激励、共情、慰藉、陪伴等原本由其他人类所提供的社交需求，

---

① Haim M, Graefe A, Brosius H-B. Burst of the filter bubble? Effects of personalization on the diversity of Google News [J]. Digital journalism, 2018, 6(3): 330-343.

② Berman R, Katona Z. Curation algorithms and filter bubbles in social networks [J]. Marketing Science, 2020, 39(2): 296-316.

③ Cinelli M, De Francisci Morales G, Galeazzi A, et al. The echo chamber effect on social media [J]. Proceedings of the National Academy of Sciences, 2021, 118(9): e2023301118.

④ van Berkel N, Skov M B, Kjeldskov J. Human-AI interaction: intermittent, continuous, and proactive [J]. Interactions, 2021, 28(6): 67-71.

⑤ Breazeal C, Dautenhahn K, Kanda T. Social robotics [J]. Springer handbook of robotics, 2016: 1935-1972.

⑥ Wang D, Maes P, Ren X, et al. Designing AI to Work with or for People? [C]//Extended Abstracts of the 2021 CHI Conference on Human Factors in Computing Systems. 2021: 1-5.

并且促使人们产生类似于人际交互的较强社会临场感。①②③

其次，随着人工智能多元化、多模态交互技术的普及，人们与人工智能的交互不再是用户输入命令、机器作出预设反馈的"输入-响应"模式。④ 而是由人工智能通过环境监测，主动感知、挖掘、理解用户的潜在需求，与用户轮流发起交互请求的混合交互模式。⑤

2.2.2 人智交互类型

"交互"意味着两个以上的主体相互交流、互动，并对彼此造成影响。⑥ 纵观以往研究，人智交互研究可以分为四个子领域：人智共生、人智协作、人智竞争、人智冲突。这四个子领域的特征及其相互之间的差异如下所述：

人智协作（Human-AI Collaboration）是指人类和人工智能为了完成共同目标而开展合作的交互过程，⑦ 人与人工智能进行串行式或

---

① Jiang Q, Zhang Y, Pian W. Chatbot as an emergency exist: Mediated empathy for resilience via human-AI interaction during the COVID-19 pandemic [J]. Information Processing & Management, 2022, 59(6): 103074.

② Chaves A P, Gerosa M A. How should my chatbot interact? A survey on social characteristics in human-chatbot interaction design [J]. International Journal of Human-Computer Interaction, 2021, 37(8): 729-758.

③ Kuhail M A, Alturki N, Alramlawi S, et al. Interacting with educational chatbots: A systematic review [J]. Education and Information Technologies, 2022: 1-46.

④ 许为，葛列众. 智能时代的工程心理学 [J]. 心理科学进展，2020, 28 (09): 1409-1425.

⑤ Xu W, Dainoff M J, Ge L, et al. Transitioning to human interaction with AI systems: New challenges and opportunities for HCI professionals to enable human-centered AI [J]. International Journal of Human-Computer Interaction, 2022: 1-25.

⑥ Dictionary Cambridge. Interaction [EB/OL]. [2022-06-15]. https://dictionary. cambridge. org/us/dictionary/english/interaction

⑦ Dubey A, Abhinav K, Jain S, et al. HACO: a framework for developing human-ai teaming [C]//Proceedings of the 13th Innovations in Software Engineering Conference on Formerly known as India Software Engineering Conference. 2020: 1-9.

并行式的分工合作，协力完成双方的共同任务。① 相比于人智协作，人智竞争（Human-AI Competition）中的人与人工智能虽然具有相同目标，但仍处于对立立场，即存在一方受益而另一方损失的零和博弈，往往发生在游戏竞赛以及部分工作场景之中。②③ 无论是人智协作还是人智竞争，人与人工智能之间都有着相似的目标与观念，但在人智冲突（Human-AI Conflict）中，人们与人工智能甚至可以发生目标、优先级、价值观上的分歧，进而形成紧张关系。④

为了实现人智共生这一长期目标，需要在长期的交互过程中促进人智协作、规范人智竞争、缓解人智冲突。⑤ 以往人智交互相关研究前沿热点均聚焦于上述子领域，通过对各个主题开展深入探索，更深入地理解与构建起人智交互新模式与新范式。

2.3 人智交互理论基础

尽管人工智能的本质是一种具有复杂结构的计算机，但其高度拟人化的外表、思维以及行动能力也打破了人们对计算机设备的一般感知，处于一种非人非物的模糊状态。因此，人们在与人工智能

---

① Wang D, Churchill E, Maes P, et al. From human-human collaboration to Human-AI collaboration：Designing AI systems that can work together with people [C]//Extended abstracts of the 2020 CHI conference on human factors in computing systems. 2020：1-6.

② Peeters M M, van Diggelen J, Van Den Bosch K, et al. Hybrid collective intelligence in a human-AI society [J]. AI & society, 2021, 36(1)：217-238.

③ Frey C B, Osborne M A. The future of employment：How susceptible are jobs to computerisation? [J]. Technological forecasting and social change, 2017, 114：254-280.

④ Flemisch F O, Pacaux-Lemoine M-P, Vanderhaegen F, et al. Conflicts in human-machine systems as an intersection of bio-and technosphere：Cooperation and interaction patterns for human and machine interference and conflict resolution [C]//2020 IEEE International Conference on Human-Machine Systems (ICHMS). IEEE, 2020：1-6.

⑤ Jarrahi M H. Artificial intelligence and the future of work：Human-AI symbiosis in organizational decision making [J]. Business horizons, 2018, 61(4)：577-586.

进行交互时，既具有人机交互范式的常见特征，也遵循与人际交互类似的社交规范。纵观以往研究，人智交互的理论基础来源于人机交互与人际交互两大研究领域。人机交互理论侧重于将 AI 作为一种新技术的角度，有助于理解 AI 如何被人们所接受、使用与评估；人际交互理论则指导了 AI 应如何作为一个社会角色与人类开展互动。人智交互理论在前两者的基础上，为理解这一全新交互情境提供理论支撑，充分体现了 AI 在以人类为中心的前提下，在人性与机器性之间取得平衡的必要性。

2.3.1 人机交互相关理论

人智交互作为人机交互领域的一个重要分支，是人机交互研究的拓展与延伸。因此人机交互相关经典理论可以用于解释人类如何接受、使用、看待人工智能。例如，技术接受模型能够分析人类如何接受 AI 技术，心智模型能够解释用户如何理解和使用 AI 技术，计算机即社会行动者理论则有助于了解人类如何看待 AI 技术。

（1）技术接受模型（Technology Acceptance Model，TAM）

技术接受模型建立在理性行为理论（Theory of Reasoned Action，TRA）的基础之上，认为用户对新技术的接受度取决于感知易用性和感知有用性。① 在此基础上，Venkatesh 等人提出了技术采纳与利用整合理论（Unified Theory of Acceptance and Use of Technology，UTAUT），认为用户的实际接受行为受到四个因素的共同影响，包括努力期望、绩效期望、社会影响以及促进条件。② 随后，该模型被进一步扩展，增加了三个影响因素，即享乐动机、价格价值和习惯，提高了该模型的预测能力。③ 这些模型自提出以来经久不衰，在人机交互研究中的应用十分广泛，并且已被应用到人类与语音助

① Davis F D. Perceived usefulness, perceived ease of use, and user acceptance of information technology [J]. MIS quarterly, 1989：319-340.

② Venkatesh V, Morris M G, Davis G B, et al. User acceptance of information technology：Toward a unified view [J]. MIS quarterly, 2003：425-478.

③ Venkatesh V, Thong J Y, Xu X. Consumer acceptance and use of information technology：extending the unified theory of acceptance and use of technology [J]. MIS quarterly, 2012：157-178.

手、服务机器人等人工智能设备的交互场景之中，以解释用户接受人工智能技术的影响因素及其影响机制。①②③

（2）心智模型（Mental Model）

心智模型最早由心理学家 Craik K 提出，他认为人类会将对外在的世界的认知、印象转化为内在的模型，即心智模型，它影响人们如何认识、解释、面对世界，以及如何采取行动，并在人们心中根深蒂固。④ 在人机交互领域中，将用户的抽象内在心理活动进行具像化、外显化、可视化，可以构建起用户心智模型。鉴于心智模型是用户对人工智能系统的认知与情感反应的内在表征，并对用户所采取的行动产生影响，因此对心智模型的理解能够帮助开发者与设计师更好地理解用户需求，为用户的交互行为提供解释。设计师可以基于所构建的用户心智模型，预测用户对新型设计的反馈，有针对性地优化交互设计、提升交互体验。⑤

（3）计算机即社会行动者理论（Computers Are Social Actors，CASA）

媒体等同理论（Media Equation Theory）认为，人类虽然在理性上将媒体当成工具，但他们会下意识地、自然而然地对媒体作出社会性反应，即像对待真实的人类、处于真实的空间一样对待电脑、

① Pridmore J, Mols A. Personal choices and situated data: Privacy negotiations and the acceptance of household Intelligent Personal Assistants [J]. Big Data & Society, 2020, 7(1): 2053951719891748.

② Pal D, Roy P, Arpnikanondt C, et al. The effect of trust and its antecedents towards determining users' behavioral intention with voice-based consumer electronic devices [J]. Heliyon, 2022, 8(4): e09271.

③ Al Shamsi J H, Al-Emran M, Shaalan K. Understanding key drivers affecting students' use of artificial intelligence-based voice assistants [J]. Education and Information Technologies, 2022, 27(6): 8071-8091.

④ Craik K J W. The nature of explanation [M]. CUP Archive, 1943.

⑤ Franklin M, Lagnado D. Human-AI Interaction Paradigm for Evaluating Explainable Artificial Intelligence [C]//STEPHANIDIS C, ANTONA M, NTOA S. HCI International 2022 Posters, 2022//, Cham. Springer International Publishing, 2022: 404-411.

电视等媒介。① 作为媒体等同理论的衍生范式，"计算机即社会行动者"理论认为，人们会无意识地将计算机视为"社会行动者"，在交互过程中使用社会规则，也要求计算机遵循社会规范。比如用户与计算机交流时会使用礼仪规范，在评估计算机时会带有性别刻板印象，并且倾向于将社会属性归因于计算机而不是程序员。② 这些结果也反映在了如今人们对人工智能系统的看法上，即人们倾向于将人工智能视为与人类一样的交互对象，并且人工智能的拟人化特征会增强这种倾向。③④

2.3.2 人际交互相关理论

随着人工智能系统拟人化程度的不断提升，人们越来越倾向于以对待人类的方式与人工智能进行交互。引入人际交互相关理论有助于研究者更好地理解人类与人工智能的交互过程，同时揭示 AI 作为一个社会对象需要具备的社交能力，以及需要遵循的社交原则。例如，心智理论表明 AI 需要具备认知和推理能力，准社会关系理论指出人们为 AI 赋予社会属性的普遍性，不确定性减少理论证实了 AI 的透明度与可解释性设计的必要性。

（1）心智理论（Theory of Mind，ToM）

心智理论强调了人类具有理解自己与他人心理状态的能力。⑤

---

① Reeves B, Nass C I. The media equation: How people treat computers, television, and new media like real people and places [M]. New York, NY, US: Cambridge University Press, 1996.

② Nass C, Steuer J, Tauber E R. Computers are social actors [C]// Proceedings of the SIGCHI conference on Human factors in computing systems. 1994: 72-78.

③ Huh J, Whang C, Kim H-Y. Building trust with voice assistants for apparel shopping: The effects of social role and user autonomy [J]. Journal of Global Fashion Marketing, 2022: 1-15.

④ Xu K. Language, modality, and mobile media use experiences: Social responses to smartphone cues in a task-oriented context [J]. Telematics and Informatics, 2020, 48: 101344.

⑤ Premack D, Woodruff G. Does the chimpanzee have a theory of mind? [J]. Behavioral and Brain Sciences, 1978, 1(4): 515-526.

这种能力使人们能够推断出他人潜在的想法、目标、意图，并在此基础上预测和解释他人的行为，因此是人类成功开展社交活动、进行人际沟通的关键前提。① 在人智交互的场景下，当人工智能具备一定的心智能力时，也一样能够通过观察人类的行为与言语线索，推理人类的内在心理活动，深度理解人类需求。因此，通过提升 AI 的心智能力，将使其表现得更智能、更拟人化，有助于实现流畅有效的人智交互。②③④

（2）准社会关系理论（Para-Social Relationship Theory，PSR Theory）

准社会关系理论是指大众媒体会给人带来一种面对面交流的错觉，比如人们会将电视中的人物看作是现实中的交流对象，与其进行互动，并建立社交关系。⑤ 因此，观众往往会对其喜爱的电视人物或角色产生依恋，譬如像谈论一个朋友一样谈论某个名人，并对某个主持人产生亲切感，这都是准社会关系的体现。在人工智能时代，面对高度拟人化的人工智能，人们往往将其视为一个朋友或者

---

① Rezwana J, Maher M L. Designing Creative AI Partners with COFI：A Framework for Modeling Interaction in Human-AI Co-Creative Systems ［C］// Proceedings of the 12th International Conference on Computational Creativity（ICCC '21）. 2021：444-448.

② Rezwana J, Maher M L. Designing Creative AI Partners with COFI：A Framework for Modeling Interaction in Human-AI Co-Creative Systems ［C］// Proceedings of the 12th International Conference on Computational Creativity（ICCC '21）. 2021：444-448.

③ Fiore S M, Bracken B, Demir M, et al. Transdisciplinary Team Research to Develop Theory of Mind in Human-AI Teams Panelists ［J］. Proceedings of the Human Factors and Ergonomics Society Annual Meeting, 2021, 65（1）：1605-1609.

④ Shergadwala M N, Seif El-Nasr M. Human-Centric Design Requirements and Challenges for Enabling Human-AI Interaction in Engineering Design：An Interview Study ［C］//ASME 2021 International Design Engineering Technical Conferences and Computers and Information in Engineering Conference. 2021, Volume 6：33rd International Conference on Design Theory and Methodology（DTM）：V006T06A054.

⑤ Horton D, Richard Wohl R. Mass Communication and Para-Social Interaction ［J］. Psychiatry, 1956, 19（3）：215-229.

一个伙伴，与其建立起准社会关系。这种关系会促进人们与人工智能开展社交互动、产生情感联系，并增进对 AI 的信任，提升交互体验。①②

（3）不确定性减少理论（Uncertainty Reduction Theory，URT）

不确定性减少理论认为，当人们与陌生人初次见面时，由于对彼此的态度、信仰和品质知之甚少，往往会通过收集信息来减少这种不确定性，以更好地解释与预测彼此作出的行为，更顺畅地进行沟通。③ 由于人工智能是个黑匣子，人智交互过程中也存在着极高的不确定性。因此，要在初次交互中建立起人类对人工智能的信任，就必须提供其输入、运行、输出逻辑的详细解释，增强其透明性，减少不确定性，提升人智交互中的信任感与体验感。④

2.3.3　人智交互相关理论

还有部分研究者针对人智交互领域提出了新的理论，以解释人智交互中的独特现象。例如，针对 AI 的技术特征，提出了人工智能设备使用接受模型；针对 AI 的拟人化特征，提出了恐怖谷理论；针对 AI 的交互特征，提出了人本人工智能理论。

（1）人工智能设备使用接受模型（Artificially Intelligent Device Use Acceptance，AIDUA）

尽管以往技术接受度模型（TAM、UTAUT、UTAUT2 等）可以在一定程度上预测用户对智能技术的使用意愿，但并不完全适用于

---

① Pal D, Roy P, Arpnikanondt C, et al. The effect of trust and its antecedents towards determining users' behavioral intention with voice-based consumer electronic devices [J]. Heliyon, 2022, 8(4): e09271.

② Hoffman A, Owen D, Calvert S L. Parent reports of children's parasocial relationships with conversational agents: Trusted voices in children's lives [J]. Human Behavior and Emerging Technologies, 2021, 3(4): 606-617.

③ Berger C R, Calabrese R J. Some Explorations in Initial Interaction and Beyond: Toward a Developmental Theory of Interpersonal Communication [J]. Human Communication Research, 1975, 1(2): 99-112.

④ Liu B. In AI We Trust? Effects of Agency Locus and Transparency on Uncertainty Reduction in Human-AI Interaction [J]. Journal of Computer-Mediated Communication, 2021, 26(6): 384-402.

解释所有人工智能使用情景。譬如，TAM 中的感知易用性和感知有用性侧重于用户对新技术的学习过程，但大部分人工智能设备模拟了语音、动作等自然交互模式，并不需要用户花费大量时间精力去学习如何使用。此外，这些经典模型也无法覆盖人智交互中的所有关键因素，尤其是社会维度和情感维度的因素。① 因此，有研究者率先基于认知评价理论和认知失调理论，提出了人工智能设备的使用接受度模型，该模型将用户对人工智能的使用接受分为三个阶段，其中第一阶段的社会影响、享乐动机和拟人化程度会影响第二阶段中的用户努力期望和绩效期望，然后二者共同影响用户情绪，继而决定第三阶段中用户对人工智能的使用意愿。这一模型全方面总结了用户使用人工智能设备意愿的关键影响因素，有助于研究者更全面地理解人智交互中的用户行为。②

（2）恐怖谷理论(Uncanny Valley)

恐怖谷理论提出，人类会对不同拟人化程度的人工智能呈现不同的情感反应。③ 具体而言，在人工智能的拟人化初期，人类会随着人工智能拟人化程度的提升而产生更积极的情感，直至到达一个特定的程度，人们的态度会急剧反转，此时人们认为 AI 非常恐怖，并随着人工智能拟人化程度的升高而产生更消极的情感反应，直到降到谷底(恐怖谷)。但当度过这一节点之后，人类对人工智能的情感反应又会转变为积极，并随着人工智能拟人化程度的上升而提升。在人智交互中，恐怖谷理论往往用于解释人工智能的拟人化特征对用户体验的影响，并强调了人类的一个普遍期望，即希望人工

---

① Lu L, Cai R, Gursoy D. Developing and validating a service robot integration willingness scale [J]. International Journal of Hospitality Management, 2019, 80: 36-51.

② Gursoy D, Chi O H, Lu L, et al. Consumers acceptance of artificially intelligent (AI) device use in service delivery [J]. International Journal of Information Management, 2019, 49: 157-169.

③ Mori M, MacDorman K F, Kageki N. The Uncanny Valley [From the Field] [J]. IEEE Robotics & Automation Magazine, 2012, 19(2): 98-100.

智能在人性和机器性之间达到一个平衡，而不是倾向于任何一个极端。①

（3）人本人工智能（Human-Centered AI，HCAI）

近年来以算法为中心的传统 AI 逐渐暴露出来脱离人类控制、种族偏见、人智冲突等各种问题，相关领域的专家学者纷纷呼吁 AI 的设计开发应该"以人为本"，催生了更为先进的 AI 发展理念——人本人工智能。正如美国著名计算机与人机交互学者 Ben Shneiderman 教授在《人本人工智能》一书中阐述的那样，HCAI 旨在增强人类感知、思考行动、创造的能力，而不是取代人类。② HCAI 的使命依然是技术的进步，但是成功的标准不再仅限于功能的实现或性能的提升，而是需要同时关注在人智交互的过程中，人类是否能够理解并愿意使用 AI 技术、人类生产力是否得到提高、人类是否能够控制技术以及人类价值观是否得到尊重等等。在 HCAI 的总体框架下，人在回路（Human-in-the-Loop，HITL）、可解释的 AI（Explainable AI，XAI）、符合伦理规范的 AI（Ethical AI）等方面应成为人智交互研究的关注重点。

3 人智交互前沿研究现状

3.1 人智共生

随着人工智能技术的不断发展，AI 逐渐全方位融入到人类日常生活与工作之中，作为人类社会的新成员，与人类形成一种特殊的共存关系。③ 在这种人与人工智能深度耦合的超智能社会发展趋

---

① Perez Garcia M，Saffon Lopez S. Exploring the Uncanny Valley Theory in the Constructs of a Virtual Assistant Personality［C］//BI Y，BHATIA R，KAPOOR S. Intelligent Systems and Applications，2020//，Cham. Springer International Publishing，2020：1017-1033.

② Shneiderman B. Human-Centered AI［M］. Oxford University Press，2022.

③ Fukuyama M. Society 5.0：Aiming for a new human-centered society［J］. Japan Spotlight，2018，27(5)：47-50.

势下，研究者们借用"共生"这一原本描述两种生物之间相互依存、互惠互利关系的生物学概念来界定人与机械产物之间的关系，提出"人机共生（Man-Computer symbiosis）"、"人智共生（Human-AI symbiosis）"等研究理念。①②

人智共生强调的是人类和 AI 之间形成平等互助的伙伴关系，AI 既不会完全替代人类开展日常工作与关键性决策，也并非仅仅参与处理一些基础工作或作为辅助角色。而是通过让人工智能更好地服务于人类，同时人类推动人工智能进步，最终使人类与 AI 都变得越来越聪明，实现人类与 AI 的相辅相成、相互促进。③④

在 AI 与人类的互助关系中，二者以各自擅长的决策方式共同处理社会事务。其中，AI 在自然语言处理、机器学习、计算机视觉技术赋能下，凭借其强大的计算、存储能力，能够通过海量信息计算与逻辑推理开展分析性决策。而人类基于其独特的想象力、敏锐度和创造力，擅长依赖于以往经验与启发式作出直觉性决策。⑤ 在 AI 与人类的通力协作下，双方可以在社会事务决策中相互补充，共同应对社会事务中的各种不确定性、复杂性、多义性问题与挑战。⑥

---

① Jarrahi M H. Artificial intelligence and the future of work：Human-AI symbiosis in organizational decision making［J］. Business horizons，2018，61（4）：577-586.

② Licklider J C R. Man-computer symbiosis［J］. IRE transactions on human factors in electronics，1960，HFE-1（1）：4-11.

③ 姜婷婷，许艳闰，傅诗婷，et al. 人智交互体验研究：为人本人工智能发展注入新动力［J］. 图书情报知识，2022，39（04）：43-55.

④ 喻国明，曲慧. 网络新媒体导论（微课版）［M］. 北京：人民邮电出版社，2021.

⑤ Jarrahi M H. Artificial intelligence and the future of work：Human-AI symbiosis in organizational decision making［J］. Business horizons，2018，61（4）：577-586.

⑥ Dane E，Rockmann K W，Pratt M G. When should I trust my gut？Linking domain expertise to intuitive decision-making effectiveness［J］. Organizational behavior and human decision processes，2012，119（2）：187-194.

在这一人智共生的社会发展趋势下，一方面，人类的能力将大幅度提升，人类可以借助 AI 的强大计算能力与庞大数据库，提升工作任务的效率和准确性，例如医生借助 AI 医疗辅助诊断系统提升病理诊断效率和质量，① 玩家在游戏 AI 指导下缩短任务完成时间②等；另一方面，AI 的适应性与准确性将不断提升，AI 可以基于人类的实时反馈及时调整自身算法模型，以更好地执行复杂任务，例如通过众包平台的数据标记提升预测任务的准确性，③ 在 AI 无法识别或解决问题时让人类介入以提供帮助。④

然而，要真正实现人智共生，仍然面临着包括沟通、信任、隐私安全在内的种种挑战。

第一，当前 AI 技术尚未能实现与人的顺畅、准确沟通。一方面，AI 很难识别与理解用户通过语言、表情、行动所表达出的复杂需求；另一方面，人类也很难理解与预测 AI 作出的机械行为。沟通不畅将成为阻碍双方建立紧密关系的关键，应从沟通内容、沟

① Folke T, Yang S C-H, Anderson S, et al. Explainable AI for medical imaging: explaining pneumothorax diagnoses with Bayesian teaching [C]//Artificial Intelligence and Machine Learning for Multi-Domain Operations Applications III. SPIE, 2021, 11746: 644-664.

② Shirado H, Christakis N A. Locally noisy autonomous agents improve global human coordination in network experiments [J]. Nature, 2017, 545 (7654): 370-374.

③ Pandey R, Purohit H, Castillo C, et al. Modeling and mitigating human annotation errors to design efficient stream processing systems with human-in-the-loop machine learning [J]. International Journal of Human-Computer Studies, 2022, 160: 102772.

④ Nushi B, Kamar E, Horvitz E, et al. On human intellect and machine failures: Troubleshooting integrative machine learning systems [C]//Thirty-First AAAI Conference on Artificial Intelligence. 2017.

通方式、沟通时机等方面进行改善。①②③

　　第二，当前人们还无法像相信人类伙伴一样相信 AI，二者难以形成坚实的伙伴关系。一方面，当人们面对危险和不确定性的任务时，对于 AI 的信任不足，不愿意求助于 AI，④ 另一方面，人们对 AI 过度信任也会导致技术滥用或决策误判。⑤ 需要从人智交互的多个阶段进行干预，降低人们初次接触 AI 时的抵触心理，提高人智信任关系的稳健性，完善信任崩塌后的修复策略，推动信任关系的可持续发展。⑥⑦⑧

　　第三，AI 广受诟病的一点在于其对用户隐私安全的威胁。⑨在人智共存、共生的发展进程中，人类与 AI 之间不免交换大量隐

---

① Sandini G, Mohan V, Sciutti A, et al. Social cognition for human-robot symbiosis—challenges and building blocks [J]. Frontiers in neurorobotics, 2018, 12: 34.

② Gunning D, Stefik M, Choi J, et al. XAI—Explainable artificial intelligence [J]. Science robotics, 2019, 4(37): eaay7120.

③ Becks E, Weis T. Nudging to Improve Human-AI Symbiosis [C]//2022 IEEE International Conference on Pervasive Computing and Communications Workshops and other Affiliated Events (PerCom Workshops). 2022: 132-133.

④ Asan O, Bayrak A E, Choudhury A. Artificial intelligence and human trust in healthcare: focus on clinicians [J]. Journal of medical Internet research, 2020, 22 (6): e15154.

⑤ Tolmeijer S, Gadiraju U, Ghantasala R, et al. Second chance for a first impression? Trust development in intelligent system interaction [C]//Proceedings of the 29th ACM Conference on user modeling, adaptation and personalization. 2021: 77-87.

⑥ Esterwood C, Robert L P. Do you still trust me? human-robot trust repair strategies [C]//2021 30th IEEE International Conference on Robot & Human Interactive Communication (RO-MAN). IEEE, 2021: 183-188.

⑦ Vodrahalli K, Daneshjou R, Gerstenberg T, et al. Do humans trust advice more if it comes from ai? an analysis of human-ai interactions [C]//Proceedings of the 2022 AAAI/ACM Conference on AI, Ethics, and Society. 2022: 763-777.

⑧ Glikson E, Woolley A W. Human trust in artificial intelligence: Review of empirical research [J]. Academy of Management Annals, 2020, 14(2): 627-660.

⑨ Gerber A, Derckx P, Döppner D A, et al. Conceptualization of the human-machine symbiosis-A literature review [C]//Proceedings of the 53rd Hawaii International Conference on System Sciences, Grand Wailea, Hawaii. 2020: 289-298.

私数据、敏感数据，一旦信息泄露，会产生不可估量的负面影响。① 未来应通过制定相关法律法规，提出隐私保护技术标准与专利，强化隐私数据的安全性，降低隐私泄漏、数据滥用的风险。②

第四，AI 技术在为人类生活带来了极大的好处的同时，也会因其复杂性和不确定性造成无法预料的后果。③ 而这些后果该由谁来负责尚未可知。例如自动驾驶汽车错误运行导致司机和行人死亡时责任该归咎于谁，是自动驾驶汽车的司机，还是其生产商？再如由 AI 提供的治疗建议如果不正确或不安全而危害患者身心健康时又该由谁来承担？面对上述问题，研究人员、AI 技术人员、律师、政府官员等相关人员应该积极制定相应措施以对 AI 系统进行监督、问责和持续关注。④

第五，在被 AI 智能系统包围的时代，算法偏见（Algorithm Bias）也逐渐成为了重要的信息伦理问题，即 AI 系统在运行的时候也会存在不合理不公正的判断，且这种判断会对某些个人或群体造成伤害（如性别、年龄、种族偏见等）。⑤⑥ 为了最大化 AI 的公平性，降低算法偏见，首先可以从数据集着手，一旦数据集本身缺乏代表性，就不能够客观地反映现实情况，算法决策就难免有失公允。此外，

---

① Dilmaghani S, Brust M R, Danoy G, et al. Privacy and security of big data in AI systems: a research and standards perspective [C]//2019 IEEE International Conference on Big Data (Big Data). IEEE, 2019: 5737-5743.

② Felzmann H, Fosch-Villaronga E, Lutz C, et al. Towards transparency by design for artificial intelligence [J]. Science and Engineering Ethics, 2020, 26(6): 3333-3361.

③ Cui Y. Building AI-Assisted Rule of Law for the Future, Seeking Advantages and Avoiding Disadvantages to Make AI Better Benefit Mankind [M]. Artificial Intelligence and Judicial Modernization. Springer. 2020: 187-191.

④ Gill K S. Designing AI Futures: A Symbiotic Vision [C]//Conference on Creativity in Intelligent Technologies and Data Science. Springer, 2019: 3-18.

⑤ Parikh R B, Teeple S, Navathe A S. Addressing bias in artificial intelligence in health care [J]. Jama, 2019, 322(24): 2377-2378.

⑥ Peeters M M, van Diggelen J, Van Den Bosch K, et al. Hybrid collective intelligence in a human-AI society [J]. AI & society, 2021, 36(1): 217-238.

还可以将人类决策和 AI 决策联合考虑以降低偏见的可能。①

第三，目前 AI 在许多认知相关的任务上已经达到甚至超越了人类表现，例如 DeepBlue、AlphaGo 等系统在棋盘游戏中击败人类世界冠军；医疗辅助诊断系统能够以极快的速度完成影像分析。②③④ 随之而来的是新的挑战：人工智能是否会威胁人类的独特性，是否会在不久的将来替代人类？短期看来，AI 的处理能力优势确实可以有效帮助提升任务完成效率，减轻人类负担。但从长远来看，随着越来越多的任务会被委派给 AI，人类可能会过度依赖 AI，认知能力大大下降。⑤ 因此需要更多的发展人本人工智能，将人引入回路，加大人类的决策重要性。⑥ 重点关注于让 AI 帮助提升人类的能力，而不是让其取代人类。

在"人智共生"所描绘的未来图景中，AI 将以社会新成员的身份走出实验室，全方位地融入人类社会之中，通过与人类开展协作、合理竞争、避免冲突，从而不断迭代升级，进化成透明、可靠、可信、安全、受控、公正、可用、友好的高级智能体，真正实现以人为本的 AI。同时，人类也可以通过借助 AI 增强自身生理感知、认知推理、物理行动等全方位能力，成为更强大的人类。

---

① Silberg J, Manyika J. Notes from the AI frontier: Tackling bias in AI (and in humans) [J]. McKinsey Global Institute, 2019: 1-6.

② Koch C. How the computer beat the go player [J]. Scientific American Mind, 2016, 27(4): 20-23.

③ Tomayko J E. Behind deep blue: Building the computer that defeated the world chess champion [J]. Technology and Culture, 2003, 44(3): 634-635.

④ Savadjiev P, Chong J, Dohan A, et al. Demystification of AI-driven medical image interpretation: past, present and future [J]. European radiology, 2019, 29(3): 1616-1624.

⑤ Nowak A, Lukowicz P, Horodecki P. Assessing artificial intelligence for humanity: Will AI be the our biggest ever advance? Or the biggest threat [Opinion] [J]. IEEE Technology and Society Magazine, 2018, 37(4): 26-34.

⑥ Xu W. Toward human-centered AI: a perspective from human-computer interaction [J]. interactions, 2019, 26(4): 42-46.

3.2 人智协作

人智协作(Human-AI Collaboration)是人类与 AI 为了实现共同目标而开展合作的过程，① 是推动形成人智共生社会的基本前提。在人智协作中，人与 AI 需要理解双方目标、分配各自任务优先级、共享与监督双方任务进度，共同为结果负责等。②③④

目前，人智协作已经在医疗健康、军事、艺术创作等许多领域中开展了广泛实践。

在医疗健康领域，AI 与医护人员共同完成了医学影像分析、患者健康状况监测、防护设备检查等医疗卫生工作。例如，在放射科等依赖医学影像进行诊断的学科中，AI 可以用以往的病例资料作为训练数据，基于深度学习方法建立图像分类模型，识别病例的医学影像判断其是否患病，辅助医生做出诊断决策。⑤⑥ 而在一些慢性疾病的康复治疗过程中，AI 系统能够借助传感器和机器学习算法自动监测和评估患者的情况，生成分析结果，极大减轻医生的负担。⑦

① Dubey A, Abhinav K, Jain S, et al. HACO: a framework for developing human-ai teaming [C]//Proceedings of the 13th Innovations in Software Engineering Conference on Formerly known as India Software Engineering Conference. 2020: 1-9.

② Wang D, Churchill E, Maes P, et al. From human-human collaboration to Human-AI collaboration: Designing AI systems that can work together with people [C]//Extended abstracts of the 2020 CHI conference on human factors in computing systems. 2020: 1-6.

③ Cañas Delgado J J. AI and Ethics When Human Beings Collaborate With AI Agents [J]. Frontiers in Psychology, 2022, 13: 836650.

④ Knop M, Weber S, Mueller M, et al. Human Factors and Technological Characteristics Influencing the Interaction of Medical Professionals With Artificial Intelligence-Enabled Clinical Decision Support Systems: Literature Review [J]. JMIR Hum Factors, 2022, 9(1): e28639.

⑤ Folke T, Yang S C-H, Anderson S, et al. Explainable AI for medical imaging: explaining pneumothorax diagnoses with Bayesian teaching [M]. SPIE, 2021.

⑥ Rajpurkar P, Chen E, Banerjee O, et al. AI in health and medicine [J]. Nature Medicine, 2022, 28(1): 31-38.

⑦ Lee M H, Siewiorek D P, Smailagic A, et al. A human-ai collaborative approach for clinical decision making on rehabilitation assessment [C]//Proceedings of the 2021 CHI Conference on Human Factors in Computing Systems. 2021: 1-14.

除了为患者诊断和治疗提供支持外，AI 还可以提供防护设备穿脱的影像和音频指导，并实时指出医护人员的错误操作，提高防护设备的安全性。①

在军事领域，AI 也往往用于战况分析、战场决策，为人类军官提供技术辅助。由于目前多领域作战环境复杂，决策不确定性极高，人类往往需要借助 AI 强大的信息处理能力，帮助收集、分析战场信息，为指挥者决策提供支持；甚至 AI 还可以参与到战场中，执行作战任务，降低人员损失。②③④

在艺术创作领域，人们也可以在与 AI 的协作过程中激发想象力与创造力。例如在绘画、⑤⑥ 故事创作、⑦ 音乐创作、⑧ 服装

---

① Segal R, Bradley W P, Williams D L, et al. Human-machine collaboration using artificial intelligence to enhance the safety of donning and doffing personal protective equipment (PPE)[J]. Infection Control & Hospital Epidemiology, 2022: 1-4.

② Cassenti D, Kaplan L. Robust uncertainty representation in human-AI collaboration [M]. SPIE, 2021.

③ Hare J Z, Rinderspacher B C, Kase S, et al. Battlespace: using AI to understand friendly vs. hostile decision dynamics in MDO [M]. SPIE, 2021.

④ Hung C, Choi J, Gutstein S, et al. Soldier-led Adaptation of Autonomous Agents (SLA3) [M]. SPIE, 2021.

⑤ Oh C, Song J, Choi J, et al. I lead, you help but only with enough details: Understanding user experience of co-creation with artificial intelligence [C]// Proceedings of the 2018 CHI Conference on Human Factors in Computing Systems. 2018: 1-13.

⑥ Lin Y, Guo J, Chen Y, et al. It is your turn: collaborative ideation with a co-creative robot through sketch [C]//Proceedings of the 2020 CHI conference on human factors in computing systems. 2020: 1-14.

⑦ Zhang C, Yao C, Liu J, et al. StoryDrawer: A Co-Creative Agent Supporting Children's Storytelling through Collaborative Drawing [C]//Extended Abstracts of the 2021 CHI Conference on Human Factors in Computing Systems. 2021: 1-6.

⑧ Louie R, Coenen A, Huang C Z, et al. Novice-AI music co-creation via AI-steering tools for deep generative models [C]//Proceedings of the 2020 CHI conference on human factors in computing systems. 2020: 1-13.

设计、① 游戏设计②等创造性的活动中，AI 可以承担指导者或助手的角色，在创作的过程中给予人类适当的提示和帮助，并对用户创作意图进行推理与预测，提出一些新点子，激励人类产生更多灵感，最终实现人智共创（Human-AI Co-creation）。

除此之外，在同行评议、③④⑤ 教育教学、⑥⑦ 新闻媒体、⑧ 交

---

① Zhao Z, Ma X. A Compensation Method of Two-Stage Image Generation for Human-AI Collaborated In-Situ Fashion Design in Augmented Reality Environment〔C〕//2018 IEEE International Conference on Artificial Intelligence and Virtual Reality（AIVR），10-12 Dec. 2018. 2018：76-83.

② Guzdial M, Liao N, Chen J, et al. Friend, collaborator, student, manager：How design of an ai-driven game level editor affects creators〔C〕//Proceedings of the 2019 CHI conference on human factors in computing systems. 2019：1-13.

③ Arous I, Yang J, Khayati M, et al. Peer grading the peer reviews：a dual-role approach for lightening the scholarly paper review process〔C〕//Proceedings of the Web Conference 2021. 2021：1916-1927.

④ Stelmakh I. Towards Fair, Equitable, and Efficient Peer Review〔C〕//Proceedings of the AAAI Conference on Artificial Intelligence. 2021, 35：15736-15737.

⑤ Bharti P K, Ranjan S, Ghosal T, et al. PEERAssist：Leveraging on Paper-Review Interactions to Predict Peer Review Decisions〔C〕//KE H-R, LEE C S, SUGIYAMA K. Towards Open and Trustworthy Digital Societies, 2021//, Cham. Springer International Publishing, 2021：421-435.

⑥ Yang K B, Lawrence L, Echeverria V, et al. Surveying Teachers' Preferences and Boundaries Regarding Human-AI Control in Dynamic Pairing of Students for Collaborative Learning〔C〕//DE LAET T, KLEMKE R, ALARIO-HOYOS C, et al. Technology-Enhanced Learning for a Free, Safe, and Sustainable World, 2021//, Cham. Springer International Publishing, 2021：260-274.

⑦ Ng F, Suh J, Ramos G. Understanding and supporting knowledge decomposition for machine teaching〔C〕//Proceedings of the 2020 ACM Designing Interactive Systems Conference. 2020：1183-1194.

⑧ Bailer W, Thallinger G, Krawarik V, et al. AI for the Media Industry：Application Potential and Automation Levels〔C〕//þóR JóNSSON B, GURRIN C, TRAN M-T, et al. MultiMedia Modeling, 2022//, Cham. Springer International Publishing, 2022：109-118.

通运输、① 工业生产②等多个领域中，AI 承担了重复性、规律性的任务，将人们从繁琐的常规任务中解放出来，将更多精力用于更具认知挑战性、需要创造力的工作。③

以往的大量研究与实践也证明了，相比于人类与 AI 各自单独行动，人智协作往往会取得更为高效、高质量的任务表现。④⑤⑥根据不同任务的特征及其需求，人智协作模式往往分为以下三类：

（1）人类主导、AI 辅助模式。在人类所擅长的模糊性任务中，AI 可以进行底层资料处理与信息加工，以减轻人类的负担，提高任务准确性与效率。比如在战略游戏中，AI 可以利用眼动追踪技术帮助人类玩家实时、准确地识别对手意图，提高对游戏形势的感

① Loske D, Klumpp M. Intelligent and efficient? An empirical analysis of human-AI collaboration for truck drivers in retail logistics [J]. The International Journal of Logistics Management, 2021, 32(4): 1356-1383.

② Mantravadi S, Jansson A D, Møller C. User-Friendly MES Interfaces: Recommendations for an AI-Based Chatbot Assistance in Industry 4.0 Shop Floors [C]//NGUYEN N T, JEARANAITANAKIJ K, SELAMAT A, et al. Intelligent Information and Database Systems, 2020//, Cham. Springer International Publishing, 2020: 189-201.

③ Süße T, Kobert M, Kries C. Antecedents of Constructive Human-AI Collaboration: An Exploration of Human Actors' Key Competencies [C]// CAMARINHA-MATOS L M, BOUCHER X, AFSARMANESH H. Smart and Sustainable Collaborative Networks 40, 2021//, Cham. Springer International Publishing, 2021: 113-124.

④ Kahn L H, Savas O, Morrison A, et al. Modelling Hybrid Human-Artificial Intelligence Cooperation: A Call Center Customer Service Case Study [C]//2020 IEEE International Conference on Big Data (Big Data), 10-13 Dec. 2020. 2020: 3072-3075.

⑤ Loske D, Klumpp M. Human-AI collaboration in route planning: An empirical efficiency-based analysis in retail logistics [J]. International Journal of Production Economics, 2021, 241: 108236.

⑥ You W, Lowd D. Towards Stronger Adversarial Baselines Through Human-AI Collaboration [C]//Proceedings of NLP Power! The First Workshop on Efficient Benchmarking in NLP. 2022: 11-21.

知能力;① 在学术研究中，AI 可以帮助研究人员进行学术资料搜集与分组，提升研究人员的信息搜寻和意义构建活动效率;② 在医学检测中，AI 可以基于计算机视觉技术，分析某个区域的淋巴结是否有肿瘤转移迹象，辅助病理学家快速、精准识别结直肠癌。③

（2）AI 主导、人类辅助模式。在 AI 擅长的规则性任务中，人类可以发挥其专业知识与主观经验优势，通过训练数据标注、模型精度调试、预测结果评估，帮助 AI 理解新情境新事物，作出更为灵活的决策。例如，人们可以为 AI 提供高质量、大范围、多视角的人工标注数据，帮助 AI 不断训练与完善算法模型，提高新闻过滤、网络舆情追踪等海量数据加工任务的准确性。④

（3）人类与 AI 分工协作模式。当任务由多种类型的子任务构成时，人类和 AI 将分工完成各自擅长的任务。比如在灾后救援情景下，AI 负责评估建筑物损坏程度、清除现场碎片，而人类负责救援与治疗被困人员，各司其职，高效完成救援工作。⑤

针对如何促进人智协作，以往研究提出的重要建议主要围绕两

---

① Newn J, Singh R, Allison F, et al. Designing Interactions with Intention-Aware Gaze-Enabled Artificial Agents [C]//LAMAS D, LOIZIDES F, NACKE L, et al. Human-Computer Interaction- INTERACT 2019, 2019//, Cham. Springer International Publishing, 2019: 255-281.

② Rachatasumrit N, Ramos G, Suh J, et al. ForSense: Accelerating Online Research Through Sensemaking Integration and Machine Research Support [C]//26th International Conference on Intelligent User Interfaces. 2021: 608-618.

③ Lindvall M, Lundström C, Löwgren J. Rapid assisted visual search: Supporting digital pathologists with imperfect AI [C]//26th International Conference on Intelligent User Interfaces. 2021: 504-513.

④ Pandey R, Purohit H, Castillo C, et al. Modeling and mitigating human annotation errors to design efficient stream processing systems with human-in-the-loop machine learning [J]. International Journal of Human-Computer Studies, 2022, 160: 102772.

⑤ Schoonderwoerd T A J, Zoelen E M v, Bosch K v d, et al. Design patterns for human-AI co-learning: A wizard-of-Oz evaluation in an urban-search-and-rescue task [J]. International Journal of Human-Computer Studies, 2022, 164: 102831.

个方面，即以人为本的 AI 设计、提升智能技术素养的用户培训。

一方面，践行以人为本的 AI 设计原则，提升 AI 算法的可解释性，增强 AI 代理的拟人性，解决 AI 的伦理道德问题。首先，AI 的可解释性设计强调了 AI 对其输入特征、处理过程、输出结果等进行解释。比如告知用户其预测模型中将哪些因素纳入了考虑，哪些因素未纳入考虑；[1] 向用户说明 AI 系统执行任务的具体策略和处理逻辑；[2] 以及用文字或可视化的形式解释系统的输出结果。[3] 其次，AI 的拟人化设计体现为感官层面与语义层面的拟人化。比如为 AI 设计类似于人类的外观、表情和动作，使用人类的声音；[4][5][6] 以及赋予 AI 更加类人的语气和表达情感的能力，增加社会存在感等社会属性。[7][8] 最后，AI 的伦理设计包括隐私保护设

[1] Vössing M, Kühl N, Lind M, et al. Designing Transparency for Effective Human-AI Collaboration [J]. Information Systems Frontiers, 2022, 24(3)：877-895.

[2] Fügener A, Grahl J, Gupta A, et al. Cognitive Challenges in Human-Artificial Intelligence Collaboration：Investigating the Path Toward Productive Delegation [J]. Information Systems Research, 2022, 33(2)：678-696.

[3] Kim S S, Watkins E A, Russakovsky O, et al. "Help Me Help the AI"：Understanding How Explainability Can Support Human-AI Interaction [J]. arXiv preprint arXiv：221003735, 2022.

[4] Schreuter D, van der Putten P, Lamers M H. Trust Me on This One：Conforming to Conversational Assistants [J]. Minds and Machines, 2021, 31(4)：535-562.

[5] Li X, Sung Y. Anthropomorphism brings us closer：The mediating role of psychological distance in User-AI assistant interactions [J]. Computers in Human Behavior, 2021, 118：106680.

[6] Jin S V, Youn S. Social Presence and Imagery Processing as Predictors of Chatbot Continuance Intention in Human-AI-Interaction [J]. International Journal of Human-Computer Interaction, 2022：1-13.

[7] Xu K. Language, modality, and mobile media use experiences：Social responses to smartphone cues in a task-oriented context [J]. Telematics and Informatics, 2020, 48：101344.

[8] Cai D, Li H, Law R. Anthropomorphism and OTA chatbot adoption：a mixed methods study [J]. Journal of Travel & Tourism Marketing, 2022, 39(2)：228-255.

计、公平性设计等，例如优化隐私管理模型、避免使用可能存在偏见的数据集、在不同社会群体间进行测试比较、更多地考虑技术弱势群体的需求。①②③④

另一方面，人类也需要作出努力，积极应对工作和社会的转型变革，不断提升自身的 AI 素养。AI 素养包含多个维度，例如对 AI 的认识与理解、操纵与应用、评估与创建、以及伦理道德意识等。人们应当以提升各方面的能力为目标，致力于理解 AI 的基本功能和内部逻辑、向 AI 清晰表达需求、批判性地评估 AI 的输出结果，始终坚持伦理道德标准，迈向更高效的人智协作。⑤⑥⑦

3.3 人智竞争

随着 AI 能力的不断提升，AI 与人类的差异不断缩小，二者的业务范围越来越重叠，不可避免地发生竞争。一方面，AI 与人之

---

① Elahi H, Castiglione A, Wang G, et al. A human-centered artificial intelligence approach for privacy protection of elderly App users in smart cities [J]. Neurocomputing, 2021, 444: 189-202.

② Qadir J, Islam M Q, Al-Fuqaha A. Toward accountable human-centered AI: rationale and promising directions [J]. Journal of Information, Communication and Ethics in Society, 2022, 20(2): 329-342.

③ Shneiderman B. Human-centered artificial intelligence: Three fresh ideas [J]. AIS Transactions on Human-Computer Interaction, 2020, 12(3): 109-124.

④ Okolo C T. Optimizing human-centered AI for healthcare in the Global South [J]. Patterns, 2022, 3(2): 100421.

⑤ Süße T, Kobert M, Kries C. Antecedents of Constructive Human-AI Collaboration: An Exploration of Human Actors' Key Competencies [C]// CAMARINHA-MATOS L M, BOUCHER X, AFSARMANESH H. Smart and Sustainable Collaborative Networks 40, 2021//, Cham. Springer International Publishing, 2021: 113-124.

⑥ Ng D T K, Leung J K L, Chu S K W, et al. Conceptualizing AI literacy: An exploratory review [J]. Computers and Education: Artificial Intelligence, 2021, 2: 100041.

⑦ Long D, Magerko B. What is AI literacy? Competencies and design considerations [C]//Proceedings of the 2020 CHI conference on human factors in computing systems. 2020: 1-16.

间的直接竞争在游戏领域非常普遍，在象棋、围棋、星际争霸等游戏领域中已经多次发生了 AI 击败职业选手的事件，引起了公众热议。① 另一方面，随着 AI 承担了越来越多的社会工作，人类对于 AI 抢夺工作机会与生存资源的恐惧感与日俱增，人类与 AI 的对立也成为各大文学与影视作品中的常见桥段。② 然而，尽管恶性竞争与人智共生愿景背道而驰，但合理竞争反而是促进人类与 AI 共同进步的强大动力。

在游戏领域中，AI 以其强大的认知计算能力，在棋类、牌类等基于简单规则的传统游戏中中已经具备了挑战甚至击败顶级人类玩家的实力。IBM 于上世纪开发的西洋双陆棋 AI D TGammon 就曾与前世界冠军 Bill Robertie 达到相近水平，③ 而 IBM 开发的另一个象棋 AI Deep Blue 也曾在 1997 年击败了当时的世界冠军 Garry Kasparov，吸引了人们对于棋类游戏 AI 的关注。④ 鉴于围棋在棋类游戏的复杂度排序中居于前列，人们曾将围棋作为 AI 不可逾越的高峰。但在 AlphaGo 于 2016 年击败了围棋世界冠军李世石之后，这一观念也被彻底打破。⑤ 除了棋类游戏之外，牌类游戏也不可避免受到 AI 的挑战，AI 程序 Libratus 就曾在德州扑克游戏中击败了由四名顶级职业选手组成的团队。⑥

① Canaan R, Salge C, Togelius J, et al. Leveling the playing field: Fairness in AI versus human game benchmarks [C]//Proceedings of the 14th International Conference on the Foundations of Digital Games. 2019: 1-8.

② Dang J, Liu L. Implicit theories of the human mind predict competitive and cooperative responses to AI robots [J]. Computers in Human Behavior, 2022, 134: 107300.

③ Tesauro G. Temporal difference learning and TD-Gammon [J]. Communications of the ACM, 1995, 38(3): 58-68.

④ Campbell M, Hoane A J, Hsu F-h. Deep Blue [J]. Artificial Intelligence, 2002, 134(1): 57-83.

⑤ Silver D, Huang A, Maddison C J, et al. Mastering the game of Go with deep neural networks and tree search [J]. Nature, 2016, 529(7587): 484-489.

⑥ Sandholm T. Super-Human AI for Strategic Reasoning: Beating Top Pros in Heads-Up No-Limit Texas Hold'em [C]//IJCAI. 2017: 24-25.

与棋牌类游戏相比，实时战略游戏以其接近连续的时间尺度、复杂的状态与动作集合为 AI 带来了更高的挑战难度。在这一领域中，AI 虽未能打败所有顶尖职业选手，但已达到了人类平均水平。① DeepMind 发布的 AI 程序 AlphaStar 在星际争霸 2(Starcraft 2) 与人类玩家的对战中被评为特级大师级别。② 另一个 AI 程序 OpenAI 也于 2017 年在 Dota 2 的一次 1v1 表演赛中击败了身为世界顶级玩家的 Dendi，但在 2018 年的另一场 5v5 团队表演赛中输给了职业选手。③

截止目前，基于游戏的人智竞赛已经成为 AI 的重要测试平台之一。④ 通过与人类的每一次竞赛，AI 可以观察到人类的角色特征和行为反应，推断其思维与决策逻辑，从而不断优化自身算法模型，提升其拟人化程度。⑤ 同样，人类也可以通过与 AI 的切磋进行训练，不断提升个人能力，并利用这些 AI 算法解决其他领域中相似的复杂问题。⑥

但要长期维持竞技游戏中的这种良性竞争，还需要注意许多因

① Canaan R, Salge C, Togelius J, et al. Leveling the playing field: Fairness in AI versus human game benchmarks [C]//Proceedings of the 14th International Conference on the Foundations of Digital Games. 2019: 1-8.

② Vinyals O, Babuschkin I, Czarnecki W M, et al. Grandmaster level in StarCraft II using multi-agent reinforcement learning [J]. Nature, 2019, 575(7782): 350-354.

③ Canaan R, Salge C, Togelius J, et al. Leveling the playing field: Fairness in AI versus human game benchmarks [C]//Proceedings of the 14th International Conference on the Foundations of Digital Games. 2019: 1-8.

④ Canaan R, Salge C, Togelius J, et al. Leveling the playing field: Fairness in AI versus human game benchmarks [C]//Proceedings of the 14th International Conference on the Foundations of Digital Games. 2019: 1-8.

⑤ Świechowski M. Game AI Competitions: Motivation for the Imitation Game-Playing Competition [C]//2020 15th Conference on Computer Science and Information Systems (FedCSIS), 6-9 Sept. 2020. 2020: 155-160.

⑥ Sandholm T. Super-Human AI for Strategic Reasoning: Beating Top Pros in Heads-Up No-Limit Texas Hold'em [C]//IJCAI. 2017: 24-25.

素。首先，考虑到竞技活动必须具有的娱乐性和可完成性，超能AI 和低能 AI 都是不受人类玩家欢迎的，因此，AI 的能力必须根据人类玩家水平进行自我调整。① 其次，在深度学习算法的强化下，游戏 AI 能力越来越强的同时，其运行逻辑的理解难度也在增加，这将引起人类的恐慌与抵触情绪，因此 AI 的可解释性设计至关重要。② 最后，由于 AI 算法建立在海量信息资源与运算资源的基础之上，单一个体与 AI 的竞争是否公平也存在争议，未来需要制定公平的竞争策略，实现相对公平。③

在工作领域之中，AI 已经逐渐代替人类从事如电话销售员、裁缝等简单工作，④ 甚至是医疗疾病诊断、法律判例等需要更强逻辑思维与认知能力的复杂工作。⑤ 由于 AI 具有人类无可比拟的强大记忆力、无限信息存储能力，不会产生疲劳、压力与情感负担，因此往往被人们认为是完全理性、绝对可靠的。但也因此，AI 在分担人类工作量、解放人类劳动力的同时，也使人们产生被迫竞争的紧张感与威胁感。⑥

相对而言，高自主性、高思维能力的 AI 更容易引发人类的威

---

① Świechowski M. Game AI Competitions: Motivation for the Imitation Game-Playing Competition [C]//2020 15th Conference on Computer Science and Information Systems (FedCSIS), 6-9 Sept. 2020. 2020: 155-160.

② Świechowski M. Game AI Competitions: Motivation for the Imitation Game-Playing Competition [C]//2020 15th Conference on Computer Science and Information Systems (FedCSIS), 6-9 Sept. 2020. 2020: 155-160.

③ Canaan R, Salge C, Togelius J, et al. Leveling the playing field: Fairness in AI versus human game benchmarks [C]//Proceedings of the 14th International Conference on the Foundations of Digital Games. 2019: 1-8.

④ Topol E J. High-performance medicine: the convergence of human and artificial intelligence [J]. Nature Medicine, 2019, 25(1): 44-56.

⑤ Park J-R, Noe S-O. A study on legal service of AI [J]. 한국컴퓨터정보학회논문지, 2018, 23(7): 105-111.

⑥ Peeters M M M, van Diggelen J, van den Bosch K, et al. Hybrid collective intelligence in a human-AI society [J]. AI & SOCIETY, 2021, 36(1): 217-238.

胁感。①② 并且不同人群对于 AI 的感知威胁也存在差异，认为人类思维是独特的、天生的、固定不变的人群会认为 AI 具有更强的竞争性，譬如相比于东方文化，西方文化更强调人类的独特性，对 AI 的竞争性感知也更强。③ 整体而言，AI 的不断升级会使人们感到失控、害怕失去工作机会和资源、并对人类的独特性产生危机感，④ 从而引发对 AI 的消极情绪，反对人工智能相关研究，排斥或贬低 AI 提供的服务。⑤

在人智共生的社会发展趋势下，AI 技术将为人类提供更多元化、更丰富的服务，并在服务过程中基于人类反馈不断自我优化。当 AI 的能力进化到一定程度，就会不可避免地动摇人类在部分领域中的独特地位。⑥ 但这份危机感也将推动人们主动学习更多新技能与新知识，专注于增强 AI 所不具备的独特能力，充分发挥人类的独有价值，⑦ 从而促使人类在与 AI 的良性竞争中生存、成长、

① Złotowski J, Yogeeswaran K, Bartneck C. Can we control it? Autonomous robots threaten human identity, uniqueness, safety, and resources [J]. International Journal of Human-Computer Studies, 2017, 100：48-54.

② Stein J-P, Liebold B, Ohler P. Stay back, clever thing! Linking situational control and human uniqueness concerns to the aversion against autonomous technology [J]. Computers in Human Behavior, 2019, 95：73-82.

③ Dang J, Liu L. Implicit theories of the human mind predict competitive and cooperative responses to AI robots [J]. Computers in Human Behavior, 2022, 134：107300.

④ Dang J, Liu L. Implicit theories of the human mind predict competitive and cooperative responses to AI robots [J]. Computers in Human Behavior, 2022, 134：107300.

⑤ Złotowski J, Yogeeswaran K, Bartneck C. Can we control it? Autonomous robots threaten human identity, uniqueness, safety, and resources [J]. International Journal of Human-Computer Studies, 2017, 100：48-54.

⑥ Nowak A, Lukowicz P, Horodecki P. Assessing Artificial Intelligence for Humanity：Will AI be the Our Biggest Ever Advance? or the Biggest Threat [Opinion] [J]. IEEE Technology and Society Magazine, 2018, 37(4)：26-34.

⑦ Nowak A, Lukowicz P, Horodecki P. Assessing Artificial Intelligence for Humanity：Will AI be the Our Biggest Ever Advance? or the Biggest Threat [Opinion] [J]. IEEE Technology and Society Magazine, 2018, 37(4)：26-34.

蜕变，最终实现与 AI 相互促进的共生关系。①

3.4　人智冲突

人智冲突是实现人智共生的关键障碍。人智冲突往往是由于人类与 AI 的目标、优先级、决策、控制、责任分配甚至是信仰、价值观上产生分歧，进而形成紧张关系，② 经常发生在自动驾驶、③ 工业、④公共服务、⑤ 社交、⑥ 游戏娱乐⑦和家政服务⑧等人与 AI 互动频繁的领域。根据人智冲突的发生原因，主要可以分为目标冲突、决策冲突、角色冲突、观点冲突四个类型。

———————————

① Park J-R, Noe S-O. A study on legal service of AI [J]. 한국컴퓨터정보학회논문지, 2018, 23(7)：105-111.

② Flemisch F O, Pacaux-Lemoine M-P, Vanderhaegen F, et al. Conflicts in human-machine systems as an intersection of bio-and technosphere：Cooperation and interaction patterns for human and machine interference and conflict resolution [C]// 2020 IEEE International Conference on Human-Machine Systems (ICHMS). IEEE, 2020：1-6.

③ Wen H, Amin M T, Khan F, et al. A methodology to assess human-automated system conflict from safety perspective [J]. Computers & Chemical Engineering, 2022, 165：107939.

④ Dehais F, Causse M, Vachon F, et al. Cognitive conflict in human-automation interactions：a psychophysiological study [J]. Applied ergonomics, 2012, 43(3)：588-595.

⑤ Babel F, Baumann M. Designing Psychological Conflict Resolution Strategies for Autonomous Service Robots [C]//2022 17th ACM/IEEE International Conference on Human-Robot Interaction (HRI). IEEE, 2022：1146-1148.

⑥ Ghazali A S, Ham J, Barakova E I, et al. Effects of Robot Facial Characteristics and Gender in Persuasive Human-Robot Interaction [J]. Frontiers in Robotics and AI, 2018, 5：73.

⑦ Esterwood C, Robert L P. Do you still trust me? human-robot trust repair strategies [C]//2021 30th IEEE International Conference on Robot & Human Interactive Communication (RO-MAN). IEEE, 2021：183-188.

⑧ Babel F, Hock P, Kraus J, et al. It Will not take long! Longitudinal effects of robot conflict resolution strategies on compliance, acceptance and trust [C]//2022 17th ACM/IEEE International Conference on Human-Robot Interaction (HRI). IEEE, 2022：225-235.

首先，目标冲突往往意味着人类和 AI 本身就持有不同甚至互斥的任务目标。包括人类和 AI 在仅容一人通过的路口或电梯口相遇，双方就占据空间资源的优先级产生冲突，①② 或者人类和 AI 处于一方收益则另一方必然遭受损失的零和博弈之中，双方为了实现各自目标而产生冲突。③

其次，决策冲突发生在人类与 AI 针对同一问题提出不同的解决方案时。譬如自动驾驶汽车可能会由于传感器、硬件、程序故障而无法识别"假警报"，在人们认为不需要刹车的情况下突然刹车（幽灵刹车，Phantom Braking）。飞机自动驾驶系统与飞行员的预期或判断不一致时也会产生冲突（自动化惊奇，Automation Surprise），其中著名的波音 737Max 的坠机事件就是由于传感器的错误数据，导致飞机自动驾驶系统将飞机推入俯冲，造成了严重的安全事故。④ 除此之外，人类也可能由于能力不足或注意力不集中等原因而判断失误，⑤ 致使与 AI 的决策之间发生冲突。

再次，当 AI 所扮演的角色与人类对 AI 的预期不匹配时，就会产生人机跨角色冲突（Human-Machine Trans Roles Conflict），属于一

---

① Kamezaki M, Kobayashi A, Yokoyama Y, et al. A preliminary study of interactive navigation framework with situation-adaptive multimodal inducement：pass-by scenario ［J］. International Journal of Social Robotics，2020，12(2)：567-588.

② Thomas J, Vaughan R. After you：doorway negotiation for human-robot and robot-robot interaction ［C］//2018 IEEE/RSJ International Conference on Intelligent Robots and Systems (IROS). IEEE，2018：3387-3394.

③ Belkaid M, Kompatsiari K, De Tommaso D, et al. Mutual gaze with a robot affects human neural activity and delays decision-making processes ［J］. SCIENCE ROBOTICS，2021，6(58).

④ Wen H, Amin M T, Khan F, et al. A methodology to assess human-automated system conflict from safety perspective ［J］. Computers & Chemical Engineering，2022，165：107939.

⑤ Dehais F, Causse M, Vachon F, et al. Cognitive conflict in human-automation interactions：a psychophysiological study ［J］. Applied ergonomics，2012，43(3)：588-595.

种认知层面的冲突。鉴于人们往往将 AI 视为一个冷冰冰的算法，因此当涉及需要情感能力、丰富经验的复杂任务时，人们往往认为人类员工比 AI 更能胜任。因此当 AI 被安排从事这些工作时，用户会对此产生负面情绪，产生不信任感，甚至抵制 AI 的服务。① 譬如，当把博物馆展览主题策划活动交付给 AI 而不是人类员工完成时，用户会质疑这种安排，并对后续效果产生消极的预期。

最后，当 AI 与用户所处立场不同时，会对于同一件事情存在分歧。比如当人类和 AI 在合作完成沙漠生存任务时，双方对于所携带必需品持有不同看法，这时就需要进行协商以达到一个双方均能接受的结果。② 又如人和 AI 共同协商资源（如金钱）的分配，当一名提议者首先提出一种分配方式，而另一方拒绝该提议时则冲突产生。③

人智冲突具有一定双面性。一方面，某些情景下的人智冲突可以对人类起到保护作用，④ 例如，当人类开展危险活动时（如驾驶车辆过快而又接近前方障碍物），AI 可以及时干预驾驶操作以保证人类生命安全，同样，当 AI 的判断出错时，人们也可以及时施加

① Modliński A, Fortuna P, Rożnowski B. Human-machine trans roles conflict in the organization: How sensitive are customers to intelligent robots replacing the human workforce? [J]. International Journal of Consumer Studies, 2022.

② Aydoǧan R, Keskin O, Çakan U. Would You Imagine Yourself Negotiating With a Robot, Jennifer? Why Not? [J]. IEEE Transactions on Human-Machine Systems, 2021, 52(1): 41-51.

③ Sandoval E B, Brandstetter J, Obaid M, et al. Reciprocity in human-robot interaction: a quantitative approach through the prisoner's dilemma and the ultimatum game [J]. International Journal of Social Robotics, 2016, 8(2): 303-317.

④ Flemisch F O, Pacaux-Lemoine M-P, Vanderhaegen F, et al. Conflicts in human-machine systems as an intersection of bio-and technosphere: Cooperation and interaction patterns for human and machine interference and conflict resolution [C]// 2020 IEEE International Conference on Human-Machine Systems (ICHMS). IEEE, 2020: 1-6.

干预以避免事故发生;① 另一方面，人和 AI 之间的冲突往往会干扰任务进程，降低任务效率，甚至造成对人类的身心伤害，继而降低人对于 AI 的信任度和满意度。②

然而，从整体上看，人智冲突仍是弊大于利的。③ 因此，如何有效最大程度地避免人智冲突、降低其负面影响是相关研究与实践的重点关注内容。相较而言，冲突解决策略可以分为两类：冲突前的预防策略、冲突后的化解手段。

人智冲突的预防策略主要包括 AI 与人类两个维度。一方面，AI 需要提升自适应性，以灵活应对不同场景，降低故障发生率，为人类提供更稳健的决策服务;④ 另一方面，人类也需要以"人在回路(Human-in-the-Loop)"的形式，深度参与到 AI 的决策过程中去，对 AI 的决策过程进行监督管理，更全面地理解 AI 的运行逻辑，避免误解带来的冲突。⑤

人智冲突的化解策略主要由 AI 主动开展行动，包括妥协与说服两类策略。一方面，AI 会在大部分情况下将人类需求放在首位，作出顺从人类，自身让步的策略，包括道歉、解释、承诺等口头语

① Wen H, Amin M T, Khan F, et al. A methodology to assess human-automated system conflict from safety perspective [J]. Computers & Chemical Engineering, 2022, 165: 107939.

② Esterwood C, Robert L P. Do you still trust me? human-robot trust repair strategies [C]//2021 30th IEEE International Conference on Robot & Human Interactive Communication (RO-MAN). IEEE, 2021: 183-188.

③ 姜婷婷, 许艳闰, 傅诗婷, et al. 人智交互体验研究: 为人本人工智能发展注入新动力 [J]. 图书情报知识, 2022, 39(04): 43-55.

④ Dehais F, Causse M, Vachon F, et al. Cognitive conflict in human-automation interactions: a psychophysiological study [J]. Applied ergonomics, 2012, 43(3): 588-595.

⑤ Wen H, Amin M T, Khan F, et al. A methodology to assess human-automated system conflict from safety perspective [J]. Computers & Chemical Engineering, 2022, 165: 107939.

言表达，①②③ 以及犹豫手势、④ 换道、⑤ 等待⑥或者退后⑦等肢体语言呈现。另一方面，当 AI 执行的任务同样重要时，AI 也不能一味妥协，⑧ 还需要说服人类，使其让步。AI 说服人类的策略主要以语言形式为主。比如 AI 可以向人类解释任务内容及其潜在价值，让人类理解 AI 所执行任务的重要性，⑨ 或者使用具有幽默感或同

---

① Esterwood C, Robert L P. Do you still trust me？ human-robot trust repair strategies ［C］//2021 30th IEEE International Conference on Robot & Human Interactive Communication（RO-MAN）. IEEE, 2021：183-188.

② Babel F, Kraus J M, Baumann M. Development and testing of psychological conflict resolution strategies for assertive robots to resolve human-robot goal conflict ［J］. Frontiers in Robotics and AI, 2021, 7：591448.

③ Tolmeijer S, Gadiraju U, Ghantasala R, et al. Second chance for a first impression？ Trust development in intelligent system interaction ［C］//Proceedings of the 29th ACM Conference on user modeling, adaptation and personalization. 2021：77-87.

④ Moon A, Parker C A, Croft E A, et al. Design and impact of hesitation gestures during human-robot resource conflicts ［J］. Journal of Human-Robot Interaction, 2013, 2(3)：18-40.

⑤ Kamezaki M, Kobayashi A, Yokoyama Y, et al. A preliminary study of interactive navigation framework with situation-adaptive multimodal inducement：pass-by scenario ［J］. International Journal of Social Robotics, 2020, 12(2)：567-588.

⑥ Thomas J, Vaughan R. After you：doorway negotiation for human-robot and robot-robot interaction ［C］//2018 IEEE/RSJ International Conference on Intelligent Robots and Systems（IROS）. IEEE, 2018：3387-3394.

⑦ Reinhardt J, Pereira A, Beckert D, et al. Dominance and movement cues of robot motion：A user study on trust and predictability ［C］//2017 IEEE international conference on systems, man, and cybernetics（SMC）. IEEE, 2017：1493-1498.

⑧ Thomas J, Vaughan R. After you：doorway negotiation for human-robot and robot-robot interaction ［C］//2018 IEEE/RSJ International Conference on Intelligent Robots and Systems（IROS）. IEEE, 2018：3387-3394.

⑨ Babel F, Vogt A, Hock P, et al. Step Aside！ VR-Based Evaluation of Adaptive Robot Conflict Resolution Strategies for Domestic Service Robots ［J］. International Journal of Social Robotics, 2022, 14(5)：1239-1260.

理心的表达，拉近人与 AI 的心理距离,①② 还可以使用礼貌请求、感谢等方式，增进用户对 AI 的好感,③ 甚至使用强硬的命令与威胁逼迫人类让步。④ 除此之外，AI 也可以通过拉近与用户的空间距离使其退让。⑤ 相较而言，其中请求、感谢、道歉等策略更能引发人们的积极情绪，使其作出让步，而威胁策略则可能会适得其反，空间距离过度接近也会降低人们对 AI 的安全性感知。⑥

然而，上述冲突解决策略的实际应用效果仍会受到具体任务特征、环境特征与 AI 类型的影响。首先，当人们认为自身任务比 AI 的任务更紧急或更重要时，更倾向于忽略 AI 的请求，相反则更容易作出让步;⑦ 其次，相比于私人环境，处于公共场所的人们更容

①　Babel F, Kraus J M, Baumann M. Development and testing of psychological conflict resolution strategies for assertive robots to resolve human-robot goal conflict [J]. Frontiers in Robotics and AI, 2021, 7: 591448.

②　Rosenthal-von der Pütten A M, Krämer N C, Herrmann J. The effects of humanlike and robot-specific affective nonverbal behavior on perception, emotion, and behavior [J]. International Journal of Social Robotics, 2018, 10(5): 569-582.

③　Castro-González Á, Castillo J C, Alonso-Martín F, et al. The effects of an impolite vs. a polite robot playing rock-paper-scissors [C]//International Conference on Social Robotics. Springer, 2016: 306-316.

④　Reinhardt J, Prasch L, Bengler K. Back-off: Evaluation of Robot Motion Strategies to Facilitate Human-Robot Spatial Interaction [J]. ACM Transactions on Human-Robot Interaction (THRI), 2021, 10(3): 1-25.

⑤　Belkaid M, Kompatsiari K, De Tommaso D, et al. Mutual gaze with a robot affects human neural activity and delays decision-making processes [J]. SCIENCE ROBOTICS, 2021, 6(58).

⑥　Babel F, Kraus J, Hock P, et al. Verbal and Non-Verbal Conflict Resolution Strategies for Service Robots [C]//2022 31st IEEE International Conference on Robot and Human Interactive Communication (RO-MAN). IEEE, 2022: 1030-1037.

⑦　Boos A, Sax M, Reinhardt J. Investigating perceived task urgency as justification for dominant robot behaviour [C]//International Conference on Human-Computer Interaction. Springer, 2020: 117-124.

易在行为上依从 AI 的命令或威胁；① 第三，当 AI 的形象更拟人化时，使用礼貌策略的效果会优于机械机器人；② 最后，AI 所扮演的角色身份也决定了不同策略的适用性，比如公共卫生清洁机器人与家务机器人相比较，前者更适用于权威性命令，而后者更适用于同理心策略。③

综上所述，人智冲突是多元化的，是双方产生矛盾后的综合结果，并不能总归咎于 AI，也可能源自于人类自身的过失。因此，在应对人智冲突时不能总是将 AI 置于弱势地位，而应根据实际情况进行判断，决定 AI 是应该做出让步还是坚守底线，并根据具体情境制定合适的冲突预防和化解策略，避免发生不必要的人智冲突，并且将已经发生的人智冲突负面影响降至最低，以促进人智共生社会的和谐稳定。

4　人智交互研究现状与不足

尽管人智交互研究领域已经初具雏形，但仍存在概念不统一、理论基础薄弱、研究主题不全、研究情景局限、研究方法单一等不足。

在概念层面，人工智能与人智交互的统一术语空间尚未建成，不同学科领域所用的术语关键词皆有不同，导致研究者很难通过少

---

① Babel F, Hock P, Kraus J, et al. It Will not take long! Longitudinal effects of robot conflict resolution strategies on compliance, acceptance and trust [C]//2022 17th ACM/IEEE International Conference on Human-Robot Interaction (HRI). IEEE, 2022: 225-235.

② Lee Y, Bae J-e, Kwak S S, et al. The effect of politeness strategy on human-robot collaborative interaction on malfunction of robot vacuum cleaner [C]//RSS workshop on HRI. 2011.

③ Babel F, Hock P, Kraus J, et al. Human-Robot Conflict Resolution at an Elevator-The Effect of Robot Type, Request Politeness and Modality [C]//2022 17th ACM/IEEE International Conference on Human-Robot Interaction (HRI). IEEE, 2022: 693-697.

量特定术语对相关研究进行全面检索，这也阻碍了不同领域之间的互通、互学、互鉴，无法发挥科学研究的聚集效应。

在理论基础层面，尽管人智交互领域学者可以借鉴人机交互与人际交互相关理论，甚至提出了全新的人智交互理论，但这部分理论只聚焦于人智交互的部分阶段，难以适用于所有情景。因此，目前大部分研究与实践仍然缺乏针对性的理论指导，尚未建立起一个全方位、多层次、多维度的理论框架。

在研究主题层面，虽然研究者已经提出了人类与 AI 相互依存的共生理念，但对于如何实现人智共生，仍然缺乏切实可行的战略规划与执行策略。而人智协作、冲突、竞争场景的相关研究也局限于部分子主题，譬如人智协作相关研究往往聚焦于人类主导的协作特征，忽视了 AI 主导、人类与 AI 分工的协作模式；人智竞争相关研究只探索了竞争带来的负面性影响，但对于合理范围内的良性竞争对于人类与 AI 共同进步的积极影响缺乏关注；人智冲突相关研究则更多将冲突的根源与责任归咎于 AI，并且往往选择让 AI 主动采取行为解决冲突，而忽视了某些场合中人类也需要作出让步。

在研究情景层面，当前研究尚未突出 AI 与传统计算机的本质区别。首先，在大部分研究中，AI 仍被设计为被动响应用户发出指令的机器，忽视了 AI 会如何根据环境监测，预测用户意图和需求，主动发起、调整或改变交互行为。[1][2][3] 其次，当前研究仍聚

① Peddi R, Franco C D, Gao S, et al. A Data-driven Framework for Proactive Intention-Aware Motion Planning of a Robot in a Human Environment [C]//2020 IEEE/RSJ International Conference on Intelligent Robots and Systems (IROS), 24 Oct. -24 Jan. 2021. 2020: 5738-5744.

② Xue Y, Wang F, Tian H, et al. Proactive Interaction Framework for Intelligent Social Receptionist Robots [C]//2021 IEEE International Conference on Robotics and Automation (ICRA), 30 May-5 June 2021. 2021: 3403-3409.

③ Sirithunge C, Jayasekara A G B P, Chandima D P. Proactive Robots With the Perception of Nonverbal Human Behavior: A Review [J]. IEEE Access, 2019, 7: 77308-77327.

焦于视听层面的交互，低估了人与 AI 的多模态交互潜力，较少涉及触控交互、体感交互、VR、AR 中的交互体验；①②③ 最后，相关研究往往强调的是 AI 的认知能力而非情感能力，忽视了 AI 作为一个社会对象对于人类情感体验的影响。④

在研究方法层面，实验法是人智交互研究的常用方法，但目前相关实验设计中仍然存在着样本抽样、数据采集、实验设计、变量测量等方面的问题。首先，大多数研究采取便利抽样方法，选择高校学生作为实验样本，因此样本代表性低，降低了研究结论的适用性；其次，大部分实验研究的样本人数少于 50 人，将导致分析结果的"假阳性"问题；第三，目前变量的测量往往以量表、问卷为主，对于眼动追踪、脑电等生理测量技术，以及点击流分析、日志分析等行为观察方法的应用较少，难以获取更多客观数据，无法判断结果的稳健性；第四，许多人智交互研究无法复现真实的人智交互场景，而是选择让用户根据图文描述进行场景想象，或选择让人类研究者扮演 AI 进行"绿野仙踪"实验，降低了研究结果的外部效度；最后，绝大部分研究采取了单次测量的横截面研究设计，而非重复测量的纵向研究设计，忽视了用户与 AI 持续交互过程中的认知、态度、情感变化。

① Azofeifa J D, Noguez J, Ruiz S, et al. Systematic Review of Multimodal Human– Computer Interaction [J]. Informatics, 2022, 9(1): 13.

② Wang Z, Yu H, Wang H, et al. Comparing Single-modal and Multimodal Interaction in an Augmented Reality System [C]//2020 IEEE International Symposium on Mixed and Augmented Reality Adjunct (ISMAR-Adjunct), 9-13 Nov. 2020. 2020: 165-166.

③ Patel M, Chernova S. Proactive Robot Assistance via Spatio-Temporal Object Modeling [C]//6th Annual Conference on Robot Learning. 2022.

④ Hernandez J, Lovejoy J, McDuff D, et al. Guidelines for Assessing and Minimizing Risks of Emotion Recognition Applications [C]//2021 9th International Conference on Affective Computing and Intelligent Interaction (ACII), 28 Sept. -1 Oct. 2021. 2021: 1-8.

5 人智交互研究体系

本文构建了如图2所示的人智交互体验研究体系，囊括了人智交互、人智协作、人智竞争、人智冲突和人智共生五个关键概念，构建了由交互主体、交互任务、交互环境、交互体验等基本要素组成的研究设计体系。

图2 人智交互研究体系

（1）人智交互研究设计要素

交互主体。实际上，人智交互与人机交互的区别主要在于用户的交互对象由一般的计算机变为 AI 系统。这意味着以往人机交互体验研究中已经广泛探讨过的用户特征，包括人口统计、认知、情感、行为方面的特征，①②③ 都可以纳入未来人智交互体验研究考

---

① Jeong J, Kim N, In H P. Detecting usability problems in mobile applications on the basis of dissimilarity in user behavior [J]. International Journal of Human-Computer Studies, 2020, 139: 102364.

② de Jong C, Kühne R, Peter J, et al. Intentional acceptance of social robots: Development and validation of a self-report measure for children [J]. International Journal of Human-Computer Studies, 2020, 139: 102426.

③ Schrader C, Kalyuga S. Linking students' emotions to engagement and writing performance when learning Japanese letters with a pen-based tablet: An investigation based on individual pen pressure parameters [J]. International Journal of Human-Computer Studies, 2020, 135: 102374.

虑的范围。由于 AI 系统本身也属于计算机，自然也包含功能性和可用性等基本特征维度;① 但是 AI 系统的特殊之处又在于人们越来越期待 AI 能像人类一样参与到社会交互中，扮演着一定社会角色的 AI 不仅具有外观、声音、互动方式、身体机能等生理拟人化特征维度，而且也具有认知思维、情绪识别与表达、语言与行为模式等心理拟人化特征维度,② 未来有必要针对 AI 专有特征开展深入研究。

交互任务与环境。就交互任务而言，与用户操作、机器响应的传统人机任务执行流程不同，AI 一般是作为独立主体与用户进行任务分工与协作，双方各自承担擅长的子任务;③ 此外，AI 所从事的往往是复杂度和不确定性都较高的决策、预测等工作，因而人智任务执行流程并不具有规律性。④ 就交互环境而言，传统人机交互主要局限于以键鼠操作、二维屏幕为基础的虚拟环境，而人智交互环境得到极大拓展。虚拟现实技术的成熟为用户提供了身临其境的三维空间体验，但同时也带来诸如视疲劳、晕动症等生理不适;⑤ 出现在越来越多应用场景中的实体机器人允许用户通过语

---

① Borsci S, Malizia A, Schmettow M, et al. The Chatbot Usability Scale: the Design and Pilot of a Usability Scale for Interaction with AI-Based Conversational Agents [J]. Personal and Ubiquitous Computing, 2022, 26(1): 95-119.

② Spatola N, Marchesi S, Wykowska A. Different models of anthropomorphism across cultures and ontological limits in current frameworks the integrative framework of anthropomorphism [J/OL] 2021, 2022-11-27 https://www.sciencegate.app/app/document#/10.31234/osf.io/4x92c/cites.10.31234/osf.io/4x92c

③ Jain R, Garg N, Khera S N. Effective human-AI work design for collaborative decision-making [J/OL] 2022, 2022-11-27 https://doi.org/10.1108/K-04-2022-0548.10.1108/K-04-2022-0548

④ Chi O H, Denton G, Gursoy D. Artificially intelligent device use in service delivery: a systematic review, synthesis, and research agenda [J]. Journal of Hospitality Marketing & Management, 2020, 29(7): 757-786.

⑤ Weech S, Kenny S, Lenizky M, et al. Narrative and gaming experience interact to affect presence and cybersickness in virtual reality [J]. International Journal of Human-Computer Studies, 2020, 138: 102398.

音、手势、凝视等方式进行多模态交互，这需要更多考虑物理环境中的噪音、光照、温度等因素。因此，任务特征、环境特征对人智交互体验的影响也是未来研究的重要问题。

交互体验。美国著名用户体验设计专家 Don Norman 提出的"情感化设计"（Emotional Design）将能够预见并容纳用户需求和反应作为设计的基本原则，强调优秀的设计能够令用户在本能（Visceral）、行为（Behavioral））和反思（Reflective）三个认知层次上获得积极体验，① 这在未来研究中可以用于构建人智交互体验层次体系。首先在本能层，用户通过对产品外观的感官体验形成初始印象；感官设计对于机器人、虚拟人等拟人化 AI 系统来说尤为重要，是否能够在提升社会临场感的同时避免恐怖谷效应（Uncanny Valley）决定了用户是否会进一步与之交互。其次在行为层，用户通过与产品的实际交互对其性能和价值形成评价；这往往是最容易观测的层面，AI 系统是否能够提供顺畅的交互过程并带来符合预期的交互结果决定了用户的满意度以及再次交互的意愿。最后在反思层，用户通过回顾整个交互经历对产品的意义和影响产生持久的感受，用户对 AI 系统吸引力、可理解性、可信度、安全性、可靠性、公正性、受控程度、可用性、趣味性等方面的主观判断决定了 AI 是否能够真正与人类建立起社会连接。

（2）人智交互研究主题方向

人智交互是处于最顶层的通用概念，可以涵盖其他概念。其中人智共生是人智交互的最终目的，人智协作、人智竞争和人智冲突则代表了交互发生的三种不同原因。

人智共生。人智协作、竞争和冲突都是短期的交互事件，而人智共生则是人类与 AI 经过长期交互所达到的理想结果，即人类与 AI 都变得越来越聪明。未来人智共生研究需要对人类和 AI 在各自承担的社会角色中的演化路径进行长期追踪，重点关注协作、竞争、冲突等不同人智交互模式对共生关系的影响。

---

① Norman D A. Emotional design：Why we love（or hate）everyday things［M］. Civitas Books，2004.

人智协作。鉴于人智协作形式的多元化，除了传统由人类发起的人智协作之外，还应考虑 AI 主导、AI 与人分工协作等新模式。研究者应探索在不同人智协作过程中如何充分发挥 AI 的自动化、决策、推荐、预测、启发等作用，提升人智协作效率。

人智竞争。与人智协作相对，人智竞争中的人类与 AI 处于相对立的位置，双方需要一较高下。但竞争不意味着恶性竞争，良性竞争有助于人类与 AI 共同进步。因此，人智竞争研究的核心问题应该是如何营造人与 AI 的良性竞争氛围，防范恶性竞争的发生。并且要求 AI 能够根据情况灵活调整自身技能水平，以适合于多样化的应用场景。

人智冲突。在长期共存社会中，人与 AI 之间产生冲突在所难免。如何有效预防或化解人智冲突是未来研究需要考虑的重要问题，AI 应该能够在保护人类利益和完成自身任务之间取得积极的平衡，向人类作出让步或是设法让人类作出让步都是解决方案的一部分。

6 总结

人工智能越来越广泛地影响着人们的社会、文化、经济、政治生活。但目前人工智能发展尚未达到成熟阶段：广泛应用的人工智能拥有着不确定性、复杂性，可能会超出创造者的预期，产生难以预测的行为，对人和社会造成相应的负面影响。关于如何促进人类用户和人工智能系统之间更好地交互，进一步改善用户体验尚有着广阔的研究空间。本研究通过梳理海外人智交互相关研究，归纳了人智交互概念体系与理论基础，总结了人智共生、人智协作、人智交互、人智冲突领域的相关研究，最终构建起人智交互研究框架，为后续人智交互研究设计提供理论启示与实践指导，推动实现人智共生这一美好愿景的进程。

2020—2022 年海外数字人文研究 进展述评[*]

弓　越　　王晓光　　何睿劼[**]

摘　要：本文着眼于海外数字人文研究现状，采用网络调研和文献计量分析两种方法，以近两年来的学术论文和数字人文项目为调查对象，从基本理论、基础设施建设、技术与方法及各领域研究进展四个维度对国外数字人文研究与实践现状进行全面的总结分析，对把握全球数字人文研究进展、探索国内数字人文发展道路提供借鉴经验和发展思路。

关键词：数字人文；研究进展；项目分析；全球动态；计量分析

一、引言

信息技术的发展与应用改变了人文学科知识生产、保存和传播的传统媒介，为人文学科带来了便捷高效的技术手段，提供了数据科学的思维方法（郭英剑，2018），为历史学、考古学、文学、语

———————

　＊　本文为武汉大学自主科研项目（人文社会科学）研究成果，得到"中央高校基本科研业务费专项资金"资助，项目名称："海外数字人文发展前沿与趋势"。
　＊＊　王晓光，武汉大学信息管理学院教授，博士生导师；弓越，武汉大学信息管理学院博士研究生；何睿劼，武汉大学信息管理学院硕士研究生。

言学等传统的人文学科提供了新的视角观点、方法框架以及平台环境。数字人文在经历了数十年的积淀后，已逐步迈向一个快速发展的崭新阶段，日益涵盖更加广泛的研究对象。与此同时，"数据驱动的研究范式"逐渐被人文学科领域所吸纳发展，人文学科的研究对象在这一过程中也不断得到分解与深化，从过去主要依靠纸媒文本来展开研究工作、呈现研究结论转变为更加细粒度的深层元素的价值发现，并且使得人文学科的研究方法、研究范式都得到了丰富与发展。

在数字人文研究疆域不断拓展的过程中，有关数字人文发展现状趋势与前沿进展的探索与分析已成为学者们动态追踪的焦点议题。黄水清等（2022）从数字人文代表性领域与典型案例出发梳理前沿研究趋势，认为正是人工智能的更新发展赋予了这一领域全新的活力，使其拥有全新的特征，并提出计算人文能够更为合理地体现这一趋势。李桂芬（2022）认为数字内容精准识别与维度拓展、数字工具全新开发、跨学科合作以及数字学术技能的掌握可以被视为数字人文的新发展，并从数字人文中心、会议以及研究范例等方面列举了数字人文研究的前沿领域，提出数字人文的未来发展趋势将主要集中于学科交叉、广泛合作、人才培养以及图书馆建设四个方面。然而，目前有关研究论述多以文献计量或项目统计等单一视角观察国内外数字人文领域发展，关注案例分析或领域解读，缺少宏观把握与分析，不利于整体感知数字人文领域发展态势；同时，数字时代领域发展瞬息万变，需要时刻回顾与总结具有代表性的创新成果与实践应用；而国外许多国家的数字人文研究起步早、发展快，研究对象丰富多样、研究分析层次深入，许多项目均得到了大量的社会参与及支持，并且研究影响广泛而深刻，能够为我国数字人文研究提供思路、方法的指引与启发。因此，对海外数字人文领域进行广泛而全面的讨论是十分必要的。本文将通过网络调研、文献计量、统计分析等方法对近几年的海外数字人文领域相关论文、项目进行分析，以期为我国数字人文发展提供借鉴。

二、数据来源与研究方法

为搜集 2020 年至 2022 年海外数字人文相关的论文、项目等信息，本文使用文献计量法和网络调研法进行论文数据的收集，使用网络调研法进行项目相关数据的收集。

（一）论文数据

本文主要在 Web of Science 核心合集数据库及较有影响力的相关国际期刊上收集论文数据。首先在 Web of Science 核心合集数据库中以检索式进行高级检索，获得 2020 年至 2022 年期间发布的文章，检索时间为 2020 年 1 月至 2022 年 9 月。获得论文数据后，用数据可视化工具 CiteSpace 对数据进行分析与可视化展示，并总结其研究趋势。以检索式"（TS =（digital humanities OR humanities computing OR（computing in the humanities））OR TS =（digital NEAR humanities） OR TS =（humanities NEAR computing））"在 Web of Science 核心合集数据库中进行高级检索，时间范围限制在 2020—2022 年，检索时间为 2022 年 9 月 12 日，检索到 778 条记录，以此作为基础数据。为了使检索结果尽可能全面地覆盖数字人文领域的代表性成果，又选取了数字人文领域刊文较多的重点期刊 Digital Scholarship in the Humanities、Digital Humanities Quarterly、Journal of Documentation、The Journal of the Association for Information Science and Technology、Knowledge Organization、Library trends、Electronic Library、Semantic Web，检索其间的所有期刊文章，进行人工筛选，补充密切相关文献 459 条。将以上的检索结果去重，共获得有效记录 1237 条，调查结果如表 1 所示。利用 CiteSpace 进行关键词共现聚类，可视化结果见图 1。

采用关键词聚类，可以展现当前数字人文研究中出现的高频关键词，体现该领域的研究热点和研究趋势。如图 1 所示，将文章的关键词进行聚类后，产生了 7 个关键词共现类，结合聚类标签和高频关键词，我们将当前国外数字人文领域的研究主题分为数字人文基本理论研究、数字人文基础设施建设研究、数字人文的技术与方法研究三大类，并总结分析文学、语言学、历史与地理、艺术、文化遗产、图情档领域六个研究领域的数字人文研究进展。

表 1　　　　　　　　网络调研文献数据统计表

序号	数据库/期刊	检索结果量	有效数据量
1	Web of Science	1279	778
2	Digital Scholarship in the Humanities	276	276
3	Digital Humanities Quarterly	115	115
4	Journal of Documentation	268	4
5	The Journal of the Association for Information Science and Technology	336	4
6	Knowledge Organization	89	4
7	Library Trends	75	2
8	Electronic Library	136	2
9	Semantic Web	129	4
10	International Journal of Humanities and Arts Computing-A Journal of Digital Humanities	27	10
11	Sustainability	22	16
12	ACM Journal on Computing and Cultural Heritage	14	10
13	Profesional de la Informacion	3	2
14	Digital Library Perspectives	2	2
15	Library Hi Tech	2	1
16	Aslib Journal of Information Management	9	7
		2782	1237

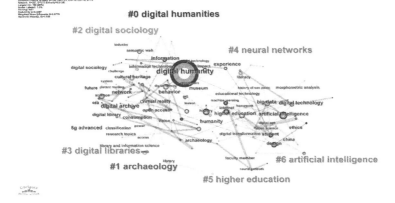

图 1　数字人文研究论文关键词共现聚类图

（二）项目数据

本文预先调研了国内外相关的项目数据库与数字人文相关网站，考虑到可及性、可获得性，从中筛选出来自国内的三个数据库、一个数字人文网站，以及来自国外的一个数字人文网站，将这五个渠道作为数据来源，对从 2020 年以来开始的项目进行数据收集，将其作为进一步分析的数据来源。

首先，本文基于国际数字人文中心网站 centerNet① 进行项目信息的搜集。centerNet 是数字人文中心的国际网络，旨在通过合作和协作行动使数字人文学科和相关领域受益，由美国国家人文基金会和马里兰大学帕克分校于 2007 年 4 月 12 日至 13 日在华盛顿特区主办的会议开发而成。自成立以来，centerNet 已将来自 19 个国家/地区的约 100 个中心的 200 多名成员添加到其国际数字人文中心目录中。其官网中专设一个"Centers"板块用于收录相关的数字人文网站，其中所包含的链接可直达网站地址，将这一板块作为数据来源，针对其所收录的每一个数字人文中心、平台及相关网站

①　CenterNet. ［EB/OL］. ［2022-11-28］. https：//dhcenternet. org/about.

进行浏览、阅读与数据收集。该板块收录全球数字人文网站 204 个，我们在其中 146 个有效的海外数字人文网站中共收集到 353 条拥有明确起止时间的项目信息。

其次，本文选取了国外人文类基金 National Endowment for the Humanities、Arts and Humanities Research Council、Swiss National Science Foundation、European Commission 近两年资助的项目，分别添加 204 条、111 条、5 条和 2 条项目信息。

最后，本文选取国内 3 个相关数据库作为第三部分项目数据来源进行补充收集。泛研网①致力于为科学工作者、学习者打造以科研项目为核心的综合情报门户平台，提供情报数据库、情报分析系统、科研工具及领先的科研资讯等丰富的服务，目前拥有"全球科研项目数据库""全球科研项目指南库""科技奖项竞赛数据库""科技专家人才数据库""全球科研信息资讯数据库""科研工具集系统"六大情报服务矩阵以及数十种子库及工具系统。青塔·自科云②集中、美、英和澳大利亚等多个科研资助机构的科研历史数据，集项目检索、分析和申请等功能于一体，致力于提供基金项目申请全流程的解决方案。知领全球科研项目数据库③动态跟踪、收录世界多国基金机构的公开科研项目，目前收录了世界上 100 多个国家和地区的 680 多万个科研项目数据，科研成果链接指向逾 1400 万条；能够进行项目检索与数据分析。在上述三个数据库中，均使用"digital humanities""humanities computing""computing in the humanities"作为检索词对项目主题与项目摘要进行模糊包含的高级检索，对检索到的信息进行筛选后分别保留有 119 条、58 条、17 条有效检索结果。在数据收集的基础上，将所有的项目信息进行汇总整理，最终保留 580 条拥有内容完整的项目信息，以此作为后续项目分析的基础。

---

① 泛研网．［EB/OL］．［2022-11-29］．http：//www.funresearch.cn/
② 青塔·自科云．［EB/OL］．［2022-11-29］．https：//fund.cingta.com/
③ 知领全球科研项目数据库．［EB/OL］．［2022-11-29］．https：//gsp.ckcest.cn/

三、数字人文研究现状与进展

(一)数字人文基本理论

1. 概念与范式

近年来,数字人文领域的"不可定义性"甚嚣尘上,许多人认为数字人文是一个包罗万象的"大帐篷",认为"定义数字人文科学是一项没有迹象表明会放缓的活动"。针对数字人文,不仅需要考虑"数字"如何塑造人文学科,还需要考虑人文学科如何塑造我们对"数字"的理解(Tagg C,2020)。"数字"并不表达其本质,而是表征社会和人道主义知识中所使用的"计算"技术,即作为工具来解决人文学科目标的信息技术(Mamina, R. I., et al., 2020)。沈忱(2022)认为可以从跨学科、跨领域、数字技术处理人文问题等方面来理解数字人文,章雷(2022)认为数据密集、工具支持、跨界合作是数字人文最鲜明的三大特征。由此可见,学界对数字人文的理解虽然各有侧重,但"数字人文"所包含的特征及核心内涵也在不断的讨论中逐渐明晰。

数字人文在不断发展中逐渐成为一个新兴学科与研究领域,也成为了在理论层面实现横向学科融合的一种范式转换(Sangjin, Z., et al., 2021),并随着学术和知识实践而演变。在这种演变的过程中,数字人文使用计算机技术来组织知识生产的重要特征产生了协作与分享的价值观,从中产生了一种跨越知识实践并以当代方式塑造知识生产框架的认识论与社会文化现象,因而也可以被视为一种价值与意义体系的指标,被认为是我们这个时代一种具有象征意义的知识形式(Martino, L. C., 2021)。同时,数字人文在不断转变中有两个决定性的趋势,一是研究者们不再以信息差距和需要来使用数字技术、方法或系统,而更具探索性与实验性,二是我们的兴趣正在从信息本身转移到信息的数字结构上来(Engerer, V. P., 2021),可以将其称之为"探索思想,并承认数字结构"。数字人文学者日益关注信息的组织与重用,利用研究构建一个纵向的、深入重复的挖掘研究资源的丰富语境。也正是在这样不断的学科交叉与融合之中，数字人文正在被整合为一个共同体，将使用数字工具和计算机作为丰富的方法论，为人类所面临的、无法用传统方法研究与理解的社会、文化、政治等方面的问题提供更为复杂的答案（Pacheco，A.，2021）；它不仅是一种学术实践，也是一种研究范式，它既描述了一种技术赋能的方法论，也描述了一种自我反思的关键组成部分（Burrows，S. & Falk，M.，2021）。

传统人文学者在研究中会形成各自特有的研究方式与行为习惯，同一个学派可能会基于某一相同或类似的方式或过程进行问题研究，而数字人文的价值则在于将其一般化，提炼出不同研究行为的共性并将其实现。刘圣婴等（2022）引用国外"学术原语"（Unsworth，J.，2000）这一概念，将数字人文研究过程中的行为范式分为搜集、收集、阅读、协作、比较、发布等类型。唐江浩等（2020）从学科视角出发对传统人文与数字人文的研究范式进行了细化与比较，提出了适用于当前人文学者的一般研究过程，强调其与传统研究范式的最大差异是数字技术的大量使用以及数字资源与分析软件的大量介入。

2. 研究主体与角色

数字人文的研究主体主要来自艺术、人文、商业和金融、教育、工程和计算机科学等不同学科背景的学生和专职研究人员。美术馆、图书馆、档案馆、博物馆和其他处理文化遗产保护和传播的机构，需要档案管理员、历史学家和历史编辑以及具有一定人文学科背景的专业人士，所需专业背景如文化、媒体和创意产业、语言、历史、音乐、哲学、神学和宗教学、考古学、古生物学等。

现代数字人文主义者需要灵活地在许多不同的工作环境和不同的团队中有效运作。尽管技术经常被不加批判地接受，但其产生的创造力是十分积极的，数字人文主义者对整个人文学科越来越重要。数字人文主义者即使是在运作模式相当僵化的公司中，也能为其注入新鲜的血液。Zhang 等（2021）通过分析由项目负责人、混合学者、内容创作者和出版商等多方参与的数字人文项目，探讨学术图书馆员如何深入数字人文领域，并投入学术交流的生命周期流程中。Yao（2022）通过半结构化访谈的方式探讨图书馆员在数字人文领域的角色定位以及需掌握的技能。人文主义者，特别是一个对新技术了如指掌的人文主义者，可以与工程师和经济学家团队密切合作，将创新带入工作中。经济不稳定、政治变革和技术颠覆等无法控制的外部因素可以从根本上改变和重新定义角色和职业轨迹，Papadopoulos 等（2020）认为数字人文主义者的角色和地位处于波动状态，数字人文主义者可以被定义为：兼职技术人员（adjunct technicians）、混合跨学科学者（hybrid cross-disciplinary scholars）、准学者（para-academics）或所谓的非正统学者（Alt-Acs）。

为应对学科变化，数字人文主义者的角色和地位是动态的，并将一直持续演变。数字人文主义者不应受到传统学术界限和规范的限制，而是应该扩展出不同形式，从而能在博物馆、美术馆、图书馆、出版社以及其他文化资源管理机构中充分发挥数字人文主义者的主体价值。与此同时，数字人文机构应当充分鼓励和培养更灵活的等级分化，更开放的流程和政策，并积极拥抱扁平的组织结构，整合社区、技术和资源。

（二）数字人文的基础设施建设

基础设施可以被视为一种生产、组织及整合异构资源与知识的方式（Pawlicka-Deger，U.，2022）。数字人文基础设施已经逐渐随着这一领域的不断发展，从一个"中心"转变为一个"实验室"，从线下的物质实体转变为线上的虚拟环境，并被称为"数字实验室"（Pawlicka-Deger，U.，2020）。目前，各个国家与国际资助者以及诸多学者、技术人员，利用图书馆、档案馆及其相关人员的投资，已经形成了人文学科的数字基础设施，并能够支持端到端全过程的研究工作（Waters，D. J.，2022）。数据集、资料库、工具平台、相关标准以及学术共同体正为数字人文研究持续提供强有力的支持与帮助，在数据收集、数据处理到数据发布与共享等各个环节发挥作用。

1. 数据集与数据库

海量数据资源是数字人文研究进行的基础，而能够以结构化的数据表达和存储特定领域、特定主题、特定媒介的人文资源，则是传统人文资源焕发新生的重要一环（黄水清，2021）。随着数据采集、知识组织工具的发展，数字人文领域内多种多样的数据集逐渐得到开发与推广。根据数据集或数据库内部所包含的符号资源及其类型，可以将其分为单模态数据集/数据库以及多模态数据集/数据库，后者即使用文字、图片、音频、视频等符号资源中的一种或综合几种不同的符号资源来构建数据集/数据库。

单模态数据集/数据库目前仍以传统文献、古籍等文本的数字化为主流，图片、视频等资源类型的相关数据库（或数据集）也正在逐渐丰富。在文本方面，"墨西哥短篇小说目录"（Catalogo del Cuento Mexicano）①包含了上万篇 20 世纪至今创作出版的墨西哥短篇小说，用户可以查询并组合出版期、出版商、出版商与作者的来源地、奖项以及写作语言等信息，同时可以获得部分参考书目与相关故事；"欧洲文学文本集"（ELTeC）②可用于创建、评估和使用多语言工具和文学文本分析方法；"特利斯莫吉斯托斯人"（Trismegistos People）③数据库则通过对历史遗迹和文物表面的文字和来自文献文本的名字进行分析，使用谱系学和拟态学的方法来展示特定时间段内埃及非王室成员的人名数据；作为欧洲戏剧研究基础设施的 DraCor 语料库可以通过 API 从所提供的编码语料库中提取数据，同时提供部分允许用户根据 FAIR 原则直接在自己的工作中使用的数据，使用维基数据和其他的一些标识符来表示作者和戏剧④。在图片资源的整合方面，"数字化报纸和元数据图集"（The Atlas of Digitised Newspapers and Metadata）⑤作为全球精选报纸数据库的开放获取指南，聚焦于跨集合文本再现以及报纸内容离散纯文

---

① Título Catalogo del Cuento Mexicano. ［EB/OL］. ［2022-12-13］. https：// www. catalogodelcuentomexicano. com/.

② ELTEC. ［EB/OL］. ［2022-12-13］. https：//www. distant-reading. net/eltec/.

③ Trismegistos People website. ［EB/OL］. ［2022-12-13］. https：//www. trismegistos. org/ref/.

④ What is DraCor? ［EB/OL］. ［2022-12-13］. https：//dracor. org/doc/what-is-dracor.

⑤ The Atlas. ［EB/OL］. ［2022-12-13］. https：//www. digitisednewspapers. net/dhawards/.

本的识别，可以快速识别数据库的基本书目和内容字段并允许对特定文本进行唯一标识。音乐、影视等领域的数据集也借助于特定的项目需要而得以建立并不断完善，如"流行音乐语料库项目"（Meta Popular Music Corpus Project）①将流行音乐的现有符号数据集连接到一个基于网络的可搜索数据库中，借助元数据拼写检查和更新缺失元数据的自动化，实现根据艺术家姓名和歌曲名称可查询每首歌曲的唯一 ID，提供研究人员可以使用的公共 API；巴伯尔斯贝格电影大学和耶路撒冷希伯来大学的合作项目"（Con）sequential Images②——纳粹时代标志性电影镜头的考古学"，试图重建和分析源自国家社会主义时代的几部有关纳粹时代的标志性电影片段的出处和重用，并根据经验数据评估视听资源在纪念文化中的作用与功能，该项目结果将同时被记录在一个在线数据库中，为后续特殊 DVD 版本提供资源基础，并将用于开发新的教育方法。

随着人工智能、机器学习等技术的发展，多模态数据集/数据库的需求在近年来日益增长，相关研究者及研究团队也正在尝试针对某一具体主题进行尽可能详尽充实的数据收集与分类组织。密歇根州立大学的"普通话多模态数据库"（Tone Perfect）③包含所有四种声调的普通话单音节声音，由以普通话为母语的三位女性和三位男性进行录制，可以同时展现所选发音的波形图、声调标签以及音频，用户可以依照说话者的性别、语气和声音进行搜索；其录音数据已被进一步用于汉语辅音分类器、中文普通话声调分类监督学习模型、第二语言学习者互动小说集以及基于卷积神经网络的变声监

---

① Meta Popular Music Corpus Project. ［EB/OL］. ［2022-12-14］. https：//digitalhumanities. mit. edu/project/meta-popular-music-corpus-project/.

② In Focus：Films from the Nazi Past. ［EB/OL］. ［2022-12-14］. https：//www. filmuniversitaet. de/en/university/aktuelles/news/articel/detail/in-focus-films-from-the-nazi-past.

③ Tone Perfect：Multimodal Database for Mandarin Chinese. ［EB/OL］. ［2022-12-13］. https：//tone. lib. msu. edu/.

347

测等相关研究项目中。"世界历史地名词典项目"（World Historical Gazetteer）①提供文化、语言、环境、地理等多类型的特色数据集，并支持用户探索开放存取的历史地点数据、使用规定的几何图形和标识符号上传和拓展数据、将上传数据链接到索引中的其他位置以丰富该项目的内容，同时可以使用以其为中心的课程计划进行教学、创建和共享在其中发布的地点与自定义数据集、使用所提供的应用程序编程接口集成所提供的数据等。

此外，基于关联开放数据对相关数字资源跨平台、跨模态的集合也是数据基础建设的方法之一，如 musoW② 集合了来自数字音乐库和视听档案的各种资源，用户可以在此搜索包括数字图书馆、数据库、音频等在内的数百种在线资源。

2. 工具与平台

数字技术工具与平台在数字人文研究中的使用全方位拓展了研究对象、提高了研究效率，在数字人文领域内提供沟通与交流的渠道与环境，其创新也不断带来该领域研究方法的创新。李桂芬（2022）认为数字人文研究中使用的数字工具可以分为四类：基于文本的工具；基于数据的工具；基于图像、声音、视频的工具，以及基于结果的工具。

基于数据的工具，即用于数据管理、数据采集与数据分析等环节的技术工具，因与其他领域具有通用性，在此不做赘述。

基于文本的工具主要用于文本分析、注释、编码、识别、转录等工作。Corpus Explorer③ 是一个面向语料库语言学家和对文本或数据挖掘感兴趣的用户的开源软件，支持超过 100 种文件或文本格式导入与导出，能够集成网络爬虫来收集用户自己的网络语料库，同时支持可视化与语料库分离以进行结果重现。Deezy Match④ 作

---

① World Historical Gazetteer. ［EB/OL］. ［2022-12-13］. https：//whgazetteer. org/.

② musoW. ［EB/OL］. ［2022-12-14］. https：//projects. dharc. unibo. it/musow/.

③ CorpusExplorer. ［EB/OL］. ［2022-12-13］. http：//corpusexplorer. de.

④ DeezyMatch. ［EB/OL］. ［2022-12-13］. https：//living-with-machines. github. io/DeezyMatch/.

为一个基于 python 的可以进行灵活的深度神经网络模糊字符串匹配的工具，既可以作为独立的命令行工具，也可以作为模块与其他 python 代码集成，支持模糊字符串匹配、获选人排名或选择、查询扩展、地名匹配等任务，还可作为需要模糊字符串匹配和候选排名的任务的组成部分，如记录联动或实体链接等。版本可视化技术（Edition Visualization Technology）①作为一款同样轻量级的开源工具，则专门用于从 XML 编码的文本创建数字版本。

基于图像、声音、视频的工具可用于这三种资源的创建、处理以及图像的 3D 打印与建模等。Map Reader② 可用于图像的大规模探索和分析，能够支持加载本地图像或通过网络检索及预处理图像、使用交互式注释工具注释图像、训练调整或评估各种 CV 模型、使用各种绘图工具、计算图像块的像素强度等。Sketchfab③ 作为一个 3D 分享平台，用户可以在这里上传、管理、分享自己的模型作品并购买他人的作品，平台内有专门的"文化遗产与历史"3D 模型分类，包含有许多通过实际测量与扫描得出的相关模型，部分模型还支持 3D 打印。

基于结果的工具多以网络平台或应用软件的形式推出，其功能常包括团队协作、出版分享、组织检索、同行评议等。借助由学者和出版商建立的开源出版平台 Manifold，用户可以发布已经制作的材料或与他人共建一个新项目，这一平台已被加州数字图书馆、纽约市立大学、明尼苏达大学出版社等学术单位与机构用于管理开放存取图书目录或出版书籍与各类资源④。DIGITAL MAPPA 是一个基于浏览器的用于开放访问工作空间、项目、协作和学术出版物的开源数字人文软件，支持用突出显示标记图像和文本文档，并将其通过注释的方式链接在一起以生成可搜索的内容，可以与他人协作

① Edition Visualization Technology. [EB/OL]. [2022-12-13]. http：//evt. labcd. unipi. it/.

② MapReader. [EB/OL]. [2022-12-13]. https：//living-with-machines. github. io/MapReader/.

③ Sketchfab. [EB/OL]. [2022-12-13]. https：//sketchfab. com/.

④ Manifold. [EB/OL]. [2022-12-13]. https：//manifoldapp. org/.

并在线发布作品以供其他人查看和共享①。

3. 学术社区与中心

数字人文将数字技术与人文研究相结合，具有强烈的跨学科属性，融入了基础理论、新媒体、信息技术等多种元素，因而相比于传统研究更需要多方力量与网络环境的支持。

依托于雷丁大学传统与创意主题长期战略，雷丁大学图书馆自2021 年起致力于在大学图书馆内创建一个可持续的数字人文支持基地，② 将作为跨服务团队的切入点，结合大学图书馆和馆藏服务、DTS 和研究服务的专业知识，并与学术界同事密切合作，将数字人文与现有研究支持相结合，如开放获取和开放研究等，其所建立的数字人文实践社区与在线交流群组目前仅向雷丁大学的内部人员开放。

英国—爱尔兰数字人文网络（UK-Ireland Digital Humanities Network）③旨在为英国和爱尔兰的永久数字人文协会的实施进行研究和并提供咨询。该网络关注了数字人文研究的多方利益相关者，计划为研究人员提供与数字人文相关协会、会议沟通交流的渠道，支持研究者直接参与相关研讨会与战略讨论，推动知识交流；为相关职业从业者提供跨部门知识交流的中介论坛，并提供发展与培训的合作机会；积极推动 GLAM 相关组织与机构参与研究项目与馆藏开发，实现专业知识的融入；最终需要建立数字人文的正式代表组织以与更广泛的艺术与人文学科合作并支持相应的战略决策的制定与实施。自 2020 年起已举办多场研讨会，主题涵盖"数字人文能力提升""数字人文领域的职业发展""数字人文协会建立计划"等内容。

莱布尼茨欧洲历史研究所数字人文实验室（Leibniz-Institut für

① DIGITAL MAPPA. ［EB/OL］. ［2022-12-13］. https：//www. digitalmappa. org/.

② The Community of Practice （COP） ［EB/OL］. ［2022-12-14］. https：//research. reading. ac. uk/digitalhumanities/about/cop/.

③ UK-Ireland Digital Humanities Network. ［EB/OL］. ［2022-12-14］. https：//dhnetwork. org/about/.

Europäische Geschichte Digital Humanities Lab）①致力于将数字方法的发展与数字支持的欧洲历史研究活动结合起来，并通过支持来源批评、启发式和数字工具和方法的分析，对研究所的研究工作提供帮助与启发。在其平台上，实验室团队除报告日常工作、研究旅行和活动，提供实践和教程的范例外，也会发布与实验室研究课题及其合作网络相关资讯。该实验室团队已在"COVID-19 数字档案""数字人文项目管理""图书馆数据集成"等方面展开研究与讨论，并在其平台上发布了相关笔记与研究报告。

目前，数字人文相关基础设施主要依托于科研院校的研究所、图书馆及其相关学科部门的项目或内部交流需要，公开共享的对象范围以及互动交流的渠道建设还有待进一步的努力与支持，但在网络环境与学术共同体的不断推动下，图书馆、档案馆、美术馆、博物馆等 GLAM 机构作为海量文献与文物的保存机构，正积极探寻如何更好地参与数字人文领域的基础设施建设，基于互联网的数字人文在线平台与社区也在不断尝试中拥有更广泛的参与对象与支持力量。

（三）数字方法与技术

1. 数据挖掘与分析

大量文本与图像的数字化，加之元数据与文本可视化技术与工具的不断发展，进一步推动了数据挖掘技术与工具在传统人文研究中的使用（Kirschenbaum, M. G., 2007）；同时，神经网络、机器学习等技术的快速发展让如光学字符扫描、自然语言处理、手写文本识别等多种模型获得了日益完善、稳健的训练结果，在文字与图像数据处理方面不断取得新进展，语料库、图像库等大规模数据库、数据集不断被建立和开发。

文本挖掘仍旧是数字人文最主要的数据处理方面。得益于 OCR 技术的增强，Alex 等人（2021）借助此前已有的文本挖掘工具对第三次瘟疫大流行的 100 多份报告进行了文本挖掘和手动注释，

---

① Digital Humanities Lab. ［EB/OL］. ［2022-12-14］. https：//dhlab. hypotheses. org/

从中提取关键词并建立了相关语料库；Gertjan 等人将数据挖掘运用在来自比利时荷兰语区的不同类型考古文献的大型语料库上，通过多种文本挖掘工具对其理论趋势进行了成功识别。同时，不同的人工神经网络（ANN）算法正在被不断应用在相关文献资料的处理过程中，如深度神经网络（DNN）在自动文本分析与自然语言处理领域作为最先进的机器学习算法，能够解决许多与数字人文相关的任务，例如拼写检查、语言检测、实体提取、作者检测、问答等（Suissa O et al.，2022）；卷积神经网络（CNN）也在针对英语和阿拉伯语手写数据集的文献处理以预测作者类型和惯用手上取得了较好的效果，Chamma 等人（2022）基于其开发的系统在识别历史文献的作者身份方面具有较强的能力；Cafiero 等人（2021）则使用基于神经网络和 CRF 标记器的语法分析器建立了有关法国古典文学的注释语料库与训练模型。此外，手写文本识别（HTR）技术作为一种已经成熟的机器学习工具加速了海量数据来源的转录速度（Nockels，J.，et al.，2022），结合认知特征和深度神经网络的情感分析与处理也日益成熟（Sadeghi，S. S.，et al.，2021）。

如今，数字人文领域的多模态数据也有拥有了更多价值转化的可能。Wu（2021）通过一种改进的增强算法研究了卡通、写实、绘画和照片等多种图像的特征，创建了颜色方差直方图特征，并将其用于艺术图像的分类与测试；Horn 等（2022）将 3D 数据与人工智能相结合以实现岩石艺术画板图案的自动检测，实现岩石艺术图案识别的自动化、统一化并提高识别效率，认为随着三维模型的记录和收集，数据量急剧增加带来了新的挑战，但也为可视化与数据分析新方法的开发提供了机会。

目前数字人文领域数据挖掘相关工具及系统的开发主要集中在语义数据的聚合、搜索、可视化等方面，有时还可以提供数据分析功能，但仍缺少下一个概念层次，即不仅能够以有用的方式向人文研究者展示数据，而且能够自动发现、处理并解决数字人文研究问题，并且向研究者解释其推理或解决的方案（Hyvönen，E.，2020）。

2. 语义网技术

语义网技术为互联网上的数据资源能够拥有特定的语义结构提

供支持，帮助计算机自由访问结构化的数据集并进行知识推理（Berners-Lee，T.，2001）。语义网围绕 RDF、OWL 和 SPARQL 的 W3C 标准，主要技术包括本体建模、语义描述、关联数据技术等。语义网是一个能够建立有效的数据共享、发现、集成和重用的方法。

语义网技术是数字人文资源语义化建设的重中之重。Bartalesi 等（2022）通过对意大利国家研究项目 IMAGO-Index Medii Aevi Geographiae Operum 进行案例研究，分析用户如何使用语义网技术正式表示、搜索和浏览知识，为信息空间和导航服务创建链接。该项目利用语义 Web 技术创建了一个基于 CRM 的本体，用于表示所收集的知识。薛翔等（2022）认为在知识创新正式开始之前，还需要按照特定形式将数据进行组织和管理，为研究构造高度专业化和领域化的数据环境，这似乎已经成为诸多成功数字人文研究项目中的必要工作。语义网技术的介入显著提升了人文数据的有序性和可操作性，为多学科、跨领域的协同合作奠定了基础。Hyvnen（2020）认为，数字人文的研究重点转移到为用户提供以交互方式解决研究问题的集成工具。而基于关联数据的文化遗产语义门户网站研究重点正在从数据出版到数据分析，再到偶然的知识发现。

WARVICTIMSAMPO 1914—1922 是一个战争历史数字人文研究的语义门户网站，并提供链接开放数据服务。该系统以芬兰国家档案馆的数据库和项目期间汇编的相关数据为基础，包含从多个数据源中提取的约 4 万人死亡的详细信息，以及有关战俘营和 1000 多场内战战役的数据，详细描述了芬兰内战和其他战争中的战争受害者、战斗和战俘营。该系统将语义分面搜索与数据分析工具、可视化工具相结合，例如，允许研究更广泛的韵律群体的数据以及单个战争受害者（Rantala，H.，2020）。项目 Mapping Manuscript Migrations 运用语义网技术链接来自勋伯格手稿研究所的勋伯格手稿数据库、牛津图书馆的中世纪手稿和巴黎文本研究与历史研究所的 22 万多份手稿的元数据，并通过语义建模、关联聚合与发布，构建了一个映射手稿迁移系统，提供中世纪和文艺复兴时期手稿的历史和来源的国际视图。该系统充分利用语义网技术，为手稿数据出版商提供一种新颖的协作方式，即通过其他提供者的相关数据和推理来丰富他们的内容（Hyvnen，E.，2021）。

语义网技术作为知识管理的方式发展已经较为成熟，现阶段关于语义网技术的研究更注重对语义网技术的实践与应用，学者针对各自领域的研究内容，构建了大量的本体，帮助研究各自领域的问题。语义网技术能为资源的存储与组织提供了统一有效的框架，为领域资源的组织与管理提供极大帮助，但是，领域之间的交流仍旧受限，缺乏统一的规划容易导致建设重复、资源浪费、领域间资源无法共享等问题。语义网技术的运用能产生丰富的关于数据共享、发现、集成和重用的高效数据管理的知识，然而寻求更有效的数据管理解决方案远远没有结束，这也是数字人文需要持续关注的问题。

3. 遥读与社会网络分析

"遥读"和"社会网络分析"作为数字人文中两种十分重要的研究方法，受到了数字人文学者的密切关注，在文学、史学、语言学以及艺术领域中均有涉及。二者均以文本挖掘技术为基础，通过对文本数据的挖掘，从宏观视角对文本中的重要特征进行提取，再利用信息可视化技术呈现分析结果。不同的是，"遥读"更加注重体现文本的概况，而"社会网络分析"则更加强调对实体之间的关系进行分析（李慧楠，2019）。近几年，将遥读与社会网络分析结合在一起运用的数字人文项目越来越多。

Modoc 等（2020）运用遥读的方法对 1920 年至 1940 年间写成的罗马尼亚小说进行风格分析，并探索罗马尼亚经典小说与同期出版的次级小说之间的关系。由台湾华裔文化主体性研究中心、马来西亚恒安会联合会和马来亚大学马来西亚华人研究中心合作开发的马来西亚人物传记数字人文研究平台（DHRP-BMP），该平台将近读与遥读的功能结合在一起，可通过文本分析帮助人文学者从宏观到微观的角度解释文本，另外该平台还具有关键字搜索、地理信息系统和社交网络分析等功能，可供人文学者掌握字符关系和地理分布以及人物传记，从而加快学者对文本的解读效率，并能揭示隐藏的语境（Chen，C. M.，2022）。社交网络分析，既可以映射关系网络又可以测量互动水平，用代表节点表示个体位置，用节点通过代表公共属性的纽带链接在一起，二者构成可视化网络（Kamp-Whittaker，2021）。Błoch 等（2022）运用社会网络分析，重建早期葡萄牙帝国的官方通信网络，有助于学者们解决早期葡萄牙帝国的政治和社会演变的相关研究问题。

虽然近读作为传统分析手段仍旧占据重要地位，但如今研究人员也要求对海量的关联数据进行全面分析，因此，遥读的方法越来越多地出现在人文项目中（Khulusi，R.，2020）。遥读作为一种对文本特征进行概述的新型阅读方式，其分析对象既基本是大体量的文本数据。遥读让读者能够察觉到比文本大得多或小得多的单位，但同时也会损失一些东西，这也要求遥读应最大限度地覆盖文本语料库（Kedrova，M. O.，2022）。目前，一些数字人文项目，不再局限于单独使用遥读的方法，而是并根据用户的需求，将近读与遥读相结合，对成果进行不同粒度的可视化展示。

4. 众包技术

2006 年，美国记者 Howe（2006）首次提出"众包"这一概念，指出众包是一个公司或机构把过去由员工执行的工作任务，以自由自愿的形式外包给非特定（而且通常是大型的）大众网络的做法。众包是一种基于互联网，收集获取知识的合作模式，其目的通常是帮助众包任务的创建者实现其目标（Liang，2020）在近年来，众包在数字人文领域的应用越发广泛，文化记忆机构逐渐意识到众包模式的价值，尝试引入众包模式开展一系列实践探索。许多机构尝试利用大众力量进行各类文化遗产数据采集、标注或分类的工作（韩立帆，2022）。

许多重要的资料来源仅以手稿形式存在，很难融入数字人文学科的未来。面对这种情况，"Building capable communities for crowdsourced transcription"作为一个将印刷文本转换为数字格式的众包转录项目，不断改进软件设计并加强公众参与，人们通过破译不熟悉的笔迹参与到该项目中，众包转录的效果较好。众包也是数据集构建中常用的方法，常应用于语料库的标注等需要大量人工参与的基础性文本处理的项目。众包的参与者有领域专家、学生和普通志愿者。采用众包的方式可以在很大程度上提高项目推进的效率，但是也面临因参与者完成质量的差异而带来对准确性和可靠性的质疑（王军，2020）。目前，越来越多的学者关注到这个问题，并考虑如何设计众包平台来增强用户粘性并保证众包任务完整的质量。Hong 等（2020）设计了一种合作众包框架（Cooperative Crowdsourcing Framework，CCF），使用人机协作和众包来实现高质量和可扩展的知识提取，以支持从数字人文的非结构化文本中提取知识，有助于帮助处理大量人工无法处理的数据资源。Liang 等（2020）提出了尊重出处和原始顺序原则、线性原则这两个关键原则来指导对中国历史档案馆众包项目进行全文生成的任务设计与分配，提高了该项目的数据处理效率。明尼苏达大学开发了一个众包转录平台 Zooniverse①，它为图书馆、档案馆、博物馆以及美术馆等文化机构建立众包研究项目提供工具支持，在开发过程中积累了许多众包平台设计经验。

近年来，在文化遗产领域也常常选择众包的方式来展开相关工作，例如美术馆、图书馆、档案馆和博物馆等，来改善宝贵资源的收集、组织和评估等工作。在数字人文学科中使用众包有诸多好处（Severson，S.，2019）。一方面，文化遗产机构可以通过众包在资源组织、平台开发和服务交付方面进一步激活藏品并动员支持。例如，在资源组织方面，可以通过众包活动从全社会更广泛地收集与主题相关的各种资源。众包可以帮助文化遗产机构收集与特定家谱相关的辅助信息，例如家谱文本，图片，叙述音频等。另一方面，文化遗产机构可以利用众包方法来标记、注释、描述和可视化现有的特征集合，从而帮助开发和利用相关资源。其次，对于数字人文研究，众包不仅可以促进更多的跨学科合作，还能促进文化遗产机构之间的合作，并与研究机构、大学和公众等外部社区进行有效互动。最后，从长远角度来看，众包可以从资源、平台和服务层面不同程度地优化文化遗产机构的价值共创机制，从而增强文化遗产机构的社会影响力，推动数字人文领域研究和实践的可持续发展。

---

① Zooniverse.［EB/OL］.［2022-12-22］. https：//www. zooniverse. org/.

尽管众包作为在线协作和社会创新的典范，受到数字人文学者和文化遗产机构的广泛关注，但仍有许多相关话题值得进一步探索。首先，如何利用众包模式更好地促进数字人文项目的社会影响力和可持续性。此外，如何在开展数字人文众包活动的同时，进一步提升参与者的信息素养、媒体素养和人文素养，值得更多思考（Zhao，2020）。与此同时，应更加重视文化遗产机构之间的合作与协作，从而更好地促进数字人文领域众包项目的实施。例如，对于平台和界面的交互设计，可以更多地考虑利用游戏化元素来提高此类平台的可用性和社交性。志愿者与文化遗产机构之间的关系也值得进一步探讨。发起人和赞助商应该尊重他们的志愿者，并积极考虑志愿者可以从数字人文领域的众包项目中获得什么，而不仅仅是将他们作为廉价劳动力或自由职业者。

5. 交互式可视化

在数字人文的背景下，可视化已被证明在从多个角度交互式表示信息以促进解释活动方面很有价值。在数字人文领域，交互式可视化一方面可以作为研究工具通过复杂的交互式视觉呈现帮助人文学者增强认知、揭示规律模式，从而为其理解文化现象、解决研究问题提供帮助。交互作为连接"遥读"与"近读"的桥梁，使学者可以将整体的、抽象的信息与具体的内容相结合，回归原始资料，这对可视化在数字人文中的应用十分关键（李文琦，2022）。特别是在探索性的人文研究中，交互式可视化相较于静态可视化更有助于人文学者进行直观的对比分析、发现规律模式以及浏览及查找资料（Sinclair，S.，et al.，2013）。

Hyvnen E（2020）认为，数字人文的研究重点转移到为用户提供以交互方式解决研究问题的集成工具。"Metapolis：Spatializing Histories through Archival Sources"项目开发了一个基于地图的交互式出版平台，它使用户能够将档案、书目和多媒体资源与解释研究交叉结合，允许它们在地图上相互链接和可视化。该软件允许来自广泛的人文学科的学者群体通过历史地图的分层连接他们的研究并增强彼此的发现，将它们与资源相互链接，允许用户建立关于世界历史的知识。用户、数据和任务是交互式可视化设计的三个主要因素，它们共同影响交互式可视化的视觉呈现及交互设计（Schetinger，V.，2019）。交互式可视化设计本质上是用户驱动的，用户需求决定了可视化要呈现的数据和支持的任务，除此以外，设计过程中还需要充分考虑用户对可视化呈现的理解能力和交互部署能力等可视化素养。国家人文基金资助的项目：Remastering the Renaissance：A Virual Experience of Pope Julius Ⅱ's Library in Raphael's Stanza de（2022）是一个教皇朱利叶斯二世图书馆的数字重建和虚拟现实体验项目。南加州大学创建了一个交互式虚拟环境，允许观众探索教皇朱利叶斯的 Stanza della Segnatura，拉斐尔生动的壁画，以及乔治·瓦萨里（Giorgio Vasari）描述十六世纪中叶出现的房间的文艺复兴时期书籍中的段落。"Kitchener's Survey of Cyprus 1878—1883"项目为用户提供了塞浦路斯的交互式地图，在 1885 年由斯坦福大学出版的 Cyprus 历史底图的基础上，研究人员绘制了现代底图，并分别根据居住点、名胜古迹、道路、水文网路、行政区划等要素制作了多个图层，用户能够根据自己的需要选择浏览一个或多个图层。如下图叠加展示了 Cyprus 名胜古迹、水文网络以及行政区划三个图层。

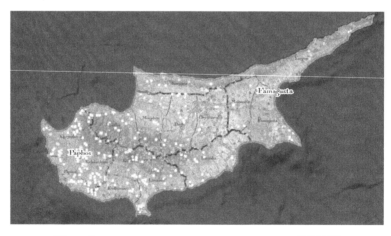

图二 "Kitchener's Survey of Cyprus 1878-1883"项目地图

交互式可视化目前最主要的问题和挑战有两点，一是面向数据不确定性的交互式可视化方法，例如回溯性记录的模糊或丢失问题，以及人工标注等人文数据转化过程中常见的不确定性；二是面向大规模、多维度的人文数据以及复杂的人文分析任务，需要降低视觉混乱、优化交互流程，在满足数据呈现和用户任务需求的同时保证交互式可视化的表现力和可用性（Benito A，2017）。除了引入更多的可视化呈现形式及更灵活的交互外，人文学者在整个可视化设计及评估过程中的密切参与也十分重要（Schwan，H.，2019）。

6. 数字孪生技术

数字孪生技术是认知动态变迁的具象化、操作化，其通过映射实体空间，突破时空维度，实现"分身在场"的"技术具身"复现，从而在虚拟空间监测、评估、预测、研判物理实体的运行态势，并通过交互式的信息融合形成科学决策（徐文哲，2022）。数字孪生需要依靠包括仿真、实测、数据分析在内的手段对物理实体状态进行感知、诊断和预测，通过对虚拟孪生模型的仿真模拟找到最优解，然后依据最优解得到的决策由虚拟空间向真实物理空间提供回馈，进而优化物理实体，同时进化自身的数字模型，实现真实物理空间和虚拟数字空间之间不断的循环迭代。

项目"The MemoryScan：Humanizing Digital Twin Environments project"（2020）开发了一个社区规模的原型数字孪生平台，从特定社区的现任和前任公民和访问者那里引出记忆回忆。该项目的特点是从1950年代到1970年代穿越佛罗里达州可可海滩的虚拟驱动器，MemoryScan将研究使用数字孪生技术来帮助捕捉参与者的反映和支持文档的潜在优势。该项目旨在收集个人的想法，并将其与社区有关的广泛信息结合起来。3D虚拟现实方法的开发，能够帮助从佛罗里达州一个社区的现任和前任居民中引出回忆，以研究这种技术如何帮助收集和记录口述历史。项目"EAGER：SAI：Synchronizing Decision-Support via Human-and Social-centered Digital Twin Infrastructures for Coastal Communities"（2021）是加强美国基础设施的项目，该项目以数字孪生的使用为中心，侧重于提高沿海社区复原力的战略，技术，机制和政策。数字孪生技术可以提供所需的信息，从而支持沿海社区的弹性决策。这个数字孪生成为寻求沿海基础设施挑战解决方案的平台。决策者可以利用此平台的功能，通过实时优先级、策略和建议的基础架构更改来测试增量和基于位置的规划方法。

数字孪生作为新兴信息技术，正处于技术萌芽期。数字孪生技术在数字人文、文化遗产数字化、虚拟图书馆、虚拟博物馆与三维数字化模型等领域具有巨大的应用价值与实践意义（李晨晖，2017）。目前，由于技术难度较高，建立数字孪生面临诸多挑战，需要将领域专家与计算机科学家等聚集在一起，进行跨学科合作，同时还需要考虑数字孪生模型的互操作性和可扩展性（Blair，G. S.，2021）。

7. 数字叙事

数字叙事是一种广泛使用的方法，世界各地的人们都可以进行情感互动，交流和投射其文化和个性中的元素，并与同伴分享。数字叙事被广泛用于增强整合图像、音乐、叙事和语音以及传统叙事方法的过程。增强现实和虚拟现实等较新的可视化技术允许更生动的表现，并进一步影响博物馆通过互动叙事展示其文化遗产的方式。文化机构也可以被视为"天生的故事讲述者"（Bedford，2001）。近年来，博物馆旨在使其展品更具吸引力并吸引越来越多的观众，同时培养其在保护、解释、教育和外展方面的作用。

数字叙事通过将图像、音乐、叙事和声音整合在一起来获得其引人入胜的力量，从而为人物、情境、经历和见解赋予深刻的维度和生动的色彩。因此，增强现实和虚拟现实等现代技术可以影响博物馆向参观者展示叙事和展示文化遗产信息的方式。增强现实技术用于以数字方式可视化叙述中的数据。选择 AR 智能眼镜技术与双耳录音相结合，以实现身临其境和引人入胜的用户体验，在 3D 虚拟沉浸式学习环境中结合数字叙事（MystakidisandBerki，2018）。项目"与哥伦布一起航行"是为航海博物馆设计的数字叙事项目，它向博物馆参观者传达过去中世纪人如何航行（Ciotoli，2021）。所提出的平台除了集成个性化和 AR 等技术外，还增强了有形物体，增加了界面层并增强了与访客的互动性。数字叙事的研究工作主要集中在将有形体验整合到叙事中。对增强现实、个性化和情境感知等技术的支持此类场景的利用尚未得到充分探索。由爱丁堡大学主持的项目 Living Histories of Sugar in Scotland and the West Indies：Transnationalisms，Performance and Co-creation 通过鼓励来自西印度群岛和苏格兰的行为艺术家和观众对历史记录提出质疑、辞职或以其他方式修改历史记录，从而消除关于糖、奴役的既定历史叙事。寻求开发资源和创造性环境，为那些记忆糖与现有历史叙事不同的人提供代理权、发言权和空间。

曾静怡等（2022）学者将探讨数字人文学科中觉醒照片档案的叙事路径，认为数字人文学科的兴起和发展给档案叙事带来了新的挑战和可能性。作者认为照片档案的情节驱动型叙事路径包括故事元素解构与情节单元表征、叙事线索构建和情节生成两部分。在数字人文研究范式下，情节驱动的叙事路径可以充分发挥档案叙事批判性发展的优势。通过探索档案叙事路径，有助于促进档案的活化、深度利用和广泛传播，促进档案叙事与数字人文融合，为数字人文研究提供支撑。

（四）数字人文研究各领域进展

1. 文学

文学是人文研究十分重要的组成部分，同样也是数字人文研究的主要领域之一。数字人文在文学领域的研究，主要包括以下两类：文本数字化和文本内容计算。随着信息技术，特别是自然语言处理技术的发展，数字人文在文学方面的研究也在技术的演化中不断推陈出新。

文本数字化：随着光学字符识别（OCR）、手写识别（HTR）等技术的不断发展，传统文本资源数字化的范围和规模不断扩大。人文数据的采集与数字化实现了传统实体人文素材向数字世界的映射，使其能够在计算机网络中被自由存储、传输。近年来，随着印刷技术的发展以及数字阅读的兴起，对于现代文本来说，实现数字化较为容易，因此更多的数字人文研究人员将目光放在古代文献、过期报纸杂志等历史文献上。由于历史文献存在残缺、破损等情况，排版也与现代不同，生僻字更是让文本的识别难上加难，因此一些学者通过机器学习等相关技术，为提高历史文献的数字化做了许多尝试。例如 NewsEye 项目通过深度学习对历史报纸的 OCR 识别结果进行错误识别与矫正（Rigaud，et al.，2019），并通过神经网络方法来解决 OCR 噪音的问题（Huynh，et al.，2020），目前，该项目的文本识别错误率低于 1%（Oberbichler，et al.，2022）。文本的数字化不仅赋予了人文记忆持久性与不可遗忘性，也为人文研究学者的知识发掘与创新提供了无限可能。数字化的历史文献不仅方便人文学者、历史学者进行相关研究，还使得曾经难以被查询利用的历史文献回归到大众视野下，有助于历史文化的重现与传承。

文本内容计算：文本资源的多样化带来了文本内容计算视角的多样化。面对数量极其庞大的文本资源，词频分析、LDA、词向量模型、文本相似计算等文本挖掘技术被广泛用于文学研究当中。此外，更复杂的统计计量方法和数据可视化工具也能够一展身手，遥读以及社会网络分析等方法被广泛应用在文学研究中，人文学者可以根据海量的文本资源构建数据库、建立作品人物的社会网络关系和知识图谱等，这些技术使得文学领域的前沿应用研究呈现百花齐放的局面。

从近几年的研究中可以看出，文学的研究更加趋向于从丰富的数据集开始。文学数据库的丰富，使人文学者能从更加全面的角度去认识并考察研究对象。相关技术的引入，也使得人文学者能从全新的视角看待传统的研究问题，并从中发现新的问题和结论。虽然深度学习等技术为文学领域的自然语言处理带来极其深远的影响，但鉴于技术应用的滞后性，尽管在文学领域有了一些重要尝试，但其相关研究特点和潜力并未完全开发出来。

2. 语言学

语言学研究与文学研究密切相关，文学研究比较聚焦于某个流派或某部文学作品，而语言学研究更加微观，更加关注文本符号本身。目前数字人文研究中，语言学的研究最主要集中于语言分析和语料库的建设、维护和运用上。

数字人文研究将传统语言学研究内容进行了扩展。数字化文本资源数量多、范围广，知识内容更丰富、颗粒度更细，不仅能帮助人文学者进行语言模式、语言风格、语法特征等方面的语言学分析。例如，面对语言过剩而人们却找不到自己真正想表达的词汇这种不匹配的情况，项目 Feast and Famine：Confronting Overabundance and Defectivity in Language 通过研究语法形式丰富的中欧和东欧语言体系帮助人们选择合适的词汇。另外，由南安普敦大学和约克大学合作的 Vulnerable native grammars：the effects of limited input in native language attrition 关注在外国环境中定居的移民的母语语法的变化——即"语法损耗"现象。项目 Indigenous Literatures and Languages in the Americas：Translanguaging and Education in Global Contexts 研究美洲不同土著社区的语言和文化杂交的各个方面，这些社区涉及当今的全球语言包括法语、西班牙语、英语和葡萄牙语等。其目的是将土著文学、翻译理论专家、历史学家、教育专家、土著教育工作者、作家和社区领袖聚集在一起，以对土著文学与这些全球霸权语言之间的关系形成跨语言和跨文化的理解，并制定相应的教学战略，以应对全球霸权语言对土著文化的侵蚀。

近年来，随着数字化的文本资源不断扩大，越来越多的学者将目光聚焦于语料库的建设、维护以及运用上。Gorman（2020）针对如何有效地对短文本进行分类这一重要问题，对古希腊文字语料库进行划分，并用混合语料库、散文语料库、叙事历史语料库三种语料库进行测试，缩小语料库文本划分粒度是当前小文本分类方法的重要补充。大规模的数据库、语料库为定量研究提供充足的样本量，为进一步的研究提供数据资源基础。Veisi 等（2020）以中库尔德语语料库（AsoSoft）建设为例，详细描述语料库的建设中面临的挑战，如语料资源不可用、语料爬取复杂、重复文件处理、内容错误、格式转化等问题，并针对这些问题提出了改进的建议。Longhi（2020）聚焦于利用语料库的方法，提出了一个能够分析语义的语言分析模型，该模型能够更好地帮助学者理解庞大语料库中的变化过程。

语言学研究通常与文本内容计算紧密相连，通过对语言进行统计分析，提取语言特征，并结合语言学理论解释语言现象，这对理解语言本质与特征、语言演变与创新甚至文化变迁都有重要的价值。然而，从语言学角度来看，词语并不能完整表达句义，而句义之外的附加义、隐喻义和语用义等更是难以捕捉。对于文学欣赏和文学批评来说，不论是语义、寓意或是审美，乃至文本之外的写作意图、写作技巧、写作背景等都是值得关注的内容，而这些仅仅通过围绕词语的文本计量分析很难做到。随着数字技术的进步，许多文化机构将目光聚焦在语料库的建设上，针对语料库建设过程中存在的问题提出优化方案，这也为数字人文的进一步研究提供数据资源基础。

3. 历史与地理

数字人文中的历史学和地理学研究以更加紧密的关系联系在了一起，尤其是以 GIS 技术为代表的可视化技术在数字人文领域中的广泛运用，使得两者更加密不可分。地理学研究中最为重要的主题是 GIS 技术的运用实践。GIS 在历史学中的应用主要集中在数据收集、管理、空间分析和建模方面（Gupta, et al., 2017）。将计算机辅助地理数据处理方法应用于与历史研究相关的面向空间的人文研究，使得空间人文研究者能够充分利用其资源的地理特性（Yan, 2020）。

历史与地理领域的研究主要集中在史料组织与管理和可视化呈现两个方面。在历史学研究中，研究材料通常来源于各种史料，对历史数据进行记录和分析是史学领域一直热衷的研究方式，数字人文技术的加入能更加深入客观地分析历史数据并生动形象的展现历史数据背后的故事（薛翔，2022）。因此历史学研究必不可少地需要对史料进行组织与管理，包括对史料信息的多维度挖掘和信息提取，整合信息，并对其进行语义化处理，去探求不同语义信息和资源之间的关系，运用关联数据等技术对史料资源的属性进行关联，并将其进行可视化处理，形成具有系统性、创新性的史料资源集成。项目 Fragmentary Modernisms: The Classical Fragment in Literary and Visual Cultures, 1896—1950 关注现代主义和古典学术之间的间隔，这通常被视为"创伤性裂痕"的问题，揭示了现代主义者和古典学者之间复杂的影响网络，有助于共同创造"古典学术碎片"的现代概念和网络遗产。

364

在历史可视化呈现方面，主要体现在对特定历史片段的可视化重现。《香港之战 1941：空间历史计划》通过互动地图、个人故事、历史照片和建筑遗产，讲述香港历史上具有里程碑意义的历史事件。该项目获得了 2021 年国际数字人文最佳可视化奖。另外，一些学者聚焦于对特定实体历史变迁的数字化演绎。"Tudor Networks"可视化项目汇集了来自英国国家文件档案馆的 123850 封连接 20424 人的信件，这些信件可以追溯到亨利八世即位到伊丽莎白一世(1509—1603 年)去世。如图所示，我们可以看到所有发送或接收来自两个或更多人的信件的人，按时间顺序从左到右排列。

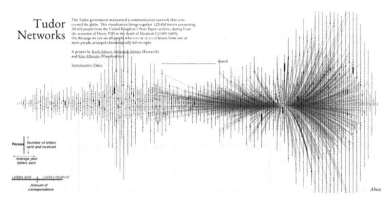

图三　"Tudor Networks"都铎王朝政府通信网络

不论是传统历史研究还是数字人文视域下的历史研究，研究的主要对象仍然是文本和语言，即能否通过史学研究发现和解决新的历史问题，能否在现有技术和研究框架的基础上提出完整的数字化研究理论，从全新的角度去看待历史研究。数字人文视域下的历史研究，很大程度上取决于日记、报纸、目击者的叙述、档案文件、照片和视频等原始资料的可用性，因此 Klijn 等(2021)呼吁档案馆、图书馆和博物馆应与领域专家密切合作。

4. 艺术

随着数字技术的进步和计算能力的提高，数字人文的研究对象不再局限于文本，而是逐渐拓展到声音、图像、视频等媒介，并催生出围绕音乐、美术、电影、游戏等传统或现代多种艺术细分领域的相关研究。数字人文在艺术领域的研究视野不断扩展，其独有的学科特征也为艺术领域相关研究不断注入新的活力。

数字人文在艺术领域的研究主要在以下两个方面，一方面，是借助新兴数据分析和可视化技术能够深化研究人员对相关艺术领域的认知或者诞生全新的现象诠释。另一方面，AI 算法、语义网、统计量化和自然语言处理等技术也在数字人文地艺术研究中得到了充分运用（薛翔，2022）。Karlinska（2021）通过定性与定量相结合的方式分析波兰现代主义戏剧作品，来探讨 19、20 世纪的医疗话语的影响。Kinolab① 是一个用于分析电影叙事语言的数字平台。基于此，Acooper（2021）主张建立一个普遍接受的电影语言数据模型，以促进电影剪辑的学术众包以及基于语义网的资源共享。Weinstein 等（2021）将 DIAS 和 DENDRON 等计算机辅助系统运用在保罗·塞尚画作的构图中，识别颜色，构图和主题之间的联系。项目 Cultural Heritage and Representation：（Mis）readings between India and the Indian Diaspora，重点关注文化遗产的表演、舞蹈、戏剧、音乐和舞台设计等具体实践形式，并探讨这些实践形式与印度侨民、身份形成、文化遗产之间的联系。项目 After Constable's Clouds 使用计算机视觉对巴比松画派、现实主义画派和印象派画家的画作与 Constable 云中的画作进行分类和比较。该项目旨在通过计算机视觉来增强对 19 世纪现实主义艺术史理解。在计算机生成艺术上，学者们探索计算机自动生成诗歌、乐曲等创意作品的可能性，在神经网络技术加持下，人工智能在模仿和生成图像艺术品上也有突破性进展。

近年来，数字人文对艺术的探索同样集中于资源构建、知识挖掘和可视化，在面向剧本、电影台词等文本内容的研究得到进一步拓展的同时，得益于深度学习在声音、图像处理中的飞速进展，以图像为对象的美术、电影研究，以声音为对象的录音、音乐研究，以音画结合为对象的视频研究，以及各类综合性研究，都得以深入

---

① Kinolab. ［EB/OL］. ［2022-12-14］. https：//kinolab.org/.

展开。艺术特有的想象力，在信息技术尤其是智能信息处理技术的帮助下，焕发出蓬勃生机(黄水清，2022)。

5. 文化遗产

数字人文的发展为文化遗产的保护与传承提供了保障，也为文化遗产的利用打开了新方向，不仅涉及文化遗产的数字化，还涉及使用数学方法和计算机技术对相关作品的可视化(Akça，2021)。VR、AR 技术及 3D 打印技术为文化遗产的保护和重塑提供了途径，跨学科的理论和技术的不断发展为文化遗产领域的研究持续注入活力。

现阶段文化遗产领域的研究主要集中在两个方面。一方面，为了充分实现文化遗产知识组织而进行的文化遗产数据建模，在这个过程中，3D 建模、虚拟复原技术，以及 AR、VR 技术，起到了非常重要的作用(Muenster，S.，2022)。将组织好的文化遗产数据进行可视化或者通过交互的方式展示，例如虚拟现实、全息图、游戏化设计等，可以为游客提供创造性的互动性和独特的体验(Markopoulos，E.，2019)，这对文化遗产的保存、推广与传播起到了非常重要的作用。例如，"Architectural walking tour of ancient Maya masterpieces：Visualizations of San Bartolo and Xultun，Guatemala"(2021)项目创建了一个交互式在线平台，该平台公开策展两件来自玛雅考古遗址意义非凡的艺术品——San Bartolo 壁画和 Los Árboles 神庙饰带，为文化遗产的重塑与传承起到了非常重要的作用，并且开放访问的双语 3D 界面为学者、学生和公众带来壮观的地下玛雅建筑杰作，可用于数字研究、教学和学习。

另一方面，数字人文在文化遗产领域的相关研究着眼于开拓文化遗产数字新领域，即重视数字环境下不同特征、不同群体的人们对文化遗产资源的获取和利用问题，同时将更多的研究主题纳入到文化遗产保护与传播中。例如，由英国萨塞克斯大学、英国伦敦玛丽皇后大学、英国伦敦大学学院共同展开的数字人文项目"Gender and Intersectionality on India and its Diaspora's (GRID) Heritage"从绘画、插图、三维物体，刺绣、纺织品以及音乐、表演等多方面出发，重点关注社会歧视现象，该项目旨在提出一个文化分析框架，以便从国家层面出发，充分支持并鼓励那些在性别、种姓、阶级或种族方面受到歧视的人以及相关遗产工作。

值得一提的是，技术的创新能为文化遗产带来新的活力，但同样也带来了诸多挑战。随着文化遗产的热度愈来愈恶搞，人们对于可开放获取的文化遗产资源的需求也越来越大，对 3D 文化遗产也有了更高的要求。除此之外，尽管文化遗产领域的元数据标准比较成熟，但是 3D 目标分割、多模态检索等问题仍待解决，这也是目前对文化遗产数据标准化面临的一大问题。

6. 图情档

图书馆、博物馆、档案馆作为伴随人类文明进步的公共文化记忆机构，有着保护文化遗产、保存与提供信息资源等天然使命。数字人文的很多项目都是图书情报学科领域内的专家以及公共图书馆、高校图书馆、博物馆等机构主导，这些专家和机构承担着推动数字人文基础设施建设及发展的重任，数字人文自然也成为图情档领域研究的热点（沈立力，2021）。

Hawkins（2021）论证当前阻碍数字人文主义者充分利用档案关联数据的一些障碍，并主张人工智能和维基数据等工具纳入关联数据的制作流程中，以扩大档案关联数据的范围，作为加强对原生数字档案访问和利用的一种手段。大英博物馆开展的项目"Reading the Library of Ashurbanipal：A Multi-sectional Analysis of Assyriology's Foundational Corpus"设计多种方案研究十分复杂的亚述学基础语料库，从而探索 Ashurbanipal 图书馆及其来源，并为学习楔形石板提出开创性方法。项目 Pursuing the Potential of Digital Mapping in Latinx Studies 充分利用西班牙语、英语和土著语言的档案材料，计划完成一个支持网络，以促进共享数据存储库的创建、与图书馆的合作、培训和指导机会，以及最佳实践和教学材料的在线中心，其中包括制作数字地图，让学生们参与历史，并思考创作。

数字人文现有研究内容的核心则是对信息资源的整合、处理和分析，进而实现知识组织与创新，而这恰与图情档的研究主旨不谋而合。此外，无论是理论层还是实践层，不断涌现出的数字人文项目都聚焦于信息资源建设、信息资源开发利用、信息资源服务、信息基础设施建设等方面，两者表现出相辅相成的互补性（周文泓，2019）。一方面，图情档等机构和学科能为数字人文研究提供数据基础设施，为人文社科数据分析提供思想、理论和方法，力图实现数字人文领域的多维突破。另一方面，图情档作为数字人文这个新型跨学科中的重要成员，在经过知识转型、重新定位之后以多重身份参与数字人文相关研究（蔡迎春，2021）。图情档借助数字方法与技术，在资源建设、跨学科合作、知识服务等方面为数字人文带来更多创新与活力。

三、趋势总结与分析

1. 基础设施建设日益完善

数字人文中心、联盟等各类组织在世界各地广泛建立促进了这一领域的不断发展，同时也推动了相关基础设施建设与影响范围的不断扩展。一方面，由于传统人文学科领域的差异性与多样性，多种多样的知识库与资料库被建立并得到应用；同时在资源数据化技术的大力加持下，数据资源构建的研究门槛得到迅速降低，数字人文的数据资源基础不断得到丰富与充实，用于构建数据资源并对其进行处理与分析的工具与平台也被开发出来用于完成独立的研究任务。另一方面，相关研究中心、组织、机构在过去主要以高校及其图书馆为依托而建立，如今已经得到区域政府及其相关机构的资金支持，并且大多数学术社区、研究中心已面向一定区域内的研究者与感兴趣的学者开放，支持在线沟通交流与项目信息上传更新等功能；各地区、各国乃至国际范围内的数字人文会议、论坛、研讨会也不断为人文学者与数字技术研究者提供日益广泛的学术交流平台，持续促进跨国、跨学科的学术合作与知识共享。

2. 数字方法技术持续创新

在数字人文的不断发展中，数字技术已经充分运用在有关数据处理、知识表示、知识组织、知识发现及知识呈现的各个环节，不断推动数据驱动与数智赋能下的传统人文学数字化纵深发展。数据化过程中所使用的扫描技术与识别技术日臻成熟，扫描速度与识别率得到极大提高；基于语义网技术的本体模型已有多个成熟的通用或特定领域本体模型，在多个领域已得到频繁的复用及丰富与发展，帮助实现对众多子领域研究的本体构建；命名实体识别、自动分词、情感分析等各类方法技术不断满足学者在人文学科的知识组织过程中有关分类聚类以及识别分析的需求；基于数据挖掘的知识发现为数字人文各类数据库、知识库、可视化平台等信息系统提供了日益细粒度的处理与识别能力基础，同时相关技术也被应用在数据处理、知识呈现等过程中，也为以可视化技术为关键的知识呈现与展示过程提供了计算与分析的有力基础；众包技术大大提高了数字人文大规模的数据采集、整理、标注等任务的效率；交互式可视化也为数字人文项目提供更加多元的可视化呈现。数字人文在对数字技术的持续引用与发展下，以数据处理、知识组织为代表的各个流程阶段也逐渐显现出专业化、分工化的倾向。数字方法与技术的不断创新，为数字人文的发展提供了极大的支撑。

3. 支持协作力量逐渐多元

除科研院校及其附属图书馆外，社会性的图书馆、档案馆、美术馆、博物馆等 GLAM 机构也已积极融入数字人文的发展中，各类馆藏文物、文献以及丰富多样的文化遗产得以被进行数字化转化、保护与研究，为数字人文研究提供广泛的研究对象，同时 GLAM 机构自身的馆藏整理、保护、展示工作与相关研究需要也为数字人文研究提供了方向性引导。如伊利诺伊大学香槟分校信息科学学院启动的项目"The Internet of Musical Events Digital Scholarship Community and the Archiving of Performance"（InterMuse）获得了包括大英图书馆、约克大学 Borthwick 档案馆、克兰纳特表演艺术中心（伊利诺伊大学香槟分校）Linen Hall 图书馆、皇家音乐学院以及英国音乐协会等机构与单位的协助；关注视觉与听觉信息转化的"UniDescription"项目制作了一个汇集数十个国家公园服务站点帮助手册原型音频描述的手机应用程序，以帮助盲人、聋盲人或弱视者或喜欢通过声音学习的人；众包技术在数据化过程中的使用也进一步紧密联系了以研究者、互联网平台、志愿者为主要参与角色的多方力量。

4. 研究成果应用开放共享

数字人文研究所需要的不仅仅是各类现实资源的数字化，还需要研究资料拥有时空覆盖面广、基础规模大、种类全面且粒度可分解等功能，因此在获得多方力量支持的技术上，对成功的资源开发经验以及优秀的项目研究成果的分享发布也是促推数字人文蓬勃发展的有力环节。随着开放科学、开放数据等研究成果开放共享模式的发展，数字人文领域也逐渐向开放、共享、协同的学术共同体发展模式迈进（吴金华，2022）。开放的数据存储库让研究人员可以直接用元数据来丰富图像并将它们置于更广泛的研究环境中（Hansson，K.，et al.，2022），海量的文献资源也能够借助元数据实现异地同步的加工与发布。随着传统人文资源的数字化、数据化，联合编目、开放链接等资源共创模式的逐渐应用（夏翠娟，2021），多样的知识库、分析工具、系统平台被开源、开放以供相关学者与用户进行访问与使用，共建共享日益成为数字人文学界的共同追求。许多工具技术、资料库、平台以及学术社区与平台的开发与建立都致力于整合并提供异构异源的多种资源，推动来自不同组织与机构的研究人员通过会议等形式在线交流、共享成果。数字人文的发展为学界共建共享的深度与广度都提出了新要求，同时资源、经验、成果的分享交流也为领域学术共同体提供了良好可持续的发展环境。

参考文献

[1] Alex B，Engelmann L，Walker I，et al. Plague Dot Text：Text mining and annotation of outbreak reports of the Third Plague Pandemic（1894-1952）[J/OL]. Journal of Data Mining & Digital Humanities，2021.

[2] Bartalesi V，Pratelli，Nicolò，Lenzi E. Linking different scientific digital libraries in Digital Humanities：the IMAGO case study[J]. International Journal on Digital Libraries，2022：1-15.

[3] BenitoA，Therón R，Losada A，et al. Exporing Lemma Intercon-

nections in Historical Dictionaries[C]//2nd Workshop on Visualization for the Digital Humanities. IEEE VIS 2017. Phoenix, Arizona, USA: IEEE, 2017.

[4]Berners-Lee T, Hendler J, Lassila O. The semantic web[J]. Scientific American, 2001, 284(5): 28-37.

[5]Blair G S. Digital twins of the natural environment[J]. Patterns, 2021, 2(10): 100359.

[6] Błoch A, Vasques Filho D, Bojanowski M. Networks from archives: Reconstructing networks of official correspondence in the early modern Portuguese empire[J]. Social Networks, 2022, 69: 123-135.

[7]Börner K, Bueckle A, Ginda M. Data Visualization Literacy: Definitions, Conceptual Frameworks, Exercises, and Assessments [J]. Proceedings of the National Academy of Sciences of the United States of America, 2019. 116(6): 1857-1864.

[8]Burrows S, Falk M. Digital Humanities[M]//Frow J. Oxford Encyclopedia of Literary Theory. Oxford University Press, 2021.

[9]Cafiero F, Clérice T, Fièvre P, et al. Corpus and Models for Lemmatisation and POS-tagging of Classical French Theatre [J/OL]. Journal of Data Mining & Digital Humanities, 2021, 2021. https://doi. org/10. 46298/jdmdh. 6485.

[10]Ceruzzi P. Roberto Busa, SJ, and the Emergence of Humanities Computing: The Priest and the Punched Cards, written by Steven E. Jones[J]. Journal of Jesuit Studies, 2017, 4(2): 352-354.

[11]Chammas M, Makhoul A, Demerjian J, et al. A deep learning based system for writer identification in handwritten Arabic historical manuscripts [J]. Multimedia Tools and Applications, 2022, 81: 30769-30784.

[12]Chen C M, Ling T S, Chang C, et al. Development and application of a digital humanities research platform for biographies of Malaysian personalities[J]. The Electronic Library, 2022.

[13] Engerer V P. 'Attention, attention, exploring minds acknowledge digital structure!' The shift to digital humanities has happened, so what should information scientists do in response? [J]. Digital Scholarship in the Humanities, 2021, 36(1): 43-63.

[14] Gupta, Neha. Geographic Visualization in Anthropology[J]. Anthropology News, 2017, 58(4): e286-e289.

[15] Hansson K, Dahlgren A. Open research data repositories: Practices, norms, and metadata for sharing images[J]. Journal of the Association for Information Science and Technology, 2022, 73(2): 303-316.

[16] Hawkins A. Archives, linked data and the digital humanities: increasing access to digitized and born-digital archives via the semantic web[J]. Archival Science, 2022, 22(3): 319-344.

[17] Hong L, Hou W, Wu Z, et al. A cooperative crowdsourcing framework for knowledge extraction in digital humanities-cases on Tang poetry[J]. Aslib Journal of Information Management, 2020.

[18] Horn C, Ivarsson O, Lindhé C, et al. Artificial Intelligence, 3D documentation, and rock art—approaching and reflecting on the automation of identification and classification of rock art images [J]. Journal of Archaeological Method and Theory, 2022, 29(1): 188-213.

[19] Howe J. The rise of crowdsourcing[J]. Wired magazine, 2006, 14(6): 1-4.

[20] Huynh V N, Hamdi A, Doucet A. When to use OCR post-correction for named entity recognition? [M]. In Ishita E, Pang N L S, Zhou L. Digital libraries at times of massive societal transition. London: Springer, 2020: 33-42.

[21] Hyvönen E, Ikkala E, Koho M, et al. Mapping Manuscript Migrations on the Semantic Web: A Semantic Portal and Linked Open Data Service for Premodern Manuscript Research[C]//International Semantic Web Conference. Cham: Springer, 2021:

615-630.

[22] Hyvönen E. Using the Semantic Web in digital humanities： Shift from data publishing to data-analysis and serendipitous knowledge discovery[J]. Semantic Web, 2020, 11(1)： 187-193.

[23] Kamp-Whittaker A. Diaspora and social networks in a World War II Japanese American incarceration center [J]. International Journal of Historical Archaeology, 2021, 25(3)： 828-850.

[24] Kedrova M O. Digital Humanities and Distant Reading Concept by Franco Moretti[J]. Voprosy Filosofii, 2022 (8)： 148-158.

[25] Khulusi R, Focht J, Jänicke S. Visual Analysis of Linked Musicological Data with the musiXplora[C]//International Joint Conference on Computer Vision, Imaging and Computer Graphics. Springer, Cham, 2020： 183-204.

[26] Kirschenbaum M G. The remaking of reading： Data mining and the digital humanities [C]//The National Science Foundation symposium on next generation of data mining and cyber-enabled discovery for innovation. 2007： 134.

[27] Liang J, Wang H, Li X. Task design and assignment of full-text generation on mass chinese historical archives in digital humanities： a crowdsourcing approach[J]. Aslib Journal of Information Management, 2020.

[28] Longhi J. Proposals for a discourse analysis practice integrated into digital humanities： theoretical issues, practical applications, and methodological consequences[J]. Languages, 2020, 5(1)： 5.

[29] Mamina R I, Yelkina E E. Digital Humanities： Is it a New Science or a Set of Models and Practices of the Global Network Project? [J]. Дискурс, 2020, 6(4)： 22-38.

[30] Markopoulos E, Markopoulos P, Liumila M, et al. Digital cultural strategies within the context of digital humanities economics [C]//International Conference on Applied Human Factors and Ergonomics. Springer, Cham, 2019： 283-295.

[31] Martino L C. The Digital Humanities as a Sign of Their Time [M]//Digitalization of Society and Socio-political Issues 2： Digital, Information and Research. New York： Wiley Online Library, 2020： 181-191.

[32] Modoc E, Grdan D. Style at the Scale of the Canon. A Stylometric Analysis of 100 Romanian Novels Published between 1920 and 1940[J]. Metacritic Journal for Comparative Studies and Theory, 2020, 6(2)： 48-63.

[33] Muenster S. Digital 3D Technologies for Humanities Research and Education： An Overview [J]. Applied Sciences, 2022, 12 (5)： 2426.

[34] Nockels J, Gooding P, Ames S, et al. Understanding the application of handwritten text recognition technology in heritage contexts： a systematic review of Transkribus in published research [J]. Archival Science, 2022, 22： 367-392.

[35] Oberbichler S, Boroş E, Doucet A, et al. Integrated interdisciplinary workflows for research on historical newspapers： Perspectives from humanities scholars, computer scientists, and librarians [J]. Journal of the Association for Information Science and Technology, 2022, 73(2)： 225-239.

[36] Pacheco A. Digital humanities or humanities in digital： revisiting scholarly primitives[J]. Digital Scholarship in the Humanities, 2022, 37(4)： 1128-1140.

[37] Papadopoulos C, Reilly P. The digital humanist： Contested status within contesting futures [J]. Literary & linguistic computing： Journal of the Alliance of Digital Humanities Organizations, 2020 (1)： 35.

[38] Pawlicka-Deger U. Infrastructuring digital humanities： On relational infrastructure and global reconfiguration of the field[J]. Digital Scholarship in the Humanities, 2022, 37(2)： 534-550.

[39] Pawlicka-Deger U. The Laboratory Turn： Exploring Discourses,

375

Landscapes, and Models of Humanities Labs[J]. DHQ: Digital Humanities Quarterly, 2020, 14(3): 1-22.

[40] Rigaud C, Doucet A, Coustaty M, et al. ICDAR 2019 competition on post-OCR text correction[C]//2019 international conference on document analysis and recognition (ICDAR). IEEE, 2019: 1588-1593.

[41] Rantala H, Ikkala E, Jokipii I, et al. WarVictimSampo 1914-1922: A Semantic Portal and Linked Data Service for Digital Humanities Research on War History[J]. 2020.

[42] Sadeghi S S, Khotanlou H, Rasekh Mahand M. Automatic Persian text emotion detection using cognitive linguistic and deep learning[J]. Journal of AI and Data Mining, 2021, 9(2): 169-179.

[43] Sangjin Z, Yan L. Digital Turning of Logic and Practical Paradigm: The Establishment of Big Data Model in Anthropological Field[C]//Atiquzzaman M, Yen N, Xu Z. International conference on Big Data Analytics for Cyber-Physical-Systems. Singapore: Springer, 2020: 532-537.

[44] Schetinger V, Raminger K, Filipov V, et al. Bridging the Gap between Visual Analytics and Digital Humanities: Beyond the Data-User s-Tasks Design Triangle[C]//Workshop on Visualization for the Digital Humanities, IEEE VIS. Vancouver, Canada: IEEE, 2019.

[45] Schwan H, Jacke J, Kleymann R, et al. Narreations-Visualizing Narrative Levels and their Correlations with Temporal Phenomena[J]. Digital Humanities Quarterly, 2019, 13(3): 000414.

[46] Siemens R. A Companion to Digital Humanities[M]. Blackwell Pub. 2004.

[47] Severson S, Sauvé J S. Crowding the library: How and why libraries are using crowdsourcing to engage the public[J]. Partnership: The Canadian Journal of Library and Information Practice and Re-

search, 2019, 14(1).

[48] Sinclair S, Ruecker S, Radzikowska M, et al. Information Visualization for Humanities Scholars[M]//Literary Studies in the Digital Age: An Evolving Anthology. New York: MLA Commons, 2013.

[49] Su F, Zhang Y, Immel Z. Digital humanities research: interdisciplinary collaborations, themes and implications to library and information science[J]. Journal of Documentation, 2020, 77(1): 143-161.

[50] Suissa O, Elmalech A, Zhitomirsky-Geffet M. Text analysis using deep neural networks in digital humanities and information science [J]. Journal of the Association for Information Science and Technology, 2022, 73(2): 268-287.

[51] Tagg C. English language and social media[M]//The Routledge Handbook of English Language and Digital Humanities. Routledge, 2020: 568-586.

[52] Unsworth J. Scholarly primitives: What methods do humanities researchers have in common, and how might our tools reflect this [C]//Symposium on Humanities Computing: Formal Methods, Experimental Practice. London: King's College, 2000, 13: 5-00.

[53] Waters D J. The emerging digital infrastructure for research in the humanities [J/OL]. International Journal on Digital Libraries, 2022: 1-16. https: //doi. org/10. 1007/s00799-022-00332-3.

[54] Weinstein M, Voss E, Soll D. Dendrography and Art History: a computer-assisted analysis of Cézanne's Bathers [J]. DHQ: Digital Humanities Quarterly, 2019, 13(3): 1-3.

[55] Wu Y. Application of improved boosting algorithm for art image classification[J]. Scientific Programming, 2021.

[56] Yan Y, Dean K, Feng C C, et al. Chinese temple networks in Southeast Asia: a WebGIS digital humanities platform for the collaborative study of the Chinese diaspora in Southeast Asia[J]. Re-

ligions，2020，11（7）：334.

[57] Yao W，Xiao P. What contributes to a qualified digital humanities librarian and ideal digital humanities pedagogy？An exploratory qualitative study［J］. The Journal of Academic Librarianship，2022：102524.

[58] Zhang Y，Xue S，Xue Z. From collection curation to knowledge creation：Exploring new roles of academic librarians in digital humanities research［J］. The Journal of Academic Librarianship，2021，47（2）：102324.

[59] Zhao Y. Editorial-Crowdsourcing and Collaboration in Digital Humanities［J］. Aslib Proceedings，2020，72（2）：149-157.

[60] 蔡迎春. 数字人文评价：学科性、专业性、技术性［J］. 中国图书馆学报，2021，47（04）：86-96.

[61] 郭英剑. 数字人文：概念、历史、现状及其在文学研究中的应用［J］. 江海学刊，2018（03）：190-197，23.

[62] 黄水清，刘浏，王东波. 计算人文的发展及展望［J］. 科技情报研究，2021，3（04）：1-12.

[63] 黄水清，刘浏，王东波. 国内外数字人文研究进展［J］. 情报学进展，2022，14（00）：50-84.

[64] 韩立帆，季紫荆，陈子睿，王鑫. 数字人文视域下面向历史古籍的信息抽取方法研究［J］. 大数据，2022，8（06）：26-39.

[65] 李晨晖，张兴旺，秦晓珠. 图书馆未来的技术应用与发展——基于近五年 Gartner《十大战略技术趋势》及相关报告的对比分析［J］. 图书与情报，2017（06）：37-47.

[66] 李桂芬. 数字人文的发展与最新趋势［J］. 社会科学文摘，2022（02）：8-10.

[67] 李慧楠，王晓光. 数字人文的研究现状——"2019 数字人文年会"综述［J］. 情报资料工作，2020，41（04）：49-59.

[68] 李文琦. 数字人文中的交互式可视化应用研究综述［J］. 图书情报知识，2022，39（05）：42-55.

[69] 刘圣婴，王丽华，刘炜，刘倩倩. 数字人文的研究范式与平

台建设[J].图书情报知识,2022,39(01):6-29.

[70]沈忱.数字人文引领下历史档案资源开发研究[D].黑龙江大学,2022.

[71]沈立力,张宏玲,韩春磊,刘炜.汉语语境下数字人文项目分析与启示——2020年数字人文年会(DH2020)项目评选综述[J].图书情报工作,2021,65(24):4-17.

[72]宋雪雁,崔浩男,梁颖,邓君.数字人文视角下名人日记资源知识发现研究——以王世杰日记为例[J].情报理论与实践,2021,44(06):105-111.

[73]唐江浩,卢章平,苏文成.人文学者数字学术能力理论框架构建研究——基于数字人文视角[J].图书馆,2020(11):47-55.

[74]王军,张力元.国际数字人文进展研究[J].数字人文,2020(00):1-23.

[75]吴金华,石静,徐健.面向数字人文的开放数据生态系统:构成要素与模型框架[J].图书情报工作,2022,66(22):44-54.

[76]夏翠娟,贺晨芝,刘倩倩,朱武信.数字人文环境下历史文献资源共建共享模式新探[J].图书与情报,2021(01):53-61.

[77]谢欢."普罗米修斯之火"还是"达摩克利斯之剑":数字人文与图书情报学的理性思考[J].图书情报知识,2019(01):81-87.

[78]徐文哲,郑建明,白云朴.基于认知层次动态演化视角的智慧公共文化服务实现策略研究[J].新世纪图书馆,2022(07):10-17.

[79]薛翔,马海云,张轩慧,赵宇翔,朱庆华.时代经纬:迈向新文科的数字人文——第三届中国数字人文大会综述[J].图书馆杂志,2022,41(09):95-104.

[80]曾蕾,王晓光,范炜.图档博领域的智慧数据及其在数字人文研究中的角色[J].中国图书馆学报,2018(1):17-34.

［81］张旭，王晓宇．数字人文学科归属及其与图情档关系初探［J］．情报理论与实践，2022，45（02）：29-34+42.

［82］章雷，胡蓉，唐振贵，贺彩云，王琼宇．数字人文视域下民国乡村师范教育文献的语义组织与智慧应用研究［J］．西南师范大学学报（自然科学版），2022，47（09）：116-124.

［83］赵洪波，罗玲，李大莉．数字人文视域下智慧图书馆建设的模式与路径［J］．图书馆学刊，2019（9）：110-113，122.

［84］周文泓，刘静．数字人文和图书情报与档案管理的双向构建要点研究［J］．图书与情报，2019（6）：101-110.

法国学术界"元宇宙"研究前沿追踪[*]

艾士薇　田村童[**]

摘　要：法国学术界对"元宇宙"的探讨可分为两个阶段，一为《雪崩》出版到2021年，集中探讨游戏"第二人生"中的虚拟现实问题；二为扎克伯格提出将facebook更名为meta之后，对元宇宙展开了多元思考。学者们的探讨重点在于何为元宇宙，即对元宇宙的历史与未来及其构成进行探讨，并思考元宇宙对经济学（NFT、房地产、时尚业、广告、股票基金、旅游、医学和就业）、法学（上瘾问题、性侵害、隐私和法律法规的确实）和宗教与伦理等领域的挑战。

关键词：法国学术界；"元宇宙"；虚拟现实；NFT

"元宇宙"并非新概念。元宇宙的概念首次出现在美国作家尼尔·斯蒂芬森在科幻小说《雪崩》（*Snow Crash*）当中，该书的法语版*Le Samouraï virtuel*于1996年出版。书中描述了由计算机生成的宇宙，玩家可以通过VR设备来访问这个虚拟世界。其后，这个概念激发了数位电影导演的灵感，例如黑客帝国三部曲（*Matrix*，1999-2003）和头号玩家（*Ready Player One*，2018）。2021年10月29日，facebook宣布更名为Meta，继而产生了一种世界性的"元宇宙"风

　＊　本文为武汉大学资助科研项目（人文社会科学）研究成果，得到"中央高校基本科研业务费转向资金"资助。

＊＊　艾士薇，武汉大学文学院副教授；田村童，武汉大学文学院研究生。

暴，法国也不可避免地参与到了其中的讨论。也正因如此，法国学界关于元宇宙的讨论以此为界可分为两个时期。

一、法国学界"元宇宙"研究的两个阶段

(一)从《雪崩》到"元宇宙"元年：围绕"第二人生"的讨论

2021 年之前，法国学界关于"元宇宙"的讨论对象大多是游戏"第二人生"(Second Life)。数量虽少，但也涵盖了各个范围。在社会经济领域，《三维经济和企业中的虚拟世界整合：ICT 的生态贡献》(Économie 3d et intégration des univers virtuels en entreprise：l'apport écologique des TIC)主要以"第二人生"为研究对象，通过考察全球 55 个主要的 B2C 和 C2B 虚拟世界案例，以此论述虚拟宇宙的划分及定义、主要虚拟宇宙及特征(场景世界/聊天世界/平行现实世界)、公司使用虚拟宇宙用于管理研究时出现的问题，并提出了一种两步法来帮助公司在虚拟世界的第一步中取得成功，同时研究虚拟宇宙与可持续发展之间的关系，探讨虚拟宇宙如何减少碳排放，并实现可持续发展。[1] 在文化领域，《元宇宙：设备、用途与表现形式》(Les métavers. Dispositifs，usages et représentations)一书全面且富有远见地讨论了几乎囊括社会文化方面所有领域的问题。作者对世界的数字化进程作出了社会文化和意识形态上的反思，认为数字化进程会导致与泛计算时代相关的人类学革命。同时文中还讨论了法国网剧《菜鸟》(Noob，2008)，该剧展现了现实宇宙和虚拟宇宙相互渗透，作者以该剧为例论及现实世界和虚拟世界之间的界限。作者指出在这一作品中，虚拟世界的特点是参数接近我们的现实世界，同时又在明显的方面与之不同，如反复出现的幻想维度。最后，该书展现了从 20 世纪 70 年代到今天的电影作品中对元宇宙的表现，特别是用于实现这些表现的技术手段。如以约翰·凯恩

---

① Quinio, B. & RÉVEILLON, G. (2008). Économie 3d et intégration des univers virtuels en entreprise：l'apport écologique des TIC. *Vie & sciences de l'entreprise*, 179-180, 76-93. https：//doi. org/10. 3917/vse. 179. 0076

(John Kain)的电影《超时空幻想》(《Cyberotica》)(1996)为例,展示了"人机界面"(Ihm),也通过保罗·范霍文(Paul Verhoeven)的《全面回忆》(1990)展示了"脑机界面"(icm),以及其后的"神经植入"方式,等等。① 同样关注伦理问题的还有《在元宇宙中构建虚拟身份:第二人生中的化身》(*La construction d'une identité virtuelle au sein d'un métavers:l'avatar dans Second Life*),该作也以"第二人生"为切入点,该作认为"第二人生"作为一个三位、实时互动的虚拟世界,是任何人都可以进入的虚拟状态。作者拉范(Raffin)从社会学、传播学乃至精神分析的角度谈论人的虚拟身份(即"化身",*incarnation*)何以建成。著作对 12 名游戏用户进行访谈,指出化身即是个人的幻影投射,也是其个性的延伸,旨在表达其真实性。笔者认为,该文值得思考之处在于,到底是现实生活中具有肉身的人是真实的存在,还是游戏中个体的化身才是真正的个人。

(二)"元宇宙"元年之后:立足经济的多元思考

2021 年,"元宇宙"(*Metavers*)的概念开始真正引爆,这一年也被称作"元宇宙元年"。2021 年 3 月,沙盒游戏平台罗布乐思(*Roblox*)首次在招股书中展现元宇宙内容,上市后股价一飞冲天,市值超过 400 亿美元。同年 7 月,马克·扎克伯格(Mark Elliot Zuckerberg)正式宣布将 Facebook 更名为 Meta,招摇地展示了其在元宇宙领域的野心②。此举引起了法国报纸争相报道与讨论。据法国《世界报》(*Le Monde*)2022 年 2 月关于《竞争元宇宙的品牌们》(*Les marques à l'assaut du métavers*)的报道,2021 年,通过销售 Oculus VR 头显和其他 VR 服务,Meta 创造了约 23 亿欧元的收入,但目前该部门的亏损仍旧超过 100 亿美元(约 87 亿欧元)。Meta 还设立了一项 1.5 亿美元的基金,以鼓励开发人员在其虚拟现实平台上创造新内容,并计划在欧洲招聘 10,000 名员工以加快虚拟现实

---

① Julien, P. & François-Gabriel, R. (2015) *Les métavers. Dispositifs*, *usages et représentations*. L'Harmattan. ISBN:978-2-343-07063-6

② Chloé, W. (2021/10/28). Le groupe Facebook change de nom et devient Meta. *Le Figaro*.

主题的发展。Meta 的这些举动，吸引了众多互联网巨头注资元宇宙：2022 年 1 月 18 日，微软以 687 亿美元收购视频游戏发行商动视暴雪，以收集必要的"组件"来构建自己的元宇宙。1 月 27 日，苹果 CEO 蒂姆·库克（Tim Cook）也表现出极大的兴趣，认为苹果已经看到元宇宙领域有很多潜力，这与公司目前的 AR/VR 努力有关，并补充说公司正在对该领域"相应地进行投资"。对于这些科技巨头来说，元宇宙的出现提供了巨大的商机。据彭博社报道，元宇宙可以产生 8000 亿美元的收入。[1]

除开科技巨头们以外，并非所有人都对元宇宙抱有热忱。2022 年 7 月，一篇名为《数字化未来会实现吗？》（*Le futur du numérique sera-t-il incarné?*）的文献指出，法国普通民众就不太热衷于了解元宇宙的相关信息。根据益普索（*Ipsos*）2022 年 5 月的一项民意调查，只有 28% 的法国人熟悉元宇宙的概念，31% 的人对真实世界和虚拟世界的混合持积极态度。这与中国人对元宇宙的热情相去甚远。在中国，有 73% 的人了解元宇宙的概念、78% 的人对于虚拟现实的发展前景持积极态度。[2] 但文章指出，数字化未来将会走向何处，还有待观察。虽然当前对元宇宙项目的投资，已经为我们带来了越来越身临其境的虚拟现实服务，但是，现在判断我们与网络的关系是否已发生了深刻变化，还为时尚早。尽管该文希望通过数据统计作出中肯的分析，但其所显示的关于中国民众对元宇宙认识和态度的数据仍然存疑，因为统计比例取决于其所调查的人口构成。当然，这并不妨碍我们看到两个国家对于科技新事物的态度。

尽管调查显示法国民众对元宇宙不甚了解或者对元宇宙未来不那么看好，但法国学界还是很认真地探讨了元宇宙所带来的一切问题。如一篇题为《沉浸式技术（虚拟现实、增强现实、交互式视频映射）在文化领域的前景和机遇》（*Perspectives et opportunités pour les technologies immersives（réalité virtuelle，réalité augmentée，mapping*

① Vincent，F.（2022/2/9）. Les marques à l'assaut du métavers. *Le Monde*.

② Cabannes，V.（2022）. Le futur du numérique sera-t-il incarné？. *Esprit*，- A，117-125. https：//doi.org/10.3917/espri.2207.0117 *vidéo interactif*）*dans le secteur culturel*）的文献指出，在沉浸式现实领域的艺术和文化创作方面，法国是最先进的国家之一。沉浸式虚拟现实则是一个全新的文化创作领域。在电影行业，法国改编自电子游戏的作品在世界各地最重要的电影节中展出并获奖。在博物馆、游戏和文娱产业，虚拟现实也扮演着相当重要的角色。虚拟现实是一种正在法国文化领域扎根的媒介，由此必须围绕着它形成一套完整的生态系统。法国相关部门深切地了解到这一点，并希望这个处在文化和创意产业前沿的部门可以为相关公司与个人提供一定的培训和技术支持，将法国打造为创新和创意的倡导者。①

总的来说，通过梳理 2021 年之后法国元宇宙的相关报道和研究，法语学界关于该论题的研究热点多集中于以下几个方面，即元宇宙前史与未来的讨论、构建元宇宙的技术基础（如区块链、交互技术、互联网平台等）、经济学视域下的元宇宙研究（包括 NFT 货币、房地产、时尚投资、广告投资、股票基金投资等）、法学视域下的元宇宙研究（如原子化与成瘾化问题、性侵害问题、个人隐私边界问题、法律法规缺失问题、伦理问题等）。从逻辑脉络上，涉及到元宇宙是什么、由什么构成、对各行业（经济、社会、文化旅游及医学领域）的影响和作用及其引发的问题，由此也构成了我们的行文脉络。

二、何为元宇宙——关于元宇宙本体的思考

在对元宇宙的具体问题进行研究之前，我们首先需要了解法国学界对这一概念的基本认识，即何为元宇宙，学者们主要探讨了元宇宙的来龙去脉以及技术构成。

---

① Jarry, C. & Roux, A.（2022）. Perspectives et opportunités pour les technologies immersives（réalité virtuelle, réalité augmentée, mapping vidéo interactif）dans le secteur culturel. *Annales des Mines- Réalités industrielles*, 2022, 53-57. https：//doi. org/10. 3917/rindu1. 221. 0053.

（一）元宇宙的历史溯源与未来展望

1. 历史溯源

2021 年之后，不少文章对元宇宙概念的"前身"进行了非常详尽的梳理，有助于我们追溯元宇宙从何时便与我们的生活息息相关，从而对其概念有更清晰的把握。如《早在 Facebook 之前，《视频游戏如何为元宇宙奠定基础》（*Bien avant Facebook，comment le jeu vidéo a posé les jalons du métavers*）、《几十年的科幻小说和电影在我们的集体想象中铭刻了元宇宙》（《*Des décennies de romans et de films de science-fiction ont inscrit les métavers dans notre imaginaire collectif*》）这两篇文章就概括了元宇宙概念构建的历史基础。前者指出，十五年来，"我的世界"（*Minecraft*）和"第二人生"已经建立了元宇宙的概念基础，这些游戏的优势在于，用户可以在自己的空间中创建自己的虚拟人生，呈现了大多数可定制的"化身"（*incarnation*）。在"我的世界"上，每个人都可以生成自己的服务器，应用自己的规则。这与扎克伯格想构建的元宇宙十分相似。罗布乐思（*Roblox*）的呈现方式也与之有诸多相似。这款游戏在儿童中非常受欢迎，截至 2021 年第一季度，罗布乐思拥有 1.99 亿月活跃用户，其中 67% 在 16 岁以下。游戏由数百甚至数千种"体验"组成，任何人都可以在其中开发游戏并将其放在网上。VRChat 也是如此。扎克伯格想创造的是汇集各领域的虚拟服务功能，这一功能早在这些游戏中就有过展现。例如，玩家可以在"我的世界"中参加音乐会，或者在"第二人生"中为虚拟的"自己"购买衣服。[1] 后一篇文章则尖锐地指出元宇宙并不是最近技术革命的结果。几十年的科幻小说和电影早已将元宇宙所构建的一切铭刻在我们的集体想象中，它们其实是基于当今世界已经存在的许多科学、技术和社会结构之上的一个"外壳"罢了。[2]

---

[1] Florian R.（2021/12/27）. Bien avant Facebook，comment le jeu vidéo a posé les jalons du métavers. *Le Monde*.

[2] Pascal G et al Nicolas R.（2022/5/20）.《Des décennies de romans et de films de science-fiction ont inscrit les métavers dans notre imaginaire collectif》. *Le Monde*.

2. 未来展望

除了对元宇宙历史的溯源，更多的研究指向的是元宇宙的未来。这些文章兴奋地指出了元宇宙带来了新的"不可能"，对于人类认知边界做出了进一步拓展。《"元宇宙"，令人眼花缭乱的互联网未来》(《Metaverse》, le vertigineux futur d'internet)一文指出，硅谷人构建的元宇宙概念有如科幻小说，其将元宇宙设想为与我们平行的虚拟宇宙，数百万人将被连接起来，一同娱乐、交流、体验现实世界中的不可能，同时也汇集各领域的虚拟服务(消息传递、视频会议、商业活动、游戏等)。该平台将会取代智能手机，这是硅谷带来的新视野。① 《元宇宙时代的消费者：虚拟世界、化身、加密货币和不可替代的代币：新的数字革命》(Le consommateur à l'heure du métavers: Mondes virtuels, avatars, cryptomonnaies et jetons non fongibles: la nouvelle révolution numérique)则认为元宇宙的概念代表着废除物理世界和数字世界之间的最后一道边界成为可能，一个充满无限可能的世界将缓缓在人们眼前展开。② 《"人们已经更加重视他们的在线生活"：元宇宙的未来居民》(《Les gens accordent déjà plus d'importance à leur vie en ligne》: les futurs habitants du métavers)一文认为，元宇宙概念有着广阔的前景，因为人们已经比过去任何时候都更重视他们的在线生活。③《脸书：为什么我们需要认真对待元宇宙》(Facebook: pourquoi il faut prendre le metavers au sérieux)也指出，我们需要认真对待元宇宙，因为它正在酝酿"互联网的未来"。元宇宙的相关话题，在五年内都会是随处可见的热门。④《脸

① Chloé, W. (2021/9/12). 《Metaverse》, le vertigineux futur d'internet. *Le Figaro*.

② Samy M, Mehdi M (2022/1/22). Le consommateur à l'heure du métavers: Mondes virtuels, avatars, cryptomonnaies et jetons non fongibles: la nouvelle révolution numérique. *HAL science ouverte*. https://hal. archives-ouvertes. fr/hal-03540223

③ Guillemette F. (2022/5/13). 《Les gens accordent déjà plus d'importance à leur vie en ligne》: les futurs habitants du métavers. *Le Monde*.

④ Benjamin F. (2021/11/02). Facebook: pourquoi il faut prendre le metavers au sérieux. *Le Figaro*.

书正在致力于构建"元宇宙"，扎克伯格的"圣杯"》(*Facebook s'attelle à la construction du 《metaverse》，le 《Graal》de Zuckerberg*) 梳理并分析了扎克伯格关于元宇宙的多种设想，指出元宇宙的基本品质将是存在感——即真正与人在一起的感觉。根据马克·扎克伯格的说法，屏幕、全息图、VR 耳机和 VR 眼镜逐渐能够使人从虚拟世界到物理场所进行流畅的"运动"，如同"传送"一般。"我一直认为这是社交互动的圣杯"，他在接受 The Verge 采访时表示，他对作为通信和访问数字空间手段的智能手机并不满意，而元宇宙将弥补这些遗憾与局限，成为"移动互联网的继任者"。①

当然，也有文章对于这种新的"不可能"持悲观态度，如《"元宇宙雄心勃勃地融合数字技术，创造一个虚拟的、持久的、互动的和身临其境的世界"》(《*Métavers porte l'ambition de faire converger les technologies du numérique，pour créer un monde virtuel，persistant，interactif et immersif*》) 就认为扎克伯格的元宇宙项目具有一种"乌托邦式的悲哀激情"。该文称，元宇宙比电子游戏(拥有超过 27 亿玩家)更雄心勃勃、更稳定、更严肃，希望能在数字空间中构建一个新的化身世界，试图实现"超越现实宇宙"的野望。元宇宙市场代表了三种现有技术的融合，其功能是可扩展的，即通过增加计算能力搭建虚拟—真实的连接平台、增强虚拟现实和真实—虚拟混合现实，以及发展区块链的数字和 Web3.0 资产。但是，元宇宙的"化身世界"是否预示着我们在面对"真实现实"的终结时就能够欣然接受？这才是我们在展望元宇宙未来时需要思考的问题。② 作者以开放性的问题结束了全文，但很显然他要求读者思考的是这种虚拟世界界是否能够被全然接受。

(二) 构建元宇宙的技术基础

元宇宙作为虚拟空间，在法国学者研究中意识到三项基础性技

---

① Par Le Figaro avec AFP. (2021/07/27). Facebook s'attelle à la construction du 《metaverse》，le 《Graal》de Zuckerberg. *Le Figaro*.

② Valérie Julien G et al Alexandre M. (2022/5/20).《Métavers porte l'ambition de faire converger les technologies du numérique，pour créer un monde virtuel，persistant，interactif et immersif》. *Le Monde*.

术职称，即交互技术、区块链技术和互联网平台，这三项技术共同支撑着元宇宙的构成与运转。

1. 交互技术

《数字化未来会实现吗?》(*Le futur du numérique sera-t-il incarné?*)一文详细谈到元宇宙的交互技术。元宇宙被定义为一个三维虚拟空间，用户在其中展现为他们的"化身"。触觉设备可以丰富在这一虚拟世界中的体验，模拟我们身体在其环境中的感知。VR 耳机可以帮助我们获得更为真实的体验，一旦戴上它，它就会通过缩小我们的视野，将我们的目光聚焦在屏幕上，将我们"投射"到虚拟现实空间感知中。类似的，操纵杆和跑步机允许用户使用真实的四肢来移动其在虚拟世界中的"化身"。通过不断发展这些技术，元宇宙的开拓者们希望能够应对当前数字交互时"在场感"的缺乏，他们尤其希望能够成功地创造出我们在视频会议中仍然缺乏的"在场感"。但是，元宇宙的野心不仅限于一种视频游戏的交互感，而是着力创造一种新的生态系统。必须承认，现在元宇宙的交互技术的发展也遭遇了一定的瓶颈，技术成本过高也阻碍了沉浸式虚拟世界的体验。因此，在交互技术层面，还有很长的路要走。同时，也不是所有人都喜欢这种"身临其境"的感觉，比如，3D 电影的市场票房份额持续下滑，这就说明银幕三维的附加值在下降；再比如，这种"身临其境"的技术似乎与年轻用户对侵入性较低的通信渠道的偏好背道而驰，一些研究一致认为年轻人更喜欢发短信而不是打电话。[1]

《新冠危机为虚拟现实注入了新的活力》(*La crise du Covid donne un nouveau souffle à la réalité virtuelle*)一文则指出，新冠危机为虚拟现实注入了新的活力，给交互技术的进一步发展注入了全新动力。VR 技术在新冠大流行中寻觅到了第二个风口。[2]《享用章鱼鸡尾酒

---

[1] Cabannes，V. (2022). Le futur du numérique sera-t-il incarné? . Esprit，-A，117-125. https：//doi. org/10. 3917/espri. 2207. 0117.

[2] Chloé W et al Samuel K. (2020/6/22). La crise du Covid donne un nouveau souffle à la réalité virtuelle. *Le Figaro*.

或开设赌场：元宇宙，各种可能性的虚拟世界》（*Se faire servir un cocktail par une pieuvre ou ouvrir un casino：le métavers，univers virtuel de tous les possibles*）一文介绍了交互技术发展的现状和未来，以及元宇宙的长期愿景。在这个 3D 的虚拟平行宇宙中，一切皆有可能：由章鱼提供鸡尾酒（虚拟），或开设赌场（产生真实收入）。对元宇宙的未来深信不疑的人来说，元宇宙是注定要取代我们今天所理解的互联网。因此，它引起了许多科技巨头的兴趣，并将建成元宇宙作为"他们的宏观目标"。此外，建造元宇宙所需的"组件"也在陆续到位。例如，VR 耳机（Vive、HTC、Oculus）和增强现实（*Augmented Reality*，AR）技术，它们可以提供越来越令人信服的沉浸式体验。在经历了略微混乱的起步之后，如今的发展正在加速。根据 IDC 的数据，该领域的支出预计将在 2020 年至 2024 年间增加六倍，从 120 亿美元增加到 720 亿美元。与此同时，数字基础设施正变得越来越强大。根据 Canalys 的数据，仅在 2021 年第一季度，云设备（云计算）的支出就达到了 1420 亿美元，与 2020 年相比增长了 33%。与此同时，5G 开始部署，将网络速度提升到了一个前所未有的水平。①

2. 区块链技术

《ConsenSys，帮助构建未来 Web3.0 的初创公司》（ConsenSys，la start-up qui aide à bâtir le futur web 3.0）一文介绍了 ConsenSys 对元宇宙区块链技术的建设。在加密和去中心化金融项目爆炸式增长的推动下，ConsenSys 公司的估值为 32 亿美元。在 NFT、"去中心化金融""元宇宙"等这些逐渐为大众所熟知的话语背后，其实可归纳为一股风潮：即 Web3.0（互联网 3.0）的建设。由于区块链等新技术提供的可能性不断增多，Web3.0 的概念至今尚未被完全定义。这些新技术使得价值交换成为可能，并展现出强大的去中心化能力。从事区块链的建设，需要基础设施、工具和软件。而ConsenSys——这家由约瑟夫·卢宾（Joseph Lubin）于 2014 年创建的

---

① Vincent F. (2021/7/1). Se faire servir un cocktail par une pieuvre ou ouvrir un casino：le métavers，univers virtuel de tous les possibles. *Le Monde*.

纽约公司，专门从事制造以太坊区块链的软件。这个区块链比其竞争对手比特币（由 Vitalik Buterin 和 Joseph Lubin 共同创立）显得更为复杂，如今最常用于开发围绕去中心化金融（Defi），中央银行加密货币（CBDC）或数字代币的许多项目。①

《NFT、元宇宙、加密资产：法国公司 Arianee 如何向品牌开放对 web3 的访问》（*NFT*，*métavers*，*cryptoactifs*：*comment société française Arianee ouvre aux marques l'accès au web3*）一文报道了法国公司 Arianee 获得了美国巨头 Tiger Global 领投的 2000 万欧元 A 轮融资，或将携时尚品牌推动 NFT 区块链发展。Tiger Global 的负责人表示，他们相信区块链公司 Arianee 有能力为品牌们提供全球领先的 Web3 解决方案。目前，Groupe Casino 等多个品牌正在测试新的网络功能，以适应元宇宙的出现以及 Web3 所实现的价值交换新可能，如通过电子邮件接收二维码、创建网络钱包、领取代金券、优惠的 NFT，等等。为了实现这一目标，这些公司必须依靠 Arianee 的区块链技术。②

3. 互联网平台搭建

《元宇宙：凯捷与 Unity 签署全球合作伙伴关系》（*Métavers*：*Capgemini et Unity signent un partenariat mondial*）一文介绍了凯捷在搭建元宇宙互联网平台方面的努力。2022 年 8 月，凯捷（Capgemini）与创建和运营实时 3D（RT3D）内容的领先平台 Unity（纽交所代码：U）携手，希望能为每个客户提供定制平台。凯捷公司希望解决虚拟世界中的商店、3D 工作环境、培训等等所有与元宇宙相关的问题。为了完善其元宇宙服务产品，该集团已与拥有领先技术的 Unity 公司签署了合作伙伴关系。凯捷公司中负责沉浸式技术的首席技术创新官亚历山大·恩波利（Alexandre Embry）表示："Unity 拥有以多年研发为后盾的关键技术，且在实时 3D 和沉浸式

---

① Ingrid V.（2021/11/17）. ConsenSys，la start-up qui aide à bâtir le futur web 3. 0. *Le Figaro*.

② Ingrid V.（2022/5/10）. NFT，métavers，cryptoactifs：comment société française Arianee ouvre aux marques l'accès au web3. *Le Figaro*.

环境中大规模使用这些技术取得了很大的成功。这足以满足凯捷企业客户在元宇宙中活动和发展的期望。"对于品牌来说，入驻元宇宙是扩大受众并吸引更年轻的"Z世代"的一种方式，他们避开了传统市场环境。亚历山大·恩波利指出，即使元宇宙提供的商业方案在"成熟度和用途上不同"，但是所有行业公司还是对这种方案产生了浓厚的兴趣。如果现在可以访问的是更接近 3D 视频游戏的元宇宙，那么在未来两三年内，它会进一步发展，提供更多的互动和更多的虚拟体验。①

《元宇宙标准的科技行业盟友》(*L'industrie tech s'allie pour les normes du métavers*)一文报道，2022 年 6 月，元宇宙创立了元宇宙标准论坛，形似万维网联盟(W3C)。微软、英伟达等最大的科技集团宣布了这个协会的成立。元宇宙标准论坛的目的是帮助元宇宙的发展建立共同的技术标准。英伟达的副总裁认为，"要使元宇宙取得成功，它必须建立在开放标准之上，就像我们所知道的二维网络一样。"这也是科技集团们试图使得元宇宙平台搭建走向"秩序化""互通化"的努力。②

三、经济学视域下的元宇宙研究

法国学界对元宇宙关注主要几种在经济方面，学者们似乎并没有对元宇宙做深入的哲学思考，而是从一开始就敏锐地觉察到了其中隐含的经济潜能和商业功能。学界主要关注的是 NFT 货币问题、元宇宙中的房地产投资、时尚投资、广告、股票基金和就业问题，其中对 NFT 货币的探讨是重中之重。

（一）NFT 货币

NFT 全称为 Non-Fungible Token，为非同质化通证，在区块链

---

① Elsa B. (2022/8/3). Métavers：Capgemini et Unity signent un partenariat mondial. *Le Figaro*.

② Chloé W. (2022/6/23). L'industrie tech s'allie pour les normes du métavers. *Le Figaro*.

中拥有无不可复制、无法替代的唯一数字标识，用来证明其真实性和所有权，关系到数字资产以及与之相关的权益。按照国内学界的理解，它具有唯一性、稀缺性、不可分割性、可拥有、可转让、可验真的特性。

法国学者认为，NFT背后的运行机制改变了整个经济模式。《"元宇宙有望成为一波数字转型浪潮，甚至比网络、电子商务和优步化的总和还要强大"》（《*Le métavers est attendu comme une vague de la transition numérique plus puissante encore que celles du Web, du commerce électronique et de l'ubérisation réunis*》）一文指出，元宇宙正在推动经济的巨大转型，同样，数字化转型的每一波浪潮都影响了整个经济。我们已经看到，网络重塑媒体，电子商务重塑分销结构，优步重塑出租车，元宇宙的影响会更加深远，因为它改变的是经济本身。众所周知，每一款创新产品都试图在其市场利基（*Niche*）中占据全球垄断地位，然后被创新所超越。例如，智能手机经历了迅速的崛起，随后因触摸屏的出现而衰败。大型科技公司的可持续性就在于源源不断的创新，并且有雄厚的资本支持，这在很大程度上可以解释美国和欧洲之间经济增长率之间的差异。随着元宇宙加速数字化、创新化，经济制度将被彻底改变。其特征是一系列暂时的利基垄断：主导了两个世纪的完全竞争制度将让位于垄断竞争的制度。① 而元宇宙经济不可或缺的组成部分就是NFT。

NFT货币的相关研究可以说法语学界的热点，研究论文数量众多。《这会毁掉它。扎克伯格的元宇宙会毁掉这座建筑吗?》（*Ceci tuera cela. Le métaverse de Zuckerberg va-t-il tuer l'édifice?*）一文提到，自20世纪60年代以来，类似元宇宙的世界一直在幻想文学中出现。而这么多年以来，视频游戏和加密货币的兴起已经改变了整个

---

① Le Monde（Tribune）.《Le métavers est attendu comme une vague de la transition numérique plus puissante encore que celles du Web, du commerce électronique et de l'ubérisation réunis》. *Le Monde*.

社会和经济格局。① 名为《尽管 Diem 失败了，但 Meta 带着其他虚拟货币回归》（*Malgré l'échec de Diem，Meta revient avec d'autres monnaies virtuelles*）的报道指出了 Meta 在元宇宙虚拟货币方面的野心。Meta 不得不放弃其 Diem 加密货币项目，但并没有完全削弱它在金融方面的雄心壮志。英国《金融时报》已经详细披露了这家社交媒体巨头推出虚拟货币的工作文件。由于金融监管机构的反对，这种虚拟货币不会成为加密货币，而是更像视频游戏领域流通的货币，但必须用欧元购买，类似网络游戏《堡垒之夜》中的 V-bucks。Meta 还有计划用"代币"（Token）奖励其最活跃的用户，并允许一些 Instagram 上的网红创建自己的虚构货币。然而这些虚拟货币的用途目前还不是很清楚，但面对来自抖音（TikTok）等其他社交网络平台的激烈竞争，这可能是 Meta 留住用户和网红们的一种方式。② 这些文章充分表明，拥有一个属于自己的经济系统对元宇宙来说不可或缺，并且还需要特定的方法来让它保持活力。将现实世界中的经济系统运用在元宇宙世界，绝对不能是单纯的复刻和嫁接，而要保证每个经济单元的价值。此外，数字加密货币也是不可或缺的。

《40 个问题中的 NFTs-理解 Non Fungible Tokens 清晰且详细的答案，》（*Les NFT en* 40 *questions-Des réponses claires et détaillées pour comprendre les Non Fungible Tokens*）一书详尽地介绍了 NFT 领域的各种问题。该书指出，NFT 于 2017 年首次推出，在 2021 年价值达到了几百万欧元，并影响了从时尚到赌马、艺术和体育等多个领域。该书解释了 NFT 是如何工作的，并以简单的方式介绍其具体特征。例如，什么是智能合约？第一批 NFT 是什么？什么是可替代的和不可替代的代币？NFTs 是如何革新财产所有权的？用 NFT 可以买入或卖出什么？NFT 在艺术中是如何使用的？以太坊上的 NFT 的

① Tournay, V. (2022). Ceci tuera cela. Le métaverse de Zuckerberg va-t-il tuer l'édifice? *Humanisme*, 335, 61-64. https：//doi. org/10. 3917/huma. 335. 0061

② Chloé W. (2022/4/7). *Malgré l'échec de Diem，Meta revient avec d'autres monnaies virtuelles. Le Figaro.*

ERC-721 标准是什么？等等问题。① 在区块链上，数字加密货币分为加密货币代币（GOC）和代币（Token）两大类，而代币（Token）又分为同质化和非同质化两类。NFT 即为非同质化的代币，是唯一且不可拆分，就如同人民币的每一张编号都是独一无二的。这就是 NFT 的关键创新之处，能够让元宇宙的用户获得标记自己原生数字资产的方式。因此，NFT 也就成了区块链和元宇宙经济的最新发展方向。

《NFT：阿蟹（Axie Infinity），价值 30 亿美元的视频游戏》（*NFT：Axie Infinity，le jeu vidéo qui valait 3 milliards de dollars*）一文介绍了《阿蟹》这款类似于神奇宝贝的越南游戏。这款游戏的模式是玩家收集可爱的虚拟生物并让它们参与战斗，使它们变得更加强大。乍一看，《阿蟹》很像日本神奇宝贝，但之所以它的发明者能够从硅谷最负盛名的基金安德里森霍洛维茨（Andreessen Horowitz）处筹集到 1.5 亿美元，而且自身身价达到 30 亿美元，是因为它的游戏模式其实是 NFT 的经济运行方式。在《阿蟹》中，每个生物都是独一无二的，是一个 NFT，一个由以太坊区块链支持的数字对象，可以转售为加密货币。换句话说，玩家们拥有了自己的虚拟生物，通过练级来提升他们的战斗力。战斗力越高，虚拟生物的价值就会越大。最强大的虚拟生物可以在《阿蟹》发明者的初创公司平台上卖出数万欧元的高价。②《从加密猫到艺术家 Beeple：NFT 的疯狂》一文也指出：2021 年，是加密资产的疯狂之年。收藏家和投机者对这些"不可替代代币"的市场展现出了狂热的兴趣，其中一些在最大的拍卖行中拍出数百万美元的高价。由于 NFT 具有"不可替代"性，意味着这种数字资产不可互换，不像比特币，一个代币可以换为另一个代币。作为数据文件，每个 NFT 都可以安全地买

① Dumas, J., Lafourcade, P., Roudeix, E., Tichit, A., Varrette, S. (2022). *Les NFTs en 40 questions：Des réponses claires et détaillées pour comprendre les Non Fungible Tokens*. Armand Colin.

② Chloé W.（2021/10/10）. NFT：Axie Infinity, le jeu vidéo qui valait 3 milliards de dollars. *Le Figaro*.

卖，就像艺术品将在现实世界中出售并带有经过认证的艺术家签名或有限的序列号一样。正是区块链技术，使得在虚拟世界中对数字资产拥有所有权和价值交换的概念成为可能。该文宣告，数字文件可以被无限复制、粘贴的 Web 2.0 时代已经一去不复返了，Web 3.0 时代已经开始。① 这足可见 NFT 对人们的吸引力。

《数字化无处不在！总统竞选除外》(Le numérique est partout！Sauf dans la campagne présidentielle)一文甚至展示了 NFT 对政界的影响力。2022 年 2 月，总统候选人埃里克·泽默(Éric Zemmour)在与初创公司 Ledger 首席执行官帕斯卡尔·高蒂尔(Pascal Gauthier)会面后，制定了四项加速法国加密货币发展的提案，随后在他的网站上发布了其数字战略的主要策略。这是总统竞选中为数不多的致力于数字货币发展的时刻之一。② 《他不想告诉我他赚了多少钱，他害怕我们会停发零花钱"：加密玩家的祖先》(《Il ne veut pas me dire combien il a gagné，il a peur qu'on arrête l'argent de poche》：les géniteurs des cryptojoueurs)一文则着眼于 NFT 对年轻一代的生活产生的影响，采访了老一辈人对年轻一代投资 NFT 的想法。因为此前投资比特币的那一批人的孩子们开始投资元宇宙时，整个情况都发生了改变，然而，老一辈人觉得炒 NFT 还不如在网上玩玩扑克，他们思考的是炒 NFT 有可能成为意象严肃的经济活动么？老一辈人坦言，孩子并不想告诉父母转了多少钱，尽管他购买 NFT，但却并不交易。父母最大的担心是这种谋生的方式诱惑力太大，有点类似于赌博。父辈坦言，尽管 NFT 货币在 Instagram 上看起来不错，但这和赢得十次赌球并无二致。有家长认为，"在我生命中的这个阶段，有些事情我不想做，比如加密货币和 NFT。""我在银行工作，但当我的儿子告诉我这件事(他在炒 NFT)时，我感到太叫怕

---

① Ingrid V.（2021/8/2）. Des CryptoKitties à l'artiste Beeple，la folie des NFT. *Le Figaro*.

② Benjamin F.（2022/2/21）. Le numérique est partout！Sauf dans la campagne présidentielle. *Le Figaro*.

了。"①这一项研究可以看到两代人对 NFT 的不同认识，这既是代沟问题，也是对经济模式认识的差异。

法国学界认为，NFT 已经渗透进人们生活的方方面面，尤其是艺术界。《克林姆"吻"的 NFT 虚拟碎片，售价 300 万欧元》(*Le Baiser de Klimt dispersé façon puzzle en NFT pour 3 millions d'euros*)一文报道了维也纳丽城博物馆(Belvedere Museum)出售了 10，000 件《吻》的虚拟碎片，当然，买家不会拿到《吻》的原件。这标志着 NFT 的兴起为博物馆的另一种选择铺平了道路：向收藏家出售《吻》的虚拟碎片。该博物馆馆长斯特拉·罗利格在 2 月 14 日的一份声明中说，"丽城进入'元宇宙'的第一步是一个巨大的成功"。这 10000 件 NFT 虚拟碎片都有不可伪造的真实性证书。但是，博物馆没有提供简单的官方数字复制品，而是试图向《吻》的镀金、拜占庭和东正教马赛克致敬。因此，每个 NFT 都是一个独特的小方块，像拼图一样散布在数千个虚拟镶嵌物中。每件克里姆之《吻》的虚拟"件"价格约为 1850 欧元(0.65 ETH)。这个数值可能并不精确，因为与 NFT 一样，任何交易都是通过区块链的虚拟环境(以太坊)进行的，加密货币也使用该技术，保证了交易所的绝对透明度。在交易过程中，买家获得的每个 NFT 都是从作品的 100x100 的网格中随机选择的。博物馆的财务总监沃尔夫冈·伯格曼认为，"世界各地的媒体、利益相关者和收藏家表现出的极大兴趣证实了我们进军 NFT 领域之决定的正确"。该机构还表示，剩余的 NFT 将继续出售。事实上，丽城并不是第一个进军 NFT 的欧洲主要博物馆，去年，佛罗伦萨的乌菲兹美术馆出售了米开朗基罗《圣家庭与圣约翰》(Tondo Doni)的 NFT 版本。其他意大利博物馆，如威尼斯学院画廊、米兰安布罗西亚美术馆，等等，也屈服于这项新技术。就连大英博物馆也在去年出售了日本版画大师北斋的 NFT

---

① Guillemette F.（2022/1/14）.《Il ne veut pas me dire combien il a gagné，il a peur qu'on arrête l'argent de poche》：les géniteurs des cryptojoueurs. *Le Monde*.

版本。①

在《"NFT，这些预示着虚拟革命的新工具"》《Les NFT, ces nouveaux outils qui annoncent une révolution virtuelle》一文中则更深入地讨论了 NFT 给艺术界带来的新变化。文章认为，NFT 的日益成功会重新定义我们与市场、收藏品之间的关系。对律师来说，这些数字资产也将撼动我们社会的固有结构，即使它们目前还不是公众日常生活的一部分。"现代"收藏家不再收集神奇宝贝卡或邮票，而是寻找"虚拟碎片"，更准确地说是数字文件。甚至艺术收藏家也正在进军这个现在被称为"数字艺术"或"加密艺术"的虚拟世界。NFT 最初的目的是保护互联网上的数字化艺术作品，以防它们被抄袭。然而，它们现在成了市场上可买卖的商品，它们像其他商品一样被整合到经济的运行中。被"数字化"后，这些稀有而独特的收藏品，将会得到真品和所有权证书。这种虚拟艺术的存在方式，必然将吸引越来越多寻求巨额利润的投机者。② 但是文章也提到，NFT 在艺术文化领域的大放异彩也带来了很多问题。NFT 市场将会汇集越来越巨大的资金吗，但目前还没有完全适合 NFT 的税收制度，这使 NFT 的相关交易有着很高的诉讼风险。虽然乍一看将 NFT 与数字资产的税收制度联系起来似乎是合乎逻辑的，但其中的情况更为复杂，不能单纯地挪用。例如，艺术品的税收制度如何应用于 NFT? 由于数字商品方面的法律仍不健全，因此很难给出一个确定的答案。如果将 NFT 视为"无形动产"，类似于加密货币的加密资产，也可能会出现问题。知识产权领域也出现了同样的问题。作品各项权利的转让边界显得十分模糊，因此产生了不确定性和风险。在这个关注能源危机和绿色生态的时代，NFT 的"建造"特别耗能，因此会非常昂贵，因此，建立"绿色"的区块链（如 Wax 或 The Merge）也成了当务之急，这些项目应该可以降低 NFT 的能

---

① Simon C.（2022/2/22）. Le Baiser de Klimt dispersé façon puzzle en NFT pour 3 millions d'euros. *Le Figaro*.

② Laure-Alice B.（2022/9/7）.《Les NFT, ces nouveaux outils qui annoncent une révolution virtuelle》. *Le Figaro*.

源成本。①

在与艺术相关的商业领域中，有些产业也试图跟上 Web3.0 的步伐，尤其是拍卖行和游戏行业。一篇名为《NFT 和元宇宙：苏富比走向数字化》(*NFT et métavers：Sotheby's se met au numérique*)的文章详细介绍了拍卖行的"NFT 创举"。苏富比拍卖行(Sotheby)推出了名为"苏富比元宇宙"(Sotheby's Metaverse)的专用平台。苏富比的这一转型非常符合时代潮流，因为买家们对"数字物品"展现出"绝对且巨大"的兴趣。根据苏富比拍卖行的老板查尔斯·斯图尔特(Charles F. Stewart)的说法，在经历了 2020 年的新冠之后，苏富比在 2021 年达到了其历史上最高的销售额，即 73 亿美元，这要归功于新买家，尤其是亚洲买家。在苏富比的资产负债表中，NFT 的份额不大(1 亿)，但却标志着拍卖行进军新的领域。② 另一篇名为《苏富比打造 NFT 销售平台和活动》(*Sotheby's crée une plateforme et un événement de vente de NFT*)的文章也密切关注了苏富比拍卖行进军 NFT 的创举。拍卖行苏富比宣布要创立一个为 NFT 收藏家保留的数字空间，现在每两年出售一次数字产品，这表明它希望长期拍卖 NFT 相关数字藏品。在新冠的背景下，图像、视频、推文、计算机程序、NFT 以及 NFT 相关的真实性证书在 2020—2021 年推动了当代艺术的发展。根据 Artprice 于 10 月初发布的年度报告，它们现在占全球艺术市场份额的 2%。但一年前，它们还鲜为人知。而现在，数字藏品在佳士得(Christie's)拍卖会上打破了记录，美国艺术家 Beeple 的全数字作品在 3 月份以 6930 万美元的价格售出。在此背景下，苏富比才宣布推出"数字艺术收藏家专用平台"，即"苏富比元宇宙"。苏富比在一份声明中说，买家将能够使用"由著名加密设计师 Pak 设计的头像"来创建个人资料，并且可以用法定

---

① Laure-Alice B. (2022/9/7).《Les NFT, ces nouveaux outils qui annoncent une révolution virtuelle》. *Le Figaro*.

② Le Figaro avec AFP. 2022/3/6. NFT et métavers：Sotheby's se met au numérique. *Le Figaro*.

货币或某些加密货币（以太币、比特币、USDC）付款。①

游戏产业也试图赶上这一风口。文章《NFT：育碧推出石英平台，最近受网民欢迎》（*NFT：Ubisoft lance la plate-forme Quartz, fraîchement accueillie par les internautes*）介绍，12 月 7 日星期二，育碧宣布推出 Quartz，这是一个用于获取 NFT 的平台，于 2019 年发布游戏《幽灵行动：断点》。但是，该公告一经发布，YouTube 上就出现了大量的负面评论。因为该公司从 12 月 9 日起面向 PC 游戏玩家提供 NFT，其中囊括了法国等九个国家和地区的游戏玩家。这些 NFT 是数量有限的数字物品。第一个物品是一挺机枪，而后育碧将会推出头盔和裤子。每个 NFT 都有自己的序列号，所有玩家都可以看到，并将在未来几年展示其当前所有者以及所有以前的所有者。之所以能够做到这一点，要归功于基于"区块链"技术的所有权证书（此处为 Tezos 区块链），这是一个不可被入侵、篡改的系统，也可用于验证加密货币交易。事实上，这些装饰性物品在游戏中没有特别的作用（例如，NFT 步枪不会比另一支步枪更强大），但却可以转售。即使育碧几年来一直想要键入 NFT 市场（例如，它在 3 月与初创公司 Sorare 一起推出了 OneShot 联赛），但这一公告还是让许多玩家感到不满。互联网用户最为担心的是 NFT 在游戏中可能引发投机行为，这些投机行为在艺术市场上已经出现了。例如，在元宇宙沙盒游戏（*The Sandbox*）中创建的数字游艇于 2021 年 11 月底以 149 以太币的价格出售，所谓以太币是一种基于以太坊区块链的加密货币，总金额相当于 56 万欧元。此外，由于区块链技术需要强大的计算能力来验证交易，因此需要耗费大量的电力，不少用户在担心育碧公布的这些新 NFT 的环境成本。②

（二）房地产投资

在各个元宇宙中，虚拟房地产经济已经形成了一定规模。2022

---

① Le Figaro avec AFP. 2021/10/14. Sotheby's crée une plateforme et un événement de vente de NFT. *Le Figaro*.

② Le Monde. 2021/12/09. NFT：Ubisoft lance la plate-forme Quartz, fraîchement accueillie par les internautes. *Le Monde*.

年 8 月，一篇题为《"最终幻想 XIV"虚拟世界中无尽的房产危机》（*L'interminable crise immobilière du monde virtuel de 《Final Fantasy XIV》*）介绍了这款游戏中的房地产危机。这是世界上最受欢迎的在线角色扮演游戏之一，游戏中的用户多年来受到建筑用地短缺的困扰。这种现象也影响着其他虚拟宇宙。2017 年，Synahel 收到了一笔房地产买卖的小道消息，有个朋友想要出售自己的土地，她以低价买进高价卖出。通过二手房买卖获得了一笔资金，几个月后，她用这笔钱购置了自己的土地，搬到位于久金市（《最终幻想》中的城市名）一个著名的住宅区。近年来，史克威尔·艾尼克斯的游戏，即"最终幻想 XIV"在 MMORPG（大型多人在线角色扮演游戏）世界中赢得了良好的声誉。用户可以跟随精妙故事情节进行冒险，与队友一起作为一个团队面对神话般的怪物，使用先进的工艺制作高级武器，并维护个人家前的花园。这也将现实世界中的房地产问题带入了虚拟世界中。①

除了游戏中的炒地，最突出的问题便是如现实生活一般的"炒房"。一篇名为《如何在元宇宙中建立房地产财富（或帝国）》（*Comment se bâtir un patrimoine（ou un empire）immobilier dans les métavers*）的文章详细介绍了当下有一些买家在元宇宙中悄悄建立了自己的"房地产帝国"，并表达了作者的忧虑。作者质疑，虚拟世界在以后是否会成为投资者的乐园，当这些新的虚拟市场上的交易增加时，由于虚拟现实的技术，它提供了身临其境的体验，使元宇宙中的土地成为可能。作者担心的是，或许在不久的将来，元宇宙中就会建立起新的房地产帝国。鉴于现在已经有许多元宇宙在限量买卖土地，这一担忧有极大的可能会成为现实。②

(三)时尚投资

元宇宙也吸引了众多时尚业从业人士的投资。《首届"元宇宙

① Florian R. （2022/8/19）. L'interminable crise immobilière du monde virtuel de《Final Fantasy XIV》. *Le Monde*.

② Audrey T. （2022/3/10）. Comment se bâtir un patrimoine（ou un empire）immobilier dans les métavers. Le Figaro.

时装周"的半失败》（Le semi-flop de la première《Metaverse Fashion Week》）和《去中心化的元宇宙时装周、Maison Labiche 与蝙蝠侠联名……女性的绝对需要》（*La Metaverse Fashion Week à Decentraland, les broderies Maison Labiche x The Batman…L'Impératif Madame*）①两篇文章都在介绍第一届"元宇宙时装周"的状况。尽管这不是第一次举办数字时装秀，但却从未有平台举办过大型时装周。首届"元宇宙时装周"在虚拟世界 Decentraland 上举办，该平台于 3 月 24 日至 27 日展示了菲利普·普莱因（*Philipp Plein*）、杜嘉班纳（*Dolce & Gabbana*）的走秀以及其他各种虚拟品牌的时装。在首届"元宇宙时装周"开幕之际，许多虚拟角色在 UNXD 奢侈品区集合碰面，该区在元宇宙平台 Decentraland 上刚刚开放，是巴黎蒙田大道 50 号（50 *Avenue Montaigne*）的数字复制版本。由于互联网连接不够稳定，该奢侈品区显得略为像素化。作者在文中提出了自己的思考：我们究竟是该在元宇宙中复制时装秀还是在商店购物的体验？在时装周开幕式中，第一个亮相的是杜嘉班纳。这场虚拟表演的形式与经典时装周或多或少有些相似：一个 8 形状的梯台、看台上热情的观众。② 虽然因为元宇宙平台尚不完善，使得这场时装秀几乎失败，但它迈出了第一步。这或许是未来"数字时尚"和"数字时尚投资"的开端。《当设计注入元宇宙》（*Quand le design verse dans le métavers*）一文也介绍了设计与元宇宙融合的未来。③

　　更多的时尚大牌也嗅到了元宇宙的潜力。《奢华头像、身临其境的时装秀：如果元宇宙是时尚的未来会怎样？》（Avatars de luxe, défilés immersifs：et si le métavers était l'avenir de la mode？）一文便详尽介绍了时尚界的"数字虚拟未来"。该文作者指出，2021 年年底以来，世界已经发生了改变。更准确地说，是 10 月 28 日马克·扎

　　① 　Alexander P.（2022/03/25）. La Metaverse Fashion Week à Decentraland, les broderies Maison Labiche x The Batman…L'Impératif Madame. *Madame Figaro.*

　　② 　Matthieu Morgan Z.（2022/3/28）. Le semi-flop de la première《Metaverse Fashion Week》. *Le Figaro.*

　　③ 　Véronique L.（2022/5/11）. Quand le design verse dans le métavers. *Le Figaro.*

克伯格宣布 Facebook、Instagram、WhatsApp 和 Messenger 的母公司更名为"Meta"以来。根据摩根士丹利的一项研究，到 2030 年，元宇宙甚至可能占据奢侈品市场的 10%，即 500 亿美元。由于新冠，消费者的购物习惯发生了巨大的改变，时尚品牌探索的新市场和新战略布局将面向元宇宙。每个消费者、每个品牌都在参与这股"数字时尚"的潮流，一些公司甚至设置了"首席元宇宙官"的职位。这股风潮展现为两种形式：要么提供数字时装，可供消费者在线购买，打扮其在社交网络上的虚拟自我（Republiqe、The Dematerialised、This Outfit Not Exist、Zero10 和 DressX 等品牌均有涉猎），要么与游戏平台合作，直接通过游戏来投资元宇宙并提供"虚拟体验"。最大的奢侈品牌就在追逐这股风潮。早在 2019 年，路易·威登（Louis Vitton）就生产了签名版尼古拉斯·盖斯奎尔的数字作品，供消费者在英雄联盟游戏中装饰他们的头像。2020 年，马克·雅各布斯（Marc Jacobs）受邀加入《动物之森》，路铂廷（Christian Louboutin）受邀加入韩国社交游戏应用 Zepeto。2021 年，巴黎世家（Balenciaga）投资了著名的游戏《堡垒之夜》，而古驰（Gucci）则让用户在罗布乐思上参观身临其境的"古驰花园"。至于香奈儿（Chanel），在 2021 年底与编舞家布兰卡·李（Blanca Li）合作，举办一场虚拟的，但却极其逼真的舞蹈表演《巴黎的芭蕾舞》。通过虚拟现实耳机提供的独特感官体验，观众们可以在其中选择自己喜欢的香奈儿服装。

Al Dente 是一家为奢侈品牌定制元宇宙战略的机构，其创始人兼总裁 Patrizio Miceli 证实了这股浪潮的不可阻挡。他坦言从品牌们身上感受到了一种兴奋感和紧迫感。对于奢侈品牌来说，元宇宙能够带领人们领略品牌的故事，部署一个属于它们的宇宙，体验新鲜的世界，在娱乐的同时产生消费。这不是单纯的复制已经存在的奢侈生活方式，也不是复制现实或逃离现实，而是放大这些既有的存在之物，从而建立一座桥梁。这股浪潮将是巨大的，甚至比 Instagram 和 TikTok 还要凶猛。这是电子商务的新圣殿。

2021 年 10 月，一款名为"玻璃西装"的杜嘉班纳数字礼服被疯抢，最终成交价超过 100 万美元，创下了纪录。九件"Collezione

Genesi"（两件衣服，三件夹克，一套西装，两顶皇冠和一个头饰）总共被拍到 600 多万美元。时尚既是虚拟的，也是现实的——抢购到这些数字作品的幸运买家有权在公司的米兰工作室获得量身定制的"真实"版本。作为奖励，还有权参加该品牌一年内的高级定制活动。对于 Patrizio Miceli 来说，他们的潜在客户就是那些在加密货币中发财并投资元宇宙的人。

同时，作者还分析了人们在元宇宙中不惜砸下重金购买虚拟奢侈品背后的心理。去年，古驰的虚拟包在虚拟世界中的交易价格甚至高于现实世界，卖出 350000 Robux（罗布乐思的货币，总计相当于 4115 美元），几乎是实物的十倍。那么，为什么要在虚拟世界中购买数字古驰包呢？因为数字奢侈品像艺术品一样以 NFT 模式存在。得益于区块链技术，它们是独一无二的、可追溯的且防篡改的。当客户购买 NFT 认证的数字奢侈品时，他们大多购买的是"排他性"，也可以说是一张通往元宇宙 VIP 俱乐部的门票。心理学家和精神分析师迈克尔·斯托拉（Michael Stora）指出，"元宇宙将放大人们'无论（穿上奢侈品的）体验如何，重要的是炫耀'的心态"。①

（四）广告投资

广告商们也瞄准了元宇宙巨大的潜在市场。元宇宙的出现，给本就深受互联网模式影响的广告行业带来了更深层次的改变。《元宇宙有望彻底改变广告》（*Le métavers promet de révolutionner la publicité*）一文中详细探讨了元宇宙对广告行业的影响。随着元宇宙的兴起，广告行业告别了传统的模式。Havas Play 总裁 Stéphane Guerry 深切认同这一点，他们指出，尽管这个改变才刚刚开始。电视和广播节目插入广告中断节目的行为会给观众制造挫败感，而元宇宙中的品牌则通过向玩家赠送礼物或让观众优先观看虚拟音乐会来进一步增强游戏体验。麦肯锡对于元宇宙影响下的广告业前景很乐观，其在 6 月发表的一项研究中认为，"到 2030 年，元宇宙可以

① Séverine P，（2022/2/27）. Avatars de luxe, défilés immersifs: et si le métavers était l'avenir de la mode? . *Madame Figaro*.

为广告市场带来 1440 亿至 2060 亿美元的收益"。但是，在没有受众措施和监督的情况下，元宇宙目前几乎没有广告收入。但是，广告商们仍然信心十足，并对其后的营销方案了然于胸。①《虚拟现实：欧洲在元宇宙之战中努力武装自己》(*Réalité virtuelle：l'Europe peine à s'armer dans la bataille du métavers*)同样看好元宇宙中的广告业前景。广告也将成为元宇宙景观的一部分。麦肯锡预测，2030年末，元宇宙的使用者可能达到 10 亿。在全球范围内他们的年度经济潜力可能会创造高达 5 万亿美元的收入——相当于当今世界第三大经济体日本一年的收入。而在五到八年内为元宇宙客户提供元宇宙顾问服务或其他更现实的研究预测，年销售额或可达到数千亿美元。② 在云储存、人工智能和区块链之后，沉浸式虚拟现实讲师冉冉生起的又一颗新星。

（五）股票、基金投资

元宇宙的出现引发了股票、基金投资者们极大的投资热情。一篇名为《利用元宇宙潜能在股票市场上获利的方案》(*Les solutions pour profiter du potentiel du métavers en Bourse*)的文章指出，投资者们对元宇宙有很大兴趣。对许多专家来说，这就是互联网的未来。Mirabaud 的投资顾问约翰·普拉萨(John Plassard)证实"(元宇宙的)潜力是巨大的"，而且据花旗银行分析师称，"到 2030 年，元宇宙市场的价值可能在 8 万至 1.3 万亿美元之间，全球用户总数约为 50 亿。摩根士丹利和高盛公司估计，这个新生市场仅在美国就有 8300 亿美元的潜在消费支出总额，而在全球有 12 万亿美元。"③ 这足以说明股票、基金市场对元宇宙的投资热情。

在"元宇宙"的概念被 Facebook 重新提出后，不少公司都对这一新兴领域进行了注资。最引人注目的便是马克·扎克伯格对该领

① Véronique R, (2022/7/10). Le métavers promet de révolutionner la publicité. Le Monde.

② Charles de L, (2022/11/26). l'Europe peine à s'armer dans la bataille du métavers. *Le Monde*

③ Hervé R. (2022/4/29). Les solutions pour profiter du potentiel du métavers en Bourse. *Le Figaro.*

域的投注。因为元宇宙的投资计划，将使该集团在 2021 年的营业收入减少约 100 亿美元。① 《Worldline 投资于 Metaverse》（Worldline investit le Metaverse）介绍，Worldline 是该领域首批进入元宇宙的公司之一，拥有专门的虚拟展厅。除了推出这个展厅，Worldline 还将继续投资开发和分销与元宇宙相关的新产品，这些产品专为满足希望在虚拟现实世界中发展的商家的需求而设计。②

其后，更多的公司加入了这股"投资热"。2022 年 8 月，景顺（Invesco）宣布推出景顺元宇宙（Invesco Metaverse）基金。它是一个为投资者提供元宇宙增长机会的主动管理型股票基金。景顺元宇宙基金投资于元界价值链中的大、中、小盘股公司，其中包括许多不同但相互依存的行业，这些行业有助于创造、促进或利用沉浸式虚拟世界的增长。景顺投资组合经理托尼·罗伯茨（Tony Roberts）表示："据估计，到 2030 年，虚拟现实和增强现实可以在全球经济中产生 16000 亿欧元。"虽然人们越来越了解的可能只是元宇宙在娱乐中的应用，但它所实现的互联性可能会对医疗保健、物流、教育和体育等多个行业产生变革性影响。③ 其影响领域的广泛性也是元宇宙甫一开股便受到股票与基金青睐、看好的原因。

（六）旅游、医学领域

许多研究者还注意到，元宇宙或将给旅游领域带来巨大的变化。旅游行业的从业者纷纷展望全新的"虚拟旅游"前景。《旅行可以 100% 虚拟吗？旅游业如何押注元宇宙》（Un voyage peut-il être 100% virtuel? Comment le tourisme tente de miser sur le métavers）一文便进行了美好的畅想：游客们带上 VR 眼镜，太阳神庙，农业梯田，贵族区，秃鹰神庙……一切都能呈现。甚至还有负责带领一群"虚拟游客"的导游。此外，游客们还可以实现瞬移。只需切换场景，

---

① AOF（Agence Option Finance）.（2022/11/26）. Facebook：importants investissements dans le métaverse et 50 miliards de rachat d'actions. Le Figaro.

② AOF（Agence Option Finance）.（2022/11/25）. Worldline investit le Metaverse. Le Figaro.

③ AOF（Agence Option Finance）.（2022/8/22）. Invesco lance le fonds Invesco Metaverse. Le Figaro.

就可以瞬移至千里之外的英国中世纪城堡。① 元宇宙让这一切都成为可能

元宇宙同样引发了医疗工作者的兴趣。《元宇宙：制作数字化副本以更好地照顾病人》(Métavers：des doubles numérisés pour mieux soigner les malades)一文介绍，元宇宙的兴起伴随着化身的兴起，而化身就是个人的理想化副本。医学领域使用的数字孪生是患者的完美替身。医学的数字化涉及患者的数字化，更具体地说，是将器官数字化。费德里科二世大学(那不勒斯)的研究人员在一份报告中解释道："数字孪生在健康领域的使用正在彻底改变临床干预，住院管理"，数字孪生的应用可以增进治疗和医疗随访的效率。例如，患者心脏的数字孪生可以立即受到可视化干预。②

(七)就业市场

元宇宙或将制造巨大的就业市场。马克·扎克伯此前格承诺，将在五年内在欧洲创造 10000 个工作岗位以发展元宇宙，并赚回为这场新的互联网革命投入的 100 亿欧元。③ 这也引得许多公司关注元宇宙或将给就业市场带来的改变，并热情投身于这一创新举动中。《为什么招聘人员已经对元宇宙感兴趣》(*Pourquoi le métavers intéresse déjà les recruteurs*)一文介绍：《世界报》记者安妮·罗迪尔(Anne Rodier)在专栏中表示，雇主正在投资新的招聘"渠道"，包括旨在吸引年轻"数据分析师"或"数据科学家"的元宇宙。家乐福已经于 2 月购置了 8 公顷的虚拟土地，用于在 2026 年之前招募 3000 名数据科学家和数据分析师。同时，为了达成这一目标，家乐福还在一个名为"VR Academy"的"企业元宇宙"中租用了一块地，有点像它以前在凡尔赛门展厅租用几个摊位。总裁兼首席执行官官亚历山大·邦帕德(Alexandre Bompard)于 5 月 18 日在推特上

---

① Pierre M.（2022/3/30）. Un voyage peut-il être 100% virtuel? Comment le tourisme tente de miser sur le métavers. Le Figaro.

② Elsa B.（2022/1/12）. Métavers：des doubles numérisés pour mieux soigner les malades. Le Figaro.

③ Séverin G.（2022/4/13）. Avatars, campus virtuels et nouveaux métiers：le métavers, un nouveau marché pour les grandes écoles. Le Monde.

发布了元宇宙招聘活动的第一篇推文。同一天，劳动部的统计和研究表明，岗位空缺数量再次增加 8%，第一季度共有 368，100 个职位没有应聘人。失业率达到了 2008 年以来的最低水平，为 7.3%。不论是因为没有人应聘还是因为其他原因，公司进驻元宇宙确实是为了吸引"年轻的候选人数据分析师和数据科学家"，亚历山大·邦帕德利用元宇宙中"有趣的头像"，成功吸引到大约四十名学生投递简历，其中有十几名学生继续了元宇宙之外，即现实生活中的招聘程序。家乐福的实验象征着大型雇主对这种技术创新的兴趣。临时就业部门也处在创新的前沿，只是他们更多是在实验，通过在元宇宙沙盒中建立了一个机构，员工通过他的头像连接、进入机构并与招聘人员会面。①

也有其他公司为了适应即将到来的"元宇宙未来"而加入虚拟世界的"招聘置业大军"。例如，保险公司 Axa 收购了一块元宇宙"土地"，以熟悉这个新的虚拟世界，衡量其中的商业机会，并为公司未来的招聘计划塑造自己的"技术"形象。该公司的首席执行官 Patrick Cohen 认为，这个过程对公司来说是一种学习和理解。"②

四、法学视域下的元宇宙研究

当研究视角转入社会领域，会发现元宇宙的存在已经在不同程度上改变了人们的生活方式和习惯，它改变了个体在现实社会中的生存境况，也挑战了法律和伦理的界限，迫使专业人士对新问题作出回应。

（一）成瘾化风险与原子化危机

目前，法国学界的许多讨论都集中于元宇宙可能会加剧个人的原子化。如《Julia de Funès 和 Nathalie Collin 对谈："如何在保持自

---

① Anne R. （2022/6/1）. Le métavers compte son premier SDF, incarnation visible des invisibles. Le Monde.

② Le Figaro avec AFP. （2022/2/18）. Axa fait un premier pas dans le métavers. Le Figaro.

我的同时改变自己?"》(*Julia de Funès et Nathalie Collin*:《*Comment se transformer en restant soi*?》)深入讨论以元宇宙为代表的技术进步和新冠对我们与时间、工作、他人和自己的关系的双重冲击。又如《医学和人性,元宇宙的考古学和场景:》(Médiologie et humanité. Archéologie et scénario du métavers:théorie des médias et avenir des langages numériques)基于马扎克伯格提出的 Meta 虚拟宇宙,回顾了瓦尔特·本雅明媒体理论所涉及的主要问题,特别对摄影和电影艺术作用的直觉感知。由此,根据当代数字环境的变化论证媒介学和人类之间的关系。①《数字化未来会实现吗?》(*Le futur du numérique sera-t-il incarné*?)也提到,国家卫生安全局(ANSES)于 2021 年 6 月发布的一份专家联合报告集体警告不要接触这些沉浸式技术。它特别描述了存在于元宇宙中的成瘾和去社会化的风险。②

《元宇宙有了第一个无家可归的人,不可见的可见化身》(*Le métavers compte son premier SDF*,*incarnation visible des invisibles*)写到一个名叫威尔的"数字"流浪汉自 3 月底以来一直在一个元宇宙中四处游荡。这一行为的目标是,唤起元宇宙用户思考现实生活中人与人之间交往的重要性。该项目由 Entourage(一个保护孤立的人的协会)和通信机构 TBWA \ Paris 合作完成。这一想法聚焦社会中一个明显的悖论,正如 Entourage 在其新闻稿中所言,"我们从未如此紧密地联系在一起,但从未如此孤立地躲在屏幕后面。随着元宇宙的发展,这个虚拟和身临其境的世界,被认为是互联网的未来。它在我们生活中的出现,可能会导致这个悖论更加突出。"今天,法国有近 30 万无家可归者,但被社交网络原子化的个体不仅限于这个数字。"有多少人每个月只有一次对话或社交互动?"TBWA 客户服务和营销总监弗雷德里克·雅卡德(Frédéric Jacquard)说,"我认

① Bovalino, G. & Guglielmo, S. (2021). Médiologie et humanité. Archéologie et scénario du métavers:théorie des médias et avenir des langages numériques. Sociétés, 154, 153-165. https://doi. org/10. 3917/soc. 154. 0153

② Cabannes, V. (2022). Le futur du numérique sera-t-il incarné?. Esprit, -A, 117-125. https://doi. org/10. 3917/espri. 2207. 0117

识一个无家可归的人，他的帐篷靠近一家提供免费 WiFi 的药房。结果，他整天都沉浸在游戏中，不与任何人说任何一句话。对他来说，这仿佛是对现实的逃避。"因此，根据 Entourage 协会的联合创始人让-马克·波特文（Jean-Marc Potdevin）的说法，威尔是"被无视的可见化身"。该角色是被原子化、被孤立的人群代言人，根据 Entourage 工作人员的说法，在法国，这样的人有六百万。因此，波特文试图在 Entourage 初创时定义什么是积极的技术，他的想法引起了广泛的热议。公众也发现元宇宙中存在着虐待和暴力。根据弗雷德里克·雅卡德的说法，2022 年 3 月，每天有 2 万用户活跃在元宇宙中。目前有一百个平台声称自己是元宇宙，其中有不少还处于实验阶段。威尔在平台唯一支付的费用就是虚拟衣服的 15 欧元。这笔费用与 Decentraland 或沙盒（The Sandbox）平台上的其他用户的投入相去甚远。用户中不少人花一大笔钱买一栋别墅，只是为了成为名人的虚拟邻居。就像人们在现实世界中为一艘游艇支付 65 万美元一样。在举办致力于支持初创企业和新技术的欧洲活动 VivaTech 之际，这位处在虚拟世界但却无家可归的威尔推动了围绕元宇宙的讨论。①

（二）性侵害问题

元宇宙能够让人身临其境的"化身"也带来了另一个问题：虚拟世界中的性侵害。《数字化未来会实现吗？》（*Le futur du numérique sera-t-il incarné?*）指出，根据 WeProtect 全球联盟（WeProtect Global Alliance）的一项研究，54% 的女性互联网用户表示她们小时候曾在网上遭受过性虐待，34% 的人被煽动做出类似侵害的行为。② 而根据英国《金融时报》11 月披露的一份机密备忘录，Meta 的首席技术官安德鲁·博斯沃思（Andrew Bosworth）本人承认，元宇宙中的性骚扰问题对其公司发展具有严重的威胁。当然，他还承认，完全杜

---

① Sybille C. （2022/6/16）. Le métavers compte son premier SDF, incarnation visible des invisibles. Le Figaro.

② Cabannes, V. （2022）. Le futur du numérique sera-t-il incarné? . Esprit, -A, 117-125. https：//doi. org/10. 3917/espri. 2207. 0117

绝元宇宙中的性侵害几乎是不可能的。①

《元宇宙已经是性骚扰发生的地点》（*Le métavers est déjà le théâtre de scènes de harcèlement sexuel*）和《互联网：当暴力进入元宇宙时》（*Internet：quand la violence s'invite dans le métavers*）②深入介绍了发生在元宇宙中的性侵害问题。Meta 集团的虚拟现实视频游戏《地平线世界》（Horizon Worlds）刚刚在北美上市，就收到了性骚扰事件的投诉。据报道，扎克伯格元宇宙的 beta 测试人员在 11 月中旬受到了"数字"性侵害。受害者在 The Verge 的帖子中指出，"性骚扰在互联网上不可接受，但虚拟现实使体验更加痛苦……昨晚我不仅被"数字侵害"了，而且还有其他人在场支持这种行为"。在研究这一事件后，《地平线世界》的管理层对此表示遗憾。Meta 地平线副总裁威韦克·沙马（Vivek Sharma）则称，受害者没有使用游戏的反欺凌功能。这一功能可以阻止实施侵害的用户或激活"安全区"，即一个其他用户无法进入的虚拟气泡。沙马认为，这一反馈非常重要，可以促进用户们了解游戏中的自我保护功能。针对这一事件，Meta 集团已承诺投入 5000 万美元就这个新数字世界的伦理问题进行研究。③《NFT，这些预示着虚拟革命的新工具》（《*Les NFT, ces nouveaux outils qui annoncent une révolution virtuelle*》）也指出，元宇宙中，年轻女性（或男性）已经开始揭露可能会带来高度精神创伤的"数字侵害"行为。然而，目前在这一块的法律仍然空缺。因此，这带来一系列难题，例如，没真实躯体只有数字化身时，"数字侵害"可以视为刑法意义上的强奸吗？目前，我们更多是将其定义为一种心理暴力，而这个概念也非常模糊。对于戴着 VR 耳机的受害者来说，沉浸感有时会被推向极致，因此，为使用者提供保护措施迫在眉睫。真实和虚拟之间界限越来越模糊，这也

---

① Lucie R. （2022/6/14）. Avec le métavers, une nouvelle étape dans la difficile lutte contre les agressions sexuelles sur Internet. Le Monde.

② Chloé W. （2022/5/5）. Internet：quand la violence s'invite dans le métavers. Le Figaro.

③ Tom K. （2022/12/17）. Le métavers est déjà le théâtre de scènes de harcèlement sexuel. Le Figaro.

可能导致难以遏制的暴力行为。①

（三）隐私边界问题

元宇宙无限制的信息收集也触及到用户的隐私边界。《数字化未来会实现吗？》（*Le futur du numérique sera-t-il incarné?*）中介绍，Meta 在提交给美国证券交易委员会（SEC）的报告中指出了它意识到有些运营会导致不良的声誉。Meta 的收入来源基本是广告，因此，他们主要依赖用户数据提高广告质量，并以此增加用户对广告的点击次数。2016 年的《通用数据保护条例》和 2018 年的《加州消费者隐私法》表明了各州对于用户数据隐私的监管意愿。之后，苹果公司修改了其移动操作系统，以此增加数据匹配变的难度。据Meta 首席财务官大卫温勒（David Wehner）估计，这将在 2022 年给Meta 带来超过 100 亿美元的损失。②

《毫无疑问，元宇宙中搜集的是个人数据》（《*Il ne fait aucun doute que les données collectées dans les métavers sont des données personnelles*》）一文也提到元宇宙对用户信息的无限制搜集。律师奥拉·莫蒂（Ola Mohty）在《世界报》的一篇文章中指出了虚拟世界中头像数据的所有权和控制权问题，元宇宙导致了许多人对个人数据保护的担忧。将用户呈现为"化身"的虚拟现实可能会导致新类别个人数据的诞生以及数据搜集量的增加。在元宇宙中，用户由化身代表，但搜集的数据可以追溯到个人。更重要的是，这些数据似乎将有助于帮助广告商更好地了解客户的思维模式。有了平台，就有可能以更深层次的方式关注个人的偏好。因而，元宇宙的使用将会导致前所未有的高密度、全方位的数据搜集。这些数据可能是面部表情、手势或化身在互动过程中产生的反应。这些信息能让公司更好地了解用户行为，以更精密的方式针对使用者并为其定制

① Laure-Alice B. （2022/9/7）.《Les NFT, ces nouveaux outils qui annoncent une révolution virtuelle》. Le Figaro.

② Cabannes, V. （2022）. Le futur du numérique sera-t-il incarné? . Esprit, - A, 117-125. https：//doi. org/10. 3917/espri. 2207. 0117

广告。①

（四）法律法规缺失

随着元宇宙的进一步发展，元宇宙内部的社会问题与元宇宙所导致的现实社会问题对现有的法律法规发起了极大的挑战，与此同时，法律法规的缺位也让各种各样"虚拟社会"中的问题越来越严重。《政治决策者必须迫切而迅速地为虚拟世界界定一个框架》（《*Les décideurs politiques doivent impérativement et rapidement définir un encadrement des mondes virtuels*》）指出，为元宇宙拟定法规势在必行且迫在眉睫。目前，元宇宙中已经呈现出各种各样的社会问题：伯纳德·巴塞特（Bernard Basset）医生在《世界报》的一个论坛上谴责在元宇宙中运营的公司专门针对年轻人开发的成瘾营销。社交网络是年轻人尤其是未成年人最沉迷的领域，新冠也进一步加剧了这种现象。面对日益沉重的现实，电子屏幕的吸引力乃至虚拟世界的吸引力，只会越来越大。在元宇宙这个完全数字化的世界中，用户会有机会见面、玩耍、旅行或聚会。然而，由于目前几乎没有管理元宇宙的法律，其中的违法行为也越来越多。② 2021 年 4 月 1 日，"现金调查"节目揭示了酗酒者如何在社交网络上肆意妄为。这种有罪不罚的现象和强大的工业集团通过 Facebook、Snapchat 或 TikTok 在打现实法律的擦边球，让人们不禁担忧虚拟世界中还会发生些什么。目前已经有行动阻止这些网络上的非法广告流动，但以后在元宇宙中会发生什么，人们尚且不知。由此可以看到，为元宇宙立法迫在眉睫。③

不过，《主导 2022 年的主要技术》（*Ces grands dossiers technologiques qui domineront* 2022）指出，目前元宇宙的立法进程有了可喜的进

---

① Ola M. （2022/5/20）.《Il ne fait aucun doute que les données collectées dans les métavers sont des données personnelles》. Le Monde.

② Bernard B. （2022/5/20）.《Les décideurs politiques doivent impérativement et rapidement définir un encadrement des mondes virtuels》. Le Monde.

③ Bernard B. （2022/5/6）. Publicité de marques d'alcool dans le monde numérique：《Il n'existe quasiment pas de réglementation venant encadrer le métavers》. Le Monde.

展。2022 年，欧洲将通过两项主要法规来规范数字平台：《数字服务法》（DSA）和《数字市场法》（DMA）。前者旨在约束非法内容（假冒产品、儿童色情制品、恐怖主义、法律禁止的言论等）；后者旨在打击大型科技公司的反竞争法行为。这两个法规将重新书写管理数字空间的规则。①

五、宗教与伦理视域下的元宇宙研究

法国学者们意识到了元宇宙文化中的技术崇拜倾向，并反思了其中的"技术宗教"趋向。埃里克·萨丁（Éric Sadin）认为："硅谷的精神承载着神学政治项目"。② 皮埃尔·穆索（Pierre Musso）也有此见解。穆索是巴黎电信工程学院的名誉大学教授，专门研究技术想象。他结合当前的元宇宙虚拟现实阐发自己的哲学观点。他指出，元宇宙展示了一种创新——或技术的综合——应该代表或预示着一场文化上的革命。因为，如今的乌托邦或反乌托邦以弥赛亚主义或科技灾难主义的形式实现。硅谷的科技公司通过好莱坞制片厂，呈现了一种"革命性"的技术承诺，并将这种技术展现在全球大片中，如《黑客帝国》或《少数派报告》，以促进网络空间和人工智能的发展和深入人心。"元宇宙"是硅谷着力打造的一个新词汇，就像"星球大战"或"信息高速公路"一样，旨在围绕现有或发展中的技术构建想象构建一种宏大叙事，并将其作为新的"革命"呈现给观众。与此同时，在世俗化和超技术化的社会中，人们对神性的渴望仍然存在，因为任何社会都离不开神话或信仰。技术社会则在技术科学中寻找它的神灵。因此，盎格鲁-撒克逊文化中，神圣和上帝无处不在，尤其是在硅谷的"神庙"中，它采用"技术神秘意识

---

① Chloé W et Elsa B.（2021/12/19）. Ces grands dossiers technologiques qui domineront 2022. Le Figaro.

② Éric S.（2022/5/13）. Éric Sadin：《L'esprit de la Silicon Valley porte un projet théologico-politique》. Le Figaro.

形态",并继承了诺伯特·维纳的控制论。史蒂夫·乔布斯（1955—2011）的去世让他以"上帝""先知""弥赛亚""教皇""偶像""使徒"或"大师"的形象呈现在世人面前。现在，对神圣、不朽和超越的召唤展现为围绕人工智能或超人类主义的技术话语的扩散。大众完全沉浸在"对技术的宗教信仰"中。①

死亡伦理问题也是学者们的关注点，如果虚拟现实可以替代真实的人，那么生命的边界是否还存在？对死去之人的仿真模拟是否符合伦理？《从 Facebook 的元宇宙到"矩阵复活"，从过去开始的未来伟大回归》（*Du métavers de Facebook à* 《*Matrix Resurrections*》, *le grand retour du futur du passé*）一文详细介绍了一直存在于各种科幻小说与电影中的"虚拟复活"。② 然而，问题在于元宇宙是否会让这一设想成真。《数字化未来会实现吗？》（*Le futur du numérique sera-t-il incarné?*）中提到，如果用户可以根据化身来改变自己的身份，那么，"身份"这一概念将会变得愈发流动。文中讨论到，2022 年 4 月 21 日，埃隆·马斯克在 Twitter 上写道："如果我们对 Twitter 的收购要是成功，我们将删除所有虚假用户资料"，然后补充到，"将会识别所有的真实人类。但是，如果我们可以改变化身，身份的概念可能会变得更加流动。"尽管目前看来似乎遥不可及，但是，超人类主义的技术发展势必会带来更深刻的变革。因此，当马斯克的公司开始开发脑机接口时，网飞（NetFlix）的《副本》（Altered Carbon）系列美剧也开始想象从心灵到身体的转移。当人工智能通过再现死者的语调和说话方式、以全息图的形式"复活"死者时，我们该如何设想死亡？③

---

① Charles de L.（2022/8/28）.《La Silicon Valley nous plonge en pleine techno-religiosité》. Le Monde.

② Damien L.（2021/12/21）. Du métavers de Facebook à《Matrix Resurrections》, le grand retour du futur du passé. Le Monde.

③ Cabannes，V.（2022）. Le futur du numérique sera-t-il incarné? Esprit，-A，117-125. https：//doi. org/10. 3917/espri. 2207. 0117.

六、结语

根据法国学界对元宇宙探讨，可以明显看到 2021 年前后学者们思考重点的偏移。若从《雪崩》出版以来到元宇宙元年，学界集中讨论游戏《第二人生》，思考游戏世界与现实世界、游戏身份与现实身份之间的界限，那么，2021 年元宇宙元年后，基于虚拟现实技术、Web3.0 的高速发展，其所引发的现实新问题已经改变了法国学界的问题域，学者们尤其关注元宇宙对经济学、法学、宗教与伦理学的挑战。

在法国学者们的共同努力下，他们发现了一些潜在的问题，也尽己所能地反思这些问题并提供解决方案。笔者认为，他们的研究同样也为我们指出了观照元宇宙的新路径。从哲学层面，应重审主体问题。如元宇宙中的虚拟主体和现实生活中的肉身主体，到底何为真实的主体，是肉神化的、现实的却不甚满意的还是虚拟的却是按照自己意愿塑造的？元宇宙是否真的如最初所设置的那样，是去中心化的？或者说是多个中心的？根据法国学者们的研究，当下的元宇宙似乎是消费社会的数字化和极端化的呈现，这是否代表着另一种资本中心论？法国学者们从经济、法律、宗教与伦理的角度对元宇宙的探讨同样值得我们深思，元宇宙时代的到来的确为各行各业的发展提供了全新的思路，它们也将业务拓展到了虚拟世界，但同时也造成一系列问题。我们需要反思人们在虚拟世界中的消费心理，当他们花费比实物更多的钱只是为了获得数字版本，这是否暗示着人们心理上的转变，是否意味着数字生活早已超越现实生活变得更为重要？另外，这种炫耀式消费心理是否会引发另一些社会问题或者安全问题。此外，元宇宙中的经济终究是建立在虚拟世界上，其所消费的产品也是数字化的，这是否会导致经济泡沫，最终影响现实生活中的经济？此外，由于元宇宙对人们信息的全方位搜集，导致每个人都成为了透明的数据实体，每一个个体都将成为资本的追逐目标，而且是精准追逐，人人都无路可逃，在这样的前提之下，个人信息安全该如何保障？也正是因为信息的立体式、精确化搜集，当医疗进军元宇宙，虽然它可以第一时间判定出出现病灶的器官，但这是否也意味着寻找匹配器官变得更加容易，穷人的身体是否最终会沦为富人的储备？当法国学者们不厌其烦地讨论 NFT 时，我们可以明显地感受到来自 NFT 的挑战，例如，商品的实体版权与数字版权该如何界定，当 web3.0 渗透到生活的各个角落，是否意味着拥有实物的人只是拥有而已，鉴于数字版本属于另外一个人，他无法将相关的图片发送到元宇宙空间？如果是这样，这意味着未来的商业模式将会发生极大的转变，尤其是奢侈品行业。同样，这也给版权法带来了挑战，如何界定电子版权与实体版权之间的界限，两者的拥有者分别拥有怎样的权益，这将是未来亟需解决的问题。

尽管当下中国学界关于"元宇宙"的讨论热潮似乎有所冷却，但元宇宙所带来的问题却并不会因为热潮的冷却而消失。随着虚拟现实技术的迅猛发展，尚有很多的挑战需要面对，还有很多的问题有待回应。

基于消费者心理需要满足视角的
AI 推荐采用行为前沿研究追踪[*]

崔　楠　徐　岚　钱思霖　王子健^{**}

摘　要：技术的新近突破使得 AI 在许多领域都得到广泛应用。尽管人工智能(AI)在许多领域得到广泛应用，且绩效表现出色，但面对 AI 推荐时，消费者的接受和采用却仍未达到预期。其原因既有消费者对 AI 推荐任务完成能力的怀疑，也与消费者与 AI 交互所引发的不适感有关。基于自我决定理论，本文从消费者基本心理需要满足的视角对 AI 推荐采用行为的前沿研究进行了追踪，发现算法透明度、过程可解释性、结果可修改性、用户专长性、AI 的角色定位、AI 的温情感和个性化推荐程度等因素影响消费者的自主、能力和关系需要满足程度，进而影响 AI 推荐采用行为。未来研究可基于心理需要满足视角，继续识别和验证缓解 AI 厌恶、提升消费者 AI 推荐采用行为的影响策略。

关键词：AI 推荐；消费者行为；心理需要满足；内在动机

得益于技术上的突破，人工智能(Artificial Intelligence，AI)已

---

　*　本文为武汉大学自主科研项目(人文社会科学)研究成果，得到"中央高校基本科研业务费专项资金"(413000371)资助。

　**　崔楠，武汉大学经济与管理学院市场营销与旅游管理系教授、博士生导师；徐岚，武汉大学经济与管理学院市场营销与旅游管理系教授、博士生导师；钱思霖，武汉大学经济与管理学院市场营销与旅游管理系硕士研究生；王子健，武汉大学经济与管理学院市场营销与旅游管理系硕士研究生。

渗透人们生活的方方面面。AI 在癌症检测、汽车驾驶和金融投资等多个领域表现出专家般、甚至超越专家的表现。[1][2] 尽管 AI 的表现如此出色，消费者对 AI 的接受度却并未达到预期，仍然有很多消费者不愿意接受来自 AI 的建议，这一现象被称为"AI 厌恶"或"算法厌恶"——即使 AI 的表现优于人类专家，消费者仍然愿意相信人类专家而不是 AI。[3] 这种算法厌恶现象受到了学者们的广泛关注，并展开了有关 AI 厌恶机制、影响后果和 AI 厌恶缓解策略的研究，如 Longoni 等[4]和 Mende 等[5]的研究。

关于如何缓解消费者对人工智能采用的负面效应，先前研究主要是从智能推荐如何满足消费者的功能性需要（functional needs）的视角展开研究，探讨 AI 在推荐任务上的胜任能力高低如何增强或削弱 AI 厌恶现象。这些研究识别出了与 AI 推荐能力相关以及与人类对 AI 能力认知相关的一些情境因素和策略来缓解消费者对 AI 推荐的回避。例如一些研究发现 AI 是否出错[6]以及 AI 做出决策判断

---

① Krasnianski, A. (2015b). *Meet Ross, the IBM Watson-Powered Lawyer*. Retrieved from PSFK (January 29): http://www.psfk.com/2015/01/rossibm-watson-powered-lawyer-legal-research.html.

② Simonite, T. (2014b). *IBM Watson's Plan to End Human Doctors' Monopoly on Medical Know-How*. Retrieved from MIT Technology Review: https://www.technologyreview.com/s/529021/ibm-aims-to-make-medical-expertise-a-commodity/.

③ Castelo, N., Bos, M. W., & Lehmann, D. R. (2019). Task-Dependent Algorithm Aversion. *Journal of Marketing Research*, 56(5), 809-825. doi: 10.1177/0022243719851788.

④ Longoni, C., Bonezzi, A., & Morewedge, C. K. (2019). Resistance to Medical Artificial Intelligence. *Journal of Consumer Research*, 46(4), 629-650. doi: 10.1093/jcr/ucz013.

⑤ Mende, M., Scott, M. L., van Doorn, J., Grewal, D., & Shanks, I. (2019). Service Robots Rising: How Humanoid Robots Influence Service Experiences and Elicit Compensatory Consumer Responses. *Journal of Marketing Research*, 56(4), 535-556. doi: 10.1177/0022243718822827.

⑥ Dietvorst, B. J., Simmons, J. P., & Massey, C. (2015). Algorithm aversion: People erroneously avoid algorithms after seeing them err. *Journal of Experimental Psychology: General*, 144(1), 114-126. doi: 10.1037/xge0000033.

时的响应时间①会影响消费者对 AI 的积极或消极态度。也有部分学者从 AI 的职业定位②和推荐任务类型③④等情境因素和任务特征来探讨消费者对 AI 推荐接受度的影响策略。

然而，随着时间的推移，AI 推荐在满足消费者的功能性需求上的障碍逐渐减少，但人类对算法厌恶的现象似乎并未因此消失。由于 AI 相关技术的快速发展和 AI 技术在消费领域中的运用和普及，AI 在运算和推荐能力上的优势已经在多个领域得到充分地证实，AI 的优势在大众媒体上也得到了广泛的传播。当前的 AI 已经被视为具有和人类同等甚至超越人类的智力水平。⑤ 尽管如此，近几年的研究仍在不断发现 AI 厌恶持续存在。⑥⑦ 这说明单纯地从

① Efendić, E. , Van de Calseyde, P. P. F. M. , & Evans, A. M. (2020). Slow response times undermine trust in algorithmic (but not human) predictions. *Organizational Behavior and Human Decision Processes*, 157, 103-114. doi: 10.1016/ j. obhdp. 2020. 01. 008.

② Tay, B. , Jung, Y. , & Park, T. (2014). When stereotypes meet robots: The double-edge sword of robot gender and personality in human-robot interaction. *Computers in Human Behavior*, 38, 75-84. doi: 10.1016/j. chb. 2014. 05. 014.

③ Castelo, N. , Bos, M. W. , & Lehmann, D. R. (2019). Task-Dependent Algorithm Aversion. *Journal of Marketing Research*, 56(5), 809-825. doi: 10.1177/ 0022243719851788.

④ Longoni, C. , & Cian, L. (2022). Artificial Intelligence in Utilitarian vs. Hedonic Contexts: The "Word-of-Machine" Effect. *Journal of Marketing*, 86(1), 91-108. doi: 10.1177/0022242920957347.

⑤ Huang, M. -H. , & Rust, R. T. (2018). Artificial Intelligence in Service. *Journal of Service Research*, 21(2), 155-172. doi: 10.1177/1094670517752459.

⑥ Luo, X. , Qin, M. S. , Fang, Z. , & Qu, Z. (2021). Artificial Intelligence Coaches for Sales Agents: Caveats and Solutions. *Journal of Marketing*, 85 (2), 14-32. doi: 10.1177/0022242920956676.

⑦ Yalcin, G. , Lim, S. , Puntoni, S. , & van Osselaer, S. M. J. (2022). Thumbs Up or Down: Consumer Reactions to Decisions by Algorithms Versus Humans. *Journal of Marketing Research*, 59(4), 696-717. doi: 10.1177/00224437211070016.

AI 是否能够胜任推荐任务、满足消费者在功能性需要方面的因素识别已经不能完全解释 AI 厌恶的现象。

本文提出，探究缓解 AI 厌恶有效措施的一个可行方式可以从人类在面对 AI 这一强大"生物体"时的内心体验和感受方面着手。这是由于越来越多的研究表明采用 AI 推荐会负面影响消费者的自我体验。一方面，人工智能在行为上与真实的人类越来越相似，面对和自己相似的另一个"物种"，人们可能会产生心理上的抵触。①另一方面，正是因为人工智能发展的太快，并且展现出比人类更高的智能，因而消费者在面对 AI 这一强大"生物体"时，可能会感受到自己某些方面的心理需要被抑制或者产生不适的体验。正如最近益普索发布的一项全球调查所显示的，39%的受访者对使用人工智能支持的产品和服务感到紧张。②

近年来已有研究表明了采用新研究视角考察提升消费者采用 AI 推荐系统的研究趋势。例如，已经有越来越多的学者从社会互动和以消费者为中心的视角（如 Puntoni 等的研究③），探讨增进消费者采用 AI 推荐的心理需要满足的相关策略，进而缓解 AI 厌恶。在先前以满足消费者功能性需求为主，发掘消费者 AI 推荐采用提升策略的文献基础上，从心理需要满足视角出发的研究开始集中探讨如何增进消费者接受或在使用 AI 推荐时的心理满足感和内在驱

① Ferrari, F., Paladino, M. P., & Jetten, J. (2016). Blurring Human-Machine Distinctions: Anthropomorphic Appearance in Social Robots as a Threat to Human Distinctiveness. *International Journal of Social Robotics*, 8(2), 287-302. doi: 10.1007/s12369-016-0338-y.

② Ipsos. (2022). *GLOBAL OPINIONS AND EXPECTATIONS ABOUT ARTIFICIAL INTELLIGENCE*. Retrieved from https://www.ipsos.com/en/global-opinions-about-ai-january-2022.

③ Puntoni, S., Reczek, R. W., Giesler, M., & Botti, S. (2021). Consumers and Artificial Intelligence: An Experiential Perspective. *Journal of Marketing*, 85(1), 131-151. doi: 10.1177/0022242920953847.

动力，并开展了多项 AI 推荐相关研究。①②③ 因此，从消费者的心理需要满足这一视角对这些文献进行系统性回顾，有助于进一步揭示 AI 厌恶的原因并寻找提升 AI 推荐采用行为的策略。

本文通过引入自我决定理论④，从 AI 如何满足消费者的基本心理需要的视角，对促进消费者对 AI 推荐采用行为的前沿研究进行追踪。自我决定理论提出，人类的三种基本心理需要——自主需要（need for autonomy）、关系需要（need for relatedness）和能力需要（need for competence）——的满足对于人们的心理健康和幸福感起着重要的作用。⑤ 基于该理论，本文提出，消费者使用 AI 过程中的心理需要满足的变化是影响消费者对 AI 推荐态度的重要影响因素。例如尽管 AI 客观的推荐任务绩效表现优异，但由于"算法"黑箱的存在，人们通常无法了解算法做出决策的机制和原因，⑥ 从而让消费者感觉失去"控制感"，进而导致阻碍了消费者对 AI 推荐的采用行为。因此，通过对 AI 如何满足消费者的基本心理需要的探究，有助于探索出更多的缓解算法厌恶的方法。

---

① Dietvorst, B. J., Simmons, J. P., & Massey, C. (2018). Overcoming Algorithm Aversion: People Will Use Imperfect Algorithms If They Can (Even Slightly) Modify Them. *Management Science*, 64 (3), 1155-1170. doi: 10.1287/mnsc. 2016. 2643.

② Granulo, A., Fuchs, C., & Puntoni, S. (2021). Preference for Human (vs. Robotic) Labor is Stronger in Symbolic Consumption Contexts. *Journal of Consumer Psychology*, 31(1), 72-80. doi: 10.1002/jcpy. 1181.

③ Longoni, C., Bonezzi, A., & Morewedge, C. K. (2019). Resistance to Medical Artificial Intelligence. *Journal of Consumer Research*, 46(4), 629-650. doi: 10.1093/jcr/ucz013.

④ Ryan, R. M., & Deci, E. L. (2000). Self-determination theory and the facilitation of intrinsic motivation, social development, and well-being. *American Psychologist*, 55(1), 68-78. doi: 10.1037/0003-066X. 55. 1. 68.

⑤ Ryan, R. M., & Deci, E. L. (2000). Self-determination theory and the facilitation of intrinsic motivation, social development, and well-being. *American Psychologist*, 55(1), 68-78. doi: 10.1037/0003-066X. 55. 1. 68.

⑥ Vilone, G., & Longo, L. (2021). Notions of explainability and evaluation approaches for explainable artificial intelligence. *Information Fusion*, 76, 89-106. doi: 10.1016/j. inffus. 2021. 05. 009.

本文从消费者心理需要满足的视角，系统地总结了消费者 AI 厌恶的原因。并基于自我决定理论，从自主、关系和能力三个方面的基本心理需要满足，展开对当前前沿研究文献的进行梳理，识别提升消费者 AI 推荐采用行为的新型策略。最后，基于消费者的基本心理需要满足视角，本文为后续研究识别出了相关的未来研究方向。通过基于以消费者心理需要为中心的视角进行文献梳理，本文将对前沿研究纳入到一个全面、系统的理论框架，从而为后续探索减轻消费者对 AI 厌恶的学术研究识别了有潜力的研究方向。此外，从实践意义来看，目前我国的在线网购、线上支付等得到繁荣发展，各种智能产品和设备得到极大应用，然而在 AI 应用过程中屡次出现的大数据杀熟、隐私侵犯等问题引起了消费者极大的不满，解决消费者对 AI 的不信任和抵触问题刻不容缓。因此，探索消费者厌恶 AI 的深层原因并且提出相应的缓解措施是迫切且重要的。只有减轻消费者使用 AI 的心理障碍，AI 产品才能更好地得到推广和应用，从而更好地服务于人类。

一、AI 厌恶原因再分析

先前有关 AI 的研究得到了一个主要发现：消费者更加喜欢来自人类的推荐，而不是来自 AI 的推荐。考虑到 AI 在许多领域的表现已经达到人类专家级别，甚至超越了人类专家级别，消费者对 AI 的厌恶可能并非源于 AI"客观上"表现糟糕。[1][2] 相反，这种厌恶可能来自消费者"主观上"低估了 AI 的能力，以及不喜欢使用 AI 推荐系统。因此，为了理解为什么消费者通常会表现出对 AI 的厌恶，探究消费者对 AI 推荐的感知、信念和感受可能比关注 AI 的实

---

[1]　Krasnianski, A. (2015a, 2015-1-29). Meet Ross, the IBM Watson-Powered Lawyer. *PSFK*.

[2]　Simonite, T. (2014a, 2014-7-21). IBM Aims to Make Medical Expertise a Commodity. *MIT Technology Review*.

际技术属性更为重要。① 基于先前的研究，我们将厌恶原因大致分为两个方面：对 AI 完成任务能力的怀疑和与 AI 交互时的不适感。

（一）对 AI 推荐任务完成能力的怀疑

许多消费者尚未充分接触到 AI 的强大功能和卓越性能，对 AI 的认识存在一定程度上的不足，② 进而表现出对 AI 完成任务能力的怀疑。我们从四个方面总结了消费者对 AI 完成任务能力的怀疑，包括缺乏情感能力、决策不透明、缺乏适应性以及无法对不利后果负责。

1. 缺乏情感能力

作为判断 AI 能力的一种简单方式，消费者往往将 AI 与人类进行对比，从而获得有关 AI 能力的信息或信念。人类通常拥有两种能力：认知能力和情感能力。认知能力是指人类特有的属性，例如逻辑和理性，通常被认为可以与机器共享；情感能力是指构成"人性"本质的属性，例如温暖和直觉，通常被认为可以与动物共享。③ 目前算法已经表明，AI 在模拟人类认知能力和情感能力上有了长足的进步。④

然而，消费者对 AI 算法能力的感知有可能独立于 AI 的客观能力水平。一方面，消费者倾向于相信 AI 具有较高的认知能力。这是由于 AI 是基于提前编写的程序和算法而展开工作的，更擅长执行标准化和计算密集型任务。因此，消费者普遍认为 AI 更依赖于

---

① Lee, M. K. (2018). Understanding perception of algorithmic decisions: Fairness, trust, and emotion in response to algorithmic management. *Big Data & Society*, 5(1), 205395171875668. doi: 10.1177/2053951718756684.

② Luo, X., Tong, S., Fang, Z., & Qu, Z. (2019). Frontiers: Machines vs. Humans: The Impact of Artificial Intelligence Chatbot Disclosure on Customer Purchases. *Marketing Science*, mksc. 2019. 1192. doi: 10.1287/mksc. 2019. 1192.

③ Haslam, N. (2006). Dehumanization: An Integrative Review. *Personality and Social Psychology Review*, 10(3), 252-264. doi: 10.1207/s15327957pspr1003_4.

④ Castelo, N., Bos, M. W., & Lehmann, D. R. (2019). Task-Dependent Algorithm Aversion. *Journal of Marketing Research*, 56(5), 809-825. doi: 10.1177/0022243719851788.

以事实、逻辑和理性为原则来处理信息,① 进而更有目的地做出计划和行动,② 从而使人们从认知负荷繁重的任务中解放出来。③

但另一方面,消费者并不认为 AI 能够同等地胜任情感能力类型的任务。需要情感能力的任务(如道德判断、情感咨询和享乐消费推荐等任务)通常是抽象的、不可量化的,并且很难用计算机编程语言编码。④⑤ 人们通常也认为,与情绪、体验和感觉有关的情感能力是人类或部分动物所特有的,而机器、机器人和 AI 则缺乏这种能力。⑥⑦ 鉴于 AI 依赖于算法工作,且消费者认为 AI 模仿人类情感加工的能力不足,⑧ 这种普遍存在的"AI 缺乏情感能力"的信念也反应在一些俚语(如"像机器人一样思考")以及书籍、音乐和电影这类文化作品之中(如《星际迷航》中人工智能"Data"的设定

---

① Longoni, C., & Cian, L. (2022). Artificial Intelligence in Utilitarian vs. Hedonic Contexts: The "Word-of-Machine" Effect. *Journal of Marketing*, 86(1), 91-108. doi: 10.1177/0022242920957347.

② Gray, H. M., Gray, K., & Wegner, D. M. (2007). Dimensions of Mind Perception. *Science*, 315(5812), 619-619. doi: 10.1126/science.1134475.

③ Haslam, N. (2006). Dehumanization: An Integrative Review. *Personality and Social Psychology Review*, 10(3), 252-264. doi: 10.1207/s15327957pspr1003_4.

④ Lee, M. K. (2018). Understanding perception of algorithmic decisions: Fairness, trust, and emotion in response to algorithmic management. *Big Data & Society*, 5(1), 205395171875668. doi: 10.1177/2053951718756684.

⑤ Reber, A. S. (1989). Implicit learning and tacit knowledge. *Journal of Experimental Psychology: General*, 118(3), 219-235. doi: 10.1037/0096-3445.118.3.219.

⑥ Castelo, N., Bos, M. W., & Lehmann, D. R. (2019). Task-Dependent Algorithm Aversion. *Journal of Marketing Research*, 56(5), 809-825. doi: 10.1177/0022243719851788.

⑦ Longoni, C., & Cian, L. (2022). Artificial Intelligence in Utilitarian vs. Hedonic Contexts: The "Word-of-Machine" Effect. *Journal of Marketing*, 86(1), 91-108. doi: 10.1177/0022242920957347.

⑧ Waytz, A., & Norton, M. I. (2014). Botsourcing and outsourcing: Robot, British, Chinese, and German workers are for thinking—not feeling—jobs. *Emotion*, 14(2), 434-444. doi: 10.1037/a0036054.

是"不能感受人类情感"）。而在现实中，消费者对 AI 的厌恶与抵制也尤其表现在涉及情感和共情能力的处理上。①②③

2. 决策不透明性

与专家相比，大多数消费者往往只知晓算法的输入和输出，却完全不了解中间的运行过程和算法原理，因此算法常被消费者称作"黑箱（black box）"。算法的决策不透明性，也即算法内部操作的不可见性，是消费者抵制 AI 的关键因素之一。④ 由于机器学习、特别是深度学习的广泛运用，一些算法（如卷积神经网络）能够自动地学习数据和生成精确结果，无需人工设计中间流程。⑤ 也就是说，这些算法能在脱离人类的情况下自动地进行大规模计算以实现目标。其中的过程超出了普通人能够理解的范围，和他们的常规认知和直觉不符，⑥ 甚至即使是算法系统的开发人员也不能完全知晓算法原理，因而也就难以解释为什么会生成特定的结果。⑦

---

① Longoni, C., & Cian, L. (2022). Artificial Intelligence in Utilitarian vs. Hedonic Contexts: The "Word-of-Machine" Effect. *Journal of Marketing*, 86(1), 91-108. doi: 10.1177/0022242920957347.

② Niszczota, P., & Kaszás, D. (2020). Robo-investment aversion. *PLOS ONE*, 15(9), e0239277. doi: 10.1371/journal. pone. 0239277.

③ Wien, A. H., & Peluso, A. M. (2021). Influence of human versus AI recommenders: The roles of product type and cognitive processes. *Journal of Business Research*, 137, 13-27. doi: 10.1016/j. jbusres. 2021. 08. 016.

④ Goodman, B., & Flaxman, S. (2017). European Union Regulations on Algorithmic Decision-Making and a "Right to Explanation". *AI Magazine*, 38(3), 50-57. doi: 10.1609/aimag. v38i3. 2741.

⑤ Rai, A. (2020). Explainable AI: from black box to glass box. *Journal of the Academy of Marketing Science*, 48(1), 137-141. doi: 10.1007/s11747-019-00710-5.

⑥ Tomaino, G., Abdulhalim, H., Kireyev, P., & Wertenbroch, K. (2020). Denied by an (Unexplainable) Algorithm: Teleological Explanations for Algorithmic Decisions Enhance Customer Satisfaction. *SSRN Electronic Journal*. doi: 10.2139/ssrn. 3683754.

⑦ Vilone, G., & Longo, L. (2021). Notions of explainability and evaluation approaches for explainable artificial intelligence. *Information Fusion*, 76, 89-106. doi: 10.1016/j. inffus. 2021. 05. 009.

此外，消费者通常通过用户操作界面与算法系统进行交互，而系统实现功能的算法和过程被封装在用户界面以下，导致消费者看不到其内部原理。算法系统也很少纳入有关解释功能的设计，如向消费者提供 AI 如何工作的信息。即便系统提供了某些解释，也常常是简易的或模糊的（如亚马逊电商平台的推荐系统仅显示"根据你过去的浏览记录推荐"，但消费者仍不清楚"从浏览记录到推荐产品"这一过程的运行原理）。① 因此，消费者在很大程度上无法掌控算法的决策过程。②③ AI 缺乏透明度这一特点会导致消费者怀疑 AI 是否有能力提供可靠和一致的结果，④ 这种不信任感导致了消费者对 AI 的厌恶与抵制。

3. 缺乏适应性

消费者感知到的 AI 缺乏适应性表现在他们认为与人类相比，AI 既不善于从错误中学习和改进，又不能很好的处理涉及不确定性和出乎意料的情况。由于算法程序是预先设置好的，AI 根据既定程序和客观标准对任务中出现的信息进行识别、判断和处理，并计算得到最终结果。因此，AI 算法通常被认为是固化的、呆板的和缺乏适应性的。⑤

---

① Marchand, A., & Marx, P. (2020). Automated Product Recommendations with Preference-Based Explanations. *Journal of Retailing*, 96 (3), 328-343. doi: 10. 1016/j. jretai. 2020. 01. 001.

② Ehsan, U., & Riedl, M. (2019, 2019-4). *On Design and Evaluation of Human-centered Explainable AI systems*. Paper presented at the Emerging Perspectives in Human-Centered Machine Learning: A Workshop at The ACM CHI Conference on Human Factors in Computing Systems.

③ Rai, A. (2020). Explainable AI: from black box to glass box. *Journal of the Academy of Marketing Science*, 48(1), 137-141. doi: 10. 1007/s11747-019-00710-5.

④ Fernbach, P. M., Sloman, S. A., Louis, R. S., & Shube, J. N. (2013). Explanation Fiends and Foes: How Mechanistic Detail Determines Understanding and Preference. *Journal of Consumer Research*, 39 (5), 1115-1131. doi: 10. 1086/667782.

⑤ Loughnan, S., & Haslam, N. (2007). Animals and Androids: Implicit Associations Between Social Categories and Nonhumans. *Psychological Science*, 18(2), 116-121. doi: 10. 1111/j. 1467-9280. 2007. 01858. x.

人类虽然更容易犯错,① 但是作为具有能动性的个体, 人类同样也被认为善于从错误中学习并通过实践改进。② 相较而言, 消费者认为 AI 不能从错误中学习。③ 因此当看到 AI 犯错, 尤其是反复出现相同的错误时, 消费者会夸大 AI 的整体犯错概率,④ 并迅速对 AI 失去耐心和信心。⑤ 上述原因会导致消费者认为人类推荐者要比基于算法的推荐者更具适应性和灵活性。

此外, 由于算法系统是预先设定的, 消费者倾向于认为 AI 无法适应特殊的、意外的和概率极低的情况, 即所谓的"断腿假说"。⑥⑦⑧ 例如, 由于医疗背景中的消费者通常认为自己的情况、病症是独特

① Madhavan, P., & Wiegmann, D. A. (2007). Similarities and differences between human-human and human-automation trust: an integrative review. *Theoretical Issues in Ergonomics Science*, 8(4), 277-301. doi: 10.1080/14639220500337708.

② Highhouse, S. (2008). Stubborn Reliance on Intuition and Subjectivity in Employee Selection. *Industrial and Organizational Psychology*, 1(3), 333-342. doi: 10.1111/j.1754-9434.2008.00058.x.

③ Dawes, R. M. (1979). The robust beauty of improper linear models in decision making. *American Psychologist*, 34(7), 571-582. doi: 10.1037/0003-066X.34.7.571.

④ Prahl, A., & Van Swol, L. (2017). Understanding algorithm aversion: When is advice from automation discounted? *Journal of Forecasting*, 36(6), 691-702. doi: 10.1002/for.2464.

⑤ Dietvorst, B. J., Simmons, J. P., & Massey, C. (2015). Algorithm aversion: People erroneously avoid algorithms after seeing them err. *Journal of Experimental Psychology: General*, 144(1), 114-126. doi: 10.1037/xge0000033.

⑥ Cañas, J., Quesada, J., Antolí, A., & Fajardo, I. (2003). Cognitive flexibility and adaptability to environmental changes in dynamic complex problem-solving tasks. *Ergonomics*, 46(5), 482-501. doi: 10.1080/00140130311000061640.

⑦ Grove, W. M., & Meehl, P. E. (1996). Comparative efficiency of informal (subjective, impressionistic) and formal (mechanical, algorithmic) prediction procedures: The clinical-statistical controversy. *Psychology, Public Policy, and Law*, 2(2), 293-323. doi: 10.1037/1076-8971.2.2.293.

⑧ Highhouse, S. (2008). Stubborn Reliance on Intuition and Subjectivity in Employee Selection. *Industrial and Organizational Psychology*, 1(3), 333-342. doi: 10.1111/j.1754-9434.2008.00058.x.

的，所以他们经常怀疑医疗中使用的 AI 会忽视他们的独特特征和个性化需求，并且对所有病人的情况一概而论。① 类似的问题也存在于象征消费中，由于 AI 缺乏适应性，消费者相信 AI 只能依照流程设计和制造完全相同的产品，这种产品无法体现出特殊性。②

4. 无法对不利后果负责

AI 的应用可能会带来一些潜在的有害结果。一方面，AI 会导致产品功能的失效而带来潜在伤害。例如，近两年来，因自动驾驶的安全问题带来的品牌信任危机已经屡见不鲜，从刹车失控加速、车辆自燃、中控黑屏、充电故障，各种问题频出。③ 另一方面，AI 的使用还可能会带来一些社会问题。例如，搜索引擎的自动补全功能可能展示种族歧视信息(比如搜索某些种族名称时弹出"保释金""犯罪记录查看"等候选词);④ 使用算法技术的信用卡向女性提供的信贷额度低于与其经济地位相同甚至更低的男性。⑤ 这些 AI 导致的潜在有害结果，暴露出 AI 存在的另一个固有局限：不能对潜在的有害结果负责。

尽管人类和 AI 都可能犯错，但消费者对于两者对于承担不利

---

① Longoni, C., Bonezzi, A., & Morewedge, C. K. (2019). Resistance to Medical Artificial Intelligence. *Journal of Consumer Research*, 46(4), 629-650. doi: 10.1093/jcr/ucz013.

② Granulo, A., Fuchs, C., & Puntoni, S. (2021). Preference for Human (vs. Robotic) Labor is Stronger in Symbolic Consumption Contexts. *Journal of Consumer Psychology*, 31(1), 72-80. doi: 10.1002/jcpy.1181.

③ Shariff, A., Bonnefon, J.-F., & Rahwan, I. (2017). Psychological roadblocks to the adoption of self-driving vehicles. *Nature Human Behaviour*, 1(10), 694-696. doi: 10.1038/s41562-017-0202-6.

④ Srinivasan, R., & Sarial-Abi, G. (2021). When Algorithms Fail: Consumers' Responses to Brand Harm Crises Caused by Algorithm Errors. *Journal of Marketing*, 85(5), 74-91. doi: 10.1177/0022242921997082.

⑤ Vincent, J. (2019, 2019/11/11/). Apple's credit card is being investigated for discriminating against women. Retrieved from https://www.theverge.com/2019/11/11/20958953/apple-credit-card-gender-discrimination-algorithms-black-box-investigation.

后果的能力也持有怀疑态度。虽然 AI 已经具备较高程度的自主性，但它还没有进化到完全拥有自己自由意志的程度。AI 如何行动是由程序员和用户指定的，受到算法参数和信息输入的约束，反映了人类的创造和意图。① 此外，算法决策过程的不透明性阻碍了人们对 AI 运行过程的彻底审查。② 因此，在缺乏完善的法律约束与监管的背景下，③ AI、设计者和用户，三者中究竟谁该对 AI 造成的不利后果负责仍是一个争论不休的社会问题。这种不良后果的责任分配所具备的模糊性降低了消费者对 AI 能否提供可靠结果的信心，④ 并降低了消费者使用 AI 的意愿。AI 无法对不利后果负责还会影响消费者的责任转移，这同样阻碍了消费者对 AI 的使用。例如，由于患者在做出重大医疗决策时不愿意承担责任，往往希望将责任转移到能够承担责任的其他个体身上（如人类医生），而 AI 对结果无法担责的特性让患者不愿意选择使用 AI 辅助决策技术的医生。⑤⑥

随着 AI 变得更加智能和自主，表现出更高水平的自我意识，并更独立地做出决策，人们可能会愈来愈期望 AI 能够在未来对不

---

① Gill, T. (2020). Blame It on the Self-Driving Car: How Autonomous Vehicles Can Alter Consumer Morality. *Journal of Consumer Research*, 47(2), 272-291. doi: 10.1093/jcr/ucaa018.

② Diakopoulos, N. (2015). Algorithmic Accountability: Journalistic investigation of computational power structures. *Digital Journalism*, 3(3), 398-415. doi: 10.1080/21670811.2014.976411.

③ Diakopoulos, N. (2016). Accountability in algorithmic decision making. *Communications of the ACM*, 59(2), 56-62. doi: 10.1145/2844110.

④ Nissenbaum, H. (1996). Accountability in a computerized society. *Science and Engineering Ethics*, 2, 25-42. .

⑤ Promberger, M., & Baron, J. (2006). Do patients trust computers? *Journal of Behavioral Decision Making*, 19(5), 455-468. doi: 10.1002/bdm.542.

⑥ Shaffer, V. A., Probst, C. A., Merkle, E. C., Arkes, H. R., & Medow, M. A. (2013). Why Do Patients Derogate Physicians Who Use a Computer-Based Diagnostic Support System? *Medical Decision Making*, 33(1), 108-118. doi: 10.1177/0272989X12453501.

利后果负有更大的责任。① 因此, AI 无法承担责任与消费者对 AI
应承担责任的期望之间的矛盾可能会加剧消费者对 AI 的厌恶。

(二)与 AI 交互时的不适感

消费者将任务委托给 AI 完成, 这一过程常常伴随着消费者和
AI 的交互(如消费者需要和语音助手沟通并表达自己的需求)。可
见, 除了消费者对 AI 完成任务的能力不信任之外, 算法厌恶还可
能源于消费者与 AI 交互时产生的不适感。现有文献主要讨论了导
致消费者与 AI 交互不适的三个方面: 无法提供人际关怀、对隐私
侵犯的担忧和人类身份威胁。

1. 无法提供人际关怀

在与 AI 的交互中, 消费者期望 AI 不仅仅作为一台数字机器,
而且能够成为一种社会代理, 实现与人之间的准社会联系。②③ 然
而, AI 可能无法满足消费者对准社会联系实现的期望,④ 包括感
知人类情感、提供温暖和表现同理心等。⑤⑥⑦

---

① Bigman, Y. E., Waytz, A., Alterovitz, R., & Gray, K. (2019).
Holding Robots Responsible: The Elements of Machine Morality. *Trends in Cognitive Sciences*, 23(5), 365-368. doi: 10.1016/j. tics. 2019. 02. 008.

② Nass, C., Steuer, J., & Tauber, E. R. (1994). *Computers are social actors*. Paper presented at the the SIGCHI conference. .

③ Reeves, B., & Nass, C. I. (1996). *The media equation: how people treat computers, television, and new media like real people and places* (1. paperback ed., [reprint.] ed.). Stanford, Calif: CSLI Publ.

④ Prahl, A., & Van Swol, L. (2017). Understanding algorithm aversion: When is advice from automation discounted? *Journal of Forecasting*, 36(6), 691-702. doi: 10.1002/for. 2464.

⑤ Grove, W. M., & Meehl, P. E. (1996). Comparative efficiency of informal (subjective, impressionistic) and formal (mechanical, algorithmic) prediction procedures: The clinical-statistical controversy. *Psychology*, *Public Policy*, *and Law*, 2(2), 293-323. doi: 10.1037/1076-8971. 2. 2. 293.

⑥ Haslam, N. (2006). Dehumanization: An Integrative Review. *Personality and Social Psychology Review*, 10(3), 252-264. doi: 10.1207/s15327957pspr1003_4.

⑦ Loughnan, S., & Haslam, N. (2007). Animals and Androids: Implicit Associations Between Social Categories and Nonhumans. *Psychological Science*, 18(2), 116-121. doi: 10.1111/j. 1467-9280. 2007. 01858. x.

　　随着自然语言处理和人脸识别等技术愈发成熟，AI 在捕捉、识别、处理和响应人们的情绪等方面取得了重大进展，[①] 并且部分 AI 的设计已经包含了一定的拟人化特性，但大多数 AI 在模拟人类情绪、提供情感互动和与消费者产生共鸣方面的能力仍然有限。例如，类人机器人旨在发展社交关系，激发消费者的人际信任感，并鼓励用户与他们建立情感联系，[②] 然而它们还没有完全实现人性化。[③] 如果机器人不能做到完全类人，甚至可能起到相反的作用，就会引发消费者的不适感，甚至导致消费者远离 AI。例如，当 AI 像评估数字一样评估消费者，而不是将消费者当作有感情的人，消费者便容易感到沮丧和恐惧；或者，当聊天机器人依照既定程序给予消费者回复，回复内容体现的情绪信息可能和消费者的情感存在冲突，甚至冒犯到消费者。[④] 此外，AI 的拟人化特性提高了消费者对 AI 的期待，但 AI 提供人际关怀能力的不足常使消费者的期待落空，也就是说，AI 的行为并不像它表面看起来那样像人类。[⑤] 这种期待违背也是"恐怖谷"效应（当 AI 与人相似到一定程度时，

---

① Goasduff, L. (2018, 2018-1-22). Emotion AI Will Personalize Interactions. *Gartner*.

② Broadbent, E., Kumar, V., Li, X., Sollers, J., Stafford, R. Q., MacDonald, B. A., & Wegner, D. M. (2013). Robots with Display Screens: A Robot with a More Humanlike Face Display Is Perceived To Have More Mind and a Better Personality. *PLOS ONE*, 8 (8), e72589. doi: 10.1371/journal. pone. 0072589.

③ Mende, M., Scott, M. L., van Doorn, J., Grewal, D., & Shanks, I. (2019). Service Robots Rising: How Humanoid Robots Influence Service Experiences and Elicit Compensatory Consumer Responses. *Journal of Marketing Research*, 56(4), 535-556. doi: 10.1177/0022243718822827.

④ Puntoni, S., Reczek, R. W., Giesler, M., & Botti, S. (2021). Consumers and Artificial Intelligence: An Experiential Perspective. *Journal of Marketing*, 85(1), 131-151. doi: 10.1177/0022242920953847.

⑤ Waytz, A., Epley, N., & Cacioppo, J. T. (2010). Social Cognition Unbound: Insights Into Anthropomorphism and Dehumanization. *CURRENT DIRECTIONS IN PSYCHOLOGICAL SCIENCE*, 19 (1), 58-62. doi: 10.1177/0963721409359302.

人类会表现出反感，对 *AI* 的态度会变得极为负面）的解释原因之一。① 因此，消费者认为 AI 缺乏同理心，无法像真实人类一样给消费者提供互动中的社会联系，进而对 AI 表现出较少的积极行为。②

2. 对侵犯隐私的担忧

AI 能够为消费者提供诸多个性化服务，如电商平台提供的个性化商品推荐、③ 来自智慧助手的个性化提醒，以及精准营销广告等。④ 之所以 AI 能够为消费者提供"量身定制"的服务，是因为 AI 持续且大量地获取消费者的个人数据，包括位置移动轨迹和互联网浏览历史记录等几乎一切可被识别和存储的数据。消费者允许 AI 和服务提供企业收集私人数据，以换取享受智能服务的资格，⑤ 这可以被看做一种"社会契约"。而当披露个人隐私信息的感知风险超过了个性化服务带来的感知收益时，消费者有动机去保护自己免受隐私问题带来的风险，进而降低了对 AI 的使用意愿。⑥ 随着物

① Crolic, C., Thomaz, F., Hadi, R., & Stephen, A. T. (2022). Blame the Bot: Anthropomorphism and Anger in Customer-Chatbot Interactions. *Journal of Marketing*, 86(1), 132-148. doi: 10. 1177/00222429211045687.

② Luo, X., Tong, S., Fang, Z., & Qu, Z. (2019). Frontiers: Machines vs. Humans: The Impact of Artificial Intelligence Chatbot Disclosure on Customer Purchases. *Marketing Science*, mksc. 2019. 1192. doi: 10. 1287/mksc. 2019. 1192.

③ Xie, Z., Yu, Y., Zhang, J., & Chen, M. (2022). The searching artificial intelligence: Consumers show less aversion to algorithm-recommended search product. *Psychology & Marketing*, 39(10), 1902-1919. doi: 10. 1002/mar. 21706.

④ Yu, C., Zhang, Z., Lin, C., & Wu, Y. J. (2020). Can data-driven precision marketing promote user ad clicks? Evidence from advertising in WeChat moments. *Industrial Marketing Management*, 90, 481-492. doi: 10. 1016/j. indmarman. 2019. 05. 001.

⑤ Puntoni, S., Reczek, R. W., Giesler, M., & Botti, S. (2021). Consumers and Artificial Intelligence: An Experiential Perspective. *Journal of Marketing*, 85(1), 131-151. doi: 10. 1177/0022242920953847.

⑥ Song, Y. W., Lim, H. S., & Oh, J. (2021). "We think you may like this": An investigation of electronic commerce personalization for privacy-conscious consumers. *Psychology & Marketing*, 38(10), 1723-1740. doi: 10. 1002/mar. 21501.

联网(IoTs)和智能设备蔓延到社会的每一个角落，消费者的隐私问题日益突出。①② 例如，智能手表等 AI 辅助穿戴设备已经可以获取消费者的私人身体健康信息（如心率、睡眠时间、焦虑状态等）和日常生活习惯数据；智能设备的监听功能使 AI 系统（如智能家居助理）能够收集有关消费者及其生活环境相关的信息。AI 服务中个人信息利用的普遍性和不可避免性引起了消费者对隐私侵犯的担忧，③ 让消费者产生被监视、④ 被利用和受到威胁的感觉。⑤

消费者的隐私担忧不仅出现在隐私数据的获取阶段，AI 对隐私数据的使用和存储保护阶段的潜在问题同样给消费者造成了困扰。消费者不清楚 AI 如何能获取并使用消费者的个人数据，这种不透明性让消费者感到了自己丧失了对个人数据的控制权,⑥ 并且

① Benlian, A., Klumpe, J., & Hinz, O. (2020). Mitigating the intrusive effects of smart home assistants by using anthropomorphic design features: A multimethod investigation. *Information Systems Journal*, 30 (6), 1010-1042. doi: 10. 1111/isj. 12243.

② Hoffman, D. L., & Novak, T. P. (2018). Consumer and Object Experience in the Internet of Things: An Assemblage Theory Approach. *Journal of Consumer Research*, 44(6), 1178-1204. doi: 10. 1093/jcr/ucx105.

③ Benlian, A., Klumpe, J., & Hinz, O. (2020). Mitigating the intrusive effects of smart home assistants by using anthropomorphic design features: A multimethod investigation. *Information Systems Journal*, 30 (6), 1010-1042. doi: 10. 1111/isj. 12243.

④ Puntoni, S., Reczek, R. W., Giesler, M., & Botti, S. (2021). Consumers and Artificial Intelligence: An Experiential Perspective. *Journal of Marketing*, 85(1), 131-151. doi: 10. 1177/0022242920953847.

⑤ Botti, S., & Iyengar, S. S. (2006). The Dark Side of Choice: When Choice Impairs Social Welfare. *Journal of Public Policy & Marketing*, 25(1), 24-38. doi: 10. 1509/jppm. 25. 1. 24.

⑥ Puntoni, S., Reczek, R. W., Giesler, M., & Botti, S. (2021). Consumers and Artificial Intelligence: An Experiential Perspective. *Journal of Marketing*, 85(1), 131-151. doi: 10. 1177/0022242920953847.

开始担忧是否应该放心地把隐私数据授权给 AI。① 此外，消费者还担心个人隐私数据被 AI 及提供 AI 技术的企业泄露，使得未被授权的第三方也得以使用这些数据。② AI 强大的计算能力需要大量的数据才得以发挥作用。然而，获取和使用消费者的个人数据（以及造成的消费者隐私担忧）与提供更精准、个性化的服务存在着天然的对立，数据的误用、泄露问题更加加剧了消费者对 AI 使用个人隐私信息的担忧，造成消费者对 AI 的厌恶和抵制。

3. 人类身份威胁

自我身份对于消费者具有重要的意义。消费者将不同的标签与自身相联系，以构建自己的身份。③ 这些标签代表了消费者认为自己是什么样的人，会做出何种行为。④ 为了表达自我，确认、巩固和加强自己的身份，消费者不断地做出各种行为（如购买什么产品、做什么特定的事情）。

但是，如今很多任务已经可以交由自动化机器处理，消费者用于表达自我、构建身份的行为同样被自动化机器或 AI 的功能替代，从而对消费者的自我身份形成了潜在威胁。例如，面包烘烤机可以显示原料所需占比，并且能够自动控制温度和时间。这些构建"厨师"身份的行为被机器取代，使消费者丧失了选择权和控制感，阻碍了消费者将与身份相关的消费结果归因于自己，进而影响消费者

---

① Querci, I., Barbarossa, C., Romani, S., & Ricotta, F. (2022). Explaining how algorithms work reduces consumers' concerns regarding the collection of personal data and promotes AI technology adoption. *Psychology & Marketing*, 39(10), 1888-1901. doi：10. 1002/mar. 21705.

② Song, Y. W., Lim, H. S., & Oh, J. (2021). "We think you may like this"：An investigation of electronic commerce personalization for privacy-conscious consumers. Ibid., 38(10), 1723-1740. doi：10. 1002/mar. 21501.

③ Reed, A., Forehand, M. R., Puntoni, S., & Warlop, L. (2012). Identity-based consumer behavior. *International Journal of Research in Marketing*, 29(4), 310-321. doi：10. 1016/j. ijresmar. 2012. 08. 002.

④ Leung, E., Paolacci, G., & Puntoni, S. (2018). Man Versus Machine：Resisting Automation in Identity-Based Consumer Behavior. *Journal of Marketing Research*, 55(6), 818-831. doi：10. 1177/0022243718818423.

自我身份的构建。① 而 AI 比自动化机器更智能，能够处理更多任务，包括以前消费者认为只有人类能做到的事，这更加强烈地威胁到人类自身的身份构建（例如，当 AI 能下象棋后，我们不再认为下象棋是一个典型的人类技能②）。

此外，AI 的外表和行为的类人化也对人类身份造成威胁。AI 不仅能表现出人类的行为，完成人类能完成的任务，而且在外表上也越来越像人类。许多企业开始开发仿真机器人，或是将一系列拟人化特征（如人类的表情、姓名和声音等）附加给 AI，这同样会给人类身份构成威胁。例如，根据独特性威胁假说，与人类外表极为相似的 AI（如人形机器人）可能会引起消费者的担忧，消费者认为这破坏了人类的独特性，模糊了人类和机器人之间的边界。③ 特别是具有高度自主性的机器人可能在很多情况下会取代人类，引发人们对失去工作、失去控制和功能障碍的恐惧。④⑤ 因此，消费者可能会抵制 AI 来应对人类身份威胁。

---

① Leung, E., Paolacci, G., & Puntoni, S. (2018). Man Versus Machine: Resisting Automation in Identity-Based Consumer Behavior. *Journal of Marketing Research*, 55(6), 818-831. doi: 10.1177/0022243718818423.

② Kaplan, F. (2004). WHO IS AFRAID OF THE HUMANOID? INVESTIGATING CULTURAL DIFFERENCES IN THE ACCEPTANCE OF ROBOTS. *International Journal of Humanoid Robotics*, 01(03), 465-480. doi: 10.1142/S0219843604000289.

③ Ferrari, F., Paladino, M. P., & Jetten, J. (2016). Blurring Human-Machine Distinctions: Anthropomorphic Appearance in Social Robots as a Threat to Human Distinctiveness. *International Journal of Social Robotics*, 8(2), 287-302. doi: 10.1007/s12369-016-0338-y.

④ Luo, X., Qin, M. S., Fang, Z., & Qu, Z. (2021). Artificial Intelligence Coaches for Sales Agents: Caveats and Solutions. *Journal of Marketing*, 85(2), 14-32. doi: 10.1177/0022242920956676.

⑤ Ray, C., Mondada, F., & Siegwart, R. (2008, 09/2008). *What do people expect from robots?* Paper presented at the 2008 IEEE/RSJ International Conference on Intelligent Robots and Systems.

二、心理需要满足与 AI 推荐采用行为

(一) 从 AI 功能到消费者心理的研究视角变迁

从上一节对 AI 厌恶原因的再分析中可以看出，在人工智能技术发展的早期，由于技术发展尚不成熟，消费者对于 AI 的功能和绩效表现还不了解。从而，消费者对 AI 的接受或抵制主要取决于消费者如何判断和评估 AI 在各领域中的能力和绩效表现。相应地，此时学者们对于消费者对 AI 态度的研究主要是基于对算法能力评估的角度，研究消费者对于 AI 的能力是否信任。[1] 这类研究所识别的消费者接受或抵制 AI 推荐的主要影响因素如算法出错、[2] 算法做出决策的响应时间，[3] 以及推荐任务是主观还是客观任务。[4] 这些研究所揭示的 AI 厌恶的原因也集中于对 AI 推荐任务完成能力的怀疑。

然而，随着技术发展越来越完善，AI 在诸多领域已经有了超越人类专家的表现，消费者在日常生活中也有了越来越多和 AI 交互的场景，AI 能力和绩效表现已经得到了越来越多的展露，因此，先前研究所揭示的因素已不再成为阻碍消费者接受 AI 推荐的主要

① Hoff, K. A., & Bashir, M. (2015). Trust in Automation: Integrating Empirical Evidence on Factors That Influence Trust. *Human Factors: The Journal of the Human Factors and Ergonomics Society*, 57 (3), 407-434. doi: 10.1177/0018720814547570.

② Dietvorst, B. J., Simmons, J. P., & Massey, C. (2015). Algorithm aversion: People erroneously avoid algorithms after seeing them err. *Journal of Experimental Psychology: General*, 144(1), 114-126. doi: 10.1037/xge0000033.

③ Efendić, E., Van de Calseyde, P. P. F. M., & Evans, A. M. (2020). Slow response times undermine trust in algorithmic (but not human) predictions. *Organizational Behavior and Human Decision Processes*, 157, 103-114. doi: 10.1016/j.obhdp.2020.01.008.

④ Castelo, N., Bos, M. W., & Lehmann, D. R. (2019). Task-Dependent Algorithm Aversion. *Journal of Marketing Research*, 56(5), 809-825. doi: 10.1177/0022243719851788.

原因。但消费者对 AI 推荐的采用仍遭遇许多现实的困境。这就意味着仅从 AI 为中心的视角展开研究已并不完全能够解释现实现象和指导营销实践。

从最近 5 年的研究来看，许多研究开始从以 AI 为中心转变到以 AI 与消费者的互动为中心的研究视角。这一点体现在上一节中对 AI 厌恶原因再分析的第二个方面的研究中。这些研究集中探讨了由于 AI 的某种特性导致消费者在与 AI 的互动过程中产生不舒适感。即使是仍支持 AI 推荐任务完成能力的怀疑，近些年的研究也更多地从消费者的感知而非 AI 实际的功能表现来探讨 AI 厌恶，强调了在 AI 互动中的消费者体验的重要性。[1][2] 例如，上述对 AI 厌恶原因或机制的再分析中，正是因为 AI 被视为缺乏"温情"，无法提供给消费者温暖的感受，消费者倾向于拒接 AI 提供的服务；再如 AI 在提供服务的过程中对消费者隐私的侵犯，激起了消费者对个人自由意志受到侵犯的感知，使得消费者厌恶 AI。因此，对于消费者厌恶 AI 的原因的探讨，应当由 AI 对于消费者功能性需要满足的视角转向研究消费者使用 AI 的心理性需要是否能被满足。

作为一种重要的心理动机理论，自我决定理论提供了一个很好的理论框架，能够有效帮助本文梳理 AI 推荐采用行为的研究进展，并探讨可能研究方向。自我决定理论认为人类有三种先天的心理需要，分别是自主需要、关系需要和能力需要。基于该理论提出，当三种基本心理需要受到限制时，人们就会表现出对 AI 的抵制，而当三种基本心理需要能够得到满足时，人们就更有内在的动机使用 AI，消费者对 AI 的使用意愿就会提高。

（二）自我决定动机与心理需要满足

自我决定理论（self-determination theory）是研究人类动机的主要

① Longoni, C., Bonezzi, A., & Morewedge, C. K. (2019). Resistance to Medical Artificial Intelligence. *Journal of Consumer Research*, 46(4), 629-650. doi: 10.1093/jcr/ucz013.

② Puntoni, S., Reczek, R. W., Giesler, M., & Botti, S. (2021). Consumers and Artificial Intelligence: An Experiential Perspective. *Journal of Marketing*, 85(1), 131-151. doi: 10.1177/0022242920953847.

理论之一。① 它主要关注人类行为的自我决定程度，其理论构建的前提是认为人类本质上是积极主动的有机体，先天即具有内在的自我发展和自我实现的倾向和潜能。②

自我决定理论根据引发人们行为的原因将动机分为内在动机与外在动机两种。③ 这也是动机研究中被普遍认可的分类方式。内在动机是人类自身天然存在的行为驱动方式，因为人生来即具有追求进步和发展的倾向。内在动机不需要借助外部力量的推动，是由活动本身能够为个体带来的乐趣和满足而引起的。而外在动机则是由于活动能够导致某种可分离的结果而从事某项行为，是个体在外部环境的作用下所形成的行为驱动方式，是由活动本身之外的环境因素所引发的。④ 需要说明的是，尽管可以分为内在和外在动机两类，但内在动机和外在动机实际上可以视为处在同一个连续轴上，是动机内部化程度的两个端点。个体实际的动机水平可以在这两个端点间移动。

自我决定理论的研究也发现和归纳出人类的一套基本的、先天的心理需要，分别是自主需要、关系需要和能力需要。自主需要是指人们需要获得控制感以及能够自由地表达自己的真实意愿和想要从事的活动。⑤ 关系需要是指感受到与群体的密切联系，获得他人

① Gilal, F. G., Zhang, J., Paul, J., & Gilal, N. G. (2019). The role of self-determination theory in marketing science: An integrative review and agenda for research. *European Management Journal*, 37 (1), 29-44. doi: 10.1016/j.emj.2018.10.004.

② Deci, E. L., & Ryan, R. M. (1985). *Intrinsic Motivation and Self-Determination in Human Behavior*. Boston, MA: Springer US.

③ Deci, E. L., & Ryan, R. M. (1985). *Intrinsic Motivation and Self-Determination in Human Behavior*. Boston, MA: Springer US.

④ Ryan, R. M., & Deci, E. L. (2000). Self-determination theory and the facilitation of intrinsic motivation, social development, and well-being. *American Psychologist*, 55(1), 68-78. doi: 10.1037/0003-066X.55.1.68.

⑤ Ryan, R. M., & Deci, E. L. (2000). Self-determination theory and the facilitation of intrinsic motivation, social development, and well-being. *American Psychologist*, 55(1), 68-78. doi: 10.1037/0003-066X.55.1.68.

的关心、理解和认同，并且向他人表达关心。① 能力需要是指个人在与环境的互动中体验到自己有能力完成某项任务。②

自我决定理论的研究发现，如果以上三种基本心理需要能够得到满足，个体从事活动的自我决定水平会更高。人类自我决定的动机会促使人们从事符合自身兴趣、有助于自身成长和获得幸福感的活动。因此，当基本心理需要得到满足后，个体会获得健康成长和自我实现，如果得不到满足，会影响人们的幸福感。③ 然而，基本心理需要的需求程度受到了诸多外部环境因素的支持或阻碍。④ 当外部环境能够满足人们的基本需要时，个体的自我决定动机程度（也就是内在动机水平）更高，人们的整体幸福感会提高，因而更容易产生自发的内在动机从事这项活动，从而对这项活动的接受意愿也会更高。这些观点和逻辑为我们追踪 AI 推荐采用行为的前沿研究提供了很好的理论依据。

由于三种基本心理需要作为人先天的基本心理需要，其是否能够得到满足将会影响消费者的后续行为，因此在消费者使用 AI 的情境中，三种基本心理需要是否得到满足将影响消费者对 AI 推荐的采用行为。正如第一部分所指出的那样，当消费者的温情、控制感等需求没有得到满足时，消费者往往会抵制 AI。而识别出影响消费者在使用 AI 过程中基本心理需要满足的具体因素，一方面有

① Deci, E. L., & Ryan, R. M. (2014). Autonomy and need satisfaction in close relationships: Relationships motivation theory. In *Human motivation and interpersonal relationships: Theory, research, and applications.* (pp. 53-73). New York, NY, US: Springer Science + Business Media.

② Deci, E. L., & Ryan, R. M. (2014). Autonomy and need satisfaction in close relationships: Relationships motivation theory. In *Human motivation and interpersonal relationships: Theory, research, and applications.* (pp. 53-73). New York, NY, US: Springer Science + Business Media.

③ Ryan, R. M., & Deci, E. L. (2000). Self-determination theory and the facilitation of intrinsic motivation, social development, and well-being. *American Psychologist*, 55(1), 68-78. doi: 10.1037/0003-066X. 55. 1. 68.

④ Deci, E. L., & Ryan, R. M. (1985). *Intrinsic Motivation and Self-Determination in Human Behavior.* Boston, MA: Springer US.

利于对消费者对 AI 的接受进行预测，另一方面有利于在 AI 设计中采取针对性的有效措施，提高消费者对 AI 的接受程度，增强消费者使用 AI 的内在动机，并且使得消费者对于交互过程更加满意。

沿着自我决定理论，之前已有部分文献基于心理需要满足的视角对消费者是否倾向于采用 AI 推荐进行了研究，也已得出一些影响消费者采纳 AI 的因素，但目前这些因素尚未得到系统的梳理。因此，本文第三部分将基于三种基本心理需要视角对消费者厌恶 AI 的前沿理论进行追踪和述评，这将帮助我们对该领域的相关文献形成更清晰的了解和认知。

三、基本心理需要满足视角下的 AI 推荐采用行为前沿研究

本部分内容将分别从自主需要满足、能力需要满足和关系需要满足三个方面，分别对现有 AI 推荐采用行为研究进行综述。我们基于每种心理需要的基本特点，梳理现有研究中已经发现了哪些 AI 推荐的重要因素会促进或阻碍消费者的心理需要满足，从而影响消费者对采用 AI 推荐的内在动机水平和实际采用行为进行综述。

(一) 自主需要满足与 AI 推荐采用行为

如前所述自主需要与人们获得控制感以及能够自由地表达自己的真实意愿和渴望有关。[1] 换句话说，自主需要反映了人类的自主性、控制感和自由意志。作为一种拥有"智能"的事物，AI 推荐的许多相关要素都与人们的自主需要满足息息相关。例如，在使用 AI 推荐的过程中，消费者需要对算法的决策过程和结果进行控制，并且不希望算法在获取输入信息时侵犯到自己的个人隐私。本文从 AI 推荐所需的数据输入、信息处理和决策结果三个方面，对现有文献如何提升消费者的 AI 推荐采用行为进行综述。

---

[1] Ryan, R. M., & Deci, E. L. (2000). Self-determination theory and the facilitation of intrinsic motivation, social development, and well-being. *American Psychologist*, 55(1), 68-78. doi: 10.1037/0003-066X.55.1.68.

1. 算法数据输入的透明度与自主需要满足

自主需要得以满足的形式之一是消费者感受到自己的自由意志不受到侵犯，而 AI 推荐服务所需数据输入与消费者对个人信息泄露担忧之间的矛盾会使消费者感到其自由意志被削弱或侵犯。为了向消费者提供智能推荐服务，AI 通常需要依赖于大量的个人数据和信息作为输入。例如，诸如智能音箱、智能冰箱之类的智能家居产品需要了解和分析一些家庭隐私信息才能更好地提供服务。① 然而先前研究表明，消费者不愿意采用或抵制采用 AI 推荐的主要原因之一是担心其个人信息和数据被泄露。② 这就造成了一方面 AI 推荐服务需要获取用户数据、而另一方面消费者担心个人隐私泄露之间的矛盾性。

从消费者的心理需要满足视角来看，消费者对 AI 采集个人信息的焦虑和担忧令消费者感到对自己的个人信息失去控制，增加了对 AI 推荐的心理抗拒，③ 从而不愿意采用 AI 推荐。现有研究表明，AI 推荐服务所需的数据的采集内容和方式会影响消费者对个人信息控制程度的感知。为了发挥和利用 AI 推荐的独特价值，消费者不得不向 AI 推荐服务企业让渡部分个人信息使用的权力。随着大数据技术的发展，许多 AI 推荐服务通常采取多渠道来收集数据，数据采集的方式也越来越具有侵入性。这导致消费者无法完全理解为了获得 AI 所提供的服务，消费者究竟应该在多大范围和程度上让渡其个人信息的使用权。特别是当数据收集缺乏透明度和责任规范，超出了用户所感知的合理范围或可合理解释的范围时，用

① Risteska Stojkoska, B., Trivodaliev, K., & Davcev, D. (2017) Internet of Things Framework for Home Care Systems. *Wireless Communications and Mobile Computing*, 2017, 8323646. doi: 10.1155/2017/8323646.

② Martin, K. D., & Murphy, P. E. (2017). The role of data privacy in marketing. *Journal of the Academy of Marketing Science*, 45 (2), 135-155. doi: 10.1007/s11747-016-0495-4.

③ Puntoni, S., Reczek, R. W., Giesler, M., & Botti, S. (2021). Consumers and Artificial Intelligence: An Experiential Perspective. *Journal of Marketing*, 85(1), 131-151. doi: 10.1177/0022242920953847.

户会产生被利用的感觉。① 当个人数据将被如何使用以及由谁使用的不确定性很高时，消费者通常会选择放弃共享数据。② 在这些情境下，AI 对个人数据的收集和使用可能会威胁到用户对个人数据所有权的感知，影响个人的控制感，削弱了消费者的自主需要满足程度，从而引发强烈的心理抗拒，导致消费者拒绝披露和分享自身的数据。③

因此，在提供 AI 推荐服务时，企业可以选择不触发消费者感到隐私受到侵犯的方式来收集合理范围的个体数据，或者以提供选择的方式来增强消费者的自主需要满足，从而减少消费者对 AI 的抵触情绪，促进消费者的 AI 推荐采用行为。如企业可以通过提前询问消费者是否同意披露其个人信息以获得更好的服务，而不是直接利用其信息进行个人偏好分析，④ 再如，企业可以调查明确目标用户对于哪一部分个人信息尤其敏感，从而避免在这些数据上使得用户产生隐私被侵犯的感受。

2. AI 推荐决策过程可解释性与自主需要满足

在接受算法推荐的过程中，能够对算法决策的具体过程有清晰的了解，是消费者的自主性得到满足的另一种体现。自主需要满足的此类影响因素主要反映在消费者感知到对于算法具体预测过程的掌控程度，体现在算法的可解释性程度，即算法的决策过程在多大

---

① Puntoni, S., Reczek, R. W., Giesler, M., & Botti, S. (2021). Consumers and Artificial Intelligence: An Experiential Perspective. *Journal of Marketing*, 85(1), 131-151. doi: 10.1177/0022242920953847.

② Querci, I., Barbarossa, C., Romani, S., & Ricotta, F. (2022). Explaining how algorithms work reduces consumers' concerns regarding the collection of personal data and promotes AI technology adoption. *Psychology & Marketing*, 39(10), 1888-1901. doi: 10.1002/mar.21705.

③ Grafanaki, S. (2017). Drowning in Big Data: Abundance of Choice, Scarcity of Attention and the Personalization Trap. A Case for Regulation. *Richmond Journal of Law and Technology*, *XXIV*(No. 1).

④ Puntoni, S., Reczek, R. W., Giesler, M., & Botti, S. (2021). Consumers and Artificial Intelligence: An Experiential Perspective. *Journal of Marketing*, 85(1), 131-151. doi: 10.1177/0022242920953847.

程度上可以被用户所理解。① 虽然算法在技术上十分复杂，但消费者希望能够理解算法做出预测的内部机制和决策过程。② 然而"算法黑箱"的存在使得算法通常不能向其用户解释工作的过程和决策机理。如果消费者不能掌握算法使用什么数据和信息作为输入，以及算法预测模型如何处理输入以输出推荐结果，他们可能会感到对周围发生的事情失去控制。

因此当算法具有可解释性，也即在利用机器学习和人工智能技术时，算法可以向用户解释其决策的基本原理和过程③以及其输出结果或过程合理性时，④ 消费者对于算法推荐的接受意愿也会显著提高。算法推荐的可解释性直接影响消费者对算法的信任，尤其是当算法失灵或输出结果不理想时，可解释性对于建立消费者对算法预测结果的信心变得更加至关重要，因为可解释的算法使得人们确信算法将提供可靠的结果。⑤ 另一方面，合理而有意义的结果不仅能够增强消费者对算法预测的信心，并且能够促使他们更正确地使用 AI 推荐系统，⑥ 从而提高消费者对于使用算法的满意度。

目前可解释的 AI 技术主要分为两类：第一类是基于算法模型

① Rai, A. (2020). Explainable AI: from black box to glass box. *Journal of the Academy of Marketing Science*, 48(1), 137-141. doi: 10.1007/s11747-019-00710-5.

② Herlocker, J. L., Konstan, J. A., & Riedl, J. (2000). *Explaining collaborative filtering recommendations*. Paper presented at the the 2000 ACM conference.

③ Rai, A. (2020). Explainable AI: from black box to glass box. *Journal of the Academy of Marketing Science*, 48(1), 137-141. doi: 10.1007/s11747-019-00710-5.

④ Gunning, D., & Aha, D. W. (2019). DARPA's Explainable Artificial Intelligence (XAI) Program. *AI Magazine*.

⑤ Ribeiro, M. T., Singh, S., & Guestrin, C. (2016, 2016-08-13). "*Why Should I Trust You?*": *Explaining the Predictions of Any Classifier*. Paper presented at the KDD '16: The 22nd ACM SIGKDD International Conference on Knowledge Discovery and Data Mining.

⑥ Lee, T. H., & Boynton, L. A. (2017). Conceptualizing transparency: Propositions for the integration of situational factors and stakeholders' perspectives. *Public Relations Inquiry*, 6(3), 233-251. doi: 10.1177/2046147X17694937.

的解释(modelling-based explanation),也称为事前解释,指的是算法模型设计本身是透明的,即模型自身就是可以解释的,① 如线性回归、决策树等。此类算法通常不需要额外的技术向用户解释其输出结果或过程。但这类模型不能处理非线性的复杂数据,因而在某种程度上降低了其推荐的精度。第二类是事后解释(post-hoc explanation),指的是给那些为了推荐精度而牺牲了透明性和可理解性的复杂算法模型(例如,基于多维输入、语音识别、图像识别和自然语言处理的深度学习和神经网络等)提供额外事后解释的技术。② 事后解释具体又可以分为狭义和广义两种:广义事后解释主要关注理解算法黑箱模型的整体逻辑和行为,而狭义事后解释则通过找到某次具体推荐的输入特征值与输出结果之间的相关性,进而为用户提供解释。无论是哪种技术,当消费者能够接触到算法的输入和处理过程的相关信息时,他们都会更愿意接受算法的推荐。③④

需要注意的是,尽管可解释性能够提高消费者对 AI 推荐服务的理解,提高其对事物掌控的自主需要满足,但过渡的解释也可能带来消费者信息过载的问题。一方面,消费者渴望掌握更多的信息、对决策过程有更清楚的了解。而另一方面,复杂的信息又会导

---

① Durán, J. M. (2021). Dissecting scientific explanation in AI (sXAI): A case for medicine and healthcare. *Artificial Intelligence*, 297, 103498. doi: 10.1016/j.artint.2021.103498.

② Guidotti, R., Monreale, A., Ruggieri, S., Turini, F., Giannotti, F., & Pedreschi, D. (2019). A Survey of Methods for Explaining Black Box Models. *ACM Computing Surveys*, 51(5), 1-42. doi: 10.1145/3236009.

③ Herlocker, J. L., Konstan, J. A., Terveen, L. G., & Riedl, J. T. (2004). Evaluating collaborative filtering recommender systems. *ACM Transactions on Information Systems*, 22(1), 5-53. doi: 10.1145/963770.963772.

④ McNee, S. M., Riedl, J., & Konstan, J. A. (2006, 2006-04-21). *Being accurate is not enough: how accuracy metrics have hurt recommender systems*. Paper presented at the CHI06: CHI 2006 Conference on Human Factors in Computing Systems.

致消费者的认知负荷和信息过载问题。① 相比于人类推荐者，算法提供的反馈更加全面和复杂，可能会因为传递的信息太多，让消费者难以消化。因此，可解释的 AI 发展也需要兼顾消费者的承受能力，在不至于引起消费者的信息处理负担的情况下提供对决策过程的解释，更能够提高消费者对算法的满意度。

3. AI 推荐结果可修改性与自主需要满足

自主需要表明人们有感受到"自我掌控"，或者能够按照自己的自由意志做出选择的需要。② 然而，AI 推荐算法的特性通常会阻碍消费者认为接受 AI 的推荐结果是出于其个人自由意志而做出的选择。一方面，AI"算法封装"的特性（也即隐藏对象的属性和实现细节，仅对外公开接口）使得消费者在面对算法推荐时无法了解算法的具体决策过程，只能被动接受算法输出的结果，从而没有办法获得对于算法决策过程的"参与感"，并产生控制权受到威胁的感知。③ 另一方面，算法决策过程通常涉及复杂的预测模型，极具专业性，往往很难被大多数消费者所理解，④ 这种专业壁垒也使得消费者对算法决策过程的了解和掌控程度进一步降低，使得他们产生"算法的推荐结果并非出于自己的意志"的感知，从而对于 AI 推荐系统的接受意愿降低。

因而，如果消费者能够获得被给予对于算法决策结果的控制权，他们采用 AI 推荐可能性也会提高。现有研究表明，一种提高

① Kim, J. H., Kim, M., Kwak, D. W., & Lee, S. （2022）. Home-Tutoring Services Assisted with Technology: Investigating the Role of Artificial Intelligence Using a Randomized Field Experiment. *Journal of Marketing Research*, 59（1）, 79-96. doi: 10.1177/00222437211050351.

② Deci, E. L., & Ryan, R. M. （2008）. Facilitating Optimal Motivation and Psychological Well- Being Across Life's Domains. *Canadian Psychology*, 49, 14-23.

③ Ananny, M., & Crawford, K. （2018）. Seeing without knowing: Limitations of the transparency ideal and its application to algorithmic accountability. *New Media & Society*, 20（3）, 973-989. doi: 10.1177/1461444816676645.

④ Vilone, G., & Longo, L. （2021）. Notions of explainability and evaluation approaches for explainable artificial intelligence. *Information Fusion*, 76, 89-106. doi: 10.1016/j. inffus. 2021. 05. 009.

消费者对 AI 推荐结果控制感的方法是给予消费者调整算法推荐或预测结果的机会。① 当消费者可以修改算法的预测结果时，他们不仅更可能选择使用算法的结果，并且得出的结果往往也更优。同时值得注意的是，即使消费者在修改时受到严格限制（例如只允许他们对算法的预测结果做出轻微修改），这种可修改算法的效应仍然存在。这就表明消费者仅是希望获得对于算法决策结果的某种控制，而对于自己能够进行修改的程度（即控制权的大小）相对不敏感。此外，给予消费者修改算法结果的权利能够使他们对预测的过程更加满意，更有可能相信该算法更优越，也更有可能选择使用算法进行后续的预测。因此，当消费者能够对算法预测的结果进行修改时，即使被给予的修改权限十分有限，他们也更有可能觉得使用算法的决策是出于自己的自由意志，从而使得自主需要得到满足，对于算法推荐的接受意愿也会相应提高。

（二）能力需要满足与 AI 推荐采用行为

能力需要反应了人们对自身成长的需要和对自我能力的肯定。② 在使用算法推荐的过程中，消费者自身的能力和算法发挥的能力交互影响消费者的自我效能感。因此，本文从推荐任务中使用者角色和 AI 角色定位两个方面，总结使用算法推荐对消费者能力需要满足的影响。

1. 用户专长性与能力需要满足

在一些专业化服务的领域中，AI 推荐在多大程度上会被用户采用被发现取决于用户或消费者自身的专长性。消费者的专长性通常反映了消费者对自己具有高于普通人的领域能力、能够胜任特定

① Dietvorst, B. J., Simmons, J. P., & Massey, C. (2018). Overcoming Algorithm Aversion：People Will Use Imperfect Algorithms If They Can (Even Slightly) Modify Them. *Management Science*, 64 (3), 1155-1170. doi：10.1287/ mnsc.2016.2643.

② Deci, E. L., & Ryan, R. M. (2014). Autonomy and need satisfaction in close relationships：Relationships motivation theory. In *Human motivation and interpersonal relationships：Theory, research, and applications*. (pp.53-73). New York, NY, US：Springer Science + Business Media.

领域专业任务的感知。当 AI 推荐不妨碍用户对自身能力的表达或感知时，消费者采用 AI 推荐的可能性会更高。而采用 AI 推荐是否影响消费者感到其能力需要满足受到限制，会因其在推荐任务领域的专业知识而异。[①]

在专业化服务领域（例如医疗和金融行业）中，相比于在这一领域专长性较低的消费者而言，专家往往倾向于把自己拥有的专业知识作为判断的来源和依据，[②③] 而将采用算法的意见视为对自己专长性和工作安全性的威胁，从而导致自我效能感降低。[④] 即使同为专家（例如医生），高级和低级专家对于采纳 AI 进行辅助诊断的意愿也有所不同。[⑤] 高级别专家往往不求助于 AI 辅助诊断，而只根据自己的诊断能力为病人提供诊断意见。与之相比，低级别专家更倾向于采用 AI 辅助诊断测试。这表明在专业服务领域中，专家不仅仅是利他主义者，他们也会考虑自身的利益，他们既关心客户的效用，也关心自身的声誉回报。而自身的声誉回报取决于同行对专家诊断能力的看法。从而，高级别专家可能会跳过必要的 AI 诊断测试环节，以将他们自己与低级别专家区分开来。

对于在某一领域专长性较低的消费者而言，他们更有可能拒绝采纳算法的推荐而依赖人类专家的建议，因为在推荐任务方面缺乏

① Logg, J. M., Minson, J. A., & Moore, D. A. (2019). Algorithm appreciation: People prefer algorithmic to human judgment. *Organizational Behavior and Human Decision Processes*, 151, 90-103. doi: 10. 1016/j. obhdp. 2018. 12. 005.

② Alba, J. W., & Hutchinson, J. W. (1987). Dimensions of Consumer Expertise. *Journal of Consumer Research*, 13(4), 411. doi: 10. 1086/209080.

③ Sanbonmatsu, D. M., Kardes, F. R., & Herr, P. M. (1992). The role of prior knowledge and missing information in multiattribute evaluation. *Organizational Behavior and Human Decision Processes*, 51(1), 76-91. doi: 10. 1016/0749-5978 (92)90005-R.

④ Logg, J. (2017). Theory of Machine: When Do People Rely on Algorithms? *SSRN Electronic Journal*. doi: 10. 2139/ssrn. 2941774.

⑤ Dai, T., & Singh, S. (2020). Conspicuous by Its Absence: Diagnostic Expert Testing Under Uncertainty. *Marketing Science*, 39(3), 540-563. doi: 10. 1287/mksc. 2019. 1201.

专业知识的消费者通常只能用自己有限的专业知识来评估 AI 对于执行推荐任务的能力，而对于 AI 提供的建议不能形成客观而准确的认知。① 在普通消费者的固有认知中，人类专家是可信赖的、值得依靠的，因此当他们无法分辨出算法提供的推荐的好坏时，更倾向于选择人类专家的建议。

此外，以往文献表明，消费者自身专长性对于其对 AI 推荐的采纳意愿的影响是非线性的。② 相比于专家型消费者和普通消费者而言，对于具有中等专长性的消费者一方面不太可能因采用 AI 建议而威胁到他们的自我效能感，另一方面他们还可能拥有一定的推荐领域专业知识。因此他们更有可能能够理解算法的功能，欣赏算法的推荐能力，从而更有可能采用算法的推荐来帮助他们做出决策。

2. AI 角色定位与能力需要满足

在执行推荐任务的过程中，AI 可以扮演不同的角色。一方面，AI 可以作为人类的助手，增强消费者的能力，辅助他们做决定。例如 AI 可以为 Stitch Fix 中的造型师提供辅助判断，帮助他们为客户做出合适的推荐。③ 另一方面，AI 也可以直接代替人类做出行动。例如 Conversica AI 可以独立地向外国潜在的客户发送电子邮件，并且通过翻译和理解他们的回复，识别出最有可能发展成潜在用户的客户。④

在为消费者提供决策的过程中，AI 所承担的这两种不同类型

---

① Rocklage, M. D., Rucker, D. D., & Nordgren, L. F. (2021). Emotionally Numb：Expertise Dulls Consumer Experience. *Journal of Consumer Research*, 48(3), 355-373. doi：10.1093/jcr/ucab015.

② Luo, X., Qin, M. S., Fang, Z., & Qu, Z. (2021). Artificial Intelligence Coaches for Sales Agents：Caveats and Solutions. *Journal of Marketing*, 85(2), 14-32. doi：10.1177/0022242920956676.

③ Gaudin, S. (2016, 2016-5-6). At stitch fix, data scientists and a.I. become personal stylists. *Insider Pro*.

④ Power, B. (2017, 2017-6-12). How AI Is Streamlining Marketing and Sales. *Harvard Business Review*.

的角色会影响消费者对于自身能力的感知。当 AI 被定位为人类的助手，承担辅助人类消费者进行决策判断的角色时，消费者倾向于将人工智能的建议视为扩展了自身的知识，并且提高了他们执行任务的能力，因而帮助他们获得了更强的自我效能感。① 相反，当 AI 被视为人类对某项任务执行的替代者，完全取代了消费者做出决策时，消费者会认为自己的能力需要满足受到了限制，即感知到自我效能和成就感被抑制，从而加剧了算法厌恶。

（三）关系需要满足与 AI 推荐采用行为

关系需要与人们的社会联系相关，它反映了人们渴望感受到与群体的密切联系，获得他人的关心、理解和认同，并且向他人表达关心，② 也即关系需要主要包括感受到关心和向他人表达关心两方面。在消费者和 AI 交互的过程中，由于 AI 的特性，人们往往会认为 AI 缺乏对个体的关心。相应地，当前有关 AI 推荐采用行为的相关研究主要涉及到的是消费者是否感到自己的需要被 AI 关心。

1. AI 推荐的温情感与关系需要满足

人类关系需要的表现形式之一蕴含在人与人之间（而非人与物之间）的社会互动中。个体在与他人的互动过程中能够感受到亲密感和温情，从而获得关系需要的满足。然而，人们通常会将 AI 视为机械化、冰冷的物体，认为自己很难与人工智能建立像与人类一样的社会联系。③ 尤其是在涉及个性化的、高卷入度的和情感性的

---

① Marinova, D., de Ruyter, K., Huang, M.-H., Meuter, M. L., & Challagalla, G. （2017）. Getting Smart：Learning From Technology-Empowered Frontline Interactions. *Journal of Service Research*，20（1），29-42. doi：10.1177/1094670516679273.

② Deci, E. L., & Ryan, R. M. （2014）. Autonomy and need satisfaction in close relationships：Relationships motivation theory. In *Human motivation and interpersonal relationships：Theory, research, and applications*. （pp. 53-73）. New York, NY, US：Springer Science + Business Media.

③ Prahl, A., & Van Swol, L. （2017）. Understanding algorithm aversion：When is advice from automation discounted? *Journal of Forecasting*，36（6），691-702. doi：10.1002/for.2464.

任务时，由于消费者认为人工智能缺乏执行这样的任务所需的情感能力和同理心，因此他们往往不愿意使用人工智能提供的服务。例如在医疗行业中，消费者期望能从医护人员处得到温暖，感受到自己的独特需求被满足，而相比于人类医护人员，人工智能被视为"缺乏同理心"并且"不具备责任心"，因此不愿意接受 AI 提供的医疗服务。①

因此，在 AI 推荐服务领域中，满足关系需要的一种方式就是通过类人化设计来增强人与 AI 之间的社会联系感。人工智能的类人化设计主要分为两个方面：外观上的拟人化和提高 AI 与人类的沟通交流能力。②③ AI 的外形设计主要分为仿人型、仿动物型和机器型。④ 虽然外形对于消费者对 AI 偏好的影响还没有明确的定论，但是现有研究普遍发现，外观与人类的外形相似，或者具有人类的某些面部特征的 AI 产品更容易激发消费者。这些拟人化的设计特征能够拉近消费者与 AI 的距离，增加消费者对 AI 热情的感知。⑤另一方面，赋予 AI 与消费者开展个性化对话的能力也能使 AI 像表

① Longoni, C., Bonezzi, A., & Morewedge, C. K. (2019). Resistance to Medical Artificial Intelligence. *Journal of Consumer Research*, 46(4), 629-650. doi: 10.1093/jcr/ucz013.

② Benlian, A., Klumpe, J., & Hinz, O. (2020). Mitigating the intrusive effects of smart home assistants by using anthropomorphic design features: A multimethod investigation. *Information Systems Journal*, 30(6), 1010-1042. doi: 10.1111/isj.12243.

③ Yun, J. H., Lee, E. J., & Kim, D. H. (2021). Behavioral and neural evidence on consumer responses to human doctors and medical artificial intelligence. *Psychology & Marketing*, 38(4), 610-625. doi: 10.1002/mar.21445.

④ Gong, L., & Nass, C. (2007). When a Talking-Face Computer Agent is Half-Human and Half-Humanoid: Human Identity and Consistency Preference. *Human Communication Research*, 33(2), 163-193. doi: 10.1111/j.1468-2958.2007.00295.x.

⑤ Kim, S. Y., Schmitt, B. H., & Thalmann, N. M. (2019). Eliza in the uncanny valley: anthropomorphizing consumer robots increases their perceived warmth but decreases liking. *MARKETING LETTERS*, 30(1), 1-12. doi: 10.1007/s11002-019-09485-9.

现得像人类一样,① 从而当与 AI 互动时, 消费者会更感觉到自己是在与一个真人而不是虚拟的机器进行连接, 提升了他们与 AI 的亲近感。因此, 当 AI 能够提供类人的交互时, 消费者的关系需要能够得到更好地满足,② 从而使消费者更容易接受 AI 的推荐。

值得注意的是, 由于"恐怖谷效应"③的存在, AI 拟人化所带来的影响并不总是正面的, 过度的类人感知可能反而会引起消费者的厌恶。这是因为虽然 AI 拟人化能够在一定程度上减轻消费者对 AI 的疏离感, 但是过度拟人化可能会引发人们人类身份受到威胁的感知并且产生不适应感。④ 当前人工智能的技术发展水平还不能使得 AI 的外观做到完全的类人, 而这种试图模仿人又不能完全达到和人类相同的状态反而会引起消费者"怪异"的感知——人们会感受到所预期机器人拥有的人类特征和其实际上不完美、无法实现完全类人特征之间的不匹配。例如当面对智能机器人提供的送餐服务时, 消费者会通过增加卡路里的摄入量这一补偿性行为来缓解面对智能机器人的不适应感。

2. AI 推荐的个性化与关系需要满足

人类关系需要的另一个重要方面是, 人们有感受到自己的独特需求被看见并且被关心的需要。换句话说, 消费者通常认为自己是独一无二的, 并且希望自己的独特需求能够得到满足。然而由于

---

① Yun, J. H., Lee, E. J., & Kim, D. H. (2021). Behavioral and neural evidence on consumer responses to human doctors and medical artificial intelligence. *Psychology & Marketing*, 38(4), 610-625. doi: 10. 1002/mar. 21445.

② Epley, N., Waytz, A., & Cacioppo, J. T. (2007). On seeing human: A three-factor theory of anthropomorphism. *PSYCHOLOGICAL REVIEW*, 114(4), 864-886. doi: 10. 1037/0033-295X. 114. 4. 864.

③ Mori, M., MacDorman, K., & Kageki, N. (2012). The Uncanny Valley [From the Field]. *IEEE Robotics & Automation Magazine*, 19(2), 98-100. doi: 10. 1109/MRA. 2012. 2192811.

④ Mende, M., Scott, M. L., van Doorn, J., Grewal, D., & Shanks, I. (2019). Service Robots Rising: How Humanoid Robots Influence Service Experiences and Elicit Compensatory Consumer Responses. *Journal of Marketing Research*, 56(4), 535-556. doi: 10. 1177/0022243718822827.

AI 的算法程序是预先设定好的，消费者往往会认为 AI 只会以标准化和机械化的方式去运行，以同样的方式处理每一个案例，[①] 尽管实际情况可能并非如此。因此，消费者会担心人工智能将相似地对待每一种情况，他们的独特性将被忽视。[②③] 这种消费者期望自己的独特需求能够被满足和认为算法只能提供"标准化"服务之间的信念不匹配是引起消费者产生算法厌恶感的重要原因之一。

因此，当人工智能被视为能够做出个性化的推荐，也即能够根据每个消费者的偏好和具体情况提供不同的建议时，消费者会觉得他们独特的需求得到了充分考虑，并更有可能与 AI 建立社会联系。[④⑤] 从而，当消费者认为 AI 的推荐是个性化的，他们对 AI 推荐的抵制也会减弱。

四、总结、管理建议与未来研究展望

（一）总结

早期 AI 的研究集中于以 AI 为中心，探讨 AI 的技术特征对于消费者采用 AI 推荐的影响。这些研究更多地是将 AI 看作是一种一

---

① Nissenbaum, H., & Walker, D. (1998). Will computers dehumanize education? A grounded approach to values at risk. *Technology in Society*, 20(3), 237-273. doi：10.1016/S0160-791X(98)00011-6.

② Granulo, A., Fuchs, C., & Puntoni, S. (2021). Preference for Human (vs. Robotic) Labor is Stronger in Symbolic Consumption Contexts. *Journal of Consumer Psychology*, 31(1), 72-80. doi：10.1002/jcpy.1181.

③ Longoni, C., Bonezzi, A., & Morewedge, C. K. (2019). Resistance to Medical Artificial Intelligence. *Journal of Consumer Research*, 46(4), 629-650. doi：10.1093/jcr/ucz013.

④ Komiak, & Benbasat. (2006). The Effects of Personalization and Familiarity on Trust and Adoption of Recommendation Agents. *MIS Quarterly*, 30(4), 941. doi：10.2307/25148760.

⑤ Longoni, C., Bonezzi, A., & Morewedge, C. K. (2019). Resistance to Medical Artificial Intelligence. *Journal of Consumer Research*, 46(4), 629-650. doi：10.1093/jcr/ucz013.

般化的新技术，因而采用新技术接受模型（*technology adoption models*①）和整合性技术接受与使用模型（unified theory of acceptance and use of technology②）来探讨算法厌恶的问题。这些采用传统的技术接受理论的研究增进了关于用户对新技术接受度的理解，③ 有助于解释人工智能技术发展的早期消费者对于人工智能使用的态度。

  然而，与以往低水平的机器或者自动化不同，人工智能的设计目的是展示人类的某些智能。④ 人工智能被视为在代理（agency，即影响或被其他实体影响的能力⑤）、自主（autonomy，指能够独立运作的能力⑥）和权威（authority，指能够控制其他实体并做出自己决定的能力⑦）方面有别于以前的低水平技术。⑧ 因此，算法厌恶不仅源于消费者对 AI 执行推荐任务的能力（例如进行精确估计或准确预测的能力）的不信任，还源于消费者在与 AI 推荐系统交互

---

① Davis, F. D., Bagozzi, R. P., & Warshaw, P. R. (1989). User Acceptance of Computer Technology: A Comparison of Two Theoretical Models. *Management Science*, 35(8), 982-1003. doi: 10.1287/mnsc.35.8.982.

② Venkatesh, V., Morris, M. G., Davis, G. B., & Davis, F. D. (2003). User Acceptance of Information Technology: Toward a Unified View. *MIS Quarterly*, 27(3), 425. doi: 10.2307/30036540.

③ Sohn, K., & Kwon, O. (2020). Technology acceptance theories and factors influencing artificial Intelligence-based intelligent products. *Telematics and Informatics*, 47, 101324. doi: 10.1016/j.tele.2019.101324.

④ Huang, M. -H., & Rust, R. T. (2018). Artificial Intelligence in Service. *Journal of Service Research*, 21(2), 155-172. doi: 10.1177/1094670517752459.

⑤ Franklin, S., & Graesser, A. C. (1996). *Is it an Agent, or Just a Program?: A Taxonomy for Autonomous Agents*. Paper presented at the ATAL.

⑥ Parasuraman, R., Sheridan, T. B., & Wickens, C. D. (2000). A model for types and levels of human interaction with automation. *IEEE transactions on systems, man, and cybernetics. Part A, Systems and humans: a publication of the IEEE Systems, Man, and Cybernetics Society*, 30 3, 286-297.

⑦ Hansen, J., Pigozzi, G., & van der Torre, L. (2007). *Ten Philosophical Problems in Deontic Logic*. Paper presented at the Normative Multi-agent Systems.

⑧ Diakopoulos, N. (2016). Accountability in algorithmic decision making. *Communications of the ACM*, 59(2), 56-62. doi: 10.1145/2844110.

过程中的负面体验(例如感觉自己的身份受到威胁)。

随着 AI 已经深入到消费者生活的方方面面,前沿研究已经从消费者心理满足的视角,从 AI 推荐的技术、设计和情境特征展开深入研究,以期获得提升消费者 AI 推荐采用行为的策略。本文引入自我决定理论,通过对消费者使用 AI 推荐的过程中其自主、关系、能力三种基本心理需要得以满足的程度,系统地梳理了相关 AI 推荐采用行为的前沿研究。这些研究表现出了以下几个方面的特点。

第一,近些年基于消费者心理需要满足视角展开 AI 推荐采用行为的研究逐渐增多。尤其是基于自主和关系需要的满足,现有研究对提升消费者 AI 推荐使用的控制感满足[1]和温情需求满足[2]做出了较多探讨。这些探索有利于对消费者厌恶 AI 的原因和形成机制有清晰的了解。

第二,现有基于心理需要满足视角的 AI 推荐采用行为研究也开发和检验了多种有效缓解 AI 厌恶的策略。在自主需要满足方面,这些研究提出增加算法透明度、可解释度和可修改度来缓解 AI 厌恶。[3][4][5] 在能力需要满足方面,可以通过匹配用户在 AI 推荐领域

[1] Dietvorst, B. J., Simmons, J. P., & Massey, C. (2018). Overcoming Algorithm Aversion: People Will Use Imperfect Algorithms If They Can (Even Slightly) Modify Them. *Management Science*, 64 (3), 1155-1170. doi: 10.1287/mnsc. 2016. 2643.

[2] Longoni, C., Bonezzi, A., & Morewedge, C. K. (2019). Resistance to Medical Artificial Intelligence. *Journal of Consumer Research*, 46(4), 629-650. doi: 10.1093/jcr/ucz013.

[3] Dietvorst, B. J., Simmons, J. P., & Massey, C. (2018). Overcoming Algorithm Aversion: People Will Use Imperfect Algorithms If They Can (Even Slightly) Modify Them. *Management Science*, 64 (3), 1155-1170. doi: 10.1287/mnsc. 2016. 2643.

[4] Puntoni, S., Reczek, R. W., Giesler, M., & Botti, S. (2021). Consumers and Artificial Intelligence: An Experiential Perspective. *Journal of Marketing*, 85(1), 131-151. doi: 10.1177/0022242920953847.

[5] Rai, A. (2020). Explainable AI: from black box to glass box. *Journal of the Academy of Marketing Science*, 48(1), 137-141. doi: 10.1007/s11747-019-00710-5.

的专长性以及在与人类交互时有效定位 AI 角色等策略来提升 AI 推荐采用行为。①② 在关系需要满足方面，可以通过增强 AI 推荐的温情感和个性化来提升消费者采用 AI 推荐的内在动机。③④

第三，当前的大部分研究集中从算法厌恶的角度探究消费者对 AI 的采纳，但较少有文章着眼于对算法偏好的研究。目前已有众多文献从医疗、购物推荐、餐饮等领域对消费者厌恶 AI 的原因进行了广泛的探讨，然而只有少量研究从算法偏好的角度，⑤ 对消费者倾向于 AI 而不是人类推荐的情境进行探究。

（二）管理启示和应用建议

基于自主需要满足的视角的行业应用启示。消费者的自主需要表明他们有获得掌控感和自己的自由意志得到发挥的需求。上述研究回顾也为许多行业提供了较好的管理建议。例如在零售行业中，当消费者在接受算法做出的推荐时，算法应当只是起到辅助消费者做选择的角色，仅给出参考意见，而最终的购买决定权仍交给消费者。消费者获得控制感，也包括对于算法做出决策的过程有清楚的

---

① Dai, T., & Singh, S. (2020). Conspicuous by Its Absence：Diagnostic Expert Testing Under Uncertainty. *Marketing Science*, 39 (3), 540-563. doi：10. 1287/mksc. 2019. 1201.

② Marinova, D., de Ruyter, K., Huang, M. -H., Meuter, M. L., & Challagalla, G. (2017). Getting Smart：Learning From Technology-Empowered Frontline Interactions. *Journal of Service Research*, 20 (1), 29-42. doi：10. 1177/1094670516679273.

③ Longoni, C., Bonezzi, A., & Morewedge, C. K. (2019). Resistance to Medical Artificial Intelligence. *Journal of Consumer Research*, 46(4), 629-650. doi：10. 1093/jcr/ucz013.

④ Yun, J. H., Lee, E. J., & Kim, D. H. (2021). Behavioral and neural evidence on consumer responses to human doctors and medical artificial intelligence. *Psychology & Marketing*, 38(4), 610-625. doi：10. 1002/mar. 21445.

⑤ Logg, J. M., Minson, J. A., & Moore, D. A. (2019). Algorithm appreciation：People prefer algorithmic to human judgment. *Organizational Behavior and Human Decision Processes*, 151, 90-103. doi：10. 1016/j. obhdp. 2018. 12. 005.

了解,① 因此在金融领域, 当 AI 做出投资推荐时, 应当披露算法做出判断的决策依据, 例如基于的数据来源、计算方法和模型, 以及输出结果的具体含义。

此外, 在算法提供服务的过程中, 往往需要利用消费者的个人信息和数据来提供个性化的服务,② 这可能会使部分消费者产生隐私受到侵犯, 引起个体的自由意志受到限制的感知。③ 因此在零售和餐饮等服务也中, AI 系统的设计应当避免让消费者产生个人隐私受到侵犯的感知, 具体可以通过在获取消费者信息之前先获得消费者的授权, 经消费者允许之后再使用其个人数据等方法来实现。

基于能力需要满足视角的行业应用启示, 人们有感受到自己的能力得到发挥, 自我效能感得到满足的需求。因此在专业化服务相关的领域, 对 AI 系统的设计过程中应当避免个人的能力发展受到限制。例如医疗行业中, 当专家使用 AI 辅助进行诊断时, 可能将 AI 视为对自己专业性的威胁,④ 因此在医疗推荐系统的设计中, 一方面应当使人类医生和 AI 有着更清晰的职能划分, 另一方面应该将 AI 的作用设定为仅仅是辅助人类专家做出判断, 而将诊断结果的最终决定权交给人类医生。此外在金融、法律等专业性较高的行业, AI 也应当起到辅助人类专家做判断, 而不是直接取代人类专家做决策的角色, 从而使人类的专长性得到发挥, 减少人类专家对于 AI 的抵触心理。

基于关系需要满足视角的行业应用启示。消费者有关心他人和

① Rai, A. (2020). Explainable AI: from black box to glass box. *Journal of the Academy of Marketing Science*, 48(1), 137-141. doi: 10.1007/s11747-019-00710-5.

② Risteska Stojkoska, B., Trivodaliev, K., & Davcev, D. (2017). Internet of Things Framework for Home Care Systems. *Wireless Communications and Mobile Computing*, 2017, 8323646. doi: 10.1155/2017/8323646.

③ Puntoni, S., Reczek, R. W., Giesler, M., & Botti, S. (2021). Consumers and Artificial Intelligence: An Experiential Perspective. *Journal of Marketing*, 85(1), 131-151. doi: 10.1177/0022242920953847.

④ Logg, J. (2017). Theory of Machine: When Do People Rely on Algorithms? *SSRN Electronic Journal*. doi: 10.2139/ssrn.2941774.

感受到被他人关心的需求，被他人关心感受到温情和感受到自己的独特需求被满足来实现。例如在医疗行业中，患者期望医护人员具有同理心，能够给予他们温暖，同时，希望自己的独特病症能够被看到，独特需求能够得到满足。[①] 因此，在医疗行业中，设计 AI 系统时应当一方面赋予 AI 能够"回应"消费者心理诉求的能力，让他们感受到自己遭受的病情能够被 AI 理解；另一方面，AI 系统应当被定义为是"个性化"而非"标准化"的，也即能够根据病人的具体情况做出有针对性的诊断，让病人感受到自己的病情是被关心的。

在零售行业中，消费者通常也认为自己的偏好和需求是独特的，因而希望接受到个性化的推荐。[②] 因此在零售行业的 AI 系统设计中，也应当强调 AI 系统提供的服务是针对消费者提供的个性化服务，使他们感受到自己的独特性偏好被满足。此外，在零售和餐饮等服务行业中，目前服务机器人得到了越来越多的应用，消费者和机器人之前也有了更多的互动场景，之前的研究表明在外观上类人但是不完全像人的机器人可能会引起消费者的不适，因此在服务机器人的设计中，应当增加拟人化的设计，尽量使服务机器人与人类外观相似，从而使消费者感知到拥有与人类社交类似的互动。[③]

（三）未来研究展望

随着 AI 技术的发展和相关消费者研究的深入，消费者对 AI 推荐能力的认知偏见逐渐得到了有效缓解和纠正。如何提高消费者采

---

① Longoni, C., Bonezzi, A., & Morewedge, C. K. (2019). Resistance to Medical Artificial Intelligence. *Journal of Consumer Research*, 46(4), 629-650. doi: 10.1093/jcr/ucz013.

② Granulo, A., Fuchs, C., & Puntoni, S. (2021). Preference for Human (vs. Robotic) Labor is Stronger in Symbolic Consumption Contexts. *Journal of Consumer Psychology*, 31(1), 72-80. doi: 10.1002/jcpy.1181.

③ Prahl, A., & Van Swol, L. (2017). Understanding algorithm aversion: When is advice from automation discounted? *Journal of Forecasting*, 36(6), 691-702. doi: 10.1002/for.2464.

用 AI 推荐的采用动机成为了具有潜力的研究方向。自我决定的动机理论为后续研究提供了一个很好的理论基础和框架。尽管前一节的内容已表明，一些研究已经沿着这一方向展开了探讨，但 AI 推荐服务如何通过促进自主、关系、能力需要的满足，减少对这三种基本心理需要满足的妨碍，仍有较大的研究空间和潜力。

首先，在自主需要满足方面，后续研究可以沿着 AI 系统的输入、过程和输出三个方面，探讨 AI 推荐服务如何能够更好地满足消费者的自主需要。

第一，后续研究可以从宏观和微观两个方面提升消费者对 AI 系统数据输入的控制感。从宏观层面上，后续研究可以探讨何种数据治理机制能够使得消费者对 AI 使用数据的透明性有更显著的贡献，包括但不仅限于探讨不同的信用担保机制、数据共享机制、法律和行业规范如何有助于提升消费者对个人数据和信息的控制感，从而提升 AI 推荐的采用行为。在微观层面上，由于一些 AI 服务对于消费者数据的不合理和超范围的使用，使得消费者对于隐私侵犯问题极为敏感，从而导致企业在尊重消费者隐私保护的努力效果不明显。因此，后续研究可以考虑如何对消费者的数据隐私担忧进行脱敏训练或教育，[1] 从而使得消费者感知的数据控制权与实际的数据控制权相匹配。

第二，在 AI 推荐决策过程方面，尽管现有研究表明增强 AI 推荐的可解释性能够有助于消费者的采用行为，但对于解释的形式和内容的差异性仍有待进一步深入探讨。例如，后续研究可以探讨对 AI 推荐的输入解释和过程解释之间的差异性。另外，除了可解释性这一视角外，增加消费者对 AI 推荐过程可控性的方法还可以从过程互动的角度展开。在面对人类推荐者的过程中，消费者往往因为能够与人类决策者产生面对面的真实互动，从而获得对于推荐过程的掌控感。例如在医疗环境中，人们能够在问诊过程中和医生产生实际的交流和互动，在交互的过程中获得参与感，从而对于推荐

---

①   Malinauskas, R. (2003). Peculiarities of Emotional States of Sportsmen in Cyclic Sports. *International Journal of Sport Psychology*, 34, 289-298.

结果的接受度较高。因此，后续可以探讨有效的 AI 系统的交互设计模式，使得消费者感知到(有可能并非事实上)更多地参与到 AI 的推荐产生过程中，从而通过提升对 AI 推荐过程的控制感而提升消费者的采用行为。

第三，在 AI 推荐的输出方面，尽管先前研究已经表明赋予消费者对 AI 推荐结果的修改权力能够有效缓解消费者对于结果控制感的缺失，① 后续可以探讨更多的消费者感知结果可控性的有效方式。例如，后续研究可以考察对 AI 推荐结果的不同解释方式，如抽象解释(结果产生的原因或机制)还是具体解释方式(结果产生的具象化形式)如何影响消费者对 AI 结果的可控性感知。

其次，在能力需要方面，后续研究可以从消费者特征和 AI 应用与设计两个方面考虑如何提升消费者采用 AI 推荐的能力需要满足。在消费者方面，后续研究可以进一步识别能力需要满足的个体差异性。例如，向消费者提供修改 AI 推荐结果的机会可能会因消费者的专业领域知识的占有量的不同而不同。专业人士的高自主需要与结果的可修改性存在一定的匹配效应，而非专业人士的低领域知识拥有量与 AI 推荐结果的可修改性并不一定匹配。这也表明后续研究可以探讨不同种心理需要满足对 AI 推荐采用行为的相互促进或抑制作用。

在 AI 应用与设计方面，后续研究可以考察不同推荐领域中消费者对 AI 推荐的接受程度差异。例如，对于一些旨在提升个体自身能力的领域，例如在线教育与在线培训领域，消费者对于 AI 的厌恶可能并不会过于明显。与之相比，在一些自我呈现(self-representation)较高的情境中，例如的前台表演和前台展示中，AI 厌恶的可能性会更高。此外，即使是在同一领域中的不同环节，如游戏训练还是游戏对战环节，消费者是处于学习阶段还是表演阶段

① Dietvorst, B. J., Simmons, J. P., & Massey, C. (2018). Overcoming Algorithm Aversion: People Will Use Imperfect Algorithms If They Can (Even Slightly) Modify Them. *Management Science*, 64 (3), 1155-1170. doi: 10.1287/mnsc. 2016. 2643.

的区分也可能影响其能力需要的满足，进而影响对 AI 的接受或厌恶。

最后，在关系需要满足方面，后续研究可继续沿着提高 AI 的温情感和满足个性化需求两个维度展开。

第一，尽管提高 AI 温情感的现有研究已经较多地探讨了 AI 系统如何促进消费者感受到被他人关心，但较少有文献探讨 AI 系统如何促进消费者关心他人而提升 AI 采用意愿。关心他人的需要在许多涉及到共同消费的情境中都存在，例如在共同点餐、智慧养老共同体等情境中，AI 的使用有可能会抑制消费者对他人关心的表达，[1] 从而产生 AI 厌恶。后续研究可以探讨可行的 AI 设计模式来满足消费者关心他人的需要。

第二，尽管个性化需要能够使得消费者感到其独特性需求得到满足，但是精准的个性化推荐意味着用户需要披露更多的个人信息，这也与消费者隐私保护的需求相违背。[2] 因此当前的研究仍然需要对如何在保护消费者的隐私的基础上为其提供精准推荐做出更多的探究。例如消费者是否对于特定的数据更为敏感？哪些个人数据的收集会使得消费者产生"被剥削"的感知？此外，如何优化数据收集的工具，从而降低消费者对于隐私受到侵犯的感知？这些问题的解决有望进一步提高消费者对于算法的接受意愿。

① Garcia-Rada, X., Steffel, M., Williams, E. F., & Norton, M. I. (2022). Consumers Value Effort over Ease When Caring for Close Others. *Journal of Consumer Research*, 48(6), 970-990. doi: 10.1093/jcr/ucab039.

② Puntoni, S., Reczek, R. W., Giesler, M., & Botti, S. (2021). Consumers and Artificial Intelligence: An Experiential Perspective. *Journal of Marketing*, 85(1), 131-151. doi: 10.1177/0022242920953847.

美欧碳金融前沿问题研究进展及评述*

刘　威　赵智慧　陈　笑　郭芳辰**

摘　要：在利用金融业加快推进中国碳排放权交易市场建设过程中，科学回溯西方发达国家，尤其是美欧等国的碳金融发展起源、历史进程及发展趋势，了解国外有关碳金融问题的前沿文献研究，有利于中国实现"双碳经济"的发展目标。基于此，本文通过梳理 Web of Science 核心合集中有关碳金融问题的文献内容，在总结国外学者对碳金融市场的前期研究文献的基础上，重点聚焦于碳金融相关问题的研究起源和发展情况进行文献综述，进而提出对中国碳金融市场建设的政策启示以及未来国内在碳金融上的进一步研究趋势。

关键词：碳金融；碳市场；美欧国家；政策启示

一、引言

党的二十大报告明确提出当前要推动我国的绿色发展，促进人

＊ 本文系武汉大学自主科研项目（人文社会科学）"美欧碳金融前沿问题研究"（项目批准号：1201/413000374）的研究成果，得到"中央高校基本科研业务费专项资金"资助。

＊＊ 刘威，武汉大学经济与管理学院教授、博士生导师；赵智慧，武汉大学经济与管理学院博士研究生；陈笑，武汉大学经济与管理学院硕士研究生；郭芳辰，武汉大学经济与管理学院硕士研究生。

与自然和谐共生。而绿色经济发展的途径之一是实现我国的低碳经济。低碳经济是一类低环境污染、低能源消耗、低碳排放的社会经济发展模式。目前，世界上很多国家或地区，尤其是美欧等发达国家已经开始将低碳经济作为培育国家竞争优势的重要渠道，率先推进自身低碳技术与产业的发展。对中国而言，发展低碳经济不仅是自身对外承担防止世界气候恶化责任的需要，也是推动国内经济发展和产业转型升级的主要方向。因此，碳金融在"低碳转型升级"的大趋势下开始发展，成为推动中国及世界各国低碳经济和能源结构转型的重要引擎之一。

作为市场型环境规制手段之一的碳市场，是基于碳配额的碳金融市场，其被定义为温室气体排放权交易及与之相关的各种金融活动和交易的总称，它可以分为基于碳配额的碳金融市场和基于碳减排项目的碳金融市场。2005 年，在《京都议定书》正式生效后，许多国家或地区在该框架下履行碳减排义务，逐步建立起与之相关的碳金融市场体系，包括碳排放权金融交易和以碳减排为目标的投融资行为。就我国而言，自 2013 年，深圳、上海、北京、广东、天津、湖北和重庆等七个区域碳交易试点市场开始运行，2021 年 7 月 16 日，我国以发电行业为核心启动全国碳排放权交易体系，。而在推进全国碳排放权交易市场建设的过程中，科学发展碳金融是全国碳市场建设能否顺利推进的前期基础和重要保障。

2005 年生效的《京都议定书》推出国际排放交易（IET）、联合履约机制（JI）和清洁发展机制（CDM）等三类市场机制，以此为基础，国际碳金融市场发展起来，其中，实行限额交易的欧盟排放交易系统（EU ETS）、实行自愿减排的芝加哥气候交易所（CCX）、实行强制减排的澳洲新南威尔士州温室气体减排体系（GGAS）已成为世界市场上最具影响力的碳金融市场体系。近年来，中国在"两省五市"碳交易试点基础上，快速发展绿色债券、绿色信贷等绿色金融工具。而随着碳达峰和碳中和目标的提出，各试点也在加快推出碳金融工具。然而，由于起步时间短，我国的碳金融市场发展仍处于初级阶段，远不能满足碳市场发展中的金融交易需求。科学回溯各国，尤其是美欧等发达国家的碳金融发展起源、进程特征及发展趋势，了解国外有关碳金融问题的理论研究现状，梳理碳金融工具及其影响，有利于中国进一步推进 2030 年碳达峰和 2060 年碳中和的目标真正得以实现。

基于此，本文在总结国外学者对碳金融的前期研究文献基础上，重点聚焦碳金融的起源和发展进行综述，从而得出对中国碳金融建设的政策启示以及未来国内有关碳金融问题的进一步研究方向。

二、碳金融起源的相关研究

（一）碳金融起源之绿色金融问题的研究

碳金融是绿色金融的重要组成部分之一，其势必要在绿色金融市场发展的基础上加以完善。绿色金融最初是为可持续经济发展服务而提出的一类金融活动，2016 年绿色金融在中国等的推动下首次被列入 G20 峰会议题，2021 年 G20 设立了可持续金融研究小组，使绿色金融进入发展的快车道。国内外越来越多的研究集中在绿色金融概念、发展绿色金融的风险、绿色金融工具和绿色金融创新。

首先，关于绿色金融概念的研究，国内外学术界并没有形成统一认识。早期学者的研究重点并不是绿色金融本身，而是研究环境保护和实体经济的增长间的关系，其中最为经典的是环境库兹涅茨理论。Grossman 和 Krueger（1995）研究了人均收入和城市空气污染指标、河流流域氧态指标、河流流域粪便污染指标和河流流域重金属污染指标间的关系，发现环境质量并没有因为经济增长而恶化，而经济增长会导致环境最初的恶化，而后是改善，因此 Grossman 和 Krueger 提出了一国环境会随经济增长先恶化再逐步改善的环境库兹涅茨理论。[①] 随着可持续发展理论得到越来越多认同，国外学者开始在金融领域融入绿色理念的研究，Cowan（1998）认为环境金融关

---

① Grossman G M, Krueger A B. Economic Growth and the Environment [J]. The Quarterly Journal of Economics, 1995, 110(2): 353-377.

注的是为减少水污染、减少二氧化碳排放、保护自然资源等目标买单的现实问题研究。① Labatt 和 White（2002）则认为环境金融是包括所有旨在提高环境质量和转移环境风险的市场工具的总和。② Lindenberg（2014）认为绿色金融由公共和私人绿色投融资、绿色政策和项目支持、绿色金融工具构成。③

其次，关于绿色金融的风险和阻碍的研究，国外学术界普遍认为一国政策的完善程度和稳定性将会影响其绿色投资的风险，从而影响一国绿色金融发展。Criscuolo 和 Menon（2015）发现国家政策的长短、以及是否稳定会影响绿色投资风险，如为发展环境技术市场而设计的长期政策与更高水平的风险投资相关，而短期政策与风险投资的相关性则较弱，所以长期政策有更强的稳定性和可持续性，可以降低国家绿色投资的风险，从而有利于国家绿色金融的发展和绿色部门的创新活动。④ Ghisetti 等（2017）以欧洲中小型制造企业为重点分析了融资障碍对环境创新的影响，结果显示融资障碍对环境创新投资决策具有直接负面影响，设计适当政策不仅可以有效刺激环境创新，还可以有效解决企业环境创新融资的困难。⑤ Chan 等（2018）以发达国家和发展中国家的绿色建筑技术为研究视角，探索了影响国家绿色发展的阻碍。其认为最关键的前三个障碍是成

---

① Cowan E. Topical Issues In Enviromental Finance［R］. Research paper was commissioned by the Asia Branch of the Canadian International Development Agency（CIDA），1999，1：1-20.

② Labatt S，White R R. Environmental finance：a guide to environmental risk assessment and financial products［M］. John Wiley & Sons，2002.

③ Lindenberg N. Definition of green finance［R］. German Development Institute，Http：//www.die-gdi.de，2014 April.

④ Criscuolo C，Menon C. Environmental policies and risk finance in the green sector：Cross-country evidence［J］. Energy Policy，2015，83（C）：38-56.

⑤ Ghisetti C，Mancinelli S，Mazzanti M，et al. Financial barriers and environmental innovations：evidence from EU manufacturing firms［J］. Climate Policy，2017，17（sup1）：S131-S147.

本较高，缺乏政府激励措施，以及缺乏融资计划（如银行贷款）。[①]

再次，在绿色金融的具体工具选择上，现有研究认为绿色金融工具是指专门投资于环保、节能、清洁能源和绿色建筑等项目的资金，以及为绿色交通、项目运营和风险管理提供的金融服务。目前国外学术界研究最成熟的两类绿色金融工具为绿色信贷和绿色债券。Allet 和 Hudon（2015）发现规模较大的小额信贷机构和注册为银行的小额信贷机构往往在环境政策和环境风险评估方面表现更好，并且这些机构的财务表现与环境表现没有显著关系，绿色小额信贷机构的利润并不比其他小额信贷机构高或低。[②] Fan（2021）研究了绿色信贷法规如何影响公司的贷款状况及其环境绩效问题。发现绿色信贷法规收紧后，不合规公司的贷款利率增加且总污染物排放减少，从而恶化了公司的贷款状况，但改善了其环境绩效。[③] 除了绿色信贷，还有不少学者将研究重点放在绿色债券，如 Lacker 和 Watts（2020）从微观层面研究了投资者是否愿意将财富换成社会利益这一问题，结果发现在实际市场环境中，投资者似乎不愿意放弃财富投资于环境可持续的项目。当风险和回报保持不变且投资者事先知道时，同一发行人发行的绿色和非绿色债券几乎互为完全替代品。[④] Reboredo（2018）则从中观层面研究了绿色债券和金融市场之间的协同发展。结果表明，绿色债券市场往往和公司债券市场、政府债券市场相结合，而与股票和能源商品市场的联结度比较弱。除此以外，作者还证明了绿色债券会受到公司和财政债券市场价格

---

① Chan A P C, Darko A, Olanipekun A O, Ameyaw E E. Critical barriers to green building technologies adoption in developing countries：The case of Ghana[J]. Journal of Cleaner Production, 2018, 172：1067-1079.

② Allet M, Hudon M. Green microfinance：Characteristics of microfinance institutions involved in environmental management[J]. Journal of Business Ethics, 2015, 126(3)：395-414.

③ Fan H, Peng Y, Wang, H, et al. Greening through finance? [J]. Journal of Development Economics, 2021, 152：102683.

④ Larcker D F, Watts E M. Where's the greenium? [J]. Journal of Accounting and Economics, 2020, 69(2-3)：101312.

溢出的影响，但不会受到股票和能源市场波动的影响。① Banga（2019）从宏观层面发现发展中国家发展绿色债券的主要障碍，有缺乏针对绿色债券的管理机构、绿色债券发行具有高交易成本、最小规模问题等三类。②

最后，在绿色金融的发展中存在一些不可忽略的问题，比如信息共享受阻、基础保障不足等，而为了解决这些问题，国外学者对绿色金融如何创新和完善进行了大量研究。Polzin（2017）认为在企业的低碳创新周期中，技术壁垒、经济壁垒、制度壁垒相结合，使得低碳投资决策是次优的，因此政府应该使用削减研发补贴、支持清洁技术创新和推广等手段，来引导资金流向，从而使金融投资者逐步将他们的投资从高碳主流市场转移到低碳技术市场。③ Ghisetti 等（2017）则证实了融资障碍对绿色创新的负面影响，并提出设计合理的政策可以在绿色创新活动中发挥关键作用。④ Demirel 和 Danisman（2019）使用 28 个欧洲国家的 5100 家中小企业的数据集，研究了资金和可持续生态创新对中小企业发展的影响，结果显示可持续创新投资的高门槛使中小企业很难从中获利，并且大多数创新活动并不能提高企业增长率。⑤

综上文献可得，国外学者在研究绿色金融时更偏好依据自己的

---

① Reboredo J C. Green bond and financial markets: Co-movement, diversification and price spillover effects[J]. Energy Economics, 2018, 74: 38-50.

② Banga J. The green bond market: a potential source of climate finance for developing countries[J]. Journal of Sustainable Finance & Investment, 2019, 9(1): 17-32.

③ Polzin F. Mobilizing private finance for low-carbon innovation-A systematic review of barriers and solutions[J]. Renewable and Sustainable Energy Reviews, 2017, 77: 525-535.

④ Ghisetti C, Mancinelli S, Mazzanti M, et al. Financial barriers and environmental innovations: evidence from EU manufacturing firms[J]. Climate Policy, 2017, 17(sup1): S131-S147.

⑤ Demirel P, Danisman G O. Eco-innovation and firm growth in the circular economy: Evidence from European small-and medium-sized enterprises[J]. Business Strategy and the Environment, 2019, 28(8): 1608-1618.

实践经验，对其定义做出解释，研究企业在发展绿色金融时遇到的风险和阻碍，以及绿色金融工具，尤其是绿色信贷和绿色债券对企业绿色创新发展和绿色投融资的影响，并且他们尤为关注政府在这一绿色金融发展过程中起到了关键的作用。

（二）碳金融起源之气候金融问题的研究

碳金融的起源也与气候金融密切相关。自 2015 年《巴黎协定》通过后，控制全球气候变暖成为各国共同关注的话题。如何通过金融手段支持减缓气候变化的行动，是气候金融需要解决的中心问题。为此，国外学者对这一主题展开了大量研究。总体来看，国外关于气候金融的研究主要集中在气候风险影响、跨国气候基金作用和气候融资政策。

首先，由于评估因气候恶化带来的经济损失，不仅可以提高社会公众的警惕，还有助于经济主体采取相应的防范措施，因此国外学者侧重该问题的研究。Hsiang 等（2017）从宏观角度出发，估算了气候变化给美国带来的经济损失。结果显示平均气温每上升 1℃，引起的经济成本增加值约为国内生产总值的 1.2%。此外，这一研究还发现风险在美国各地分布不均造成了大量的经济价值向北和向西转移，从而使地区间贫富差距扩大。① Painter（2020）对比了气候风险不同的县所发行的市政债券，发现气候风险更高的县在发行长期市政债券时要支付更多的承销费和初始收益率，而短期市政债券则未展现出明显差异。② Hong 等（2019）则分析了气候恶化对食品公司业绩与股价的影响，其根据帕尔默干旱严重程度指数对 31 个国家的长期干旱趋势进行排名，发现一国的长期干旱趋势越强，该国食品公司的利润增长越差，且其股票收益也会相对更差。③ 然而，气候对企业的影响远远不局限于食品行业。Elliott 等

---

① Hsiang S，Kopp R，Jina A，et al. Estimating economic damage from climate change in the United States[J]. Science，2017，356(6345)：1362-1369.

② Painter M. An inconvenient cost：The effects of climate change on municipal bonds[J]. Journal of Financial Economics，2020，135(2)：468-482.

③ Hong H，Li F W，Xu J. Climate risks and market efficiency[J]. Journal of econometrics，2019，208(1)：265-281.

（2019）以台风这一具体气候灾害为切入点，对上海、天津、广州、大连、青岛、杭州、厦门等易受台风影响地区的企业进行了研究发现，台风给我国工厂带来的年度总成本在32亿美元左右（以2017年价格计算），大约为平均营业额的1%。① Bernstein等（2019）分析了海平面上升风险（SLR）对房屋售价的影响。结果说明，在与海滩距离相等的情况下，暴露在SLR风险下的房屋售价会比无此类风险的房产低7%左右。② Baldauf等（2020）同样就气候风险对房价的影响展开了分析，不同的是，该文的研究重点是个人对长期气候变化的不同预期所造成的房价异质性。结果发现，与非信仰者的房屋相比，当信仰者的房屋预计会被淹没时，其售价有折扣。③

气候改善行动依赖于全球各国的通力合作。《巴黎协定》的重要内容之一，便是鼓励发达国家向发展中国家提供资金技术支持，帮助其减缓气候变暖现象，因此，许多学者就跨国气候基金的作用展开研究。Carfora和Scandurra（2019）通过对受援国收到的资金进行反事实分析，验证了气候基金政策的有效性。结果显示气候基金政策有助于减少温室气体（GHG）的排放，促进发电能源系统的升级，并推动了可再生能源替代化石能源的进程。④ Scandurra等（2020）分析了该政策对减缓小岛屿发展中国家（Small Island Developing States，SIDS）脆弱性的有效性。研究发现在SIDS对气候

---

① Elliott R J R, Liu Y, Strobl E, et al. Estimating the direct and indirect impact of typhoons on plant performance：Evidence from Chinese manufacturers［J］. Journal of Environmental Economics and Management，2019，98：102252.

② Bernstein A, Gustafson M T, Lewis R. Disaster on the horizon：The price effect of sea level rise［J］. Journal of financial economics，2019，134（2）：253-272.

③ Baldauf M, Garlappi L, Yannelis C. Does climate change affect real estate prices? Only if you believe in it［J］. The Review of Financial Studies，2020，33（3）：1256-1295.

④ Carfora A, Scandurra G. The impact of climate funds on economic growth and their role in substituting fossil energy sources［J］. Energy Policy，2019，129：182-192.

变化做出充分反应的过程中，外国援助和社会发展均发挥着重要作用。①

最后，如何评判气候融资政策的前景与表现，是国外学界较关注的内容。已有的关于气候问题的讨论倾向于将当代与未来对立起来，呼吁当代人为了未来的福祉做出牺牲。Sachs（2014）创新性地提出跨时空义务分担的观点，即当代人可以选择债务融资的方式，以保持与没有采取措施时一样的富裕，同时还可以改善后代的福祉。此外通过离散时间的世代交叠模型，其还发现气候金融政策的实施对当代人和后代人来说都是一种帕累托改进策略。② Flaherty（2017）则对 Sachs 的研究进行了扩展，提出气候债券是启动 Sachs 计划的一个可行方案。同时在对 Sachs 的世代交叠模型进行改进后，其发现在有限时间范围内发行的气候债券可以得到偿还，债务具有可持续性。③ Bhandary 等（2021）则对政策有效性衡量指标进行了探索，考察了九种气候融资政策（目标贷款、气候债券政策、贷款担保项目、气候指数保险、上网电价、税收抵免、国家开发银行、披露政策和国家气候基金）的表现，建立了评估气候融资政策的标准。④

综上所述，无论是从宏观层面，还是微观角度，气候变化都会带来不容忽视的经济和金融成本。跨国气候基金的支持能为发展中国家的气候改善发挥有效促进作用。同时，目前国外研究主要集中

---

① Scandurra G, Thomas A, Passaro R, et al. Does climate finance reduce vulnerability in Small Island Developing States? An empirical investigation[J]. Journal of Cleaner Production, 2020, 256: 120330.

② Sachs J D. Climate change and intergenerational well-being [M]//Lucas Bernard, Willi Semmler. The Oxford handbook of the macroeconomics of global warming. Oxford: Oxford University Press, 2014: 248-259.

③ Flaherty M, Gevorkyan A, Radpour S, et al. Financing climate policies through climate bonds-A three stage model and empirics[J]. Research in International Business and Finance, 2017, 42: 468-479.

④ Bhandary R R, Gallagher K S, Zhang F. Climate finance policy in practice: A review of the evidence[J]. Climate Policy, 2021, 21(4): 529-545.

于对现有气候融资政策的可行性和有效性的分析上，如何创新气候金融产品是未来研究的潜在方向之一。

三、碳金融快速发展及政策保障的相关文献研究

(一)碳金融市场形成条件的相关研究

一个市场的形成往往需要来自政府、银行、企业等多方面的支持，而不同的市场由于具备不同的特征，发展的条件并不具有普适性。现有国外文献对于碳金融市场形成条件的研究重点，主要包括碳交易、制度环境、市场设计、风险管理与经济主体参与度等方面。

首先，已有研究提出碳金融得以存在的前提是碳交易市场的发展。碳排放权交易为碳金融衍生产品的创造提供了现货交易基础，同时碳金融的交易活动也能为碳现货市场的发展提供重要作用，如：提高流动性、对冲风险和价格发现等。Yang 和 Zhang（2011）指出碳金融的基础是碳减排，因为碳金融发展的前提是参加碳交易的伙伴必须参加碳金融交易的活动。[①]

其次，已有研究认为良好的制度是规范碳金融市场成长的重要保障。Yu 和 Lo（2015）提出政府应建立碳排放信息披露制度，开放碳金融产品限制，并对企业环境管理人员和技术部门负责人等相关人员进行培训。通过以上制度安排，可以帮助投资者和银行评估投资低碳项目的风险，促进金融产品创新，并推动碳排放控制、监测和配额交易系统的完善。[②] Li 和 Liu（2011）则从更全面视角出发，分析了在建立碳金融市场体系的同时应建立的配套体系，包括碳金融环境体系、碳金融控制体系、碳金融监管体系、碳金融组织

① Yang D, Zhang H. The Comparison of Policy Supports of States' Carbon Finance Development Among Countries and Implications to China [C]//2011 Fourth International Joint Conference on Computational Sciences and Optimization. IEEE, 2011: 1164-1167.

② Yu X, Lo A Y. Carbon finance and the carbon market in China[J]. Nature Climate Change, 2015, 5(1): 15-16.

体系、碳金融业务体系和碳金融工具体系。① Deschenea 和 Paterson（2011）将制度与公众应具备的意识结合起来，指出形成低碳环保的主观意识和建立完备的外部制度均为碳市场的关键要素。② 世界银行（2011）发布的报告指出，政府应获取用于评估不同活动温室气体排放量和减排能力的数据，建立核算和监测减排量的框架、准则和方法库，并建立巩固碳资产登记、发行和交易的监管框架与基础设施。③

同时，除了外部制度与基础设施，现有研究认为市场本身的机制设计同样发挥着至关重要的作用。Labatt 和 White（2011）围绕激励机制、信息公开、成本最小化等主题，从经济学原理出发，提出了碳金融市场应具备的部分性质。并提出一个市场要能有效运作，就不应该有搭便车者。因此，不仅仅是系统中那些最容易监管的部分需要被纳入激励结构，所有与碳排放相关的人类活动最终也应该成为碳金融市场的组成部分。此外，其提出支撑碳金融发展的关键在于，其系统可以设计出以尽可能低的成本减少温室气体排放的市场。④

再次，与其他金融市场相似，如何预防并控制风险是维护碳金融市场稳定性的关键问题。Feng 等（2012）认为，应针对碳和碳市场的特性设计出独特的风险度量方法。即尽管金融市场的常用风险度量方法（如风险价值 VaR）同样适用于碳市场，但碳作为一种特殊的商品，有其不同于金融产品的特点。同样地，碳市场作为一个新兴市场，极易受到外部环境不稳定的影响（如政治因素、国际气

---

① Li K, Liu C. Construction of carbon finance system and promotion of environmental finance innovation in China [J]. Energy Procedia, 2011, 5: 1065-1072.

② Descheneau P, Paterson M. Between desire and routine: assembling environment and finance in carbon markets[J]. Antipode, 2011, 43(3): 662-681.

③ 世界银行（World Bank）. How to Keep Momentum up in Carbon Markets? 2011.

④ Labatt S, White R R. Carbon finance: the financial implications of climate change[M]. New Jersey: John Wiley & Sons, 2011: 235-237.

候谈判、国家分配计划、温度等），因此简单地套用其他金融市场的风险控制方法并不可取。①

最后，现有研究认为碳金融市场的活跃性与流动性离不开各类经济主体积极参与。Zou等（2011）从企业自身发展和碳金融的角度出发，指出了商业银行、企业等经济主体积极加入碳金融市场的重要性。碳金融作为新兴的金融发展模式之一，具有独特的社会功能、创新的运行机制和快速的发展势头。无论是商业银行还是企业，都有必要参与碳金融，为自身改革创新和气候改善事业做出贡献。②

总而言之，现有研究普遍认为碳金融市场的形成发展不仅与其源头碳交易和市场自身的机制设计息息相关，也需要来自外部的政策制度、风险管理和经济主体等的支持。

（二）碳金融的产品分类的相关研究

碳金融产品是指建立在碳排放权交易的基础上，在碳金融市场中可供买卖双方进行交易的金融资产，其构成碳金融市场交易的核心内容。现有研究普遍将国际碳金融产品可以被分成碳金融基础产品和碳金融衍生产品两大类。其中，碳金融基础产品包括了碳信用和碳现货这两类。碳金融衍生产品则包含了碳远期、碳期货、碳期权、碳结构性产品等。

首先，在现有研究中，碳金融基础产品又被称作碳金融原生产品，其主要职能是将资金储蓄资源调配到投资领域。碳金融基础产品包含了碳信用和碳现货两类，其中碳现货又由碳基金和碳保险构成。CFI Team（2022）将碳信用定义为一种可交易的许可证，实现碳抵消的公司通常会得到额外的信用额度奖励，他们可以出售这些信用额度来补贴未来的减排项目，而购买这些信用额度的公司，即

---

① Feng Z, Wei Y, Wang K. Estimating risk for the carbon market via extreme value theory: An empirical analysis of the EU ETS[J]. Applied Energy, 2012, 99: 97-108.

② Zou F, Yang H, Yu L Q. Thinking on the development of "Carbon Finance" in Commercial Banks of China[J]. Energy Procedia, 2011, 5: 1885-1892.

碳信用持有人，将拥有排放二氧化碳或者其他温室气体的权利。CFI Team（2022）将碳信用分成了两类，一种是自愿减排，一种是核证减排。① 随着国际碳金融市场的不断完善，碳基金也日益增多，The world bank（2009）在其年度报告中指出，世界银行在 1999 年建立了全球第一个投资减排项目的基金——碳原型基金（PCF）。② 自此以后国际碳基金市场开始活跃起来，当前国际市场上的碳基金主要有生物碳基金、社区碳基金、社区发展碳基金和丹麦碳基金等。③ 从 2005 年开始，各大金融机构和保险公司都从被动应对气候变化风险，转变为积极提供碳保险产品。美国国际集团（AIG）2005 年成为美国第一个制定气候变化政策的保险公司，除了制定气候变化的保险策略，AIG 还为可再生能源（如风能、生物质能、太阳能等）项目的开发商设计保险产品，并在欧盟和其他排放体系内制造碳信用。④ 同年，慕尼黑再保险集团发起了气候保险倡议（The Munich Climate Insurance Initiative，MCII）来宣传气候变化领域的保险经验和工具。⑤

其次，碳金融衍生品是从碳排放权中衍生出来的金融产品，其价值取决于碳金融基础产品的价格。碳金融衍生品具有跨期性、高风险性、杠杆性等特点，为碳排放交易双方提供了新的风险管理和套利手段，丰富了碳金融市场的产品类型，极大地激活了碳金融市场。根据 ISDA（2021）的报告，目前市场上的碳金融衍生品主要有碳远期、碳期货、碳期权和碳互换等。⑥ 碳远期是以一定金额购买

---

① CFI Team：Carbon Credit—Definition，Types and Trading of Carbon Credits，https：//corporatefinanceinstitute. com/，May 8，2022.

② Unit C F. Carbon finance for sustainable development[R]. Washington，DC：World Bank，2009.

③ Carbon Finance at World Bank[R]. World Bank.

④ AIG's Policy and Programs on Environment and Climate Change[R]. AIG

⑤ The Munich Climate Insurance Initiative，http：//ehs. unu. edu/about/departments/the-munich-climate-insurance-initiative-mcii#overview

⑥ Role of Derivatives in Carbon Markets，https：//www. isda. org/2021/09/30/role-of-derivatives-in-carbon-markets/，September 30，2021.

碳津贴的非标准化协议，在场外交易，交易双方需要根据合同要求，在未来某一特定时间、按照特定价格买进或卖出一定量的碳排放交易权。而碳期货相比于碳远期则是更标准化的交易产品，目前全球最活跃的三个碳市场（EU ETS、California Cap and Trade Program，RGGI），其二级期货市场贡献了全球碳期货合约大部分的交易量。同时，碳期权则产生于碳期货的基础之上，交易双方签署合法凭证并支付一定的权利金，以获得合约有效期内标的资产的买卖权。最后，碳掉期（互换）是交易双方交换资产或资产等价现金流的合约，掉期（互换）本身以场外交易为主，通常是通过付款而不是实体交付来解决的。

　　从上述研究看，虽然以碳排放权为核心的金融资产，随着碳金融市场的完善已经越来越常见，但是总体而言，国外学者在研究这些金融资产时，更偏重于碳金融衍生产品，尤其是碳期货和碳期权，而对碳现货市场的理论研究则相对偏少。

（三）碳现货市场产品定价的相关研究

　　作为控制温室气体排放的重要手段，如何对碳排放权交易定价是需要解决的关键金融问题。碳定价过高会降低配额不足企业的减排积极性，而定价过低则可能使碳排放限额这一政策的实施效果不及预期。大致而言，国外针对这一主题的研究集中于碳排放权价格影响因素、特征和定价模型三方面。

　　首先，确定碳排放权价格的潜在影响因素，是学者进行后续定价研究所需的重要前提。Yu 和 Mallory（2014）分析了美欧汇率对欧洲碳市场价格的影响。其认为欧洲的煤炭市场受全球煤炭市场的直接影响，通过构建结构向量自回归（SVAR）模型的脉冲响应函数，其发现欧元/美元汇率的冲击可以通过煤炭和天然气之间的能源替代渠道传递，影响到欧盟碳配额市场。[①] Alberola 等（2008）发现，碳现货价格不仅受到有预测误差的能源价格影响，而且对寒冷

---

　　① Yu J, Mallory M L. Exchange rate effect on carbon credit price via energy markets[J]. Journal of International Money and Finance，2014，47：145-161.

时期未预料到的温度变化也有反应。① Bredin 和 Muckley（2011）探讨了考虑碳排放成本后的燃气电厂理论收益（Clean Spark Spread，CSS）和燃煤电厂理论收益（Clean Dark Spread，CDS）对欧盟碳排放权配额预期价格的影响。结果表明，在欧盟排放交易体系的第二个阶段（2008—2012 年），碳排放权价格和 CSS 呈现负相关关系。②

其次，现有研究分析了碳排放权价格变化路径的特质，以增进对碳排放权的认知。不同于大多由经济主体自行创造开发的普通金融产品，碳排放权的产生来源于国际社会对建设低碳社会的追求。Rubin（1996）探讨了当企业被允许在长度为 T 的有限期限内购买、出售、存入和借入排放许可证时的最优行为。结果表明，存在一个使成本最小化的均衡解，此时排放权的均衡价格显示为恒定或下降，这取决于企业是否希望将排放权存入银行或被允许借入排放权，以及企业在借入时是否面临约束。③ Seifert 等（2008）提出了一个可解的随机均衡模型，用于研究欧盟排放交易制度的特征和碳现货价格动态。结果表明，碳排放权价格并未展现出季节性特征，且其贴现值应该具有鞅性质。同时，碳价格过程表现出时间和价格依赖的波动结构。④ Kling 和 Rubin（1997）指出，由于企业将政府分配的碳排放配额视为固定的不可再生资源，碳排放权价格就必须遵循霍特林法则，即在减排的边际贴现成本不变的情况下，碳排放权影子价格的增长率应等于贴现率。⑤ Daskalakis 等（2009）发现碳排

① Alberola E, Chevallier J, Chèze B. Price drivers and structural breaks in European carbon prices 2005-2007[J]. Energy policy, 2008, 36(2)：787-797.

② Bredin D, Muckley C. An emerging equilibrium in the EU emissions trading scheme[J]. Energy Economics, 2011, 33(2)：353-362.

③ Rubin J D. A model of intertemporal emission trading, banking, and borrowing[J]. Journal of environmental economics and management, 1996, 31(3)：269-286.

④ Seifert J, Uhrig-Homburg M, Wagner M. Dynamic behavior of CO_2 spot prices [J]. Journal of Environmental Economics and Management, 2008, 56(2)：180-194.

⑤ Kling C, Rubin J. Bankable permits for the control of environmental pollution [J]. Journal of Public Economics, 1997, 64(1)：101-115.

放权价格可能具有跳跃性和非平稳性的特点，且其价格路径与带跳跃的几何布朗运动相似。①

最后，根据碳排放权特性选择合适的碳价格预测模型，是有关碳排放权定价研究的主要内容。Benz 和 Trück（2009）对碳排放权的收益模型进行了研究，提出应该使用马尔科夫转换和 AR-GARCH 模型对其进行随机建模。② Chevallier（2011）首次将非参数模型应用于碳市场。其以 BlueNext 现货在 2005 年 4 月至 2010 年 4 月期间的每日数据作为研究对象，发现现货价格的条件均值函数呈现出非线性特征，而条件波动函数则呈现出非对称和异方差的特征。③ 与已有研究相比，近年来有关碳排放权定价模型的研究采用了较为流行的机器学习方法，且研究内容更为全面。Yahşi 等（2019）基于大数据技术，使用机器学习中的人工神经网络、决策树算法和随机森林三类方法预测碳价格，结果表明基于传统决策树生成随机森林是基于所有指标的最佳算法。同时，其还用布伦特原油期货、煤炭、电力和天然气价格、DAX 和 S&P 清洁能源指数作为解释变量，分析了各种变量对碳价格的影响，结果表明 S&P 清洁能源指数是解释碳价格变化最显著的变量，其次是 DAX 指数和煤炭价格。④ Zhao 等（2021）提出了一个使用 Hodrick-Prescott 滤波、改进的灰色模型（Grey Models，GM）和极限学习机（Extreme Learning Machine，ELM）的混合分解和整合预测模型。利用该模型预测发现在正常情况下，S&P 清洁能源指数与碳价呈正相关关系，

① Daskalakis G, Psychoyios D, Markellos R N. Modeling CO_2 emission allowance prices and derivatives: Evidence from the European trading scheme[J]. Journal of Banking & Finance, 2009, 33(7): 1230-1241.

② Benz E, Trück S. Modeling the price dynamics of CO_2 emission allowances [J]. Energy Economics, 2009, 31(1): 4-15.

③ Chevallier J. Nonparametric modeling of carbon prices [J]. Energy Economics, 2011, 33(6): 1267-1282.

④ Yahşi M, Çanakoğlu E, Ağralı S. Carbon price forecasting models based on big data analytics[J]. Carbon Management, 2019, 10(2): 175-187.

当经济形势低迷时，两者出现短期负相关关系。[1]

综上所述，现有国外文献在碳排放权价格影响因素、特征和定价模型三方面的研究较多。随着大数据、人工智能等技术的发展，国外学术界对碳排放权定价模型的分析方法和内容也愈加成熟和全面。

(四)碳衍生产品定价的相关问题研究

总体来说，欧美等国的碳交易市场和碳金融市场起步较早，衍生品交易在其碳市场中的作用与日俱增。国外学者除了研究碳交易市场的价格机制、分配机制和经济影响，在碳价格的波动和影响因素上做了研究以外，还重点关注了碳期货和碳期权的定价理论和定价机制、与现货的价格间关系及其价格发现功能。

为了利用碳期货价格发现和套期保值等功能，来保证碳市场的稳定发展，在碳交易早期，碳期货产品便已经被开发，因此国外关于碳期货价格发现和定价模型的研究已比较完善。

首先，在碳期货价格发现功能方面，Milunovich 和 Joyeux（2007）建立了持有成本模型，以 EUAs 现货价格和期货价格为检验对象，研究了欧盟碳期货市场的效率和价格发现功能，结果显示 EUAs 现货市场和期货市场可有效共享信息、共同促进价格发现，而且还发现现货和期货合约间存在双向波动性转移的证据。[2] Uhrig-Homburg 和 Wanger（2009）重点研究了欧盟碳市场中碳现货和碳期货的关系，以及 EUAs 在第一、第二阶段出现大幅波动的原因，结果显示试验期内现货价格等于到期期货的贴现价格，期货合约引领了二氧化碳排放配额的价格发现过程，除此以外，银行规定第一阶段结束的 EUAs 产品不得在第二阶段进行交易，造成 EUAs 期货价格大幅波

---

① Zhao L T, Miao J, Qu S, et al. A multi-factor integrated model for carbon price forecasting: market interaction promoting carbon emission reduction[J]. Science of The Total Environment, 2021, 796: 149110.

② Milunovich G, Joyeux R. The temporal links between spot and futures carbon allowance markets [J]. Division of Economic and Financial Studies Macquarie University, 2007.

动，影响到了其现货价格。① Charles 和 Amélie（2013）以 2008 年后的 EUAs 期货价格和现货价格为研究对象，对二者间关系进行个体和联合检验，发现期货合约与多个到期日的现货价格和利率存在协整关系，并且在考虑结构性突变影响时，二者的协整关系仍然存在。②

其次，在碳期货定价机制方面，Daskalakis 等（2009）研究了欧洲三个主要碳排放配额交易市场，发现禁止在欧盟排放交易计划的不同阶段储存排放配额对期货定价有重大影响，于是在现货价格跳跃扩散过程的基础上，其建立了阶段内和阶段间均适用的期货期权定价模型。③ Mansanet-Bataller 等（2011）则从 EUAs 和 CERs 间是否存在套利空间的角度，研究了期货定价问题，提出可以基于碳期货的即期收益对未来收益作出预判。④ 还有学者从影响碳期货定价的因素来研究其定价机制，Conrad 等（2012）通过比较不同碳排放权交易市场的碳排放收费标准差异和时间差异，分析其对碳期货定价是否有影响。⑤

最后，关于碳期权，国外学者在其定价机制和定价模型方面也做了许多探索性研究，但研究碳期权价格发现功能的文献不多较少。Krishnamurti 和 Chandrasekhar（2011）使用 2008 年后的 EUAs 期

---

① Uhrig-Homburg M, Wagner M. Futures price dynamics of CO_2 emission allowances: An empirical analysis of the trial period[J]. The Journal of Derivatives, 2009, 17(2): 73-88.

② Charles A, Darné O, Fouilloux J. Market efficiency in the European carbon markets[J]. Energy Policy, 2013, 60: 785-792.

③ Daskalakis G, Psychoyios D, Markellos R N. Modeling CO_2 emission allowance prices and derivatives: Evidence from the European trading scheme[J]. Journal of Banking & Finance, 2009, 33(7): 1230-1241.

④ Mansanet-Bataller M, Chevallier J, Hervé-Mignucci M, et al. EUA and sCER phase II price drivers: Unveiling the reasons for the existence of the EUA-sCER spread[J]. Energy Policy, 2011, 39(3): 1056-1069.

⑤ Conrad C, Rittler D, Rotfuß W. Modeling and explaining the dynamics of European Union Allowance prices at high-frequency[J]. Energy Economics, 2012, 34 (1): 316-326.

权数据，发现到期日短的期权比到期日长的期权在价格发现上更加有效，可以作为风险管理工具。① Chevallier 等（2011）重点研究了期权的引入对碳排放权市场价格的影响，其通过构建 GARCH 模型分析了欧盟碳市场碳价格的波动特征，又通过 TGARCH 模型分析了宏观经济因素对碳价格的影响，最后发现碳期权的引入在影响欧盟碳市场波动的同时，也降低了其波动性。②

而对碳期权定价问题，Paollella 和 TaSchinia（2008）研究了欧洲的二氧化碳和美国的二氧化硫排放交易市场，构建了内生排放权许可价格期权模型，验证了排放许可市场头寸的重要性。③ Chevallier（2009）分析了 2006 年欧洲委员会发布碳排放指标后的欧洲碳期货和碳期权的发展动态。④ Vitea 等（2014）发现碳期权的隐含波动率对期权剩余期限内的收益方差有很大的信息量，且它在预测未来的波动率变化方面也具有方向性。⑤

综上所述，欧美碳金融衍生品市场几乎是和碳交易市场同时建立的，作为标准化合约的期货和期权定价一直是国外学者们研究的重点，当前已有文献主要验证了期货和期权的价格发现功能，研究了影响碳期货和期权价格的因素，以及构建模型来为期货和期权制定合理的价格等。

（五）碳登记结算与核证相关问题研究

在前文对碳金融市场形成条件的讨论中，多位学者提及了建立

① Krishnamurti C, Hoque A. Efficiency of European emissions markets： Lessons and implications[J]. Energy Policy, 2011, 39(10)：6575-6582.

② Chevallier J, Le Pen Y, Sévi B. Options introduction and volatility in the EU ETS[J]. Resource and Energy Economics, 2011, 33(4)：855-880.

③ Paolella M S, Taschini L. An econometric analysis of emission allowance prices[J]. Journal of Banking & Finance, 2008, 32(10)：2022-2032.

④ Chevallier J, Ielpo F, Mercier L. Risk aversion and institutional information disclosure on the European carbon market： a case-study of the 2006 compliance event [J]. Energy Policy, 2009, 37(1)：15-28.

⑤ Viteva S, Veld-Merkoulova Y V, Campbell K. The forecasting accuracy of implied volatility from ECX carbon options[J]. Energy Economics, 2014, 45：475-484.

碳资产登记、结算和核证制度的重要性。针对这一话题，国外学界就碳登记前身与制度设计、碳结算核证方法以及碳披露特点与框架设计三个方面，重点展开了研究。

首先，对碳排放权资产统一登记是进行碳金融交易的重要前提，同时这也有助于一国政府了解碳减排政策的实施情况，并做出相应调整。Environmental Law Institute（1997）提出，碳排放权登记的前身可以追溯到美国上世纪建立的二氧化硫排放权跟踪系统。为了确保每年有足够的配额来覆盖排放，美国建立了一个配额跟踪系统（Allowance Tracking System，ATS）来记录二氧化硫排放配额的交易和转移。ATS 的功能类似于银行，监测所有配额的发放和账户中配额的持有情况。通过对配额登记和转让建立公开透明的记录，有助于政府敦促企业遵守和执行二氧化硫减排政策。① Svendsen 和 Vesterdal（2003）就 EU ETS 机制设计中的碳排放权登记机构、核算方法和惩戒措施提出建议，认为欧盟委员会可以作为独立于地方利益的机构，负责中央登记。同时其提出以计算燃料输入的方法计算二氧化碳排放量，在技术上是可行和有效的。并得到对瞒报谎报行为的罚款设定在 40 欧元/吨二氧化碳的水平上较为合适的结论。②

除了以计算燃料输入的方法计算二氧化碳排放量，国外学者还提出了其他碳排放核算方法。Liu 等（2020）从宏观层面提出计算国家碳排放总量的创新模型。其以人均标准碳排放量、总人口、年工作时间、广义货币 M2、年总工资等为基础，将资本和劳动力因素纳入，建立了扩展碳排放核算模型（Extended Carbon-Emission Accounting，ECEA）。③ Schmidt（2009）指出碳足迹作为单

① Environmental Law Institute. Implementing an Emissions Cap and Allowance Trading System for Greenhouse Gases：Lessons from the Acid Rain Program［M］. Environmental Law Institute，1997.

② Svendsen G T, Vesterdal M. How to design greenhouse gas trading in the EU？［J］. Energy Policy，2003，31（14）：1531-1539.

③ Liu Z, Zhang W, Xiao Z, et al. Research on extended carbon emissions accounting method and its application in sustainable manufacturing［J］. Procedia Manufacturing，2020，43：175-182.

一标签的片面性和生命周期评价方法的有效性。[1] Brenton 等
（2009）认为碳排放权计算与核证方法应按照国家收入水平高低做
出调整，指出鉴于低收入国家的更好的气候，再加上其通常使用碳
排放强度相对较低的技术，在设计和执行碳标签计划时必须适当反
映它们的利益，并对其排放数据收集和核证的方法进行创新，从而
使其成本尽可能降低。[2]

除了强制性碳排放权登记，公司往往会自愿披露碳排放量以反
映自身的环境、社会和公司治理能力（ESG），国外对这方面问题的
研究也逐渐增多。Choi 等（2013）对我国企业披露碳排放量的情况
进行调查。发现大多数企业报告的是中性或正面消息，行业中二氧
化碳排放水平较高的大型公司，其温室气体披露水平往往较高。然
而，公司的盈利能力和是否在海外上市与温室气体的报告情况没有
显著关系。[3] Haslam 等（2014）认为现有的构建碳披露的方法具有
可操作空间大的缺点，且产生结果往往前后不一致。其提出了新的
碳披露框架，建议报告实体在披露其碳排放情况的同时报告碳排放
利益相关者关系，以降低其结果的随意性。[4]

综上所述，国外学者主要对碳排放权登记制度、碳排放量计算
核证以及碳披露特点与制度进行了研究，其中对碳排放量计算核证
的讨论大多围绕生命周期评价和碳足迹展开，而碳信息披露的相关
问题研究较少，但业已正成为新的热点。

---

① Schmidt H. Carbon footprinting, labelling and life cycle assessment[J]. The
International Journal of Life Cycle Assessment, 2009, 14(1): 6-9.

② Brenton P, Edwards-Jones G, Jensen M F. Carbon labelling and low-income
country exports: a review of the development issues[J]. Development Policy Review,
2009, 27(3): 243-267.

③ Choi L C, Bikram C, Alistair B. The current status of greenhouse gas
reporting by Chinese companies: A test of legitimacy theory[J]. Managerial Auditing
Journal, 2013.

④ Haslam C, Butlin J, Andersson T, et al. Accounting for carbon and
reframing disclosure: A business model approach[J]. Accounting Forum, 2014, 38
(3): 200-211.

(六)碳金融市场风险管理的相关问题研究

与传统金融市场相比，碳金融市场的出现相对较晚，是一个新兴的尚不成熟的市场。碳金融市场的风险呈现类型多样、原因复杂、可预测性差等特点。因此很多国外学者在碳金融风险的种类确定、风险测度和风险管理上进行了大量研究。

首先，已有研究从理论上确定碳金融市场的风险种类，有利于后续研究各种因素对市场的冲击，起到提前防范作用。Larson 和Parks(1999)在研究温室气体排放时，提出了项目风险、操作风险、政策风险和价格风险等四类环境风险。① Raizada 等(2006)以清洁发展机制(CDM)为研究对象，将碳金融风险划分成：基准风险、监管风险、项目风险、市场风险、信用风险、政策风险和声誉风险等。② 总体来看，政策风险、信用风险、市场风险和操作风险这四类风险是最为重要的。

其次，由于碳金融市场受到更多风险因素的影响，其成果中不乏使用计量方法去测度风险的研究。Paolella 和 Taschini(2008)使用混合正态 GARCH 模型对欧洲碳市场的现货收益率进行预测，发现碳价格具有普通金融商品的波动特征。③ Chevallier(2009)使用不同的 GARCH 模型分析美国碳期货回报与宏观经济条件变化间的关系，发现度量碳价格风险最有效的模型是非对称条件的 GARCH 模型。④ Benz 和 Trück(2009)则使用了马尔科夫转换和 AR-GARCH 模型进行随机建模，来分析欧盟碳现货的价格行为，捕捉到了诸如偏

---

① Larson D F, Parks P. Risks, lessons learned, and secondary markets for greenhouse gas reductions[M]. World Bank Publications, 1999.

② Raizada G, Sahi G S, Sachdev M. Carbon Credits-Project Financing the "Green" Way[J]. Available at SSRN 987651, 2006.

③ Paolella M S, Taschini L. An econometric analysis of emission allowance prices[J]. Journal of Banking & Finance, 2008, 32(10): 2022-2032.

④ Chevallier J. Carbon futures and macroeconomic risk factors: A view from the EU ETS[J]. Energy Economics, 2009, 31(4): 614-625.

度、超额峰度等特征。① 在其基础上，Eugenia Sanin 等（2015）为了研究欧盟第二阶段碳排放权配额的短期价格行为构建了 ARMAX-GARCH 模型，且为了提高模型的适用程度，他们将基础价格过程和加性随机跳跃过程结合，引入一个时变的跳跃概率来改善模型性能。②

最后，识别风险和测度风险的最终目的是为了管理风险，对如何识别、测度和管理风险相关学者也进行了研究。Roberts 和 Thimum（2006）比较了欧盟碳市场机制和碳税这两种方案，并认为碳交易具有市场基本机制，而这些机制能够有效降低成本和风险，因此政府部门应该从完善碳交易市场的机制入手，管控碳金融市场的风险。③ Jotzo 和 Pezzey（2007）研究了碳金融市场风险监控的指标，结果发现，标准强度目标，即当二者一对一指数化时，可以减少碳市场的不确定性风险，并实现全球碳减排的显著增加。④ Labatt 和 White（2007）认为碳金融和气候变化、能源密集型产业等具有密切关系，经济部门应该把握好碳金融和气候变化、能源密集型产业等的关系，制定策略。⑤ Nicholas 等（2011）则从监管审查的视角切入，认为建立严格的二氧化碳排放审核机制是管理市场风险的有效途径，所以聘请专业的第三方机构进行审核是有必要的。⑥

总体来看，国外关于碳金融市场风险的研究主要集中在三个方

---

① Benz E, Trück S. Modeling the price dynamics of CO_2 emission allowances [J]. Energy Economics, 2009, 31(1): 4-15.

② Sanin M E, Violante F, Mansanet-Bataller M. Understanding volatility dynamics in the EU-ETS market[J]. Energy Policy, 2015, 82: 321-331.

③ Roberts S, Thumim J. A rough guide to individual carbon trading-the ideas, the issues and the next steps[J]. 2006.

④ Jotzo F, Pezzey J C V. Optimal intensity targets for greenhouse gas emissions trading under uncertainty[J]. Environmental and Resource Economics, 2007, 38(2): 259-284.

⑤ Labatt S, White R R. Carbon finance: the financial implications of climate change[M]. John Wiley & Sons, 2011.

⑥ Linacre N, Kossoy A, Ambrosi P. State and trends of the carbon market 2011 [J]. 2011.

面：确定风险的类型，对风险进行测度，如何去有效地管理风险。

（七）碳市场发展政策保障的相关问题研究

在当前碳市场发展尚未成熟的情况下，仍需依靠政府通过合理的政策制度引导，以调节可能的市场失灵。为此，许多学者在指出当前政策存在缺陷的基础上，提出了一系列碳市场政策保障措施。

首先，国外部分学者认为通过评析当前的政策制度及其效应，可以清晰分析政策中的不合理之处。Larson 等（2008）在分析对比了自愿减排项目和基于《京都协定书》的减排项目的效果后，发现当前政策存在许多问题。其一，政策制定者担心各项目周期中的政策措施不足以保证实现项目承诺的环境和发展效益，造成的后果之一是欧盟成员国对碳排放权配额的交易方式和数量均进行了过多的限制。其二，为了进一步区分判断《联合国气候变化框架公约》（UNFCCC）批准的抵消项目，出现了各种标准不一的补充性私人和公共质量认证方法。最后关于如何准确衡量整个部门内项目减排量的问题研究仍未明确。① Sovacool（2011）指出 EU ETS 部分不合理的制度设计导致了负面的经济后果。如最大排放者获得的碳排放权配额超过了他们的需求，碳排放权价格前后相差 300 倍，波动性大。②

基于已有政策的不足，许多学者提出了支持碳市场发展可采取的制度建议。Svendsen 和 Vesterdal（2003）针对碳排放权交易制度的试点方案，认为碳排放权交易应首先从电力部门开始试点，对于规模较大、组织良好的污染者（如电力部门），应采用祖父制的许可证市场，而对于规模较小、组织不良的污染者（如小公司和家庭），应采用绿色税的政策。③ Campiglio（2016）讨论了货币政策和

---

① Larson D F, Ambrosi P, Dinar A, et al. A review of carbon market policies and research [J]. International Review of Environmental and Resource Economics, 2008, 2(3): 177-236.

② Sovacool B K. The policy challenges of tradable credits: A critical review of eight markets[J]. Energy Policy, 2011, 39(2): 575-585.

③ Svendsen G T, Vesterdal M. How to design greenhouse gas trading in the EU? [J]. Energy Policy, 2003, 31(14): 1531-1539.

宏观审慎金融监管对推动低碳经济发展的潜在作用，指出修改银行在决定其贷款战略时面临的激励和约束，是扩大针对低碳部门信贷创造的有效方式之一。① D'Orazio 和 Popoyan（2019）分析了现有的和新的宏观审慎监管工具在激励银行资产负债表去碳化、实现可持续发展进程中应发挥的作用。提出中央银行可以结合贷款损失准备金政策，采取降低绿色资产风险权重和提高棕色（污染性）资产风险权重的措施。② Zhou 和 Li（2019）从更全面的角度提出了政府应采取措施，包括培训相关专业人员、建立健全碳金融法律体系、促进碳金融产品和商业模式的创新、将碳金融发展纳入低碳经济发展的战略框架、建立全国统一的碳排放交易平台和推动国际合作等方面。③ Yang 和 Zhang（2011）认为中国政府可以组建自己的碳基金和信托投资公司，以购买当地核证减排量的形式支持小公司，并提供担保、融资和风险分担等服务以推动碳金融市场发展。④

总而言之，当前的碳市场相关政策具有限制过多、标准不一、分配不合理等缺陷。为此，许多学者从碳排放权交易制度、宏观审慎监管政策、配套基础设施建设等方面提出了一系列的政策建议。

（八）国家核证自愿减排量（CCER）的相关问题研究

根据我国生态环境部在《碳排放权交易管理办法（试行）》中的定义，国家核证自愿减排量（Chinese Certified Emission Reduction，CCER）是指"对我国境内可再生能源、林业碳汇、甲烷利用等项目

---

① Campiglio E. Beyond carbon pricing：The role of banking and monetary policy in financing the transition to a low-carbon economy［J］. Ecological economics，2016，121：220-230.

② D'Orazio P，Popoyan L. Fostering green investments and tackling climate-related financial risks：Which role for macroprudential policies? ［J］. Ecological Economics，2019，160：25-37.

③ Zhou K，Li Y. Carbon finance and carbon market in China：Progress and challenges［J］. Journal of Cleaner Production，2019，214：536-549.

④ Yang D，Zhang H. The Comparison of Policy Supports of States' Carbon Finance Development Among Countries and Implications to China［C］//2011 Fourth International Joint Conference on Computational Sciences and Optimization. IEEE，2011：1164-1167.

的温室气体减排效果进行量化核证，并在国家温室气体自愿减排交易注册登记系统中登记的温室气体减排量"。目前，国外学者对CCER 的研究主要集中于项目分布特点和项目作用两个方面。

首先，由于分析 CCER 项目分布的重点地区和部门，有利于政府了解实施情况、因地制宜出台支持政策，因此许多学者关注CCER 项目分布特点的研究。Cong 等（2021）识别了影响减排项目区域分布的因素，其研究了 2789 个 CCER 项目的分布，并使用区域经济属性来预测我国 30 个省份的项目数量。结果表明，CCER项目更有可能在人均 GDP 较低、二氧化碳排放量较高、能源强度较高、国内贷款金额较大的地方实施。① Lo 和 Cong（2017）探讨了CCER 在 发 展 模 式 上 与 清 洁 发 展 机 制（Clean Development Mechanism，CDM）的不同之处。认为我国西部和北部地区将继续在产生自愿减排量方面发挥关键作用，且其份额将高于此前在CDM 机制下产生的碳抵消信用份额。②

其次，由于研究 CCER 的作用，能够提高政府企业加大对相关项目投资力度的热情，部分国外学者对 CCER 的影响也展开了重点研究。Li 等（2022）的研究分析了 CCER 的引入对我国碳排放权交易制度的影响。发现碳排放权交易制度试点显著增加了我国行业的利润变异性，CCER 的引入则能降低这一利润风险，但过高的CCER 交易量将削弱碳排放市场的强制效力。③ Li 等（2019）探讨了 CCER 方案引入对我国碳排放交易机制的成本节约效果，发现CCER 能从碳源或碳汇的角度丰富减排渠道，同时 CCER 机制可以

---

① Cong R, Lo A Y., Yu W. The distribution and regional determinants of nationally financed emissions-reduction projects in China［J］. Energy Policy, 2021, 152：112215.

② Lo A Y, Cong R. After CDM：Domestic carbon offsetting in China［J］. Journal of Cleaner Production, 2017, 141：1391-1399.

③ Li K, Qi S Z, Yan Y X, et al. China's ETS pilots：Program design, industry risk, and long-term investment［J］. Advances in Climate Change Research, 2022, 13(1)：82-96.

间接避免"祖父制"带来的暴利，体现出污染者自付的原则。① Qian
等(2022)认为出售 CCER 产生的收入是支持可再生能源发展的潜
在收入来源。② Ye 等(2021)的研究建立了一个带有反馈的系统动
力学模型来分析 ETS 和 CCER 方案的耦合效应。通过研究三种情
景，包括基线情景(Baseline Scenario，BAU 情景)、单一交易市场
情景(即仅有 ETS 市场)和双重交易市场情景(即同时存在 ETS 市场
和 CCER 市场)，结果发现，与 BAU 情景相比，单一交易市场情景
和双重交易市场情景均能加快二氧化碳减排速度，降低减排成本，
实现能源结构转型。在双重交易市场情景下，虽然二氧化碳排放量
略高于单一交易市场情景，可再生能源占比略低于单一交易市场情
景，但双重交易市场情景下的额外成本节约效应将随时间的推移显
著增加。③ Liu 等(2019)研究了 CCER 在湖北省农村沼气经济中发
挥的作用。发现当地农村能源机构通过采取"边做边学"的方法来
实施包括 CCER 在内的项目，这些项目为推广沼气提供了资金和技
术支持。④

　　综上所述，CCER 项目主要分布在我国西部和北部地区，而
CCER 机制对我国碳排放权交易制度和可再生能源的发展均发挥着
越来越重要的作用。国内也因此有越来越多的研究希望重启 CCER
项目，并加强对其的理论和政策研究。

---

① Li L, Ye F, Li Y, et al. How will the Chinese Certified Emission Reduction
scheme save cost for the national carbon trading system? [J]. Journal of environmental
management, 2019, 244: 99-109.

② Qian H, Ma R, Wu L. Market-based solution in China to Finance the clean
from the dirty[J]. Fundamental Research, 2022.

③ Ye F, Xiong X, Li L, et al. Measuring the effectiveness of the Chinese
Certified Emission Reduction scheme in mitigating CO_2 emissions: A system dynamics
approach[J]. Journal of Cleaner Production, 2021, 294: 125355.

④ Liu Y, Mabee W, Zhang H. Upgrading the development of Hubei biogas with
ETS in China[J]. Journal of Cleaner Production, 2019, 213: 745-752.

四、国外前沿文献的政策启示与研究展望

通过前文总结可以看出，目前国外学者对碳金融市场的前期研究主要聚焦于三个方面：其一，是以碳市场为基础探讨碳金融问题，即重点研究碳排放权交易市场的运行情况。例如探讨碳排放权交易市场的发展演变与阶段划分，以及当前碳排放权交易市场的运行模式、影响因素、不足缺陷和解决措施等。其二，是研究碳排放权交易及其金融衍生品交易的定价，和金融产品价格的影响因素。其三，是研究碳金融市场运行中可能存在的主要风险，包括价格风险、政策风险、市场风险以及技术风险等及其形成的原因。这些前期文献为本项目研究国外碳金融问题的发展现状及其主要趋势，提供了有益参考和政策启示，但是以往的文献研究往往聚焦的研究重点单一，且对不同类型碳金融工具的发展情况、影响因素及其对经济发展的影响较少进行经验总结、对比分析和分类文献归纳，缺乏对碳金融市场的发展阶段、主要特点、研究重点和相关理论形成的系统研究。本文通过对国外碳金融问题研究的文献梳理，以及碳金融市场模式和具体手段的对比分析。为中国碳金融市场的快速、健康、良序的发展进行回溯、归纳、比较和总结，并适当地提出有益的政策建议和对策措施。

（一）对中国碳金融市场建设的政策启示

碳金融市场预期在不久的将来就能发展成为全球规模最大的商品交易市场。相比尚处于发展中国家的中国，欧美碳交易市场、碳金融市场起步较早，因此，通过立足于中国碳金融市场的基本情况对国外相关文献进行研究，可以提出以下六点对中国碳金融市场的政策启示。

1. 通过完善碳交易市场结构带动碳金融产业链发展

作为一个新兴的发展尚不成熟的市场，碳金融市场具有强政策依赖性，同时其得以存在的前提是碳交易市场的发展，而发展的前提是参加碳交易的伙伴参加碳金融交易活动，所以政府要加大相关政策制定出台、推行落地的力度，逐步完善碳交易市场结构，助推

碳金融市场更加有效、良好的发展。

第一，对于已有的北京、天津、上海等 7 个省市碳排放权交易试点，在推动市场有序交易、履约的同时，更要重视其本身的金融机制设计，如完善制度、明确标准和加强监管等方面。国外多篇文献提出过建立碳资产登记、结算和核证制度的重要性，而碳排放权登记的前身可以追溯到美国在 20 世纪建立的二氧化硫排放权跟踪系统，在中国，落户于湖北省武汉市的全国碳排放权注册登记结算系统（简称"中碳登"）扮演的即为这样的角色，但截至目前其仅发展了一年多时间，随着全球碳市场的扩展，中碳登公司需要持续完善系统监管功能，参考国际成熟碳金融体系，尤其是欧盟碳交易市场体系，做大做强专业的金融服务平台。

第二，通过 Choi 等（2013）对我国企业披露碳排放量情况的调查结果来看，公司的盈利能力和是否在海外上市与温室气体的报告情况没有显著关系，且国有企业报告的温室气体信息少于私营企业，[①] 说明现有的碳披露还一定程度上缺乏有效性和透明性，可以尝试借鉴 Haslam 等（2014）提出的新型披露框架，要求报告主体在披露其碳排放情况的同时报告碳排放利益相关者关系。[②] 即可以从我国的中央国企到普通国企，再到民营企业，逐步扩大碳信息披露，增加相关的理论和实证研究，为碳信息披露和资本市场、企业绩效的关系提供更多有益的研究结论和借鉴政策。

2. 建立更加全面的碳金融市场配套体系

Li 和 Liu（2011）指出在建立碳金融市场体系的同时应建立配套体系，包括碳金融环境体系、碳金融控制体系、碳金融监管体系、

---

① Choi L C, Bikram C, Alistair B. The current status of greenhouse gas reporting by Chinese companies: A test of legitimacy theory[J]. Managerial Auditing Journal, 2013.

② Haslam C, Butlin J, Andersson T, et al. Accounting for carbon and reframing disclosure: A business model approach[J]. Accounting Forum, 2014, 38 (3): 200-211.

碳金融组织体系、碳金融业务体系和碳金融工具体系。① 以碳金融控制及业务体系为例，政府应该开放碳金融产品限制，并对企业环境管理人员和技术部门负责人等相关人员进行培训；重视碳金融产品的定价问题，即在碳现货市场上，碳排放权兼具能源和经济两方面性质，要关注碳排放权价格特征、影响因素，选择合适的定价模型，进行碳金融产品的定价以及相关配套产业和行为的理论研究及提出对应的政策建议。尤其是对与碳金融市场相关的配套产业链和相关群体的利益分配，进行针对性的政策制定和相关制度安排。

3. 推进各层次绿色金融活动开展及相关保障制度的安排

目前，国内外学术界普遍认为政策完善程度和稳定性会影响绿色投资的风险，长期政策有更强的稳定性和可持续性，可以降低国家绿色投资的风险，从而有利于国家绿色金融的发展和绿色部门的创新活动，因此我国在碳金融建设中要更为谨慎，秉持长远的发展眼光，制定以碳金融为主要内容的绿色金融政策。

具体到政策内容上，维护碳金融市场本身稳定性的关键问题是预防并控制风险，包括预防如与二氧化碳配额分配规则、履约规则、审批规则的变化等有关的政策风险，信用风险，市场风险和操作风险。已有研究表明：相比股票和能源市场波动，绿色债券市场和公司债券、政府债券市场关联更密切，因此，政府可以制定加强债券市场稳定性和发展的政策，以保护绿色金融工具。由 Chan 等（2018）指出的影响国家绿色发展前三障碍：成本较高，缺乏政府激励措施以及缺乏融资计划（如银行贷款）出发，我国可以引导金融市场投资从高碳市场转向低碳技术市场并尽可能降低过高的低碳创新投资门槛。②

---

① Li K, Liu C. Construction of carbon finance system and promotion of environmental finance innovation in China [J]. Energy Procedia, 2011, 5：1065-1072.

② Chan APC, Darko A, Olanipekun AO, Ameyaw EE. Critical barriers to green building technologies adoption in developing countries：The case of Ghana [J]. Journal of Cleaner Production, 2018, 172：1067-1079.

4. 推进气候金融政策的实施加快带动碳金融发展

首先，对内而言，国家应加大宣传、评估、量化因气候恶化等与碳排放相关的环境问题所带来的经济损失，并公之于众，提高全社会的警惕意识，同时也适当引导更多主体更好地认识此类问题的严重性，制订科学合理的防范措施。

其次，对外而言，我国政府需要与国际规则和市场接轨，加强国际气候金融、碳金融和绿色金融领域的合作，因为全球环境问题从不是一个孤立的国家所能应对、消化和解决的。创新气候金融产品、绿色金融产品和碳金融产品将是未来国内外学术研究的潜在方向，如跨国气候基金、跨国碳基金、跨国绿色基金能为发展中国家的气候改善行动发挥有效作用；气候债券、绿色债券和碳金融债券则调和了以往当代与未来在解决气候问题时的对立性，这些都是很好的着手点。因此，当前需要我国政府引导，在碳金融、绿色金融和气候金融等新的环境金融市场上，开展更多的金融产品创新，从而带动我国与国际碳金融市场接轨，推动国内碳金融领域的理论和实践发展。

5. 为碳市场发展提供更多政策保障，以碳市场带动碳金融发展

第一，Svendsen 和 Vesterdal(2003)建议碳排放权交易应首先从电力部门开始试点，对于规模较大、组织良好的污染者(如电力部门)采用祖父制的许可证市场，而对于规模较小、组织不良的污染者(如小公司和家庭)采用绿色税的政策。[①] 当前应加快中国的全国碳市场发展，在电力行业的基础上，将更多的高污染和高排放产业纳入全国碳市场，进而带动中国碳登记结算公司的金融交易规模扩大，间接促进与之相关的碳金融产业链和相关附加服务产业的跨越式发展。

第二，货币政策和宏观审慎金融监管对推动低碳经济发展也具有潜在作用，如根据贷款目的区分准备金要求，中央银行可以结合贷款损失准备金政策，采取降低绿色资产风险权重和提高棕色(污

---

① Svendsen G T, Vesterdal M. How to design greenhouse gas trading in the EU?
[J]. Energy Policy, 2003, 31(14)：1531-1539.

染性)资产风险权重的措施，使银行准备金要求具有更高的风险敏感度；还可以选择棕色惩罚因子政策，对拥有棕色资产的银行设定更高的资本要求，从而限制银行对棕色部门的风险暴露。因此中国还需要更多地利用货币政策和金融监管，带动国内碳金融产业的发展。

第三，我国政府可以组建自己的碳基金和信托投资公司，以购买当地核证减排量的形式支持中小企业的发展，并提供担保、融资和风险分担等服务，以推动国内碳金融市场规模的扩大。

(二)未来碳金融问题的可能研究方向

在碳金融迅速发展的同时，国外学术界对碳金融问题的现有文献关注还相对偏少，基于此，本文提出以下几点可供参考的未来碳金融研究方向。

其一，对碳金融市场的发展阶段、主要特点、研究重点和相关理论形成系统研究。以往文献往往聚焦的研究重点单一，难以形成系统性的脉络和完整市场轮廓。因此，未来需要对碳金融市场在不同时间节点上的发展阶段、不同阶段的主要特点、研究重点以及已有研究形成的相关理论进行系统性的归纳，以便对其有更加宏观完整的理论认识和政策分析。

其二，对不同类型碳金融产品的发展情况、影响因素及其对经济发展的影响进行经验总结、对比分析和分类文献归纳。此前学术界在研究与碳金融相关的金融资产时，国外学者大多将侧重点放在碳金融的衍生产品问题研究上，尤其是碳期货和碳期权。当前已有文献主要验证了期货和期权的价格发现功能，对影响碳期货和期权价格的因素进行了相关研究，并构建了期货和期权的合理价格模型，但对其他碳金融衍生工具的功能研究、影响因素研究尚存在缺失。同时，现有研究对不同时间序列节点上各种类型碳金融工具的发展情况、不同影响因素对各类型碳金融工具的影响程度差异及原因、不同类型碳金融工具对经济发展影响程度等研究，存在一定缺失，未来可对其进一步开展实践经验总结、横纵向对比分析和分类文献归纳。

其三，对如何设计和落实政策，以对绿色金融进行创新的研究。通过对绿色金融发展现状分析发现，其发展进程中存在一些不可忽略的问题，例如信息共享受阻、基础保障不足等，但现存的政策并不能有效解决以上问题。例如，已有研究发现可持续创新的投资门槛高，使得中小企业从中获利的难度很大，因此欧洲政府的资助策略在发展可持续经济方面并未取得预期效果。此前有国外学者提出政府应出台削减研发补贴、支持清洁技术创新和推广等相关政策引导资金流向，认为设计合理的政策能有效削减融资障碍从而在绿色创新中发挥关键作用。后续可以对如何设计和落实政策，以促进绿色金融创新和完善，作进一步研究。

其四，对创新气候金融产品的方向及其可行性的相关研究。针对气候金融问题，目前国外研究主要着眼于对现有气候融资政策的可行性和有效性的分析上，而对于如何创新气候金融产品尚无深入的理论和政策研究。如何创新富有活力且具有可操作性的气候金融产品，使市场与政策共同发挥作用，推动气候金融完善发展，可能成为未来学术界的主要研究方向之一。

其五，对大数据、人工智能等技术在碳排放权定价模型分析中的进一步应用，可能成为研究热点。现有国外文献在碳排放权价格影响因素、特征和定价模型三方面的研究较多。随着近年来大数据、人工智能等技术的飞速发展，国内外学术界对碳排放权定价模型的分析方法也在不断更新，未来如何使相关技术得到更充分的应用，使定价模型分析方法更加趋于成熟，还需要不断研究。

其六，针对碳登记结算与核证方法，对如何构建一个合理的碳披露理论框架进行研究。国外学者指出，目前构建碳披露的方法缺陷之一在于可操作空间大，且产生的结果往往无法做到前后一致。对于目前不够完善合理的碳披露框架，如何进行改善，以促进碳登记结算与核证健康发展，仍需开展进一步理论研究。

其七，针对碳市场发展的政策保障问题，需对制度建议在实际落地后将会起到的正面作用，开展预测分析及可行性研究。国外学者指出，当前的碳市场相关政策标准不一、限制过多、分配不合理。为此，许多学者从碳排放权交易制度、宏观审慎监管政策、配套基础设施建设等方面提出了一系列的政策建议，但政策制定的成本、可行性以及取得的正面效果，并没有进一步深入分析和评估，因此支持碳金融发展的相关政策效果评估，也可能会成为未来学术界的研究热点之一。

数字经济发展对职业选择和收入结构的影响研究：理论框架和实证分析[*]

李 汛 吴 兰 吕 武[**]

摘 要：数字经济作为一种新的生产模式，对我国收入分配的影响不容忽视。本文基于个体职业自我选择的角度，引入个人能力异质性，将个体的教育投资决策和职业选择内生化，通过劳动力市场与商品市场的一般均衡来分析数字经济的发展对收入不平等程度以及就业的影响，研究发现数字经济的快速发展带来收入差距加大，工人就业减少和实际工资下降。实证方面，本文使用固定效应模型检验并支持了理论模型的结论。

关键词：数字经济；职业选择；能力异质性；Nash 均衡；收入不平等

一、引言

近年来，随着信息技术的快速发展，以及移动互联网、云计算、大数据、人工智能等数字化技术的不断成熟及应用，数字经济逐步成为了各国经济发展的重要新引擎。2020 年新冠疫情的爆发，

---

　* 本文为武汉大学自主科研项目(人文社会科学)海外前沿追踪项目研究成果，得到"中央高校基本科研业务费专项资金"资助。

　** 李汛，武汉大学经济与管理学院副教授博士生导师，经济学博士；吴兰，武汉大学经济与管理学院研究生；吕武，北京大学汇丰商学院博士研究生。

数字经济因其依托互联网平台，提供了广阔的线上空间，在复工复产、稳定就业、保障民生方面发挥了巨大作用，对 GDP 增长的贡献率再创新高。中国信息通信研究院 2021 年发布的《中国数字经济发展白皮书》数据显示，2020 年中国数字经济规模达到 39.2 万亿元，占 GDP 比重为 38.6%，同比名义增长 9.7%，是同期 GDP 名义增速的增速 3 倍多，数字经济在逆势中加速腾飞，已然成为推动经济持续稳定增长的关键动力。[1] 与此同时，中国正处于实现共同富裕目标的关键年份，但发展不平衡不充分问题仍然突出，城乡区域发展水平和收入分配差距仍然较大。而当前加快推进共同富裕的过程，正值数字经济快速发展的过程，讨论共同富裕的实现路径无法脱离数字经济的大背景。从目标来看，发展数字经济与共同富裕目标高度契合，推进共同富裕必须坚持均衡共享的发展方式，而数字经济的高技术特征和分享性特征，既为经济增长提供了动力，也为均衡发展提供了共享机制，可以助力在高质量发展中促进共同富裕。

然而，数字经济的迅猛发展也伴随着一定的社会问题。2021 年 10 月，习近平总书记在《求是》杂志上指出，新一轮科技革命和产业变革有力推动了经济发展，也对就业和收入分配带来深刻影响，包括一些负面影响，需要有效应对和解决。[2] 数字化技术广泛应用到各类经济生产生活中，催生出了大量的新产品、新业态与新模式。这些新技术、新产品等渗透到了微观个体的生活中，依托其具有的绝对技术优势与信息优势，更能够满足消费者多样化的需求。因而数字经济在影响经济结构、生产生活方式的同时，势必会深刻改变传统的生产生活方式，对许多传统行业及职业造成冲击，从而导致产业结构、就业结构的变革，最终影响社会收入分配。

首先，数字经济下新技术的诞生与发展势必会带来了生产模式的革新，从而导致就业结构发生变化。一方面，数据、人工智能等

---

[1] 参见中国信息通信研究院：《中国数字经济发展白皮书（2020）》，2021 年 4 月，第 5 页。

[2] 习近平：《扎实推动共同富裕》，《求是》2021 年第 20 期。

作为新的生产要素投入到生产活动中，与原有的资本、劳动要素融合，带来新的全要素生产率，使得资源再配置，并改变资源配置效率。另一方面，数字经济下不仅会催生出大量新兴产业，也为传统产业提供转型升级路径，从而产生出许多新的工作岗位来吸纳劳动力。2021 年国务院颁布的《"十四五"数字经济发展规划》就明确指出要协同推进数字产业化和产业数字化，赋能传统产业转型升级，培育新产业新业态新模式。在产业不断升级转型下，采矿业、技术密集型制造业和建筑业等第二产业的智能化水平持续提升，劳动力就业减少，而第三产业就业比例持续上升，生产性服务业与高端生活性服务业吸纳就业能力显著。就中国而言，工业化综合指数已由 2015 年的 84 增长到 2019 年的 92，已经进入工业化后期，经济结构经历了第二次转型升级，农业和工业比重均下降，服务业比重不断上升（黄群慧和李芳芳，2020）。① 随着工作岗位类型的不断变化，就业者的职业选择偏好也将发生变化。已有研究预测，未来人工智能等新一代数字技术的应用将对大部分职业有替代作用，并且各个职业间的替代率差异较大（Frey and Osborne，2017）。对于只需要进行重复性体力劳动和认知活动的职业群体，其受到的冲击是最大的。而新一代信息和通讯技术对大部分新兴行业则起到了互补作用，可吸纳大量高技能劳动力就业。此外，部分学者研究认为，数字化技术的应用实际上对中等技能劳动力影响更大，导致"两极化"的劳动力就业现象出现。David and Dorn（2013）认为，低技能行业被智能化机器占领后，低技能劳动力会涌入难以被机器替代的低端服务业，该部分劳动力就业反而会上升。② 可见，数字化技术对劳动力就业产生的冲击因劳动力技能不同而出现差别。研究此类问题，有助于预测数字经济的不断发展所导致中国就业结构的变化，

---

① 参见李芳芳主编《工业化蓝皮书：中国工业化进程报告（1995—2020）》，社会科学文献出版社 2020 年版，第 1-22 页。

② 参见 David，H.，& Dorn，D.（2013）. The Growth of Low-skill Service Jobs and the Polarization of the US Labor Market. American Economic Review，103（5），1553-1597.

并提出优化就业结构的相关政策建议。

其次，每一次科技革命中新兴技术的应用与发展都会带来生产要素配置和收入分配格局的调整。目前在大部分发达国家和中国等劳动密集型的发展中国家中，收入不平等加剧的问题逐渐显现，贫富差距问题日益尖锐。数字经济的出现与发展，究竟是加剧收入不平等还是缩小收入差距，并没有统一的答案。此外，也有许多学者就数字经济发展对收入不平等的影响进行研究。部分研究认为数字经济的发展扩大了社会收入差距，因为其对不同生产要素的影响具有差异性。具体来说，数字化技术促使生产模式自动化、智能化，这个过程往往对劳动力有替代作用，而对资本要素有互补作用，因此会降低了劳动力就业量以及劳动收入在国民收入中的收入份额（Benzel，Kotlikoff，LaGarda，and Sachs，2015；曹静和周亚林，2018）。也有研究指出，新的数字化技术的发展可以提高生产要素的生产率，生产率的提高引发产出规模的扩张，从而提高劳动要素收入（Graetz and Michaels，2018；Acemoglu and Restrepo，2019）。其次，数字经济对不同技能水平的劳动者的收入也产生了差异性影响，大部分容易被新一代信息与通讯技术替代的岗位都是低技能岗位，创造的新岗位因结合数字化技术往往需要高技能人才，而这种就业结构的转变最终也改变了劳动力的收入分配结构，扩大了不同劳动力之间的收入差距（Lankisch，Prettner and Prskawetz.，2017）。随着共同富裕目标的不断推进，数字经济的发展究竟会对收入不平等及劳动力收入分配产生怎样的影响，如何促进数字经济健康有序发展，以此推动共同富裕事业稳健前行，仍然是一个值得深入研究的话题。基于此，本文将生产模式划分为数字经济生产模式和传统生产模式。前者为数字经济企业家通过利用数字化技术使用资本开发数字化中间产品并将其投入生产；后者为传统企业家使用工人和资本进行生产。通过引入个人能力异质性，本文分析在数字经济迅猛发展的背景下，个人如何进行职业选择，以及社会收入分配结构如何变化。本文发现，当发生偏向数字化生产模式的技术进步时，开发和使用数字化技术变得更加有利可图，一部分个体会选择接受更高的教育成为数字经济企业家，这最终导致数字经济企业家的群体扩大。与传统生产模式的发展不同，数字化生产模式的发展会导致工人工资下降。此外，数字经济的发展使利润更多地流向了数字经济企业家，导致社会收入不平等程度的加剧。

本文的主要边际贡献有以下三个方面。第一，过去大多数研究技术变革的文献在个体职业选择中忽略了企业家这一群体的存在，并且将工人作为一种要素投入生产，忽视了职业群体之间的流动。本文的模型通过引入能力的异质性，将个体的职业选择内生化。在效用最大化的驱动下，个体在工人、传统企业家和数字经济企业家这三者中进行自由选择。同时，能力的异质性也带来了企业间的异质性，一定程度上满足了 Melitz（2003）提出的异质性企业理论。①第二，以往文献多采用新古典经济增长模型或者基于任务的模型来研究数字化技术带来的影响，并且大多数的模型都将数字化作为补充或者替代劳动力的一种生产要素加以分析，但是新一代数字化技术影响经济的路径十分复杂，因此本文将数字经济作为一种新的生产模式加以建模。第三，以往文献衡量收入不平等的程度是通过比较两种工人（普通工人，高级工人）的工资差异或者通过计算劳动力收入份额占比来衡量的。本文的模型通过劳动力市场与商品市场的同时出清来求解经济系统的均衡，然后按照稳态时收入水平的分布画出了整个社会的 Lorenz 曲线，并以此计算基尼系数来衡量经济系统的收入不平等程度。

本文其余的结构如下：第二部分回顾相关的文献；第三部分构建相应的理论框架，并提出相关命题；第四部分为实证分析；最后一部分总结全文并提出政策建议。

二、文献综述

（一）数字经济发展下的产业结构与职业选择

数字经济本质上是新一代信息通信技术在经济活动广泛应用的

---

① 参见 Melitz M J. The impact of trade on intra-industry reallocations and aggregate industry productivity[J]. econometrica, 2003, 71(6): 1695-1725.

表现形式，主要表现为人工智能、大数据、云计算和互联网等数字技术在各产业部门的深入应用。目前大部分学者的研究集中于数字技术对劳动力就业量以及就业结构所产生的影响，直接着眼于数字经济下劳动者职业选择变化进行研究的文献较少，而实际上当市场上不同职业就业前景、就业要求发生变化时，劳动者的选择也将随之改变。关于数字经济下就业结构的变化，研究主要集中于劳动力替代与产业结构升级两个方面。

　　劳动力因拥有的技能、受教育程度、社会资源等不同而存在异质性。早在 2003 年，就有学者提出 ALM 模型，发现信息技术的发展会替代程式化任务下的低技能劳动力，但对非程式化任务下的高技能劳动力起互补作用，最终提高了对高教育水平劳动力的需求（Autor，Levy，and Murnane，2003）。① 而随着新一代信息与通讯技术的不断发展，部分非程式化任务被替代可能性大大提高（Frey and Osborne，2017）。此后，大部分研究都认为数字经济发展使得劳动力市场低技能劳动力的比较优势下降，信息技术发展快的行业对高技能、高教育劳动力的需求呈增长趋势，且对劳动力技能的要求将更为严格（Acemoglu and Restrepo，2018；孔高文，刘莎莎和孔东民，2020）。另外一些学者得出不同的研究结论。部分学者认为新的技术变革对中等技能劳动力影响更大，导致出现"两极化"劳动力就业现象，即高等和低等技术水平的劳动力处境变好而中等水平制造业工人就业处境变差（吕世斌和张世伟，2015；阎世平，武可栋和韦庄禹，2020）。也有学者对人工智能等新一代技术对劳动力就业的影响持积极态度。部分研究认为数字经济发展带来的生产偏向智能化将对就业产生积极影响，主要表现在信息技术与劳动力形成互补关系、产品需求增加，增加劳动就业机会（Thomas，2017；Bessen，2019；何小钢，梁权熙和王善骝，2019；李磊，王小霞和包群，2021）。叶胥，杜云晗和何文军（2021）研究则发现数字经济

① 参见 Autor, D., F. Levy, and R. J. Murnane. The Skill Content of Recent Technological Change：An Empirical Exploration ［J］. The Quarterly Journal of Economics，2003，118（4）：1279-1333.

发展对三个层面就业结构呈现出"正 U 形"特征，随着数字化转型加快，数字经济发展最终将促使就业结构制造化、高技术化与高技能化。[1]

从产业结构升级的角度看，数字经济的发展对传统产业存在技术溢出效应，通过提升资本和劳动力配置能力来推动产业结构优化升级，引致经济社会产业结构的变化，第三产业比重不断上升(许恒，张一林和曹雨佳，2020；王凯，2021)。此外，数字经济下也促生许多新兴产业的产生与发展，依托互联网平台的电子商务、共享经济蓬勃发展，成为新经济的重要组成部分(胡放之，2021)。在传统产业不断升级，新兴产业蓬勃发展的势态下，市场就业需求及劳动者的就业偏好也随之变化。一般来说，对于农业生产，数字化技术的应用只是改善了其生产流程，提高了农业生产效率，对务农人员并没有明显的替代作用 (Manyika，Chui，Miremadi and Bughin，2017；Ampatzidis，Bellis，and iPathology，2017)。制造业的生产技术特点使得该行业的劳动力更容易受到数字技术发展的影响，大量实证研究表明因工业机器人的使用，制造业向高端制造转变，造成低技能劳动力失业人数激增，企业对高技能劳动力的需求却增加了 (Acemoglu and Restrepo，2017；Zhou，Chu and Li，2020)。在数字经济发展下，新创造的工作岗位集中于第三产业。Frey and Osborne(2017) 研究发现，人工智能等新兴技术的进步使得对部分职业，如幼儿教师、护士、健康顾问、社会资讯类工作者等的需求有所上升。[2] 王文(2020)基于中国 30 个省份 2009—2017 年面板数据的研究发现，工业智能化水平的提升显著增加了服务业就业份额，特别是知识和技术密集型的生产性服务业和高端服务业

---

① 参见叶胥，杜云晗，何文军：《数字经济发展的就业结构效应》，《财贸研究》2021 年第 32 期。

② 参见 Frey C. B.，and M. A. Osborne. The Future of Employment：How Susceptible are Jobs to Computerisation? ［J］. Technological Forecasting and Social Change，2017，114：254-280.

的城镇单位就业份额。①

(二)数字经济与收入不平等

数字经济包含的维度宽广，关于数字经济与收入差距方面的研究，学者们主要针对某个维度进行研究和探索，包括人工智能技术、数字金融、数字产业化等。部分学者将人工智能等数字化技术视为自动化生产方式技术，或将其看成智能资本投入，对劳动力存在替代效应，在此基础上发现数字技术降低了劳动收入份额比，引致要素收入分配不均等（Benzell，2015；Aghion et al.，2017；Acemoglu and Restrepo，2018；蔡跃洲和陈楠，2019），且这种影响因劳动力受教育水平、行业生产效率不同而出现差别，影响劳动力与行业收入差距（邓翔和黄志，2019）。还有部分学者将数字化技术视为要素扩展型技术，将其分为资本扩展型及劳动扩展型，因此发现其对劳动收入份额变动的影响方向是不确定的（Bessen，2018；Graetz and Michaels，2018）。郭凯明（2019）通过建立包含多部门的动态的一般均衡模型，研究发现人工智能技术的发展对劳动收入份额的作用方向是不确定的，当人工智能促使生产要素流向资本密集型产业时，劳动收入份额就会随之下降。②

此外，也有学者认为数字经济发展带来的技术应用与发展可以提高要素生产率，并通过增加产出来影响要素的收入分配（Trajtenberg，2018；Acemoglu and Restrepo，2019）。同时，基于不同技能水平的劳动力收入分配的研究表明，数字化技术的发展与应用对不同技能水平劳动力冲击不同，高技能劳动力会获得高收入，技能收入差距扩大（Katz and Margo，2014；王林辉，胡晟明和董直庆，2020；周广肃，李力行和孟岭生，2021）。

(三)包含企业家的职业选择

现有理论模型较少将企业家直接作为一种职业属性供个体选

① 参见王文：《数字经济时代下工业智能化促进了高质量就业吗》，《经济学家》2020年第4期。

② 参见郭凯明：《人工智能发展、产业结构转型升级与劳动收入份额变动》，《管理世界》2019年第35期。

择。文献中讨论个体选择进行创业活动的决定因素主要有两个方面：一个是物质资本（初始财富禀赋），另一个是人力资本（教育水平等）。

创业活动需要物质资本的投入，定量分析的文献中一般采用家庭财富作为其代理变量。Evans and Jovanovic（1989）建立了一个静态的职业选择模型，发现个体的创业选择与家庭初始财富呈正相关的关系，因此会存在具有企业家才能的人因不能获得新建企业所需的启动资金而无法成为企业家的情形。① 初始财富禀赋与创业选择的关系在其他一系列研究中也得到了进一步的证实（Blanchflower and Oswald，1998；Hurst and Lusardi，2004；Schmalzetal，2013；Harding and Rosenthal，2013；Kerretal，2015；Paulson and Townsend，2004；Karaivanov，2012）。Quadrini（2009）等扩展研究表明，个体要成为企业家，则必须拥有最低限度的初始财富。除了决定创业时的资本投入外，初始财富禀赋还会通过影响个体的风险容忍度来影响其创业选择（Bianchi and Bobba，2013）。

除了初始财富禀赋这一外生因素外，人力资本的重要性也不容忽视。熊彼特（1990）把生产要素新组合的实现称为"企业"，把职能为实现新组合的群体称为"企业家"，他认为创新包括产品创新、技术创新、市场创新和组织制度创新四个维度，并且对企业家的创新行为提出了要求。而人力资本显然是决定企业家创新能力、组织能力、管理能力等的关键因素。大量研究表明，企业家才能以及其领导行为在企业的经营绩效中发挥关键的作用（Waldman，Ramirez，House et al.，2001；李新春，苏琦和董文卓，2006）。在高新技术企业如雨后春笋般涌现的当下，科技型企业家的产生也是时之所趋。而企业家的知识化是科技型企业家产生的基础，企业家需要达到相应的知识层次后才能更好地了解科技创新，进而更有效率、更好地开发高新技术产品，因此教育水平对于创业行为会产生显著的影响。另外，在考虑个体存在创业之外的外部选择如就业

① 参见 Evans D S，Leighton L S. Some Empirical Aspects of Entrepreneurship［J］. The American Economic Review，1989，79（3）：519.

时，教育水平高的个体成为企业家会面临更高的机会成本。在有关教育水平和创业选择的关系的研究中，Dawson, Henley and Latreille（2014）发现为正相关，但也有研究发现为负相关，或者不存在显著的影响（Van der Sluis, Van Praag and Vijverberg, 2008）。Poschke（2013）建立了一个连续时间的自选择模型并发现，教育水平较高或者较低的个体相对于中等教育水平的个体更趋向于成为企业家。也就是说，当教育程度被用作能力的代表时，创业与能力之间存在 U 型关系。①

总结文献来看，关于数字经济发展对劳动力就业造成的影响的相关研究主要为实证研究，这类影响由于劳动者的异质性、行业的不同存在差别。但关于数字化技术应用对个体职业选择造成影响的相关文献比较少，且大部分只考虑市场上求职的受雇者，没有考虑企业家这一群体，也忽略了劳动者在不同职业群体间的流动。而关于数字经济对收入不平等造成的影响，大部分研究通过要素收入在国民收入中的占比变化来衡量，主要关注人工智能等新兴技术的应用对劳动与资本收入差距，和不同技能水平劳动力收入之间差距所造成的影响。基于此，本文通过引入能力异质性，将个体的职业选择内生化，并将数字化生产作为一种新的生产模式加以建模。本文进一步通过劳动力市场与商品市场的同时出清来求解经济系统的均衡，并根据稳态时的收入分布画出整个社会的 Lorenz 曲线，计算基尼系数来测度社会收入不平等程度，从而系统地分析数字经济发展带来的生产模式变革对个体职业选择和社会贫富差距的影响。

三、理论框架

本文假设每个经济个体天生拥有不同的能力禀赋，这里的能力指的是各方面的综合能力，包括记忆力、理解力、谈判能力、社会

---

① 参见 Poschke M. Who Becomes an Entrepreneur? Labor Market Prospects and Occupational Choice[J]. Journal of Economic Dynamics and Control, 2013, 37(3): 693-710.

洞察力、艺术能力、创造性、认知能力和社会互动能力等。每个人的能力高低表示为 $1/\theta$。这里的 θ 表示学习成本，θ 越小，获得相同教育所付出的边际学习成本越低，个体能力（$1/\theta$）就越高。个体教育的总成本是获得教育水平的线性函数，能力为 $1/\theta$ 的个体获得教育水平为 k 的成本为 $\alpha\theta k$。其中，$\alpha\theta$ 为获得一单位额外教育所需要的边际成本。$k_i = 0$ 表示个体 i 接受基础的教育水平。

模型假定个体有三种职业可以选择，即工人、传统企业家和数字经济企业家。后两者的区别在于企业家所采用的生产模式不同。前者是企业家通过自己的资金、人脉和经验等来运营公司，并需要雇佣一定量的工人，使用的是传统的技术且生产模式不容易改变。后者是企业家自身研发并使用数字化技术。其通过投入资本开发数字经济中间品，进而使用中间品进行生产。在三种类型中，工人得到较低的固定工资 w，企业家开设工厂，雇佣工人或者利用数字化技术来进行生产作业获得利润。在企业家中，能力（$1/\theta$）决定其管理企业的能力，教育水平 k 决定其掌握数字化技术的能力。

（一）个体偏好和效用

模型中的个体满足理性人的假设，追求自身效用最大化。假设商品市场是垄断竞争的，存在一系列互异的商品 $i \in [0, N]$。个体的效用为 CES 效用函数，商品之间的替代弹性为 σ。用各商品的消费量 q_i 表示的效用函数为：

$$U = \int_0^N q_i^{\frac{\sigma-1}{\sigma}} di \quad \sigma > 1 \tag{1}$$

由此可以算出商品 i 的逆需求函数为：

$$p_i = \frac{\sigma-1}{\sigma} q_i^{-\frac{1}{\sigma}} \tag{2}$$

CES 价格指数为：

$$P = \left(\int_0^N p_i^{1-\sigma} di\right)^{\frac{1}{1-\sigma}} \tag{3}$$

（二）工人

每个工人受传统企业家雇佣，供给一个单位的劳动力。由于工资是由劳动力市场出清决定的，工人工资与其受教育水平以及所在工厂无关，为固定的工资率 w。因此模型中的个体一旦选择成为工人，其工资就被固定。其净收益为工资减去教育成本：$w-\alpha\theta k$，其中 $k\geqslant 0$。

(三)厂商

模型中假定存在两种生产模式的工厂，一种是传统企业家开设的传统工厂，雇佣工人、投入资本进行生产；另一种是数字经济企业家开设的数字化工厂，企业家使用资本开发生产数字经济中间产品，进而进行生产作业。

传统企业 i 的生产函数表示为工人数量 l_i、资本量 K_i 与企业家能力 $1/\theta$ 的函数为：

$$q_{T,i}=A_1\theta^{-\tau}K_i^{\beta}l_i^{1-\beta} \tag{4}$$

其中 $\tau>0$，其大小决定企业家的能力 $1/\theta$ 对工厂生产率的影响程度，A_1 是传统生产模式的全要素增长因子，反映了传统企业生产技术的发展水平。$\beta\in(0,1)$，反映了资本的产出弹性。

在过去传统的经济生产模式下，物资和人力资本是主要的生产要素。到了数字经济时代，经济形态逐渐显现出数字化特征，无形资本在生产资料中显得愈发重要。一方面，数据等信息资源在这一时代下成为了新的核心生产要素，人们通过对其掌握，处理和分析，就能创造新的价值和财富；另一方面，作为数字化技术代表之一的智能化技术还能实现对劳动力的替代。因此，在这一时代背景下，企业家的受教育水平能通过影响其对数字经济技术的掌握程度，进而影响工厂的生产效率。与 Lucas(1978) 的 span-of-control 模型类似，本文在数字经济生产模式中将企业家的教育水平作为变量。对于数字经济企业，数字经济中间品的研发量表示为企业家的教育水平 k_i 与资本投入量 K_i 的函数为：

$$m_i=\sqrt{k_iK_i} \tag{5}$$

数字经济企业的生产函数表示为数字经济中间品数量 m_i、企业家能力 $1/\theta$ 与教育水平 k_i 的函数为：

$$q_{Digital,i}=A_2\theta^{-\tau}m_i \tag{6}$$

A_2 是该生产模式的全要素增长因子，包括了数字经济发展水平，数字经济企业的外部环境、政策，及相关管理者积累的经验等。

模型假设工厂的净利润被企业家全部持有，并且假设资本市场是完备的，利率固定为 R。下面分别考虑两种企业家的收益（工厂净利润减去企业家的教育成本）。传统企业的企业家的收益表示成产量 $q_{T,i}$，价格 p_i，工资率 w，雇佣工人数量 l_i，资本投入 K_i，企业家能力 $1/\theta$ 和教育水平 k_i 的函数：

$$p_i q_{T,i} - w l_i - R K_i - \alpha \theta k_i \tag{7}$$

这里对传统企业家的收益进行最大化：

$$u(\theta) = \max_{l_i, k_i, K_i} p_i q_{T,i} - w l_i - R K_i - \alpha \theta k_i \tag{8}$$

该优化问题的决策变量为 l_i，k_i 和 K_i。这里我们将求解出传统企业家达到最优决策时所需要雇佣的工人数量 l_i，资本投入量 K_i，以及最优的受教育水平 k_i，三者均为 θ 的函数。此外，最优的效用水平 u 也是 θ 的函数。我们得到均衡下的各变量：$l_i(\theta)$、$K_i(\theta)$、$k_i(\theta)$、$u(\theta)$，具体表达式见附录。

数字经济企业的企业家的收益（工厂的净利润减去教育成本）表示成产量 $q_{Digital,i}$，价格 p_i，工资率 w，资本投入 K_i，企业家能力 $1/\theta$ 和教育水平 k_i 的函数为：

$$p_i q_{Digital,i} - R K_i - \alpha \theta k_i \tag{9}$$

这里数字经济企业家根据控制变量 k_i 和 K_i，对其净利润进行最大化：

$$u_{Digital}(\theta) = \max_{k_i, K_i} p_i q_{Digital,i} - R K_i - \alpha \theta k_i \tag{10}$$

我们得到均衡下的各变量：$m_i(\theta)$、$K_i(\theta)$、$k_i(\theta)$、$u_{Digital}(\theta)$，具体表达式见附录。

从效用最大化的结果中我们可以看到，企业家之间因自身能力不同和选择的生产模式不同导致最终得到不同的收益。数字经济企业家因为要掌握数字化技术开发中间品，他们需要接受较高的教育水平并为此承担教育成本，因此能力对其收益的影响比传统企业家更大。也就是说，能力对收益的影响在数字经济企业家之间比在传统企业家之间更明显。

由于工人和传统企业家的净收益与其所受教育水平是负相关的，所以在 Nash 均衡下，他们会选择接受工作所需的最低程度的教育水平。在均衡下，工人和传统企业家不会选择接受额外教育，会选择只接受基础教育水平，即 $k=0$。

（四）职业选择

在给定个体的能力值 $1/\theta$ 之后，假设个体可以在三种职业中无限制地自由选择。在效用最大化的驱动下，个体会选择其中的收益最大者。即能力为 $1/\theta$ 的个体的最大收益为：

$$V(\theta) = \max\{w,\ u(\theta),\ u_{Digital}(\theta)\} \tag{11}$$

在均衡下，能力强的个体倾向于成为数字经济企业家，能力次强的个体倾向于成为传统企业家，能力弱的个体倾向于成为工人。

（五）市场出清与一般均衡

在模型中，个体在效用最大化的驱动下，根据自身能力选择接受相应的教育水平，并进一步进行职业的自选择。其中选择成为工人的个体得到固定的工资，成为传统企业家的个体雇佣工人投入资本进行生产获取利润，数字经济企业家使用数字化技术投入生产得到收益。在系统达到均衡时，所有个体都实现了自身效用的最大化，因此不会出现决策上的偏移。商品市场上企业家供给的商品总量等于系统的总需求，劳动力市场上企业家的劳动力总需求与工人提供的劳动力总供给亦相等，整个市场达到出清状态。

为了便于计算处理，这里采用 Pareto（1897）在研究贫富差距时所提出的假设，即 $1/\theta$ 服从参数为 $\gamma \geqslant 1$ 的 Pareto 分布，即 θ 的分布函数为：

$$F(\theta) = \theta^{\gamma} \quad \theta \in [0,\ 1] \tag{12}$$

模型中存在商品市场和劳动力市场两种市场，在最终均衡时两者都要出清。最终可能出现两种类型的均衡。在第一种类型的均衡下三种职业同时存在，我们称其为"部分数字化的均衡"；另一种类型的均衡下只存在数字经济的企业，传统的企业在竞争中被完全挤出，工人亦失去工作，我们称其为"完全数字化的均衡"。在下文中，考虑到要与现实结合进行分析，我们将重点探究部分数字化的均衡，完全数字化均衡的相关性质和结论留待附录中细述。

在部分数字化的均衡下，就业呈现图 1 的分段分布。即能力强的个体成为数字经济企业家，能力次之的个体成为传统企业家，能力弱的个体成为工人。并且存在职业选择的两个阈点 θ_0、θ_1。均衡的具体方程组见附录。

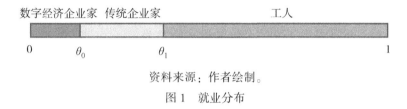

资料来源：作者绘制。

图 1　就业分布

模型中的收入差距一方面表现在各职业群体间，即数字经济企业家、传统企业家和工人三者因为在生产环节中的地位和选取的生产模式不同，最终得到不同的收益；另一方面，能力的异质性导致企业家获取收益的差异性，因此在职业群体内部也将出现收入差距。本文通过计算基尼系数来衡量系统的收入不均等程度。具体计算的表达式见附录。

数字经济企业与传统企业在商品市场上是相互竞争的关系，传统企业家与工人之间是雇佣与被雇佣的关系、相互依存。数字经济生产模式和传统生产模式的发展水平分别通过直接影响两种生产模式的生产率，进而决定传统企业与数字经济企业在市场上的相对竞争力。经过一系列的推演，我们得到如下几个命题：

命题 1：数字经济生产模式的发展会加剧社会的收入不平等程度，减缓共同富裕的进程。

命题 2：数字经济生产模式的发展会带来工人工资的降低。

命题 3：数字经济生产模式的发展会减少工人的数量。

证明：三个命题理论证明的具体数学推导见附录。

在下一节的实证分析中，我们将结合实际数据对上述命题加以验证。

四、实证模型、数据与变量构建

(一)模型构建

为检验理论模型中数字经济发展对我国就业结构及收入分配的影响的结论，本文在以上理论分析基础上设定计量模型如下：

$$Y_{it} = \alpha_0 + \alpha_1 digita\, l_{it} + X_{it}\delta + A_i + B_t + \varepsilon_{it} \tag{13}$$

其中，下标 i 和 t 分别表示不同省份和年份的序号。Y_{it} 可以是以下三种因变量：省份 i 第 t 年的基尼系数($gin\, i_{it}$)，工人实际工资($wage_{it}$)，工人数量($labor_{it}$)。核心解释变量 $digita\, l_{it}$ 表示省份 i 第 t 年的数字经济发展水平，X_{it} 分别为其他控制变量集，包括人均 GDP 对数，城镇化率等，A_i 和 B_t 分别为省份和时间的固定效应。

(二)主要变量说明与数据来源

本文选取 2011—2019 年中国省级面板数据进行实证研究，由于部分样本数据限制，剔除了新疆、西藏、香港、澳门、台湾五个省市和行政区数据。数据主要来源于国家信息化和工业部、历年《中国统计年鉴》《中国劳动统计年鉴》《中国科技统计年鉴》以及 CSMAR 数据库，各省的统计年鉴等。主要变量指标的选取和处理方法如下：

1. 基尼系数($gini$)

基尼系数往往用来衡量一个国家或地区居民的收入不平等程度，本文借鉴李实，魏众和丁赛(2005)、屈小博和都阳(2010)等文献，对基尼系数按收入来源进行分解，$gini$ 系数的动态变化进行的分解如下：

$$\Delta gini = gini_{t+1} - gini_t$$

$$= \sum_{k=1}^{m} \left[\varphi_{kt+1} C_{kt+1} - \varphi_k C_{kt} \right] \tag{14}$$

$$= \sum_{k=1}^{m} \left[\Delta\varphi_k C_{kt} \right] + \sum_{k=1}^{m} \left[\Delta C_k \varphi_{kt} \right] + \sum_{k=1}^{m} \left[\Delta C_k \Delta\varphi_k \right]$$

其中，$\sum_{k=1}^{m} \left[\Delta\varphi_k C_{kt} \right]$ 这一部分表示由收入所占比重引起的变

化，称为结构性效应；$\sum_{k=1}^{m}\left[\Delta C_k \varphi_{kt}\right]$ 表示由收入集中度变化所引起变化，称为收入集中效应；$\sum_{k=1}^{m}\left[\Delta C_k \Delta \varphi_k\right]$ 表示收入比重与收入集中程度的共同变动引起的基尼系数变化，称为综合效应。本文根据此方法，分解得到了 2011—2019 年各样本省份的居民基尼系数。

2. 数字经济指数（*Digital*）

目前，关于数字经济发展程度的测度的相关文献较少，且研究主要聚焦于省级层面。最早的文献可以追溯到刘军，杨渊鋆和张三峰（2020），他们从数字交易发展、互联网发展和信息化发展这三个维度构建了中国分省份的数字经济综合评价指标体系。赵涛，张智和梁上坤（2020）在此基础上，将互联网发展作为核心测度，进一步构建了数字化交易的指标体系，从互联网发展和数字普惠金融这两方面进行综合测度。在指标的选取上，本文借鉴黄群慧，余泳泽和张松林（2019）的研究思路，采用互联网普及率、相关从业人员数量、互联网相关产出和移动互联网普及率这四个方面的指标，各指标的原始数据均可在《中国城市统计年鉴》中找到。对于数字金融发展水平的测度，本文采用中国数字普惠金融指数衡量，该指数由蚂蚁金服集团和北京大学数字金融研究中心共同编制（郭峰，王靖一，王芳，孔涛，张勋和程志云，2020）。在获取五个变量的原始数据后，本文通过变异系数法，最终得到数字经济综合发展指数，记为 *Digital*。数字经济指数的构建见表 1。

表 1 　　　　　　　　　　　**数字经济指数的构建**

一级指标	二级指标	三级指标	指标属性
数字经济综合发展指数	互联网普及率	互联网宽带接入占比	+
	相关从业人员数量	计算机和软件从业人员占比	+
	互联网相关产出	人均电信业务总量万元/人	+
	移动互联网普及率	移动电话普及率部/百人	+
	数字金融普惠指数	中国数字普惠金融指数	+

3. 工资与工人数量

对于工人数量与工资水平，本文采用《中国劳动统计年鉴》中行业大类就业人员的工资和就业数量，具体选取了采矿业和电力、燃气及水的生产和供应业就业人员的平均工资和就业数量。我们借鉴 Loren and Carsten（2006）的做法，为了使作为被解释变量的收入数据在时序上与地区间具有可比性，我们用 Brandt 和 Holz 构建的省级城市居民消费价格指数和区间物价指数对工人工资的数据进行了平减。因为区间物价指数公布的数据的年份最新为 2018 年，所以测算实际工资的选取的时间跨度为 2011—2018 年。

4. 其他变量

在控制变量选取方面，本文的控制变量主要包括人均 GDP、城镇化率、R&D 支出等，具体变量定义及描述性统计如表 2 所示。其中关于人均 GDP，采用各省人均 GDP 的对数衡量，城镇化率则采用各省城镇常住人口占该省总人口的比重表示。

表 2　　　　　　　　　主要变量的描述性统计

变量名称	变量含义与赋值	样本量	平均值	标准差	最小值	最大值
收入不平等	各省居民收入整体基尼系数	261	0.426	0.0450	0.351	0.510
工资水平	采矿业等工种的实际工资	232	52.780	12.479	28.493	88.661
工人数量	采矿业等工种的就业数量(万人)	261	30.234	24.000	2.600	114.500
数字经济指数	数字经济综合发展指数	261	41.832	15.543	9.479	80.242
城镇化率	各省城镇常住人口/总人口(%)	261	57.983	12.219	34.960	89.600
经济发展水平	各省人均 gdp 的对数	261	10.810	0.450	9.108	12.008
R&D 支出	各省 R&D 经费支出(亿元)	261	508.151	574.371	10.400	3098.500

（三）回归结果

表 3 报告了数字经济的发展对中国收入不平等以及工人就业的影响的基准回归结果。第（1）列结果表明当数字经济指数增加一个单位时，居民总体收入基尼系数会显著增加 0.005，即数字经济的发展在 5% 的显著性水平上会带来居民收入差距的扩大。第（2）、

（3）列结果则显示数字经济的发展对工人工资、就业人数都有显著的负向影响，当数字经济指数增加一个单位时，工人的实际工资将下降 0.613 个单位，工人数量也将减少 0.903 万。可见，当前我国数字经济的快速发展确实加剧了社会收入不平等。对于工人来说，由于人工智能等数字化技术应用到生产中，产生替代效应，从而降低劳动力要素投入，对工人就业、工资都造成了负面影响。以上回归结果印证了理论分析的结论。

表3　　　　数字经济发展对基尼系数、工资和工人数量的影响

	（1）基尼系数	（2）工资	（3）工人数量
数字经济发展	0.005**	−0.613**	−0.903***
	（0.00265）	（0.304）	（0.265）
截距项	0.316*	−97.073**	−95.714**
	（0.183）	（43.46）	（41.55）
双向固定效应	是	是	是
其他控制变量	是	是	是
样本量	261	232	232
adj. R^2	0.062	0.946	0.979

注：***、**、*分别表示在1%、5%、10%的水平上显著；括号中为稳健聚类标准误。其他控制变量包括各省城镇化率、人均 GDP 的对数，R&D 支出等。限于篇幅，未出示控制变量的影响效果。

五、研究结论与政策启示

（一）研究结论

本文探究能力异质性的个体在数字经济发展下职业选择的变化，以及以此带来的社会收入不平等程度的变化。在模型中，本文将职业分为工人、传统企业家、数字经济企业家三种类型，不同能

力的个体在自身效用最大化的驱动下进行教育水平和职业的自选
择。研究发现，在系统达到部分自动化的均衡时，能力高者会选择
成为数字经济企业家开发利用数字化技术，能力次高者会选择成为
传统企业家并开设工厂雇佣工人，能力低者会选择成为工人。

本文通过理论分析得到，数字化生产模式的发展会导致数字经
济企业家群体的扩大，因为技术进步让开发利用数字化技术变得更
加有利可图，原来的一些个体会选择接受更高的教育来成为数字经
济企业家。数字化技术的发展也会导致社会收入不平等程度的加
剧，这是因为技术发展使收益更多地流向数字经济企业家。此外，
数字化生产模式的发展会导致工人工资下降，并导致就业均衡下工
人数量的减少。

以理论分析为基础，本文采用中国 2011—2019 年的省级面板
数据检验了数字经济生产模式的发展对我国就业结构以及收入不平
等程度的影响。研究结论显示，数字经济生产模式的发展显著加剧
了我国居民的收入不平等程度，并且导致了工人数量的减少和工资
的降低，为理论分析提供了现实数据的证明。

(二)政策启示

基于以上结论，本文给出以下政策建议：

(1)大力扶持数字经济企业，抓住新一轮技术革命的历史机
遇。在国际层面上，当前新一代信息与通讯技术的发展与国际竞争
相互交织，其发展态势在中美两国的博弈之间显得尤为重要。数字
化技术作为新兴技术，将带来社会生产力和生产模式的革命性的变
化。其不仅能够重塑就业和社会收入分配结构，也能够对国家在国
际贸易中的分工地位产生影响。因此，对于正处在跨越中等收入阶
段关键时期的中国而言，这一发展机遇不容错过。国家要积极推进
传统产业升级转型，加大对传统企业引进人工智能、大数据、物联
网等新一代信息技术的支持力度。中国目前大部分传统产业尤其是
制造业仍为劳动密集型产业，为应对人口红利的逐渐消失，以及数
字经济应用对传统产业带来的冲击，国家应该积极推动制造业加速
向数字化、网络化、智能化发展，鼓励企业增加研发投入，增大对
智能化企业、研发企业的税收优惠力度。在这一新的技术冲击下，

国家要进一步发挥有为政府的效能，加快社会资源精准分配，建立促进数字经济发展的高效创新治理机制，实现产业重组与创新变革的动态耦合，为数字化技术的发展提供持久利好的环境，提高中国创新发展的韧性。

（2）优化收入分配结构，实现共同富裕。在人工智能、物联网等数字化技术迅猛发展的背景下，数字经济企业借助特有的成本优势，在与传统企业的竞争中逐渐占据上风，这一偏向性技术发展导致利润更多地流向了数字经济企业家，工人工资降低利益受损，社会收入不平等程度加剧。国家在大力发展数字化技术的同时，也要时刻不忘为全体人民谋福祉的初心，采取更积极的社会福利再分配政策，提高劳动收入份额，增加中等收入群体比重。一方面应该完善劳动保护政策，多渠道增加劳动者报酬，提高劳动在收入中所占份额，从而缩小贫富差距，另一方面要完善社会保障体系建设，加大社会再分配力度，实现共同富裕。在通过实施一系列措施改善工人的工作境况来缓解收入差距扩大的同时，也要适度控制生产活动中数字化的比例和规模，防止过度数字化现象的出现。此外，数字经济的发展在一定情形下还会进一步造成"技术性失业"，对于这类失业群体，政府应该加大对其的扶助力度，鼓励失业者通过培训提升技能，给予失业者再就业机会。对于能力较强的劳动者，鼓励其自主创业，向数字经济企业家转变。

（3）加大高等教育经费的投入，培养高质量科技型企业家。在人工智能等高新技术企业不断涌现的当下，科技型企业家的产生也是时之所趋。而培育科技型企业家需要先实现企业家的知识化，这就需要国家加大对高等教育事业的支持力度来实现。本文研究发现数字化技术要素偏向性发展会导致社会的均衡向完全数字化的形式转变，而大部分研究也指出数字经济的应用会增加对高技能劳动力的需求。无论是成为数字经济企业家，还是高技能劳动力，个体都需要获得较高的教育水平。加大高等教育经费的投入，可以营造更好的教育环境，增强教育的可获得性，降低教育成本，激励人们选择提高自身技能，从而更好地培育社会高素质人才。企业家在达到相应的知识层次后同时具备企业家素质与创新素质，能够更好地了解科技创新，能够更有效率、更好地开发高新技术产品。企业也不仅仅是使用新技术的主体，更是主动参与到生产与研发相结合的体系中，成为孵化高新技术的主体。这样能够逐渐形成中国产学结合的创新创业大环境，实现可持续的技术发展与产业转型。

（4）促进数字化技术与劳动的适配性，朝"人机协作"方向发展。究其本源，数字化技术的发展对劳动者权益的损害归因于两者倾向于相互"竞争"而非"协作"的关系。一方面，国家应针对劳动者建立完善的技能培训制度，通过对其预见性地进行人力资本的专业化培训，来加强劳动者对新生产业态和生产模式的适应能力，从而优化劳动资源的配置。另一方面，国家应通过出台相关激励政策，大力推动企业研发与劳动生产紧密结合的数字化技术，开发人机协作的新生产模式，引导技术进步直接提高劳动力的生产率，促使数字化技术与劳动者之间从相互"竞争"到相互"协作"的方向发展，在促进社会总体生产效率提升的同时提高劳动力生产效率，从而改善劳动者的收益，实现共同富裕。

参考文献

[1]蔡跃洲，陈楠：新技术革命下人工智能与高质量增长、高质量就业[J]. 数量经济技术经济研究，2019，36（05）：3-22.

[2]曹静，周亚林：人工智能对经济的影响研究进展[J]. 经济学动态，2018，（01）：103-115.

[3]邓翔，黄志：人工智能技术创新对行业收入差距的效应分析——来自中国行业层面的经验证据[J]. 软科学，2019，11.

[4]郭峰，王靖一，王芳，孔涛，张勋，程志云：测度中国数字普惠金融发展：指数编制与空间特征[J]. 经济学（季刊），2020，19（04）：1401-1418.

[5]郭凯明：人工智能发展、产业结构转型升级与劳动收入份额变动[J]. 管理世界，2019，35（07）：60-77，202-203.

[6]胡放之：数字经济、新就业形态与劳动力市场变革[J]. 学习与实践，2021（10）：71-77.

［7］何小钢，梁权熙，王善骝：信息技术、劳动力结构与企业生产率——破解"信息技术生产率悖论"之谜［J］．管理世界，2019，35（09）：65-80.

［8］黄群慧，李芳芳：中国工业化进程报告：（1995—2020）［M］．北京：社会科学文献出版社，2020.

［9］黄群慧，余泳泽，张松林：互联网发展与制造业生产率提升：内在机制与中国经验［J］．中国工业经济，2019（08）：5-23.

［10］孔高文，刘莎莎，孔东民：机器人与就业——基于行业与地区异质性的探索性分析［J］．中国工业经济，2020（08）：80-98.

［11］李磊，王小霞，包群：机器人的就业效应：机制与中国经验［J］．管理世界，2021，37（09）：104-119.

［12］李实，魏众，丁赛：中国居民财产分布不均等及其原因的经验分析［J］．经济研究，2005（06）：4-15

［13］李新春，苏琦，董文卓：公司治理与企业家精神［D］．2006.

［14］刘军，杨渊鋆，张三峰：中国数字经济测度与驱动因素研究［J］．上海经济研究，2020（06）：81-96.

［15］吕世斌，张世伟：中国劳动力"极化"现象及原因的经验研究［J］．经济学（季刊），2015，14（02）：757-778.

［16］屈小博，都阳：中国农村地区间居民收入差距及构成变化：1995—2008 年——基于基尼系数的分解［J］．经济理论与经济管理，2010（07）：74-80.

［17］王凯：数字经济、资源配置与产业结构优化升级［J］．金融与经济，2021（04）：57-65.

［18］王林辉，胡晟明，董直庆：人工智能技术会诱致劳动收入不平等吗——模型推演与分类评估［J］．中国工业经济，2020，（04）：97-115.

［19］王文：数字经济时代下工业智能化促进了高质量就业吗［J］．经济学家，2020，（04）：89-98.

［20］熊彼特：经济发展理论［M］．何畏等译．北京：商务印书馆，1990.

［21］许恒，张一林，曹雨佳：数字经济、技术溢出与动态竞合政策［J］. 管理世界，2020，36（11）：63-84.

［22］阎世平，武可栋，韦庄禹：数字经济发展与中国劳动力结构演化［J］. 经济纵横，2020，（10）：96-105.

［23］叶胥，杜云晗，何文军：数字经济发展的就业结构效应［J］. 财贸研究，2021，32（04）：1-13.

［24］周广肃，李力行，孟岭生：智能化对中国劳动力市场的影响——基于就业广度和强度的分析［J］. 金融研究，2021，（06）：39-58.

［25］赵涛，张智，梁上坤：数字经济、创业活跃度与高质量发展——来自中国城市的经验证据［J］. 管理世界，2020，36（10）：65-76.

［26］Acemoglu D，Restrepo P. Secular Stagnation？The Effect of Aging on Economic Growth in the Age of Automation［J］. American Economic Review，2017，107（5）：174-79.

［27］Acemoglu，D.，and P. Restrepo. The Race Between Man and Machine：Implications of Technology for Growth，Factor Shares，and Employment［J］. American Economic Review，2018，108（6）：1488-1542.

［28］Acemoglu，D.，and P. Restrepo. Automation and New Tasks：How Technology Displaces and Reinstates Labor［J］. The Journal of Economic Perspectives，2019，33（2）：3-30.

［29］Aghion P，Bergeaud A，Blundell R，et al. Innovation，Firms and Wage Inequality［J］. Department of Economics，Harvard University，Working Paper Series，https：//scholar. harvard. edu/files/aghion/files/innovations_firms_and_wage. pdf，2017.

［30］Ampatzidis，Y.，L. De Bellis，and A. Luvisi. iPathology：Robotic Applications and Management of Plants and Plant Diseases［J］. Sustainability，2017，9（6）：1.

［31］Autor，D.，F. Levy，and R. J. Murnane. The Skill Content of Recent Technological Change：An Empirical Exploration［J］. The

Quarterly Journal of Economics, 2003, 118(4): 1279-1333.

[32] Benzell, S. G., L. J. Kotlikoff, G. LaGarda, and J. D. Sachs. Robots Are U. S. : Some Economics of Human Replacement [R]. NBER Working Paper, 2015.

[33] Bessen J. AI and Jobs: The Role of Demand [R]. National Bureau of Economic Research, 2018.

[34] Bessen, J. Automation and Jobs: When Technology Boosts Employment[J]. Economic Policy, 2019, 34(100): 589-626.

[35] Bianchi M, Bobba M. Liquidity, Risk, and Occupational Choices [J]. Review of Economic Studies, 2013, 80 (2): 491-511.

[36] Blanchflower D G, Oswald A J. What Makes an Entrepreneur? [J]. Journal of Labor Economics, 1998, 16(1): 26-60.

[37] Brandt L, Holz C A. Spatial Price Differences in China: Estimates and Implications[J]. Development and Comp Systems, 2006, 55(1): 43-86.

[38] David, H., & Dorn, D. (2013). The Growth of Low-skill Service Jobs and the Polarization of the US Labor Market. American Economic Review, 103(5), 1553-97.

[39] Dawson C, Henley A, Latreille P. Individual Motives for Choosing Self-employment in the UK: Does Region Matter? [J]. Regional studies, 2014, 48(5): 804-822.

[40] Evans D S, Leighton L S. Some Empirical Aspects of Entrepreneurship [J]. The American Economic Review, 1989, 79 (3): 519.

[41] Frey C. B., and M. A. Osborne. The Future of Employment: How Susceptible are Jobs to Computerisation? [J]. Technological Forecasting and Social Change, 2017, 114: 254-280.

[42] Graetz, G., and G. Michaels. Robots at Work[J]. The Review of Economics and Statistics, 2018, 100(5): 753-768.

[43] Harding J, Rosenthal S. Homeowner-entrepreneurs, Housing Cap-

ital Gains, and Self-employment[J]. Working paper, University of Connecticut, 2013.

[44]Hurst E, Lusardi A. Liquidity Constraints, Household Wealth, and Entrepreneurship[J]. Journal of Political Economy, 2004, 112(2): 319-347.

[45]Karaivanov A. Financial Constraints and Occupational Choice in Thai Villages[J]. Journal of Development Economics, 2012, 97 (2): 201-220.

[46]Katz L. F., and R. A. Margo. Technical Change and the Relative Demand for Skilled Labor: The United States in Historical Perspective[R]. NBER Working Paper, 2014.

[47]Kerr S P, Kerr W R, Nanda R. House Money and Entrepreneurship [M]. National Bureau of Economic Research, 2015.

[48]Lankisch, C., K. Prettner, and A. Prskawetz. Robots and the Skill Premium: An Automation-based Explanation of Wage Inequality[J]. Economics and Social Sciences, 2017, 29: 1-11.

[49]Lucas Jr R E. On the Size Distribution of Business Firms[J]. The Bell Journal of Economics, 1978: 508-523.

[50]Manyika, J., M. Chui, M. Miremadi, J. Bughin, K. George, P. Willmott, and M. Dewhurst. A Future That Works: Automation, Employment, and Productivity[J]. McKinsey Global Institute, 2017: 119-135.

[51]Melitz M J. The impact of trade on intra-industry reallocations and aggregate industry productivity[J]. econometrica, 2003, 71(6): 1695-1725.

[52]Pareto V. Cours d'conomie Politique Profess a l'Universit de Lausanne, Vol. I, 1896; Vol. II, 1897[J].

[53]Paulson A L, Townsend R. Entrepreneurship and Financial Constraints in Thailand[J]. Journal of Corporate Finance, 2004, 10 (2): 229-262.

[54] Poschke M. Who Becomes an Entrepreneur? Labor Market

Prospects and Occupational Choice[J]. Journal of Economic Dynamics and Control, 2013, 37(3)：693-710.

[55]Quadrini V. Entrepreneurship in Macroeconomics[J]. Annals of Finance, 2009, 5(3)：295-311.

[56]Schmalz M C, Sraer D A, Thesmar D. Housing Collateral and Entrepreneurship [R]. National Bureau of Economic Research, 2013.

[57]Thomas, M. K. The Rise of Technology and Its Influence on Labor Market Outcomes [J]. Gettysburg Economic Review, 2017, 10 (1)：3-27.

[58]Trajtenberg, M. AI as the Next GPT：A Political-Economy Perspective[R]. NBER Working Paper, 2018.

[59]Van der Sluis J, Van Praag M, Vijverberg W. Education and Entrepreneurship Selection and Performance：A Review of the Empirical Literature[J]. Journal of Economic Surveys, 2008, 22(5)：795-841.

[60]Waldman D A, Ramirez G G, House R J, et al. Does Leadership Matter? CEO Leadership Attributes and Profitability under Conditions of Perceived Environmental Uncertainty [J]. Academy of management journal, 2001, 44(1)：134-143.

[61]Zhou G., Chu G., Li, L., et al., The Effect of Artificial Intelligence on China's Labor Market[J]. China Economic Journal, 2020, 13(1).

A 附录

A.1 各变量的表达式

传统企业家的效用最大化结果：

$$l_i(\theta) = \left(\frac{\sigma-1}{\sigma}\right)^{2\sigma} (1-\beta)^{\sigma} \left(\frac{\beta}{1-\beta}\right)^{\beta(\sigma-1)} \frac{A_1^{\sigma-1}}{w^{\sigma-\beta(\sigma-1)}R^{\beta(\sigma-1)}} \theta^{-\tau(\sigma-1)} \quad (15)$$

$$K_i(\theta) = \left(\frac{\sigma-1}{\sigma}\right)^{2\sigma} (1-\beta)^{\sigma} \left(\frac{\beta}{1-\beta}\right)^{\beta(\sigma-1)+1} \frac{A_1^{\sigma-1}}{w^{(\beta-1)(\sigma-1)}R^{\beta(\sigma-1)+1}} \theta^{-\tau(\sigma-1)} \quad (16)$$

$$k_i(\theta) = 0 \qquad (17)$$

$$u(\theta) = \frac{1}{\sigma-1}\left(\frac{\sigma-1}{\sigma}\right)^{2\sigma}(1-\beta)^{\sigma-1}\left(\frac{\beta}{1-\beta}\right)^{\beta(\sigma-1)}\frac{A_1^{\sigma-1}}{w^{(1-\beta)(\sigma-1)}R^{\beta(\sigma-1)}}\theta^{-\tau(\sigma-1)}$$

$$(18)$$

上面的结果表明，个体如果选择成为传统的企业家，因为自身的能力$(1/\theta)$会对于工厂的生产率产生影响，所以其劳动力需求、资本投入以及最大化的收益均与能力正相关。同时，$\dfrac{\partial l_i(\theta)}{\partial w}<0$保证了劳动力需求与工资的负相关关系。另一方面，由于传统企业不引入数字化技术，传统企业家会选择只接受基础的教育水平，即$k_i(\theta)=0$。

数字经济企业家的效用最大化：

$$m_i(\theta) = \frac{1}{2^\sigma}\left(\frac{\sigma-1}{\sigma}\right)^{2\sigma}\frac{A_2^{\sigma-1}}{(R\alpha)^{\frac{\sigma}{2}}}\theta^{-\tau(\sigma-1)-\frac{\sigma}{2}} \qquad (19)$$

$$K_i(\theta) = \frac{1}{2^\sigma}\left(\frac{\sigma-1}{\sigma}\right)^{2\sigma}\frac{A_2^{\sigma-1}}{\alpha^{\frac{\sigma-1}{2}}R^{\frac{\sigma+1}{2}}}\theta^{-\tau(\sigma-1)-\frac{\sigma-1}{2}} \qquad (20)$$

$$k_i(\theta) = \frac{1}{2^\sigma}\left(\frac{\sigma-1}{\sigma}\right)^{2\sigma}\frac{A_2^{\sigma-1}}{\alpha^{\frac{\sigma+1}{2}}R^{\frac{\sigma-1}{2}}}\theta^{-\tau(\sigma-1)-\frac{\sigma+1}{2}} \qquad (21)$$

$$u_{Digital}(\theta) = \frac{1}{2^{\sigma-1}}\frac{1}{\sigma-1}\left(\frac{\sigma-1}{\sigma}\right)^{2\sigma}\frac{A_2^{\sigma-1}}{\alpha^{\frac{\sigma-1}{2}}R^{\frac{\sigma-1}{2}}}\theta^{-\left(\tau+\frac{1}{2}\right)(\sigma-1)} \qquad (22)$$

在模型中，数字经济企业家的能力$1/\theta$会从两个方面影响其利润，其一是与传统企业家类似，能力直接通过影响其管理企业的水平来影响生产率；其二是能力高的个体的教育边际成本更低，其会选择接受更高的教育水平来进一步地掌握数字经济技术，从而增加最终的收益。与传统企业家不同，数字经济企业家不雇佣工人，因此其效用最大化后的各表达式中均未出现工资w。从效用最大化的结果来看，数字经济企业家的能力越高，其选择接受的教育水平越高，相应地会选择更多地开发数字经济中间品，以获得更高的收益。

A.2 完全数字化的均衡

该部分解释职业选择分段化的形成。$\dfrac{u(\theta)}{w}$ 与 $\dfrac{u_{Digital}(\theta)}{u(\theta)}$ 在 $\theta \to 0$ 时都是单调发散到正无穷的，这说明在模型中，能力越高的个体越倾向选择成为数字经济企业家，越不倾向于成为工人。进一步分析发现，存在一个职业选择的阈点 $\theta_0 \geq 0$，当 $\theta \leq \theta_0$ 时，$V(\theta) = u_{Digital}(\theta) \geq \max\{w, u(\theta)\}$。当 $\theta > \theta_0$ 时，$u_{Digital}(\theta) < \max\{w, u(\theta)\}$。

当系统最后达到完全数字化的均衡时，传统企业家与工人这两个职业选择失去竞争力，被完全挤出。这时对于所有个体而言，成为数字经济企业家都是其最大化效用的选择。我们直接考虑能力最差的个体（$\theta = 1$）。在完全数字化的均衡下，其选择成为数字经济企业家是占优的决策，则有：

$$u_{Digital}(1) \geq u(1) \tag{23}$$

$$u_{Digital}(1) \geq w \tag{24}$$

化简即可得：

$$\frac{1}{4} \frac{1}{(1-\beta)^{\frac{2}{1+(1-\beta)(\sigma-1)}}} \left(\frac{1-\beta}{\beta}\right)^{\frac{2\beta}{1+(1-\beta)(\sigma-1)}}$$
$$* \frac{1}{(\sigma-1)^{\frac{2(1-\beta)}{1+(1-\beta)(\sigma-1)}}} \left(\frac{\sigma-1}{\sigma}\right)^{\frac{4\sigma(1-\beta)}{1+(1-\beta)(\sigma-1)}} \tag{25}$$
$$* \frac{A_2^2}{\alpha A_1^{\frac{2}{1+(1-\beta)(\sigma-1)}}} R^{4\beta - 1 - \frac{2\beta}{1+(1-\beta)(\sigma-1)}} \geq 1$$

另外，若最终达到的是部分数字化的均衡，则在均衡下传统企业仍未被完全淘汰。经过分析可以得到，这一情形下系统应满足的参数条件为：

$$\frac{1}{4} \frac{1}{(1-\beta)^{\frac{2}{1+(1-\beta)(\sigma-1)}}} \left(\frac{1-\beta}{\beta}\right)^{\frac{2\beta}{1+(1-\beta)(\sigma-1)}}$$
$$* \frac{1}{(\sigma-1)^{\frac{2(1-\beta)}{1+(1-\beta)(\sigma-1)}}} \left(\frac{\sigma-1}{\sigma}\right)^{\frac{4\sigma(1-\beta)}{1+(1-\beta)(\sigma-1)}} \tag{26}$$
$$* \frac{A_2^2}{\alpha A_1^{\frac{2}{1+(1-\beta)(\sigma-1)}}} R^{4\beta - 1 - \frac{2\beta}{1+(1-\beta)(\sigma-1)}} \leq 1$$

当系统的参数满足上述的不等式时，则最终达到的均衡为完全数字化的均衡，否则将达到部分数字化的均衡。

A.3 均衡的方程组

均衡的方程组为：

$$
\begin{cases}
u_{Digital}(\theta_0) = u(\theta_0) \\
u(\theta_1) = w \\
\int_{\theta_0}^{\theta_1} l(\theta)\,\mathrm{d}F(\theta) = 1 - F(\theta_1)
\end{cases}
\tag{27}
$$

将各表达式代入后，方程组展开为：

$$
\begin{cases}
\dfrac{1}{2^{\sigma-1}}\dfrac{1}{\sigma-1}\left(\dfrac{\sigma-1}{\sigma}\right)^{2\sigma}\dfrac{A_2^{\sigma-1}}{\alpha^{\frac{\sigma-1}{2}}R^{\frac{\sigma-1}{2}}}\theta_0^{-\left(\tau+\frac{1}{2}\right)(\sigma-1)} \\
= \dfrac{1}{\sigma-1}\left(\dfrac{\sigma-1}{\sigma}\right)^{2\sigma}(1-\beta)^{\sigma-1}\left(\dfrac{\beta}{1-\beta}\right)^{\beta(\sigma-1)}\dfrac{A_1^{\sigma-1}}{w^{(1-\beta)(\sigma-1)}R^{\beta(\sigma-1)}}\theta_0^{-\tau(\sigma-1)} \\
w = \dfrac{1}{\sigma-1}\left(\dfrac{\sigma-1}{\sigma}\right)^{2\sigma}(1-\beta)^{\sigma-1}\left(\dfrac{\beta}{1-\beta}\right)^{\beta(\sigma-1)}\dfrac{A_1^{\sigma-1}}{w^{(1-\beta)(\sigma-1)}R^{\beta(\sigma-1)}}\theta_1^{-\tau(\sigma-1)} \\
\int_{\theta_0}^{\theta_1}\left(\dfrac{\sigma-1}{\sigma}\right)^{2\sigma}(1-\beta)^{\sigma}\left(\dfrac{\beta}{1-\beta}\right)^{\beta(\sigma-1)}\dfrac{A_1^{\sigma-1}}{w^{\sigma-\beta(\sigma-1)}R^{\beta(\sigma-1)}}\theta^{-\tau(\sigma-1)}dF(\theta) \\
= 1 - \theta_1^{\gamma}
\end{cases}
\tag{28}
$$

经过一系列的计算，我们可以得到如下关系式：

$$
\theta_1^{\tau(\sigma-1)}\left[\left(\dfrac{\gamma(1-\beta)(\sigma-1)}{\gamma-\tau(\sigma-1)}+1\right)\theta_1^{\gamma-\tau(\sigma-1)}-\dfrac{\gamma(1-\beta)(\sigma-1)}{\gamma-\tau(\sigma-1)}\theta_0^{\gamma-\tau(\sigma-1)}\right]=1
\tag{29}
$$

另外，我们将均衡解（内生变量组）表示成外生变量组的隐函数：

$$
(w,\ \theta_0,\ \theta_1) = g(A_1,\ A_2,\ \alpha,\ \sigma,\ \tau,\ \gamma,\ R)
\tag{30}
$$

我们发现均衡解满足如下性质：

$$
\left(\lambda^{\frac{\sigma-1}{\sigma-\beta(\sigma-1)}}w,\ \theta_0,\ \theta_1\right) = g\left(\lambda A_1,\ \lambda^{\frac{1}{\sigma-\beta(\sigma-1)}}A_2,\ \alpha,\ \sigma,\ \tau,\ \gamma,\ R\right)
\tag{31}
$$

$$
(w,\ \theta_0,\ \theta_1) = g(A_1,\ \lambda A_2,\ \lambda^2\alpha,\ \sigma,\ \tau,\ \gamma,\ R)
\tag{32}
$$

A.4 基尼系数的计算

本文的模型对于计算基尼系数存在天然的优势。这里假设每个个体为一个独立的家庭，收入为模型中的收益（收入－教育成本）。模型中个体的收入与能力的高低存在单调关系，能力越高的人的收益越高。因此按财富高低将个体排序与按能力高低排序方向一致，Lorenz 曲线的横轴与 θ 的分布是类似对称的关系，即能力值为 θ 的个体在按家庭收入从低到高排序的横轴上表示为 $x = 1 - \theta^{\gamma}$ 处。在模型中各个职业之间存在明显的单调性，并且职业的选择是分段式分布，因此 Lorenz 曲线会存在两个节点。此外，个体的收益 $V(\theta)$ 是关于 θ 的连续函数，这保证了 Lorenz 曲线的可微性。

首先计算出系统内所有个体的总收益，总收益等于系统中三种职业群体的收益之和，即为：

$$W = \int_0^{\theta_0} u_{Digital}(\theta)\,\mathrm{d}F(\theta) + \int_{\theta_0}^{\theta_1} u(\theta)\,\mathrm{d}F(\theta) + \int_{\theta_1}^1 w\,\mathrm{d}F(\theta) \quad (33)$$

Lorenz 曲线为分段函数，表达式为：

$$f(x) = \begin{cases} \dfrac{\int_0^x w\,\mathrm{d}x}{W}, & 0 \le x \le 1 - \theta_1^{\gamma} \\[3mm] \dfrac{\int_0^{1-\theta_1^{\gamma}} w\,\mathrm{d}x + \int_{1-\theta_1^{\gamma}}^x u\big((1-x)^{\frac{1}{\gamma}}\big)\,\mathrm{d}x}{W}, & 1 - \theta_1^{\gamma} < x \le 1 - \theta_0^{\gamma} \\[3mm] 1 - \dfrac{\int_x^1 u_{Digital}\big((1-x)^{\frac{1}{\gamma}}\big)\,\mathrm{d}x}{W}, & 1 - \theta_0^{\gamma} < x \le 1 \end{cases}$$

$$(34)$$

第一段 $x \in [0, 1-\theta_1^{\gamma}]$ 对应工人群体，第二段 $x \in (1-\theta_1^{\gamma}, 1-\theta_0^{\gamma}]$ 对应传统企业家群体，第三段 $x \in (1-\theta_0^{\gamma}, 1]$ 对应数字经济企业家群体。由于工人的收益为固定的工资率 w，所以函数的第一段为线性函数。企业家的能力越高，其获取的收益更高，并且这一单调关系在数字经济企业家之间比在传统企业家之间更加显著，所以 Lorenz 曲线的第二段是一个比线性函数增长率更高次的函数。第三段为更高次的函数。图 2 展示了模型中的 Lorenz 曲线。横轴为人口累计百分比，纵轴为收入比例。其中绿色线为收入分配绝对平等线，橘色线为实际收入分配曲线（即 Lorenz 曲线），蓝色线为收入分配绝对不平等线。$1-\theta_1^\gamma$ 和 $1-\theta_0^\gamma$ 为上述的两个分段点。基尼系数为实际收入分配曲线与收入分配绝对平等线所围成面积的两倍，其计算式为：

$$G = 2\int_0^1 (x - f(x))\,dx \qquad (35)$$

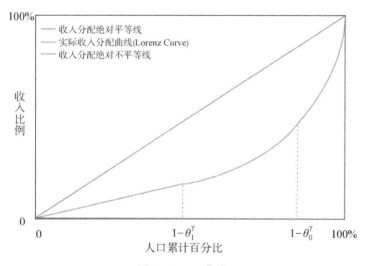

图 2   Lorenz 曲线

资料来源：作者绘制。

A.5   命题 2，3 的证明

因为命题 1 的证明需要用到命题 2 的部分结论，所以此处先对命题 2，3 加以证明。

内生变量的方程组可以等价为下面三个：

$$\theta_0 = \frac{1}{4}\frac{1}{(1-\beta)^2}\left(\frac{1-\beta}{\beta}\right)^{2\beta}\frac{A_2^2 w^{2(1-\beta)}}{A_1^2 \alpha R^{1-2\beta}} \qquad (36)$$

$$\theta_1 = \frac{1}{(\sigma-1)^{\frac{1}{\tau(\sigma-1)}}}\left(\frac{\sigma-1}{\sigma}\right)^{\frac{2\sigma}{\tau(\sigma-1)}}(1-\beta)^{\frac{1}{\tau}} * \left(\frac{\beta}{1-\beta}\right)^{\frac{\beta}{\tau}}\frac{A_1^{\frac{1}{\tau}}}{R^{\frac{\beta}{\tau}}w^{\frac{1+(1-\beta)(\sigma-1)}{\tau(\sigma-1)}}} \qquad (37)$$

527

$$\theta_1^{\tau(\sigma-1)}\left[\left(\frac{\gamma(1-\beta)(\sigma-1)}{\gamma-\tau(\sigma-1)}+1\right)\theta_1^{\gamma-\tau(\sigma-1)}-\frac{\gamma(1-\beta)(\sigma-1)}{\gamma-\tau(\sigma-1)}\theta_0^{\gamma-\tau(\sigma-1)}\right]=1$$

（38）

我们先从中得出 θ_0 与 θ_1 之间的函数关系为：

$$\theta_0=\left(\left(B\theta_1^{\gamma-\tau(\sigma-1)}-\frac{C}{\theta_1^{\tau(\sigma-1)}}\right)^{\frac{1}{\gamma-\tau(\sigma-1)}}\right.$$

（39）

其中 B、C 均为与 A_1，A_2，a 无关的大于 0 的常数。我们得到 θ_0 与 θ_1 在一般的情形下是同向变化的结论。在命题 2，3 的证明中，我们采用反证法的思路，如果数字经济生产模式的偏向性发展（A_2 增大）最终导致工资 w 上升或不变，则有关 θ_0 与 θ_1 的等式恒不能满足，所以 w 必定减小，从而我们可以进一步得到 θ_0 与 θ_1 均增大的结论。

内生变量与 A_2 的单调关系为：

$$\frac{\partial\theta_0}{\partial A_2}\geq0,\quad \frac{\partial\theta_1}{\partial A_2}\geq0,\quad \frac{\partial w}{\partial A_2}\leq0$$

（40）

因此，在经济环境出现有利于数字经济生产模式的变化时（A_2 增大），数字经济企业在市场上具有更大的竞争优势，成为数字经济企业家对于个体而言也变得更加的有利可图。传统企业家中能力较强的一部分个体选择适应技术潮流，转型成为数字经济企业家；另一部分传统企业家由于自身能力较低，选择数字经济生产模式反而会让其收益受损，仍然倾向于开设传统企业。这样就带来了一系列的就业和收入分配结构的变化，传统企业逐渐被挤出市场，劳动力市场上的总需求减小，工资降低，工人的收益也因此受损，工人数量也因此减少。

以上为命题 2.3 的证明。

A.6　命题 1 的证明

当数字经济生产模式偏向性发展时（A_2 增大），根据命题 2，3 我们知道 w 减小，θ_0 增大，θ_1 增大。对于两种企业家而言，在系统未发生变化时，等式 $u_{Digital}(\theta_0)=u(\theta_0)$ 满足，在 A_2 增大之后等式 $u'_{Digital}(\theta'_0)=u'(\theta'_0)$ 满足。因为 $\theta'_0>\theta_0$，我们能得到 $\frac{u_{Digital'}(\theta)}{u_{Digital}(\theta)}>\frac{u'(\theta)}{u(\theta)}$，

即数字经济企业家的收益增大幅度比传统企业家的更大。同理，我们可以得到$\frac{u'(\theta)}{u(\theta)}>\frac{w'}{w}$。数字经济企业家的收益增大幅度相对于系统中的其他职业来说是最大的，工人的收益减少幅度最大，传统企业家的变化情况居中。这样 Lorenz 曲线的 $x\in(0,1-\theta_1^\gamma)$ 与 $x\in(1-\theta_0^\gamma,1)$ 段均位于原曲线的下方。下面证明 $x\in(1-\theta_1^\gamma,1-\theta_0^\gamma)$ 段的曲线也落入原曲线下方。

我们先假设 A_2 变化量很小，即 ΔA_2 是无穷小量，以便分析 Lorenz 曲线的连续变化。此时 $\Delta\theta_0$ 与 $\Delta\theta_1$ 是同阶无穷小量，Δw 也是无穷小量。

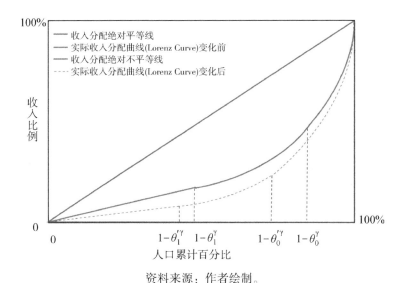

资料来源：作者绘制。

图 3　数字经济技术发展下的 Lorenz 曲线变化

如果不考虑不同职业区间的变化，假设 $x\in(1-\theta_1^\gamma,1-\theta_0^\gamma)$ 之间的曲线并未落到原曲线的下方，那其会向上穿过原曲线，假设交点处横坐标为 x_0。而 $\frac{u'(\theta)/W'}{u(\theta)/W}$ 为一常数，在 $x>x_0$ 时曲线仍然高于原曲线，但是在 $x=1-\theta_0$ 处是位于原曲线的下方的，显然与此相矛盾，相应的图像见图 4。因此 $x \in (1-\theta_1^\gamma, 1-\theta_0^\gamma)$ 之间的曲线位于原曲线的下方，变化后的 Lorenz 曲线向外凹出，基尼系数变大。

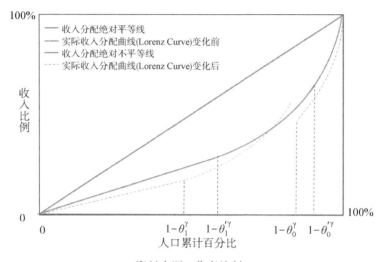

资料来源：作者绘制。

图 4　错误的 Lorenz 曲线变化

在考虑职业区间的变化时，我们需要额外关注职业类型变化的群体。在假定 ΔA_2 是无穷小量时，这一部分群体的总收益变化相对于相邻的总群体为更高阶的无穷小量，对于总曲线的变化影响可以忽略。

所以，数字经济生产模式偏向性发展（A_2 增大）时，实际收入分配曲线（Lorenz 曲线）与收入分配绝对平等线之间的面积变大，基尼系数变大，收入不平等加剧。

图 3 反映了数字经济生产模式的发展对基尼系数的影响。

图 4 展示了证明过程中的反例。

中国碳排放交易所的本土异化
与规制纠偏[*]

张　阳[**]

摘　要：以环境权益为交易标的的碳排放交易所，本质是半市场化的政府拟制红市，受"双碳"政策助推，发展如火如荼。然而问题却也同时被遮蔽，包括地方政绩主义下盲目扩张、缺失联通；变相营利导向下产品混杂、业务倒挂；法律依据阙如下责任缺位、监管多头。与本土自上而下的行政布局导致的"分散发展、现货主导"的路径不同，域外多是自下而上的市场资本主导，因循"统合竞争、期货先行"的模式，碳交所鲜有单设，主要通过技术输出、产品互挂和股权收购，在金融交易所基础上增设板块。作为公共物品，我国碳交所的发展亟待从设施、机制、监管、制度四层面进行系统纠偏：一应将地方碳交所并入绿色交易所，设立独立的碳清算所，现货和期货分开交易；二要强化碳交所的担保责任和自律治理；三须区分设立、主管和业务的三支柱监管架构；四是推动《交易场所监督管理条例》的出台。对碳交易所、数据交易所、元宇宙交易平台等新型交易所的涌现及扩张，政府须保有审慎的态度，切莫盲目跟风。

关键词：碳排放交易所；碳金融；碳中和；碳达峰；绿色交易所

---

　* 本文为作者主持的 2022 年度武汉大学海外人文社会科学研究前沿追踪项目"比较法视域下碳排放交易所的风险规制研究"（2022QY034）的研究成果。

　** 张阳，武汉大学法学院讲师。

一 问题的提出：碳排放交易所"热"的冷思考

从传统实物到无形财产，从零售产品到大宗货物，从现货买卖到衍生品对冲，人类经济发展史就是交易对象不断扩充的脉络。以要素类型视之，在土地、劳动、资本、技术、数据之外，资源环境被列入第六大要素市场。[①] 随着我国提出"碳达峰、碳中和"的明确目标，作为世界第一碳排放大国，也是第一碳减排大国，我国零碳冲刺行动深度铺开。在绿色、气候、双碳政策红利加持下，碳排放交易规模不断走高。

作为撮合交易的基础设施，碳排放交易所（下称"碳交所"）是碳交易的核心引擎。受绿色政绩考核驱动，各地蜂拥设立碳交所，名称各异的碳排放交易所、排放权交易所、环境交易所、绿色交易所、能源交易所遍地开花，但多数交易所空转严重，不少交易所异化为绿色企业展示、私募投资的平台。部分碳交所为规避国务院《关于清理整顿各类交易场所切实防范金融风险的决定》（国发〔2011〕38 号，下称"《38 号文》"），不以"交易所"命名，而取巧地以"交易中心"代之，[②] 换汤不换药。且观诸各交易所业务类型，在配额现货交易尚未成熟情况下，碳期货、远期等金融衍生品便匆忙抢滩试水，风险已然开始积聚。

更严重的是，与碳交所盲目扩张呈欣欣向荣之势形成鲜明对比，碳交所定位尴尬，权责并不明晰。即便是备受瞩目的 2021 年《碳排放权交易管理暂行条例（草案修改稿）》（下称"《碳交易条例草案》"），亦将其含糊指代为"交易机构"，似有意淡化交易所属性，而视为交易中介。实践中纠纷迭起，在微碳低碳科技有限公司

---

① 2022 年 1 月 6 日，国务院办公厅印发《要素市场化配置综合改革试点总体方案》（国办发〔2021〕51 号），第七条即为"加强环境资源市场制度建设 …… 支持构建绿色要素交易机制"。

② 根据《38 号文》的规定，凡使用"交易所"字样的交易场所，除经国务院或国务院金融管理部门批准的之外，须报省级人民政府批准；省级人民政府批准前，应征求联席会议意见。

与广州碳排放权交易中心合同纠纷案中,① 微碳公司向通明公司转让碳排放配额,双方利用广碳所系统进行交易,广碳所在未收到通明公司支付资金情况下即划拨配额。法院认为,因法律未规定碳交易平台须为交易方的损失承担责任,所以广碳所不负有法定责任;同时从合同相对性出发,广碳所并非合同相对方,亦不负约定义务。不少碳交所更通过自身发布的"交易规则",直接将交易所排除于交易参与方,此通道性的定位变相地将自身责任豁免,亦对碳交易稳定造成不良影响。

相较于我国的碳交所设立浪潮,境外市场的扩展显得分外冷静,不免令人疑惑:为何域外鲜有单设的碳交所?碳交易缘何突破配额现货、而以金融衍生品为核心市场?中外差异的借鉴价值又有几分?以上问题殊值考虑。2022 年中共中央、国务院发布《关于加快建设全国统一大市场的意见》,第 15 条即为"建立全国统一的碳排放权市场",直指碳交所的深度改革。目前既有研究积极回应碳排放的法律掣肘,聚焦碳交易的权属界定、碳配额的分配方案、碳交易履约执行、碳金融监管协同、碳中和立法设计等内容,但鲜有关注基础设施——碳排放交易所的问题。从学科研究范式看,环境法进路占主导,民法、行政法视角亦有辅助性涉足,但缺乏商法层面的嵌入分析。是以,本文从商法功能主义出发,以环境权益交易为突破口,提出交易所的"六色理论",试图厘清碳交所的特殊性,并针对实践中碳交所的结构、运行和治理的缺陷,辩证考诸域外方案,对包括碳交所在内的新型交易场所的良好发展提出系统的完善建议。

二 碳排放交易所的祛魅:半市场化的
政府拟制"红市"

(一)碳排放交易:公共政策导向的激励型环境规制工具

碳排放交易所是碳交易运转的支撑性基础设施,唯有先厘清碳

---

① 参见广东省广州市中级人民法院(2020)粤 01 民终 23215 号民事判决书。

交易的机制和本质，碳交所之特殊性分析方有可能和意义。按照国际共识，碳排放交易是指政府合理设定一定时间内温室气体排放总量，按一定标准将配额分配给管制对象，并允许管制对象或投资主体在特定场所进行配额交易，以确保管制对象在履约期届满时可通过自身努力或购买配额实现减排义务的制度。① 该制度滥觞于1997 年《京都议定书》(Kyoto Protocol)，正式运作始于欧盟 2003 年通过 2003/87/EC 号指令建立的碳排放配额交易机制(EU-ETS)。截至 2022 年 5 月，碳交易机制已在美国、日本、加拿大、新西兰、韩国等 34 个国家或地区布局。② 我国自 2011 年试水碳排放交易，在湖北、广东、北京、上海、重庆等地建立区域碳排放交易所，2021 年全国性的碳排放交易市场亦正式开张。

根据制度经济学原理，碳排放交易以污染者付费为理念，将碳排放进行价格化处理，通过经济激励降低社会减排成本，③ 实现负外部性的内部化，本质是一种市场化的监管工具。该理论基础发端于科斯(Ronald H. Coase)提出的利用市场和产权来解决外部性问题，后被戴尔斯(J. H. Dales)在污染、财产和价格的论证中引入污染控制领域。④ 碳排放交易不是单纯的逐利型驱动，其本质上承载的是应对气候变化的公益目标。因交易配额来自行政许可，所以从法律工具主义审视，碳交易是分配行政范式的典型样本，通过行政法创设民事权益，借助横向利益分配实现行政目的。⑤

---

① See Environmental Defense Fund, How Cap and Trade Works, https://www.edf. org/climate/how-cap-and -trade-works，最近访问时间 [2022-11-01]。

② See World Bank Group, State and Trends of Carbon Pricing 2022, https://open knowledge. worldbank. org/handle/10986/37455，最近访问时间 [2022-11-01].

③ See Melinda Melvin, China's Emissions Trading System: Steps towards Article 6 Linkage, 30 Duke Environmental Law and Policy Forum 197, 198(2019).

④ See William Boyd, The Poverty of Theory: Public Problems, Instrument Choice, and the Climate Emergency, 46 Colum-bia Journal of Environmental Law 399, 424-425(2021).

⑤ 参见王天华：《分配行政与民事权益——关于公法私法二元论之射程的一个序论性考察》，《中国法律评论》2020 年第 6 期，第 93-95 页。

实际上，碳排放交易并非温室效应治理的唯一手段，传统上主要依赖的是行政管控的方式。行政管控强调"命令—控制"型的科层式指标垂直管理，是直接的目标责任制，重结果而轻过程。唯政令是从的基因使其往往内嵌运动式减碳的波动之弊，囿于不同行业的减排成本存在差异，信息不对称突出，政府难以"一竿子插到底"。而碳交易是激励型环境规制工具，优势在于管制对象具有履约方式选择的灵活性，既可通过改良技术、调整经营方案等方式减排，也可购买配额履约。碳排放交易体现着自由市场的环境保护主义理念，属于水平面向的治理模式，有利于被管制对象进行成本收益分析。

分解碳交易的流程，碳交易市场有一级市场和二级市场之分：一级市场涉及碳排放配额的总量设定和初始分配，以总行为控制为基本理念，先由政府设定本地年度碳排放总量，然后通过无偿或有偿的方式将配额分发给管控企业。一级市场依靠碳排放登记机构实现配额从官方库存向市场的转接，碳交所功用有限；二级市场是碳配额等标的在不同主体间交易的市场，碳交所在其中发挥关键作用，通过交易供需的撮合匹配，实现配额的市场化流转。因节能减排或经营安排有多余配额的企业通过碳交所将配额挂牌转让，排放量超过配额的企业在此付费购买，进而实现绿色营利之目标。

（二）碳排放交易所：高度行政管控的"红市"

二级市场运作的关键在于碳交所，买卖各方在此聚合实现碳配额供需匹配。这与传统蔬菜批发市场、证券交易所、期货交易所有何区分？费舍尔教授（Daniel R. Fischel）曾通俗地指出，"交易所、购物中心抑或跳蚤市场的经济职能并无实质差异，它们都是将买卖双方聚集在一起减少彼此发现的成本。"[1]若以交易环节观之，各交易所运作机理确无分殊，尤其是现代交易所在网络科技助推下已实现脱媒化运作，不受场地和时空之束缚，通过一部电子终端设备的"手指点击"即可交易。

---

① See Daniel R. Fischel, Organized Exchanges and the Regulation of Dual Class Common Stock, 54 University of Chicago Law Review 119, 121(1987).

那么，碳交所的特殊性何在？作为管道性的公共物品，交易所仿若"熟悉的陌生人"，长期被视作为理所当然的存在，监管者鲜有交易所的系统分类，简单地以合法/非法的二元符贯穿执法为常态。实际上交易场所的复杂性、层次性远大于此，受法经济学"卡—梅框架"对不同法益移转及救济的类型化启发，聚焦于初始准入配置（是否允许）和派生交换规则（如何交易）的细分差异，①笔者根据政府介入方式和干预程度的不同提出交易场所的六类划分（"六色论"，见表1），以为碳交所的定位提供对标码尺。所谓白市，即政府干涉最少的合法市场，如花卉等实物现货批发市场，交易风险主要是主体明确的线性违约，意思自治的财产规则即可救济。光谱另一端是黑市，特定权益的交易被法律明令禁止，如毒品买卖、器官买卖，本质是违法行为，履约与否不具有法定期待性，不存在法律认可的交易所，但因交易的刚需，地下黑市无法被彻底消除。至于灰市，主要指不被法律保护也不被法律惩处、由当事人自主决定的交易，法益初始分配不明，交易过程风险自担，这在虚拟货币、数字资产等新型标的中常见，监管持观望态度，此时不存在严格的牌照型交易所，而惯以交易中介形式存在。

前述三类场所尚好理解，复杂的层次则集中于绿市、黄市和红市。绿市产品由市场主体发行，交易所仍专行交易职能。但不同于白市的实物样态，绿市产品以证券等标准化权益标的为主要构成，交易聚合度高，风险传导呈网络拓展，主要依赖侵权责任加以保障。黄市在绿市基础上进一步限缩市场主体发行空间的场域，产品只能由交易所自行设计，如期货合约、期权合约，交易标的就是风险本身，此类交易所被赋予高度的监管权能。红市是政府介入程度最深的管制型交易所，产品非由市场主体发行，亦非由交易场所设

---

① See Guido Calabresi & Douglas Melamed, Property Rules, Liability Rules, and Inalienability: One View of the Cathedral, 85 Harvard Law Review 1089, 1128 (1972); 杨峰、刘先良：《卡—梅框架下我国排污权担保的规则配置研究》，《现代法学》2019 年第 5 期，第 109 页。

计，而由政府机构直接拟制；其价值来于政府信用，与货币近似，[①] 是公权力调控的规制性财产，一般视为公共政策型工具。为此类产品提供交易场所的主要是新兴环境权益交易所，碳交所即为典型。碳排放配额来自主管部门的分配确认，是政府规制下的特别许可，配额涉及的行业范围、分配的对价方式、配额的核证模式都有赖于政府决策。配额不仅是政府管控的载体，也是市场营利的工具，因满足行政许可向财产演化的三要素即资源稀缺（限定碳配额总量）、政府颁发许可（限制进入者）、允许许可证转让（碳交所的场域），碳配额如同出租车营运牌照一般又具有可供博弈的财产价值。[②] 值得注意的是，在几乎所有类型的交易所中，但凡产品交易流转后，所有权即发生转移，产品自可被长期持有。但基于环境公益法政策的考量，碳交易之后还存在配额清缴的环节；换言之，通过碳交所买卖获得的配额所有权具有时效性限制，须在规定履约周期节点向政府机构清缴，届期原则上将注销作废。依此，从配额的产生、交易到注销，形成了一个政府拟制的碳交易的完整闭环，其虽得到法律的允许和保护，但时刻被限制在"红灯区"内。[③]

另须说明的是，政府的管控还体现于交易主体的范围限制。碳交所的参与主体由主管部门确定，只有列入名录（白名单）的排放单位才能参与交易。即使随着市场扩容和金融化的推进，其他机构和个人在符合规则的情况下可以投资者身份入场，也仅能针对名录内控排企业的配额展开交易。并且，碳交易必须在政府规定的场所进行，不存在实质的场外市场。即便是碳配额买卖双方私下的协议交易，也应在交易系统中进行，如此既是为了保证配额数据之真实，亦是为强化监管机构对市场价格的调控力。虽然在经济学中价

---

① 参见何鑫：《碳：商品、金融工具还是货币?》，《环境经济》2012年第4期，第19页。

② 参见刘连泰：《网约车合法化构成对出租车牌照的管制性征收》，《法商研究》2017年第6期，第71-72页。

③ 参见凌斌：《规则选择的效率比较：以环保制度为例》，《法学研究》2013年第3期，第26页。

格变化是市场规律，但制度目的视角下，只有碳配额价格整体上多数时间高于企业减排成本，方可保证减少碳排放、实现应对气候变化的政策目标。而对价格的选择性偏向无法通过市场机制实现，必须借助政府的有形之手。碳交所须事前规定价格的上下限范围,①当市场价格出现较大波动时，再通过配额发放或回购等措施有效介入，稳定价格。②

表1 六类交易场所的比较（"六色论"）③

内容 类型	规则导向	交易标的		交易过程		
		类别	典型	发行/设计	交易	清缴
白市	财产规则	实物	花卉	市场主体	交易 场所	—
绿市	责任规则	权益	证券			
黄市	财产规则 责任规则	衍生	期货	交易场所		
红市	管制规则	环保	碳配额	政府机构		政府机构
灰市	无为规则	新兴	虚拟货币	市场主体	—	
黑市	禁易规则	违法	毒品		—	

简言之，因遵循环境公益之目标底线，从产品、主体、价格等角度审视，碳交所是被高度行政管控的政府拟制场所，其运作无法也不能完全市场化。

---

① See Peter John Wood & Frank Jotzo, Price Floors for Emissions Trading, 39 Energy Policy 1746, 1753(2011).

② 参见张阳:《碳排放交易的监管赋能:问题与方案》,《中国流通经济》2022年第3期，第17页。

③ 须注意，黄市和绿市具有衍生性的特点，也能为碳交易的"次级"产品（如配额为基础的碳债券、碳期货等）提供交易场所，但就排放配额这种环境权益本身的直接交易而言，仅有红市可担此职能。

三 我国碳排放交易所运行的异化及困境

借助双碳目标的政策红利，作为绿色交易基础设施，碳交所在各级政府助力下竞相设立，甚至"一块牌子、一个大厅、一块屏幕"就能运作，本应服务于碳减排的"社会公器"，却异化为政绩竞争的门面工程、变相营利的金融通道和透过推责的逐利工具。

（一）地方政绩主义下的盲目扩张和联动缺失

从结构布局看，交易所具有公共物品属性，竞争不宜过度，否则会造成交易供需分割，减弱市场流动性。然而我国碳交所数量过多问题突出，省级行政区均跟风设立，甚至地级市和县也开设交易所，多数采用碳交所、排放权交易所的新增模式，亦有在绿色交易所、能源交易所、环境权交易所、产权交易所、股权交易中心"挂牌子"的模式，① 地区内部碳交所重复建设严重，甚至引发诉讼。② 其缘由除设立碳交所的电子技术成熟和现有配额交易为主的模式相对简易外，更重要的是双碳目标具有政策话语的加持，地方政府出于非理性政绩竞争之目的，将其视为利益竞争工具，纷纷跑马圈地。而事实上，各地方碳交所交易低迷，不少交易所设立后徒具空壳，除开业"捧场"操作外鲜有几手交易量。蒋大兴教授曾一针见血地指出，"普设交易所是一种地方趋利的病态选择"。③

此外，碳交所的迅速扩张还伴随着对中央金融监管政策的变相规避。为防范系统性金融风险，从 2011 年起，国务院成立清理整顿各类交易场所部际联席会议，明确要求地方控制交易所牌照数量，名称中有"交易所"的须上报联席会议。然而现实中各种"交易

---

① 例如，除碳交易板块外，福建海峡股权交易中心还有区域股权和金融资产的交易；北京绿色交易所还有节能量的产品交易；江西产权交易所还有股权托管、资产挂牌、增资项目等业务。

② 兰州环境能源交易中心和甘肃省碳排放权交易中心股权转让纠纷案，参见甘肃省兰州市城关区人民法院（2020）甘 0102 民初 4588 号民事判决书。

③ 蒋大兴：《论场外交易市场的场内化——非理性地方竞争对证券交易场所的负影响》，《法学》2013 年第 6 期，第 63 页。

中心"取巧设立，碳排放交易中心运作上与交易所并无实质差异，如此规制难以治本。在中文名称被限制后，不少交易中心则用英文名称含混表示，采用交易所的"Exchange"，而非"Trading Center"，部分交易中心更是用"某碳所"的缩写名来含糊表达。①

姑且不论各碳交所设立的正当性，先从功能主义出发，目前碳交所的运作缺乏互联互通，未有效融入既有商事设施体系。一是，碳交所限于地区内部的闭环运作，即便上海环境能源交易所代行的全国碳排放交易也是国内循环，缺乏与国际市场的碳链接，碳价本土色彩浓重。随着 2022 年欧盟治理"碳泄露"（carbon leakage）的碳边境调节机制（Carbon Border Adjustment Mechanism，CBAM）从纸面立法走向施行的图景日益清晰，我国跨境企业因碳交所的封闭和碳价的功用欠彰而陷于被动的隐患愈发凸显。② 二是，碳排放交易所和碳汇交易所之间缺乏转化机制，碳减排核心在于配额调控，若碳汇核证与配额抵消无法有效衔接，其运作将形同虚设。三是，碳交所未与环境能源交易所、节能交易所、排污权交易所、电力交易所等场所进行合理对接，动辄新设"单品"势必造成重复建设。此外，碳交所的托管结算主要通过第三方商业银行进行，而银行仅是清算指令操作方，无真正托管职能，这或可应对市场初期交易量不高的局面，但随着碳减排主体的增加和投资者的入场，有待增设采用中央对手方机制的独立结算机构进行配合。

（二）变相营利导向下的产品混杂和业务倒挂

聚焦于运作主业，因有公益环保之底色，碳交所不宜过度金融化。然观诸实践运作，碳质押、碳回购、碳债券、碳信托、碳期货

---

① 如湖北碳排放交易中心英文名为"China Hubei Emission Exchange"；广州碳排放交易中心的缩写为"广碳所"，其英文翻译并无地域标识，直接用 China Emission Exchange（简称 CEEX），被国家商标局驳回后起诉至北京知识产权法院，亦被法院驳回，详见北京知识产权法院（2015）京知行初字第 5074 号行政判决书。

② 参见冯帅：《"碳中和"立法：欧盟经验与中国借鉴——以"原则—规则"为主线》，《环球法律评论》2022 年第 4 期，第 179 页。

在内的各式碳金融成为追捧的风口，① 碳交所异化为"现货＋衍生品、商品＋金融"的综合超市，这些金融产品不经中央金融监管部门审批，而由地方发改委审批，产品是否合法尚存疑问。究其缘由，一则碳配额的标准化合约形式便于市场流转，二则碳交所的设立和监管事务主要归于地方政府，其强调以发展为旨趣的融资冲动一定程度上遮蔽了以安全为核心的监管归位，利益导向下各地将金融创新作为政绩噱头。诚然，碳金融具有优化碳定价、套期保值、活跃市场流动性等作用，碳市场不排斥金融，但在已有证券、期货交易所等金融设施的情况下，碳交所金融产品的鱼贯推出尚欠思量，逐利色彩浓重的金融产品可能挤压本是主业的碳配额交易空间和市场竞争力，而且未充分利用既有设施的盲目推出会进一步割裂市场，影响环境要素市场化配置。更应担忧的是，碳金融的复杂化、嵌套化和证券化特点，使其风险难以如配额交易被准确地识别和评判，碳交所能否担纲令人疑虑。

不宁唯是，碳交所还存在严重的业务倒挂危机。地方碳交所的股东多为碳排放管控企业，这些企业具有营利最大化冲动的本性，即便诸多股东拥有国企背景，倘若企业长期亏损，变相突破规则和监管红线的可能性仍然存在。② 诚然，碳交所作为市场主体，并非不能扩张业务。但当前碳交所出现业务本末倒置倾向，由于碳交易手续费营利有限，多数场所交易寡淡，不少碳交所急于扩展其他业务，如能源项目咨询顾问、绿色项目展示挂牌等，甚至涉嫌"洗绿"操作。这将交易所限于市场风险之中，进而出现利益冲突和利益俘获的问题，因服务纠纷而减损其中立的市场声誉的案例已有发生。③ 不少碳交所还投资设立或参股绿色产业投资公司、私募基金有限合伙，因出资的关联关系，下游企业的决议失当和经营损失也

① 参见王广宇著：《零碳金融：碳中和的发展转型》，中译出版社 2021 年版，第 75-168 页。

② 参见陈波：《论我国碳排放权交易所自律管理的法律逻辑》，《证券市场导报》2016 年第 10 期，第 69-70 页。

③ 参见天津市滨海新区人民法院（2016）0116 民初 82718 号民事判决书。

可能影响交易所本体运作，营利与安全价值难免失衡。

与产品和业务的主动扩张相比，碳交所的交易机制踟蹰不前，主要限于单向竞价和协议转让，[①] 集中撮合的竞价机制暂无适用空间。原因在于，依照《38 号文》，为防范交易风险，避免过度投机交易，"碳交所不得采取集中交易方式"。不可否认，集中竞价交易确有加剧风险之可能，然而风险是市场内在特征，风险治理的关键抓手应在于主体和产品的适格匹配，[②] 而非直接限制交易机制。更关键的是，集中竞价模式不仅包括集合竞价、连续竞价，还包括电子撮合、匿名交易、做市商方式。在市场初期交易量并不大时，协议和单向竞价或可满足需求，但长远来看，多元化的集中竞价机制的缺失势必成为碳市场规模扩大的阻碍。

（三）法律依据阙如下的责任缺位和监管竞合

审视内部治理机制，最大的问题是碳交所的地位尚缺乏法律基础，现有条例草案和试行办法含糊称之为交易机构，似有意淡化交易所属性、视为市场中介，这与其公共物品提供者的身份难相匹配。交易所的运作高度依赖内部规则的约束力，这种约束力不仅及于内部参与者，更须有外部化的普遍约束力。但我国碳交所缺乏法律对其自律管理功能的确认，结算最终性、交易指令的不可撤销性等支柱性规则难以形成普遍意义上的规范约束力。[③] 各地方政府通过颁布"碳排放交易管理暂行办法"（下称"碳交易管理办法"）为碳交所交易规则之落地提供了权宜性的背书，但管理性意味浓重，且要求不一：天津、深圳要求交易规则向主管部门备案，广东则须主管部门审核，而上海更采用了审批制，重庆、湖北和北京仅规定交易机构应制定交易规则，却未释明交易规则的生效是否须经行政部

---

① 《碳排放权交易管理暂行条例（草案修改稿）》第 16 条、《碳排放管理办法（试行）》第 22 条、《深圳市碳排放权交易管理办法》第 27 条第 2 款等。

② 参见冯果、张阳：《商事交易场所的类型化检视与多层次架构——从场内衍生品交易规制边界突破》，《法学》2018 年第 8 期，第 105-106 页。

③ 参见季奎明：《金融市场基础设施自律管理规范的效力形成机制》，《中外法学》2019 年第 2 期，第 543-544 页。

门审核。①

此外，碳交所责任范围不清晰。试点地区碳交所交易规则多简略提及提供交易场所、相关设施及交易相关服务等的义务，鲜有交易所责任之规定，部分碳交所在交易规则中频频使用交易参与人概念，将交易场所排除于交易活动，以此避免责任连带。在缺乏法定责任情况下，期待追究交易所违约责任的难度甚大。除碳交所义务、责任含糊不明外，2020年年底颁行的《碳排放权交易管理办法（试行）》第19~27条关注到碳排放的交易风险管理（涨跌幅限制、最大持有量限制、大户报告、风险警示、异常交易监控等机制），但未提及碳交所本身的危机如何应对，关乎市场稳定的恢复和处置机制有待明确。

最后，多头监管决策碎片化弊病亦较突出，由于糅合环境能源、金融、商品等市场属性，碳交所治理事权的府际配置复杂。从核心配额调控过程看，环境保护的定位使生态环境部门成为主要监管机构；从历史设立的溯源和前端能源管控审视，发展和改革委员会亦扮演重要角色；由于碳交所配额标准化合约和产品金融化的扩张，证券监管部门也有监管权限；对于碳配额质押的登记结算等业务，央行角色自不可或缺；而碳交所的设立审批又属于地方政府权限，具体业务监管基本又归入地方金融监管局。目前各地尚未完全厘清碳交所监管分工，由于不同部门的监管目标、要求和工具往往存在差异，规制抵牾时有发生，既增加了碳交所的合规负担，也不利于交易所业务的稳定开展。

四　反向的域外方案？——不被夸大的场所

毋庸讳言，制度具有地域性，但在移植互鉴中呈现趋同之势，

---

① 《重庆市碳排放权交易管理暂行办法》第19条，《湖北省碳排放权管理和交易暂行办法》第26条，《天津市碳排放权交易管理暂行办法》第20条，《深圳市碳排放权交易管理办法》第27条，《广东省碳排放管理试行办法》第23条，《上海市碳排放管理试行办法》第20条，《北京市碳排放权交易管理办法（试行）》第15条。

这尤其在我国金融市场中得到验证，无论规则、设施抑或监管，均有复制域外之烙印。然而颇有意思的是，关于新兴碳交所建构的进路，境内外市场存在近乎反向的不同方案。与我国遍地开花的碳交所不同，欧美甚至未出现独立的碳交所，而多在既有金融交易所的基础上拓展板块。这种差异的根本原因何在？境外经验或教训的借鉴价值又有几分？值得深思。

(一)统合为主、分立为辅的"硬件"设施模式

追根溯源，碳排放交易始于欧美，至今碳交易场所格局亦被其掌控，呈现出寡头竞争之势。由于碳交易是新兴类型，且碳排放配额是标准化协议产品，流动性较强，受路径沿袭影响，域外市场多被既有证券期货交易所控制，鲜有独立碳交所出现。

以传统欧美市场为例，证券期货交易所竞相布局碳交易。2003年芝加哥气候交易所(CCX)成立，主打衍生品交易的洲际交易所(ICE)即以技术许可方式为其有偿提供电子交易平台和清算设施，2004年服务拓展至新成立的芝加哥气候期货交易所(CCFE)和欧洲气候交易所(ECX)，2006年气候交易所集团(CLE)成立并控股芝加哥气候交易所和欧洲气候交易所，2010年洲际交易所和气候交易所集团达成收购协议，气候交易所集团成为洲际交易所的全资子公司，由此实现了期货交易所洲际交易所进军欧美环境金融市场的布局。另一期货交易所巨头——芝加哥商品交易所(CME)亦主导成立绿色交易所(GreenX)，绿色交易所从2008年开始交易，产品包括欧盟碳配额(EUA)、欧盟航空碳配额(EUAA)、核证减排量(CER)、美国东部碳污染减排计划配额(RGGI)及加州碳配额(CCA)等期货期权合约。纽约证券交易所集团(NYSE Euronext)亦不甘落后，2007年与法国信托投资管理局(Caisse des Dépt)合资筹建蔚蓝环境交易所(BlueNext)，一度成为全球最大的欧盟碳配额现货交易平台。另一核心证券交易所——纳斯达克集团(NAS-DAQ OMX)亦于2010年收购北欧电力交易所(Nord Pool)，并借助电力现货(Elspot)交易系统进行碳排放交易，产品包括欧盟碳配额、核证减排量的现货及期货。欧洲本土主导的碳交所是2002年成立的欧洲能源交易所(EEX)，2005年开始提供碳交易服务，最大的股东亦来自金融交易所，是欧洲期货交易所苏黎世公司（Eurex Zurich AG）。由此，通过初阶技术输出 →中阶产品互挂 →高阶股权收购，金融交易所实现了碳交易的国际布局。[①]

新兴碳市场亦有类似规律：新西兰碳配额（NZUs）由新西兰证券交易所（NZX）组织交易；韩国证券交易所（KRX）在 2015 年被指定为碳配额交易场所，KRX 是综合性交易所，包括股权、债券、（大宗）商品、金融期货等子市场，碳交易列于商品类子项之下；新加坡交易所集团（SGX）于 2021 年下设气候效果交易所（Climate Impact X），其并非交易强制性的碳配额，而是意在搭建自愿碳信用市场。

在上述证券/商品交易所集团的统合模式下，碳交易如模块化的积木（modularity）[②]通过交易所内部板块逐层堆砌。按产品类型划分，其一般按照"能源 →环境 →碳"的逻辑展开（图 1），碳产品又可细分为碳配额、碳抵消和碳衍生品。以洲际交易所为例，作为期货交易所集团，其涉及农业、股权、金属、外汇、利率和能源等大类交易，在能源项下还有石油、天然气、煤炭、电力和环境等子类，碳交易被置于环境类下的可持续市场，具体产品包括排放类（allowance）的碳配额和抵消类（offset）的碳汇。在欧洲能源交易所集团（EEX Group）中，碳交易置于欧洲能源交易所的环境市场之下，内部分为碳配额拍卖市场、碳现货市场、碳衍生品市场及自愿碳市场。除交易所内部的集成外，欧洲能源交易所还显现出跨区域的碳连接趋势，以之为轴心平台，2020 年瑞士与欧盟实现了双向碳连接，排放总量、覆盖范围、配额登记拍卖等流程适用统一的基本标准，碳配额可在两个市场交易转让。

从规范意图看，域外碳市场的前台交易与后台清算呈现出风险

---

① 参见 [美]迈克尔 ·戈勒姆、尼迪 ·辛格著：《电子化交易所：从交易池向计算机的全球转变》，王学勤译，中国财政经济出版社 2015 年版，第 153-222 页。

② See Ronald J. Gilson, Charles F. Sabel & Robert E. Scott, Contracting for Innovation: Vertical Disintegration and Inter-firm Collaboration, 109 Columbia Law Review 435, 446(2009).

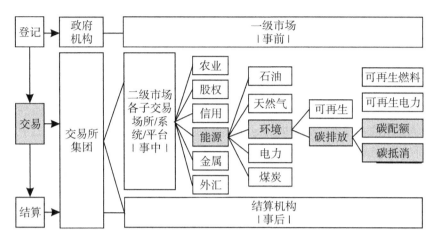

图 1　交易所集团的碳排放布局(以洲际交易所为样本)

隔离的二分进路。碳交易之清算主要依赖独立的清算所,清算所是交易主体的资金、配额账目轧差结算的金融基础设施,具有自然垄断性的特征。① 作为交易后的终端环节,清算所不仅依靠服务费具有旱涝保收的稳定收益,且中央对手方的操作模式使其掌握整体市场交易的核心数据,金融交易所集团自然不会放弃这块"肥肉"。洲际交易所集团旗下即有结算设施的布局,其结算设施以地域划分,欧洲和美国片区分别由洲际欧洲清算所(ICE Clear Europe)和洲际美国清算所(ICE Clear US)负责。相比之下,欧洲能源交易所集团的交易更集中,碳交易在内的产品清算统一由集团单设的欧洲商品清算所(European Commodity Clearing)负责,采用中央对手方多边结算机制,通过公开合约替代双方合约进行统一净额轧差,有利于降低市场主体的交易成本挤占,减少风险暴露。②

---

① See Ruben Lee, Running the World's Markets: The Governance of Financial Infrastructure, Princeton University Press, 2011, pp. 10-11.

② See Dietrich Domanski, Leonardo Gambacorta & Cristina Picillo, Central Clearing: Trends and Current Issues, BIS Quarterly Review, December 2015, p. 60.

(二)金融为主、环境为辅的"软件"规则体系

制度是交易所赋能运作的基础保障,与我国碳交易仅有部门规章(《碳排放权交易管理办法(试行)》)和"暂行条例"(《碳排放权交易管理暂行条例(草案修改稿)》)的立法延滞不同,欧美为代表的域外发达地区立法明显提速,对碳交所等基础设施的规范多纳入金融规制范畴,具体又有两种路径。

第一种是间接的涵摄立法,以金融业务规范为主导,捎带提及交易所的规定,如欧盟的《金融工具市场条例》(*Regulation on Markets in Financial Instruments*)、《金融工具市场指令》(*Directive on Markets in Financial Instruments*)适用于交易场所、投资公司、数据报告服务商,其中2016年修订的《金融工具市场指令》规定交易场所的三种类型——规制市场(RMs)、多边交易设施(MTFs)和有组织交易设施(OTFs),碳交所被纳入有组织交易设施(集合第三方买卖利益并达成交易的系统)的类别。碳配额更被视为与证券、货币、利率等并列的金融工具,配额拍卖、碳现货和衍生品交易被统一纳入金融监管的范畴。

第二种是直接的统合立法,瑞士在2015年颁行全球第一部《金融市场基础设施法》(*Financial Market Infrastructure Act*),对交易场所、支付系统、中央证券存管、中央对手方、结算系统、交易报告库等设施予以全景规制。第2编第2章(第26-47条)是交易所的专门规定,聚焦交易所的自律监管、内部治理、交易透明度、有序交易的保证、交易监督、监管合作、交易暂停、参与者准入、复议主体、交易报告、利益冲突等问题。此外,第2编第1章还有总则性的一般条款,全面适用于包括交易所在内的金融基础设施,囊括了设施的设立审批、最低资本、商业可持续性保障、信息系统安全、设施名称专属、信息披露要求、业务外包边界、市场不当行为约束、监管权限和工具箱等内容要点。

上述规定均注重基础设施的共识提炼,为碳交所在内的交易所合规运作提供了原则依据。以此为基础,碳交所的具体运作主要依赖五类自律规则,即交易规则(exchangerules)、准入规则(admission rulcs)、交易登记规则(trade registration rules)、行为规

范准则（code of conduct）和交易条件规则（trading conditions）。其中交易规则被称为交易所"小宪章"，为其他规则的制定和调整提供自治的准绳。以欧洲能源交易所为例，2023 年 1 月修订的交易规则（EEX Exchange Rules）共 8 章 72 条，[1] 包括交易所的组织治理（第 1~13 条）、主体和产品准入（第 14~42 条，参与者、做市商、流动性提供商、非交易中介、拍卖人及挂牌的产品）、场内交易（第 43~58 条，交易机制、中央对手方、价格变动、技术故障、交易时间、拍卖要求）、有组织交易设施（第 59 条）、保证金（第 60~61 条）、头寸限制（第 62~63 条）、交易透明度和数据报告（第 64~68 条）及附则（第 69~72 条）。此类规则明确了碳交所运作的红线，为投资者、市场参与方和监管部门的权责分配提供了边界。

须指出的是，碳交易是环境治理的重要工具，在国际舆论导向下，市场化的碳交易被广为认可，[2] 作为碳交易运作核心设施，碳交所的地位也自然被环境领域的框架性立法所涵摄。欧盟《欧洲气候法》（European Climate Law）、美国《气候变化法案》（Climate Change Act）、韩国《低碳绿色增长基本法》（Framework Act on Low Carbon Green Growth）等基础立法涉及减排目标、交易机制、配额核算、监管权责、风险治理等内容，[3] 这些框架性法律难对交易所作精细规定，但通过法律之位阶明确碳交所自律权限和交易规则优先性，能为碳交所的运作提供正当依据，发挥体系转介和规则赋权的功用。

（三）反思中外路径差异的成因和背后共通的规律

掩藏于现象背后的逻辑更值得审视，深入分析域外碳交所鲜有独设而多嫁接于金融交易所的原因，不难发现，其与商业先发的路径依赖和成本收益的精打细算关联紧密。一则，从市场演进看，域

---

[1] See EEX Exchange Rules（Ref. 0055b），https：//www.eex.com/en/markets/trading-ressources/rules-and-regula-tions，最近访问时间［2023-02-22］。

[2] See Jonas Meckling，Carbon Coalitions：Business，Climate Politics，and the Rise of Emissions Trading，MIT Press，2011，p. 130.

[3] 参见梁平、潘帅：《碳中和愿景下应对气候变化法律体系的完善》，《重庆社会科学》2022 年第 4 期，第 13-15 页。

外证券期货交易所由民间发起，在资本市场占据先导的作用，后发的碳排放配额等新型交易难以绕开既有路径的影响；我国虽也有市场化运作的沪深证券交易所和郑州商品交易等期货交易所，但其由国家主导设立，本质更似监管机构，业务范围被严格地条块化限制，竞争十分有限。二则，在市场主导下，资本是核心推动力，成本收益分析是必不可少的考量，利用既有交易所集团进行统合的碳交易设施布局，既能降低设立和维护的成本，同时也减少了投资者的分散和流动性的分叉，还有助于后期不同碳交易产品的金融化。反观我国碳交所，行政管理色彩浓重，主要由地方政府主导，是否符合国家政策方针和提升政绩门面才是关键，至于场所营利与否并非核心关注，缺失必要的商业判断，实践中各地为政、普设碳交所，即便交易量长期触底，也会因碍于政府颜面而强撑。

至于域外为何借助既有金融制度作为碳交所和碳交易的主要规范依据，关键原因是此种方式可减少立法、执法资源的浪费，避免制度割裂。首先，碳交易虽有特殊性，但在交易层面与既有金融交易并无不可调和的本质差异；从结构化立法角度看，"如无必要，勿增实体"，额外新增立法仅是对既有金融监管方式和技术手段的重复。其次，域外碳市场中碳金融先发并具主导优势，单独再形成一个碳现货交易监管体系将造成市场的人为割裂，不利于监管的连续性和一致性。再次，不同于我国集中精力对配额现货的严格监管，欧盟因政策差异和利益博弈，缺乏对配额的共通性规制体系，导致造假、重复交易、逃税等风险。[①] 为弥合监管漏洞，部分碳交所将现货包装成类似于衍生品的超短期期货合约，借此获得更成熟专业、制式化的金融监管之介入保障。"橘生淮北则为枳"，域外经验不可盲目借鉴。我国碳交所是行政介入的"自上而下"的设置，域外市场则主要依靠"自下而上"的演变。以欧美为代表的碳市场"统合性竞争、金融式发展"与我国"分散式扩展、现货式主导"的进路差异较大。即便如此，从商事实践角度出发，交易主导的经验

---

① See European Securities and Market Authority, Final Report on Emission Allowances and Associated Derivatives, ES-MA70-445-38, 2022, pp. 22-34.

仍有共通性。尤其是交易性的制度因嵌有商业判断的内核和市场规律的要义，使碳交易制度设计的宗旨相近。在我国谋求碳交易更高程度市场化的目标之下，域外经验和教训是选择性借鉴的既成样本，不容忽视。碳交所的设置应引入成本收益分析，制度立法应避免跟进主义的盲目出台，而是将碳交易纳入到整个环境权益市场、金融市场中统筹考虑。

五 走向系统规制：碳交所四重面向的纠偏进路

诚然，"双碳"政策东风为碳交所扩张提供了契机，但问题不容忽视。由于交易所乃市场聚合中枢，溢出效应明显，若运作不当，会诱发风险无序的网状扩散。政策加持不能掩盖风险本质，在承担绿色发展、环境保护之公益目的背景下，结合境外经验和本土实践，当从设施转向、机制归正、监管调整和制度赋能层面对其进行系统规制纠偏。

（一）设施转向：绿色交易所的并入及碳清算所的连接

首先，交易所作为基础设施具有弱增性（subadditivity）特征，过多碳交所会减损市场流动性，应将其控制在一定数量。第一，逐步有序清理地方自设的碳交所，保留试点的7家碳交所并转变为"大区制"的绿色交易所。如此，一则以"绿色"之名的要素统筹，将环境权、排污权、节能权、用水权等交易标的一并纳入，既益于强化环境权益的系统管理，提升交易所专业能力，又能为后续新品种的入驻提供空间；二则"大区制"跨行政区划的改革，有助于实现区域协调治理，提高配额流动性，还可避免地方政府间的盲目竞争浪费要素资源。此外，须严格控制地方碳交所的新设，如确有充分理由和公益需要，可利用现有产权交易所的架构增设碳板块。第二，中央层面的全国碳排放交易市场暂由上海能源交易所代行，应尽快成立独设的"中国碳排放交易所"，扩大国际影响力，并逐步纳入更多行业控排主体。此碳交所可借鉴既有证券交易所经验设置不同交易板块，对不同的市场主体、管控主体和产品予以差异化安排。

其次，原则上保证碳现货和碳衍生品的场所分隔。当前地方碳交所竞相打造碳金融平台，现货和期货的混合运作人为增大了风险传导面向。应重视运作成熟、监管严格的证券期货交易所的功用再发挥：一方面，场内的碳证券（碳债券、碳基金、碳中和交易型开放式指数基金等）交由沪深证券交易所，碳期货/期权产品可借助商品期货交易所，这既可发挥现有交易所金融产品专业化运作的优势，又能依靠证监会的严格监管更好地推进公众投资者保护和风险管理；另一方面，对场外的碳融资、私募投资、碳资产质押及碳托管等非标业务，可由碳交所主导运作，原因在于此类业务多限于风险识别和承担能力较强的合格投资者，且与配额等基础资产直接相关，碳交所掌握的数据更全面，但需注意即便是场外协议交易，仍须在碳交所系统中进行，以减少市场欺诈和数据造假的发生。

再次，不能忽视的是，碳排放清算所也应配套改革。目前碳交易的结算依赖清算银行，难以适应规模化交易需求，亟待专业清算所的接入。对此应单设碳清算所，还是利用上海清算所等既有设施？笔者更倾向前者，即单独设置"中国碳交易清算所"。利用现有的金融清算所固然可降低设置成本，但一方面存在风险隐忧，以中央对手方的合约更替机制为主要运作模式，使交易主体风险转嫁于自身，① 金融清算所的风险高度集中，不宜将性质有差异的碳配额清算混入其中；另一方面单设碳清所也能助力中国碳交易国际化，当下国际碳链接困难较大，相较于交易场所的联通，作为支撑性业务的后台，清算所之连接更有国际扩展的经验和优势。值得提示的是，对地方的碳交易，则无单设碳清所之必要。毕竟地方交易所类型多样，包括金融资产、文化艺术品、贵金属、股权、知识产权、大宗商品、数据、林权等，基于效率和成本的考虑，不可能动辄为一类产品单设清算所，可按省级区划设立交易所集团将地区各

---

① See Paolo Saguato, The Ownership of Clearing Houses: When Skin in the Game Is Not Enough, 34 Yale Journal on Reg-ulation 601, 617-618(2017).

类交易场所纳入，同时成立交易所集团的清算所（垂直模式），[1] 以此实现统合模式下交易和清算的分离，保证清算独立开展。

（二）机制归正：交易规则和内部治理的层次补缺

设施之维尚专注于整体布局，碳交所运作更依赖内部机制的保障。为保证交易有序，碳交所颁布的规则须有内部规则外部化之效力，除立法确认自律地位外，还需监管机构的审查以服务于效力补强和规则正当化。实际上，各种交易所规则不具有同等重要性。其中，交易规则有如总则般存在，能提供交易所运作的权力分配、交易机制、交易参与人权利与义务、市场准入、信息管理、交易费用、风险防范、纠纷救济等内容，其他规则以此为基细化展开。根据重要性的差异，建议交易规则报生态环境部门审核，会员管理、结算交割、风险控制等业务细则报监管部门备案即可。如此可提高监管效能，同时还可尽量保障碳交易所的自治性，避免事无巨细的规则审批。

机制的灵活性尤其体现于公司的内部治理。作为风险第一道防线，碳交所应具备清晰、透明的治理安排。从股权结构看，目前碳交所的不少股东兼有所有人和管控企业的双重角色，如此利益冲突风险较大。为保证碳交所的公共物品担当，须强化其互益性法人的定位，[2] 由政府或国有资金控股或实际控制；这并不排除私有资本之参股，但须强化利益冲突机制的安排。此外，既有的碳交易条例草案、碳交易管理办法及碳交所交易规则暂未明确交易所权责边界，交易所利用地区垄断地位实质减责问题频发。因行政管控的全程渗透和近乎强制性的系统准入使碳交所的不可替代性更强，其责任也应更为突出。为强化交易的稳定性、减少市场风险，要明确碳交所的担保交易职能，以及组织和监督交易的定位，特别是应履行实质审核交易的义务。

---

① 参见徐欣晗、石松、杜宸：《全球主要交易所清算模式与清算会员体系探析》，《金融纵横》2021 年第 9 期，第 78-79 页。

② 参见张新宝、汪榆淼：《论为其他非营利目的成立的法人》，《法学评论》2021 年第 4 期，第 5 页。

聚焦碳交所的短板机制,可从三方面着力。第一,补充集中交易机制。效率和安全应有合适的衡平。因风险防控的要求,碳交所主要使用单向竞价和协议定价的方式,此规定过于严苛,如前所论,风险治理当从合格投资者和产品设计出发,而非僵硬地限制交易机制,且集中竞价机制更是后续规模化交易的必然需求。第二,推动碳边境调节机制的互认。目前我国碳交所发展过于封闭,为减少欧盟以"碳泄漏"为名的道德绑架和碳价过低的裹胁,有待在登记拍卖、排放基准、核算规则、履约机制等方面与欧盟加强协调,合理引导本土碳价上浮,增强我国碳价机制的国际认可度;同时,借鉴证券市场较成熟的沪伦通的技术设计和利益安排,以首批纳入管控的电力行业为破局抓手,探索本土碳交所与国际碳市场互联互通的方案。第三,明确危机处置机制。碳交所的运作受地方政府兜底,有"太重要不能倒"之感,加之其利用法律缺位之漏洞对交易责任的取巧规避,风险尚不突出。但随着市场规模扩大和实质责任归位,破产终止的情况或将发生。而作为主体、产品、资金聚合的中心,碳交所一旦失序将有各种风险交织传播甚至有系统性风险之虞。因此,可参照《金融市场基础设施原则》,围绕资金、技术、组织和业务危机类型,制定碳交所的"生前遗嘱"计划,[1] 优先适用自有资金、会员资金和市场资金救助,其次才是政府作为最后贷款人的介入和财政救助,在救济穷竭仍无法恢复情况下,则要保证碳交所的有序退出,相关业务和数据需有承接机构,尽可能减少对交易稳定性的影响。

(三)监管调整:优化治理事权的三重府际配置

仅有自律监管难以有效进行市场约束,尚待政府干预。当前我国碳交所的监管主体杂乱、设立审批不一、金融监管缺位问题突出,有效厘清监管主体的分工是促进碳交易稳定的基石。以对市场主体运作的影响面为视角,可从设立管理、行政主管和业务监管出发完善三支柱的监管架构体系。

---

[1] See David K. Suska, Reappraising Dodd-Frank's Living Wills Regime, 36 Review of Banking and Financial Law 779, 812(2017).

从设立管理角度审视，具有公共物品属性的交易所等基础设施当以严格的审批制为基础。中央层面全国性碳交所已有布局，原则上不予新设，这也与构建全国统一大市场政策保持一致。若为开展必要的竞争，再行设立审批当由生态环境部审核，报国务院批准。地方层面如存在变更或新设之需，应由省级人民政府审批，报生态环境部备案，发放业务许可证，保证持牌经营；同时严格控制交易所数量，省级区划最多设置一家碳交所，避免过多的交易所影响交易流动性，减损要素市场的统合配置。

从行政主管角度分析，应明确规定生态环境部为中央和地方碳交所的主管机构。目前虽然"碳交易管理办法"已有此规定，但碍于其位阶仅为部门规章，约束力有限。且根据试点地区规定，主管部门仍有发改委身影；然而发改委更适合经济政策、产业政策、能源政策等宏观调控管理，对排放端的污染物治理则是环保部门专长，职能的交叉和管理事项的重复增加了部门运行成本，在 2018 年国务院机构改革已完成的背景下，须明确生态环境部门为碳交所的主管部门。①

从业务监管角度来看，依照功能适当的原则，各部门应承担与自身属性、专业相适应的事权。由于碳交易涉及工业、商业、交通等多行业，碳配额及其产品更是复杂，故不能忽视横向部门间的协同安排。为形成监管合力，尤须确定金融监管部门的权责安排。目前市场中碳远期、碳质押、碳基金、碳期货等产品发展混乱，审批以发改委或环保部门为主，缺乏专业性，有待金融监管的介入。②有观点认为可对碳金融设置专门机构监管（在生态环境部设碳金融市场监管处，或在一行两会之外新设碳监会），③ 但这会导致金融

---

① 参见闪涛：《碳排放权交易的监管主体之比较研究及对我国的启示》，《湖北警官学院学报》2020 年第 2 期，第 91 页。

② 参见陈波：《论我国碳市场金融化的监管困境及其制度完善》，《证券市场导报》2017 年第 7 期，第 71 页。

③ 参见刘明明：《论中国碳金融监管体制的构建》，《中国政法大学学报》2021 年第 5 期，第 49 页；潘晓滨、朱旭：《我国碳金融立体式监管的法律制度设计》，《南方金融》2022 年第 10 期，第 49 页。

监管再次割裂。建议利用既有监管分工，将碳金融纳入绿色金融监管范畴，由央行、证监会主导，同时发挥地方金融监管部门的补充监管作用。

(四)制度进阶：《交易场所监督管理条例》的可行方案

上述设施、机制和监管的改革之落地有赖于法律的设计，方有更高效力保证。正如鲍尔教授(Jeffrey Ball)所清醒指出的，"若缺乏法律支撑，被赞誉为灵丹妙药的政策也仅如致幻剂一般。"[1]目前，碳交易整体上仅有部门规章《碳排放权交易管理办法(试行)》，更遑论具体碳交所的制度安排。因自律监管和内部规则外部化需求，碳交所的运作亟待制度赋能。问题是，是否有必要制定专门的法律或条例。

从立法的科学性和体系性出发，碳交所的重要性和特殊性自无争议，但不代表可动辄新设立法进行叠床架屋式规制，这不仅增加制度创设的成本，也会因繁密的应对型立法打乱制度结构体系。笔者认为交易场所的规制应有全局思考，目前交易场所混乱问题突出，除碳交所外，数据、金融资产、文化艺术品、贵金属、元宇宙等交易场所亦竞相设立，发展混乱，尤其在地方竞争的驱动下，因缺乏整体布局思路和系统规制方案，地方交易场所沦为政绩门面工程和融资输血工具，缺乏应有的交易功能。[2] 国务院从 2011 年起七次发布政策集中整顿交易场所，但政策的波动性强且效力不高。

在当前情势下，可考虑两种并行的进路。一种是专业性的场所规范，推动出台《交易场所监督管理条例》，为包括碳交所在内的各类交易所提供正当性依据和组织行为规范。目前地方规范性文件"交易场所监督管理办法"已在省级行政区划全面施行，[3] 但法律效力过低且限制性要求居多，缺乏赋能性规范。而通过出台更高位阶

---

[1] Jeffrey Ball, Why Carbon Pricing Isn't Working: Good Idea in Theory, Failing in Practice, 97 Foreign Affairs 134, 135(2018).

[2] 参见徐小磊著：《我国地方交易场所发展与治理》，中国金融出版社 2019 年版，第 2-4 页。

[3] 截至 2022 年 12 月 31 日，我国内地中，除黑龙江、西藏外，其余省、自治区、直辖市均已颁布省级行政区划内的"交易场所监督管理办法"。

的行政法规，既可助益调和央地关系，又能为司法纠纷提供效力性的裁判准据。该条例的具体内容至少应包括设立要求、职能范围、组织治理、市场准入、会员机制、交易机制、风险防控、处置安排和罚则等。另一种进路是统合性的碳交易立法，在《碳排放权交易管理暂行条例》中明确碳交所是实行自律管理的法人的定位，赋予其制定规则优先适用的权利，同时避免使用交易系统、交易机构等含糊的表达。从环境立法长远发展看，行政法规亦有局限，有待法律的效力补强。有学者建言制定《碳排放权交易法》，① 这并不足取，毕竟环境法领域碎片化、分散化、制度各自为战已是众矢之的，有待系统设计考量，建议逐步推进环境保护的大类法即《气候变化应对法》，或在综合法即环境法典中通过绿色低碳专章形式予以原则规定，② 增强碳交所及碳交易制度的安定性，实现制度的体系耦合。

六　代结语：审慎对待新型交易场所的扩张

交易所是社会公器，盲目的设立会导致逐底竞争，且减损有限的流动性。当前各地竞相设立碳交所，应从热闹的现象背后审视暗含的问题：地方政府迎合性的政绩思维浓重，重前端的增量设立，轻事后的运作治理。碳交所存在结构布局欠缺、交易机制紊乱和治理机制失序的困扰，大量碳交所沦为僵尸般的门面工程，鲜有几手交易量。

任何制度都不是孤立的存在。要化解我国碳交所的异化乱象，仅聚焦碳交易本身是不够的，而应从整体观的思路切入。一般而言，污染防治包括节能和减排的双维。前者是输入端的治理，强调

---

① 参见丁粮柯：《中国碳排放交易立法的现实考察和优化进路》，《治理现代化研究》2022 年第 1 期，第 94 页。

② 参见常纪文、田丹宇：《应对气候变化法的立法探究》，《中国环境管理》2021 年第 2 期，第 17 页；张忠民：《环境法典绿色低碳发展编的编纂逻辑与规范表达》，《政法论坛》2022 年第 2 期，第 41-42 页。

从根源上减少能源输入，主要针对化石能源和非化石能源的使用，涵盖节能目标责任制度、用能权交易制度、可再生能源激励制度等；后者是输出端的治理，强调从效果上减少气体排放，核心针对污染物和温室气体的排放，具体机制有重点污染物总量控制机制、排污权交易机制及碳排放交易制度等。① 可见，碳交易是环境保护中针对温室气体减排的输出端的一种市场型治理机制，其功用不宜被盲目地过度夸大，单以碳交易机制也无法实现环境治理之重任。交易所作为管道性设施，要充分发挥其要素统合的功用，以绿色交易所之构建契机将用能权、用水权、排污权、碳排放权、节能权等有机整合。还应注意的是，须强化市场化的碳排放交易与碳税、管控型措施等机制的协调，以系统观的思路推进环境保护和经济发展的实质衡平。

本文写作的目的不是苛责我国碳交所作出的努力和创新。我国在探索市场化环境权益交易方面作出了大胆的本土化尝试，然而受非理性政绩观影响，各地以试点之由、绿色之名的"内卷"跟风无益于全国统一碳市场的运作。在运动式盲目竞争趋势日盛的背景下，我们不得不进行刹车式的思考。实际上，若从整个交易市场看，这种问题并非个例。近年来，数据交易所、金融资产交易所、数字货币交易所、元宇宙交易平台、大宗商品中远期交易中心等各类新型交易所随政策风口而动，呈井喷之势，然而其中的交易欺诈、流动性缺失、权责不明、业务失序等问题始终未能得到实质解决。交易需求的激发必须从市场中来，政府的促进培育固然重要，但仅靠自上而下的盲目建设鲜有实益，甚至会事与愿违，破坏要素交易合理配置的可能。一个基本共识应被强调：交易场所是主体、产品、资金聚合的中枢设施，切莫将其简单视为一般市场中介。面对各种新型交易场所之扩张，政府部门当保持审慎的态度，冲动跟风实不可取。交易场所的设立或许简单，但真正运营好绝非易事，商事金融基础设施的建设和法治完善仍然任重而道远。

---

① 参见张忠利：《碳排放交易制度与节能制度的协调之道及其体系思考》，《能源法治》2021年第1期，第72-73页。